上海政法学院
SHANGHAI UNIVERSITY OF POLITICAL SCIENCE AND LAW

石缝中的成长

汤啸天　著

中国政法大学出版社

2019·北京

校庆筹备工作领导小组

组　长：夏小和　　刘晓红

副组长：潘牧天　　刘　刚　　关保英　　胡继灵　　姚建龙

成　员：高志刚　　韩同兰　　石其宝　　张　军　　郭玉生

　　　　欧阳美和　王晓宇　　周　毅　　赵运锋　　王明华

　　　　赵　俊　　叶　玮　　祝耀明　　蒋存耀

总序

三十五年的峥嵘岁月，三十五载的春华秋实，转眼间，上海政法学院已经走过三十五个年头。三十五载年华，寒来暑往，风雨阳光。三十五年征程，不忘初心，砥砺前行。三十五年中，上海政法学院坚持"立足政法、服务上海、面向全国、放眼世界"，秉承"刻苦求实、开拓创新"的校训精神，走"以需育特、以特促强"的创新发展之路，努力培养德法兼修、全面发展，具有宽厚基础、实践能力、创新思维和全球视野的高素质复合型应用型人才，在中国特色社会主义法治建设征程中留下了浓墨重彩的一笔。

学校主动对接国家和社会发展重大需求，积极服务国家战略。2013 年 9 月 13 日，习近平主席在上海合作组织比什凯克峰会上宣布，中方将在上海政法学院设立"中国-上海合作组织国际司法交流合作培训基地"，愿意利用这一平台为其他成员国培养司法人才。此后，2014 年、2015 年和 2018 年，习主席又分别在上合组织杜尚别峰会、乌法峰会、青岛峰会上强调了中方要依托中国-上合基地，为成员国培训司法人才。2017 年，中国-上合基地被上海市人民政府列入《上海服务国家"一带一路"建设、发挥桥头堡作用行动方案》。五年来，学校充分发挥中国-上合基地的培训、智库和论坛三大功能，取得了一系列成果。

入选校庆系列丛书的三十五部作品印证了上海政法学院三十五周年的发展历程，也是中国-上海合作组织国际司法交流合作培训基地五周年的内涵提升。儒家经典《大学》开篇即倡导："大学之道，在明明德，在亲民，在止于至善。"三十五年的刻苦，在有良田美池桑竹之属的野马浜，学校历经上海法律高等专科学校、上海政法管理干部学院、上海大学法学院和上海政法学院等办学阶段。三十五年的求实，上政人孜孜不倦地奋斗在中国法治建设的道路上，为推动中国的法治文明、政治进步、经济发展、文化繁荣与社会和谐而不懈努力。三十五年的开拓，上海政法学院学科门类经历了从单一性向多元性发展的过程，形成了以法学为主干，多学科协调发展的学科体系，学科布局日臻合理，学科交叉日趋完善。三十五年的创新，在我国社会主义法治建设进程中，上海政法学院学科建设与时俱进，为国家发展、社会进步、人民福祉献上累累硕果和片片赤诚之心！

所谓大学者，非谓有大楼之谓也，有大师之谓也。三十五部作品，是上海政法学院学术实力的一次整体亮相，是对上海政法学院学术成就的一次重要盘点，是上政方家指点江山、激扬文字的历史见证，也是上海政法学院学科发展的厚重回声和历史积淀。上海政法学院教师展示学术风采、呈现学术思想，如一川清流、一缕阳光，为我国法治事业发展注入新时代的理想与精神。三十五部校庆系列丛书，藏诸名山，传之其人，体现了上海政法学院教师学术思想的精粹、气魄和境界。

红日初升，其道大光。迎着佘山日出的朝阳，莘莘学子承载着上政的学术灵魂和创新精神，走向社会、扎根司法、面向政法、服务社会国家。在佘山脚下这座美丽的花园学府，他们一起看情人坡上夕阳抹上夜色，一起欣赏天鹅一家漫步在上合基地河畔，一起奋斗在落日余晖下的图书馆。这里记录着他们拼搏的青春，放飞着他们心中的梦想。

《礼记·大学》曰："古之欲明明德于天下者，先治其国。"怀着修身、齐家、治国、平天下理想的上政师生，对国家和社会始终怀着强烈的责任心和使命感。他们积极践行，敢为人先，坚持奔走在法治实践第一线；他们秉持正义，传播法义，为社会进步摇旗呐喊。上政人有着同一份情怀，那就是校国情怀。无论岁月流逝，无论天南海北，他们情系母校，矢志不渝、和衷共济、奋力拼搏。"刻苦、求实、开拓、创新"的校训，既是办学理念的集中体现，也是学术精神的象征。

路漫漫其修远兮，吾将上下而求索。回顾三十五年的建校历程，我们有过成功，也经历过挫折；我们积累了宝贵的办学经验，也总结了深刻的教训。展望未来，学校在新的发展阶段，如何把握机会，实现新的跨越，将上海政法学院建设成一流的法学强校，是我们应当思考的问题，也是我们努力的方向。不断推进中国的法治建设，为国家的繁荣富强做出贡献，是上政人的光荣使命。我们有经世济民、福泽万邦的志向与情怀，未来我们依旧任重而道远。

天行健，君子以自强不息。著书立说，为往圣继绝学，推动学术传统的发展，是上政群英在学术发展上谱写的华丽篇章。

上海政法学院党委书记 夏小和 教授

上海政法学院校长 刘晓红 教授

2019 年 7 月 23 日

序一

　　我和汤啸天教授是老朋友。我俩有过大致相同的经历，曾经以"知识青年"的身份上山下乡，到黑龙江生产建设兵团务农，后来又在高等院校担任法学教师。所不同的是我回到北京求学比较早，汤教授则长期在边疆坚持自学，直到1993年才回到上海。自学成才说来容易，但道路是艰辛曲折的。作为主要研究证据法学的我，倍受感动的是，汤老师的文件检验技术是在没有任何资料的条件下自学的。李昌钰博士有句名言是"把不可能变为可能"，汤老师正是"把不可能变为可能"的探索者。在"无师自通"的背后，一定是更多的时间投入，更多的顽强拼搏，更多的坚持不懈，更多的心血浇灌。

　　汤教授的网名是"籽落石缝"，我很欣赏这一称谓，更要为汤教授"在石缝中成长"的精神点赞。如果说，籽落石缝是命运的安排，汤教授"石缝中的成长"则是人生的风景线。当一个人把自己的生命嵌在石缝里，就使得自己和大自然成为了一体。无论是酷暑还是寒冬，石缝中的种籽总会白天向着太阳，夜晚拼命吮吸水汽，竭尽全力在仅有的泥土中扎根，一天天展开嫩芽、一季季丰满枝叶、一年年顽强生长。林希在《石缝间的生命》中说过："石缝间顽强的生命，它既是生物学的，又是哲学的，是生物学和哲学的统一。它又是美学的，作为一种美学现象，它展现给你的不仅是装点荒山枯岭的层层葱绿，它更向你揭示出美的、壮丽的心灵世界。"

　　在学术交流中我们时常联系，共同关注法学理论的应用研究，汤教授是我主编的《法学家茶座》的老作者。2012年，汤教授专程到北京参加《法学家茶座》在中国人民大学法学院举办的十周年纪念新春茶话会，提出了《法学家茶座》要"在坚守中创新"等精辟见解。我想，"在坚守中创新"正是汤教授的鲜明特色，也是这本自选集的分量所在。汤教授从来没有写过诸如

"思辨的考证"或"考证的思辨"之类的文章，几乎所写的每一篇文章都有自己的独到观点，都有实践应用的价值。这本自选集时间跨度从 1984 年到 2019 年，许多文章写于几十年之前，今天读来依然如沐春风，清新与透彻扑面而来。文章也有"生命力"的高下之分，有的文章昙花一现至多只是"凑过热闹"，汤教授的"旧文不旧"也在于他"在坚守中的创新"。

汤教授的学术涉猎面很广，在法学各门类以及政治学、社会学、心理学、公共管理、医学等多个学科的交叉点上都有力作。2001 年 10 月，汤教授突然来到北京，一问才知道，他写的《计算机网络安全与文明建设基本对策》在中国电信杯"我为网络献计献策"征文大赛中获得一等奖，可见其身手不凡。《信息控制权——因特网的争夺焦点》《基因及基因研究的法律控制》《法律语言研究应当强化立法语言的审校服务》《3D 打印技术与骨科植入物研发现状及其瓶颈突破思路》等文章都是汤教授跨学科辛勤耕耘的收获。

我和汤教授都是法学教师，"跨界"是我们的共同特征，但每个人"跨界"的方式又各不相同。我跨入文学界，成了"写小说的法学家"，开过个人演唱会，也踢足球、打羽毛球，拿过诸多奖牌，还一不留神当选为国际足联的道德委员会委员。其实，我的跨界研究不在于"学"而在于"术"，不在于"立说"而在于"探路"。汤教授的"跨界"立足于法学理论的应用，是在学科交叉点上培育新的生长点，他为人民建议征集制度建设贡献的智慧，以及身体力行为党和政府献计献策就是明证。

我和汤教授是同龄人，但就学术研究而言，又都没有"告老还乡"，笔耕依然是我们的习惯。正如清代著名画家郑板桥《竹石》的诗句：咬定青山不放松，立根原在破岩中。千磨万击还坚劲，任尔东西南北风。

应汤教授之邀，我为其大作写下这些文字，与读者分享。

何家弘[1]

2019 年 6 月 12 日写于北京世纪城痴醒斋

---

　　[1]　何家弘现任中国人民大学大华讲席教授、校务委员会委员、普通法中心主任、反腐败与法治研究中心主任、证据学研究所所长，兼任国务院学位委员会公安学和公安技术学学科评议组召集人、最高人民法院特邀咨询员、最高人民检察院专家咨询委员、中国行为法学会副会长、国际足联道德委员会委员。

序二

　　汤啸天退休前任上海政法学院学报副主编，职称是编审，这是一个为他人做嫁衣，需要牺牲精神的工作。要办一份高质量的法学刊物，编者应当具有较高的学术素养，必须博览群书。著名前辈学者罗竹风提出："编辑应该是杂家。所谓杂家，就是对各个领域的各种学问，都要懂一点，略知一二还不够，最好是略知二三。"法学编辑不仅要关注学术前沿的动向，还要对法学各专业的知识有真切了解，对哲学、政治学、公共管理学、社会学、历史学、经济学、心理学，甚至自然科学的知识也要知道一些。这样才能及时发现法治建设和经济社会发展中的变化和问题，做到敏于思考，善抓选题。编辑还要勤于与作者联系和交流，让作者认为你懂他。这要求编辑约稿时，必须先读一些被约稿人曾经发表过的文章，了解他们的学术贡献与文字特点，能与对方无障碍地交流，让人家乐于赐好稿，从而发展和巩固作者群，并且发现和培养青年作者。汤啸天深谙这些道理，所以，他对稿件质量很上心，文字把关精益求精，与法学界的专家学者有着广泛的联系，上海政法学院学报获得过很多荣誉，其中也有他一份功劳。现在，随着审稿机制的完善和数字技术的运用，上海政法学院学报质量和学术影响力明显提升，这是值得曾经为这份刊物付出心血的汤啸天以及其他"淡出江湖"的老人们感到欣慰的。

　　汤啸天曾被上海市法学会聘为三届副秘书长，任职期间，他参与组织不少学术活动，为一些会议的成功举办出谋划策，落实各项细节安排。当年法学会的"青年法学沙龙"很有影响，他也配合组织者做了不少工作。除了在承担许多具体事务性工作之外，他还关心时事，勤于思考，热衷写作，活跃在法学研究前沿，不知不觉在各种报刊杂志发表了三百多篇文章。这次，他将其中的一百多篇收集整理，汇编成册，取名《石缝中的成长》，这是值得庆贺的。

纵览全书，给人突出的印象首先是涉猎面广。作为法学专业人员，他主要研究方向是犯罪学、诉讼法学，因为对被害人的研究很有心得，他也参与创建"被害人学"这样的新学科。文集中，除了上述他主攻专业的文章之外，还有很多其他领域的内容，涉及立法、民主政治建设、党建、反腐、社会治理、信访、户籍制度、宣传工作、教育、保险、网络和信息安全、看病难、医患关系、养老、禁毒、生命法学、著作权、隐私权保护、学风建设，等等，充分体现了其作为编辑的杂家身份。

其次，给人的印象是问题导向从标题就可以看出，作者所言所述不是无病呻吟，问题均来自现实生活，不少是人民群众普遍关心的民生话题。对于这些问题，可以说，不仅群众关心，政府也关心。学者怀着强烈的社会责任心，走出象牙塔，扑下身子，关注和回应社会现实问题，运用专业知识，献计献策，助力开拓化解矛盾之道，作用是很明显的。法学是应用型很强的学科，在这方面责无旁贷。汤啸天的作品，给出了对一些社会问题的法学视角的观察，体现了一个法学人的社会责任感和学术良心。

最后，给人的印象是言之有物，有建设性。对于一些热门的民生话题，社会成员一般都能说上一通，由于每个人境遇不同，视角不同，在信息了解不甚充分的情况下，所谈的内容中常常不乏牢骚、抱怨。而汤啸天所谈所述，是建立在对问题整体把握上的，对信息了解得也比较充分，因此，所提建议、意见很具建设性，对于认清问题的关键所在，对于拓宽思路、开阔眼界，从而解决问题具有积极意义，而且，对于引导舆论走向也有一定作用。正因为如此，他的不少建议和意见获得领导肯定性批示，也为相关部门重视和采纳。在这方面，我印象较深的是，汤啸天对于发挥人民建议作用的不少见解，对于国家机关信访部门完善职能、充分发挥作用很有价值，对发挥人民群众的力量和智慧，实现有效的社会治理具有积极意义。

我以为，"关注社会进步，推动法治发展"，是贯穿这本文集的一条红线，大家可以从书中触摸到作者的家国情怀。汤啸天与成千上万知青一样，在1969年4月由上海奔赴位于虎林市境内七虎林河北岸、完达山南麓的黑龙江生产建设兵团33团。当时虎林之所以为全国人民知晓，是因为那里的乌苏里江中有个珍宝岛，那年3月，岛上发生了震动世界的边境冲突。在那个背景下，来到虎林的，都是抱着为国献身激情的热血青年，汤啸天是其中的一个。

虽然时间已经过去了整整50年，但是，与他接触，我总能感到，他一如当年，仍是个以国家利益为重、冲劲十足的年轻人。虽然满头白发，但是思维活跃，动作敏捷，声音洪亮，充满激情。他嫉恶如仇，对社会不良现象予以尖锐批评，对法治和社会发展中的困难和问题，总想去弄个明白，追根究底。有人劝他该好歇歇了，可他总有自己的理由，似乎也蛮犟的。我不认为这有什么不好，相反，认为这很符合"不忘初心，牢记使命"呀！但是，我也希望，花甲老人活动要适度，要保重身体，做事要顾及别人的感受，不要给别人添麻烦。

在我要结束此文的时候，突然想起，汤啸天曾经送给我一本画册，是他的摄影作品。那是他在大凉山深处住下来，发现美，同时发现扶贫目标的记录。他的摄影老师是位摄影家，这位摄影家曾经跟我说起过，汤啸天上课时格外认真，进步很快，现在有些作品可以称得上是上乘之作了。我不相信汤啸天还能成为摄影家，但是，我相信，他会将想做的事情做到极致。

沈国明[1]

2019 年端午节

---

[1] 沈国明现为上海交大凯原法学院教授，中国法学会学术委员会委员，中国法学会法理学研究会副会长，中国法学会立法学研究会常务副会长。

目 录 / CONTENTS

女青少年被害后恶逆变初探

在流氓、强奸案件中被害人绝大多数都是女青少年，一般说来女青少年受害后身心健康所受的损害程度远比成年妇女大得多。由于自尊心被破坏，心理创伤甚于生理损害，会造成忧郁、恐惧、胆怯、多疑、消沉等心理反应。有的无颜见人，企图轻生；有的恐惧紧张，出现严重的精神症状；有的对生活冷漠厌倦，丧失进取之心。这些心理创伤都是很难治愈的，必须进行认真的研究。但是，我们还应当看到，女青少年受异性侵害后有着许多与一般被害人不同的特征，其中有一部分女青少年被害后呈现出"中毒状态"，发生与被害逆向的恶性变化，以受害者和害人者的双重身份出现在社会上。这就是女青少年被害后发生的恶逆变。

如何加强对女青少年的教育和保护（包括对已犯有性罪错的女青少年的矫治），在我国已经引起了社会各界的重视，摸索出了一些很好的经验，但女青少年从被害人转变为犯罪分子的原因和规律尚未充分揭示。本文拟对女青少年受异性侵害后发生恶逆变的一般条件、类型、原因及预防的措施等问题，谈一些粗浅的、不成熟的看法。

一、恶逆变与被害类型的关系

所谓被害类型一般以第一次被害时的心理特点为主要的划分标准，大体可分为无自觉性动机和有自觉性动机两大类。无自觉性动机的被害又称完全的受害，大都发生在被害人毫无戒备或意想不到的状态下。一般来说被害人与犯罪分子没有感情上的纠葛，有的甚至是素不相识突遭暴力袭击，如路截强奸，先抢劫后强奸等。具体地说，完全的受害包括如下四种情况：（1）女青少年面对男流氓表现勇敢，反抗坚决，有相当一部分因反抗而使犯罪分子不能得逞，有的因身单力薄等原因而被害；（2）有些女青少年因生性懦弱，适应性差，当犯罪分子施行暴力或以暴力相威胁时，女青少年腿都吓软了，在惊呆、吓昏、不知所措的状态下被害；（3）女青少年在不能反抗（如熟睡、昏迷、药物麻醉等）的情况下被害，表面上看是没有反抗，实质是违背妇女意志的；（4）14周岁以下的幼女，虽知男女不一样，但对性交是完全不懂或懂得很少的，经犯罪分子引诱、哄骗、逼迫，没有（也不懂得）表示拒绝和反对而被害。

将完全受害的特征做最简明的概括就是被强奸。由于强奸是在违背被害人意志的状态下发生的，所以一般地不会发生恶逆变。但幼女被诱骗奸淫的情况比较复杂，个别的因心理平衡被破坏，有可能出现被犯罪分子长期纠缠，屡吃"哑巴亏"的情况。

女青少年被害后恶逆变多发于被害时有一定自觉性动机的人群中。这种自觉性动机有的虽并非对性行为的直接追求，但毕竟是通过性行为达到某种欲望的满足，它所满足的需要的水平越低致恶逆变的作用就越强，往往成为女青少年走向违法犯罪的起点。一般来说，有自觉性动机的被害大体包括以下六种情况：

（1）当女青少年对性交还处于似懂非懂的朦胧状态时，好奇心被犯罪分子或某种诱因煽动起来，虽然觉得不太好，但也想试一试，结果在"试一试"的过程中取得了欣快感，从好奇转向迷恋。

（2）女青少年因意志薄弱，经不住异性的挑逗，或者受到淫秽的书画、电影、录像的刺激，触发了较强烈的性体验欲望，不能抑制自己生理上的本能冲动而接受性交。

（3）女青少年被男流氓抓住了某种把柄，明知要吃亏但为了保住自己的脸面，在胁迫、要挟之下起先是忍痛发生性行为，但"上贼船容易下贼船难"，最后想摆脱也摆脱不了了。

（4）当女青少年的家庭或学校教育方法不当，特别是家庭对有过失的女孩采取"打骂一顿踢出门外"的做法时，男流氓的假温情特别容易使女孩上当，寻求依附、寻求快乐之念会使女孩不顾贞操委身于流氓。

（5）有的女青少年因对某一男孩产生了一定的爱情又担心被甩掉时，用性交来向男方表衷情。由于早恋具有不确定性，在朝三暮四的"乱爱"中表衷情的价值越来越低，逐步向满足生理冲动需要方面演变。

（6）有的女青少年把金钱看得高于一切，竭力追求资产阶级的生活方式，为了得到她喜爱的东西或能控制住经济富裕的男性，起初在半推半就的状态下发生性行为，到后来性交则成了她得到钱、物的"代价"。

以上六种情况，作为男性来说是罪责难逃的，但在女青少年方面也有一定的责任，从动机来说都带有一定的自觉性，所以这类被害是不完全的被害。不完全的被害是相对于完全的被害而言的。在同样是不完全的被害中，"不完全"的程度也是不同的。女性受害时自觉性动机愈大，被害后发生恶逆变的可能性就愈大，恶逆变发展的程度与发生性过错的次数成正比。

二、恶逆变发生的原因

女青少年被害后发生恶逆变的原因是多方面的，是错综复杂的。既应当看到被害人的思想、作风、心理、道德、意志等内部原因是主要的、起决定性作用的，也不能忽视社会环境的影响和男流氓的教唆勾引等外部原因。从内因看，主要是以下三个方面的矛盾：

（一）青少年生理发育与心理发展的矛盾

我们知道，人自 9 周岁左右起至 16 周岁左右是第二次生长高峰期。这个时期的青少年无论男女思想都比较幼稚，都处在世界观的形成阶段，生理因素对他们的思想感情及行为的影响较大。就女孩而言，在十二三岁时，体内雌激素的分泌量开始超过雄激素分泌量，对性的体验比男孩更为敏感，在内心深处引起的波澜也比男孩更丰富、更细腻。以"初潮"为代表的第一次性生理现象，对女孩心理上的冲击十分巨大而深沉。据统计，新中国成立 30 多年来我国青少年性成熟的年龄大约提前了 1 年，一般女生"初潮"的平均年龄为 13.38 岁。由于青春期生理发育的速度要比心理发展的速度快得多，这种"不同步"的现象急需心理指导和正确的性教育。而我国中学教材中唯一有这方面针对性内容的《生理卫生课》却仍然安排在初中二年级（即学生的 14～15 岁阶段），这明显地可以看出教育工作至少是落后了半年。教育工作的落后，更加剧了生理发育与心理发展的矛盾。值得注意的是，犯有性罪错的女生"初潮"一般要比同龄女生提前，平均年龄不足 13 岁。这说明越是早熟的女孩，生理发育和心理发展不同步的矛盾越大，也就越容易使性意识的萌发和性行为发生直接联系。

（二）非正常的物质需要与未独立的经济地位的矛盾

人在从出生到青年，随着年龄的增长，在与物质的关系问题上，有一个从消极适应到主动追求的转化过程。从婴幼儿的喂什么吃什么、给什么穿什么，到童年的择衣偏食和期望得到物质的支配权，直至青少年阶段对物质的追求占有欲望，人的意向活动越来越强烈，实现满足的标准越来越高，旧的满足实现后新的需求又出现了的时间间隔越来越短。在多子女的家庭中，一般总是随着孩子年龄的增长和就学人数的增加，物质生活的水平呈下降的趋势，直到子女陆续就业后又逐步上升。独生子女家庭的经济条件尽管始终比较优越，但对娇纵过度的孩子来说总是没有满足的时候，甚至会产生"悔不该投胎到这穷鬼家"的情绪。十三四岁的女孩喜好打扮，对服装、发式、装饰品具有主动选择、图新爱俏的倾向，但一旦对物质的追求超出了家庭经济能力许可的范围，达到了过分的程度，就会企图突破家庭经济与家庭以外经济关系的界限，在家庭以外寻求和开辟自己的经济来源。这种情况是女青少年因贪图财物而受害并进一步发生恶逆变的重要原因。

应当说，不断增长的物质需要与未独立的经济地位之间的矛盾是每个青少年都会遇到的。在社会主义条件下，青少年的温饱和其他正常需要都是能够得到满足的，而且随着我国人民生活水平的普遍提高，家庭也有力量解决子女较高水平上的营养、服饰、娱乐等要求。但我们既应看到经济条件比较富裕是子女健康成长的有利因素，也要注意到在家庭教育失当的情况下，积极因素也会转变为消极因素。有的父母对子女百依百顺娇纵过度，使其对物质的占有欲疯狂发展，达到沟壑难填，家庭经济条件远不能及的程度。于是，由家庭内部经济关系的索取变为向家庭以外的经济关系换取，从而走上变相卖淫的道路。有的家庭缺乏民主空气，子女在家庭中完全处于被动的地位，正常的物质需求都得不到满足甚至连提都不敢提，在这种"窒息状态"下生活的女孩子易诱发畸形的自立欲望，以致不择手段地寻求独立的经济地位。有的家庭风气不正，家长利欲熏心，见钱眼红，使子女形成了"没有外快发不了家"的错误观点，养成了好逸恶劳、不劳而获的恶习，这样的女孩一旦被坏人引诱上钩，与男性鬼混就成了她的"财路"。有的女青少年受错误的审美观念支配，虚荣心极强，把衣着打扮看得重于人格，在甘当"衣服架子"心理的驱使下，一件港衫，一条牛仔裤就可以使她失身。上述种种情况都说明，女青少年非正常的物质需要与未独立的经济地位之间的矛盾是发生恶逆变的原因之一。

(三) 自我意识与认识水平的矛盾

人的自我意识是随着年龄的增长和生活经历的扩大逐渐发展起来的。到了青春期和进入青年期，由于身高、体形、第二性特征的急剧变化，使青少年认为自己已经成人，迫切需要社会把他（她）当作正式成员看待，产生了十分强烈的独立性意向。比如：对家长、教师的"管头管脚"感到反感，主动地改变对家长、教师的依附地位，自己靠交朋友倾诉内心秘密，开辟新的活动天地，等等。另外，在少年末期和青年初期的年轻人把原来主要朝向外界的目光转而朝向自己的心理活动，从主要认识外界转为主要探索自己，自我意识分化为理想的自我和现实的自我两个部分。由于现实的自我一般地总是落后于理想的自我，又产生了自我意识的矛盾，使其常常陷于痛苦之中。

少年末期自我意识的发展速度是和其低下的认识能力相矛盾的。十三四岁的女孩开始想摆脱成年人的管束，广泛地接触社会，甚至组织自己的"秘密王国"，但是，这个时期心理并不成熟，对是非的判断能力比较直观，抵御错误思想侵袭的能力很低。由于思想方法的片面性和表面性往往认为新的就是好的，固执地把自己的认识当作判别是非、美丑、荣辱的尺度，并好用"肯定""绝对""没错"一类的词句。这些特点就决定了她们易受貌似新颖时髦的思潮的诱惑，行动上带有极大的模仿性和盲目性，往往上了当、受了骗，还稀里糊涂地不知怎么走到这一步的。

青年人出现自我意识的分化本是走向心理成熟的一个标志，但是其"理想自我"的性质是否与社会发展的前进方向相一致，对自我意识的发展方向关系极为重大。当一个女青年以资产阶级的"贵夫人"为理想自我时，就会把与男性发生关系当作她的本领而自傲，使其每况愈下的现实自我和违背社会前进方向的理想自我统一起来，产生消极有害的自我意识统一，不顾羞耻地和男流氓混为一群。有的女青少年本有好好念书将来当个有用之才的决心，其理想自我是高尚的，但由于偶尔失足或突受犯罪分子凌辱，使其对现实自我的认识一落千丈。因理想自我与现实自我间的差距突然增大，一方面内心感到十分痛苦，迫切想得到统一；另一方面又因缺乏正确的认识能力，兼之意志不坚定，使理想自我趋于破灭，进而自暴自弃，"混"字当头，靠自我安慰获得统一。这种虚假的自我意识统一是消极的、有害的，其实质不但是理想自我的破灭，而且是现实自我的倒退。

虚假的自我意识统一还较易发生在外貌长得较好的女孩身上。据了解，在中学容貌较好的女学生比较注重打扮和修饰，虚荣心也比一般女同学更强。由于她们把容貌美丽当作骄傲的资本，从内心滋生出一种对生活更高要求的向往，这就更容易被花言巧语所欺骗。一旦在赞语和恭维声中失身后，虚伪的理想自我迅速倒向打扮妖艳的现实自我，使其不以为丑反以为荣，一步步从犯罪的被害形态转为主导形态。

三、恶逆变的社会危害

女青少年被害后发生的恶逆变对社会的危害是极大的，其危害的方式主要分为直接的、间接的、潜在的三种。

（一）幼女恶逆变后勾引男性犯罪是恶性案件增多的原因之一

幼女（特别是年龄接近 14 周岁又比较早熟者）受害后一旦发生恶逆变，其恶变的速度是快得惊人的。作为受害者她们是男流氓发泄兽性的对象，反过来作为害人者她们又勾引男性犯罪。有的还故意把自己的年龄说得大一些，以此诱使男性与其发生性行为，造成所谓"间接故意"的奸幼案件发生。据统计，在发生恶逆变的幼女身上犯罪的男性，一般都在幼女人数的两倍以上。例如，幼女丛××在 13 岁时被男流氓诱逼奸污，因家庭教育不当等原因发生恶逆变，在 1 年的时间内先后有 5 名男性与她发生两性关系，均以奸幼罪被处以重刑。

（二）恶逆变者对周围人群具有极大的迷惑性和滋事性

人们在交往过程中由于共同的情趣和要求，会表现出明显的群体倾向，女孩子更容易呈"小群聚合"。在"小群"内部由于心理契约的形成，往往无话不谈，无所顾忌。由于缺乏知识而引起的好奇心会在一定程度上压抑女孩的羞耻感，当淫秽邪风向她们袭来时，她们往往处于既害羞又想弄个明白的矛盾状态。恶逆变者与周围的女孩由于没有生理上、性别上的差异，"可接近性"大，在谈论犯罪的性体验时较易使少女产生情绪上的共鸣，引起尝试的欲望。这种在女性间渗透进行的腐蚀和教唆比男流氓的犯罪活动更隐蔽，更具有迷惑性，往往一人下水拉一帮，其危害作用是惊人的。

恶逆变者的突出特征之一是女性由性犯罪中的被动形态转变为主导形态，由在犯罪团伙中的被辱地位上升为核心地位。她们人数少能量大，信守"你玩我，我玩你"的处世哲学，时而倾身于这一伙，时而又投靠于那一帮，在犯罪团伙之间常作为"争夺"对象出现。她们在男流氓中既会因拨弄是非引起争风吃醋，斗殴拼杀；也会因吃喝玩乐无度地挥霍，驱使男流氓去进行扒窃、偷盗、抢劫等犯罪活动；还会因她们在选择男友中的朝三暮四，引起男流氓为显能和讨其欢心把犯罪推向登峰造极的程度。凡此种种，恶逆变者虽未直接指挥或策划犯罪，但实际上都起到了诱发犯罪和加剧犯罪团伙对社会危害程度的作用。

（三）恶逆变者对社会、对家庭具有潜在的危害性

女青少年受害后恶逆变，不但是其自身的堕落，而且以一种潜在的危险影响着兄弟姐妹和周围人群的健康成长。她们在日常生活中妖艳的打扮，污秽的语言，混乱的人际关系，无形之中都会给周围人群带来不良影响。由于家庭是对少年儿童的身心发展影响最大的社会层次，并对少年儿童今后世界观的确立起着某种"定向"作用，所以这种影响不但有近期的危害，而且有远期的毒素潜伏作用。据调查，50 名女工读生中母亲和姐姐被判刑或作风不好的共 11 人，足见影响之大。本文前面提到的幼女丛××就是在其姐坏作风的熏染影响下堕落的。

女青少年被害后发生恶逆变，使她们是非混淆，荣辱颠倒，以相反的眼光看待社会和人生。在未得到彻底矫治之前，她们对流氓犯罪不是憎恶而是认同，即使日后她们当了母亲，思想毒素仍会残存，对其履行做母亲的职能也存在着不良的后果。

四、防止女青少年被害后恶逆变的措施

目前，我国的社会治安状况已经取得了根本性的好转，但奸淫幼女、强奸妇女等案件的发案率仍然较高。只有采取坚决有力的措施把这类案件的发案率压下来，才能从根本上减少女青少年被害案件的发生。女青少年的被害人数越少，可能发生恶逆变的基数就越小。我们的任务是要运用法律伦理学、心理学、生理学、犯罪学、社会学等各方面的知识，研究女青少年受害后发生恶逆变的规律，坚持既治标又治本，最大限度地防止女青少年被害后发生恶逆变。

（一）仔细地做好被害女青少年的教育工作

目前我国社会各方面对青少年的教育工作均较重视，但不足的是一旦有女青少年被害，似乎唯一的工作就是向公安机关报案，公检法三机关又往往只注

重对被害事实的调查，很少过问被害后的思想教育工作。这个问题不能不说是我们工作中的一个疏漏。

笔者认为，应尽快组织力量在我国开展"被害人学"的研究，建立符合社会主义法制原则和我国国情的"被害人学"。要使公安司法人员、教师、青少年工作者都懂得一些"被害人学"的知识，在发现女青少年被害后能有针对性地进行帮助和劝导，用仔细的思想教育工作洗涤和医治她们受害的心灵，启发她们正确地看待社会，正确地评价自己，拂去心头的阴云，增强免疫能力。女青少年受害的情况是千差万别的，做她们的教育工作既要注意保密，防止被害人的心灵再受创伤，又要因人施教。当前，这项工作应当注意防止以下两种倾向：一是对被害女青少年可能发生恶逆变认识不足；二是简单地把被害女青少年都视为"帮教"对象，甚至采取训斥、歧视、冷眼相待的错误做法。具体说来，这项工作应由行政领导和有关群众组织（如共青团、居民委员会）负责进行，最好能由年龄较大的女教师配合家长一起抓。公检法机关应当克服单纯办案的错误倾向，积极地配合和支持。对于女青少年屡遭迫害，而有关领导又未采取有效的教育保护措施的单位，可运用"司法建议"等手段督促或限期整顿。

（二）加强对易受害人群的保护

由于我国尚未对"被害人学"进行系统的研究，所以在实际工作中对犯罪分子有一套较完整的统计、调查、监控制度，工作也比较有力。而相比较而言，对于每发生一起案件就有多少个被害人、被害人在人群中的分布有何规律、性犯罪分子好于猎取什么样的女性为加害对象等问题，就很少有人过问了。

为了改革和加强公安工作，应在继续加强对重点人口和成年人口管理的基础上，对户籍民警的工作提出一些新的要求，如：对十二岁以前的女孩要加强管护性措施，防止其遭坏人诱逼受害；对十三四岁的女孩要注意其群属倾向，特别要注意作风不好的人及男性独身住户周围有无"异常小群"存在；对已受异性侵害的女孩子要有针对性地进行心理指导和思想教育；对已经失足的女青少年一方面要抓紧矫治，另一方面要注意其对周围女孩产生的影响，有结伙倾向的要及时拆散，对残破家庭和父母兄长作风不好家庭中的女孩要列为重点保护对象。以上工作细致入微，必须长期坚持才能做好，靠某一时期强调一下、突击一阵是不行的。只有作为一项工作制度和职责明确下来，才可能使我们的干警逐步摸索出经验抓出成效来。

（三）抓好 13 岁这个过渡年龄

13 岁的少年似乎懂事又不很懂事，处在半幼稚半成熟的过渡阶段。这时他们想独立还不可能，想自主还自主不了，生理上的急剧变化又不断地引起他们内心的疑惑和不安，急需对他们进行正确而适度的性教育。为了使学生顺利地渡过 13 岁这个转折阶段，应在更大范围内试行和推广北京景山学校关于将"六三三"（小学六年、初中三年、高中三年）学制改为"五四三"（小学五年、初中四年、高中三年）学制的经验。在学制尚未改革前，小学在学生毕业后要负起"送一程"的责任，坚持把思想教育工作做到中学老师把学生接过去时为止。中学的教育工作要注意和小学衔接紧协调好，在内容和方法上都要适应学生 13 岁的年龄特点，对学生的言行、衣着、社交等倾向既要管，又不能粗暴干涉，管得太死；又要注意不能像对待高中生那么放手，因过分强调自觉而导致自由放任。法制教育课一定要坚持在初一就开课，生理卫生课似乎可以考虑适当提前开课时间。在初中阶段最好能建立每两周一次的"谈心课"（或称"心理指导课"）制度，对学生按性别不同分班由同性别的教师负责授课，讲解必要的性知识，解答学生在生理发育过程中的问题，提高学生的心理健康水平。

（四）加强对家庭教育的指导

家庭环境是对子女身心发展影响最大、最深刻的一个社会层次。一般认为家庭环境是由家庭成员状况、家庭经济状况、文化状况、家风、居住条件等要素构成。恶逆变者所生活的家庭环境一般都有一种或几种"可能致罪因子"。

家庭教育也是一门科学，社会科学工作者应当加强这方面的研究和指导，使其从"自然"状态中摆脱出来，以改变对家庭教育只有原则要求，缺乏具体指导，与学校、社会教育不同步、不协调，甚至相抵触的局面。首先，在理论研究上要有所突破，才能对现实工作予以有力的指导。比如，由于推行计划生育，家庭规模已经日趋小型化，家庭内部层次单一（只有父母与子女这一个层次），独生子女家庭越来越多，家庭经济状况普遍有所提高。近年来离婚人数相对增多，必定会出现更多的残破家庭和"二次组合"家庭。如果说过去在残破家庭中生活的女孩因处于父不父、子不子、兄不兄、妹不妹的关系中较易受异性侵害并发生恶逆变的话，那么现在类似不幸的女孩将生活在孤亲家庭中（即只有亲母或亲父，连兄弟姐妹都没有），由于家庭中血亲温暖源的减少，诱发离异倾向或直接在二次组合家庭中受异性侵害的可能性将会增大。

（五）尽快制定"青少年保护法"

有关尽快制定青少年保护法的问题社会各界早有呼吁，若从"被害人学"的角度看，更有尽快制定"青少年保护法"的必要。比如：电影作为一门观众最多、最有影响的艺术，青少年是其最热心的观众，而在青少年中确有因受影片中某些情节和镜头的诱发和"教唆"而走向违法犯罪的。有的同志认为过错在影片本身，但客观地看，影片是一种视觉艺术，文化部既不能下命令禁止国产影片中出现男女搂抱、接吻的镜头，也不能设关卡禁止一切有类似镜头的外国影片进口。只有在"青少年保护法"中明文规定：凡是在内容和表现手法上对青少年有不良刺激作用的均属"青少年不宜影片"。才能使影片的发行和上映工作有法可依，避免内容健康但对青少年有刺激作用的影片公开上映后产生不良的社会效果。

近年来，我们对有轻微违法犯罪行为的青少年进行帮教已经取得了许多可喜的成果和经验。当然，随着社会治安的不断好转，帮教工作的总规模只会缩小不会扩大，但是这项工作不是权宜之计，急需在"青少年保护法"中有专门条款加以阐述和肯定。另外，有的地方提出对初次受害有轻微性过错的女青少年进行不公开的帮教效果较好，但由于无法可依，这些好的经验也难以及时得到总结和推广。

（六）坚决彻底收缴淫秽物品

淫秽物品是女青少年受害和发生恶逆变的烈性诱发剂，这一点已经为越来越多的人所认识。但是，对收缴淫秽物品的工作成绩却不可作过高的估计。从总的方面来说，我们现已收缴的只占流入我国境内淫秽物品总数中的一小部分（尤其是视听材料只要留下一件，就难免今后有百件、千件、万件复制出来）。当前，淫秽物品的制造、贩卖、传播活动由地上转入了地下，对社会（特别是无知的青少年）的危害程度并没有减弱。查禁工作如不继续抓紧，要不了太长的时间就会有更多的女青少年受害。为此，除应在思想上充分认识利用淫秽物品进行犯罪活动是当前斗争的新特点外，查禁措施应当进一步强化。首先，海关、边境检查、工商管理等部门要加强缉查，严密堵塞淫秽物品流入我国的孔道；其次，要长期不懈地坚持收缴淫秽物品，务必做到发现一本收缴一本，追根寻源，彻底收尽；再次，要坚决依法严惩利用淫秽物品进行犯罪活动的分子，起到打击犯罪、挽救失足者、教育群众的作用；最后，大力开展健康有益的文娱活动，把青少年的剩余精力吸引起来。这也是防止女青少年在淫秽物品的刺激下被害发生恶逆变的一项重要措施。

（七）对女性的流氓犯罪活动要坚决打击

长期以来，在我国的司法实践中对女性的流氓犯罪活动打击是不够有力的，比如男性奸污四五名女青年就能构成流氓罪，而女性和五六个男人乱搞两性关系却不构罪。究其原因：一是《刑法》的某些条款规定得不够明确，似乎判女流氓是无法可依；二是在认识上把保护妇女和惩治女流氓对立了起来，似乎女性是天然的受害者，宽恕就是保护。由于对女性的流氓犯罪活动打击不力，"被害人"这三个字成了某些女流氓的护身符，恶逆变现象也因缺乏有效的震慑作用而长期存在。

《刑法》第 160 条规定："聚众斗殴，寻衅滋事，侮辱妇女或者进行其他流氓活动，破坏公共秩序，情节恶劣的，处七年以下有期徒刑、拘役或者管制。流氓集团的首要分子，处七年以上有期徒刑。"从文意上看，所指的犯罪主体明显是男性，如把女性流氓犯罪纳入"其他流氓活动"中去也感到牵强，生硬。如能在本条增写一段惩治女性流氓犯罪的专款，则既有利于实际斗争，又比较符合逻辑。

此外，现行的《中华人民共和国治安管理处罚条例》是 1957 年制定的，不少内容和条款均需修改增补。有关部门在草拟新的《中华人民共和国治安管理处罚条例》时似应增写有关惩处女性群居奸宿或勾引男性乱搞两性关系的条款，使公安部门能有法可依，及时严肃地惩处违法者。

根据犯罪心理学的研究，刑罚惩罚对犯罪分子来说能迫使其改邪归正，按照法制观念和社会道德来调节自己的行动；而对有犯罪意图的人来说又具有吓阻作用，能促使其头脑中的法制观念逐步建立，从出于惧怕抑制住犯罪恶念到自觉地遵纪守法。所以说，要预防某种犯罪现象的滋生，就必须直接地、明确地体现出法律对这一犯罪予以惩罚的严厉性、及时性。只有坚决有力地打击女流氓犯罪才能有效地预防女青少年受害后恶逆变。

（原载《青年研究》，1984 年第 11 期）

伪装书写过程中的意志与注意浅析

在文检工作中，我们经常遇到用伪装手段书写的字迹。伪装笔迹是作案分子隐藏自己或嫁祸于人的常用手段。在伪装书写的过程中，作案分子的心理状态是复杂而又矛盾的，其中意志和注意是最主要、最活跃的因素。意志和注意既在作案人书写技能所及范围内推动着伪装的实施，又默默地制约着伪装的程度，使其书写习惯顽强地反映出来。作案人的伪装书写，一方面给笔迹鉴定造成了一定的困难，同时，由于人的心理活动的固有规律，又给鉴定伪装笔迹带来了可能。

一、意志的自由是有限的

作案分子在伪装书写时，心理是紧张、恐惧、自信交织在一起的。所谓自信，就是说他意识到了意志的"自由"，深信凭他的手段可以把字迹伪装得使人看不出是他写的。的确，由于语言文字的社会规范只有大体的规定，没有细节的要求，人在写字的时候，故意改变字的正常结构，或把某些笔划写得怪模怪样也是可以辨认的。仅就这一点来说意志是"自由"的。但是，作案分子总不能把字写得使人无法辨认，他的伪装书写能力也不可能超越其固有的文化知识水平和书写技能。所以，我们说作案分子是认识不到人的主观意志不仅在外部受到客观环境条件的限制，而且在内部也受到心理活动规律的制约这一点的。人在书写活动中意志是既"自由"又不自由的。说它是自由的，是因为它可以自由地调节某些书写动作；说它是不自由的，是因为人的意志不可能突然完全改变他的书写习惯。意志对书写运动的控制，只有顺着书写运动习惯才能产生效果。如果意志的控制与书写运动习惯相悖，那么意志的自由就几乎化为乌有。1982年2月，笔者受检一起字迹结构松散，笔画有明显抖动的反动信件。破案后查明反动信是一个51岁的人所写。他说："我写的时候故意用手指夹着钢笔的尾部，把字写得像小孩子写的一样，我想你们是查不出来的。"作案人伪装书写时主观意志作了巨大努力却仍未能逃脱法网的原因固然是多方面的，但从心理学上来说人在书写活动中意志的自由是相对的、有条件的，这也是个重要原因。作案人若患有震颤麻痹症，伪装书写时意志的控制不但丝毫不能减轻笔尖的抖动，而反使抖动更加明显。意志的努力既不能改变具体字的写法特征，又不能掩盖住收笔、转折笔时的习惯性的运笔动作。因此，在相对的、有条件的意义上来说，意志是自由的；在绝对的意义上，从根本上来说，意志是不自由的。任何人的意志都要受到客观规律的驾驭，都不可能具有突然完全改变书写动力定型的自由。恩格斯说得好："意志自由只是借助于对事物的认识来作出决定的那种能力。"（引自《反杜林论》《马克思恩格斯选集》（第三卷），人民出版社 1972 年版，第 154 页。）从文检实践来看，作案人在伪装书写时，自身的书写习惯有的暴露得多，有的暴露得少，有的反映直接，有的反映间接，但是有一点可以肯定，即自身书写习惯一点都不暴露的作案分子是绝对没有的。自由作为对必然性的认识，只有在认识必然规律性的基础上才有可能得到。作案分子对自己书写运动习惯的认识只限于个人的经验，所以他在伪装书写过程中意志努力所能得到的自由也就微乎其微了。

二、意志的控制是不彻底的

人的意志努力是一种积极的活动过程，其中包括调节外部动作和控制内部心理状态这两个方面。作案分子从酝酿作案到实施犯罪，必然有一个克服内心阻力的过程。内心斗争的"胜利"会引起肯定性质的情感，诸如意识到自己的"力量"，体验到能控制自己的感觉，甚至会有一种"胜利"的预感。然而，由于其行为的非正义性和人民民主专政的威慑力量，在具体实施犯罪的时候，紧张和慌乱往往会重新出现。由于紧张，意志控制行为的有效性和准确性就会降低。而且，越是紧张，越难控制，越是控制不住自己就越加剧紧张，这时人的书写习惯就会伴随着紧张而较多地流露出来。

作案人在伪装字迹进行犯罪活动的时候，必须用意志控制书写动作。然而，其自身的生理机能却不能使他如愿。笔者 1982 年 6 月受理的一起诬告信案就足以说明这一点。作案人似乎意识到自己草字头的写法较特殊，故凡是用到草字头的地方都注意作了伪装，但却在"花"字上露出了她的习惯写法。原来"花"字就是她名字中的一个字。可想而知，"花"字在她的笔下是写得相当熟练的。在伪装心理的支配下，强烈的意志努力不但没有把动力定型全部抑制住，反而启动了"自动化"的阀门，使手指肌肉群不由自主地依照习惯而运动了。这是因为人在控制具体书写动作时，主要是第二信号系统的语词信号在起作用，而语词信号具有两重性，它不但能引起动作反应的兴奋，也能引起动作反应的抑制，从而起着发出随意运动的始动和制动信号的作用。特别是由于人的书写动作是在视觉、动觉的监督调节作用下，依靠手指肌肉群的精细的自动化运动来完成的。伪装书写时所发出的语词信号，不但与形象记忆、动觉习惯相矛盾，而且是抽象、混乱的。尤其是诸如笔划的起笔动作、行笔趋势、收笔位置、运笔压抑点分布等具体动作方式的特点，都不是言语所能确切描绘的。因此，任何人也不可能准确地用语词信号发动和制止手指肌肉群按某种顺序及力度去收缩和舒张。而且，由于对具体动作细节的过多干预，有时反而会干扰动作按主观愿望准确执行。于是，动力定型就会默默地抵抗着意志的控制，而在隐蔽和细节之处顽强地表现出来。

三、注意的集中与广度相矛盾

人在正常书写时，注意集中于思维，具体的书写动作处于"自动化"的实现过程中。而伪装书写时，注意必然指向和集中于书写的每一个具体动作。心理学研究证明，一个人注意到某一些对象，同时注意力便离开了其他对象。集中注意的对象是注意的中心，其余的对象有的处于"注意的边缘"，多数处于注意范围之外。对某一对象的注意越集中，那么他对其他对象就越模糊。当作案人竭力在字形上搞伪装的时候，字的写法、笔顺、搭配比例、布局等特征就处于"注意的边缘"或注意范围之外。1982年，某中学教师孙淑兰控告该校储蓄代办员摹仿其签名贪污了她的存款。初看账本上的"孙淑兰"三字与孙本人的签名在字形运笔方向、字间安排等方面并无别样。但细一观察，二者运笔抑压点的分布却截然不同。经收集储蓄代办员的平时样本比对认定了摹仿事实。这一案例说明：摹仿他人笔迹时，字的基本写法、形体、布局、明显的连笔特征、大的运笔趋势可以陆续成为作案人注意的中心，而起收笔的细小动作、运笔抑压点的分布、笔力及笔画间的照应关系则处于注意范围之外。结果引人注目的明显特征，摹仿得真伪难辨，处于注意边缘或范围之外的细节特征就漏洞百出，甚至完全按照自己的习惯书写了。

伪装字迹是一种有意注意的过程。尽管这种有意注意的内部诱因（动机）有利于注意的加强，但是，其注意的广度仍然不可能摆脱人类心理活动的基本规律。注意的广度是指人在同一时间内所能清楚把握的对象的数量。研究证明：人只能在同一瞬间意识到同时作用于他的许多事物中的有限部分。人的有意注意对于注意的对象是具有选择性的，他会根据自己的需要从众多的被意识对象中选择其注意的指向点。一般来说，人对被注意对象的把握程度是与被注意对象的数量成反比的。即数量越少，把握得越清楚，越确切；数量越多，把握得越模糊，错误也越多。由于人的这种心理活动规律自己能比较明确地体验到，于是经验就迫使他把注意指向于他认为最重要的方面或环节，而对其他众多的事物采取"不予置理"的态度。1983年，笔者受检一封恐吓信，因嫌疑人案前样本字迹不足而提取案后样本，发现嫌疑人每写到"就"字时总要先停一停笔，小心翼翼地写得特别工整。经对比发现除"就"字外，其他字的大量特征均相符合，足以做出认定的结论。破案后此人供认："你们叫我写字，我心里就直发虚，怕把我那个怪里怪气的'就'字写出来。"可见，在伪装笔迹的过程中，作案人是必然陷入"按下葫芦浮起瓢"的困境的。诚然，注意的广度是随个人的知识经验及生理特点的不同而有所不同的，而且个体差异十分明显。但是，通过书写文字表达思想的过程涉及内容构思、遣词造句、文字布局、单字书写、运用标点等许多方面，即使作案人的文化水平较高，社会经验较丰富，也不可能在这样大的范围内注意到各个细节，从而把自己的书写习惯毫无遗漏地伪装起来。

伪装书写过程中，之所以会出现顾此失彼的现象，还有一条重要的原因：伪装书写时注意的集中点不符合注意的正常规律。正常书写时，人有时也会把一小部分注意力集中到写字上来，这时，他所注意的是如何更加灵活合理地完成书写动作，把字写得好些（即动作的结果上）；而伪装书写时注意是集中到每个字、每一笔如何写上（即动作的方法上），并强行要求书写动作背离他本身对这个字的形象记忆（人对文字的形象记忆自从其掌握了书写技能以后就像"印模"一样明晰地储存于大脑中的）。这时注意集中的部位和目的都是与人的中枢神经正常活动不相吻合的。尽管作案人可以运用意志的力量加强注意，但事情的结果却不能使他如愿。越是这样，顾此失彼的情况就越严重。

我们之所以在严重伪装字迹中往往能发现一些价值很高的笔顺特征，就是因为作案人伪装时注意指向于书写的动作方法，而对动作的先后顺序（笔顺）就无暇顾及了。尤其是笔尖一运动就在空间留下了一定痕迹，看得真切，易于引起诱向注意，而运笔的先后顺序在书写过程中只是一闪而过，极易被作案人忽视。总之，人之所以能写出字来是在一定的时间、空间内运动的结果。作案人伪装笔迹时，要在时间、空间这两个方面都做到万无一失是根本不可能的。

四、注意的集中不能恒定持久

作案分子在进行伪装书写时，运用意志的力量一是要保持注意的集中，二是要维持注意在一定时间内的持久。现代心理学的研究已经证明：越紧张地加强注意，注意的范围就越小。越是紧张地注意越容易引起疲劳，导致注意趋向分散，注意的强度大幅度下降，直到丧失注意。未经专门训练的人，注意处于最佳点（既有一定的广度又有一定的强度）的时间是很短暂的，绝大多数时间都是在最佳点附近摆动，摆动的幅度因人、因时、因事而异。运用伪装字作案的人，由于其个体状态不同，所写的文字多少不同，需要注意的广度和注意的高度集中的时间长短也不同。但一般的规律是：字数很少的，书写活动有可能在注意尚未分散或刚出现分散的情况下完成。字数越多，所要求注意稳定集中的时间越长，于是，就有越多的字是在注意已经分散或强度不够的情况下写成的。因此，就会更多地暴露出作案人书写习惯的本来面貌。

由于人的感受性不能长时间地维持在某种固定的状态，而是有间歇地加强和减弱。注意的这种周期性变化是注意的基本规律之一，也叫做注意的起伏（实验证明每一次起伏周期时约 8~10 秒，个别差异范围较大）。在作案分子进行伪装书写的过程中，处于注意起伏的正时相期可能把当时正在书写的单字伪装得全面些，而处于注意起伏的负时相期，就必然会有较多的书写习惯特征暴露出来。对实际案件的分析也可以发现，没有任何一个作案分子能通篇到底把大量文字作全面伪装。一般的规律是：一部分字迹伪装程度较严重，另一部分伪装程度较轻微，互相掺杂，高一阵、低一阵，呈波浪式。这种规律性的反映是与注意的起伏相一致的。有些案件开头伪装程度较严重，随着书写字数的增多，本来书写习惯的暴露也随之增多。这种伪装程度梯级下降的现象表明，作案人对具体书写动作的高度注意是难以持久的。这是因为强制性把注意集中到重复单调的书写动作上，而这种动作的乏味的刺激不但不能使大脑的优势兴奋中心得到加强，反而会抑制大脑的优势兴奋中心。在进行伪装书写时，由于其注意需要不停地从此一笔划转到彼一笔划，从这个字移到那个字，这种没有新异性的频繁枯燥的转移，必然会造成注意的分散或引起疲劳，于是其固有的书写习惯就会悄悄地流露出来。

综上所述，作案分子在进行伪装书写时是不能摆脱其文化知识水平和心理活动规律的制约的。想用主观意志一下子完全改变固有的书写习惯是办不到的。加之我们检验时考察的是书写习惯的整体（即个人笔迹特征的总和），而不是某一部分或某一个别的特征，这就决定了伪装字迹是可以识别的，也是可以通过检验来确定书写人的。

（原载《中国刑事警察学院学报》，1984 年第 2 期）

受害女青年在破案中的特殊作用

　　据统计，刑事案件被害人中，女青年的比重较大，特别是强奸、抢劫、流氓、凶杀等案件的受害者大多数是女青年。为此，一方面公检法机关要更好地发挥职能作用，及时有效地打击犯罪，尽可能地减少犯罪案件的发生；另一方面共青团、妇联等组织要教育女青年勇敢地同犯罪侵害作斗争，一旦遇到歹徒作恶，心不慌，腿不软，果敢镇定，敢斗善斗，直至挫败歹徒的罪恶阴谋。教育女青年勇敢地同犯罪侵害作斗争，其意义不仅仅是"自我保护"，更重要的是提高女青年的斗争精神和意志水平，使其能在同犯罪作斗争的过程中为社会作出应有的贡献。从刑事侦查的实践来看，只要受害人能勇敢地与罪犯作斗争，现场上的痕迹和物证就比较多，尽管犯罪分子狡诈多端，查破案件的难度也会相对降低。反之，如受害人遭到犯罪侵害时精神崩溃，甚至吓得昏迷过去，不但自己受害深重，而且难以向公安机关提供线索，往往使案件的侦查难度陡增，犯罪分子不能得到及时有力的打击。所以说，教育女青年勇敢地同犯罪侵害作斗争具有重大的社会意义，是各级共青团组织应当认真做好的工作之一。

　　当前，女青年在面临犯罪侵害时都有较强的自我保护意识，但消极防御的多，积极斗争的少。实践早已证明，在犯罪分子面前采取"一躲二逃三求饶"的方式收效甚差。诚然，在发觉犯罪分子已将自己作为猎物时想尽力躲避的心情是可以理解的，但是，躲也得看清当时的具体情况和地理条件。一般来说应由人少的地方向人多的地方躲；由不易被人发现的地方向较易被人发现的地方躲；由偏僻的地方向靠近交通枢纽或干线的地方躲；由自己生疏的地方向自己比较熟悉的地方躲。切不要只顾躲避而一头钻进很少有人的死胡同，使自己处于孤立无援的境地。一旦躲不开，逃是下策，斗是上策。斗并不是单纯的拼体力，呼救、周旋、攻心、斥骂都是斗争的方法。特别是呼喊求援既可以达到报警的目的，又可能对罪犯产生强烈的心理威慑作用，特别是对偶犯和初犯往往能加剧其内心的空虚感和失败的预兆，动摇其犯罪的意念。

女青年同犯罪侵害作斗争时体力上的强弱固然是一项重要的条件，但在根本上起决定性作用的是有没有敢于斗争的精神，意志是否坚强。黑龙江省某地有位 24 岁的女教师叫曹秀玲，一天凌晨 2 时许，她过去的男朋友在无理纠缠中突然点燃胸前的导火索（炸药绑在其腰间），把她死死抱住压在身下。曹秀玲在这生死关头，右手抓住哧哧冒火的导火索，左手猛拽罪犯腰间的炸药包。由于她的勇敢和机敏，雷管在即将被点燃的一瞬间与导火索相分离，成功地挫败了犯罪分子的杀人阴谋。同在该地另有一位叫葛华的女青年，当她过去的男朋友突然点燃挎在身上的炸药包时，她被吓得连连惊呼："你干什么！你干什么！"在惊恐中被犯罪分子夺去了宝贵的生命。这两起案件情节手段基本相似，两位受害者的体力与面对的犯罪分子的情况也大体相同，但后一起案件的导火索长于前一起案件导火索 1 倍以上。也就是说，葛华可作反抗的时间要比曹秀玲多出 1 倍，但是曹秀玲除手掌局部烧伤外别无损失，葛华却使犯罪分子的阴谋得逞了。根本的原因在于小曹临危不惧，镇定果断，在敢斗的前提下，斗争方法比较得当。

当罪犯向女青年步步逼近的时候，任何惧怕和怯懦只能加速和加重犯罪恶果的出现。头脑冷静，有随机应变能力的则可设法以智取胜。上海有位女青年凌晨在骑自行车上班的路上被两个流氓歹徒持匕首威逼下车，她即主动掏出 3 元多钱说："家里母亲生病借来 5 元钱，用去 1 元多，剩下的统统给你们吧！"流氓欲动手侮辱时她机智地说："现在我要去上班，时间来不及，反正我还没有男朋友，以后日子还长呢！"并应允当天晚上 11 时到衡山电影院门口约会。女青年脱身后及时报案，不仅使公安机关当场捕获了两名罪犯，还以此案为线索查破了 10 起拦路强奸、抢劫案。

在不具备智胜条件时，女青年要注意选择恰当有效的反抗方法猛击罪犯的要害和薄弱部位。在强奸案件中，罪犯的面部和生殖器可选为反抗的着力点。突然用手指猛抠罪犯的眼珠，可使罪犯很快失去犯罪的能力。当罪犯强行接吻时可突然咬其嘴唇或舌头。在罪犯下身已暴露时猛捏其睾丸，可使其剧痛难忍甚至昏迷。即使上述反抗手段未能实施成功，被害者也要设法在罪犯的脸上或身上留下咬痕或抓痕，为侦查破案创造一些有利的条件。杭州市曾有一名女青年被罪犯骗上吉普车开到郊外实施强奸，在孤立无援的状态下，她仍然想着要惩治罪犯，特意从车上抓了一把擦车用的废纱，记准了车座外罩的图案色泽。报案后公安机关根据被害人提供的线索和物证很快就破了案。所以说，向公安机关提供线索和物证也是同罪犯作斗争的重要方面。记准犯罪分子的体貌特征，故意在犯罪分子身上留下记号，以及保护好罪犯遗留在现场的物品和痕迹都是同罪犯作斗争的有效方式之一，无论对女青年本身或是对社会都是大有益处的。

　　在女青年常见的犯罪侵害中还有一种类型，起初表现为无理纠缠发展到一定阶段便以暴力作恶，女青年对此应有高度的警惕。特别是当与自己曾有恋爱婚姻纠葛的异性肆意纠缠时，一定要设法尽早脱身，及时向组织及亲友报告求得帮助。千万不要优柔寡断孤身一人做劝说工作。在一般情况下这种劝说不但无济于事，而且会加剧对方占有欲和报复心理，这对女青年来说也是值得重视的。

（原载《青年研究》，1985 年第 11 期）

证人对时间误证的产生及预防

在侦查实践中，我们经常运用搜集证言的方法来确定案件发生的时间或考查某人是否具备作案时间。这是因为任何行为的实施必须在一定的时间、空间范围内，任何犯罪无不与一定的时间相联系。而且，在绝大多数情况下，犯罪活动所占用的时间具有排他性，即在同一时间内他只能为此而不能为彼。所以，这类证言在侦查工作初期具有划定侦查范围的作用，在澄清嫌疑时往往能"一锤定音"，在认定犯罪时则更是必不可少的重要依据。因此，证言是否确实可靠对侦查工作的成败有着十分重大的影响。

证言按其内容可分为真实的证言和虚伪的证言。有意作伪证的人当然不可能提供真实的证言。那么诚实善良的人提供的证言是否一定可靠呢？有人曾做过这样一个实验：在一次国际科学家大会上，正在开会时突然冲进两个人来，一个是强盗，一个是警卫，手里都拿着枪，拳打脚踢一阵，还打了一枪，又都打着出去了，一共 20 秒钟。主席马上宣布刚才是考试，现在请每个人把刚才所见到的事实记录下来。结果，在交上来的 40 篇记录中只有 1 篇差错少于 20%，有 25 篇的差错多于 40%，有一半的人还编写了一些根本没有的情节。这一实验说明：诚实的人所提供的证言也会有失实之处，甚至夹杂着主观想象的成分。

本文仅就证人对时间产生误证的机理、原因及预防的方法略作探讨。

一、证人对时间产生误证的机理

我们知道，证言是由证人的感知能力、记忆能力、陈述能力三要素构成的。感知—记忆—陈述，这三个有序环节中的任何偏差都必然影响证言的可靠性。证人一般易对时间、距离、速度、数量、颜色、声响、气味以及人的体貌、衣着、年龄发生误证，而在证实时间上尤其容易发生误差。这是因为：

1. 时间作为物质存在的一种客观形式，具有一去不复返的特性。时间在流逝的过程中既不留下任何痕迹，也没有任何形象可以捕捉。人在回忆某一段时间的长短时，只能根据他对有关事物或情节过程的记忆来作出估计。人对时间判断的这种间接性决定了有关时间的证言难免有误。

2. 人对时间的知觉是借助多种分析器实现的，它们结合成一个体系，作为一个统一的整体起着作用。时间知觉的基础是中枢神经系统内，大脑两半球兴奋和抑制的周期交替，兴奋和抑制过程的衰减。而每个人的生理、心理状况的差异，都会使同一时间在不同人的感知中发生较大的差别。

3. 现实中钟表虽已普及，而且人的日常活动在很大程度上依靠时钟来调节，但由于人的生活环境、工作职业、行为习惯不同，对钟表的依赖程度也各不相同，大量存在着凭个人的体验估计时间的习惯。这种估计的误差率往往很大。

4. 个人对时间估计的误差是不易被发现的。例如，"抽支烟的功夫"是一种常见的估计形式，那么这段时间究竟有多长呢？经笔者调查发现绝大多数人认为在 5~8 分钟之间，而实际在通常情况下却需 10~12 分钟时间，估计中的误差之大使人难以相信。这是因为：以个人主观体验得出的某一时间概念，一般不会也没有必要对它认真地加以审核和修正，而心理定势一经形成，往往使人难以摆脱。

二、证人对时间产生误证的原因

证人在对时间的证实中出现误差常常是证人本身意识不到的，是不以证人的诚实与否为转移的。不可靠的证言出自老实人之口的事在侦查工作中时有发生，笼统地把原因归结为证人糊涂是不科学的。侦查员应当认识到：每个人对时间的感知、记忆、陈述能力都有差异，加上某些客观原因和心理因素的影响，证言就会有一定的失真度。一般的规律是：对长的时间间隔易作出过短的估计，对短的时间间隔易作出长的估计，而且案件发生得越久，时间估计的误差就越大。

在证言形成的过程中，影响时间估计准确性的主要因素是：

（一）证人的年龄、职业和经验

证人对时间证实的准确性在一定程度上受其年龄、职业和社会经验的影响。知识、经历较丰富的成年人对时间的知觉较准确，但在陈述时易掺杂个人的推测，而且比较自信。老年人对时间知觉的准确性明显低于青壮年，而且受情绪的影响比一般人更甚。儿童的时间知觉形成得相当晚，但小学生对与他们日常活动有关的时间片断鉴别的准确性最好，不过易被暗示所左右。

从事时间性较强的工作的人，对于与其工作节奏或阶段性相近的时间判断得较准。如教师对 50 分钟及 10 分钟这样的时间片断把握得较准；医生、护士对 15 秒、30 秒这样的时间能较准确地掌握；篮球裁判对 3 秒钟判断得很准。农民（特别是老年农民）对时间习惯作概略性的判断，在陈述时表现出对衡量时间的媒介的依赖性很大。有的干脆用自然界的周期性现象或其他有形事物的进程来表示时间，如"日头落的时候"，"抽袋烟的功夫"，"打个盹那么会儿"。这种表示法实质上反映了他对时间片断的判断是粗略的，以主观体验为主的。

（二）被证人所感知的那段时间的内容

时间在被人感知的时候并不是赤裸裸的，都有一定内容占据其间。一般说来，如果被证人感知的那段时间内容比较充实，而且又是为证人所感兴趣的，如两个人在全神贯注地下棋，发案后东奔西跑地找人，等等。证人当时对这段时间容易估计得过短，但过后回忆起来又会觉得长。而对空的时间，如闲得无聊又无事可做，发案后焦躁地等候公安人员到来，等等。证人当时易作过长的估计，而事后回忆起来又会觉得短。

由于时间知觉是借助多种分析器来实现的，所以人在某一段时间内视觉、听觉、动觉上感知到具有新异性的刺激，那么他就可能对这一段时间记忆得比较清晰。比如甲晚上常到乙家打扑克，当需乙证实甲前天晚上是何时来的时候，乙就可能记忆模糊，甚至出现"张冠李戴"的错误，而在打扑克的过程中如乙家来过一个陌生人，则在场人一般都能比较准确地证实这个陌生人是何时来的。

（三）证人当时的情感体验

人对时间知觉的准确性与当时的情绪状态有一定关系。在感到满足和快乐的时候易形成时间过得快的错觉，而在紧张、恐惧、孤立无援、期待或厌倦的情绪下，会使时间间隔主观地延长。此外，情绪过度兴奋、紧张和恐惧，也会使事后的回忆难以准确。笔者曾遇到过这样一个案例：某宿舍内住四名女青年，夜间一流氓入室进行流氓活动时有一女青年被惊醒，开灯未亮（灯泡已被犯罪分子拧下），惊呼救命。流氓慌忙逃窜后又猛敲后窗，四人皆醒但未敢追赶，在惊恐中熬到天明。报案后问她们醒来是几点钟，却没有一个人说得出时间，都说："我们都吓死了，过了好长好长时间天才亮。"破案后证实，此案发生在拂晓前，作案分子逃窜时距天亮只有一个小时。

（四）证人的记忆力及记忆的选择性

我们知道，久病衰老的人感知能力会降低，精神异常的人往往健忘。脑动脉硬化患者的记忆力普遍低于同年龄的正常人。脑血管意外病人知觉能力下降，瞬时记忆能力最差。神经衰弱病人对已感知的情况常有遗忘细节的现象，而且联想记忆能力差，但在给予鼓励和督促时记忆能力能有所提高。这些都说明人的记忆能力是因人而异，且受健康状况影响的。一次某食堂豆油被盗，当侦查员询问值夜班的炊事员是几点钟离开食堂时，她说因为感冒发烧硬挺着打完夜班，迷迷糊糊也不知是几点走的。当时有人认为这个炊事员可疑，但破案后事实证明，此案与该炊事员无关。她当晚有病是真，证言也并未掺假。

人对过去事物的记忆具有相当大的选择性，有的事记得十分详尽，就连某人在什么时候皱过一下眉也记忆犹新；有的则只记得大体的轮廓，主要的经过。对同一件事，不同人的记忆也各有侧重点。凡能清楚完整陈述的部分都是其自认为重要的部分或与其记忆习惯相吻合的部分。有的人形象记忆能力强，有的人听觉记忆能力强，有的人善记情节经过，有的人长于情绪记忆。因各人观察事物时的敏感点各不相同，选择记忆的内容又不尽一致，也影响对时间估计的准确性。

（五）调查取证是否及时

人在感知事物后的极短时间内（以分、秒计）的记忆是瞬时记忆；经过识记过程在一定时间内（以小时、日计）的记忆为短时记忆；在较长时间（以日、月、年计）内的记忆是长时记忆。瞬时记忆有待巩固发展，也易受干扰。短时记忆巩固、泛化、干扰都可能起作用。长时记忆泛化、消退是主要的变化，干扰也可能起一定的作用，特别是对回忆和再认，干扰可能发生显著的影响。这就要求我们尽可能早地开展调查访问，利用证人对感知到的事物记忆犹新的时机，力争及早把有关的时间定准，避免因泛化、干扰等因素引起证言失实。对嫌疑人有无作案时间的查证要争分夺秒地进行，以免时隔太久，证人对当时的时间和情景记忆模糊而在证言中掺入主观想象的成分。对于时隔已久的案件，若没有足以引起证人久记不忘的特殊情节，证人是不可能提供确切的时间判断的。如果证人在时隔数日甚至更长时间之后，仍能报出一连串的准确时间，则应考虑证言是否有诈。

（六）证人有无受暗示

有的侦查员由于破案心切，思想方法不正确，在调查取证时从自己概览现场、初作了解时产生的主观印象出发，有意或无意、直接或间接地对证人进行诱导、暗示。证人如有意迎合侦查员的需要"顺竿爬"，就极易作出与事实不符的证言。有时，证人是在不自觉的状态下接受暗示而使证言失实的。如在证人陈述了某人到他家的活动经过后，还没来得及对其逗留的时间作出估算，询问人就插话说："他在你家待了有半个小时吧？"结果证人不及细想顺口就答应了下来，于是笔录材料上就形成了某人在证人家里逗留了半个小时的记载。诸如此类在暗示下产生的证言将侦查工作引入歧途的教训并不少见。

三、证人对时间产生误证的预防

证言，是证人就其直接或间接感受到的有关案件事实的某些情况向侦查、检察、审判、执行机关所作的陈述。然而，人对时间估计的个体差异和误差率颇大。一般在陈述中所反映的时间除了其当时恰巧或有意识地看了钟表以外，都是通过某种衡量时间的媒介得出的估计数。前者是证人对时间的直接感知，比较准确可靠；后者只是一种间接的感知，受主观意识影响的成分较大。当前，作案分子的作案手段日趋狡诈，运用"时间差""快进快出""闪电式""奔袭式"等手段的智能型犯罪时有所见。侦查员除应善于识别伪证，注意到"生理上、精神上有缺陷或者年幼、不能辨别是非、不能正确表达的人，不能作证人"（见《中华人民共和国刑事诉讼法》第37条）之外，还必须学会发现和纠正诚实的证人由于其自身体察不到的原因所造成的误证。为此，应注意下列问题：

（一）分析证言与其他证据是否一致

判断证人所反映的时间是否可靠，首先应分析证言与其他足以表明时间的证据是否一致。如果同其他证据是一致的，一般可以采信；如果不一致，则应研究其原因并作进一步的查证。

为了准确确定案件发生的时间，侦查员要注意从现场上足以表明时间的物品状况和尸体现象等方面综合判断案件发生的时间。在审查嫌疑人有无作案时间时，要特别注意审核有关证人对时间估计的准确程度，必要时可运用侦查实验加以验证。

在审核证人证言时，应同时考察其判断时间的根据，查明证言中反映的时间是当时看钟表得知的，还是根据个人的经验或生活规律推测的；是凭自己的体验回忆估计的，还是在他人的暗示下人云亦云的。弄清了这些情况，再结合证人的年龄、职业、文化、当时的情绪等因素便可发现造成证言与其他证据相矛盾的原因，对证言中的误差做出合理的解释。

（二）帮助证人通过记忆"支撑点"推算时间

在证人与侦查员采取合作态度的情况下，证人是能够尽自己所知对有关时间作出判断的，但是这种判断大都是凭借主观上体验到的时间进程的快慢作出的。侦查员如不注意分析，证人怎么说我就怎么记，极易给工作带来后患。正确的方法应是既尊重证人又不盲目听信，耐心地启发证人回忆当时的事实经过，恰当地选择为证人所熟悉的又在时间上具有固定性的事物或现象作为记忆的"支撑点"。如每晚8点中央人民广播电台播出各地人民广播电台联播节目，每天凌晨3点40分有一列车到达某地等。"支撑点"要尽可能选择在与证人所要证实的那个时间比较接近处，然后耐心地与证人一起回忆在"支撑点"前后进行了哪些活动才发现异常情况的，并对每一活动所需的时间作出估算。这样，最后推算出的时间准确程度较高，而且便于事后审核和实验。

（三）发掘证人的"无意注意"佐证时间

一般来说，凡发生刑事案件都有使人惊骇、愤怒、恐惧的情形。这时被害人或目击耳闻者往往产生极其强烈的"有意注意"，使其注意力高度集中地指向某一点，而对当时的时间进程等情况感知得十分模糊。这时侦查员唯一正确的做法应当是采取和蔼信任的态度，帮助证人消除在回忆、陈述方面的心理障碍，耐心细致地启发证人把案发前后在无意之中感知到的人、事、物回忆起来表达清楚。这不但对搞清案情、发现线索十分有利，而且可能在找不到直接证据的情况下，从一鳞半爪的线索为起点组成间接证据的链条，用迂回的办法把案件发生的时间定准。

心理学的研究认为，紧张的情绪会抑制记忆能力。当某一往事回忆不起来的时候，绞尽脑汁去硬想并不是上策，应从要回忆的目标周围去探求别的线索，逐渐使思路扩展到要回忆的目标上来。当证人因判断不清案件发生的时间而紧张和苦恼时，侦查员首先要缓和其紧张的情绪，运用谈心闲聊的方法，和证人多侧面地沟通。进而使证人转移注意力，从已经梗塞的回忆中摆脱出来，自然而然地从回顾似乎与时间无关的所见所闻所感入手，引导证人另辟蹊径，把案发前后感知的一切准确有序地回忆起来。实践证明，让证人作出明确的时间判断似乎是捷径，但往往"欲速则不达"；发掘证人的"无意注意"好像是转了一个大圈子，但给侦查工作带来的常常是"柳暗花明又一村"。

（四）采用适当的调查方法

案件的情况千变万化，在侦查工作中固守"老经验"或生搬硬套某一固定的模式是没有不摔跤的。当前，刑侦战线有的同志对"定时定位"这一调查摸底方法的局限性认识不足，把这个只是在特定条件下有效的办法用滥了。笔者认为，运用"定时定位"法搞调查摸底应注意以下"四不宜"，即事过境迁的案件不宜搞定时定位；夜间发生的案件不宜搞定时定位；发案当时单位无集中统一活动的不宜搞定时定位；定时定位的幅度不宜过大。这是因为"定时定位"法只能解决哪些人有作案时间的问题，而且调查是在本人自述，群众间互相证实的条件下完成的。从表面上看似乎是铺满盖严无一疏漏，但实际上查证工作往往跑粗，甚至流于形式。这种"网大网眼也大"的局面极易使作案分子漏网。特别是抢劫、纵火等案件，一般来说罪犯行动迅速，作案时间很短，即使没有伪证干扰，也可能因证人的疏忽或证言中的误差使作案分子逃遁。因此，在搜索作案嫌疑人时，不能把作案时间条件绝对化、唯一化。在具体审查作案嫌疑人时，作案时间一定要查得十分准确。也就是说，在对嫌疑人作全面审查的基础上，对其有无作案时间要进行精确的测算，决不能简单地凭估计作决定。

调查方法本身就是一门学问。在侦查工作中调查方法是否恰当往往影响整个侦查工作的进程。特别是询问证人的地点、时间、场合，询问人的态度、语气、表达方式都会对被询问人的回忆和陈述发生影响。被询问人应对调查人的某一句话产生反感，而拒绝作证或草率作答，使侦查工作走上弯路的教训是应当汲取的。

侦查工作中询问证人，基本上都是在与证人素不相识的状态下进行的，因条件所限往往侦查员又来不及事先对被询问人的情况进行了解。这就需要侦查员在进行调查的过程中，针对证人的不同年龄、身份、职业、文化、个性，以及他们对侦查工作的态度等因素，因人而异采取恰当的调查方法。认真警惕其在证言中可能出现的误差，并帮助证人排除在作证过程中所受到的干扰。对于生理上、精神上有一定缺陷或者年幼，但尚能辨别是非、正确表达的人，更应根据他们的具体特点，采取他们所易于接受的调查方式。

（五）正确运用侦查实验

时间是不断流逝一去不返的，但任何一个时间片断却又是固定的，在一段时间内人的活动一般都可以人为地重演。所以，侦查实验在搞清嫌疑人有无作案时间问题上具有相当重要的作用。有的证言虽无伪证之疑，但鉴于其所证实的时间十分关键，仍有必要运用侦查实验加以验证，以防止由于某一证言的失实而造成整个侦查工作的失误。

审查嫌疑人有无作案时间的实验一定要严格按照原有条件反复进行多次。如从甲地至乙地所需时间的实验，应运用跑步、快步、正常步行，乃至借助各种不同的交通工具等条件反复进行多次，定准可能被嫌疑人用于作案的时间上限和下限（即最多有多长时间，至少有多长时间），以便综合分析时参考。

（六）杜绝各种形式的暗示

证人在证言形成过程中受到的暗示一般来自两个方面：一方面是侦查员有意无意地用自己的观点影响证人，可称为直接暗示；另一方面由于案件发生后众议纷纭，证人不知不觉地被这些议论所左右，可称为间接暗示。直接暗示有的源于侦查员思想方法上的错误，有的却是工作方法不当所造成的。如侦查员问证人："你昨晚七点半钟见到过李某吗？"这种问法表面上是要证人作答，实际上已从时间和人物这两个方面对证人施加了影响，实质上是一种提示，正确的问法应是："请你谈一下昨晚在何时何地见到过谁？"对于间接暗示，既要注意从工作方法、部署上加以避免（如不要用开讨论会的方法取证，不要在会议上让与会者逐人谈自己在某一段时间内的活动经过等），又要从迅速到达现场、迅速开展调查等方面努力。调查工作开展得越及时，证人的记忆越清晰，接受暗示的可能性就越小。

就案件的审理过程来说，在侦查、预审、检察、审判各阶段都需要询问证人。但将事实上的知情者变成法律上的证人的任务是由侦查员在对证人的首次询问中完成的。而且，对证人的首次询问大多是在案情尚不清楚的条件下进行的。证人对时间的误证也大多发生在第一次被询问中。因此，对证人的首次询问是一种高难度的开拓性调查。它既要求个别进行，又要求迅速及时地实施。特别是对在抢劫、强奸、杀人未遂等案件中的被害人，更应当争分夺秒及早询问。这是因为被害人在惊魂未定时，对自己的亲友、领导会发生特殊的信赖感和亲近感，极易在不自觉中接受暗示，被害人的亲友领导这时也往往在劝慰之中对案件发生的时间情节等问题流露出主观的猜测。侦查员工作稍有迟误，被害人就可能误将事后听来的时间当作自己亲临案件的时间提供出来。

另外，证人是否易于接受暗示和个人的心理素质有关。对于主见性差的证人，侦查员更应该注意在询问中排除暗示所带来的"水分"，确保证言能客观地反映事实真相。

参考文献：

〔1〕曹日昌主编：《普通心理学》，人民教育出版社 1980 年版。

〔2〕罗大华等编著：《犯罪心理学》，群众出版社 1983 年版。

〔3〕〔苏〕彼得罗夫斯基主编：《普通心理学》，朱智贤译，人民教育出版社 1981 年版。

〔4〕谢光荣、龚耀先："某些脑血管病患者的记忆研究"，载《心理科学通讯》1982 年第 6 期。

〔5〕钟少华："观察力断想"，载《自学》1984 年第 1 期。

（原载《中国刑警学院学报》，1985 年第 2 期）

青年的恋爱挫折与犯罪（摘要）

研究青年恋爱挫折与犯罪的关系，采取适当的疏导措施，改善青年的恋爱环境，应当是社会学、青年学、犯罪学工作者面临的重要课题。

一、恋爱挫折与挫折反应

一个人遭受挫折后，必然引起或强或弱，或直接或间接的反应。表现为以下几种类型：一是外泄型；二是内郁型；三是外泄内郁混合型。

二、恋爱挫折引起犯罪的主要侵害目标

挫折反应中的攻击性行为，按其攻击的指向可分为直接攻击与转向攻击两种。直接攻击的目标大都是具体明确的，往往就是受挫者主观认为的障碍来源，如受挫者认为自己是被负心人欺骗，就会把攻击的目标直指其心目中的负心人；如受挫者认为挫折来源于对方父母的阻挠上，就会直接攻击阻挠者；如受挫者发现是第三者插足，就会把攻击目标指向第三者。转向攻击一般没有具体明确的目标，常有迁怒无辜的倾向，如在公共场所制造爆炸案、驾车冲撞无辜群众等。

三、恋爱挫折引起的犯罪主要类型

一是凶杀伤害；二是强奸；三是侮辱、诽谤、诬告；四是盗窃、抢劫、贪污。

四、社会应当重视对青年恋爱挫折的心理疏导

恋爱受挫对受挫者来说痛苦是深沉而剧烈的，攻击性行为是导致犯罪的

主要原因。为有效地防止和减少青年因恋爱受挫而犯罪，既要教育青年克服"爱情至上"的错误观点，又要努力运用挫折理论进行心理疏导和防范，还要努力促进精神文明和物质文明的建设，从根本上消除索要"彩礼""高价婚姻"等导致挫折发生的因素。

（原载《青年研究》，1987 年第 6 期）

异常消费与青少年犯罪

在司法实践中，我们几乎随时可以发现：走上犯罪道路的青少年大多过分追求衣着、饮食、娱乐。而且衣着以怪诞、妖艳为美，饮食以狂吃烂醉为快，娱乐以感官刺激为主。特别是前一段时间盲目宣传"提倡高收入、高消费"，更使得这种不健康的追求涂上了"合理合法"的色彩。笔者认为：人的行为是其心理的外化，犯罪人的异常消费倾向是与其犯罪心理直接相关的。青少年"需要面前无法律"的消费观是其走上违法犯罪道路的重要心理根源。

一、犯罪青少年异常消费的主要表现

（一）消费方向异常

马斯洛说过："一个行动或一个有意识的愿望，如果只有一种动机，那是不正常的"。（转引自［美］弗兰克·戈布尔：《第三思潮：马斯洛心理学》，第 39 页）如果用一个形象的比喻来解释马斯洛的理论，那就是当一个人饿了的时候，是他全身所有的器官都感到饥饿，他整个人都需要食物，而不仅仅是他的胃。由此可见，消费者的购买动机是在生理需要综合作用下产生的。消费者的正常购买活动方向（无论是购买商品还是购买服务），都应当与其社会地位、人格特征相吻合。犯罪青少年的购买方向却恰恰相反，越是不符合其年龄、身份的东西，越能勾起他的购买兴趣。当有些厂商为追求利润，不顾社会效益生产推销仿真玩具手枪时，有违法犯罪活动的青少年也热衷于购买此类玩具，有的甚至将玩具变成了犯罪工具。上海有一个参加撬盗保险柜的初中一年级学生季某，当审讯人员问他平时看过哪些书时，季某一口气竟能背出十多本武侠、侦探小说名来。同案人张某某是个曾两次留级的"抄作业大王"，但对小报却很入迷，上课看，课后读，爱不释手。同案人陈某某也自供道："我最大爱好就是看小报。"在前一段时期，内容荒诞离奇的刊物小报充斥街头，名为宣传法制，实为教唆犯罪的文学作品暗中流传，有的文人甚至公开打起了"性文学"的旗号。这些商品进入市场，不但对消费者颇具诱惑力，而且具有极强的消费导向作用。我们平时经常说的"引导消费"，不仅是引起消费者购买某一商品的兴趣，而且指导着消费者的追求方向。撬盗保险柜的三少年就是在不健康的小说和某些武侠、侦探小说以及电影、电视的不当刺激下诱发作案的。

（二）消费目的的改变

正常的消费目的是为了满足自我的生理、心理需要。一般而言，购买商品是为了自己享用，购买服务是为了使服务功能对自身产生有益的效用，如买服装是为了美化自己，跳舞是为了娱悦，使身心得到积极的休息。犯罪青少年（尤其是女性）的异常消费表现在，消费目的不是为了实现自我需要的满足，而是为了诱惑他人。比如在男女流氓事先合谋，先由女流氓打扮得花枝招展在街头勾引男性，然后由男流氓出面敲诈钱财的犯罪中，这些女流氓打扮自己的目的就是为了实施犯罪，并使受害人不敢声张报案。我们说爱美之心人皆有之，女青年在闲暇时间用点精力梳妆打扮并非不可，关键是"为谁打扮为谁梳妆"。正常人打扮自己不仅是为了给人以"理想自我"的仪表，而且也是为了使自己能得到美的享受，而堕入卖淫或淫乱泥坑中的女青年之所以崇尚"紧透露"（紧身、透明、过分暴露）服装，就是为了自己能对异性产生强烈的刺激，能诱使异性上钩。从表面上看，她们也是持货币到商店去购买个人消费品，但这种消费的真正目的是畸形化的。如近年来在列车、客船、旅馆等人口流动的场所，以投放麻醉药物为手段抢劫钱财的案件时有所闻，用于作案的安眠药等大都是从市场买来的。善良的营业员压根也不会想到，从他手里卖出去的"安定"所起到的作用恰恰是侵犯和破坏。任何商品都具有有用性，但在一般情况下商业部门是难以顾及消费者为何目的而购买此商品的。犯罪青少年往往使用三种手段来实现其消费目的的改变，一是改变商品的原有用途及适用范围，如将用于健美比赛的"三点式"泳装用于勾引异性；二是利用和扩大某些商品自身的弱点和缺陷，如持仿真玩具手枪劫持汽车、拦路抢劫、拦路强奸等；三是利用正常消费性服务的管理不善，如混迹于营业性舞厅进行犯罪活动。

（三）消费欲的极度膨胀

任何事物的发展都依据一定量的界限来保持其性质的不变。用哲学的语言说，"度"是至关重要的，突破了一定的"度"就会引起事物的质变。随着生产的发展，个人的消费水平应当相应有所提高，但是，无视国情鼓吹"高消费"，就会促使社会上一部分人消费欲望的恶性膨胀，这种恶性膨胀下的消费欲必然地导致犯罪队伍的扩大。比如近年来"未进洞房先进班房"之类的案件时有发生，因娶"高价姑娘"和婚事奢办而债台高筑，进行贪污、盗窃的青年亦占一定比例。这些青年沦为犯罪是与其自身消费欲的膨胀及为满足新娘的消费欲直接相关的。有的男青年是自己显阔，主动地追求自身经济力量远不能及的"高消费"；有的男青年是被逼无奈，为了满足女方的经济要求铤而走险。据调查，近6年来我国农民人均收入提高了1.1倍，而农村彩礼数额却上涨了10倍。很多地方奢办婚事，吃喝挥霍，花费在两千至五千不等。再加上添置家具、服装和高档消费品，有的上万元也不够。在城市，结婚的消费标准也膨胀到了惊人的程度。婚前不仅要置办家具，还要购齐"三双一彩"（双缸洗衣机、双卡录音机、双门电冰箱、彩色电视机），"四金一裘"（金戒指、金手镯、金耳环、金项链、裘皮大衣），再加上婚礼的酒宴、旅游度蜜月等费用，是青年人正常收入无力承担的。于是，或偷或抢，或贪污或诈骗就成了这些消费欲极度膨胀者的财路。有的即便东借西挪硬撑面子结了婚，也因债台高筑、感情破裂等原因导致凶杀、伤害等恶性案件的发生。

（四）消费品获取方式的改变

在我国现阶段，个人消费品的获取方式主要是持货币到市场购买，企事业单位发给实物、亲友馈赠等只占少数。犯罪青少年个人消费品的获取方式尽管花样繁多，但概括起来无非是偷、抢、骗、贪（污）、换。对前四种手段无需多作解释。我们在此只对"换"略作介绍。实际上，"换"就是用非法的行为方式得到需要的满足。如女青年杨某某看中了地摊上出售的一种时髦皮鞋，男流氓叶某投其所好出钱将皮鞋买下递给了杨。数日后，两人再次相遇，叶说："买皮鞋的钱是我为你垫付的，总该还了吧！"杨某某说："要我钱我没有，要我报答你倒可以。"若明若暗地提出了以肉体来还债的办法。随即，叶与杨便发生了两性关系。此后，叶不再向杨索债，杨以一次两性关系换得了一双皮鞋。

人要活在世上就会有各种各样的需要，从法律意义上来说，有的需要是合法的，有的需要是非法的，为实现非法需要而行动，其结果必然是犯罪，但是满足合法需要时稀里糊涂选错了路径，仍然可能导致犯罪。当前犯罪女青少年中相当一部分，起初是为了谋得并非不合法的利益而失身，结果失去了贞洁换来了"实惠"，越"换"瘾头越大，越"换"就是越不能自拔了，可以说，青少年个人消费品获取方式的畸变，是其走上犯罪道路的重要标志之一。

二、犯罪青少年异常消费的心理动因

（一）狂极的需要欲望

每一个社会成员，对消费品在数量与质量两方面的追求和占有，都是受其需求欲望支配的，同时个人需要又必然地受到社会的制约，"想要什么就有什么"的神话是永远也不可能实现的。在社会主义条件下，只讲需要不讲可能，放任个人需要的膨胀，不但是犯罪的心理根源，而且是异常消费的心理动因。

当前，犯罪青少年狂极的需求欲望主要表现在财欲、性欲、感官刺激欲三个方向。"一切向钱看"，过分地追求物质享受是目前令人吃惊的社会现象之一，青少年受其所害自然也是首当其冲的。有相当一部分犯罪青少年就是为了吃喝玩乐，聚敛财富葬送了自己的青春。青少年在性发育的过程中，本来就很弱的自制力在"性解放"谬论的刺激下，不少如同脱缰的野马任意肆行，很快就发展到了不顾国法不知羞耻的地步。"够刺激"一词现在是不少违法犯罪青少年的"口头禅"。什么才是"够刺激"呢？说穿了无非是能通过人的感官激起性感的音响、画面、形象。犯罪青少年的财欲、性欲、感官刺激欲之所以会发展到狂极的程度，其主观方面的原因是起了决定性作用的。但是，这种狂极欲望的形成，也是同社会上畸形消费观的肆行，高档商品的诱惑，早熟消费心理的影响，"高消费"论的刺激，淫秽物品的流传，"性解放"谬论的毒害分不开的。另一方面，狂极的欲望又刺激了异常消费的产生和蔓延，对犯罪活动起着驱动作用。

（二）畸形的理想自我

十分关注自我形象，竭力按照理想自我来塑造自己，这是青少年的心理特点之一。如果理想自我选错了，那就会一错百错，闹到难以收拾的地步。希腊的一位哲学家曾经说过："首先要了解你是谁，然后相应地把自己打扮起来。"人的衣着服饰与其自我形象大体相符，这在社会常态下来说是一条规律。人对消费品的追求也是以其自我形象为依据的，而且消费除了为满足生理性需要外，在很大程度上是为了使自我形象更加完美充实，进而实现理想自我形象的塑造。在现实生活中我们常常可以看到，一个立志自学成才的青年为了买到一本好书四处奔走，而一个染有劣迹的后进青年为了搞到一副贴有洋商标的太阳镜而不惜重金。从现象上看，他们都是持货币购买个人消费品，但实质上追求的目标是根本不同的。在城市街头我们可以看到，极个别女青年刻意模仿外国小姐的衣着打扮，甚至把满头黑发也染黄了，这种怪异的打扮是和其崇洋心理密切相关的。一个犯有伤害罪的中学生，不但自称"佐罗"，而且还按照"佐罗"的打扮蒙面行凶，直到被捕后还说"我就是想当佐罗！"上海某工厂女工茅某打算春节结婚，因缺一台彩色电视机，便利用去年拾到的其徒弟朱某的家门钥匙，用调虎离山的办法，指挥其未婚夫将朱家彩电盗走。茅某盗得彩电之后，毫无隐匿之意，竟把彩电放在新房中最显眼的位置上。茅某的这一做法既非愚笨，又非疏忽，而是在她的心目中，她的新房里进口彩电是必不可少的，亲朋来宾见到彩电后都啧啧夸赞才是她的理想状态。

（三）逞雄显阔的炫耀心理

犯罪青少年异常消费的形成，有的是出于逞能耐、显威风的炫耀心理。张三有了摩托车在胡同里进进出出，自称"摩托王"，李四在家里一听到那发动机的声响心里就好不舒服，为了"震住"张三，他不惜以非法手段弄了一辆更好的摩托车来和张三比个高低。近年虚荣心、好胜心极强的男青少年为逞强"拔份"而打群架、动刀子的案件有所减少，而在个人消费品占有数量和高档程度上"较劲"而走上犯罪道路的却较多见。有的青年为了实现"家庭现代化"，想凭自己的小聪明到赌场中去捞钱，结果不但钱输得精光，还把私房、家具都输了出去。最近，在上海等地出现的赌法简单（如猜汽车牌照尾数单双），赌资巨大（以千元以上的定活两便存单为赌资），街头游动式的赌博，除了金钱诱惑的因素外，某些腰缠万贯的个体户青年显阔、抖威风也是一个重要的心理因素。有的甚至从商店里买了摩托车，推出店门就以"猜单双"的办法和人打赌，输了就让人把车骑走。这种为赌而购买的消费方式真不可不谓异常了。

随着经济的发展，人们对消费问题的关注度相应提高本来是正常的。现在的问题是青年中互相炫耀、攀比显阔的心理也不适当地强化了。不少青少年不顾自己的经济条件追求高档次消费，与他人开展"消费竞争"。"别人有了的我要胜过他，别人没有的我也要有"便是这种显阔心理的写照。结果越攀比欲壑越深，越显阔越发感到不满足，为盲目追求消费而犯罪的案件就应运而生。在显阔风盛行之处，消费档次稍低的人无形之中就会感到自卑，感到有压力，就会想方设法往"高"处走，就这样随着"水涨船高"，显阔风愈演愈烈了。一般而言，青少年的虚荣心、好胜心较强，他们一旦加入"消费竞争"的行列，就会难以自制。特别是本来已经在经济上十分拮据的人，越是怕别人说穷而"显阔"，诱发犯罪的可能性就越大。

三、两点启示

（一）个人需要的放任是青少年犯罪率趋高的原因之一

近年来，由于以美国心理学家马斯洛为代表的需要学说介绍到我国，强调满足人的需要的著述不少，而宣传个人需要必须受制于生产发展水平和社会行为规范的文章却较少见到。笔者认为，这是宣传工作中的一项失误。应当肯定马斯洛的需要学说有许多优点可供借鉴，但以"我"为中心则是该学说致命的弱点。这是我们不能不认真注意的。

在社会主义条件下，个体需要的内容和实现方式必须服从社会的现实基础，必须以不危害社会，不危害他人，不危害公共利益为前提。畸形需要、异常消费、违法犯罪、强化了的畸形需要，这种恶性循环是当前我国青少年犯罪率趋高的原因之一。"需要面前无法律"的需求观给青少年一代造成的已经不是肌肤之患，而是脏腑之忧。任何个人需要的实现都是一种社会行为，都会与他人发生这样那样的联系，个人需要的内容和实现方式总是要随着社会的发展而不断变化的。当前，改革已经使我国经济建设面貌焕然一新，但随着商品经济的发展，也不可避免地带来一些副作用，引起一定程度的社会"震荡"。在这种情况下，若对个人需要采取放任的态度，或片面宣传资产阶级学者的需要理论，就极易使"需要面前无法律"的需求观获得立足之地，给某些人低层次需要的横向扩张蒙上一层理论的色彩。我们不但应当看到畸形的、低级性的需要会引起犯罪，而且应当努力探索，把符合马克思主义基本原理的正确需要理论交给人民群众。只有这样，才能对人的需要方向和实现方式给予正确的引导和有力的调控，使合理的需要得到满足，不合理的需要受到节制，以非法手段实现个人需要的行为受到制裁。

针对目前我国青少年犯罪绝大多数都与"财"和"性"有关系的特点，应当着重宣传个人生理需要的满足，必须适合中国国情特点，必须遵循马克思主义物质利益原则的思想。要特别注意引导青少年正确处理个人不断增长的需要与社会满足这种需要的可能性之间的矛盾，正确处理合法需要与非法需要之间的矛盾。该满足的个人需要，要在法律和道德规范的制约下去实现，该抑制的个人需要，要采取个人节制和社会限制并重的方法加以抑制。

（二）正确引导消费是综合治理青少年犯罪的措施之一

在六届人大五次会议的政府工作报告中指出：有支付能力的消费需求增长过快，消费欲望越来越大、标准越来越高，已经成为目前我国经济生活中一个值得重视的问题。笔者认为，由于消费对人的行为具有导向作用，当前人们的消费需求、消费心理和消费方式是我国青少年犯罪增多的相关因素。前段时间提倡"高消费"喊得震天响，无非就是鼓动大家讲究和追求吃喝玩乐，这种失当的宣传客观上已经起了诱发犯罪的作用。当前，我国青少年犯罪基本上都不是以贫困为诱因的，而是在温饱业已解决的前提下，消费欲望、消费标准、消费方式膨胀到了超出自身经济能力和法律限制的结果（国外有的学者称之为"福利型犯罪"）。从横的方面看，这类犯罪与异常消费互为因果，互为条件，相互渗透，反复加强；从纵的方面看，不少青少年都是在畸形消费观的驱使下跌入犯罪泥坑的。

在政府工作报告中关于发展生产，引导消费的论述应当成为我们综合治理青少年犯罪的重要理论武器。我们不但要认真纠正前段时间在消费问题上的失当宣传，而且要通过各项实际工作对我国人民的消费需求、消费档次、消费心理和消费方式进行正确的引导和调节。否则的话，说归说，做归做，不但不能把人们已被调起来的胃口收回去，反而会诱发更为严重的社会问题。比如现在的青少年，甚至一些儿童，一提起汽车动辄奔驰、皇冠、沃尔沃，谁都想过过"洋车瘾"，而对国产汽车则嗤之以鼻。无论这些消费者现在是否具备购买汽车的经济能力，其民族自强意识低落到如此程度确实是令人痛心的。而这种崇尚洋货的消费心理又恰恰是盲目进口风结下的苦果。应当看到，盲目进口经济发达国家的高档消费品，不仅打击了民族工业，而且败坏了社会风气，滋生了贪图享乐、抖威风、显阔气的畸形消费心理。而畸形消费心理的矫正，绝不能光凭说教。这是因为，人对消费品占有数量及档次上的追求，受他人消费示范的影响要大于理论指导的作用，个人消费方式主要是模仿形成的。而且，这种模仿往往不需要人为传授，大都是在潜移默化中，通过无意学习实现的。可以说，遏制畸形消费心理在青少年中的滋生蔓延，必须采取综合治理的方针，由社会各界一起行动打总体战。只有使艰苦奋斗勤俭为荣，追求奢华浪费为耻的良好风气得以重振，才能使青少年已经或正在畸形化的消费心理得以矫正；只有彻底揭露"需要面前无法律"等谬论的实质，才能尽快缓解现实的人均国民收入较低而消费欲望过高之间的矛盾，正确处理包括犯罪在内的种种社会问题。

（原载《青少年犯罪问题》，1987 年第 5 期）

摹仿字迹形成机理初探 ▊

信息论的创始人维纳在研究人与外界的相互作用时指出："在脑和神经系统中调整获得的信息，经过适当的储存、校正和选择等过程后进入效应器官，一般来说，也就是进入人的肌肉。这些效应器官反作用于外部世界，同时也通过像运动感觉器官末梢这类感受器，再作用于中枢神经系统，运动感觉器官所收到的信息又同已经储存的信息结合在一起，影响将来的动作。"（《维纳著作选》第3页）这段话对我们研究摹仿字形成的一般规律是颇有启示的。

一、摹仿字形成的基本过程

摹仿书写是一种特殊的非正常书写。摹仿字的形成是由被摹仿字的条件、摹仿人的仿写能力、仿写时的心理状态这三个变量因素相互作用的结果，按照信息论的观点，可将摹仿字的形成分为五个基本过程：

（一）被摹仿字外形信息的输入过程

摹仿他人的笔迹，首先要建立他人的这个字如何书写的观念。摹仿人对被摹仿字所产生的"心理印象"，主要由被摹仿字的外形轮廓所决定。笔画简单写得较大的字，"心理印象"较清晰。笔画复杂，连笔动作环绕曲折重叠交错较多，且又写得较小的字，"心理印象"较模糊。特别是有些字的交叉笔画单凭肉眼观察难以分辨出书写的先后顺序，摹仿人只能凭主观猜测认定。这就是说，不同的字所包含的特征数量和质量都是不相同的。有些特征明显外露比较直观，有些特征隐蔽细小，甚至是人的肉眼观察能力所不及的。在摹仿书写过程中，识别字形是为了弄清被摹仿人是怎么写这个字的。就是说，摹仿人要靠被摹仿字的外形信息来消除不确定性，按照维纳的观点，信息本身就是一种模式和组织形式。譬如，从"丁巍"这两个字的外形结构信息来看，"丁"字因其结构简单，横与竖勾之间的不确定性小；"巍"字结构复杂，各笔画及笔画之间的不确定性大，所以，"丁"字信息量小，"巍"字信息量大。

（二）信息的选择过程

信息的输入是由外而内的过程，而同时又伴生着一个由内而外的过程，即信息的选择过程。经过选择之后，大量信息被淘汰掉，只有那些被摹仿人认为有用的信息才被储存于大脑中。就对被摹仿字的观察而言，人总是有理解、有轻重、有先后、有组合地进行感知，依据字形的首要信息（写法）和最大信息量（外框轮廓和边角）进行有选择地输入。这种对信息的筛选过程是和范式有关的，故称"由内而外"。由于范式和摹仿人过去的经验以及所受过的文化教育有关，所以信息的选择具有自主性。同一个字，在不同人眼里总是有别的，各人所接收到的信息量也就不同。

（三）信息的输出过程

摹仿他人笔迹作案一般均有预谋，作案人经过对被摹仿人笔迹的搜集、观察、练习仿写，一方面从客观环境中输入了一些新的信息，如发现了被摹仿人的某些字是怎么写的；另一方面，也会在主观上产生一种"成功"的预感。来自主、客观两个方面的新信息固着在犯罪心理结构上，成为新的驱动因素促使其犯罪的实施。所以，作案人练习到一定程度后就会按捺不住犯罪的邪欲。

（四）信息反馈过程

一般而言，反馈的基本特点是根据过去的操作情况（经验）去调整正在进行的或未来的行为。而在摹仿书写过程中，是要根据被摹仿人的笔迹来调整自己的书写动作。人的正常书写是在动力定型作用下，主要依靠动觉来实现的，我们称之为生理性反馈；而摹仿书写则主要依靠视觉对效应活动产生的效果进行监督，我们称之为物理性反馈。显然，这种物理性的反馈比起生理性反馈要粗糙、生硬得多，所以摹仿书写过程中的反馈必然具有下列特点：（1）反馈的依据是对被摹仿人运笔动作的揣摩和猜测。（2）反馈的目的不是自身书写技能的最优化表现，而是从字迹形态上"仿他"。（3）尽管摹仿书写的速度已经降低，但反馈来的信息仍具有滞后性，故不得不再对已写好的字作修、描、添、补。（4）频繁发生的校正改写致使仿写动作机械生硬，其痕迹的遗留是不可避免的。

（五）信息加工过程

思维科学的研究告诉我们：一个人在观察、阅读、思考时，通过大脑对不断汇集来的大量感性材料进行抽象。在这一过程中，大脑有选择地消除了输入材料的某些部分，从而把这些材料整合到他认为有意义的结构中去。据此分析摹仿字迹的形成过程，我们可以看到：摹仿人对被摹仿字的形态信息在输入、储存之前有一个加工过程，一些明显突出的特征被选用，一些与其自身书写习惯相近似的细节特征被"糅合"。显然，加工的结果是把外来的信息与个人的知识经验组合在一起，其自身的书写习惯必然掺杂其间。尤其是在摹仿人掌握被摹仿人字迹数量不多的情况下，一是被摹仿人原在特定条件下出现的某种特征会被摹仿人视为固定、划一的模式，不分场合地机械套用；二是当个别地方出现信息"空白"（即不知被摹仿人是如何写某个字、某一笔的），摹仿人只好凭猜测进行"编造"。在摹仿书写过程中，摹仿人的"仿他"心理起着指令装置的作用，在这种指令下写出来的字只能是"得其形而失其神"。通过反馈过程，"仿他"心理又起着调控装置的作用，由于生硬和不及时的调控，自然流畅的连笔动作便变成了形快实慢的涩行运笔。

二、摹仿人书写技能与摹仿特征的关系

任何人都具有一定的摹仿能力，这是人进行学习（特别是技能性学习）的基础之一。人的书写技能与摹仿能力既有联系，又有区别。技能是通过练习而获得的，摹仿作为一种能力是通过主观领会和记忆仿照他人的运动方式重复某一过程。人初学写字时是一种刻板的摹仿，随着练习的增多逐步转化为初级技能，再经过学习和训练，可能发展为技巧性技能，如书写多种字体，双手执笔书写等。但就多数人而言，其书写技能终身停留在初级技能的水平上，只要能顺利地书写，满足社会交际的需要就行了。由于掌握知识、技能要以一定的能力为前提，知识、技能又是能力发展的基础，加之人的摹仿能力个体差异较大，人的技能发展水平各不相同，所以，人的摹仿书写能力强弱与书写技能高低呈正相关。摹仿书写能力强的人，其初级书写技能的建立较顺利，发展成为技巧性能的可能相对较大。书写技能较高者，意志对运笔

动作控制的效度高，具体动作过程中机械呆板的运动少，柔韧自如的运动多。当他把自身的书写技能运用于摹仿他人笔迹时，仍能发挥其上述优势。显然，书写技能较高的人（特别是经过正规的书写训练能写多种字体者）摹仿他人笔迹时，摹仿痕迹较少，暴露的自身书写习惯的可能性相对地变小，表现特征也比较细小、隐蔽，但稳定性则较强。书写技能较低者（特别是当其摹仿书法水平高于其自身书写技能的笔迹时），必然会更多地暴露出摹仿的痕迹，自身的书写习惯也暴露得较多，并常和仿写失真的成分混杂在一起。

三、人的知觉特点与摹仿特征的关系

无论临摹、套摹或凭记忆摹仿，都有一个对被摹仿字的观察过程。观察是具有目的性的"思维的知觉"，所以，摹仿书写的逼真程度与知觉的精确性、完整性和意志努力的有效性密切相关。

知觉的特征之一是具有选择性。客观事物纷繁多样，而被我们清楚地感知到的只是一小部分。人总是有选择地以少数事物作为知觉的对象，把其他事物作为衬托这种对象的背景。当作案人对被摹仿字迹进行观察时，首先被他选择为知觉对象的是字的外形轮廓、写法、形态特殊且明显的连笔动作。研究脑细胞活动的电生物学家认为：线条图画中信息最多的部分是各个角和锐曲线。汉字的外形轮廓、形态特殊的连笔动作无疑就是线条图画中的角和锐曲线。有人曾用速示器显示生字（六分之一秒时间），给初中一年级学生10人观察。结果表明，首先和主要获得清晰印象的是字的边角和突出的笔画（头尾、偏旁、外框）。正因为字的外形轮廓、写法、明显的连笔动作对观察者来说，是首要的和具有最大信息量的信息，所以，一般来说这些方面摹仿得就比较相像。

现代心理学认为，人们在感知面临的事物时，总是根据以往的知识经验来理解它。人的经验越丰富，知识越广博，他从感知对象中得到的信息就越多。第二信号系统在人的知觉过程中起着重要的作用。常有这样的情况，人对事物的知觉不是它原有的样子，而是他想要看到的样子。作案人对被摹仿字进行观察的过程，不但充满着主观能动性，而且总是戴着"有色眼镜"（绝对的"无色眼镜"是不存在的，每个人的"有色眼镜"都是由他的知识、经验和定势决定的）。人的感受器官不是刺激信息的被动承受者，外来的刺激必

须通过思维才能"译"为知觉。知觉作为确定种种事物意义的过程，需要通过激化原有的知识经验而产生。一个不具备笔迹检验知识的人，就难以感知到被摹仿笔迹的细节特征。而且，作案人在观察被摹仿笔迹时，决不会把被摹仿字分析成各个孤立的笔画去感知它，而是把知觉作为一个统一的整体。而复合刺激中各个组成部分对人感觉器官的刺激强度不同，较强的部分常常掩蔽着较弱的部分，弱的部分在复合刺激中仿佛失去了自己的独立作用。可见，摹仿人只要感知到了字的外形、基本写法、主笔特征等明显的部分，便会形成完整的知觉，而副笔形态、各笔画间的照应关系等细节特征，则往往被忽略或感知得十分模糊。

四、人的记忆特点和摹仿特征的关系

信息论认为，记忆就是对输入信息的编码、整合和储存，以后在一定条件下提取的过程。记忆在摹仿书写过程中的作用是十分重要的。就临摹书写而言，临摹字之所以会出现运笔断断续续，似连非连，断而后连的特征，就是因为在摹仿书写过程中对某一笔画的写法记忆不清，不得不停下笔来再次观察的结果。这也就是说，摹仿书写时的中途停笔是因为已输入的信息提取发生了困难。当然，记忆的关键是信息的储存，但是，"输入——编码——整合——储存——提取"各环节是环环相扣，不可分割的，任何环节上的偏差都会导致记忆的失败，当被摹仿字迹呈现在摹仿人眼前时，它是客观信息而不是信息载体（但在一般情况下，文字作为一种符号系统是信息载体而不是信息本身）。我们知道，信息具有客观实在性，它并不因是否被人感知而存在，但它能被人输入记忆系统的毕竟是极少数。当信息值低于观察者的感觉阈限，或观察者不具备感知这一信息的能力时，信息就不能被输入人的大脑。手写汉字的细节特征，对没有文检知识的人来说，不少都在感觉阈限以下，由于识记时就不甚确切，输入的信息必然模糊性较大，回忆时出现偏差也就在所难免了。

心理学将记忆分为瞬时记忆、短时记忆、长时记忆三种或三个阶段。临摹时主要运用瞬时记忆，而瞬时记忆的主要特点是：（1）输入的信息是以视觉印象的形式被登记下来，保持的时间约 0.25~2 秒；（2）信息的编码方式完全依据物质刺激的直接印象，具有鲜明的形象性；（3）信息的储存缺乏意

识感，具有高度的易变性，而且消退得很快。瞬时记忆的上述特点从根本上决定了摹仿书写特征的必然出现，凭记忆摹仿主要是利用长时记忆把被摹仿字的写法回忆起来，而回忆绝不是过去识记过的内容的简单再现。短时记忆是通过注视，使人感到有一种真切的视觉印象存在，但这种印象只能保持大约 1 秒钟左右。而且，短时记忆的容量小于瞬时记忆。据实验测定，大多数人短时记忆的广度是 7±2 个不相连续的项目（即所谓"神秘之七"）。这就是说，短时记忆最多只能记住笔画不太复杂的一两个字的写法。如不重复观察，要一次把三个字的人名写法特征记忆清楚都是办不到的。无数事实已经证明，摹仿书写的字数越多，暴露摹仿人自身的书写习惯就越多。即使摹仿人进行过一段时间的练习，也是难以逃脱这一规律的。这是因为，识记是把新材料整合到个人已有的经验中去，使人对新材料的保持和回忆有所"依托"。不言而喻，这里所说的"依托"，就是摹仿人自身的书写习惯。

参考文献：

〔1〕曹日昌主编：《普通心理学》，人民教育出版社 1980 年版。

〔2〕方波、于义池等编著：《犯罪心理学》，辽宁教育出版社 1985 年版。

〔3〕〔美〕J. P. 查普林、T. S. 克拉威克著，林方译：《心理学的体系和理论》（上册），商务印书馆 1983 年版。

〔4〕〔美〕R. F. 汤普森著，孙晔译：《生理心理学》，科学出版社 1981 年版。

〔5〕〔美〕维纳著，钟韧译：《维纳著作选》，上海译文出版社 1978 年版。

〔6〕杨治良等编：《实验心理学简编》，甘肃人民出版社 1984 年版。

〔7〕杨继本："汉字心理在汉字信息输入编码上的应用"，载《心理科学通讯》1982 年第 3 期。

〔8〕王铁男："科学创造性思维的研究"，载《全国第三次科学与科技政策讨论会论文集》。

（原载《第二届全国文件检验学术交流会论文集》，1988 年 6 月）

试论聚合被害

一、聚合被害的概念

聚合被害，是指集数起刑事案件于某被害人一身的社会现象，即同一被害人在不同时间和空间连续受到来自多名犯罪人的侵害。不但合法权益和身心健康受到严重损害，而且自身也呈现中毒状态。聚合被害是一种特殊形态的被害。聚合不是数量上的简单聚集和相加，而是由单一状态向合成状态的演进。聚合被害既有别于同一时间内多名犯罪人对同一被害人的摧残（如数人轮奸一妇女，众歹徒同时殴打一弱者），也不同于某一犯罪人对同一被害人的长期凌辱（如妇女遭强奸后被长期霸占，家庭成员长期受虐待等）。

据资料介绍，美国学者艾伯特·丁·雷斯（Albert J. Reiss）曾提出过"重复被害人"的概念，他指出：在被害人中有相当一部分人或家庭易成为重复的被害人，而且常常是同一犯罪类型的受害人。笔者之所以不采用"重复被害人"的概念，是因为：重复是指相同的东西又一次出现或又一次做相同的事情。用重复一词不能确切描述被害人在不断受害过程中与犯罪人相互作用的特征。

二、聚合被害的基本特征

聚合被害与一般刑事被害相比较，其突出的特点是：

（一）侵害的多源性

聚合被害是把不同犯罪人在不同时间、地点的侵害集中到了一个被害人身上，侵害的多源性是显而易见的。犯罪心理学的研究认为，犯罪人每每得手都会因犯罪体验的内隐性作用，使犯罪心理结构得到强化。与之对应的是，刑事被害人在受到多源性的持续侵害后，复杂的被害体验会使其本来就十分脆弱的自我防御体系日趋瓦解。当来自不同角度、以不同方式出现的犯罪侵害集中到一个被害人身上时，被害人就会处在交叉感染、多重中毒的危险境地之中。

（二）被害人的过错性

按照被害人有无过错的标准，我们可将刑事被害人划分为无过错与有过错两大类。无过错的被害人对刑事侵害的发生是没有责任的，受害纯属巧遇。有过错的被害人又有无意过错与有意过错之分。因麻痹大意言行不慎而引起被害的属无意过错。如因无意之中露财而遭到盗窃或抢劫；因自身道德品质方面的缺陷，有意识地做出错误行为而诱发被害的是有意过错。

笔者认为，聚合被害都是发生在有过错的被害人身上，被害人自身过错的程度越发严重，被害在他（她）身上聚汇得就越多。尤其是性侵害聚合超过一定限度，被害人就会发生性心理逆变，由被害人转变为犯罪人。首先，无论被害人所聚合的刑事侵害规模、数量有多大，都是从"第一次"开始的，往往是因为第一次被害冲垮了自我防御的堤坝，污泥浊水才得以聚合。其次，被害的聚合过程就是被害人与犯罪人相知系数不断扩大的过程，相知系数越大，刑事侵害的实现就越容易。所谓相知系数，是指犯罪人与被害人在互动过程中对对方的知晓程度。一个人的隐私如若被犯罪人探知就很可能遭到侵害，受害的次数越多，被犯罪人知晓的程度就越深，就越容易引起其他犯罪分子"闻讯而来"。另外，侵害实施的难易度在一定程度上取决于被害人的主观意志。被害人警惕性高、反抗坚决。犯罪分子的目的大多较难实现，被害人防范松懈、逆来顺受，刑事侵害轻而易举就能完成。对被害人来说犯罪侵害是一种恶性刺激，但如果这种恶性刺激频繁出现，被害人也会"久闻而不知其臭"。最后，被害人受害次数多了以后，就会在犯罪毒素的作用下呈现出高度的被害易感性。

刑事被害人学的研究证明，大量犯罪侵害之所以能聚合在一个人身上，无论侵害的方式如何，侵害发生的背景如何，被害人诱发、促成侵害发生的过错都是肯定无疑的。否则的话，就无法解释为什么有的人终身未受到刑事侵害，而有的人却屡受侵害。这里当然不能排除社会环境和机遇因素，但环境和机遇都是外因。起决定性作用的还应当是内因，被害人的自身过错就是引起被害的内因。

（三）被害人的逆变性

按照辩证唯物主义的观点，人的思想意志、作风，乃至社会角色都不是一成不变的。我们将符合社会前进方向的变化称为顺变（即良性变化），将不符合社会前进方向的变化称为逆变（即恶性变化）。被害人在受害后的变化既是多项的，也是顺逆有别的。研究表明，犯罪行为在某一被害人身上不断聚合的过程，就是被害人向害人者逆变的过程。根据人物性格二重组合理论，任何人的性格、心理都是由最基本的相反的两极构成的，即"从个人与人类社会总体的关系来看，有适于社会前进要求的肯定性的一极，又有不适应社会前进要求的否定性一极；从人的伦理角度看，有善的一极，也有恶的一极；从人的社会实践角度看，有真的一极，也有假的一极；从人的审美角度来看，有美的一极，也有丑的一极。任何性格，任何心理状态，都是上述两极内容按照一定的结构方式进行组合的表现。"[1]被害人每次受害都是与犯罪人进行信息交流的过程，双方相互作用，互有影响，作为犯罪人来说得到的是犯罪体验而被害人得到的则是被害体验。当消极的被害体验定向积累达到一定程度时，必然使被害人心理原有二重组合的有序状态出现非平衡态，假丑恶的一极则越来越大于真善美的一极。此后，被害人潜在的犯罪意识由混沌无序变为稳定有序，从被害人转变为犯罪人的过程便告完成。

三、聚合被害的主要类型

（一）胁迫型

抓住被害人的短处或把柄，以要挟、胁迫、精神强制的方法逼人就范是犯罪分子常用的伎俩。特别是性犯罪案件，当女性受凌辱的事实被道德败坏的犯罪分子发现后，犯罪分子常以"报告公安局""你不跟我，我就叫你臭名远扬"等方法逼迫被害人再次含垢忍辱。时间一久，被害人所承受的就不是一人所害。一开始就很薄弱的抗拒心理，也就被屈从心理所取代了。

---

〔1〕 刘再复：《性格组合论》，上海文艺出版社 1986 年版，第 59~60 页。

（二）麻痹型

有的被害人前灾未消又遭新祸，这种接踵而至的侵害连续发生在同一人身上尽管具有巧合的成分，但被害人思想麻痹却是主要的原因。无论单位和个人，可供犯罪人利用的间隙、漏洞越多，遭受刑事侵害的可能性就越大。犯罪人对被害者身上的被害易感性是极为敏感的。思想麻痹的人只要一被犯罪分子发现，被害往往就难以避免，这一点可以说是不受时间、空间限制，具有普遍意义的。

（三）"私了"型

"私了"即民间私下了结刑事犯罪案件，而拒绝司法管辖。这本是社会主义法制不健全的产物，近年来似有蔓延的趋势。由于"公了不如私了"的邪说流传，在"普法"教育成效甚微的地方，有不少被害人被"私了"推进了没完没了的受害火坑。

（四）贪利型

贪利型的被害人主观上具有贪图小利的道德缺陷。为买到"便宜货"，他们会一次又一次地被人诈骗；为了取得权势者的赏识，得到一份舒适的工作，他们也可能轮番受辱，而长期不敢告发。这种类型的被害人，其受害次数越多则中毒越深，即聚合被害的规模数量越大，时间越长，其自身的堕落也就越严重。由于贪利心理的膨胀，被害人会把受害当作"获益"的一种代价，有意识地用受害去换取"获益"。如果矫治不及时，这种被害人终将变成犯罪人。现实生活中一些女流氓，卖淫犯就是如此转变而成的。

（五）转嫁型

被人骗——去骗别人——再被骗——再去骗别人，这种恶性循环的怪圈一旦转动起来，身兼被骗与骗人两种角色的被害人是不能自拔的，其心理动因主要是向他人转嫁自己的危机，向社会实施报复。

（六）忍辱型

有的被害人生性懦弱，而且不懂得依靠法律才能保护自己，在歹徒面前一味忍让屈从，但是一忍再忍不但没有带来平安，反而使犯罪分子更加胆大妄为，结果是从一路"恶神"登门发展到多伙歹徒聚汇，被害人是越忍越有祸飞来，越忍越遭众恶欺。

四、聚合被害的成因

聚合被害的发生是一定内外因综合作用的结果。就外部原因而言，首先，是社会控制的效度，即被害人所处环境的社会治安状况。刑事犯罪活动越猖獗，司法机关的打击力量越薄弱，被害人反复遭受被害的概率就越大。（这里需要附带说明的是：我们所说的打击力量强弱并不是指对案犯要判得越重越好，而是要求破案及时，始终保持比较高的破案率。在破案率越低的地方，聚合被害的现象会越严重，这可以说是一条规律。）其次，是被害人在高犯罪空间逗留的时间和次数。高犯罪空间是相对于可防卫空间而言，在高犯罪空间中不但犯罪分子气焰嚣张，无所顾忌，而且被害人的自我防御能力受抑，道德防线也容易被突破。

毛泽东同志说："外因是变化的条件，内因是变化的根据，外因通过内因而起作用。"我们认为，在分析事物变化的内外因时应切防外因加内因的简单叠加，必须找出外因内化和内因外化的"关节点"。就聚合被害的成因来说，"关节点"是在被害人的被害体验上，以下试以性被害为例略作分析。

被害体验是被害人在受到犯罪侵害过程中的内心感受，是被害人在客观事物的刺激作用下对感觉进行理性加工之后得出的。对同一刺激物由于主体世界观的不同会出现截然不同的体验。人的许多体验是只能由自己感受到，而难以用语言确切地描述的。人所体验到的往往并不是或喜或悲，或爱或憎的两极情感，而是肯定的一极与否定的一极交织在一起，各种成分比例又不等的多元、多层次、多变动的复杂情感。如悲喜交加说的是两种对立的情感交织在一起，但究竟悲占多少，喜占几分又是模糊的，难以确定的。人对某一外界刺激的体验，可以通过某种过渡层次，由否定的一极向肯定的一极转化，同样，在一定条件下也可以从肯定的一极向否定的一极过渡。就性体验而言，人们从合法性生活中可以体验到和睦、喜爱、欣快之感，而非法性行为对拒绝承受者带来的则是羞耻、痛苦和仇恨。体验的性质是由体验者的世界观所决定的，同样，也会随其世界观的改变而变化。从具体的人来分析，对非法性行为有追求意识的人，在性侵害降临时，其内心不但不会产生排斥力，反而会产生吸引力，其追求意识越强烈，所产生的吸引力也就越大；对非法性行为具有抗拒意识的人，在性侵害降临时，其内心就会产生排斥力，抗拒意识越强烈，排斥力就越大。我们在探索刑事侵害发生的规律时，必须抛弃好则全好，坏则皆坏；有则全有，无则皆无的固定模式。应当看到，在黑与白之间还有灰色过渡带，每一个人对某一社会消极现象无论是持肯定还是否定态度，在程度上都会有差别。如以统计学中的尺度量表加以考察，每个人依其世界观不同是分别处于不同数值点上的。请看被害人对非法性行为的态度量表：

```
            -2      -1       0      +1      +2
（一）←     |       |       |       |       |       →（十）
          主动追求  迎合   不追求   抵制   坚决反对
                        不反对
```

　　注：（十）表示正常态度，（一）表示异常态度。

　　这里需要说明的是，对非法性行为纯粹"中性"的态度实际上是不存在的，尽管有的人会自报持"不追求、不反对"的态度，但实际上他（她）在追求与反对之间是必居其一，不可能不偏不倚的。司法实践中有一个常用的矛盾词叫"半推半就"，这只是一种现象性的描述，就被害人而言，一是"推"与"就"（即拒绝与迎合的行为）不可能不偏不倚地各占一半；二是在其内心不是"真推假就"就是"真就假推"。有的女被害人本身就处在性道德转变的过程中，当非法性侵害出现时，"推"只是故作姿态，做做样子而已，"就"才是其内心所欲，只不过表现时稍有掩饰。一个被害人如果从性侵害中取得了新奇、满足、愉悦等肯定性质的体验，她就会视受害为获益，向着主动追求非法性行为的方向堕落。由于其心理活动必然以一定的行为方式显露出来，一遇适当情境就会引起犯罪人的"同频共振"。同样，犯罪人发出的诱惑性信息，也是最易引起对非法性行为有追求意识者"同频共振"的，在这种双向"共振"发展的过程中，聚合被害就应运而生了。

　　对犯罪体验的研究，我们已取得了不少成果，但对被害体验我们还缺乏系统的探讨。笔者从对聚合被害这一社会现象的分析入手，引出了被害体验这一研究基项，期望能抛砖引玉，在不久的将来看到这方面的研究成果问世。

（原载《中国人民警官大学学报》，1989年第3期）

巡逻盘查中的观察（摘要）

　　巡逻，现已日益为各级公安机关所重视，不少地方已开始组建专职"巡警"队伍。从心理学的角度说，巡逻主要是利用视、听、嗅、触觉对周围事物进行动态观察；盘查是运用主动发问的方法使对方暴露真实身份。巡逻人是否具有良好的注意品质，直接决定其观察的能动性、准确性、全面性、深入性。

一、注意广度与观察的全面性

　　巡逻这一主动感知、识别事物的活动，客观上要求其参加者以良好的注意广度来促进观察的全面性。人的知识经验和情绪状态对注意广度有直接的影响。全面的观察就可以在一定程度上弥补某一方面的感受力受抑现象，使综合辨别能力始终保持较高水准。

二、注意集中与观察的方向性

　　观察是有目的、有计划的知觉。在执行不同巡逻任务时，巡逻者的观察力都会倾注到不同的方向上来。注意有两个基本特点，一是指向性，二是集中性。指向性就是选择一定的事物作为心理活动的对象，并且比较长久地保持在所选择的对象上；集中性是指人的心理活动离开一切无关的事物，从各方面集中到某种对象上，并对其他活动产生抑制性影响。注意与观察的过程是密不可分的。在巡逻中，人的注意力不但要集中，而且要集中到特定巡逻任务的观察对象上来。只有注意集中，才有助于提高观察的敏锐性、准确性和全面性。

三、有意注意与观察的主动性

心理学强调观察目的一要明确，二要具体，并认为观察的效果在很大程度上取决于观察目的性的明确程度。有了明确、具体的目的，人才可能主动地去观察。

四、无意注意与观察的随机性

研究表明，无意注意的引起取决于主观和客观两种因素。客观因素主要是：（1）刺激物的新异性；（2）刺激物的强度大小；（3）刺激物对比的差异性；（4）刺激物的变化和运动。主观因素主要是主体的需要、兴趣、情绪状态和知识经验。

（原载《公安学刊》，1989 年第 3 期）

运用财产净值比较法查破经济犯罪案件初探（摘要）

一、财产净值比较法的基本内容

所谓财产净值，是指某人在某一特定时期内的全部财产和负债之差。任何人的财产来源，或合法，或非法，二者必居其一。运用财产净值比较法证实来路不明的或非法的收入时，可以采用下列公式：

1. 全部财产–负债＝财产净值
2. 财产净值–底值＝现值
3. 现值+生活费用＝收入
4. 收入–合法或正当收入＝非法或来路不明收入

二、对财产净值比较法的证据学思考

财产净值比较法提供的证据尽管是间接的，但在刑事诉讼中既可以成为鉴别直接证据真伪的有力手段，也可以与被告人不能证实自己无罪的直接证据相结合，组成一个准确无疑、不可能推翻的有效证据整体。

"合法"与"非法"这两个概念间的关系是矛盾关系，它们的外延是完全互斥的。只要当事人不能以真实有效的证据证明其财产来源合法，财产净值比较法作为逻辑学上的"间接证明"便可认定其财产来源非法。财产净值比较法尽管起到的是"间接证明"作用，但仍可以独立地使用。

财产净值比较侦查法有其自身的局限性，即只能证实被告人的合法收入与全部支出确有巨大差额，而不能证明非法收入的具体来源。

三、运用财产净值比较法应注意的问题

1. 明财与暗财。
2. 货币收入与非货币收入。
3. 整进与零收。
4. 本名存款与非本名存款。

（原载《中国人民警官大学学报》，1989 年第 4 期）

关于破案质量的几点思考（摘要）

一、破案有没有质量高低之分

任何事物都既表现为一定的数量，又表现为一定的质量。没有数量，质量就失去了存在的依据；同理，没有质量的数量也是不存在的。

在一定意义上，侦查破案就是公安机关向社会提交产品。刑侦部门如果搞了冤假错案，交给社会的无异于伪劣产品。本该迅速侦破的案件走了弯路，就可能贻误战机，至少是浪费了时间和人财物力。本该彻底查清的案犯在法定的时限内搞不清楚，就迫不得已作"降调"处理。这些都说明，侦查破案确有质量高低之分。这是因为：

经济效益＝（劳动成果－劳动耗费）/劳动耗费

由此可见，破了案并不一定意味着工作有成绩。移送起诉的案件，如果检察机关认为案件事实不清或证据不足而退卷，无疑是对该案的质量投了"否决票"。带有严重内在质量问题的案件进入下一道工序，其结果往往是迫不得已作了"重罪轻判"式的处理，成了"等外品"。

二、罪犯改造质量差的深层次原因何在

用"先打、后查、再判"的方法审结的案件，往往使犯罪分子口服心不服，悔恨当时未能忍住皮肉之苦。"坦白从宽，牢底坐穿；抗拒从严，回家过年。"这句话也是犯罪人内心不服的一种反映。

严峻的现实是，拣了"便宜"的犯罪分子暗中强化了犯罪动机，并且总结出一套对付司法机关的策略。

三、是否应当建立破案质量考核指标体系

公安机关也应当尽快建立破案质量考核指标体系，以从根本上促使和激励公安人员确立破案质量意识。这个体系至少应当包括如下内容：

（1）破案周期；

（2）情报资料应用水平；

（3）刑事技术应用水平；

（4）破隐案、积案件数；

（5）破案中人员伤亡情况；

（6）办案中的错漏情况；

（7）法律应用及文书水平。

（与袁志航合作，原载《公安研究》，1994 年第 2 期）

先发制敌在刑事侦查中的应用（摘要）

一、先发制敌的主要内容

先发制敌是军事上常用的一种作战策略，侦查谋略中的先发制敌是指，在侦查对象没有准备的情况下，抢先发起进攻，粉碎其犯罪阴谋，夺取胜利的计谋体系。先发制敌是建立在快的基础上，以早动争主动的侦查谋略。就应用而言，先发制敌又有两种基本形式：一是从人到案主动出击；二是从案到人，速战速决。

20 世纪 70 年代以后，世界各国警方对"TAP 理论"十分重视。TAP 是警察到达犯罪场所需要时间总量的英文缩写，英美等国家直接以此符号表示。这一理论认为，从案件发生到警察到达现场这一时间总量中，包括三个时间因素：（1）发现犯罪时间。即从犯罪开始到被发现止，这是随机的，不可控的。（2）警方发现犯罪时间，即从犯罪案件（或现场）被人发现到警察机关知道为止。除自动装置直接向警方报警外，社会公众的报案速度警方也是难以控制的。（3）警方人员到达犯罪现场的时间，这又称警方反应时间。如何及时到达犯罪现场取决于警方人员素质，平时的准备状态和交通工具的速度。

以上三个时间的总量统称为 TAP。研究认为，TAP 值越低，制止和预防犯罪就越容易和有效；反之，不但犯罪易于发生，犯罪人作案后也易于逃跑，破案的难度也越大。

二、先发制敌的应用原则

先发制敌并不是一个简单的"先下手"问题。先发是为了有效的制敌，如果制服不了敌人还会引起被动。从实践的角度看，要想达到先发制敌的目的，以下原则是必须注意的：

1. 先发要掌握准确情报。
2. 先发要集中优势兵力。
3. 先发要攻敌人不备之处。
4. 先发要不上"饵兵"之当。
5. 先发要掩护好情报来源。

（原载《刑侦研究》，1994 年第 2 期）

灾害发生期的犯罪预防（摘要）

灾害发生期的犯罪预防，是横跨灾害学与犯罪学的重要课题。其研究意义不仅在于减轻灾害的损失，还能够通过对社会控制力量瞬间弱化后人们行为特征的剖析，寻求在常态模式下的最佳社会控制方案。

一、在灾害预警期要制乱于萌芽之中

（一）用强有力的舆论稳住人心

谣言和"小道消息"总是在"大道消息"不畅或不能取信于人的情况下才活跃起来的。明智的政府要在灾害预警期内用强大的正面宣传稳住人心。一方面要提高信息的密度，另一方面要加强针对性和可信度，注意用群众"看得见，摸得着"的举措来辟谣。

（二）用内紧外松的策略盯住重点

这里我们用盯住重点一词，用意有二：一是，指要守护好重点目标，确保其绝对安全；二是，作为公安机关、企事业保卫部门，要以先发制人之势在暗中把潜在的犯罪人控制起来。

二、在灾害爆发期要突出首次打击效应

无论灾害的破坏性作用是一次性出现的（如空难、车祸），还是持续递增的（如洪灾），对灾害爆发后的犯罪案件，实施闪电般的打击才能起到杀一儆百的作用。根据灾情程度不同，必要时可由政府发布戒严令。

三、在灾害持续期要发挥群防群治的作用

在灾害持续期出现犯罪失控局面的常见原因有四：一是司法机关在灾害

爆发后正常职能的实施恢复较晚；二是对犯罪（尤其是侵犯财产的犯罪）首次打击不够果断有力；三是未将群众组织起来共同维护社会治安；四是对"逃难潮"未能在其萌动期加以有力的疏导和制约。尤其值得重视的是，如果灾害发生后生活必需品（粮食、洁净水、能源等）的供应短缺，群体性的恐慌情绪会迅速蔓延，犯罪人煽动群众哄抢商店、仓库、救灾物资的阴谋较易得逞。

四、在灾害衰减期要警惕侵财案件的抬头

人心稳则少犯罪，这一条在灾害的发生过程中是需要始终注意的。但是，人心的动荡在灾害衰减期仍可能时有发生。尤其是这时出现的矛盾都与个人切身利益直接相关，犯罪案件必然向侵犯财产方面集中。为了压住在灾害衰减期可能上升的犯罪势头，贯彻从重从快的打击方针十分必要。特别是对政府官员、公职人员中出现的侵吞救灾款项、物资的案件，一定要在掌握确凿证据的前提下，公开地、大张旗鼓地及时严惩。

（和张滋生合作，原载《自然灾害学报》，1994 年第 4 期）

资格刑探析（摘要）

　　《中华人民共和国教师法》第 14 条规定："受到剥夺政治权利或者故意犯罪受到有期徒刑以上刑事处罚的，不能取得教师资格；已经取得教师资格的，丧失教师资格。"这一措施，除对保持教师队伍的纯洁性具有十分重要的意义外，从某种意义上说是弥补了《中华人民共和国刑法》有关资格刑内容之不足。

一、资格刑的基本作用

　　资格，是人们从事某种社会活动必备的身份和条件。

　　在我国的现行刑法中，资格刑未能作为一个刑种加以明确。特别是长期以来我们过分强调了剥夺政治权利的作用，用剥夺政治权利这项单一手段取代了诸多理应全面实施的资格刑。在商品经济日益发展的今天，这种偏颇的害处已越来越明显。罪犯坐了几年牢之后，经商、行医等资格丝毫未受损的局面时可见到。这无论对犯罪人或社会公众都会形成法律苍白无力的印象。资格刑在社会主义市场经济体制建立的过程中，对犯罪的惩治和预防均有十分重要的作用。

二、资格刑的主要特征

1. 非囚禁性约束而又有明确限制的经济性
2. 严厉的否定性评价与非物质性
3. 独立与附加适用的灵活性
4. 现实功能与远期效应的双重性

三、改革呼唤资格刑功能的充分发挥

1. 明确资格刑的法律地位。《中华人民共和国刑法》修改时，应当明确规定资格刑的法律地位，使资格刑成为刑罚体系中的一个重要刑种。

2. 扩充资格刑的内涵。笔者建议，将商贸经营权、商品生产权、财务管理权、行医权、从事教师工作权、驾驶机动车（船）权、从事具有高度危险作业权及政治权利等内容，都列为资格刑的具体剥夺对象。审判时，由人民法院酌情决定剥夺的具体内容及期限。

3. 建立资格刑的执行体系。笔者认为，资格刑一经人民法院判决生效，便应由犯罪人居住地的公安机关负责执行。人民法院应负责将判决书副本抄送被告人居住所在地的工商、卫生、教育、交通等行政管理部门及公安部门。公民在接受从业资格审查时，应当出示有无资格被剥夺的证明材料。

（和张滋生合作，原载《上海大学学报（社会科学版）》，1994 年第 3 期）

加强对举报人的保护（摘要）

为了更好地对举报人实施保护与奖励，笔者认为以下"四个必须"尤为重要。

一、受理举报机关的义务必须明晰化

1. 受理举报机关在获得举报材料之时，便有为举报人保守秘密以及负责地答复、查询的义务。

2. 受理举报机关有正确使用举报材料的权力和为举报人及其近亲属的安全提供保障的义务。

3. 受理举报机关有为举报人设计应急联络办法，指导举报人共同做好保密、安全工作的义务。

4. 当举报人正当权益受侵的迹象已经出现，受理举报机关有协调有关部门采取保护性措施的义务。

5. 受理举报机关对举报材料有调查核实的权力，即使举报的事实有出入，甚至是错告的，受理举报机关仍有义务不公开举报人的身份。

6. 受理举报机关有告知举报人诬告责任的义务，有避免使被诬陷者受到追究的权力。

7. 受理举报机关有决定悬赏举报的权力，有为举报有功者支付必要费用，补偿误工损失和兑现奖励的义务。

二、举报材料的转递移送必须规范化

1. 严禁举报材料转到被举报人手里。

2. 受理举报机关需将案件交由下级办理时，应规定汇报查处情况的期限。

3. 举报人以公开身份与最初接受举报的机关面谈，而该材料又需要移送有管辖权的机关受理时，应征询举报人的意见后决定以具名或匿名的方式移送。举报人要求以匿名方式移送材料的，应予尊重。

4. 所有举报材料的移送、转递均采用绝密件，并尽可能地减少转递层次，以免因多人历阅而泄密。

三、对举报人的保护措施必须具体化

1. 从案件来源上为举报人妥善保密。
2. 运用稳妥手段避免举报人直接充当证人。
3. 指导举报人防止因失慎而自我暴露。

四、运用刑事法律手段保护举报人

如果举报人确实遭到了不法侵害，即应按上述规定追究侵害者的法律责任。对于举报重大案件线索确有立功表现的举报人，如遭受不法侵害的危险难以排除，受理举报机关应设法提供秘密调动工作，甚至迁居等特殊援助。

（原载《政治与法律》，1996 年第 6 期）

迷惑型侦查谋略在反暴力犯罪中的运用（摘要）

　　迷惑型侦查谋略是指，侦查人员用巧妙的办法，隐匿侦查工作的真实意图，给侦查对象造成虚幻的错觉，并使之深信不疑，钻进预设的圈套或自我暴露。此计，无论是迷敌心智，还是惑敌视听，实质上都是示假隐真的心理战，目的都是为了使侦查对象心智昏乱，意志松懈，判断失误，自投罗网。

一

　　概括地说，实施智取就是设法迷惑住暴力犯罪分子，尽可能用非暴力的手段获取胜利。

　　所谓迷惑，就是"以己昭昭，使敌昏昏"，用似是而非、扑朔迷离的假象欺骗侦查对象。当然，所谓示假也并不完全都是假，其实是真中有假，假里掺真；表面上真，骨子里假；形式上真，实际上假；真真假假互相渗透，互为掩护。《孙子兵法》中的"诡道十二法"，阐明了如何以诡诈之术欺骗对手。其中前四句说的是："能而示之不能，用而示之不用，近而示之远，远而示之近。"显然，这是指用反示意向的办法迷惑对手。在刑事侦查中，我们迷惑侦查对象的手段有多种多样，但概括地说都是在真与假、此与彼、有与无、远与近等对立的两极做文章，故意暴露于外的"形"与内隐的真正目的都是相反的。可以说，反示意向的目的是以假乱真，"攻其无备，出其不意"则是迷惑型侦查谋略的核心。

二

迷惑型侦查谋略基本特点可以概括为：以诈为本，以惑诱错，以柔克刚，以奇制胜。

（一）以诈为本

"诡诈"二字在中文的使用习惯中是含有贬义的，这应当说是一种不应有的偏见。其实，欺骗并不具有固定不变的道德或法律属性。诡道与诈术本身并不具有阶级性，关键就看谁在使用，用于何种场合，使用的目的何在。只要有利于巩固人民民主专政这个大局，对侦查对象进行迷惑和诱骗绝不存在道德上的"理亏"，古代兵书中"兵以诈立"的谋略思想，对当今刑事侦查工作是完全适用的。

（二）以惑诱错

所谓迷惑，是使人分辨不清，摸不清头脑，丧失应有的判断能力。可见，迷惑并不是强制对方，而是诱使对方自己走上绝路。侦查机关要想以最小的代价获取胜利，就得以假乱真，分散和吸引犯罪人的注意力，扩大其思维上的"盲点"，在其意料不及、防备不到之处发动突然袭击。在智力的角逐中，谁能扩大对方视觉和听觉的"盲点"，谁就能诱使对方作出错误的决策。

（三）以柔克刚

在活力对抗中，柔并不是无力的代名词，而是在确有实力的前提下故意避免"硬碰硬"的战术。当然，不动武的前提是具有充足的暴力做后盾，但妙就妙在以智力的角逐避免了暴力的施展。

（四）以奇制胜

就侦查谋略而言，以奇制胜，并不是像某些文学作品中所描写的那种玄而玄的神话，而是灵活地运用各种侦查方法，把攻击点选在侦查对象料想不到的地方。聪明的人也有考虑不周之时，尤其是"当局者迷"的现象是犯罪分子难以克服的，侦查员只要把陷阱挖在作案人想不到的地方，就能以奇制胜。

三

迷惑型侦查谋略的最大特点是示假隐真，用公开的事物和人们常见不疑的方式掩护秘密的侦查方向，等待侦查对象露出马脚时再突然收网。所以，运用迷惑型侦查谋略应注意以下四点：

1. 在动静相映中求得逼真自然。
2. 在反示意向中警惕偶然因素。
3. 在佯顺敌意中抓住对方的弱点。
4. 在虚实并用中找准收网的时机。

（原载《四川省公安干部学院学报》，1996 年第 4 期）

公众举报和对举报人的保护与奖励（摘要）

一、公众举报的基本特征

笔者认为，举报是公民选择自己认为适当的方式，主动向司法、行政执法机关报告违法犯罪案件线索，请求依法查处的行为。概括地说，举报行为有以下基本特征：一是与违法犯罪作斗争的主动性；二是举报材料来源的广泛性；三是与办案机关联系方法的选择性；四是举报人合法权益的受保护性。

二、举报人的法律地位和基本权利

1. 举报有别于报案、控告、自首。
2. 举报人并不等同于证人。
3. 举报人具有多种特有的权利。根据权利与义务对应的原则，举报人在作出举报行为时就获得了以下诸种特有的权利：（1）举报人有自由选择举报方式的权利。（2）具名举报人具有优先知情权。（3）举报人有拒绝直接充当证人的权利。（4）举报人有取得补偿与报酬的权利。（5）举报人有将功补过的权利。

三、对举报人的保护和奖励

显而易见，对举报有功者应当给予奖励。但是，这种奖励必须讲究方式，非经受奖励者同意，奖励应一律秘密兑现。本着精简、合一的原则，我国可将对举报有功者的奖励纳入见义勇为奖励基金及相关的组织，以防止举报人因惧怕身份暴露而不敢领奖。

（原载《上海大学学报》，1997 年第 4 期）

户籍制度改革与可持续发展初探（摘要）

我国人口众多，但人口的科技文化素质相对较低。近年来人口流动的趋势日益明显，旧有的户籍管理制度受到了严峻的挑战。如何科学、稳妥地改革我国的户籍管理制度，引导人口的合理、有序流动，是实施可持续发展战略的重要一环。

一、我国人口流动的基本特点

（一）高落差

（二）大流量

（三）调节库容小

（四）动态沉积率高

二、从国际大背景下对人口流动的思考

人口流动是有规律的，循其规律加以引导是可行的。在制定政策时，一要适度控制人口流动的规模；二要引导合理的流向，使人口总体素质在流动中得到提高；三要把人才工作的重点从"引得进"转移到"留得住""用得好"上来。

三、从可持续发展看户籍制度改革

（一）城市的发展要力避盲目性

（二）合理的人口流动可以促进人口素质的提高

（三）户籍改革应促使各类人口各归其所

四、户籍制度改革的具体构想

人的受教育程度是其自身最本质的特征，也是其具有不同社会价值的具体表征。户籍制度改革将使"城门"敞开，但进城的"门槛"又是公开、透明的。国家应制定以受教育程度为主要内容的评分标准，每个拟迁移人口都有不同的分值（似可称为"户籍分"）。显然，受教育程度越低者得分越低，其取得城市常住户口资格就越困难。不过，每个人的户籍分并不是一成不变的。经过一定努力，其户籍分值可以提高。

（原载《上海大学学报》，1998 年第 4 期）

强化立法民主是提高立法质量的关键

　　江泽民同志在"十五大"报告中，明确提出依法治国、建设社会主义法治国家，是党领导人民治理国家的基本方略。为实现这一治国方略，江泽民同志又提出了"加强立法工作，提高立法质量，到 2010 年形成有中国特色社会主义法律体系"的具体要求。立法质量是法律体系建设的生命线。具有中国特色的社会主义法律体系的构建，需要科学、严密的框架设计，更需要每一项高质量的立法。按照法学界的共识，判断法之善恶的两项原则：一是立法的目的是否正当；二是立法的技术程度是否规范。美国自然法学家富勒还曾提出法治的八条原则：法律的一般性（普遍性）；法律要公布（公开性）；法不溯及既往（非溯及性）；法律要明确（明确性）；避免法律中的矛盾（统一性）；法律不应要求不可能实现的事情（可行性）；法律要稳定（稳定性）；官方的行动要与法律一致（一致性）。富勒甚至认为，上述八条如缺少任何一条，"并不单纯导致坏的法律制度，而是导致一个根本不宜称为法律制度的东西"。[1]

　　江泽民同志在提出依法治国方略的同时，明确指出加强立法工作，提高立法质量。这是具有战略意义的远见卓识。依法治国客观上要求提高立法质量。法的质量不同于一般精神或物质产品的质量问题。如果立法质量不高，不但法的权威性荡然无存，而且治理国家的全部努力都会发生扭曲。为此，本文仅就提高立法质量与坚持走依法治国之路的关系略陈浅见。

一、正确认识法的本质是提高立法质量的重要前提

　　什么是法的本质属性，这在我国是素有争论的法学基本理论问题之一。

---

　　〔1〕　参见沈宗灵：《现代西方法理学》，北京大学出版社 1992 年版。

持法仅有单一属性即阶级性的观点的人，认为法是上升为国家意志的统治阶级意志。20 世纪 80 年代以来，法是阶级性与社会性统一的"双重属性论"渐为众人所接受。近年来，我国关于法的本质属性之争又在深化。有的学者认为，法是不同利益主体共同意志的体现，法的阶级性还存在，但形式和内容都有了较大的变化，需要我们运用历史唯物论重新分析研究。[1]有的学者主张规律论，反对意志论，认为"法律应当首先体现市场经济的规律，而不只是体现立法者的意志。背离经济规律而片面强调立法者愿望和意志所制定出的法律，只能给经济带来破坏性的恶果"。[2]笔者以为，法的本质属性之争，实际上就是"法是什么"之争。如果连法是什么都没有搞清楚，依法治国就将成为侈谈。就法的外在特征而言是规范性、强制性、程序性，即法是由国家强制力保证实施的，调整社会关系的行为规范，无论法的制定与执行都必经特定的程序。就法的本质属性而言，笔者认为是掌握国家政权的统治阶级的意志（简称"意志说"）和统治阶级对社会发展规律认识程度的体现（简称"规律说"）。马克思曾经说过，法律应当"是事物的法的本质的普遍和真正的表达者。因此，事物的法的本质不应该去迁就法律，恰恰相反，法律倒应该去适应事物的法的本质"。[3]笔者理解，马克思所说的"事物的法的本质"指的是客观事物的规律性。为了使立法者所制定的法律能够反映"事物的法的本质"，马克思还指出："要能达到这一点，只有使法律成为人民意志的自觉表现，也就是说，它应该同人民的意志一起产生并由人民的意志所创立。"[4]显然，社会主义法的本质属性有二：一是代表广大人民的意志，二是反映社会发展的客观规律。由于统治阶级在阶级本质上的差别，其将自己的意志提升为国家意志时必然出现这样的情况，即或代表或违背人民的意志，或反映或背离社会发展的客观规律。故此，法亦有善法（良法）、恶法（劣法）之分。真正的善法一定是体现人民的意志和反映客观的规律，恶法则恰恰相反。

〔1〕 本刊评论员："加强利益主体多元化对法律影响的研究"，载《法学》1996 年第 7 期。

〔2〕 江平："国家与社会——论中国现今法律观念之变化"，载《南京大学法律评论》1996 年第 1 期。

〔3〕 中共中央马克思恩格斯列宁斯大林著作编译局编译：《马克思恩格斯选集》第 40 卷，人民出版社 1972 年版，第 139 页。

〔4〕 中共中央马克思恩格斯列宁斯大林著作编译局编译：《马克思恩格斯选集》第 40 卷，人民出版社 1972 年版，第 184 页。

社会主义法是工人阶级领导的全国广大人民意志的体现，这其中也包含着多元利益主体的意志。首先，工人阶级在我国居于领导地位，是统治阶级；其次，工人阶级从根本上、整体上代表了广大人民的意志，也代表了社会多元利益主体的意志；最后，利益主体的多元化与工人阶级对其他阶级、阶层的领导并不存在互斥的关系。社会主义法是阶级性与人民性的统一。但是，仅仅以"意志说"概括法的本质属性是不全面的。无论是先进的或没落的统治阶级，在客观规律面前其意志都不是绝对自由的。恩格斯一针见血地说过："意志自由只是借助于对事物的认识来作出决定的那种能力。"[1]任何意志既受制于主体的物质生活条件，又受制于主体对客观规律的认识程度。这一点对统治阶级、被统治阶级来说都是相同的。统治阶级并不会也不可能因其居于统治地位而可以凭借自己的意志为所欲为，即便其专横地将自己违背客观规律的意志提升为国家意志，这种法律也只能是恶法、不法之法，只能在客观规律这种"硬邦邦的东西"面前碰得头破血流，[2]使统治阶级走向垮台或政权易手。"因为法律只是在自由的无意识的自然规律变成有意识的国家法律时才起真正法律的作用"。[3]这就是说，依法治国，就是要依照体现人民意志，反映社会发展规律的法律来治理国家。社会主义法体现的是人民意志，就总体而言是善法，但仍然存在对其善的程度评价问题。实践是检验真理的唯一标准，也毫无疑义地是检验法的善恶及其程度的唯一标准。善者一切皆善、恶者一切皆恶的观点已经为唯物辩证法所否定。在社会主义条件下，由于立法者主客观方面的诸多原因，也很可能出现"非恶亦不够善"的立法，即该法从总体上看并没有歪曲或背离人民的意志，但却未能正确反映社会发展的客观规律。尤其是建立社会主义市场经济体系是前无古人的事业，我们在"摸着石头过河"的过程中，很可能被经济规律的某些浅层次表象所迷惑，凭借囿见或偏见的立法自然就"非恶亦不够善"了。当然，人对客观规律的认识是永远也不会穷尽的，任何时代的立法也只能反映统治阶级在该时代对

---

〔1〕 中共中央马克思恩格斯列宁斯大林著作编译局编译：《马克思恩格斯选集》第3卷，人民出版社1972年版，第154页。

〔2〕 中共中央马克思恩格斯列宁斯大林著作编译局编译：《马克思恩格斯选集》第3卷，人民出版社1972年版，第154页。

〔3〕 中共中央马克思恩格斯列宁斯大林著作编译局编译：《马克思恩格斯选集》第1卷，人民出版社1972年版，第72页。

客观规律的一定认识程度，立法中的漏洞在所难免。但是，法律的生命力在于质量。我们不能苛求社会主义的立法尽善尽美，但要求社会主义的法能反映人民中的绝大多数人的意志却是完全应当的。如果大量法律、法规被一批又一批地"生产"出来，却连比较全面、准确地体现人民的意志，正确反映社会发展的客观规律这个基本标准都达不到的话，这种立法也就没有"质量"可言了。

必须指出的是，我国近几年的立法数量惊人。全国人大及其常委会几乎平均每 13 天制定一部法律，国务院大约平均 6 天制定一件行政法规，地方立法的速度之快也已到了被人称为"批量生产"的程度。但是，如此快速的立法进程，仅仅标志我国"无法可依"时代的结束，而并不能为到 2010 年形成有中国特色的社会主义法律体系提供保证。因为立法质量不尽如人意，所以提高立法质量已是当务之急。按照物质、精神生产的共同原理，要想提高产品质量，首先要指定上下一致遵循的质量标准。就立法而言，体现工人阶级领导的包括多元利益主体在内的人民意志，反映社会发展的客观规律就是基本的质量标准。在我国学术界，近年来时可听到有关立法质量的议论，但限于立法技术的内容偏多，这一现状并不意味着我国立法中的问题仅是技术性的。事实上，相当一部分的滥收费、乱摊派、任意罚款、限制外地优质产品进入本地市场等法规，就是由地方立法机关审议通过的。尽管这类错误明显的立法已被废止或修正，但是，有限立法资源的不应有浪费已是不争的事实。事实上，这些年来，由于"近权楼台先立法"的现象业已存在，我国的法律成品中不合格产品也并非个别。如果说某项法律是一张"网"的话，法律体系就是无数张"网"的有机结合。不能设想用漏洞百出的"法网"能够实现真正意义上的法治。对我国当前的"立法热"应当有一个冷静的态度，防止"以法谋权"，防止通过立法使对局部利益、部门利益的保护合法化的课题已经摆在我们面前。

总而言之，依法治国，首先要解决"依什么样的法"的问题。加强立法工作，提高立法质量，为的就是解决这个至关重要的问题。只有依体现人民意志和反映社会主义市场经济发展规律之法才能建设社会主义法治国家，这就是笔者的结论之一。

二、提高领导干部的法治观念是提高立法质量的关键环节

依照依法治国的理论，立法的目的不仅仅是控制社会秩序，更不是专门

去管老百姓，而是使政府在依照法律管理社会的同时改造自身，并接受法律对其权力的制约。法治国家的核心内容是法律具有"至上"的地位，而法律总是统治阶级制定或认可的。由此看来，法律既出自统治阶级之手，又要居于统治阶级之上并有效地约束统治权力，这是一个无法回避的悖论。一方面是，没有明智清廉的"好官"就难以有代表人民利益的"好法"；另一方面是，有了"好法"也不可能直接变为治国的行动，依法治国还必须靠国家官员的运作。显然，"依法治吏"既是依法治国的前提，又是依法治国的关键。通过"依法治吏"的途径达到依法治国的目标，无非是要制定一系列的规范，并将其上升为国家意志来设定、制约国家官员的权力。这种"用自己的刀削自己的把"的事，唯有立法者具有正确的法治观念才能完成。如果具有立法操作权的国家官员在内心并不希望有一整套管束自己的严密法律体系来规范自己的行为，立法质量的提高将是一句空话。由此看来，依法治国的"启动"环节是领导干部实现法治观念的变革。当然，启动时的阻力总是最大的，但是，不启动就不能前进。

应当承认，我们强调依法治国，并不是要否定人的作用。治国的依据是法，但法总是要由人去制定、由人去实施、由人去监督的。况且，就我国现状而言，还只处在由"人治"向"法治"的过渡之中。依法治国的前提和必备条件是首先实施"依法治吏"，即教育和迫使领导干部提高法治观念和依法办事的能力；笔者在这里并列使用了"教育"和"迫使"这两个词是想说明，重要的问题在于教育干部，但教育又不是万能的。我们抓教育的目的是为了"换脑筋"，如果有人是再不肯"换脑筋"的话，那么，就要果断地使用"换人"的办法彻底地"换脑筋"。

依法治国既是一种方法、道路，又是一种方针、原则，更是一种理念和意识。如果把依法治国视为一种方法或道路，是只看到了依法治国的浅层含义，即在治理国家的诸种方法中，依据法律而治之是最先进的方法。如果把依法治国当作方针、原则，是在较深层次上把握了依法治国的含义，即依法治国的道路是已经为实践证明了的真理，是每一个爱国者都必须遵循的原则。但是，在这一层面上对依法治国的理解仍具有外力要求的色彩。唯有把依法治国的方针变成一种理念和意识，才会发自内心地走依法治国的必由之路。这是因为，依法治国的最终目标是"建设社会主义法治国家"。这个具有崇高价值理念的目标的确立，会产生无比强大的原动力。由于依法治国方略已经为党的"十五大"所确认，如今唱反调或吹冷风的人已经很难公开见到。但是，接受与信仰依法治国的治国方略绝不是一回事。接受者，可以是被动的甚至是被迫的；信仰者，才是发自内心地尊崇与追求。如果不是笔者妄断的话，当前我们大多数干部只是接受而不是信仰依法治国的方略，他们希望中国成为一个"有法制"的国家，而对于依法授予并制约国家机器各组成部分的权力，依法规定国家机器的有序运行机制是缺乏心理准备的。简而言之，我们的干部因为积习与惯性思维的推动，在内心深处仍认为法律是管人民的工具，管好了老百姓就是治国有方。而对依法治国（尤其是将依法治国的切入口定位"依法治吏"）却很难由衷认同，表现在行动上就是对制定"管官的法"总是不那么积极。正因如此，在实践上就很可能出现高喊"依法治国"的口号，做的却是"以法治民"的事情。也许如此作为的干部并无恶意，且用心良苦，而把"治国"异变为"治民"的根源却在于缺乏法治观念，对依法治国所涉及的"依什么样的法""以之治什么""如何去治"这样三个重大问题认识模糊不清。

就立法而言，凡是参与其中的人员无论是提出立法项目、拟写法律草案、参与审议或是参加表决，都必须以正义、公平、公正等理性观念为指导，都必然是把自己的理念和某一部分道德规范变成法律规范，并赋予国家强制力。这就是说，立法工作在一定意义上是参与立法者将各自的正确观念和良好道德准则"熔铸"成为法律规范的过程。只有具有法治观念和良好道德规范的人才能创制反映人民意志和客观规律之法，只有信仰法治的人才能言行一致地贯彻立法民主原则。党的十一届三中全会以来，我国有关市场经济和公民权利的应立之法迟迟未能问世，而有些设定国家机器权力而又缺乏制约或仅作笼统制约的法却顺利出台的状况，也从一个侧面反映了提高国家官员法治观念的重要性。说得直率一点，贯彻依法治国的方略必须优先制定一大批"管官"的法。在一个国家法律体系中，内容直接表现为"管官"或"管民"的法总会各占一定比重。如果"管官"的法出台迟缓、寥若晨星、空泛无力，而"管民"的法严密、具体、颇具力度，就会在本质上偏离法治的轨道。如果我们确认依法治国的突破口是"依法治吏"，就要用百倍的努力，采用最有力的措施提高领导干部的法治观念。

法治观念并不等同于法律知识，也不是法律知识的堆砌。法治观念的本质是将正义、公平、公正理念化，成为指导行为的自觉意识。卢梭曾经说过：

"一切法律之中最重要的法律不是铭刻在大理石上，也不是铭刻在铜表上，而是铭刻在公民的内心里，它形成了国家的真正宪法，它每天都在获得新的力量，当其他法律衰老或消亡的时候，它可以复活那些法律或替代那些法律，它可以保持一个民族的精神。"我国在建设社会主义法治国家的道路上，当然需要千千万万个把法律铭刻在内心里的公民，但更需要千千万万个内心具有强烈法治观念的干部。我国当前的地方立法问题颇多，其根本原因就在于当地的权力拥有者法治观念尚未形成。有些地方官员甚至公开表示对"自己拿绳子捆自己的手脚"想不通，仅此就足以提醒我们，一定要把着重提高领导干部的法治观念作为提高立法质量的攻坚战来打。马克思曾经说过："立法者应当把自己当作一个自然科学家。他不是在制造法律，不是在发明法律，而仅仅是在表述法律，他把精神关系的内在规律表现在有意识的现行法律之中。如果立法者用自己的臆想来代替事务的本质，那么我们就应该责备他极端任性。"[1]看来，当前各级领导干部中"极端任性"的并不在少数，我们对付"极端任性"的办法就是着重提高领导干部的法治观念。当然，法治观念的形成和确立需要一个过程，必要的组织措施也是不可或缺的。例如，我国地方人大代表中行政官员比例高达60%以上就是一个亟待解决的问题。另外，法学界关于在全国人大下面设立宪法监督委员会的呼吁，也有待尽快成为现实。

三、扩大立法的社会民主是提高立法质量的根本途径

我国宪法规定："中华人民共和国的一切权力属于人民"。毋庸讳言，一切权力之中当然包括立法权。当前，我们首先需要解决的是，如何真正把一切权力交给人民来行使。按照笔者的理解，法治是人民当家作主的制度化、法律化，即治理国家的权力由代表全体人民共同意志且上升为国家意志的法律来确认。这就是说，人民掌握着国家的一切权力并不只是宣言或口号，其必然要求具体落实在依法治国上。"一切权力属于人民"的落实之处首先是立法，其次才是司法、执法与法律监督。就立法活动而言，民主包括两个方面，一是在立法机构内的民主，如在立法草案提出、审议、表决过程中应当充分体现民主的原则；二是立法的社会民主，即动员广大人民群众参与立法项目

---

〔1〕　中共中央马克思恩格斯列宁斯大林著作编译局编译：《马克思恩格斯选集》第 40 卷，人民出版社 1972 年版，第 183 页。

的提出，参与法律草案的撰稿与修改，以及在一定条件下由人民对法律草案进行公决。立法活动中两方面的民主相比较，社会民主涉及全体公民所享有的参与立法权的实现，是比立法机构的内部民主更为重要的，也恰恰是我国当前立法活动中的薄弱环节所在。

根据世界各国的立法经验，有一种被称之为"公民直接立法"的制度是值得我国借鉴的。各国采取的公民直接立法制度虽各有异，但通常的做法是每一个达到法定年龄的公民都可以参与法的创制或复决。由于立法是国家行为，公民直接立法制度则从一个方面体现了国家权力回归于公民的思想，而我国在这方面似乎尚未引起重视。为此，笔者建议如下：

1. 在宪法中明确规定公民有参与立法的权利

据资料，凡已确立公民直接立法制度的国家，通常以享有选举权作为公民行使法律创制权和复决权的条件。笔者认为，可在我国《宪法》第 34 条的基础上增设第二款，明确规定公民有参与立法的权利。具体表述建议为："凡具有选举权、被选举权的公民均享有参与立法的权利"。由于"直接立法"一词容易引起歧义，在我国还是采用"参与立法"的提法较为妥切、实际。

2. 建立符合我国国情的公民参与立法制度

公民参与立法的制度是人民当家作主的重要内容。这一制度的建立，既可以直接听取人民群众的呼声；更可以使人民的意愿以快捷的"直通"方式提升为国家意志；又可以促使国家履行其应当履行而尚未履行的义务，无疑是建设法治国家的应有内容之一。在我国宪法规定公民有参与立法权的同时，应具体规定参与立法权的主体、客体、内容及权利运用规则，以免流于空泛或诱发权利的滥用。

3. 创办《立法研究》杂志作为立法机关与群众沟通的桥梁

我国现在公开发行的法学类杂志数量不少，但专门研究立法理论与实践的刊物却一本也没有。这不能不说是一大缺憾。笔者建议，可由人大法工委创办一份名为《立法研究》的刊物（亦可在现有法学杂志中选择有条件者改办）。《立法研究》的主要任务是：探讨立法理论，介绍世界各国的立法动态，反映立法需求，向全民征集立法项目建议案，刊登拟审议的法律草案讨论稿，组织对法律草案的讨论，发表群众提出的修改意见或建议，为立法技术与法律解释中的不同观点提供争鸣园地，交流立法经验，对立法技术进行研究。这份刊物只要真正以"加强立法工作，提高立法质量"为宗旨，就一定能够成为公民参与立法的舞台和公民与立法机关沟通的桥梁，取得可观的社会效益。

4. 尽可能多地组织学者进行立法攻关

我国目前的立法草案大多由负责该方面工作的主管机关提出。这种做法有利亦有弊，主要弊端表现在草案内容的设置上眼界比较狭窄，与相关法律的协调性偏弱，不自觉地带有"部门"倾向性，可能使某些人利用立法手段偏袒某集团、某部门或某一地方利益的做法得逞。为保证立法质量，笔者建议尽可能多地采用由法学专家、学者协作"攻关"，共同提供立法讨论稿的模式。由于法学专家、学者自身并不隶属于任何行政或司法部门，客观上能够比较超脱，加之其阅历较广、学术造诣较深，提交的讨论稿质量会相对高一些。当然，某些专门性很强的立法，也可以采取专家、学者与主管部门共同拟订讨论稿的做法。

5. 把招标及进行社会效果预测评价作为立法的必经程序

法律草案的质量关系重大。立法机关在审议时受到时间、精力、学识、资料等方面的限制，很难对草案进行过细的讨论。为确保立法草案的高质量，除必须把法学专家、学者放在立法工作主导位置上之外，还应实行立法草案招标制。具体做法是：人大法工委向全国公开发布立法项目招标信息，由具有法律草案拟制能力的法学科研、教学单位、学术团体及有关主管部门进行投标。所有竞标单位提交的方案均接受匿名评议，择优选定中标方案。中标者由立法机关正式称之为某法律草案起草组，并责成其吸收其他方案的优点，再作修改、加工后提交讨论稿。

法的功能主要是对社会的控制与调节。事先对法律草案进行社会效果预测评价，是立法活动必不可少的一环。立法机关收到讨论稿后，应自行或委托相关的学术团体和实际工作部门召开专题研讨会（其中必须有一定数量的社会学家参加）。主要是对讨论稿的内容及立法效果进行评议和预测，提出进一步修改的建议。与此同时，《立法研究》刊出该讨论稿的全文，向全国人民征求修改意见。这样，中标后形成的讨论稿经过有关专家与全国人民的"评头品足"，且再经修改充实，才能作为草案提交全国人大及其常委会审议。

（原载《政法论坛》，1998 年第 2 期）

我国亟待制定《人口法》（摘要）

我国推行计划生育政策的成绩举世瞩目，但是，减少人口出生量仅是浅层次目标，我们切不能为计划生育工作的已有成绩而沾沾自喜。我国人口数量庞大，在一定程度上掩盖了人口素质、结构、分布等方面的问题。随着市场经济的发展和生育率的明显下降，人口素质偏低、老龄化、男女性别构成失衡、农民盲目流入大中城市等深层次的问题正日益显露出来。我国目前的这种人口现状是长期的、多元的、历史的等综合性原因所造成的。尤其是某些迫不得已而为之的阶段性人口政策，或多或少会将几代人酿成的人口苦酒强加到下一代人头上。这种人口问题的代际转嫁是与可持续发展战略背道而驰的。显然，可持续发展需要强有力的法律保障，在可持续发展的法律保障体系中，《人口法》是不可或缺的重要组成部分。具体原委如下：

第一，世界对人口问题的关注度日趋提高。

就整个世界而言，已经把目光跳出了单纯的计划生育，而是从可持续发展的高度来认识人口问题。例如，1974 年 8 月 30 日在布加勒斯特召开的世界人口会议上通过了《世界人口行动计划》，1981 年 10 月 30 日在亚洲议员人口和发展会议上通过了《关于人口与发展问题的北京宣言》，1984 年 8 月召开的国际人口会议通过了《墨西哥城人口与发展宣言》和《进一步执行〈世界人口行动计划〉的建议》，1989 年 11 月通过的《阿姆斯特丹宣言》明确提出了让后代过得更美好的口号，1994 年 9 月又在开罗通过了《国际人口与发展大会行动纲领》等。综观上述国际会议，我们确知，世界各国已经把人口问题视为与经济和社会发展紧密相连的关键环节，而不是简单地、孤立地讨论生育问题。

第二，《人口法》是调节人口生产的国家基本法。

历史早已证明，人口自然调节的代价极为沉重，人口的生产与管理亟需法律的调整。人口法律制度古已有之，如我国唐朝已开始实行计丁授田、按田赋税的制度。计丁，相当于现代意义的人口调查。市场经济在我国的发展十分迅速，而过去的计划生育工作中的不少做法都带有计划经济的烙印，现已难以推广。市场经济条件下的人口管理更需要首先解决有法可依的问题。我国虽已在宪法中作出了国家推行计划生育，使人口的增长同经济和社会发展计划相适应的原则规定，但如此重大的基本国策却没有一部法律来加以细化，实在令人难以想象。

第三，《人口法》是高于计划生育法的国家基本法。

计划生育法只是人口法律制度体系中的重要内容之一，用计划生育法代替《人口法》的想法，就像要用足球取代整个体育运动那么可笑。从内容上看，《人口法》的调整对象包括人口规划、人口调查、人口管理、人口迁徙、人口生育、人口分布、人口结构等诸多方面，计划生育法只能对人口生育进行调控，若人为地将其工作范围扩大，既名实难副也勉为其难。我国是在人口数量激增的情况下提出计划生育政策的，实际上全面地、长远地看，我国人口的最大难题不是数量而在于素质，即人口质量。计划生育工作的最大难题是人口与经济两张皮，即抓人口的不管经济，抓经济的不管人口。而能解决上述两大难题的出路在于制定《人口法》这个国家基本法，并为《人口法》的贯彻实施制定或修订《计划生育条例》《人口登记条例》等系列法规。

邓小平同志早就说过："我们的人口政策是带有战略性的大政策。"一个国家的人口制度必须通过宪法、基本法与具体法规分层次地逐步细化并作出明确的表述。前一段时期，我国以抓生育的计划性为突破口解决人口问题是应予肯定的，但作为国家的基本法只能是《人口法》。如果人为地将计划生育法抬高到国家基本法的位置，则在法律体系的逻辑关系上讲不通。

第四，《人口法》是可持续发展的必备保障。

制定《人口法》难是现实，但在人口问题上我国已经再也付不起学费了。我国现行的人口政策具有明显的被动色彩，有的纯属不得已而为之，如一胎化政策。被动性、临时性的人口对策往往是在摘掉一颗人口苦果的同时，又去酿一缸人口苦酒。站在可持续发展的角度，我们的责任是让后代过得更美好，而不是把一种形态的人口困境换成另一种状态，从而去转嫁给子孙后代。显而易见，人口问题涉及经济发展、环境承载、资源耗费、基因繁衍、劳动力提供、社会安定等诸多方面，直接影响可持续发展。

（原载《探索与争鸣》，1998年第6期）

案例教学法初探

我国是一个实行制定法体制的国家，即法律以条文的形式付诸文字。在传统的法学教育中，讲解法律条文几乎成了理论教学的重点，对理论究竟应该怎样联系实际，高校法律院（系）正在不懈探索之中。近年来，上海大学在钱伟长校长的倡导下，对案例教学法进行了探索性的实践。应当肯定，案例教学法对促进理论与实际的结合确有积极意义，但是，案例教学法并不是、也不可能是提高教学质量的"万能之术"。所以笔者认为，对国外的案例教学法不能盲目照搬，要根据我国的国情，立足于对学生创新能力的培养与开发，探索具有中国特色的案例教学法。

一、案例教学法在法学教学中的地位和作用

就人类的认识过程而言，归纳和演绎二者是密不可分的。"归纳和演绎，正如分析和综合一样，是必须相互联系着的。"在运用归纳法进行教学的过程中，必须有演绎的参加；同样，在教学中如果没有归纳，也就失去了演绎时作为推导的依据。在法学教学中案例不可以无，也不可以滥。片面地抬高演绎的作用，贬低归纳法是不可取的；用单纯的案例讨论代替基本理论的系统阐述也不利于创新能力的开发。尽管提供案例在一定程度上具有激发学生学习兴趣、提高教学效果的作用，但这只是浅层次目的。概括地说，将案例引入教学过程的目的在于就案论法与以案促学。

所谓就案论法，是指启发、引导学生把具体案件事实与法学基本理论联系起来，彼此贯通，学会从典型事实中概括理论观点，逐步形成就事论理，运用法律知识作出判断的能力。显然，就案论法是为了使学生从已知的事实迈向未知的理论，从知其局部到知其全面，从知其然到知其所以然。这里的关键是要确有所"论"，无论是各抒己见的讨论，还是针锋相对的辩论，不"论"是难以

得"法"的。这里所说的"法"并不是具体的法律规定或条文内容，而是法学的基本原理和原则。美国在规划 21 世纪基础教育的著名文件《普及科学——美国 2061 计划》中说："要选择那些对现在和数十年以后仍然应当知道的，影响重大的内容，并且不再讲授那些过时的技术或受到局限于一定科学领域的知识。尤其是选择为人生建造知识大厦的永久基础的那些概念。"就法学教育而言，法律条文虽较稳定但也难免有变，而对法的真谛的理解才是"为人生建造知识大厦的永久基础"。

我国的多数法律院校都将高级应用型法律人才作为培养目标。这里似乎需要廓清一个概念，即：应用型法律人才≠法律工匠。在应用型人才培养的过程中，任何忽视或淡化理论素养培养的想法和做法都是错误的。梁治平先生认为："近代以来从律学向法学的知识转变一直没有完成，在多少是律学传统下培养出来的法律人才要么只会注释法条，要么只是些思想简单的进步论者。"这里，笔者无意讨论什么是法学、什么是律学，但有一点必须明确：应用型法律人才必须掌握宽厚扎实的基础理论，具有运用理论指导司法实践的能力，而不是仅懂法条、会办案的法律工匠。

所谓以案促学，是指用案件的具体事实使学生"身临其境"，甚至充当庭审活动的某一角色。这样做，不仅促使学生在实践中完成掌握知识的过程，还可能启动思维的大门，从获取现成的知识向探求未知的领域飞跃。从根本上说，"教"的目的是为了"不教"，而要真正达到"不教"的目的，前提是要使学生"会学"。在知识经济时代，就掌握了一定信息接受技能的大学生而言，首要的任务不是掌握某种知识，而是学会学习。当我们肯定"学而知之"的时候，千万不能把"学而知之"误解为"教而知之"。任何新知识、新方法的出现都是"学而知之"（学习各方面的知识，在融会贯通的基础上加以创造），都不可能有人来"教"。在这个意义上，"无师自通"比"有师才通"更高一筹。传统的教育观念认为，教师是真理的传授者，教师的主要任务是"教学生学"。笔者认为，正确的理论传授是必要的，但是，高校教师的根本任务却不是传授真理，而是指导学生探求真理。大学教育是要让学生"学会做人"和"学会学习"，为他们一生的生存和发展打下良好的基础。尽管我们不能企求每个学生都"无师自通"，但必须认清"自通"的关键是"会学"。当代的高等教育，应当把立足点从知识传授转移到教学生"学会学习"上来。在现实和未来社会，知识的更新速度将不断加快，教师如果单纯地致力于储存和传递知识，即便传授的知识都是正确的、新鲜的，等到学生毕业时恐怕已有不少知识已经过时。推行案例教学法的意义绝不是多讲几个案例，活跃课堂气氛，而是培养学生的创新能力。案例教学法既是范例教学法在法学教学中的具体运用，也是教学观念更新的具体实践。案例教学法的基本做法是教师选择典型的、蕴含核心知识的例证作为认识对象，引导学生在发现和掌握真理的过程中培养创新能力。

就教师而言，讲课时运用案例最省劲的办法是先讲案情，再念判决结果。而这样做的效果也许连单纯地解释法条都不如。正确的做法是在解决"怎么办"（即该案应如何处理）的基础上，把学生注意力引导到对"为什么"（即为何应如此处理）的探求上来。其间的重点不是了解现成的结论，而是找到得出正确结论的思路与方法。说得直率一点，推行案例教学法的目的，是用生动具体的事实促使学生"学会学习"。教师应当是指导学生探求真理的"领路人"，学生需要用知识武装头脑，但更需要掌握"知识的知识"，即灵活运用知识正确解决问题的能力。这种能力决定了学生在其一生中能否持续地发展。

如果明确了推行案例教学法是为了引导学生变被动地接受知识为主动地探求知识，在教学过程中要不要用案例与如何用案例的问题就相对容易了。当然，具体教学方法的选择应当与课程类型相适应。一般而言，在实体法的教学中可以较多地运用案例教学法，以启发学生从典型案例中归纳出来一般原理或规则。程序法的教学要首先侧重介绍规则，然后用案例对学生进行综合训练。理论抽象程度较高的课程（如法理、宪法、法制史），较宜运用问题教学法，以侧重训练学生的演绎能力。

二、案例教学法的基本方式

案例教学法是一种生动、灵活、多样化的教学方法，必须打破传统的课堂概念，进行全方位、多层面的探索。在实践过程中尤应注意，使案例成为校内"小课堂"与社会"大课堂"相连接，"第一课堂"与"第二课堂"相贯通的无形桥梁。教师在组织课堂讨论时，要活用案例"举一反三"；在组织学生观摩庭审活动时，要启发学生"看一反三"；在组织案例辩论时，要教会学生"辩一反三"；在模拟庭审活动时，要激励学生跳出自己所扮演的具体角色"做一反三"。扼要地说，推行案例教学法的基本方式是：

1. 案例讨论

案例讨论一般可采取课堂随机发言或专题讨论的方式。随机发言是教师简要介绍案情之后，学生有针对性地自由阐述观点。在操作过程中，教师应注意一要循循善诱，做好必要的铺垫或交代，使学生"启而有发""一启即发"；二要切中要害，把学生的注意力引导到对"知识点"的发掘上来，切忌纠缠细节；三要节省时间，指导学生以最简捷的思维路径得到正确的结论。专题讨论的形式有多种，时间可长可短。一般认为小组讨论较易深入，但耗时较多。比较经济的做法是事先布置讨论题，选择有代表性的或相对立的观点发言，教师适时讲评或作小结。

无论是随机发言或专题讨论，教师的正确引导至关重要。讨论的目的不是让学生就事论事地表明态度，而在于从事实中引申出观点，从某一结论的得出再触类旁通获得更多的知识。教师要特别珍爱学生在讨论中闪现的思想火花，这种"火花点"也许超出了教师的事先准备，但就高等教育而言，唯有能在互相启发中迸发出思想火花的讨论才能事半功倍，达到举一反三的目的。

2. 观摩庭审

观摩式的案例教学可组织学生"走出去"旁听人民法院开庭，也可以"请进来"将庭审活动引入校内。"请进来"的做法又称"引进法庭"，具体做法是事先与法院协商，选择有典型意义的案例，将全部庭审活动"搬"到学校来进行，届时学校提供相应的设施和必要的服务。观摩庭审预期的教学目的可分为两个层次。浅层次的目的是使学生具体了解整个庭审活动，知晓庭审的程序和注意事项，学习控辩的技巧。这浅层次目的无论是"走出去"或"请进来"方式均可达到，但选择典型案例，将庭审活动引进校园更能达到对学生进行综合训练的深层次目的。在综合训练的过程中，学生不仅要做到"人到"（观摩庭审活动），而且要做到"手到"（制作庭审笔录）、"心到"（思考控辩双方的观点和依据），还要做到"口到"（提出问题或讨论案件的处理意见）。实践证明，以综合训练为内容的观摩庭审还可以引进竞争机制，即组织学生进行庭审笔录竞赛。当庭制作笔录，并请法官评定等级、进行讲评的做法尤其受学生的欢迎。因为学生深知这是来自实践第一线的评判，是对其司法基本技能掌握程度的"准实际"检验。

3. 案例辩论

从实践的角度看，相当多数案例都是围绕"有罪与无罪"或"有责与无责"展开的,这在客观上为"正方与反方"式的辩论提供了条件。案例辩论与案例讨论的最大差别是对抗性的强弱,案例辩论是在高强度的交锋中锻炼学生的理论思维与表达能力。

案例辩论的基本做法是:首先,编拟好能够形成对立的观点,并且双方均能持之有据的典型案例,事先印发给学生作准备;其次,依学生的不同观点倾向组织正方与反方辩手(一般各方以 3~4 名为宜,双方人数应均等);此后,正反方在互不沟通的情况下进行辩前准备。案例辩论利用了大学生辩论赛这个深受学生欢迎的形式,把学生的课外活动与课堂教学紧密结合起来,让学生在"辩"的过程中长知识、练本领、见高低,对于促使学生成为学习的主人具有明显的作用。一位参加某贿赂案件辩论的辩手说:"为了这次辩论,我看的书、查的资料不知比平时多出了多少倍。对于贿赂罪的认定我所知道的已经不是干巴巴的结论了!"

4. 模拟审判

模拟审判又称模拟法庭,是学生根据教师提供的框架性案例资料,分别扮演不同角色(如审判长、审判员、原告、被告、目击者、证人等),依照开庭的完整程序,进行"假戏真做"式的演练。模拟审判是一种较易引起学生兴趣的教学方法,但因准备工作耗时较多,一般宜在教师指导下利用课余时间进行。模拟审判尽管只是一种演练,但不应完全局限于固定的"剧本";否则,学生就会像演戏般地"念台词",从而偏离教学目的。成功的模拟审判需要教师抓住教学重点与难点,科学设定案情框架,又给扮演不同角色的学生以想象和即兴发挥的空间,使学生能在"假戏真做"的过程中锻炼应变能力。

三、试行案例教学法应当注意的问题

在教学过程中运用案例本身并无正确与错误之分,关键在于教育观念与教学技巧。案例用得好,举一可以反三,事半功倍;用得不好,举三未必能反一,事倍功半。苏联著名教育家列·符·赞可夫说过:"理论知识是掌握自觉而牢固的技巧的基础,这一点取决于教学法。也就是说,归根到底取决于教师怎样给学生传授知识和训练技巧,以及在学习过程中知识和技巧是怎样在学生头脑中联系起来的。"显然,运用案例教学法既非省时,更非省力,唯有更新教育观念,敢于打破陈旧的教学模式,不断总结经验,才能创建具有中国特色的案例教学法理论和操作体系。根据我们的实践，试行案例教学法时尤应注意如下问题：

1. 教学中使用的案例应当是精选的范例

法学教育中所称的案例教学法，是现代教学理论中范例教学法的具体运用。范例教学法要求提供给学生的例证具有代表性、典型性和导向性，其内容应有助于学习者举一反三，既得到正确知识，又领悟科学方法。同样，法学教学中所采用的案例也必须经过精心筛选，根据教学需要进行必要的加工。具体地说：（1）选用的案例应当内容健康而具有启发性。有的案例从表面上看十分"热闹"，但实际上并无多大的知识含量，在教学中是应当坚决摒弃的。一般应选用已判决生效的案例，尤其要注意选用最高人民法院公布的案例。教师不能用猎奇的方式向学生兜售社会上流传的奇闻艳事，对只能逗人发笑，不能引人深思的案例要坚决"割爱"。（2）选用的案例应当新鲜而具有针对性。案例应当既符合教学需要，又反映当前的社会动向。切忌为"赶浪头"将时髦的传闻当作典型案例，或凭空杜撰或抱残守缺。（3）选用的案例应当简洁而具有针对性。讲解案例时要以最简短的篇幅生动地揭示事实，切忌罗列不必要的细节或对犯罪手段大加渲染。在课堂上必须坚持与教学内容无关的案例不用，可讲不讲的案情细节不讲。

2. 展示案件事实要善于运用各种手段

根据我们的实践，向学生提供案例的方法有多种。随着多媒体技术在教学中的运用，不仅经编辑加工的庭审录像可作为向学生介绍案情的重要手段，有条件的院校还可以考虑将案例视听资料输入校园网，供学生随时调阅、讨论。目前，我们向学生介绍案例的方法主要有：（1）教师口头讲解案情；（2）组织学生"走出去"旁听庭审；（3）"请进来"将庭审活动引入校内；（4）印发《案例选》作为辅助教材；（5）随教学进度印发活页的案例资料。

3. 交代案件事实要重在引起思考

教师传输给学生的信息，就实质而言，包括知识信息和观念信息。但在教学过程中为了调动学生的积极性可以在实质性信息中附加适量的娱悦性刺激，我们称之为色彩信息。色彩信息是为了提高实质信息的可接受性而附加的包装，决不能喧宾夺主或哗众取宠，教学活动中的"过度包装"现象也必须反对。教师不能完全投学生所好，以为课堂气氛活跃就是成功的教学，更不能用渲染犯罪细节或当事人隐私等手段吸引学生的注意力。教师必须明确，案例在教学活动中的作用只是"药引子"，介绍案例的目的在于引导学生思维，让他们在具体案例的分析和处理中掌握知识，增长才干。在口头介绍案例时，教师应将案情熟记在心，避免照本宣科"念案例"或"背案例"。课前教师要对案例素材进行削枝强干式的加工，砍去不必要的枝节，使争论的焦点凸现出来。在课堂上要用生动幽默的语言"讲案例"，但又不能流于讲故事。在表述一般情况时要惜墨如金，避免横生枝节。在介绍关键性情节和各方的分歧时要不厌其烦，切忌遗漏和有失全面。案例资料不能采取简单的"拿来主义"，一定要有针对性地进行删改，拟写解答提示或思考题，使学生读后即有所思并有明确的答题方向。庭审录像作为案例使用时一定要经过浓缩加工，一般每一案例的编辑长度不应超过 15 分钟，应充分利用旁白的形式将非主要内容简化或随案情进展提出思考题。

4. 测量教学效果要有科学的立足点

现行考试制度虽在考试方式与题型上采取了多样化措施，但考试的宗旨却基本如一，即考查学生对教科书或教师讲授内容的掌握程度。这种所有考题都有一个唯一正确的标准答案的做法，当然有利于试卷的评阅与计分。但是，这种考试究竟是在考查学生分析解决问题的能力，还是引导学生复述甚至背诵现成的结论却很值得思考。

笔者认为，法学试卷必须打破唯一答案的做法，即对基本概念、原理的考查可以用相对统一的标准衡量学生的掌握程度。考查的重点应当放在学生运用所学知识分析问题、解决问题的能力上。笔者认为，开放性答案的案例试卷值得探索。所谓案例试卷，是指以解答案例为主要内容，允许有多种答案但又必须言之有据的试卷。一份试卷一般只有 1~2 个案例，但由于事先由教师编撰，故比实际案例更为典型、复杂、具有一定的知识广度与深度。教师在编写案例试卷时，应当依据教学大纲巧妙地包容拟考核的"知识点"，对学生只公布答卷提示（一般应写得相对具体些），教师参照相对统一的答题要求阅卷。学生若只按照提示复述了某些知识要点，而不能联系本案实际作出分析的话，则只能得低分；而只有将案例中涉及的"知识点"一一进行理论联系实际的分析，抓住要害，言之有据才能得高分。考虑到对本科高年级学生的考查应将实体法、程序法、司法文书技能紧密结合起来，试卷可要求学生任选一道案例题拟写判决书（或调解书）。显然，这样的试卷不可能有刻板划一的标准答案，教师阅卷既要依据答题要求，又有一定的自主权。学生的答案（尤其是对案件的处理意见）必互有差异，各具特点。当教师不再用标准答案去强求一律的时候，就把培养创新能力的空间和条件交给了学生。在美国福特基金会召开的"21世纪理想大学生模式"研讨会上达成的共识是："理想的大学生不应整日坐在教室里研读别人的教科书；教师只管'给分'和学生被动'接受'的观念应彻底改变；学生毕业成绩不能完全以课堂考试来衡量，而应将学生胜任工作的能力作为考评的重点。"

有人戏称文科考试是"背多分"（取"贝多芬"的谐音挖苦考试就是考学生背书的功夫），高分低能的现象也一直在困扰着我们。案例试卷的最大特点是将教学效果的测量重点从复述知识的正确率，转移到了运用知识解决问题的准确率上来。考试的指挥棒作用绝不可低估，我们抓学生的全面素质培养绝不是要取消考试，案例试卷为教育测量立足点的转移提供了有益的尝试，是很值得继续深入探索的。

（原载《上海大学学报（社会科学版）》，1999年第3期）

必须重视对国家被害的研究

自然人与法人（单位）均是犯罪侵害的对象等问题已在学术界达成共识，但法学界对国家被害的理论研究重视不够，而在现实生活中直接侵害国家的犯罪却愈演愈烈。笔者以为，法学界应当谨防国家利益淡化的倾向，规范国家权力与保护国家的合法权益同样是"依法治国，建设社会主义法治国家"的题中应有之义。为此，笔者愿大声疾呼：法学界（尤其是犯罪学界）必须强化对国家被害的研究。

正如对被害人这一概念有广义与狭义的解释一样，对被害人学也存在广义与狭义的不同认识。笔者认为，当前存在的广义过"广"、狭义过"狭"问题亟待解决。有的"广义"解释，把犯罪侵害的间接承受者以及自然灾害、瘟疫、战争等非犯罪侵害都囊括到被害人学研究范围之中，显然是不妥的。被害人是指遭受犯罪行为直接侵害的人，间接的被害者很难在理论上作出明确、清楚的界定，虽然在研究直接被害人时可以有所涉及，但作为研究对象是过于泛化了。至于非犯罪行为的受害问题，已经由民法学、行政法学、灾害学、预防医学等学科分别进行研究，我们注意借鉴其研究成果即可。被害人学在研究对象上只研究被害人个体（自然人），或仅将研究对象扩大到被害的自然人和法人的做法，既与学科定义不相吻合，也与现实斗争的需要不相符合。

国家被害现象客观存在。在现代社会，偷税罪、间谍罪等，以及妨害国（边）境管理罪、妨害文物管理罪、危害公共卫生罪、破坏环境资源保护罪、危害国防利益罪等类型犯罪的被害人都是国家。形象地说，如果承认侮辱国旗、国徽罪（《中华人民共和国刑法》第 299 条）的存在，就应当承认国家是该罪的被害人。因为国旗、国徽只是国家尊严的象征，国家才是真正的被害主体。被害人的最显著的特征是合法权益直接遭到犯罪的侵害。自然人有其法定的合法权益；法人（单位）自从依法成立之日起也有合法权益；国家作为被害主体，同样具有合法的权益。从法律上看，自然人、法人、国家均是享有权利又承担义务的主体，将国家被害置于被害人学研究范围之外是缺乏根据的。

我们应当明确这样的观点：凡是具有相应权利与义务的法律主体都可能成为被害人，被害人学都应当将其列入研究范畴之内。被害人学，在我国另有一个名称叫"被害者学"。主张"被害者学"提法的学者强调"者"系助词，当其用在形容词或动词后面时，表示有此属性或做此动作的人或事物。我们只是考虑到被害人这一提法比较符合现代汉语的习惯，才采用犯罪被害人、刑事被害人、被害人这类用语的，这并不表明我们赞同将被害人局限于纯粹意义上的"人"上。从生物学意义上讲，法人并不是人。但从法学角度看，法人具有相应的权利与义务，只要依法批准成立，就具备民事主体的资格，可以虚拟为法律意义上的人。显然，国家也是如此。在国际法律关系中国家是经常被虚拟为人的，如在国际会议投票表决时的"一国一票"制。

一门学科在其发展初期往往比较注重对具体现象的研究，故抽象程度较低。被害人学起步时，主要是对杀人、伤害、盗窃、强奸等个体被害人的研究，由于受研究视野的限制，误以为被害人就是自然人，是情有可原的。但时至今日，被害人学已经走完了仅对明显的具体表象进行研究的初始阶段，无论在研究方法和研究对象上都开始进入到了更加抽象、概括的阶段。怎么可以对国家被害视而不见呢？

当前，尤其要防止虚化、淡化国家利益的倾向，立法、司法、执法机关切不可忽视、漠视对国家利益的保护。国家的利益既是无数个体、团体利益的集合，又高于个体、团体的利益。国家的利益遭受侵害后，全部损失最终还是分散地由个体、团体承担的。在允许一部分人、一部分地区先富起来的同时，必须对"坑众人富一人""损整体富局部"的犯罪行为予以坚决打击。国家被害既是被害人学研究中亟待深化的课题，又是一个充满挑战的领域。

（原载《法学》，1999 年第 10 期）

从科索沃危机看国家安全与信息控制权 （摘要）

在科索沃发生的这场电子战争中，绝大部分信息兵器呈隐蔽状态，由于某些键盘的敲击和鼠标的移动，高精确度的致命攻击就成了现实。

一、信息控制权的基本内涵

在资源占有上具有优势地位的主体，有能力将此种资源优势变为获取更多资源或在另一资源分配关系中取得优势地位的条件。在资源拥有量和质上的差别，使得弱者更容易成为被害人。这可以说是一条规律。

对发展中的主权国家而言，假如今日不努力争取信息控制权，明天只能向强国乞讨信息购买权。当前，某些霸权主义者已经要求发展中国家出让部分主权以保证国际合作，而某些发展中国家又深感不得不答应对方的苛刻条件。这实际上是信息控制权弱化导致的国家主权虚化。

信息控制权至少应包括：防止计算机被滥用、盗用，抵御计算机病毒感染，抗御电磁脉冲、电子生物武器的攻击，拒绝非法访问及对数据的窃取、篡改、破坏，保证信息网络运行规范有序等诸多方面。

二、信息控制权维系着国家安全

在信息时代，一个国家若在事实上失去了信息控制权，该国的政治、经济命脉就会在无形之中被他国或若干个强国所控制。

从科索沃战争的模式我们可以看到，战争各方的有形争夺从表面上看是制空权，而决定战争结局的、更为激烈的争夺是制电磁权。南联盟在卫星监控、精确制导、电子压制和电子干扰面前，几乎丧失了对电磁空间的控制权

（即信息控制权）。

事实已经并将继续证明，在知识经济时代，信息控制权的重要性绝不亚于领土、领空、领海的管辖权。对一个主权国家而言，确保本国信息网络的反控制、反破坏、反干扰能力，保障有益信息的有序传播，防御有害信息的攻击破坏，其意义等同于把住国门。

未来的国家安全水平主要是由该国信息控制权的强弱所决定的。如果我们现在听任某些技术强国成为全球信息网络的霸主，今后就没有实际意义上的国家安全可言。

三、强化信息控制权的思想障碍必须清除

客观地说，科索沃战争只是人类社会信息控制权争夺战的序曲，是仅仅从军事方面将信息兵器的极小一部分作了公开展示。我驻南斯拉夫大使馆被炸事件，不但应当使我们感到战争离我们并不遥远，而且应当使我们意识到信息控制权争夺战就在我们身边。

（一）国家主权应当随时代发展更新内容而非弱化

（二）计算机的权属并不能决定计算机所处理信息的权属

（三）信息安全重在制度创新而非技术引进

（四）信息技术强国是我们的同学而并非教师爷

（原载《福建公安高等专科学校学报——社会公共安全研究》，1999 年第 5 期）

对开办相关责任保险的探讨

一、相关责任保险的含义与特征

按照法学界的共识，风险又称危险，是指客观存在的、人们无法控制且无法确定其发生与否的现象。风险产生的原因可以是自然力，也可以由某种社会原因，或自然与社会的原因综合所致。在人们力图与自然建立和谐关系的过程中，由于主观认识能力不足或客观上受到限制等原因，出现失败或意外的损失是难免的。从宏观上说，搞科学必须允许失败，在主持正义、维护社会治安的过程中必然会有风险，社会在运转过程中出现某些意外的损失也在所难免。但是，从微观的角度看，若将风险责任都由进行科学探索者与维护社会正义者来承担是不合理的。主持正义者、探索科学者所冒之"风险"，并不是为了个人的私利，其行为的社会意义在于抑恶扬善，探索未知，为人类造福。无论在探索自然奥秘与促进社会良性发展的过程中都存在一定的失败概率。我们虽已在实践中逐渐认识到了科学探索的艰难性，但是"失败概率"却很少有人提及，社会生活中的风险管理研究十分薄弱，商业保险在分散风险（尤其是社会风险）与进行经济补偿方面的功能有待进一步拓展。

按照通常的理解，投保都是为自己或与自己有利害关系者而为之。其目的在于一旦风险发生，投保人或受益人可以从保险公司得到一定的经济补偿。根据民法原理，有一种并非为自己的利益，而专门为第三者利益签订的合同，我们称之为第三者利益合同。所谓第三者利益合同，是指合同当事人一方不为自己设定权利，而为第三者设定权利，并约定对方当事人向第三者履行义务，从而使第三者产生请求权的合同。相关责任保险是投保人并非为自己，而是为自己的服务对象或合作有功人员防范风险而预先与保险公司签订的保险合同。相关责任保险与一般意义上的责任保险相比，有以下主要特点：

1. 投保人与被保险人的分离性

在多数情况下，投保人即为被保险人，我们简称之为"为自己买保险"。相关责任保险是投保人为自己的服务对象或合作有功人员买保险，似可简称为"为相关人买保险"，以明示投保人与被保险人的分离。无论企业或事业单位为自己的服务对象或从事具有高度危险作业的合作伙伴投保，都会提高其自身的吸引力与服务对象的安全感。例如，试飞员是一项风险极大的职业，飞机制造厂除为自己尚处于试验阶段的飞机购买机身险外，再为试飞员购买人身意外保险。一旦发生意外，试飞员本身或亲属就是受益人。

2. 以第三者为受益人的利他性

相关责任保险具有利他的鲜明价值取向，即为对社会作出有益行为的人购买保险。作为投保人而言，为他人投保虽有利己的成分，但客观效果无疑是利他的。另外，由于被保险人的行为对社会的有益性，社会以分散风险的方式为其提供保护，本身就体现了对正义的弘扬。

3. 采取具名与非具名兼有形式的灵活性

一般的保险合同必须写明被保险人或受益人的名称和住所，相关责任保险则采取具名与非具名兼有的形式。凡具名投保的相关责任保险，一般是为自己特定服务对象的人身安全投保。例如，目前因受医学水平的限制，在治疗过程中输血存在一定风险，即便血液中心按规范进行检测，用血者仍有可能因漏诊而感染丙型肝炎或发生其他意外。于是目前出现了两种十分棘手的情况：一是病人或其亲属在急需输血时因惧怕发生意外而拒绝输血；二是一旦发生血源性感染，病人坚持高额索赔，医院及血液中心则表示自己毫无过错，法院也难以下判。如果血液中心从其出售血制品的收入中提取极小部分为用血者投保，此类纠纷就会较易处理，至少可以通过保险途径解决补偿费用。当主体为从事具有高度危险作业者（如举报违法犯罪活动者）投保，则应采取不具名的形式。在多数情况下，与违法犯罪作斗争的高危作业究竟由何人来进行事先往往难以确定，但为防不测，预先即为行为人投保是有利于解除其后顾之忧的。例如，公安机关可预先为见义勇为者投相关责任险，凡因见义勇为而致伤或牺牲者，一经确认即可得到经济补偿。

4. 保险范围具有广泛性

相关责任是一个具有丰富内涵的集合概念。无论在社会公益领域或商业服务行业，都具有广泛的保险利益可以成为相关责任保险合同的标的。例如，受理举报的办案机构可以为具名举报人防范可能遭到的打击报复风险而投保；医院可以为需输血或进行有一定风险的手术的患者投保；商家可以为装裱字画、冲印珍贵胶卷、修理高价值物品的顾客投保；中小学、幼儿园可以为学生在校期间的人身安全投保；有关部门可以为从事探险、勘探、抢险等工作的人员投保，等等。按照风险与利益同在，风险度与利益值成正比的原理，越是需要冒险而为之的事业越能得到丰厚的回报。随着社会的发展，此"险"需要有人去"冒"，但对社会有益的"险"的总量上并不会明显减少，故保险范围还会随着经济的迅猛发展而不断拓宽。

二、相关责任的界定

我国民法对民事责任的认定采取过错责任为主，并辅之以无过错责任与公平责任的原则。这一规定是充分考虑到随着社会的发展，危险因素也不断增多的现实的。保险的最大益处是用每个投保人的投入集合为基金，以确保社会经济生活的安定。由社会来分担高危作业与高失败概率的风险与民法的基本原则是吻合的。

相关，按字意解释是彼此关连。相关责任即与主体职责义务相关连的责任，雇佣人员、承揽加工、销售商品、诊疗疾病、提供与接受帮助、监护与被监护之间均存在相关责任。一般而言，相关责任总是发生在彼此相关连的甲方与乙方之间，但当甲、乙方又与第三者发生纠纷的属另一民事法律关系。举例说，顾客甲方将一卷已拍摄的珍贵胶卷送某彩扩店冲洗扩印，乙方除应保质保量完成冲扩业务外，还应承担保证胶卷完好无损的相关责任。如果彩卷在冲扩过程中损坏，而原因确实在于供电局的过失，则乙方应另向供电局交涉要求赔偿。简而言之，只要主体的职责或义务与对方有彼此关连的责任就可以构成相关责任，主体有无过错并不影响相关责任的存在。当然，有过错的应首先承担侵权或违约责任，但承担过错责任并不表明其相关责任的消失。

在不少行业（或岗位）中，主体职责的履行程度客观上存在一定的"弹性"，即大多数只能作定性考察，难以进行定量的分析。在一定条件下，主体在更大程度上尽职尽责时反而要承担较大的风险，如果用"受到技术条件的限制"为由推卸责任时，反而会"太平无事"。如今，医疗技术发展中带来的高风险往往与医疗事故交织在一起，个别医生因惧怕发生意外而不敢实践已经成熟或处于成熟过程中的医疗技术。众皆可知，由于病情或病员体质特殊而出现并发症也是难以预料和防范的，某些手术方案客观上存在失败概率，该概率是万分之一，一旦发生在某一病员身上，其就要百分之百地承受这不幸的结果。这万分之一的失败概率，又不是事先把准备工作做得更细一点就完全能避免的。医生如果惧怕"万一"，完全可以采用保险系数更大的医疗方案，这从职业道德上来说也是允许的。于是，越是锐意进取、勇于探索的人越容易犯错误，甚至因为"敢为天下先"而付出更大的代价。而从社会角度看，探索精神难能可贵，探索中的失败在所难免，我们理应为科学的探索者构建一座"挡风的墙"即相关责任保险。以某些高难度、高风险度的手术为例，如果患者及其亲属同意施行，医院又为病人购买了相关责任保险，一旦手术失败，只要查明并非责任或技术事故，则由保险公司负责理赔。这样做的益处至少有三点：一是医院以为接受风险手术者买保险的形式承担了相关责任，避免了手术风险由术者或患者单独承担的不公平局面；二是医院是以自己精湛的医术与良好的服务为信誉求得保险公司承保的，出险率低是医院买到保险的前提，风险分散是医院得到的收益；三是患者接受高危手术既是延长自身生命或提高生命质量的需要，也在客观上为医护人员的科学探索提供了条件。一旦出险，患者可得到一定补偿，这不失为在经济上、心理上求得平衡的可行之策。

三、设立相关责任保险的作用

（一）关注社会领域的高危作业，解除行为人的后顾之忧

我国民法将从事高空、高压、易燃、易爆、剧毒、放射性、高速运输工具驾驶等工作称作"对周围环境有高度危险的作业"。其实，这些作业的高度危险性首先是针对作业者本人而言的。例如，直接与罪犯作正面较量的刑警、特警，肩负抢险救灾任务的消防队员，专职收集飞行数据的试飞员，等等。上述岗位的工作人员不仅身心承受着巨大的压力，而且随时随地有以身殉职的可能。为了稳定高度危险工作岗位上的人才，主管部门应当试着为其购买相关责任保险，以免除其后顾之忧。

另外，在我们与犯罪作斗争的过程中有两支不可或缺的力量，一是见义勇为者，二是如实举报者。从本质意义上讲，见义勇为与如实举报都是公民

主动地协助司法机关维护社会治安，勇敢地同犯罪作斗争。而从现实的情况看，见义勇为者受伤致残后就医、工作、生活等方面发生困难的为数不少，举报违法犯罪有功者惨遭打击报复的情况更是时有所闻。许多办案人员对上述曾主动与自己合作的有功之臣的处境深表同情，但又感到力不从心。笔者以为，应当为见义勇为者、具名如实举报者筹集资金购买相关责任保险。投保时采取不具名方式，经确认后以具名方式将保险金支付给行为人。公安机关应当为见义勇为者投保；人民检察院等受理举报案件的机关应当为如实举报者投保。这是因为，帮助见义勇为、如实举报者摆脱困境是司法机关义不容辞的责任。此举如能真正实现，定能为弘扬社会正义，动员人民群众勇敢地同犯罪作斗争发挥切实的作用。

（二）提高商业信誉，促进良性竞争

利用保险手段提高自身的商业信誉已是商家看准的投资方向之一。相关责任保险的特点之一是商家从利润中挤出极少量的资金为顾客买保险，这种减少自身收益为自己的服务对象分散风险的做法，只要能正确操作定能使投保人的商业信誉大增。就消费者而言，其购买的无非是商品或服务，商家保证售出的商品货真价实、提供的服务质价相称是天经地义的。在商品零售业也完全可以采用商家为顾客投保相关责任险的办法，将假冒伪劣商品堵在店门之外。具体做法可以是：商家从利润额中抽出极小部分为顾客投保相关责任险，若经认定售出的系伪劣品，保险公司按该商品零售价的双倍赔偿。显而易见，商家若将保险费打入零售价之中，其必然提高售价，这对吸引顾客是极为不利的；商家若进货时疏于审验把关，销售了伪劣商品，保险公司必然要增加理赔支出。如此运作的结果，客观上会使保险公司也成为商业服务质量的监督员，也会使责任信誉度低的商店处于顾客不敢买其商品、保险公司不肯为其承保的境地。优胜劣汰的法则自然会无情地将责任信誉度低的企业逐出市场。

（三）分散意外风险，保障社会安定

当前，医疗纠纷不但在数量上增多，而且处理的复杂程度骤增，不仅医患双方均感头疼，连法院也深感棘手。于是，有人想到了保险公司，如有的保险公司在病人手术前推销手术安全保险。即保险公司向病人介绍若付150元买个保险，万一手术失败或出现意外，由保险公司支付2万元；如不买保险，手术风险由患者自行承担。这种在手术前向病人推销保险的做法，会在无形之中使患者处于"不敢不买、不得不买"的状态，笔者认为单独这样做是不可取的。

在处理医疗纠纷中最大的难题是正确判断诊疗有无过失及诊疗过失与意外因素之间的关系。客观地说，任何诊疗措施的实施或多或少都有风险，病人的紧张、恐惧、绝望心理往往会增大危险发生的概率。为取得患者的信任与合作，医院可在不提高手术费用的前提下，为高危手术者投保相关责任保险。病人若自愿购买手术平安保险则依其意愿。一旦手术并非因技术或责任方面的原因而失败，由保险公司支付相关责任保险金。如果手术失败的原因或者主要原因是医护人员的过失，按国务院《医疗事故处理条例》处理，但医院为病人购买的相关责任保险依然按合同理赔。

同理，如采用中小学、幼儿园为在校园的无民事行为能力人投保相关责任保险的办法，也可以解决因学生在校园内受到伤害，学校需承担巨额赔偿的难题。按照《中华人民共和国民法通则》的有关规定，"在幼儿园、学校生活、学习的无民事能力的人或者精神病院治疗的精神病人，受到伤害或给他人造成损害，单位有过错的，可以责令这些单位适当给予补偿"。对于这一规定，教育界的人士有不同见解姑且不论，问题是学校作为公益机构实在难以承受巨额赔偿。倡导学生自愿购买人身保险虽可分散风险，但有人指出这是学生家长为子女投保，并不能替代校方承担赔偿责任。笔者认为亦不无道理。冷静地分析校园伤害案件，无论是学生翻越围墙时摔伤，还是同学间开玩笑失慎造成损害后果，或是相识的人将小学生骗出校园后实施绑架或报复性侵害，学校很难说对突发事件的发生毫无过错，往往总能被对方找到某些不容推卸的责任。如果学校或幼儿园主动从自己的收益中为自己的监护对象购买相关责任保险，既体现了主动承担相关责任的法律意识，又不至于使单位不堪负担，何乐而不为呢？从另一角度看，凡是发生校园伤害事件，在多数情况下校方确有疏漏，保险公司作为承保人必定会对投保学校的管理水平进行责任信誉度审查，并举一反三地对存在的问题提出整改建议。这实际上又起了促使学校提高管理水平，防范突发意外的作用。显然，多方合力所产生的社会效益，远远大于购买相关责任保险的有限支出，良好的社会效益又会促进这一保险市场的拓展。

（原载《保险研究》，1999 年第 7 期）

反邪教：打好持久战

一、邪教组织的基本特征

20 世纪 60~70 年代以来，世界上出现了所谓第三次"新宗教"热。其中一部分奉行神秘主义和反社会的教义和反传统的伦理道德，打着"消灾驱魔"的旗号，人为制造灾害。大多数国家都已把走向极端的宗教称为邪教，并认为，邪教组织是指冒用宗教的名义，歪曲宗教的教旨、教义、教规，是非法建立的不为国家法律所承认的所谓宗教组织。从世界范围看，邪教组织的基本特征是：

1. 教主盗用宗教的某些形式，自封为超自然的"神"。正规宗教的信奉对象都是虚幻的、超越人类和自然的神。无论是"上帝""真主"或释迦牟尼，都不是现实存在的活生生的人，其礼仪、戒律、教义具有特定的内容，不允许随心所欲地乱加解释。而邪教则是盗用、模仿宗教活动的某些形式，以其教主具有超越凡人的能力招来信徒，把封建迷信活动和政治活动混合在一起，其教旨、教义并没有稳定的表现形式，而是根据教主的政治需要不断变换。美国学者在分析"人民圣殿教"时指出："它的发起、创立、领导、维持都是靠的具有超凡魅力的领袖，""圣殿教的成员们尤其认为他们的领袖琼斯神父应该拥有这种个人权势，他身体强壮、做事果断、精通魔法。理应受到尊敬和爱戴。"李洪志自称是上天派下来拯救人类的"真神"，聚集中南海周围是对信徒"修炼"程度的"考试"。由于野心家装扮成了"救世主"，且被越来越多的人痴迷信奉，这种破坏力就大得无以复加了。

当代科学技术的发展并不能也不可能对一切未知现象都作出解释。超常现象、神秘现象时常会诱使人们产生寻根究源的兴趣，尤其是用魔术手段表演或用心理暗示手段诱发的群体行为，往往会使善良的人们过分相信"眼见为实"。在这方面，邪教以虚幻的"特异功能"进行"驱魔治病"的现场表演具有极强的迷惑性，许多人难以摆脱"不可不信"的心理纠缠。于是，在谎言多次重复的不断强化过程中，骗人者越骗胆量越大，被骗者越被骗越不能自拔。在认为不容置疑力量存在的情况下，邪教的骗人把戏不但有术而且有效。甚至连"诚则灵"这样的心理圈套也被有一定文化知识的人笃信不疑。

2. 用拯救人类的口号吸引信徒，以"法不责众"的方式谋求合法地位。"世界末日论"是邪教生存的重要理论基础。在 20 世纪即将为 21 世纪更替之时，邪教将各种虚幻的灾难描绘成"世界末日"。尽管相当一部分有关"世纪末日"的预测已经被事实戳穿，但是，利用自然灾害、天文奇观、社会危机中的某些巧合现象鼓吹"世界末日论"仍然可能蒙蔽相当一部分人。尤其是当邪教教主的"超能"假象已经被信徒接受时，"世界末日"并未来临的事实就会轻易地被教主解释为是其"功力"显灵。世界本无救世主，但是，从古至今总是会有人希望能够出现救世主。邪教组织正是利用了人们的这一善良愿望，把拯救人类的口号当作吸引、迷惑信徒的最佳武器。

法难以责众，这是法律自身的局限性所造成的。邪教的发起与组织者则是狡诈地利用了这一点，在其发展初期都有一个广纳信徒迅速膨胀的过程。"奥姆真理教"教主麻原彰晃自 1984 年办起瑜伽教室，到 1989 年得到东京都许可成为宗教法人，很快就处于失控状态。我国湖南省湘潭县 1993 年 3 月出现自称"主神教"的邪教组织，随后，该组织迅速发展蔓延到全国 29 个省、市、自治区。自 1997 年起，"主神教"多次召开所谓全国性的"代表大会"，发展信徒上万人。

3. 敛财集资，竭力网罗高科技人才。骗人必须有相应的物质条件，但邪教的头目从来不说他们有凭空变出钱来的"超能"，在收钱敛财方面他们是非常实际的。据日本 1995 年透露，奥姆真理教的资产达 21 亿美元之巨。目前，同"奥姆真理教"有关系的企业有 13 个、商店有 3 家，每年获利数十亿。可以肯定地说，没有强有力的财政支撑，邪教就不可能有大规模的活动；没有以"奉献金""功德款"为名的敛财，就不可能有邪教头目的暴富。当前，特别值得警惕的是邪教对高科技人才的诱骗与拉拢。日本的"奥姆真理教"在网络人才方面的情况十分突出，我国也已经出现了相关的动向。高科技人才进入邪教组织后，一是对外界的迷惑力更强，二是无形之中开辟了新的财路，三是更容易从企业拉到"赞助"，四是对社会的破坏作用更大、更隐蔽。

4. 以聚众的力量抵制政府干预，用恐怖活动迫使政府让步。邪教组织造谣"世界末日"来临，鼓吹其具有"超能"的目的有三：一是隐蔽其政治目的，使更多的人为其效力；二是将其非法活动美化成挽救世界的"善举"，是"拯救人类"所必需的；三是利用人的求生本能，给信徒造成不敢脱离邪教组织的内心恐惧。由于受到邪教的精神控制，受蒙蔽的教徒会极其虔诚地"工作"，所以，邪教的组织活动严密，各层次的反应迅速，有时甚至有"一呼百应"之势。当政府出面干预邪教组织的活动时，邪教组织在初期的主要对抗手段是进行非法的游行示威活动。有的邪教组织明知申请游行示威不可能获准，便狡猾地采用在交通枢纽、要害部位、敏感区域聚集大批信徒，通过诱发围观的方法制造事端，以迫使政府让步。一旦其目的不能实现，就会出现集体自杀、滥杀无辜、暴力破坏等极端行为。

二、反邪教是一场需持之以恒的长期斗争

邪教并不是文化学、社会学意义上所说的宗教，而是伪宗教组织的泛称。其以异端邪说的鼓吹传播制造精神奴隶群体，而当邪教的信奉人数达到一定规模时，便拼命强调其代表民意，诱骗、裹胁、煽动处于迷信状态的群众与政府相抗衡，发展到一定程度时便可能出现暴力倾向，甚至恐怖活动。就实质而言，邪教组织的形成与恐怖活动的出现是同一问题在不同发展阶段的表现。

邪教组织的发展基本上可以划分为"邪叫 →邪教 →邪校"三大阶段。"邪叫"指其在形成之初主要是大造舆论，散布谣言，蛊惑人心，以欺骗的方式发展队伍。"邪教"是指组织的形成和扩大，教义、教规等精神毒品开始具有文字、音像形式，传播手段现代化，资金渠道稳定化。"邪校"（"校"取其校场比武的原意引申使用）是指暴力活动出现，如果控制不力，就会引发社会动乱。针对政府对社会控制的加强，邪教组织便会以恐怖活动相报复。由于各方面的原因，我国的邪教组织目前主要处于以群体性的集聚方式向政府施加压力阶段，对此，我们决不可以掉以轻心。

笔者认为，邪教是精神鸦片的制造和传播者，斗争的实质是争夺思想阵地，争夺人心，争夺政权。在改革开放的大背景下，我们不仅要作好查禁海洛因、鸦片等物质毒品的斗争，更应当警惕精神毒品的蔓延。

我国的《中华人民共和国刑法》第 300 条已经明文规定，组织、利用邪教组织即为犯罪。但是，长期以来反邪教斗争在我国并未得到应有的重视，面

对鼓吹"世界末日论"的邪说和"超能"的自我标榜，不少职能部门显得麻木不仁，未能发挥应有的作用。这个教训是十分深刻的。

当然，从世界范围看，对邪教的疯狂迷信并不能用强制手段根本消除，我们在与邪教破坏活动作斗争的过程中必须讲究策略，要尽可能地缩小打击面，尽可能多地解脱受蒙蔽的群众，要防止邪教组织在遭到打击后出现"形散魂不散"，活动由"地上"转入"地下"的局面，所以：

1. 反邪教既是全人类的共同任务，更是我国各级政府不可推卸的责任。邪教的出现与泛滥是世界性的难题。由于各国的政治制度和意识形态不同，有的国家对宗教的政策极为宽松，有的甚至对邪教亦采取放任的态度，但无论如何，邪教与社会主义制度格格不入，作为人民的政府必须承担起反邪教斗争的重任。在未来相当长时期内，我国将会面临外有各种复杂势力渗透，内有形形色色邪教生成的局面，反邪教将是各级人民政府义不容辞的职责。从当前的现实情况看，基层政权软弱涣散的问题并非个别，官员腐败等问题对邪教组织的生成与发展在客观上提供了土壤和条件。根据我国的国情，当前尤其要警惕国内邪教组织与境外敌对势力遥相呼应，与具有黑社会性质的犯罪组织互相勾结的苗头。

2. 邪教的渗透方式趋于网络化，传统的精神文明建设手段亟待更新。面对境外宗教势力广泛利用计算机信息网络传播教义、发展信徒，我们传统的精神文明建设手段必须更新。因特网成为"第四媒体"已是大势所趋，邪教组织将活动的主要空间虚拟化之后，也许我们连掌握情况都会感到困难。目前揭露出来的事实已经证明，"法轮功"的组织、宣传活动不少都是在因特网上完成的，对"网上传教""邪教网络"的控制将是必须解决的新难题。

3. 我国公众心态不稳，轻信甚至痴迷邪教的心理条件存在。我国现在正处在改革开放的关键时期，区域经济发展不平衡、个人贫富差距扩大、暴富阶层的行为导向等诸多因素，使得相当一部分人产生失落感和信仰危机。客观上存在的社会分配不公和已经在群众中蔓延的对未来生活的忧虑，极易使其接受神秘主义的邪说，加之我国本身具有深厚的封建迷信基础，轻信甚至痴迷邪教的心理条件客观存在。所以，对目前已经宣布脱离"法轮功"的人，也绝不可低估对其进行思想肃毒的艰巨性和长期性。要警惕其他形式或"品牌"的邪教变换手段重新出现，甚至形成一定规模，出现全体性极端行为的可能性。

（原载《探索与争鸣》，1999 年第 11 期）

立法民主与立法质量 （摘要）

依法治国客观上要求提高立法质量。法的质量不同于一般精神或物质产品的质量问题。如果立法质量不高，不仅法的权威性荡然无存，治理国家的全部努力都将发生扭曲。我国近几年来的立法工作成绩斐然，但又确有重"量"轻"质"，立法质量不高的倾向。

一、社会主义法的本质是人民意志的体现

笔者以为，社会主义法的本质属性有二，一是体现广大人民的意志，二是反映社会发展的客观规律。由于人民群众是历史的创造者和社会发展的真正动力，所以，人民的意志与社会发展的规律在本质上是一致的、并不矛盾的。

按照依法治国的理论，立法的目的并不仅仅是控制社会的良性运行，更不是专门去管老百姓，而是使国家从法律之上走到法律之下，使政府在依照法律管理社会的同时改造自身，并接受法律对其权力的制约。立法是国家行为，在立法活动中国家官员的所思所求、所作所为对立法质量的影响最为关键。如果具有立法操作权的国家官员在内心并不希望有一整套管束自己的严密法律法系来规范自己的行为，就不可能真心实意地在立法中贯彻民主原则，立法质量的提高将是一句空话。由此看来，依法治国的"启动"环节是居于领导层的国家官员实现法理念的变革。

贯彻依法治国的方略必须优先制定一大批"管官"的法。在一个国家法律体系中，内容直接表现为"管官"或"管民"的法总会各占一定比重。如果"管官"的法出台迟缓、空泛无力，而"管民"的法严密、具体，就会在本质上偏离法治的轨道。如果我们确认依法治国的突破口是"依法治吏"，就要用百倍的努力，采用最有力的措施提高国家官员的法治观念。

二、扩大立法民主的原则和途径

立法体制必须符合法治、民主、科学原则。

1. 法治原则。依法治国既是一种方法、道路，又是一种方针、原则，更是一种理念和意识。当前有些国家官员只是接受而未达到信仰依法治国的境界，他们希望中国成为一个"有法制"的国家，而对于依法规定国家机器的有序运行机制是缺乏心理准备的。

2. 民主原则。民主意味着在形式上承认公民一律平等，承认大家都有决定国家制度和管理国家的平等权利。显然，法律是"决定国家制度和管理国家"的规范和依据，每一个公民都有参与立法的平等权利。

3. 科学原则。马克思曾经说过："立法者应当把自己看作是一个自然科学家。他不是在制造法律，不是在发明法律，而仅仅是在表述法律，他把精神关系的内在规律表现在有意识的现行法律之中。如果立法者用自己的臆想来代替事物的本质，那么我们就应该责备他极端任性。"在立法活动中，全体公民所享有的参与立法权的实现，是比立法机构的内部民主更为重要的，也恰恰是我国当前立法活动中的薄弱环节所在。

（原载《探索与争鸣》，1999 年第 4 期）

谈犯罪被害人的基本特征

犯罪被害人学，亦称刑事被害人学、被害者学，创立于 20 世纪 40 年代。我国对犯罪被害人学的系统研究仅有十多年的历史。在百花齐放的争鸣中，我国学者已对该学科的性质达成了共识，即犯罪被害人学是以被害人为中心，研究被害原因、被害过程、被害人特征、被害者与加害者的关系以及被害防范策略、补偿制度的专门学科。但是，对犯罪被害人的基本特征却有不少争议。笔者谨陈一孔之见，求教于同行。

一、遭受犯罪侵害的客观直接性

把遭受犯罪侵害的客观直接性列为犯罪被害人基本特征之首，是因为这一特征是区别被害人与非被害人、犯罪被害人与其他不法侵害被害人的唯一标志。具体说来，这一特征的含义有三：

（1）被害人客观上确实受到了侵害。这说是说，被害人遭受侵害确属事实，而不是出于虚构或幻觉。至于查无实据的传闻也不能构成犯罪侵害。如甲对乙说："丙要杀你"，乙因此而惊恐不安，但经查并无此事或属误传，乙就不是杀人案的被害人。

（2）被害人受到的侵害被认定为犯罪。侵害发生的原因有多种多样，意外事件也可能造成侵害的后果。被害人所受到的不法侵害必须根据刑法被认定为犯罪，其才能成为犯罪被害人。违反《中华人民共和国治安管理处罚条例》造成的侵害或行政、民事侵害行为均不能构成犯罪侵害。未达到刑事责任年龄或无责任能力的人造成的侵害后果虽有直接承受者，但承受者并不属于犯罪被害人。

（3）被害人是犯罪后果的直接承受者。犯罪被害人应当只限于受到犯罪后果直接侵害的自然人、法人或非法人团体。这就是说，犯罪行为与损害、损失的客观事实之间有着直接的必然因果关系，间接受到损失或影响的自然人、法人或非法人团体不是犯罪被害人。任何犯罪形成后，都会有危害能量在社会上弥散，某一犯罪所能引起的间接损失和不良影响，在实践中很难划出明确的范围，故非犯罪后果的直接承受者都不能视为犯罪被害人。

二、对犯罪侵害的主观排斥性

排斥一词在这里表明被害人主观上不愿意承受犯罪侵害的心理状态。这是从被害人的主观意志方面抽象出来的犯罪被害人基本特征。被害人面临犯罪侵害时的主观心理状态，在不少案件中具有区别罪与非罪、此罪与彼罪的意义。以强奸罪为例，违背妇女意志的为强奸，不违背妇女意志的则为通奸或淫乱。这就是说，在某种行为客观存在的情况下，我们还必须考察该行为直接承受者的主观意志，依事实确定是排斥抗拒，还是自愿承受或主动迎合。此外，对因年幼无知、不能辨认或者不能控制自己行为的人，即便其有自愿承受非法性行为的表示，也应视其具有排斥的态度，因为刑法对幼女和无性防卫能力的精神病患者是明确予以特殊保护的。

至于卖淫、吸毒、赌博、走私、偷税、抗税等犯罪是否具有被害人问题，在学术界早有争论。埃德温·舒尔在 1965 年提出了"无被害人犯罪"的根据。他认为，某些罪行由自愿交换非常想得到的（但为法律所禁止的）货物或职务所构成，如吸毒者并不想对毒品的制造、贩卖者提出控告，赌博者并不认为使他受害的是赌场老板。笔者认为，所谓"无被害人犯罪"其实有两种情况：一是存在"经双方同意的行为"，如卖淫与嫖娼者在发生非法性行为时均属自愿；二是犯罪的后果不是具体降临在某个自然人、法人或非法人团体的身上，而是由整个社会承受，如非法狩猎罪从表面上看具体受害者是动物，但实质上是由整个社会在承受生态失衡的恶果。我们当然不能把自愿卖淫者称为被害人，但是，这种"经双方同意的行为"触犯了国家刑律，毒化了社会风气。国家作为人格化的人就是此类犯罪的被害人。走私、套汇、抗税、制造销售伪劣商品虽然能给某些人或局部带来眼前之利，但对整个社会、对国家利益而言则是根本之害。当国家法令明文禁止的行为出现时，国家作为人格化的人，就成了犯罪后果的承受者。概言之，在无人控告和无具体被害个体的情况下，刑律上的禁止性规定就表明了国家对该行为的主观排斥态度。某些犯罪从形式上看是无被害人，但从实质上考察是有被害人的，即人格化的国家和社会。

三、加害与被害间的互动互制性

马克思说："社会——不管形式如何——究竟是什么呢？是人们交互作用的产物。"[1]将此观点引用到犯罪被害人研究中来，我们可以肯定地说，犯罪是加害人与被害人交互作用的产物。在犯罪形成的过程中，被害人并不是完全消极被动的。被害人的挣扎反抗可能使犯罪不能得逞；被害人某些失当的行为，也可能使犯罪的恶果进一步扩大。例如，犯罪人强奸的企图暴露后，被害人在暴力胁迫之下，未能采取坚决有效的反抗措施，犯罪人便轻易得逞了。被害人因在哭泣中说了一句："我要告你！"引起了加害人杀人灭口之念，被害人又惨遭杀害。诸如此类的互动在犯罪案件中是屡见不鲜的。

由于被害人与加害人之间的互动是一种典型的冲突性互动，故在互动的同时又存在着互制。"魔高一尺，道高一丈"。"魔"（加害人）与"道"（被害人）之间总是存在着对策与反对策的抗衡。就国家而言，在现实的历史条件下并不可能立即消灭犯罪，只是要求把犯罪控制在社会能够承受的限度之内。为了尽可能地减少犯罪，国家总是要不断地提出新的反犯罪对策，而犯罪人针对这些对策又会变换新的加害手段。我们可以肯定地说，无论在宏观或微观领域，只要有犯罪存在，加害人与被害人之间的互动与互制就永远不会停止。被害人既可能在犯罪形成的过程中起到某种诱发或刺激作用，也可能在减轻犯罪后果方面起到积极的作用。

四、受到犯罪侵害后的多向可变性

无论团体或个人，在遭受犯罪侵害后，可能出现的变化具有多种方向，我们拟用"多向可变性"来概括犯罪被害人的四个特征。如图示：

---

[1] 中共中央马克思恩格斯列宁斯大林著作编译局编译：《马克思恩格斯选集》第4卷，人民出版社1972年版，第320页。

```
                    主动防范

        萎靡不振    犯罪          亡羊补牢
                    侵害

                    认同学仿
```

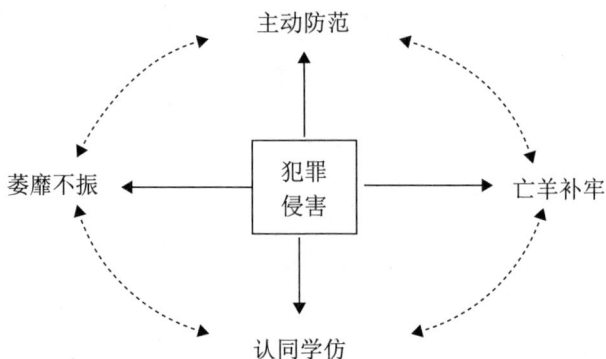

被害人在遭受犯罪侵害后，会出现主动防范、亡羊补牢、萎靡不振、认同学仿四种变化方向。就一般而言，被害的经验教训能使多数人从切身体会中更加憎恶犯罪，采取主动防范的对策，至少也会采取亡羊补牢式的补救措施。被害后萎靡不振，在较长时间内难以从犯罪阴影的笼罩中解脱出来占不少数量。在被害后受到"犯罪示范"的作用，认同并仿效犯罪的是极个别。这类极个别人，就像被疯狗咬了以后也染上了狂犬病一样，不但自身堕落，而且也会"咬人"危害社会。当然，被害人的多向可变性并没有到此结束。开始只是被动地采取补救措施的亡羊补牢者，可以经过教育认清主动预防犯罪的重要性，被害后忧郁不振者如得不到明确的引导，也可能走上对犯罪顺从——认同——追求——学仿的歪路。

在整个犯罪的活动中，有一部分是以国家和社会作为被害人的。国家遭受了此类犯罪侵害后，可能采取的具体措施（即出现的变化）有四种：一是强化打击力度；二是听之任之；三是明禁止暗纵容；四是索性公开宣布其为合法。

总之，无论国家、法人或非法人团体还是自然人，在遭受犯罪侵害后会出现变化是绝对的，但朝哪个方向变化差异甚大，必须经过仔细的调查才能下结论。

（原载《甘肃政法学院学报》，1999 年第 1 期）

我国戒毒工作必须在规范中强化（摘要）

一、必须明确强制戒毒的法律地位

强制戒毒又称强制戒除毒瘾，是指对吸食、注射毒品成瘾人员，在一定时期内通过行政措施对其实行强制药物治疗、心理治疗和法制教育，使其解除毒瘾。强制戒毒的特征：一是强制性，即凡是吸食、注射毒品成瘾者均得接受强制戒毒；二是脱瘾性，戒毒包括生理上的药物脱瘾与心理上的脱瘾矫治，只有"心瘾"的戒除才是真正的脱瘾；三是综合性，对吸毒成瘾人员强制进行的是包括药物治疗、心理治疗和法制教育在内的综合性矫治；四是执行性，强制戒毒既不是刑事处罚，也不是行政强制措施，而是行政强制执行，即以强制手段使脱瘾的目的得以实现。

近年来，有人提出了"自愿戒毒"的说法，笔者认为，这种提法是不科学的。首先，自愿戒毒的提法并无法律依据。《强制戒毒办法》中并无自愿戒毒的提法或蕴意。其次，自愿戒毒是一种极不严谨的提法。所谓自愿，就是主体的意志自由，是对主体所拥有的权利的自觉处置。如果允许自愿戒毒，实际上就默认了"戒毒自愿"，这是在根本上违背我国禁毒政策的，必须坚决予以制止。

二、必须坚决整顿非规范的戒毒机构和行为

（一）严禁以营利为目的滥建戒毒机构

（二）谨防"发戒毒财"的歪风兴起

（三）严格整顿戒毒机构的内部管理

（四）规定科学合理的戒毒期限并坚决贯彻执行

三、坚决遏制毒品买卖方市场的扩大

应当认识到，毒品蔓延与一定数量的人群对毒品产生需求是密切相关的。毒品的危害性与违禁性显而易见的，但毒品更有迅速致瘾性与耗量递增性。在毒品的供与求之间，买方市场越大，就越发会形成毒品价格上扬。当毒品价高且旺销时，又会进一步刺激产、运、销获利额的成倍提高。如果我们不下大气力抓好戒毒工作，源源不断出现的"瘾君子"就会直接刺激毒品犯罪案件的直线上升。

笔者以为，除对复吸者可以实施劳动教养外，规定介绍他人获取、使用毒品罪将有利于遏制毒品的蔓延。如能在《刑法》中增设介绍他人获取、使用毒品罪，既能尽可能地缩小打击面，又能有效地遏制毒品买方市场的扩大。

四、大力加强戒毒技术的研究开发

（一）戒毒药物及手段的研究要打好攻坚战

（二）心理矫治的抗复吸功能亟待开发

（三）对毒瘾的戒除也要采取身心综合的措施

（原载《山东公安专科学校学报》，1999年第2期）

信息控制权
——因特网的争夺焦点

    长期以来，我们十分重视捍卫领土、领海、领空的主权。如今，面对无疆界的因特网，传统的国家主权观念必须更新。因特网作为硕大无比而又蕴藏无穷财富的全球信息媒体，全部功能都集中在信息的搜集、加工、传输、检索、存储、发布上。任何主权国家在因特网上所应当和能够争夺的焦点都是信息控制权。所谓控制，是指有效地掌握、驾驭对象，不使其任意活动或超出正常范围。对一个国家而言，信息控制权是国家主权在现代条件下的具体体现；对法人、非法人团体和公民个人而言，是其依法保护相关数据，实现应得利益，保障生活安定和人身不受侵犯的权利。从根本上说，信息控制权的确立与正确行使是时代的必然产物与要求。1998 年 5 月，美国总统克林顿在美国海军学院发表的演说中告诫未来的军人："当 21 世纪即将降临的时候，美国的敌人已将战场从物理空间扩展到了虚拟空间。"为了防范未来可能发生的危机，他已签署了两项总统令，赋予司法部和联邦调查局以更大的权力，对危及通讯、金融、财政、能源运输及政府部门计算机网络等基础设施安全的活动予以严厉的打击。

    信息控制权的行使除必要时对信息内容的审查外，并不对信息内容作具体干预，而是把住信息输出、输入的"关卡"，防止关系国家安全、本国拥有自主知识产权或涉及个人隐私的信息被泄露篡改，抵御有害信息的污染和破坏。领土、领海、领空权的丧失是该空间被别国强占，具有明显的外在表现形式；而信息权的丧失却是悄然无声、全无踪影的。由于信息的网上传输并非直观可视，对信息的掠夺、篡改、污染便是无形的。凡是上网的信息，只要使用计算机和特定程序，就能调取阅读或加工。显然，信息的掠夺并不会使信息的存量减少，甚至该信息曾被他人复制的痕迹也难以找到。

　　强化计算机网络安全管理是一项刻不容缓的重要工作。遗憾的是，此项关系到国家安危的大事，我们至今还不够重视，对因特网可能造成的信息失控局面认识不足。上述局面的形成不是由于我们对计算机犯罪的恐惧，而是对计算机犯罪的麻痹。因特网用户中的多数，往往只是看到了全球信息资源共享的积极效益，而对入网后的负面效应鲜有认识。有的同志认为，进入因特网，我们只会是得益者，不会是受害者，原因是我国科技水平落后，虽有信息入网，但实际上无密可保。这种认识是十分危险的。事实上，资源共享与信息安全总是一对矛盾。凡进入国际互联网者都是"有得有失"的。资源共享的前提是将个体拥有的信息"公共拥有化"。当共享是平等、有序进行时，每一上网成员都是受益者。但是，在人为破坏、窃密等犯罪活动客观存在的情况下，互联网上的被害者也必然出现。加害行为的特征往往就是被害者自身弱点的反映。在资源占有上具有优势地位的主体，有能力利用此种优势获取更多资源。在资源拥有量和质上的差别，使得弱者更容易成为被害者。这可以说是一条规律。"富者越富、穷者越穷"的马太效应在现实社会的存在也许是一种无奈，网络空间的马太效应更是被扩大到了极致。无论国家或个人法人，谁占有和能够实现有效控制的信息越多，谁就是最大的利益获取者。

　　为了遏制计算机信息网络的负面效应，曾有学者提出了实行网络管制的建议。笔者认为，管制必然有一定的时间、空间界限。如果管制是针对局域网而言，倒也无可非议。假若管制的对象是全球信息网，在法律上就很难行得通。首先，全球信息网的无国界、无主管特征会使人为的管制难以实施；其次，由一国对全球信息网实行管制，必然会遭到其他主权国家的抵制；此外，如果设想由多国联合对全球信息网实施管制，在目前信息网络基础建设强弱悬殊的局面下，结果只能是胜者通吃。看来，全球一体化的进程已经使得国界趋于淡化，计算机信息网络不能也不可能由一国实行"管制"，对跨境数据流动的内容和方式的控制才是维护国家主权的关键。从法律角度看，还是强调信息控制权的强化较为妥贴。

　　在信息时代，一个国家若在事实上失去了信息控制权，该国的政治经济命脉就会在无形之中受人所制。所谓信息资源共享，首先是对该信息具有控制权的国家、法人或个人放弃专有权，而将信息输入国际互联网，无偿地供全人类共同使用。尽管目前我国进入国际互联网的计算机台数并不多但已出现了参加本单位联网，跨单位、跨系统、跨地区联网和个人自由入网的混乱局面，泄密与窃密的现实危险已经存在，黑客进行信息破坏的案件也已时有发现。事实证明，当今信息控制权的重要性绝不亚于领土、领空、领海的管辖权。对一个主权国家而言，实现自主信息的有效控制，保障有益信息的有序传播，防御有害信息的攻击破坏，其意义等同于把住国门。

（原载《光明日报》，1999 年 7 月 28 日）

刑事损害补偿立法刍论

一、刑事损害补偿的概念

刑事损害补偿，又称被害补偿。刑事损害补偿是指当被害人无法通过刑事附带民事诉讼取得赔偿或赔偿极度不足时，由国家在经济上、生活上给予适当援助的法律制度。对被害人因受到犯罪侵害造成的物质损失，一般可以提起刑事附带民事诉讼，请求人民法院判令被告人予以赔偿。但是，由于现实情况的复杂性，刑事损害赔偿制度无力，也不可能使所有应当得到赔偿的被害人如愿以偿。损害赔偿制度的局限性无法由其自身来弥补，必须创立一种与刑事损害赔偿相配套的措施体系，给被害人以现实而又及时的保护。刑事损害补偿的思想及其制度就是基于上述社会需求而提出的。作为一种正在探索中的法律制度，刑事损害补偿的基本特点有四：

其一，刑事损害补偿是对刑事损害赔偿的补充。只有在被害人无法取得赔偿，或虽已取得赔偿，但赔偿与损失相比极度不足的情况下，被害人才能得到补偿。其二，刑事损害补偿主要表现为经济资助。刑事损害补偿当然也包括为被害人解决医疗困难、提供就业等方面的帮助，但主要方式还是支付一定数量的货币。其三，刑事损害补偿的实施主体是国家。刑事损害补偿既是一种由国家确立的法律制度，也是由国家充任施行主体的。在民主与法制发展到一定水准后，对人身遭受严重犯罪侵害而无法得到赔偿的被害人实施补偿是国家应尽的义务，也体现了责有所归的原则。其四，刑事损害补偿是一项法律制度。刑事损害补偿必须经过一定的立法程序确立，一经确立必须为社会各界一体遵循。目前我国存在的领导批示、特殊拨款、临时募捐等做法都只是应急措施。

二、刑事损害补偿的理论依据

刑事损害补偿的思想最初由被害人学的创始人门德尔松提出。随着被害人学研究的深入与各国的实践，国家责任说、社会福利说、命运说、法制完善说已成为刑事损害补偿的理论依据。

（一）国家责任说

国家责任说认为，国家对公民的人身、财产安全负有保护之责。犯罪侵害的发生与国家对公民的保护不力有关。人的生命和健康最为宝贵，对公民人身权的保护是国家的重要职责。公民履行纳税等义务与国家承担保护公民人身安全的责任是对应的。由于国家对公民的人身安全保护还不够得力，国家理应对被害人遭受的严重人身损害予以适当补偿。从权利与义务对应性看，国家责任说是值得肯定的。公民有保障国家安全、保守国家秘密、依法服兵役、纳税等义务；公民只要依法履行了对国家的义务，同时取得了受国家保护的权利。为公民的生活提供安全、安宁的环境是国家的责任，无论具体原因如何，公民受到了犯罪侵害，就是国家没有尽到防止犯罪发生的责任。公民作为纳税人，其缴纳税金的目的，是为了保证国家机器的正常运转。犯罪侵害的发生总是与国家机构某些部门的工作效率不高有关，国家向被害人支付补偿金，是向纳税人承担保护责任的表现形式之一。

（二）社会福利说

社会福利说认为，遭到人身伤害的犯罪被害人境遇十分悲惨，国家理应在生活上予以扶助。这一观点强调，社会福利是社会成员共同创造和享有，社会福利取之于民也应用之于民，公民具有享受社会福利的平等权利。某些社会成员的人身无辜遭到犯罪侵害时，社会理应向他们伸出援助之手。社会越发展，人类的文明程度越高，福利事业就更应当发挥帮助弱者的作用。在现代社会，犯罪人即便被囚禁，也享受人道的待遇。如果被害人虽有自由，但身心健康遭到极大摧残且连起码的生活保障也没有，两者相比就显失公平了。尤其是毁容等恶性犯罪的被害人，由于生理摧残和心理创伤的复合作用，活着要比死去更难受。社会应当不断地提高国民的福利水平，福利性投资既要考虑到全体国民的普遍享受率，又要向处于困境的被害人适度倾斜。犯罪被害人补偿法，就是向身处困境的公民提供福利性保障的规范。

（三）命运说

命运说认为，犯罪是现今任何社会制度都无法避免的危害行为。自身无过错的被害人正是由于种种机缘的巧合，才成了这种不幸的承受者。按照公平原则，社会没有理由要求无辜的被害人单独忍受这种不幸。这一观点强调了犯罪案件出现的不可避免性和被害人的无辜性，社会上未被害的其他成员理应为不幸者分担一部分损失，即在经济上给被害人一定补偿。命运说对无辜的被害人、见义勇为的被害人、履行公职的被害人的补偿给予了强有力的理论支持，是很值得重视的。

（四）法制完善说

国家责任说、社会福利说、命运说从三个不同的角度阐述了刑事损害补偿立法的必要性。笔者认为，建立刑事损害补偿制度是被害人学发展到一定阶段时必然要涉及的课题，也是刑事法律体系自身完善的必经阶段。此观点可称之为法制完善说。

纵观世界各国的刑事法律，都坚决地否定了个人复仇与私下了结刑事案件的做法，将依法报案作为公民的权利和义务。报案后，案件即被列入司法管辖，任何人都不能干扰、阻挠办案。案件处理的公正与否主要取决于法律制度是否严密，以及办案人员是否尽职。前文已述，在刑事诉讼中只要一遇到犯罪人未确定、犯罪人无钱可赔的情况，无论被害人受到多大的人身损害也都无法得到赔偿。这种结果对被害人来说，实际上是不公平的。特别是被害人因见义勇为而受伤致残，却由于法制不完善而导致"英雄流血又流泪"的不公正局面，不但会使见义勇为者感到寒心，而且会使"见义不为"者感到理所应当。显而易见，由于法制的不完善而使被害人境遇不公平的问题，只有通过对法律的完善来解决。

三、对我国刑事损害补偿立法的建议

早在 1989 年，我国就有学者大声疾呼："在社会主义法制不断健全的过程中，应当建立刑事侵害补偿的立法和制度"。近年来，国内关于制定"见义勇为奖励保护条例"的呼声也时可听到。笔者认为，见义勇为者伤亡是一种特殊被害现象。只要制定了"刑事损害补偿法"并认真付诸实施，见义勇为者的后顾之忧就会在一定程度上缓解。从已经建立刑事损害补偿制度的国家看，基本上都把因制止犯罪、协助警方捕获罪犯、救助弱者而遭受损害的被害人作为首先补偿的对象。我国的"刑事损害补偿法"理应体现见义勇为者优先取得补偿的原则。由此可见，保护和褒奖见义勇为者是制定"刑事损害补偿法"的题中应有之义。

根据笔者掌握的资料，新西兰、英国、美国、澳大利亚、加拿大、奥地利、芬兰、德国、法国、日本等国都已经制定了"被害人补偿法"或相关法规，并在实践中积累了一定经验。刑事损害补偿立法在我国至今还处于理论探讨阶段，具有实质意义的立法准备尚未启动。为使更多的人认识刑事损害补偿立法的重要性，还要做许多工作。但是，建立具有中国特色的刑事损害补偿制度绝非"好高骛远"。刑事损害补偿制度的特征，一是体现了国家财产取之于民，用之于民，有利于体现社会主义的优越性；二是体现了责有所归，有利于维护社会的安定与稳定；三是体现了权利与义务的对应，有利于促进公民正确树立公民意识、社会公共安全意识；四是体现了惩恶扬善，有利于调动公民与罪犯作斗争的积极性。建立刑事损害补偿制度，必须以一定的物质生产水平为基础，搞"无米之炊"当然是不行的。就我国目前的财力而言，只要从严控制补偿范围，基本满足补偿需求还是可以做到的。况且这笔资金并不需要完全由国库支出，还可以辅之以其他集资措施。为此，笔者特提出如下建议：

（一）补偿原则

在我们这样一个人口众多、经济欠发达的国度里制定"刑事损害补偿法"，既要吸取人类文明的成果，充分体现社会主义的优越性；又要认真考虑我国的国情、国力和全民法律意识的基础水平。否则的话，就会出现"好事办不好"的局面。尤其是我国的社会保障制度正处在初创期，刑事损害补偿制度的建立还必须考虑到社会保障制度的平衡，故以下原则应当遵循。

1. 补偿与损害相适应的原则

这是指国家向被害人提供的经济补偿，必须与其遭受的刑事损害事实相适应。在人身伤害范围内，致人死亡的后果最为严重；致伤有重伤、轻伤、轻微伤之分；致人残废也需判明伤残的具体等级。按照世界各国的立法经验，我国的刑事损害补偿应限定于故意犯罪引起的重大人身伤害，且依被害人的伤残程度给予不同等级的补偿，财产性的损失一般不予补偿。暴力侵害致使被害人死亡的，其遗属可申请补偿。这样做，既充分体现了尊重人的生命，给危困者予以帮助的人道主义原则，又具有鲜明的公正性和公平性，还可以防止国家财政的过重负担。

2. 褒扬正义的原则

对于为维护国家、集体或他人的合法权益不受侵害，阻止犯罪，协助警方捉拿犯罪人而负伤罹难的被害人，应当优先予以补偿。而且，补偿标准可高于一般被害人。刑事损害补偿具有很强的福利性，而福利的根本宗旨是施利于为他人造福者，有限的补偿金向见义勇为的被害人倾斜。褒扬正义的原则在国外的补偿立法中体现得比较明显，如美国有些州在立法中明确规定："因设法制止犯罪或逮捕某个罪犯而受伤的人们，可以接受因进行这些活动而受伤的补偿。"我们是社会主义国家，更应当在弘扬正义、惩恶扬善方面做出更加明确的规定。

3. 以赔偿为主、补偿为辅的原则

刑事损害补偿只能在刑事损害赔偿不能实现或赔偿极度不足的情况下才能够提起。对损害补偿绝不能采取国家"大包大揽"的做法，使犯罪人在实际上占了便宜。为了贯彻以赔偿为主、补偿为辅的原则，公安机关、人民检察院在办案时要尽全力彻底追缴赃款赃物。人民法院审理刑事案件，首先要最大限度地责令被告人作出赔偿，如果被告人及其家属履行赔偿责任，被害人所受的损失已基本得到弥补，便可不再予以补偿；如果被害人所受的损失十分严重，而又未得到赔偿或所得到的赔偿十分微薄，则应考虑给予适当补偿。

4. 有条件取得补偿的原则

刑事损害补偿不是"阳光普照式"的公共福利，补偿必须有条件地取得。笔者以为，下列各项都是取得刑事损害补偿的必备条件：

（1）被害人的人身权遭到严重侵害。由于犯罪的多样性，被害人所受侵害也种类繁多，但依照我国国情，损害补偿目前只能限于生命权、健康权遭受严重侵害的范围内。

（2）被害人必须与警方合作。这里所说的合作是指：及时报案，如实陈述案件事实，协助警方捕捉案犯等有益于社会公共利益的行为。

（3）被害人没有故意过错责任。因被害人故意过错责任引起被害，或是被害人对犯罪发生了引诱、挑逗作用的，无权申请补偿。

（4）被害人未能从其他途径得到相应的赔偿或补偿。这里所说的其他途径包括：犯罪人及其家属的赔偿、保险公司的理赔、各类捐赠等。被害人如果已从其他途径得到了若干赔偿或补偿，但数额与损失额（尤其是与其维持正常生活之必需）仍有明显差距，可获得减额补偿。

（5）被害人与犯罪人具有亲属关系或事实婚姻的，不能提出补偿申请，但确实已经脱离关系，补偿不能使犯罪人受益的除外。

5. 多方援助的原则

损害补偿的支付方式主要是货币，但又不完全是货币。要积极倡导"一人受害，人人相助"的社会主义道德风尚，拓宽向被害人提供援助的渠道。通过保险机构理赔、被害人所在单位扶助、接受捐赠等途径，使被害人在医疗、就业、生活等方面的困难有所缓解。除了国家将取之于民的财产用之于民外，我国创造的见义勇为奖励基金，就是一种将民间力量组织起来资助被害人的好办法。筹集基金的做法克服了一切由国家包下来的弊端，不失为解决被害补偿资金来源不足的一个好办法。

（二）补偿范围

根据我国的国情和财力，刑事损害补偿的面不宜铺得太宽。即便在只对重大人身伤害予以补偿的限定范围之内，也要把有限的资金用在重点解决见义勇为的被害人的生活困难上。在划定补偿范围时，必然会碰到财产损失、过失性犯罪、被害人有明显过错以及精神损害是否予以补偿的问题，故在此略作讨论。

1. 人身伤害可以获得补偿，财产损失不予补偿

犯罪活动种类繁多，被害人所受到的侵害也各不相同。对所有被害人都给予补偿是不现实的。世界上多数国家都把补偿限定在因暴力犯罪引起的生命、健康损害上，对财产损失一般均不予补偿，笔者认为这一规定是可取的。人身损害不仅会给被害人造成极大的现实痛苦，而且，会对其今后的生活、谋职、健康、婚姻等造成重大影响。人的生命权一旦被剥夺，更是失之不可再得。财产性的损失固然令人心痛，但并不具备失去不可再得的特征。而且，随着保险业的发展，财产损失将主要通过保险得到补偿。从尊重人权，首先是要解决人的生存权这一点看，只对严重的人身伤害予以补偿也是理所应当的。

2. 故意犯罪的损害可以获得补偿，过失犯罪的损害不予补偿

故意犯罪的损害后果一般比较严重，犯罪人被判处死刑、无期徒刑、长刑期有期徒刑的比例较高，相当多数的被害人的生活窘困都是因为无法得到损害赔偿所引起的。过失犯罪则不然，一是犯罪人主观上没有恶意，基本上都能尽力作出赔偿；二是过失引起的犯罪（如交通肇事、失火等）尽管损失严重，但大多可以从保险公司取得赔偿；三是过失犯罪的刑期短（我国刑法规定过失犯罪的最高刑期为七年），犯罪人有承担赔偿责任的条件。从国外的赔偿立法看，日本和德国均未将过失犯罪引起的损害列入补偿范围。美国夏威夷州的立法明确宣告车祸的被害人无权享受补偿，但罪犯故意用交通工具伤害被害人的除外。

3. 被害人无严重故意过错可获得减额补偿，减额视过错程度酌定

日本的《犯罪被害人等抚恤金付给法》规定："由被害人自己引起犯罪行为的，或因犯罪所遭受的侵害是有其他应归责于被害人的行为的，"可以不付给犯罪被害人等抚恤金的一部分或全部。这一规定对我国是有借鉴意义的。如果犯罪是由被害人所引起的，咎由自取不足为怜。考虑到客观情况的复杂性，凡申请补偿的被害人应首先没有诱人犯罪的责任，如被害人有行为失检、报案迟缓等有意过错的，应酌情减少补偿额。被害人的过错如属麻痹大意、防范不严等无意过错，则不应扣减补偿额。

4. 精神损害可以要求赔偿，但不宜列入补偿范围

从世界各国的补偿立法看，绝大多数都不把精神痛苦列入补偿的范围。即便在美国，也只是有部分州的法律规定给性犯罪的被害人提供附加的特别医疗服务（含心理咨询及同法律顾问秘密交谈的费用）。笔者认为，精神损害只能向犯罪人要求赔偿，而不能列入补偿范围。精神损害的赔偿，目前在我国只限定为姓名权、肖像权、名誉权、荣誉权四种，今后将适用范围适当扩大是可能的，但仍应采取审慎限制的原则，即精神损害赔偿的范围以法律明文规定为限，不宜随意扩大。刑事损害补偿是在刑事损害赔偿不能实现或极度不足的情况下，由国家给生活处于困境的被害人以一定资助的特别救济手段，这种资助本身就是精神抚慰性质。在刑事犯罪中涉及的精神损害，应在现有法律规定范围内解决。

（三）补偿机构

世界各国履行刑事损害补偿职责的机构不一，有的是设有专门的委员会

统一处理补偿事宜（如英国、日本），有的是由法院判决（如美国的部分州）。笔者认为，我国的刑事损害补偿应由各级人民法院负责，同级人民检察院予以监督。人民法院在对案件刑事及附带民事诉讼做出判决时，已全面掌握了是否需要补偿、是否具有减额补偿的情节等情况。由人民法院在做出判决的同时或以后处理补偿申请，符合统一、精简、高效的原则，也便于被害人及其亲属提出申请。同级人民检察院予以监督，既起到了制约作用，又可以减少重复阅卷、了解情况等不必要的耗费。

（四）补偿程序

补偿程序是指被害人取得犯罪损害补偿所应当履行的手续及受理申请机关开展工作的法定程序。笔者认为，各级人民法院是补偿申请的受理机关，被害人取得刑事损害补偿的基本程序是：

1. 被害人及其直系亲属提出补偿申请

在一般情况下，被害人可以在提出刑事附带民事诉讼的同时或之后提出补偿申请。刑事损害补偿申请必须在被害人收到刑事附带民事诉讼判决书之日起 1 年内向原审人民法院提出，逾期作自动放弃补偿请求权处理。在被害人已经死亡或被害人缺乏行为能力的情况下，可由被害人遗属或监护人、代理人提出补偿申请。

2. 人民法院进行补偿调查

被害人提出补偿申请后，应由人民法院负责进行补偿调查，以确定是否应予补偿及补偿的具体数额。补偿调查应查明的主要问题是：

（1）被害人对犯罪的发生有无责任及责任的大小；

（2）被害人原有的健康、工作、收入、抚养、赡养状况；

（3）被害人所受人身伤害的严重程度，已造成的物质损失及远期影响；

（4）被害人已经取得的赔偿及将从保险等途径得到的补偿；

（5）被害人与警方的合作程度；

（6）被害人与犯罪人的关系；

（7）人民法院认为应查明的其他事实。

人民法院进行补偿调查主要以书面方式进行。调查时，人民法院有权要求被害人提供有关证据，可以要求被害人接受指定医院的检查诊断。被害人拒不合作或提供虚假证据的，人民法院可以驳回申请。

3. 由人民法院进行判决

人民法院根据被害人的申请和调查掌握的情况，决定是否予以补偿及补偿的数额。判决书应当送达申请人和同级人民检察院。地方各级人民检察院认为本级人民法院的第一审有误时，应当向上一级人民法院上诉。申请人不服判决的，可在收到补偿判决书次日起 10 日内向上一级人民法院上诉。申请人及其监护人、代理人通过原审人民法院提出上诉的，原审人民法院应当在 3 日以内将上诉状连同案卷、证据移送上一级人民法院，同时将上诉状副本送交同级人民检察院。刑事损害补偿的判决实行二审终审制。

4. 由人民法院执行判决

刑事损害补偿判决生效后，应当由人民法院执行庭负责执行。被害人取得的刑事损害补偿金，免征个人所得税。

（五）资金来源

国外的刑事损害补偿费用主要由国库支出。根据我国的国情和不少地方已经设立"见义勇为奖励基金"的实际，笔者建议采取"国家财政拨一点，民间捐赠集一点，从罚没款收入中划一点"的办法筹集资金，建立各级刑事损害补偿基金。基金采取分级筹集、分级管理、专款专用、单独核算、账务公开的管理办法，由人民法院统一掌握，同级人民检察院监督使用。

参考文献

〔1〕赵可主编：《被害者学》，中国矿业大学出版社 1989 年版。

〔2〕汤啸天、任克勤：《刑事被害人学》，中国政法大学出版社 1989 年版。

〔3〕［美］约翰·安德森、保罗·L. 伍达德著，谢正权译："关于援助被害人和证人的新法律"，载《法学译丛》1986 年第 4 期。

〔4〕汤啸天等：《犯罪被害人学》，甘肃人民出版社 1998 年版。

（原载《上海交通大学学报（社会科学版）》，1999 年第 3 期）

隐私权新探

一、隐私权的基本含义

过去，我国由于法制不健全，隐私权在法律中一直未有明确的规定，以致在《法学辞典》中都查不到这一词条。1991年9月4日通过的《中华人民共和国未成年人保护法》（以下简称《未成年人保护法》）在第33条中规定："任何组织和个人不得披露未成年人的个人隐私。"这是我国法律首次明确提出"隐私"的概念。

笔者认为，隐私就是有关个人私生活的秘密。隐私权是指公民依法享有拒绝、排斥任何未经法律批准的监视窥探和防止个人私生活秘密被披露的权利。隐私权是人身自由权的重要组成部分。具体地说，人身自由权是由公民身体自由权与公民精神自由权决定的。长期以来，人们对公民可以自由地支配自己外在身体运动的权利重视较多。在现代社会，公民的精神自由权益受到关注，追求人身自由权的完整实现已经成为必然。完整的人身自由权是指，公民只要在法律规定的范围内，就有按照自己的意志和利益进行行动和思维，不受他人约束、限制、妨碍的权利。公民既有外在身体运动的自由权，又有内在思维的自由权，即便是对于来自其自身的羞耻与恐怖（如自己的身世、身体隐蔽部位的疤痕斑记等）也不能容忍他人加以利用，导致其精神上的痛苦和创伤。在一个民主的国度里，每个人都有不受干扰地生活在社会上的权利，只要其履行了该国法律所规定的义务，国家就应当保护其私人生活方面的秘密不被他人擅自取得或披露、传播。

笔者提出隐私权的定义是想说明：

（一）隐私权的享有主体十分广泛

享有隐私权的主体是该国公民，这本来是显而易见的，但从现实情况看却有不少模糊认识。有人认为，未成年人连生活都由监护人供养，怎么能谈得上对父母或监护人可以有所隐瞒呢？针对这种认识，我国的《未成年人保护法》特意规定："不得披露未成年人的隐私。"这就是说，隐私权是公民民事权利能力的内容之一。隐私权作为公民的一种客观权利始于出生，终于死亡，其存在与否并无年龄上的限制。即便是在生活上需要父母或监护人抚养的未成年人，也可以在无碍社会公益的前提下，对父母或监护人有所隐瞒。尊重他人对自身精神生活的独立处置权，也是尊重人格的一个重要方面。而人格尊严是不以主体是否成年为前提的。凡是公民，无论其种族、宗仰、经济状况如何及其是否成年，均享有法定的隐私权。具体地说，公民在并非依法接受审查的场合，对自己的财产、血缘、身世、婚恋史、生理特征、个人书信、日记、内心活动等属于私人生活方面的内容，是否告诉他人及告诉何人，完全有权自主地作出决定。

（二）隐私权成立的特定性

笔者认为，隐私权的成立必须以无碍社会公益为前提，即个人可以秘而不宣并受到法律保护的事实，必须建立在对社会公益无害的基础上，故简称无碍公益原则。确认有关公民私生活的事实可以由当事人保持沉默，是为了更好地维护公民的合法权益。任何人都不能享有危害社会及他人的特权，个人私生活及其相关事实如已对社会或他人构成危害或威胁，就理所当然是非法的。我们在保护个人隐私权的同时，必须旗帜鲜明地反对"凡私必隐"的倾向。举例说，甲有吸毒行为，乙不能以"不揭人私"为借口拒绝作证。这里的道理显而易见，吸毒是我国法律所禁止的行为，任何妨碍国家利益和他人合法权益的秘密行为，都不属于个人隐私范围。个人隐私得到社会尊重与公民必须履行法定义务是并不矛盾的。如果个人在私生活中的已经触犯国家法律，即便对方有自愿的表示（如纳妾、嫖娼等），也不能作为个人隐私加以保护。

（三）隐私权构成的有条件性

隐私权的内容主要表现在以下两个方面：

一是，公民有权拒绝任何未经法律批准，而对其个人拥有的私密空间的窥探（简称"无碍公益之密可隐"）。这里所说的"个人拥有的私密空间"包括物理空间（如私人所有或居住的住宅、容器、家具、汽车及随身携带品等），也包括心理空间（如私人书信、日记及私人交谈的内容等）。例如，擅自翻看他人抽屉内的物品，即便没有窃取物品或情报的动机，但从法律意义上说，就是以探人私密的方式侵犯他人隐私权。

二是，公民不愿意告知他人的有关私生活秘密，只要无碍国家和他人的利益，社会就应当予以尊重（简称"可隐之密应被尊重"）。公民对其私人生活的情况和相关的内心活动有防范他人擅自获取、披露、传播的权利。例如，近年来安装摄像装置的场所已越来越多，交通要道、宾馆大厅、金融机构的营业场所处于被监视状态是必要的，但在工厂的生产车间摄像头，应当告知在该空间工作的人员。至于厕所、更衣室等有可能暴露人体隐密部位的场所，是绝不允许安装摄像设备的。这就是说，即便是出于安保的需要，摄像装置也只能安装在公共场所。个人私密空间不允许非经法定特别程序批准的窥视。

个人隐私构成的有条件性还在于，公民在其人身权利受限（如被拘押审查、服刑）或承担特定职务的情况下，隐私权的享受范围将受到一定程度影响。例如，正在服刑犯人所写信件必须接受检查后方可投邮，其不得以私人信件属隐私范围而拒绝检查。又如，对一般公民而言，其收入和财产状况可以秘而不宣，但在已有财产申报制度的国家内（如我国）国家机关工作人员必须如实申报收入及财产状况。

此外，公民的个人隐私范围在特定条件下也会相对缩小，尤其是为避免其行为发生社会危害的场合下，当审查的事项涉及个人隐私时，当事人不得以维护个人隐私权拒绝审查，例如，民航班机的所有乘客及其行李物品必须接受例行的安全技术检查。当安全部门有证据认为某人形迹可疑时，可进行包括搜身在内的进一步检查。性病患者除应配合治疗，不将疾病传染给他人外，应当向卫生部门说明还曾与何人有过性生活史。

总之，隐私权的构成是有条件的，在不同场合，对不同对象，国家法律可对特定的个人隐私权作出必要限制，以防止个人隐私的内容有碍社会公共利益。

（四）个人隐私形态的多样性

如果以隐私内容的状态作为划分的标准，个人隐私可分为静态隐私与动态隐私两类。静态隐私主要指已经凝固化了的个人私生活秘密，如出生、血缘、婚恋史、以往的不幸、昔日与某人的交往等。这类隐私主要表现为个人的身世与遭遇，除了在接受合法审查的场合或证实某一史实的需要，当事人可以秘而不宣。有的婚恋纠纷就是因为一方向对方述说了自己的过去，非但未得到理解和信任，反而引来了更大的麻烦。可见，每个人对自己的过去都可以保留一个自我审视的余地，即便是热恋中的情人，追问对方昔日的婚恋细节都是不尊重他人隐私的表现。

动态个人隐私的可变性较大。我们每个人每天都在享受着新的生活，在人际交往中也会或多或少涉及个人隐私的内容。既然每个人都有自主地处置个人精神生活的权利，只要其对社会公益无碍，就应当为其提供不受干扰地存在的空间。个人书信、日记中记录的内容是典型的动态个人隐私，已经得到本人同意是不能翻阅或披露、传播的。当然，已经得到法律批准的审查不在此列。我国的《未成年人保护法》考虑到青少年在心理上处于尚未完全发育成熟的阶段，往往把自己的生活秘密看得比成年人更重，特意在对未成年的信件处理上明确规定："对未成年人信件，任何组织和个人不得隐匿、毁弃；除因追查犯罪的需要由公安机关或者人民检察院依照法律规定的程序进行检查，或者对无行为能力的未成年人的信件由其父母或者其他监护人代为开拆外，任何组织或者个人不得开拆。"显然，在立法时作出如此过细的规定，表明了我国对动态个人隐私的保护给予了特别关注。

二、有关隐私的若干争议

（一）高官有无隐私权

所谓"高官有无隐私权"问题曾在我国有过争论。1998 年 7 月 31 日北京市高级人民法院对陈希同贪污、玩忽职守案的审判是公开进行的，但是法庭又明确告知公众，庭审中不涉及个人隐私。这就是说，法庭考虑到审判所采取的公开形式，故有意避开了涉及个人隐私内容。陈希同曾任中共中央政治局委员、北京市委书记，其"官"不可谓不高，即便在对其进行审判时仍然对其隐私加以保护，可见我国法律并不支持"高官无隐私"之说。"官"应当受到"民"的监督，这一点是毫无疑问的，但是，无论一个人的官位有多高，其应有限度内的个人隐私还是受到保护的。至于在一定限度内限制国家官员的隐私权（如责令申报个人收入和财产），则是因其担任一定职务而必须履行的义务。

（二）隐私权与公众知情权是否相矛盾

公众知情权，是指公民享有要求社会政治公开化的一项民主权利。其基本内容是群众可以要求执政者以有利于社会发展为前提，公开政府的决策依据及国家公务员的财产收入状况，故又称群众知情权。实践证明，公众知情权的正确实施有利于政府廉洁与高效运转，是国民对政府官员实施监督的必要条件。缺乏知情权的监督只能是徒具其名。一般而言，公民的收入与财产状况属于个人隐私。但是，国家公务员作为享有领取官薪权利的主体，就必须承担相应的义务，即将自己的收入和财产状况公之于众。就情理而言，公务员是人民的公仆，人民是国家的主人，公仆向主人公开财产与收入是理所当然的。在瑞典，有用卫星监控车辆去向及速度的做法，乍一看很容易误解为运用监控行踪的方法侵入隐私。其实，该电子系统监控的是 18 万辆政府公务汽车。政府官员使用公用车是执行公务，接受监督无可非议。如果某官员公车私用，不但表明该官员对其这部分隐私权的放弃，而且要按规定缴费和接受罚款。

当前，我国廉政建设中遇到的难题之一是，某些官员滥用隐私权隐匿其"灰色收入"和非婚性关系之私。以个人收入为例，只要看一看某些掌权人物的居室装潢和家庭陈设，便可以断定其隐性收入之巨大。但往往使握有监督权的群众奈何不得的是不知其财路在何方。可见，明确规定国家公务员的、个人收入和财产不属于个人隐私，对推动廉政建设具有十分现实的作用。

（三）隐私权是否从属于名誉权

最高人民法院《关于贯彻执行〈中华人民共和国民法通则〉若干问题的意见（试行）》第 140 条规定："以书面、口头等形式宣扬他人隐私造成一定影响的，应当认定为侵犯公民名誉权的行为。"依此意见，隐私权从属于名誉权。笔者的意见则不尽相同。愚以为，名誉是公民以其自身的思想、品德、才干所获得的社会评价的总和。法人亦有名誉权。公民和法人的名誉反映了社会对其尊重、信任的程度，且具有不可侵犯性。无论是采用侮辱或诽谤的形式，凡贬低、毁坏公民或法人的名誉都必须承担法律责任，这已是共识。而对隐私权的侵犯与侵犯名誉权相比，明显可见以下不同点：

1. 享有权利的主体范围不同。名誉权不仅公民享有，法人和非法人团体也具有名誉权；而隐私权只限于公民享有。而法人、非法人团体除了对其所拥有的知识产权和商业秘密可作为秘密予以保守外，并不存在隐私权。

2. 侵害的内容不同。侵害名誉的行为是将莫须有的罪名或具有侮辱含义的行为强加到被害人头上。无论被害的具体手段如何，行为人所散布或强加的内容都并非事实。而侵犯隐私权则不同，隐私的内容是一种确实存在的客观状态，但这类事实又是不允许他人擅自获取和宣扬的。侵犯隐私权者不能以被害人确有此事，而摆脱法律责任。

3. 侵害的方式不同。侵犯名誉权的方式主要有两种，一是侮辱，如恶语侮骂、用污秽物污染他人身体及衣物，强迫被害者作出自我贬毁的行为等；二是诽谤，如无中生有地捏造某种情节并到处散布，以造谣等方式贬低被害人声誉等。侵犯隐私权的方式主要是非法地获取、披露、传播他人私生活中的某些情况，造成被害人的精神痛苦和心理创伤加剧。

4. 侵权人的心理状态不同。侵犯名誉权只能是出于故意，而侵犯隐私权既可能是故意所为，也可以是过失所致。例如，医务工作者在撰写公开发表的文章时，因引用病例时表述不慎直接道出了患者的姓名、住址、工作单位等，就有可能构成对患者隐私权的侵害。

由此看来，将隐私权纳入名誉范畴是欠科学的。隐私权理应属于人格权的一部分，而不是从属于名誉权。这是因为，公民的人身权分为人格权和身份权两大部分，人格权是法律赋予每个民事主体所固有的权利，包括自然人的生命健康权、名誉权、姓名权、肖像权、隐私权和法人的名称权、名誉权等等。明确规定隐私权是人格的一部分，既消除了以往在概念划分上的不妥之处，也有利于采取切实有力的措施保护公民的隐私权。

三、保护隐私权中应注意的问题

尽管在我国曾有过无人敢提个人隐私的历史，近年来又出现了滥用隐私权遮掩个人丑闻的倾向。但笔者认为，应当明确指出隐私虚无主义和隐私泛化论都是不可取的。为此，首先应在民法体系中为保护隐私权提供毋庸置疑的法律依据。将隐私权与公民的生命权、健康权、姓名权、肖像权、名誉权等并列，作为人格权的组成部分加以保护。此外，要正确阐释隐私权，警惕某些人打着"保护个人隐私"的旗号进行非法活动。国外一般将个人宗教信仰列为个人隐私的范畴，而我国宪法是将公民不信仰或信仰宗教的自由作为人身自由权加以确认的。当司法机关对非法宗教活动及非法宗教活动嫌疑进行调查时，有关当事人不能以维护个人隐私为由采取拒绝态度。

近年来，我国出现过多起新闻媒体客观报道打击嫖娼等色情活动后被卷入诉讼的事件。为此，不少新闻记者和编辑们深感疑惑。其实，隐私权绝不是腐败的遮羞布，新闻机关将涉足色情活动而受到制裁的事实公开"曝光"，并不能因为当事人"不愿意此事被披露"，而认为侵犯个人隐私。以权谋私、假公济私、损公肥私、徇私枉法中所说的"私"，是绝不能作为个人私生活内容加以保护的。正确意义上的隐私权，只有在合法、无碍社会公益的前提下才能成立。

（原载《中央政法管理干部学院学报》，1999 年第 3 期）

基因及基因研究的法律控制

在世界范围内基因与基因组研究已经成为全球人才与资金投放的热点，同时，基因资源、基因技术、基因专业技术人才也已经成为世人争夺的焦点，一场不见硝烟的基因争夺战早已打响，为保护中华民族的基因资源不再流失，为了切实保障公民的人权与自由，从法律上明确基因的基本特征、基因数据与个人隐私的关系，制定切实可行的基因及基因研究法律控制措施，已是刻不容缓的课题。

一、从法学视角看基因资源的基本特征

迄今为止，我们已经发现生物性状遗传的稳定性主要取决于基因，人类的相当一部分疾病都与基因有关，基因的某些缺陷可以运用生物工程技术加以弥补、校正。虽然目前人类对基因的认识还十分肤浅，但我们可以肯定地说，基因对生物性状遗传的作用是直接的、非人为的，基因是自然物质而非人造物。基因除了符合自然资源所具有的整体性、区域性、两重性、有限性、多用性等共性特征之外，其个性特征也是鲜明的。如果我们从法学视角进行思考，对基因的基本特征至少可以概括如下：

（一）生成的天然性与发挥作用方式的整体性

自然资源既来源于大自然，又作用于大自然，这个道理是显而易见的。基因作为细胞内部的物质，形成于物种的千万年进化过程中。自然界客观上要求生物多样性而排斥单一性；与此同时，唯有遗传的稳定性才能避免多样性陷入混乱。正是大自然的这一共同需要，在漫长的生物进化过程中造就了默默无闻而又神奇无比的基因。生物资源的概念现在已经被广泛接受，其实，生物资源在本质上取决于基因资源，是基因与所在生物体的内环境、外环境既相互联

系，又相互制约地构成了一个整体。具体地说，某种生物之所以具有某项功能，如鸟的双翼高度发达，首先是外部环境要求的客观存在，是自身生存、发展的需要，才会逐渐刺激鸟类双翼的骨骼、肌肉、羽毛的进化与发育。鸟类的基因正是在整体上接受和强化了来自双翼的这些信号，才使鸟类得以生存并成为今天这个样子。说得形象一点，基因是对"适者生存"进化规律的超浓缩记录，作为资源形态的基因是纯天然的。

（二）分布与存在方式的区域性、非再生性

基因决定了生物的遗传特性，其本身又是生物体无数细胞微观结构中的一部分。通俗地说，基因是不可能离开生物体而存在的，某种生物体的分布及其与同类生物体组合、繁衍的区域性决定了某种基因分布的区域性。以澳大利亚土著人为例，有学者认为其属于独立的澳洲人种。土著人不仅在体态、外貌上具有明显特征，而且，奔跑能力强，具有良好的耐力，善于合理地分配体力，忍耐性好，绘画方面的天赋突出。"土著这种性情，倒有点像澳洲大陆上的动物。…… 作为澳洲象征的袋鼠和考拉都是非常温良恭顺的。"[1]显然，土著人的特征是在澳洲的特定自然环境下经过数万年的进化形成的，这种特征在本质上与区域性的环境特征相协调，故土著人在分布上也明显呈现区域性。

此外，人类基因与其他自然资源一样具有非再生性。在现有科技水平条件下，随着一代生命体的死亡，某种基因失之不可再得。以土著人为例，"1788年，澳洲大陆大约有 30 万土著，1960 年只有 4 万左右了。连一些有良心的白人都认为，澳洲土著的消亡是无可避免的了"。[2]

（三）个体基因的独特性与认识评价的相对性

我们在认识生物的多样性时，总会为世间物种的丰富性、独特性而赞叹不已。在生物链的各个环节中，每一个物种都有其存在的价值和必要，千姿百态、作用各异的生物既有适合其生存的定位点，又在生物圈中有其不可替代的作用。究竟哪一种生物好，哪一种生物不好，评价都是相对的。如果我们把视线投向基因这个微观层面，情形也会与宏观世界一样。人类遗传基因的差异是

---

〔1〕 倪慧芳、刘次全："基因与生殖干预中的伦理问题"，载《自然辩证法研究》1999 年第 1期。

〔2〕 许博渊："魂无所依"，载《文摘报》1999 年 8 月 26 日。

众多而又复杂的，尽管人类基因组就是在人类细胞核内23对染色体上整套的DNA，这整套的DNA更是千差万别。正是由于人类基因组的独特性、差异性、多样性，人的体形、外貌、性格、智力、意志、能力等各方面的各不相同才能成为现实。显然，在文明的社会里，我们既要承认人类遗传差异的客观存在，又要尊重而不是歧视由于遗传差异形成的每个个体的独特性。我们也许可以对"人权"一词作这样简单的解释：世界上所有的人都是个性化的、独特的、各不相同的，但是作为人的权利却是共同的、一致的、不容剥夺的。在漫长的自然进化过程中所形成的各有特性的基因，无法简单地用好与坏来作评价。按照适者生存的规律，作为自然状态的人类基因组，其任何一种个体的客观存在，总是与某一种客观环境条件具有对应的适应性。即便是目前认为有害的某些基因，也只是受到认识能力的限制尚未发现其有用的另一面。人类的遗传差异是一种天然存在，人类社会中的每一个成员都有其固有的尊严和自由，遗传差异不能也不应当成为社会或政治歧视的依据。即便是用先天性、遗传性的功能残疾人的例证，也不能推导出基因有优劣之分的结论。"此处关上了一道门，彼处打开了一扇窗"，造物主的神奇也许就在于此，只是至今为止我们在复杂的基因面前仅有"扫盲"的认识水平。

（四）高价值研究样本有限可获与潜在价值无限的两重性

根据专业内的通说，基因研究大体可分为基因测序、功能研究、药物开发、生产工艺研究四个阶段。在宏观上如果不作价值区分可以说基因资源是无限的，但是，具有研究价值的特定基因的可获性却是十分有限的。特别是对遗传疾病的研究，基因样本的有序纵向群（指若干代人所组成的家系基因样本群）的获取比基因样本无序横向群（指无血缘关系的若干非特定自然人基因样本群）的收集更为重要，尤其值得重视的是基因样本纵向群的存在量正处在不断减少且不可能再生的过程中。此外，有遗传就有变异，如果我们用最简单的示意方式表达，则：A+B＝C（A表示遗传特征稳定的家系基因，B表示与之通婚的另一家系，C表示基因变异的结果）。显然，欲证实 A+B＝C 的理论推导，必须掌握充分的事实依据，这就涉及特定遗传家系及变异基因资源的收集与确证。这项工作也许与矿产资源的勘察与开发相似，发现零星存在的贫矿往往价值不大，含量和品位皆高的富矿才是争夺的焦点。目前，在我国农村的某些偏僻地区，现在还能找到千百年来一直在相对固定地区繁衍的，至今四世同堂甚至五世同堂的家族。获取这些家族的基因资源，对于发现某些遗传疾病的基因特征而言肯定是"走捷径"。但是，不以人的意志为转移的客观情况是，四世、五世同堂的家族越来越少，高龄老人的去世会使这些家系基因中最有价值的层次灭失。故此，"物以稀为贵"的规律在人类基因研究样本的获取上表现得格外突出。基因研究具有巨大功利性，关键环节的突破将会带来无穷的经济利益，这在当今世界早已不言自明。据罗玉中教授介绍，美国现已对基因的发现采取专利保护措施，关于肥胖的基因专利实施许可费明码标价为三千万美元，关于哮喘的基因专利实施许可费高达九千万美元。为此，我国《人类遗传资源管理暂行办法》第 4 条规定："国家对重要遗传家系和特定地区遗传资源实行申报制度，发现和持有重要遗传家系和特定地区遗传资源的单位或个人，应及时向有关部门报告，未经许可，任何单位和个人不得擅自采集、收集、买卖、出口、出境或以其他形式对外提供。"

二、基因是必须严加保护的国家资源

资源，《辞海》解释为资财的来源。笔者认为，资源的狭义说是指自然资源，即自然界中人类可以直接获得用于生产和生活的物质和能量。我国宪法规定，矿藏、水流、森林、山岭、草原、荒地、滩涂等自然资源，都属于国家所有，即全民所有。从广义看，资源又包含自然资源与社会资源两大部分，经过开发的人类赖以生存的物质条件和可以被人类利用的物质、能量、信息是社会资源。当前人们时常说的资本资源、信息资源、人才资源等都属于社会资源。自然资源是社会资源之源，在这个意义上我们可以把社会资源称为二次资源。

我国宪法在规定"矿藏、水流、森林、山岭、草原、荒地、滩涂等"属于国家资源时，采用了非穷尽例举法。这种择要例举之后加注"等"字的表述方法是准确的。自然资源并非仅限于矿藏、水流、森林、山岭、草原、荒地、滩涂，生物资源、海洋资源、地热资源等无疑也是自然资源。随着人类认识能力的提高，客观上早已存在的自然资源新种类将会不断被发现。"在不同的生产力水平下，构成自然资源的物质要素的种类和数量是不同的。因此，自然资源是一个具有历史性的范畴。从这个意义上讲，资源是指在一定时间、空间条件下，能够产生经济价值，以满足人类当前和将来需要的自然环境因素的一部分。"[1]基因作为客观存在于包括人类在内的生物体内的物质要素，以往虽然未曾被人所发现和重视，但是，其对整个自然界（包括人类本身）构成和有序化的作用是毋庸置疑的。如果我们承认自然资源的本质特征是自然生成、经开发可以成为财富、具有疆域限制的话，认定基因属于自然资源是顺理成章的。

但是，也有人提出人类基因组是个人的。邱仁宗研究员认为："这个概念问题涉及个人隐私和专利等实际问题。如果人类基因组是人类共同财产或共同遗传，那就不存在隐私和专利问题。也许人类基因组有其个人的方面，又有人类共同性的另一方面。…… 所以，最后教科文组织的行文是：'在象征的意义上，它是人类的遗传。'"[2]笔者认为，如果站在全人类的角度上，称人类基因组是"人类共同的财产"或"人类共同遗产的一部分"是可以的。从国家主权的角度看，公民所携带的基因组是其所在主权国家的自然资源，但是，基因组属于国家资源的观点并不排斥公民对个人基因所拥有的隐私权。基因与基因组都具有国家资源与个人数据的双重属性。这就像私人所有的传世文物一样，其既是私人财产，又受到国家主权的管辖。《中华人民共和国文物保护法》第5条规定："属于集体所有和私人所有的纪念建筑物、古建筑和传世文物，其所有权受国家法律的保护。"第25条规定："私人收藏的文物，严禁倒卖牟利，严禁私自卖给外国人。"第31条规定："将私人收藏的珍贵文物私自卖给外国人的，以盗运珍贵文物出口论处。"

1974年联合国大会第六届特别会议通过的《建立新的国际经济秩序宣言》规定："每一个国家对自己的自然资源和一切经济活动拥有充分的永久主权。为了保卫这些资源，每一个国家都有权采取适合于自己情况的手段，对本国资源及其开发实行有效控制。包括有权实行国有化或把所有权转移给自己的国民，这种权利是国家充分的永久主权的一种表现。"[3]

三、基因作为个人数据是隐私的深层次内容

依法理，个人的基因所有权当然归属自然人，家族的基因属于家族成员共有，在主权管辖范围内的民族基因属于主权国家所有。但是，基因的所有权与

---

〔1〕 孙承咏：《环境学导论》，人民大学出版社1994年版。

〔2〕 邱仁宗："人类基因组研究和伦理学"，载《自然辩证法通讯》1999年第1期。

〔3〕 王铁崖、魏敏：《国际法》，法律出版社1981年版。

传统意义上的财产权、物权有诸多不同，笔者认为，基因对个体而言是决定和表现其个体特征的个人信息，是个人隐私的深层次内容和核心部分。

个人信息又称个人数据，个人数据与个人领域、个人私事三者构成个人隐私。个人隐私是一种人身权，是基于人作为人应当享有的自然权利。法律之所以保护个人的隐私是因为隐私与社会公共利益无碍，但又是当事人不愿意他人知悉的、应当由其自由处置的个人秘密。个人隐私具有层次性，一般认为，个人领域处于外层，个人私事次之，个人数据属核心层次。1995 年通过的《欧洲联盟数据保护规章》对个人数据的定义是："有关一个被识别或可识别的自然人（数据主体）的任何信息；可以识别的自然人是指一个可以被证明，即可以直接或间接地，特别是可以通过对其身体的、生理的、经济的、文化的或生活身份的一项或多项的识别。"[1] 到目前为止，利用基因技术对个体的识别具有最高的识别准确率，基因作为个人数据由个体自然生成，将基因列入个人数据范畴无疑是正确的。还特别需要强调的是，基因是一种潜态的、必须运用特定技术才能获取的个人数据，其承载着一个人生命的全部秘密，是个人数据的核心部分，表达的是个人隐私的深层次内容。

众所周知，基因对遗传信息具有承载、平衡、复制的功能，然而，信息并不是物质，也不是能量，基因与基因组都不能直接产生价值。只有能够识读基因者，才能从特定的基因之中"读出""读懂"其价值所在。对一般人而言，基因是既看不见又看不懂的。在没有高科技手段介入的情况下，对基因这种个人数据的占有并不能直接产生经济效益。基因使用权只是对相关的科研、产业、情报机构及其人员才有用处。一般而言，获取基因的便捷手段是取得血样，这在医学高度发达的今天并非难事。由于基因作为个人数据同样具有单一体价值的有限性与集合体价值的倍增性的特征，即便在相关科技人员眼里，孤立的、单一的、无对照、无群体支撑的基因样本价值效用甚低，由特定人群（如长期生活在封闭环境中的家族或少数民族、多个患有共同疾病的数代人构成的家系等）所构成的基因样本群体价值甚高。特别是随着现代科技的发展，基因的获取手段日益隐蔽多样，个人对自身基因的控制、保护措施很难奏效，唯有国家将基因作为资源进行管辖才能取得利国护民皆佳的效果。显然，国家在整体上对基因资源具有所有权并不妨碍公民对自身的基因拥有隐私权，由于

---

〔1〕 马秋枫等：《计算机信息网络的法律问题》，人民邮电出版社 1998 年版。

基因的特殊性引发的权利局部重叠现象，也从一个侧面反映了国家具有保护自然资源与保护公民隐私的双重责任。有人坦言，基因是 21 世纪生物化学、食品业、制药业的"摇钱树"和"朝阳产业"。究竟谁是未来的赢家，一要看"抢滩"的本事，二则看谁手里掌握的基因样本更多、更好、更有价值。所谓"抢滩"，即在研究与开发上占领制高点，这一竞争主要反映在凝聚科研人才、掌握高新技术、促进科研成果产业化等方面，本文不拟具体涉及。所谓掌握基因样本，是指对足够数量特定人群基因样本的控制。任何研究都离不开对研究对象或从研究对象中获取的素材的实际控制，为揭示某种规律必须掌握足够的样本。也许宏观领域的样本可以通过面上调查等手段取得，像基因之类的微观领域样本必须投入极大力量一份一份地艰难收取。而且，某些特定基因因为生命体的消亡而失之不可再得，某种基因样本在理论上推定的存在数量与实际上可以收集到的数量之间存在着巨大的差异。在研究技术既定的情况下，对特定人群基因样本的控制是防止基因资源流失的关键。可喜的是，1998 年 6 月 10 日国务院转发科技部、卫生部制定的《人类遗传资源管理暂行办法》，已经使我国基因资源的管理第一次有了可供遵循的法规。

四、对基因及基因研究的法律控制必须严密化、细致化

有人曾经用后果莫测来形容当前的基因研究，所谓"莫测"并不是怀疑基因研究能否取得预期的成果，而是对人类可能被基因技术改造担忧。技术是一把双刃剑，当我们充分估价基因研究将给人类带来福音的同时，必须清醒地认识到基因也可能成为一旦失控就再也无法控制的"祸因"。基因研究既为人类认识自身奥秘和纷繁复杂的自然界提供了锐利的武器，展示了广阔的前景，也向人类提出了严峻的挑战。而且，这一挑战遍及自然科学、社会科学的一切领域，在伦理、法律、传统道德、精神生活等方面几乎会使我们难以应对。看来，我国绝不能因为在人类基因组 1% 序列测定工作方面能与世界同步而沾沾自喜，必须以清醒的头脑审视我国在基因及基因研究法律控制方面的薄弱环节，尽快提出严密、细致、具有可操作性的对策。据悉，国家人类基因组南方研究中心主任、中国科学院院士陈竺近日建议，我国应当制订基因组研究总体规划。[1]笔者以为，法律控制理应成为总体规划的重要组成部分。由于基因自身

---

〔1〕 薛冬、龙潭："陈竺院士建议我国应制订基因组研究总体规划"，载《科技文萃》2000 年第 7 期。

的复杂性和至今为止我们对基因的了解还处于刚刚入门的阶段，从法律角度探索对基因和基因研究的控制既十分必要又极为艰巨，必须调动法学、社会学、生物学、信息学、医学、物理学、化学、工程学、管理学等各方面的专家合作攻关，才能避免不应有的滞后和偏差。为此，笔者谨提出如下建议：

（一）对基因歧视的防范

在人类历史上，关于血统高贵与低贱的争论几乎一直没有停过。20 世纪30 年代，纳粹分子曾经挑选符合希特勒所谓"优等血统"标准的男女交配，先后生育了大约 3 万名"优等婴儿"。20 世纪 70 年代初，当 DNA 基因重组研究计划起步时，就因为有专家认为 DNA 重组可能给人类带来巨大的灾难而暂时停止过。1975 年，当 DNA 重组研究的安全准则拟定后，研究才重新开始。目前，全球的基因研究虽有《关于 DNA 取样：控制和获得的声明》《关于克隆的声明》等作为安全准则，但是，这些声明的实际约束效力是难以使人放心的。"基因技术可以改造人种"的说法，不得不使我们担心某些人到底要用基因技术干什么。首先，人的基因是否确有优劣之分？如果人为地（至少是依照目前的认识能力）标示所谓的"好基因""坏基因"，基因歧视就不可避免会出现，"优等人种"之类的老调就会以基因研究的成果重新弹起。于是，婚前健康体检就可能悄然扩大为基因检测；雇主就可以用"选拔人才"之类冠冕堂皇的理由对被雇用对象进行基因检测；某些少数民族、某些有遗传疾病的家族成员就会受到不公正的待遇；人类再生性克隆的禁止也许真的会成为一纸空文。有人提议用强化基因检测结果保密制度的办法来防止基因检测弊端的失控，用心可谓良苦，但实际效果很可能类似目前的禁止用"B 超"检查胎儿性别一样，而不能达到预期的效果。笔者赞同这样的观点："人类基因组是构成人类家庭所有成员的基本单位，它们之间存在着固有的差异，无论它们的遗传特征如何，每个个体的独特性和差异性都应当受到尊重。在基因研究中，要坚决防止具有遗传学特征的各种形式的歧视。"[1]在此，必须从理论上廓清致病基因、缺陷基因的性质，致病基因、缺陷基因与遗传疾病的关系，致病基因、缺陷基因与人类当前认识能力的关系，以避免因为事实上存在致病基因、缺陷基因而导致基因歧视的合法化。

---

[1] 郭自力："人类基因组计划与人权保障"，载《法学家》2000 年第 2 期。

（二）生物技术的安全性与可持续发展性评估

由于基因研究的成果不断转入生产领域，包括重组 DNA、基因转移、胚胎操作、细胞培养、单克隆抗体、生物加工等技术已经在医学、药学、农业、食品工业等方面运用。应当承认生物技术的应用已经取得了巨大的经济效益，但是，我们不得不思考的问题是：人类目前所发明、创造的生物技术究竟是否安全、可靠？在短期内尚未发现有明显危害的副作用，是否意味着长远的安全？说得简单一点，生物技术是人们在自然物的内部"略施小计"，人为地改变某些生物原有的性状、体型、产量、生长周期等。其实，这种似乎可以改变自然、征服自然的事，我们早就做过，例如围湖造田、毁林开荒、拦河筑坝等等。只是好景不长，大自然很快就无情地用水土流失、气候异常、荒漠化等手段报复了我们。在沉痛的代价面前，近年来讲"征服自然"之类大话的人少了，但是，大自然对人类的惩罚还在继续。不少惩罚在实际上已经或正在出现代际转移，即上一代人对自然的破坏，在短时间得到过局部的获益，人与自然之间的和谐关系被破坏之后，大自然对人类的报复经过一定周期方才出现，结果是破坏者的后代为前辈承受惩罚。应当说，我们认识宏观生态规律是付出了高昂代价的，时至今日至多只能算作刚刚觉醒。笔者在此想说的是，宏观生态有其环环相连、互相作用、互为依存的规律，微观生态是否也有类似的规律？对基因生态平衡的规律，我们到底认识了多少，如何才能有控制地利用生物技术取得人与自然的和谐？目前使用的生物技术是否有违基因生态平衡规律，有无急功近利之嫌，会不会再次遭致自然界的报复？

笔者认为，基因研究必须反对过分功利化的倾向，在实验室能够安全操作的技术并不表明其在生态效果上也是安全的，一时能够获得利润的技术不一定符合可持续发展战略。任何生物技术的使用必须经过周密的安全性与可持续发展性论证。防范生物技术可能在未来造成的基因生态失衡是法律对社会实施控制的任务之一，在这方面法学家理应发挥其应有的作用。据资料介绍，英国曾颁布《遗传操作规则》《遗传改良生物控制使用规则》，法国在 1992 年颁布了《控制遗传物质被改变了的机体的使用和扩散法》，德国制定了《基因技术法》《基因技术安全条例》《胚胎保护法》。[1]我国应当借鉴发达国家的经验教训，

---

〔1〕 罗玉中："科技进步与法制建设"，载《中外法学》1998 年第 1 期。

及时制定有中国特色的生物技术法规，尽快解决生物技术控制有法可依的问题。

（三）个人基因数据的合法获取与规范使用

如前文所述，人的基因是个人数据，属于个人隐私，基因研究必须建立具有相当数量基因样本的数据库。为此，必须解决采集使用个人数据目的正当、来源合法、使用规范的问题。第一，基因研究必须以造福人类为目的，绝对禁止有损人的尊严的任何形式的基因滥用，研究者应对可能发生生物公害的基因从实验室中逸出负责。第二，必须明确个人数据为生成主体所拥有，基因的所有权是具有该基因的自然人，研究者必须充分尊重基因所有人的人权和自由。第三，获取个人基因必须事先使基因所有者充分知情，由其自主地决定是否提供基因样本。如果基因所有者要求提供基因检测的结果，研究者应当予以满足。接受基因治疗的患者应当事先被告知该治疗的利弊得失，由其自主地决定是否接受治疗并承担风险。第四，基因研究者必须严格履行保密的义务，非经基因所有者同意不得将基因样本转让他人，更不得用于商业活动，泄露基因图谱的行为应当受到刑事处罚。

在我国现阶段，基因属于个人隐私的观念还远未建立，基因研究者更要谨慎从事。有的研究机构虽然在自愿的前提下寻找基因提供者，但是在具体操作上还很不规范。例如，某研究所拟稿的《遗传基因研究知情同意书》告知血样提供者："本人及家庭成员将得到血糖、血脂、肌酐、尿酸、心电图等项目的检查报告；本研究将涉及 DNA 分析，但无须向本人及家庭成员出具报告。"显然，以常规检查取代基因分析报告的做法并未使当事人充分享受知情权。

（四）基因研究领域自主知识产权的保护

近年来，我国对知识产权的重视程度有了明显提高，但是，自主知识产权的意识还远未形成。笔者认为，在基因研究领域我们更应当注意扶植和保护自主知识产权。所谓自主知识产权，是指在主权国家内，由其公民或法人、非法人团体所完成的知识产品，并由此享有的专有权利。我国待开发的基因资源十分丰富，而资源能否变成财富，关键在于能否将资源转化为知识产品并享有专有权利。如果我们不采取切实措施扶植、保护基因研究领域的自主知识产权，再多再好的基因资源也只能荒废或流失。基因本身并不能被授予专利，具体的基因技术是可以申请专利的。以美国为例，仅 1998 年的基因专利就有 6000 多项，其中 90% 由美国的企业或个人申请。而在我国国家知识产权局目前受理的 4341 项涉及基因和相关生物技术的专利申请中，来自国外的申请竟占了近 65%。更令人忧虑的是，连上海第二医科大学这类在基因研究上有突出成绩的单位，也因为缺乏资金打算放弃大部分基因专利申请。[1]笔者以为，因为缺乏资金不能申请基因技术专利必然导致已有的基因技术非自主知识产权化，长此以往还会引发高科技人才的流失。国家应当及时采取措施，从政策与资金两方面帮助基因研究单位摆脱这一困境。在一定意义上说，给政策比给资金更管用，制度创新比技术领先更重要。基因研究的技术优势能否形成，在起步阶段的投入力度十分关键。基因研究与国民的利益直接相关，只要仔细地做好工作，设立运用专项基金、发行股票都可以收到集腋成裘的效果，以解决基因研究资金不足的问题。此外，以基因研究为纽带，促使产、学、研的紧密结合，也可以解基因研究专利申请基金匮乏的燃眉之急。

（原载《法律科学》，2000 年第 4 期）

---

[1] 李立："应设立基因专利申请基金"，载《法制日报》2000 年 5 月 5 日。

计算机信息网络安全的法律对策

计算机网络技术的发展日新月异，由此而产生的计算机网络文明与安全问题也日益严峻。如果说我国计算机产业相对落后是一种无奈的话，计算机信息网络的文明与安全（为便于表述以下均简称"网络文明与安全"）的失控则是不可原谅的历史性错误。我国信息网络基础建设目前处于起步阶段，上网用户正在急速增长，商业网站也在竭力扩大用户拥有量。但是，"上网热"并没有带来网络管理的升温，网络文明并不能在网络发展的过程中自然生成，网络安全中的不少隐患正在被一时红火的商业扩张所掩盖。时下，尽管人们时常议论计算机黑客为什么会这么"黑"，但人们对网络文明与安全的认识还大多处于朦胧状态。网络上大量传播和扩散的非文明信息正在冲击着现实人际关系中通行的道德准则，深刻影响着民众的价值取向和行为选择；网络安全的漏洞直接危及我国的国家安全，以网络攻击为主要手段的信息战争随时都可能发生；号称"第四传媒"的网络传播已经在及时性、形象性、渗透性、互动性、低成本性等方面超过了传统传媒的作用，"网络迷恋症"已经成为难以治愈的心病，计算机病毒的破坏力已经大于核武器。总之，网络技术本身是中性的，计算机国际联网既是实现全球信息资源共享的必备途径，也可能成为威胁国家安全，危害国计民生，腐蚀国民灵魂的魔鬼通道。

一、网络文明与安全的概念及相互关系

对于计算机安全，学术界曾有多种定义。国际标准化委员会认为：计算机安全是指为数据处理系统建立和采取的技术的和管理的安全保护，保护计算机硬件、软件、数据不因偶然或恶意的原因而遭破坏、更改、显露。我国公安部计算机安全监察司认为：计算机安全是指计算机资产安全，即计算机信息系统和信息资源不受自然和人为有害因素的威胁和危害。一般认为，计

算机安全包括实体安全（又称物理安全）、人事安全（又称行政安全）、软件安全、数据安全、运行安全诸方面。"黑客"入侵、来自内部的攻击、计算机病毒的感染与传播、秘密信息的泄漏、网络关键数据被篡改等都会对计算机安全构成威胁。我国基于保卫工作的传统优势，计算机实体安全方面的工作做得比较好，对于维护数据安全、运行安全等崭新课题，相当多数人都感到陌生和力不从心。现实的情况是，既然我国计算机网络已经接入国际互联网，就要接受来自世界各地的"黑客"的挑战。以长城著称于世的中国，在网络空间也必须筑起相对稳固的万里长城。"把我们的智慧筑起我们新的长城"，这任务已经历史性地落在了我们的肩上。

全球计算机安全是一个结构庞大而又内容不断更新的系统，一切影响计算机安全的因素和保障计算机安全的措施都属于计算机安全研究的范围。计算机安全不仅是技术应用问题，更是法学领域的崭新课题。计算机安全的主要挑战来自计算机犯罪。计算机犯罪是以计算机为主要工具的犯罪和以计算机资产作为侵犯对象的犯罪。侵犯知识产权、侵犯隐私权、伪造电子邮件等计算机违法也有不可忽视的破坏作用。就我国现状而言，计算机犯罪的主要威胁并非物理性的破坏，而是来自网络空间的入侵、攻击、污染和非法控制。

二、计算机信息网络自身的脆弱性

概括地说，确保计算机安全的关键环节一是人（即对从事计算机领域工作人员的选择、教育、管理），二是机（即计算机场站、终端的设置、防护与有形进入、无形入侵控制），三是网（即联网方式、与国际互联网的出入口信道管理、网络软件的抗攻击性），四是数据（即信息的加工、传输、储存与加密）。而上述各环节之中，网络安全处于核心地位。由于计算机技术发展的历史原因，网络本身就存在着安全缺陷，例如 TCP/IP 协议自身的安全缺陷很容易被内行所利用，在网络上传输的数据极易被劫持或窃听，防火墙配置的复杂性往往反而给"黑客"留下了可乘之机。特别是网络在无限大的虚拟空间内将无数台计算机联结成一个整体，使得"攻网"后果的严重性倍增。如果对独立的单台计算机实施攻击，其行为特征与传统的犯罪相差无几，数据即便受到破坏损失也是局部性的。而正是因特网的建立，入侵计算机系统的可异地性、匿名性，病毒的可制造、传播和远程发射性，数据的可篡改、可污染，密钥的作用有限性、可破解性等特征均被强化了。

技术是一把双刃剑。正如疾病是健康的伴随物一样，危害计算机安全的犯罪和不文明行为必然会随着计算机技术的发展与应用的普及而层出不穷。计算机技术与网络空间有其自身不可克服的脆弱性，并将不断显露出来。从整体上看，计算机网络空间既是人类可以共享的巨大财富库，更是防范脆弱的攻击对象；既是激发、展示人类智慧的宽广舞台，更是人类智力在接受挑战中走火入魔的高发地段。具体地说：

（一）网络空间不是无疆界、无主管、无警察的"自由世界"

网络空间具有无限性，在这无穷大的空间里既没有主管的政府，也没有国与国的边界，更没有警察的身影。由于人们足不出户就可以漫游世界，跨境数据流动无法用传统的方法加以控制，信息的网上传输高度自由化，网络空间已经被视为无政府主义的"天堂"。继报纸、广播、电视之后，计算机网络已经成为"第四传媒"，网民各显其能"办报纸、发新闻"已经成为可能。由于人类传统的文明、道德、秩序在虚拟空间受到了严峻的挑战，有识之士纷纷提出"信息高速公路必须建立交通规则"的呼吁，但实质性的进展至今尚未见到。故有人并非夸张地说："如果给我一台普通计算机，一条电话线和调制解调器，我可以使整个都市的金融系统运作瘫痪下来。"[1]

（二）网络信息可在交互状态下即时被无限扩散、无穷复制

全球计算机网络的构建，不仅把地球村的每一个角落连接在一起，使远隔千山万水的计算机用户的空间距离归零，而且，网络用户间的信息传输实现了即时化（从理论上讲，在计算机网络中传输的信息，在异地间可以在几乎同一时间内共享）。于是，数据在瞬间以极低成本被无限扩散、无限复制由幻想成为现实，且复制件几乎能够完全做到"拷贝不走样"。知识产权在网络空间的保护变得异常艰难。尤其是计算机网络信息传输的双向性，使每一终端的信息处理功能得到了充分展示，信息在网络中的传播始终处于交互状态下，即便采取了加密措施，被遥盗、遥控的可能仍始终存在。

---

〔1〕 曾华国、孙一曲：《国家危机》，江苏人民出版社 1998 年版。

（三）画面可虚拟、人机可分离、身份可隐匿、密钥可破解

"眼见为实"本来是人类认识世界的经验总结，但是计算机却完全可以做出几乎以假乱真的虚拟画面。如果不采用特殊的识别手段，在终端上见到或下载的画面完全可能是虚假的。计算机用户在网络中的所作所为，既可以用假名，更可以匿名，用户名并不表示用户的真实身份。电子公告板（BBS）完全是匿名者的乐园，"没有人知道你是一条狗"，已经成为诙谐但又准确的计算机谚语。别有用心者完全可能隐匿身份在网络空间从事犯罪活动。而且，异地远距离控制预先设控的计算机攻击其他网络系统，在技术上并无障碍。计算机犯罪活动呈现出无现场、无痕迹、无工具的特征，犯罪证据难以获取和固定，破案的难度颇大。尽管人们已经开始运用访问控制技术强化数据存储的保密性，用加密技术实现数据的安全传输，但是，任何密钥都是人为编制的，再严密的技术屏障都能被破解。牢不可破的"盾"与无坚不摧的"矛"永远也不可能存在，虚拟空间的智力角逐既激发了智慧的活力，也刺激了智慧的邪恶使用。

三、维护计算机信息网络安全的理性选择

为了遏制计算机信息网络的负面效应，国内曾有学者提出了实行网络管制的建议[1]。笔者认为，管制必然有一定的时间、空间界限。如果管制是针对局域网而言，倒也无可非议。假若管制的对象是全球信息网，在法律上就很难行得通。首先，全球信息网的无国界、无主管特征会使人为的管制难以实施；其次，由一国对全球信息网实行管制，必然会遭到其他主权国家的抵制；此外，如果设想由多国联合对全球信息网实施管制，在目前信息网络基础建设强弱悬殊的局面下，结果只能是胜者通吃。看来，全球一体化的进程已经使得国界趋于淡化，计算机信息网络不能也不可能由一国实行"管制"，对计算机数据流的控制才是维护国家主权的关键，还是提信息控制权的强化较为妥贴。

所谓控制，是指有效地掌握、驾驭对象，不使其任意活动或超出正常范围。信息控制权有广义与狭义两种解释，广义的信息控制权是指，主体对其

---

〔1〕 张新宝："信息技术的发展与隐私权的保护"，载《法制与社会发展》1996 年第 5 期。

具有管辖权的信息有权采取保护措施，以保证信息的秘密性、真实性、完整性、可用性。狭义的信息控制权是指，主权国家防止网络中的本国数据被窃取、污染、篡改、毁坏和抵御有害信息的侵蚀、破坏的权利。从以上定义可见，信息控制权源于平等主体的独立权与自卫权，是针对可能出现的侵犯而设置的盾牌，本身就是对正常秩序的维护。对一个国家而言，信息控制权是国家主权在现代条件下的具体体现；对法人、非法人团体和公民个人而言，是其依法保护相关数据，实现应得利益，保障生活安定和人身不受侵犯的权利。信息控制权的行使除确有必要时对信息内容的审查外，一般并不对信息内容作具体干预，而主要是把住信息输出、输入的"关卡"，防止关系国家安全、本国拥有自主知识产权或涉及个人隐私的信息任意泄露，抵御有害信息的攻击与侵犯。从根本上说，信息控制权的确立与正确行使是时代的必然产物与要求。1998年5月下旬，美国总统克林顿在海军学院发表的演说中告诫未来的军人："当21世纪即将降临的时候，美国的敌人已将战场从物理空间扩展到了虚拟空间。"为了防范未来可能发生的危机，他已签署了两项总统令，赋予司法部和联邦调查局以更大的权力，对危及通讯、金融、财政、能源、运输及政府部门计算机网络等基础设施安全的活动予以严厉的打击。[1]

强化计算机网络安全管理是一项刻不容缓的重要工作。遗憾的是，此项关系到国家安危的大事，至今还重视不够。笔者认为，上述局面的形成不是由于我们对计算机犯罪的恐惧，而是对计算机犯罪的麻痹。计算机网络用户中的多数，往往只是看到了全球信息资源共享的积极效益，而对计算机国际联网后的负面效应认识不足。有的同志认为，进入国际互联网，我们只会是得益者，不会是受害者，原因是我国科技水平落后，虽有信息入网，但实际上无密可保。这种认识是十分危险的。事实上，资源共享与信息安全总是一对矛盾。凡进入国际互联网者都是"有得有失"的。资源共享的前提是主体将自身拥有的信息供予他人分享，特别是主体专有信息资源转变为公共信息资源前必然撤除原有的防护措施，使之"公共拥有化"。当资源共享是平等、有序进行时，每一上网成员都是受益者。但是，在人为破坏、窃密、遥盗等犯罪活动客观存在的情况下，互联网上的被害人（包括自然人、法人和非法

---

〔1〕 姜奇平、包冀林："漫谈网络化经济对未来社会的影响"，载《光明日报》1998年7月10日。

人团体、主权国家）也必然出现。从被害人学角度分析，加害行为的特征往往就是被害人自身弱点的折射或反映。在资源占有上具有优势地位的主体，有能力将此种资源优势变为获取更多资源或在另一资源分配关系中取得优势地位的条件。在资源拥有量和质上的差别，使得弱者更容易成为被害人。这可以说是一条规律。

长期以来，我们十分重视捍卫领土、领海、领空的主权。如今，面对无疆界的电子空间——国际互联网，我们必须高度重视信息控制权的得失。领土、领海、领空权的丧失是该空间被别国强占，具有明显的外在表现形式；而信息权的丧失却是悄然无声、全无踪影的。信息的本质特征是消除不确定性，由于信息的网上传输并非直观可视，对信息的掠夺、篡改、污染便是无形的。凡是上网的信息，只要使用计算机和特定程序，就能调取阅读或加工。显然，信息的劫掠、破坏很难像传统犯罪那样"现场活捉"，事后受侵系统也不会出现信息存量的减少，甚至该信息系统曾被他人入侵的痕迹也难以找到。

在信息时代，一个国家若在事实上失去了信息控制权，该国的政治、经济命脉就会在无形之中被他国或若干个强国所控制。所谓信息资源共享，首先是对该信息具有控制权的国家、法人或个人放弃专有权，而将信息输入国际互联网，无偿地供全人类共同使用。尽管目前我国进入国际互联网的计算机台数并不多，但已出现了参加本单位联网，跨单位、跨系统、跨地区联网和个人自由入网的混乱局面，泄密与窃密的现实危险已经存在，所谓"土黑客"进行信息破坏的案件也已时有发现。事实证明，当今的信息控制权的重要性绝不亚于领土、领空、领海的管辖权。对一个主权国家而言，保障有益信息的有序传播，防御有害信息的攻击破坏，其意义等同于把住国门。从某种意义说，现代战争已经不是阵营分明的人力与兵器的不同组合之间的对抗，而是在鼠标点击与键盘敲击之中发生的网络攻守。信息控制权的丧失给我们带来的后果将是灾难性的。

四、强化信息控制权的基本对策

（一）抓紧计算机安全法律体系的完善

我国的计算机安全法律体系是以颁布单行法规的方式逐步建立的，这一做法基本符合我国的国情，应当在坚持中抓紧完善。我国目前的计算机安全法规主要由国务院信息化领导小组或公安部发布，虽然大多冠名为"管理办法""实施办法"，却仍有过于原则之嫌，例如网上信息发布权、运用技术手段防范网站被攻破、软件被解密的限度何在等均应作出明确的规定。当然，计算机安全立法的技术难度很大，某些内容的滞后在所难免，但是，只要我们更新观念，认真借鉴发达国家的经验（因为发达国家在网络技术方面领先于我们，计算机安全方面的问题也暴露得比我们更充分），就完全可以在立法质量上与发达国家相抗衡。现在的问题是，法学界真正把精力投向信息网络空间的人实在太少，计算机安全的人财物投入（尤其是智力投入）不足。

最近，我国故宫博物院与美国英特尔公司因网上建站问题发生纠纷，故宫博物院深感"我国现行法律法规相对滞后，难以从法律上获得强有力的支持"。[1]应当说这种感慨是令人心焦不安的。从世界范围看，美国已经颁布了《联邦电信法》（1966 年）、《金融秘密权利法》（1970 年）、《伪造存取手段及计算机诈骗与滥用法》（1986 年）、《联邦计算机安全处罚条例》（1987 年）；瑞典在 1973 年颁布了《数据法》；英国在 1985 年颁布了《版权（计算机软件）修改法》。另据资料，澳大利亚、匈牙利、菲律宾、新加坡、韩国等 30 多个国家也都制定了有关计算机安全监管的法律、法规。1997 年 6 月 13 日，德国联邦下议院通过了世界上第一部规范计算机网络服务和使用的单行法律《为信息与电信服务确立基本规范的联邦法》。在德国此法亦简称为《多媒体法》，自 1997 年 8 月 1 日起施行。[2]德国《多媒体法》尽管有部分内容引起了法学界的争议，但毕竟是走在了世界的前面，对我国的计算机安全立法工作是很有借鉴意义的。从现在起，我们就应当着手对分散制定的计算机安全法规进行梳理，对不完善的地方进行修正、充实，争取尽早制定《计算机安全监管法》。

（二）严密国际互联网入网审核和管理

我国计算机目前与国际联网出入口分属中国科学院、教育部、邮电部、电子工业部管理，用户入网的方法有多种。相比较而言，设在单位的终端管理较严，而对于设在个人家中的终端几乎处于失控状态。从今后的发展趋势看，个人入网（含终端设在个人家里由单位付费）的比例会越来越高，网民

---

〔1〕 邵岭："故宫与英特尔握手言和"，载《服务导报》1998 年第 7 月 4 日。
〔2〕 顾钢："德议会通过多媒体法"，载《检察日报》1997 年 8 月 9 日。

群体会迅速扩大，域名向个人开放只是时间问题，这就预示着未来的信息失控面可能越来越大。尽管《计算机信息网络国际联网安全保护管理办法》第4条、第5条、第6条、第7条均明确规定了任何单位和个人所不得从事的行为，但究竟如何查控还急待在实践中摸索。为此，必须制定明确而具有可操作性的入网审核、管理办法，使每一台终端都在有监督的状态下运行。我国虽已有"监督管理计算机信息系统安全保卫工作是公安机关的职责"的规定，但由于这一规定见之于《中华人民共和国警察法》，公众的知晓度很低，客观上给公安机关的管理带来了不便。当前，有必要认真宣传公安机关的这一职责，使网民建立自觉接受公安机关监管的意识。

（三）高起点培养计算机安全监管人才

当前，我国的计算机普及程度和网络建设水平还很低，更应当防止人财物力投入过度集中于应用，而忽视安全防范的倾向。事在人为，首先要有人去为。如果公安机关没有一批反计算机犯罪的专家，就无法承担维护计算机信息系统安全、有序运行的职责。我们决不能为我国尚未发现大量计算机犯罪案件而庆幸，问题的深层次原因是，绝大多数公安、保卫干部对计算机及其网络专业知识知之甚少，发现和揭露计算机犯罪的能力甚低，相当一部分较高水平的"黑客"尚未被揭露或已感染的计算机病毒尚未爆发。中国绝对不是信息战争的"世外桃源"，而恰恰是信息技术强国争夺的市场和谋求霸权的焦点。我国的当务之急是抓紧计算机安全监管人才的培养，力争尽快摆脱专业人才匮乏的窘境。在计算机安全方面我们不能过分依赖从国外引进先进技术，一定要像当年集中全力搞"两弹一星"一样，立足自力更生，开发具有自主知识产权的计算机安全技术。

近年来，法学界虽然多次提出加强计算机安全监管的呼吁，但真正落实的却不多。其中原因之一是法学界本身缺乏精通计算机的人才，计算机专业人员又欠缺法律知识，合力远未形成。当前，必须一方面做好合作攻关的组织工作，凝聚一批人品好、业务精的复合型人才投身计算机安全事业；一方面选择有实力的高校、研究机构和企业，以产、学、研结合的方式，高起点地培养计算机安全技术开发与监管人才。有条件的地方要通过联合、联办等形式，建立计算机安全学科博士、硕士点，高起点培养我们自己的技术骨干。

（四）强化网络安全技术的开发和应用管理

对我国计算机安全技术暂时落后的局面，我们一要承认，二要正视，三要加大投入。我们要充分发挥在社会主义制度下易于组织协作的优势，充分利用市场机制，产、学、研合作攻关，利益共享。例如，指纹密码、"防火墙"技术、访问控制系统的设置、电子水印技术的运用等都要力争在较高起点上进行开发。根据"有矛必有盾"的原理，有的技术（如网络加密软件的开发）在研制阶段就应当由政府掌握，以免因商业性开发和销售，使未来的问题更加复杂化。公安、保卫、保密部门要努力探索适合时代特征、尊重人的创造精神的计算机安全管理模式。对钻了系统软件的"空子"而得逞的犯罪案件，再也不能用传统的模式进行思考，一定要举一反三，由此及彼，主动发现尚处于潜态的犯罪，消除已经被犯罪人利用但尚未显露的可乘之隙。

从国外的有关资料看，计算机犯罪的报案率甚低，除一部分案件作案手段隐蔽尚未发现外，相当部分案件是被害人有意不报案。有的公司受到来自"黑客"的敲诈，为了保全自身的商业利益，不但瞒案不报，还将祸水外引，为"黑客"转而攻击自己的竞争对手提供信息。目前，国内虽然还没有此类实例报道，但类似为虎作伥的做法是值得防范的。

（五）凝聚人心，防止高科技人才的恶性流失

日本的奥姆真理教曾网罗高科技人才的教训告诉我们，必须高度警惕滥用高科技的犯罪。计算机犯罪除了经济利益的驱动外，更有智力挑战因素而诱发的"走火入魔"。特别是当信息控制权不能转化为现实的信息控制能力，对高科技犯罪束手无策时，作案人的犯罪心理会在成功中直接受到强化。对掌握高科技手段的知识分子，我们要尊重、要爱护，这是毫无疑义的。但是，防止他们走上滥用高科技的邪途，也应当是尊重知识、爱护人才的题中应有之义。计算机安全的屏障必须靠人才去构筑、去维护，当我们大力宣传知识经济的本质是创新的时候，更要用实际行动去凝聚人心，努力造就允许创新、激励创新、适宜创新的氛围和环境。应当承认，我国的计算机人才流失情况十分严重，国外现已出现的重金收买计算机高手，豢养御用"黑客"的动向（即以重金收买计算机人才为其攻击他人网络服务），对此我们必须保持高度警惕。

应当承认，自由与平等是创新之花得以开放的土壤，当人的聪明才智被

吸引到正确发展方向的时候，客观上就会产生对邪恶的抵抗力；若反之，则会出现智慧被扭曲使用的恶果。这一点，在计算机安全领域尤其应当引起我们的高度重视。当前人才流动已经国际化，一般而言人才流失只是针对局部的。从宏观上看，所谓人才流失可分为良性、中性、恶性三种状态。人才潜能如果能从被压抑中得以释放，从局部讲是有所失，但对全局是有利的，故称良性流失。人才的中性流失情况比较复杂，需要具体情况具体分析，有些情况还有待时日方可见到分晓。人才的恶性流失是指，人才从为社会造福走向其反面，成为其自身的异己力量。从国内外揭露的计算机犯罪案件分析，犯罪人绝大多数都是计算机"高手"，而且，越是高层次的计算机人才走向犯罪，其造成的危害越大，破案的难度越高。我国的人才匮乏是现代化建设的最大难题，更要防止高科技人才误入犯罪歧途，成为信息网络中的破坏性力量。

（六）大力倡导计算机文明，网络道德从娃娃抓起

多年来，我国坚持精神文明、物质文明"两手抓"的成果斐然。但是，对计算机文明的传播、倡导却显得相对薄弱。以上海市为例，各高校均已开设《计算机文化》或类似课程，教学内容几乎全都是计算机基础知识，恰恰忽略了对计算机文明的传播，而在高校德育课程中也遗漏了计算机文明这一重要内容。如果我们冷静地分析高校"计算机热"中的偏差行为就可以发现，计算机文明绝不会自然生成，计算机安全必须以计算机文明为基础，计算机文明理应成为计算机用户的"公共基础课"。据悉，美国加州大学伯克利分校1995年就召开了以"国际互联网的伦理学"为主题的学术会议，美国杜克大学还为学生开设了"因特网与伦理学"课程。[1]计算机信息网络是物质文明发展到一定阶段的产物，计算机文明是人类精神文明建设不可或缺的内容。网络上的不文明行为越多，犯罪的市场和可隐匿空间就越大。计算机文明属于精神文明的范畴，但由于虚拟空间与物理空间客观上存在差异，计算机文明又有其独特的内容。例如，有的计算机高手之所以会蜕变成为"黑客"，就是因为在智力挑战中走偏了方向。尤其某些自以为"无网（往）不胜"的计算机狂人，其"攻网"行为往往并无任何政治、经济目的，破解他人密钥纯

---

〔1〕 陆俊、严耕："国外网络伦理问题研究综述"，载《国外社会科学》1997年第2期。

粹是为了显示自己的才能，而在客观上造成的后果却极为严重。

数字化已经为我们的生活开拓了新的空间，虚拟空间人际交往的和谐、信息交流的有序，除了需要法律的规范外，网络道德的作用也许更为重要。在现实空间，人与人之间难免有摩擦，道德规范具有不可替代的作用。虚拟空间的挑战性比现实空间更强，而实施计算机犯罪时的罪恶感要比现实空间淡得多，由于某种巧合网民也可能无意识地误入他人系统。显然，计算机安全必须依法维护，在计算机终端面前的"慎独"更为重要，在虚拟空间更需要道德的自律。此外，网络空间普遍使用假名或干脆匿名，所谓"强匿名服务"也已出现。当人们可以在虚拟空间隐匿其身的时候，自由感与安全感是增强了，但也确实会使犯罪人混杂其间，且增大破案的难度。在不可能消除网上匿名的条件下，推崇网络道德，以"鼓励参与、公开、清晰、诚实以及尊重自己和他人"[1]作为网络生活的设计原则，将会在一定程度上抵消网上匿名的负面效应。

由于我们对网络道德有所忽略，已经引起了某些思想混乱。例如，有人声称"计算机是个人工具，政府不得横加干涉"，就是很值得重视的思想动向。上海为促进城市文明，从道德角度明确提出的"七不"规范，经全民实施取得了良好效果。循此思路，我们也有必要就计算机文明提出若干行为准则，大力加以推广。据资料，美国南加州大学规定的6条网络守则和美国计算机伦理协会制定的10条戒律是颇有参考价值的。[2]

邓小平同志早就要求我们："计算机要从娃娃抓起"。按照笔者的理解，从娃娃抓起的应当不仅仅是计算机知识的传授，还应当包括良好网络道德的养成。据调查，计算机网络犯罪者年龄主要集中在18~46岁这一区间，平均年龄为25岁。[3]而且，近年来计算机犯罪有向低龄化发展的倾向，十几岁的"小黑客"已经出现。看来，我们在狠抓"两个文明"建设时，一定不能忘记计算机文明是精神文明的重要组成部分。虚拟空间与现实空间精神文明建设的任务相比较而言，也许前者比后者更为艰巨、更复杂。计算机知识对于

---

〔1〕 ［美］埃瑟·戴森：《2.0 版数字化时代的生活设计》，胡泳、范海燕译，海南出版社 1998 年版，第 350 页。

〔2〕 马费成、陈锐："面向高速信息网络的信息资源管理"，载《中国图书馆学报》1998 年第 3 期。

〔3〕 孙伟平：《猫与耗子的新游戏——网络犯罪及其治理》，北京出版社 1999 年版。

多数中老年来说，是补课性的学习与被迫式的追赶；对于年轻人，计算机是他们生活中不可缺少的内容，是他们尽显才能的无限空间。网络空间作为现实空间的无形延伸，在客观上更符合年轻人对自由、竞争、挑战的追求心理。当涉世不深的年轻人能在独处中与遥远的网友对话，甚至"屏对屏"地竞争时，其极易陷入痴迷的境地，一旦走火入魔就很难"刹车"。由于法律的设定不可能过于超前，处于"盾"的地位的计算机网络控制手段只能在遇到"矛"（网络犯罪）的进攻后才能进一步完善，法律的强制与技术的屏障总有一定的局限性、滞后性。如何在网民中培养"慎独"意识，如何发挥道德自律在计算机犯罪预防中的作用，这是社会主义精神文明建设中亟待解决的重大课题。

（原载《上海大学学报》2000 年第 4 期）

建立符合我国国情的沉默权制度

    1966 年联合国第 21 届大会通过的《公民权利和政治权利国际公约》明文规定"任何人不受强迫自证其罪"。由于我国已在 1998 年 10 月 5 日签署加入该公约,最近一个时期以来,在国内报刊上见到不少介绍和讨论沉默权的文章。多数学者认为,沉默权在我国的确立已经只是时间问题,有的还提出了废止"坦白从宽,抗拒从严"政策的建议。对此,笔者的观点是:既要切实保护犯罪嫌疑人、被告人的人权,又不能弱化国家的司法权,必须准确理解沉默权,重新界定"坦白从宽,抗拒从严"的内涵,在保障人权与惩治犯罪相统一的前提下,建立符合我国国情的沉默权制度。

一、坦白、沉默、抗拒的正确含义

    首先,我们必须对坦白、沉默、抗拒的真实含义有一个确切的理解,以便准确界定各自的内涵。

    坦白的字面含义是如实地说出自己的错误或罪行。根据《犯罪学大辞书》的解释,坦白是指"犯罪分子真诚悔改,主动交代自己犯罪事实和与案件有关的情况"。《公安学词典》认为:"坦白,通常是指犯罪行为已被有关组织或司法机关发觉、怀疑,而对犯罪分子进行询问、传讯,或者采取强制措施后,犯罪分子如实供认这些罪行的行为。"具体地说,坦白有两种情况:一是诉讼过程中的坦白,即犯罪嫌疑人、被告人在受到询问、传讯或被采取强制措施以后,为争取从宽处理而交代自己已经被司法机关掌握的罪行;二是服刑过程中的坦白,即正在服刑的罪犯对审判中因为证据不足等原因未作认定的罪行,经过教育后作了如实交代。如上海市司法机关在 1999 年 9 月 20 日联合发出的《关于在关押场所深入开展深挖犯罪工作的意见》中指出:"全市各看守所、监狱、劳教所等关押场所,要结合自身职能,……促使在押人员检举揭发争取立功，主动坦白争取宽大处理。"《中华人民共和国刑法》第67条规定："犯罪以后自动投案，如实供述自己的罪行的，是自首"，"被采取强制措施的犯罪嫌疑人、被告人和正在服刑的罪犯，如实供述司法机关还未掌握的本人其他罪行的，以自首论"（即学术界所说的"准自首"）。在严格意义上，坦白并不等于自首或准自首。根据刑法的规定，坦白与自首、准自首的差别有二：其一，自首是主动投案，坦白是被动交代；其二，自首、准自首是如实供述司法机关尚未掌握的罪行，坦白的内容则是已经为司法机关所掌握或曾经追查过的罪行。显然，"坦白从宽"符合我国刑事诉讼法关于自首与准自首规定的基本精神，应当予以肯定。

笔者认为，自首是主体在犯罪后采取最积极的态度与司法机关合作，准自首则为次积极的态度，坦白仍属积极合作之列。故而，被采取强制措施的人所交代的犯罪事实，无论是否已为司法机关掌握，只要经查证属实，应当作为酌定情节予以从宽处理。因为从实践的角度看，司法机关到底掌握了犯罪嫌疑人、被告人哪些罪行，被审查的犯罪嫌疑人、被告人当时是无从知晓的；司法机关也没有义务事先或首先告知犯罪嫌疑人、被告人，本机关现已掌握其何种罪行。被告人所交代的既可能是司法机关已经掌握的罪行，也可能是司法机关尚未掌握的问题。所以，从总体上讲，坦白是有利于最大限度地查清犯罪，有利于降低诉讼成本的行为。犯罪嫌疑人、被告人如果不坦白，一方面会加大司法机关的工作难度，另一方面也确实存在漏网的可能，司法机关以坦白从宽的政策对坦白者予以肯定和鼓励并无不当。

沉默的字面含义是不说话。从法律意义上看，沉默是指被告人、犯罪嫌疑人可以不回答司法人员的提问。沉默作为人的一项权利即为沉默权。沉默权体现了"任何人不受强迫自证其罪"的准则，学术界称之为"刑事诉讼中最大的人权保障机制"。沉默权的具体内容在美国的"米兰达规则"中得到了较全面的反映，即：（1）你有保持沉默和拒绝回答问题的权利；（2）你所说的一切都有可能在法院中用来反对你；（3）你有权利在同警察谈话之前会见律师和在现在或将来回答问题时有律师在场；（4）如果你付不起律师费，将免费为你提供一名律师；（5）如果你现在找不到律师，你有权保持沉默，直到你有机会向一位律师询问；（6）既然我已经向你告知了你的权利，那么，你愿意在没有律师在场的情况下回答问题吗？显然，保持沉默是主体在意志自由状态下的自主选择，在刑事诉讼中赋予犯罪嫌疑人、被告人以选择沉默的权利，是为了使控辩双方的权利趋于平衡，使处于弱势的犯罪嫌疑人、被告人避免因为不得不回答来自控方的质问而陷入被迫自证其罪的状态。

抗拒一词的字面理解是抵抗和拒绝。但是，由于主体的立场不同和历史条件、现实背景的差异等因素，人们对何为抗拒的理解差异甚大。长期以来我国一直在使用"抗拒从严"这一警语，但是，却没有认真地界定"抗拒"的内涵，这是造成混乱的根源。以往我们所说的"抗拒从严"，实质上是以"从严"迫使嫌疑人自证其罪，其基本精神与犯罪嫌疑人具有沉默权的刑事诉讼原则相悖，这是必须纠正的。曾有学者认为，抗拒是"指犯罪分子拒不认罪，拒绝交代自己犯罪事实和与案件有关的情况。例如，拒不交代罪行，犯罪后行凶拒捕，捕后逃跑，毁灭罪证，嫁祸于人，行凶报复，与其他罪犯订立攻守同盟，或威胁、阻止同案犯供认犯罪事实等，都是抗拒的表现。"笔者认为，以上对抗拒一词的解释尽管流行已久，但实质上是不正确的。其一，拒不交代自己的犯罪事实并不是抗拒司法审查，司法机关是审查的主动方和提起者，举证责任在司法机关，被审查者没有自证其罪的责任；其二，任何人未经人民法院依法判决都不得认定有罪，在司法审查阶段即要求被告人或犯罪嫌疑人"认罪"，显然是荒谬的；其三，任何处于被司法机关审查状态的公民，可以自主地选择说话（坦白辩解）或不说话（保持沉默）的方式表达其意志。即便是已经被拘留、逮捕的被告人、犯罪嫌疑人，其受限制的只是部分人身自由，而不是意志自由，当其选择了法律所允许的沉默方式时，其沉默的表示应当视为以不作为的方式与司法机关合作，将正常行使沉默权纳入抗拒的范畴是站不住脚的。

按照现代法学理念，任何公民在面临司法审查的时候，都有合作的义务，但是，合作包括作为的合作与不作为的合作两种方式。自首、准自首、坦白、辩解是以作为的方式积极地与司法机关合作；保持沉默是以不作为的方式与司法机关进行消极的合作，即犯罪嫌疑人、被告人既不拒绝司法审查，又不积极配合审查，在实际表现上就是不摆脱监管、不违反看守场所规定，但又不回答讯问者的提问，不向司法机关提供进一步查证的线索。在法律允许的范围内保持沉默的被告人、犯罪嫌疑人只要不出现抗拒拘捕，拒不服从监管规定，扰乱正常审查的行为就不是抗拒。换句话说，抗拒必须是作为的，世界上不存在不作为的抗拒。抗拒的正确含义是指被告人或犯罪嫌疑人抵抗依法执行的拘留、逮捕，订立攻守同盟、销毁罪证、报复证人，以及破坏羁押场所的监管秩序等行为。如果我们能够从法律意义上正确把握抗拒的含义，抗拒从严的正确性便毋庸置疑。

二、坦白辩解与保持沉默都是人权的重要组成部分

笔者认为，正如人们在日常生活中可以说话或者不说话一样，坦白辩解与保持沉默同样都是人权的重要组成部分。在刑事诉讼过程中，犯罪嫌疑人、被告人选择坦白辩解或者保持沉默都是合法的。沉默权与坦白权是两项在本质上并无矛盾的权利，被告人、犯罪嫌疑人可以依其意志择一而为之。片面地肯定坦白权否定沉默权是荒谬的；同样，在介绍、推崇沉默权制度时不应当以沉默权否定坦白权。从一定意义上说，坦白也是自我辩护的一种方式，坦白也是一种辩解。坦白与辩解是同一种权利在不同条件下的不同行使方式。坦白与辩解在主观上都是利己行为，只不过坦白的重点是交代自己的所作所为，辩解的侧重面是陈述无罪或罪轻或应当从轻处理的理由。当犯罪嫌疑人意识到罪行事实俱在，唯有坦白才能得到从宽处理时，出于趋利避害的本能，以"两害相较取其轻"的策略选择坦白是明智的；同样，当犯罪嫌疑人意识到罪行认定有偏差或者证据尚不充分，选择辩解也是理所当然的。凡是正确的辩护、辩解都是建立在坦言事实真相的基础之上的。在司法实践中如果没有对事实的坦白，就会有相当一部分偏见与误会无法通过辩解得以澄清。例如，有时有关案发时间内某嫌疑人的活动唯有坦白才能查清，有的误被嫌疑的人就是因为在特定时间从事了其他不光彩的活动，而又不肯如实坦白，才被误以为具有作案时间的。应当明确，坦白的要旨是实事求是地陈述，坦白与自我辩护、辩解在本质上并不矛盾，坦白至少蕴涵着要求司法机关避免在事实的认定上发生失误的自我辩护成分。显然，人为地把坦白与辩解对立起来的做法是不科学的。

当然，坦白与沉默并不是犯罪嫌疑人、被告人的义务，而是其争取得到公正处理的一项权利。既然是权利就是"可以为"而不是"必须为"，司法机关只能提醒、劝导已被询问、传讯或采取强制措施的人充分行使自己的权利，而不能"强制坦白"或以"抗拒从严"相威胁。采取强制措施只是在一定程度上限制主体的人身自由，此时主体的意志自由仍然应当受到尊重。始终处于强势状态的司法机关，必须尊重弱势者的选择，而不能强迫弱势者坦

白或沉默。选择坦白或者沉默都是已被采取强制措施、处于弱势状态者的一项意志自由。被告人选择坦白这一作为的方式积极与司法机关合作，对积极合作者予以肯定和奖赏与法、与情、与理相合，从宽处理坦白者对社会、对个体、对司法机关都有益无害。

据笔者囿见，美国在1791年通过的《联邦宪法修正案》第5条中规定："任何人在刑事诉讼中不得被强迫自证有罪。"加拿大在《权力和自由宪章》第11条规定："被告人有权在针对自己的刑事指控中不被强迫作证。"日本宪法第38条的规定是："不得向任何人强行索要对其不利的供述。"我国政府签署加入的联合国《公民权利和政治权利公约》第14条对沉默权的规定更是明白无疑："凡是受刑事指控者不得强迫作不利于他自己的证言或者强迫承认犯罪。"这些规定充分证明，现代诉讼理念所反对的是被迫自证其罪，而不是不加分析地排斥自愿自白（坦白）。自首就是一种典型的自证其罪——况且是主动投案，如实承认司法机关尚未掌握的犯罪。应当承认，自证其罪是人的意志自由权，只要作出该行为的主体是自愿的、理智的，就应当受到欢迎和肯定。至于自证其罪者的动机如何则是另一范畴的问题，例如，犯罪嫌疑人感到大势已去，罪行被彻底清算已经只是时间问题，自愿以自首的方式求得解脱理应受到欢迎。同样，被告人在被讯问中感到自己的罪行已经司法机关掌握，自愿选择坦白的姿态换取宽大处理也是一件好事。即便在美国，其现行的法律并不否认供述在刑事诉讼中的作用，而认为"供述就是一个罪犯对自己所犯罪行的公开承认"，只不过规定"可以采纳为证据的供述必须是自愿的——是自由意志和正常智力的产物。"在这里供述与坦白的含义是一致的，犯罪嫌疑人、被告人向司法机关公开承认其所犯的罪行就是坦白。显然，对犯罪嫌疑人、被告人而言，沉默权可以行使、也可以放弃；对司法机关而言，"警方调查人员告诫嫌疑犯讲真话并且'要全说出来'，当然不是不适当的。""这只不过是要求嫌疑犯讲真话，不能考虑为逼迫。"犯罪嫌疑人、被告人采取坦白的做法可以大大降低诉讼成本这是不争的事实。在诉讼制度上明确犯罪嫌疑人、被告人具有坦白辩解权，在不强制、不威逼、不胁迫的前提下，鼓励犯罪嫌疑人、被告人充分行使坦白辩解权也是对人权的尊重，这是在讨论沉默权制度时必须明确的。

所谓沉默权是指犯罪嫌疑人、被告人在诉讼中有权保持沉默，显然，保持沉默是公民接受司法审查时可以选用的一项权利。沉默权的实质是接受司法审查者不被强迫自证其罪，即受到司法审查者是否有罪应当由控方依据证据来说明，举证责任不能、也不应当由被审查者承担。必须强调在刑事诉讼中犯罪嫌疑人、被告人同时具有坦白辩解与保持沉默两项权利，其行使哪一项权利应当随其自愿。因为推崇沉默权而否定坦白辩解权至少是有失全面的。行使沉默权绝不是拒绝审查，而行使坦白辩解权则是以积极的态度配合审查。如果认识到在我国确认沉默权要冲破种种阻力的话，更不能从一个极端跳到另一个极端，无端否定坦白辩解权。"沉默≠抗拒"，行使沉默权与抗拒司法审查是截然不同的，把行使沉默权与抗拒司法审查混为一谈至少是逻辑上的混乱。如果借用数轴的表达方式，以抵抗拒绝的方式对待司法审查是负数；以自首、准自首、坦白辩解的方式配合审查是正数；以保持沉默的方式接受司法审查类似于零状态。零既不是负数，也不是正数，而是一个特殊的、有特定作用的数。

对犯罪嫌疑人、被告人而言，行使坦白辩解权是以积极的态度配合司法审查，在合法限度内保持沉默状态是以不作为的方式消极地接受审查。行使沉默权理应受到法律的保护，行使坦白权应当得到从宽处理的奖励，抗拒司法审查则必须受到惩罚，如此理解沉默权才是全面的。为了简明起见，笔者试将以上三条概括为：坦白应当从宽，沉默受到保护，抗拒必须从严。传统的"坦白从宽、抗拒从严"政策应当修正，正确意义上的"坦白从宽、抗拒从严"与沉默权是并不矛盾的。如果我们为了在中国确立沉默权的法律地位，反而把被审查人的坦白辩解权也否定掉，就颇有点倒洗澡水时把孩子连同洗澡水一起倒出去的味道了。

三、沉默权应当也必须有所限制

准确地说，即便在实行对抗制诉讼模式的西方国家沉默权也是相对的。因而在我国建立沉默权制度的时候，切不可造成一种假象，似乎在西方国家的犯罪嫌疑人、被告人享有足以无限对抗司法机关的沉默权。借鉴国外的成功经验是加速我国法治建设中必不可少的一环，但是，切不能把国外已经修正了的旧"轨道"作为我们"接轨"的标准。就沉默权而言有利亦有弊，即便在英美等国家对沉默权也是有争议的。在推崇沉默权的同时，必须全面地介绍西方国家近年来对沉默权的修改和限制。

对犯罪嫌疑人、被告人进行司法审查是维护公共利益的需要，在国际关系中搞"人权大于主权"是行不通的，在主权国家内鼓吹"人权大于司法权"也是不行的。人权必须保护，但是，保护人权不能以牺牲国家司法权为代价，不能因为保护人权而削弱对犯罪的打击力度，正确的做法应当是在保护人权与强化司法权之间建立适当的平衡。任何权利都是相对于义务而言的，绝对的、不受任何限制的权利根本就不可能存在。根据我国的国情，对沉默权应当也必须予以必要的限制。当犯罪嫌疑人、被告人选择行使坦白权的时候，司法机关就有了对坦白者酌情从宽处理的义务；同理，当犯罪嫌疑人、被告人选择行使沉默权的时候，司法机关也就有义务对沉默者予以保护和必要的限制。根据资料，西方国家也一直在采取措施限制沉默权的负面影响。以英国为例，英国在1898年的《刑事证据法》就明确规定了反对强迫自证其罪的权利。直到20世纪90年代初期，英国法院在刑事审判中基本上都能保证被告人、犯罪嫌疑人充分行使保持沉默的权利。但是，英国在1994年《刑事审判与公共秩序法》颁布时对沉默权的规定作了较大修改，新修改的内容实质在于在一些法定情况下，被告人的沉默可以被用作对他不利的证据。集中体现在《刑事审判与公共秩序法》第34、35、36、37条的规定之中，对沉默权的限制至少有如下内容：第一，警方在侦查过程中想了解的事实，若犯罪嫌疑人、被告人用沉默权为自己辩护，则法官和陪审团可就此作出对其不利的结论。第二，在庭审过程中，如果因为被告人的沉默使得法庭无法及时对案件作出判断，那么，法官、警方和检控方都可以提请陪审团作出对被告人不利的推论。第三，如果案件的物证出现在犯罪嫌疑人、被告人的身上、衣服上，那么，不论其是否实行沉默权，都可以作出对其不利的裁决。第四，如果犯罪嫌疑人、被告人在案发时间恰巧出现在案发现场，则无论其是否保持沉默，法官和陪审团都可以作出对其不利的裁决。在美国，1984年由最高法院对米兰达规则（即沉默权），提出了有涉公共安全例外的规定。

四、建立我国沉默权制度的若干建议

笔者注意到，不少学者已经意识到在我国建立沉默权制度会影响部分案件的侦破，但其对策仅仅是提高侦查人员素质与强化科技破案的能力。笔者以为，这是远远不够的。办任何事情都离不开国情，沉默权这个"人类在通向文明的斗争中最重要的里程碑"毕竟要耸立到中国的大地上，我们必须面对不尽如人意的法治环境、相对滞后的侦破能力、远不能适应需要的律师队伍和公众法律意识偏弱的现实。为此，只能采取渐进、持久、相对合理的模式逐步推进沉默权制度的建立和实施。笔者的具体建议是：

（一）全面正确地宣传沉默权

沉默权对我国公众而言尚属新概念，在宣传之初一定要坚持全面、准确、客观的原则，切不可造成建立沉默权制度是为了"鼓励沉默、反对坦白"的错觉，误导犯罪嫌疑人、被告人以沉默的方式应付审查。以往我们对抗拒的理解确有不当之处，拒绝回答来自警方的提问确实不能视为抗拒，但是，鼓励沉默是没有任何依据的。当前，我们应当通过准确界定抗拒的内涵，完备"坦白从宽、抗拒从严"的传统政策，而不是草率地全盘否定之。沉默权的实质是赋予被告人、犯罪嫌疑人是否陈述以及作何种陈述的权利，以平衡国家司法权与人权之间的关系，从制度上减少刑讯逼供的发生。所谓是否陈述是指，被告人、犯罪嫌疑人在面临司法审查时有自主选择陈述（坦白、辩解）或不陈述（保持沉默）的权利，司法机关不得强制、胁迫、诱骗其陈述。所谓作何种陈述是指，犯罪嫌疑人、被告人有选择作有利于己的陈述（辩解）或选择作不利于己的陈述（坦白、自首）的权利。沉默权制度并没有禁止犯罪嫌疑人、被告人作不利于己的陈述，只是禁止司法机关及其人员使用逼供、诱供等非法手段获取供词。正如美国学者所说："（沉默权）它的实践意义在于确保警察在没有使用任何威胁、强制或逼迫手段的情况下获取嫌疑人真实的供述。……而不是要阻止和妨碍警察在侦查犯罪中的传统职责和作用。"

（二）审慎修改《中华人民共和国刑事诉讼法》第93条的规定

我国现行《中华人民共和国刑事诉讼法》（以下简称《刑事诉讼法》）第93条规定："犯罪嫌疑人对侦查人员的提问，应当如实回答。但是对与本案无关的问题，有拒绝回答的权利。"应当承认，"如实回答的义务"这种规定是与沉默权背道而驰的，对司法人员的刑讯逼供行为也有诱发作用，修改已是必然的事。鉴于学者们提出的修改方案较多，笔者主张审慎修改的策略，事先应当对多种方案进行反复比较论证，宁可修改前"七嘴八舌"，也不要修改后"七翘八裂"。笔者认为对第93条应当作全面修改，具体建议是："侦查人员在讯问犯罪嫌疑人、被告人的时候，首先应当宣告其享有陈述或者沉默的权利，但是，对关于其身份和自然履历的提问必须如实回答。犯罪嫌疑人、被告人对于侦查人员的其他提问可以回答或者拒绝回答，陈述的内容或者拒绝回答的表示均应作出记载。犯罪嫌疑人、被告人行使沉默权时，侦查人员不得停止对案件的侦查，不得刑讯逼供或以其他非法的手段获取口供。因为犯罪嫌疑人、被告人在审判前行使沉默权或者无正当理由不回答法庭提问的，公诉人可以提请人民法院作出适当的判断或推定。"这一修改方案意在平衡控辩双方的权利和利益，在保护人权的同时强化国家的司法权。具体规定的要点是：其一，侦查人员在讯问前有向犯罪嫌疑人、被告人宣告权利的义务；其二，犯罪嫌疑人、被告人对于有关自己身份的提问必须如实回答，若不如实回答除依照现行《刑事诉讼法》第128条的规定"按其自报的姓名移送人民检察院审查起诉"外，还应当按照其抗拒审查的情节从重或加重处罚；其三，侦查人员在犯罪嫌疑人、被告人行使沉默权的时候，不能懈怠侦查或刑讯逼供、以非法手段获取口供；其四，在犯罪嫌疑人、被告人行使沉默权的同时，即形成了公诉方提请人民法院作出适当推断的权利。

（三）明确规定沉默权只能有限行使

笔者认为，再次修订《刑事诉讼法》时应当明确规定："沉默权仅限于自然人行使。凡有下列情形之一，且犯罪嫌疑人、被告人明确表示行使沉默权的，不影响侦查人员、检察人员、审判人员作出不利于其的检查、判断或者推定：

1. 已经就有关犯罪嫌疑人、被告人的身份、自然履历、曾经受过的刑事处分等情况进行提问，但其拒绝回答或有证据证明其未如实回答的；

2. 犯罪嫌疑人、被告人被指控的行为有涉国家安全、社会公共安全的；

3. 在有组织犯罪、集团犯罪、暴力犯罪案件中，犯罪嫌疑人、被告人兼有证人身份的；

4. 有必要采取强制手段对犯罪嫌疑人、被告人身体状况及物品进行检查或者提取检验样本的；

5. 在犯罪嫌疑人、被告人身体、衣着、住宅、车辆、电脑、随身携带品中发现赃物、可疑痕迹等物证及视听资料的；

6. 有人指认犯罪嫌疑人、被告人即时犯罪或者逃离犯罪现场的；

7. 有证据证明犯罪嫌疑人、被告人在发案时间内正在犯罪现场的；

8. 有证据证明犯罪嫌疑人、被告人本人及其家庭收入、支出有巨额差异，且来源不明的。"

（原载《上海政法管理干部学院学报》，2000 年第 2 期）

论编辑的法律意识及其权利义务

作为期刊的编辑必须建立市场意识、质量意识，这是完全必要的。但是，笔者同时认为，期刊编辑必须建立和不断完善法律意识，这在知识经济时代特别是我国即将加入世界贸易组织（WTO）的形势下尤为重要。编辑工作与法律紧密相连。编辑既要保护著作权人与知识消费人（读者）的合法权益，自身也随时可能遇到盗用版权、欺诈出版、非法竞争等各种侵害，作为期刊编辑没有完备的法律意识和相应的法律知识是寸步难行的。本文仅从期刊编辑如何强化法律意识，明确出版者的权利义务，抵御对出版者合法权益的侵害这一角度略作讨论。

一、强化编辑法律意识的重要性

法律意识属于社会意识的范畴，泛指人们通过长期的学习、实践所形成的对法律有目的的自觉反映。编辑法律意识，是指编辑所具备的法律知识及其内心对法律的态度和心理准备。首先，编辑法律意识的建立必须以足够的法律知识为前提。编辑切不可自认为是"文化人"而忽视对法律知识的不断学习。以编辑在实践中接触最多的知识产权为例，在宏观上知识产权的领域扩展极为迅速；在微观上知识产权比人身权利、财产权、物权都更为抽象；而且，知识产权与知识载体往往是分离的。例如，当作者给编辑来信时，尽管编辑是收信人，但是，该信的发表权、复制权仍然在写信人手中。如果编辑擅自将作者的来信发表，就很可能在无意之中侵犯了作者的著作权。

其次，法律意识的核心是主体内心对法律的态度，即主体认为法律是干什么用的，在现实生活中居于何种地位。从理论上看，"实行依法治国，建设社会主义法治国家"已经载入宪法，但在实践上真正确认"法律至上"的地位，还需要全体公民在长时期内付出极其艰辛的努力。就本质意义而言，法是规范国家、法人、自然人权利和义务的最高准则。但是，由于复杂的历史原因，即便在平均文化水平较高的高等院校、科研机构，法律意识淡薄的现象仍时可见到。例如，编辑居于作者与读者之间，理应依法办事，努力维护作者、读者的合法权益。但实际工作中，个别期刊要求作者投稿时即附寄审稿费，接到编辑部的拟用通知后再交付版面费。这种"一手钱、一手货"的做法似乎很有点"市场"的味道，但在《著作权法》中却找不到依据。从法律的角度看，任何权利的实现都是以相对人履行义务为前提的。当投稿人支付审稿费、版面费时，期刊的收费才得以实现，但是，期刊编辑部究竟有没有这种收费权呢？据我囿见，迄今为止没有正式的答案。

显然，作者、出版者、读者都有各自的权利与义务，双方的权利与义务又是相互对应的，此方的义务就是彼方的权利，彼方的义务就是此方的权利。编辑居于作者与读者之间，无论是稿件的登记、选择、修改、审定、发排、校对，还是拓展发行渠道，其所为的都是法律行为。具体地说，编辑活动是编辑人员依据职权设立、变更、消灭与作者、读者之间的民事法律关系。编辑对来稿具有刊发与否、刊发长度及刊发形式的决定权。发稿对出版者而言是专有使用权的取得；对作者而言是发表权的行使完毕和取得报酬等权利的生成；对读者而言是精神产品的有偿获取。稿件"三审制"对编辑的权力确实有所制约，但这毕竟只是编辑部的内部规章制度，并不具有法律效力，也不可能从根本上防御编辑违法的事件发生。

提高期刊编辑的法律意识是办好期刊的基本条件，敬业精神、法律意识、学术鉴别力、文字表达能力是期刊编辑缺一不可的基本素质。守不住清贫、耐不得寂寞者不可能成为好编辑，缺乏法律意识者当编辑则难免不陷入"盲人骑瞎马"的窘境。期刊编辑必须建立和不断完善法律意识，以法律为准绳规范自己的行为，才有可能为他人（作者）做好"嫁衣裳"。如果只有为他人做"嫁衣裳"的良好主观愿望，但缺乏完备的法律意识，就极有可能在辛辛苦苦之后再为他人赔"衣裳"。例如，编辑部之间交流来稿情况是正常的，但是，如果未经作者同意，甲编辑部将来稿转给乙编辑部发表，就可能在无意之中侵犯作者的发表权。这是因为，作品的发表权归属于作者，其作品是否发表、交付谁发表、何时交付完全由其自主决定。作者将稿件投给期刊甲，并不表示愿意由期刊乙发表其作品。从某种意义上说，编辑不是在保护知识产权就是在侵害知识产权。身为编辑如果不能自觉地学法、守法、用法，充其量只能是一个吃力不讨好的大"盲"人。

当前，出版界的竞争十分激烈，知识传播的手段日新月异，出版权已经成为未来市场争夺的焦点。出版者合法权利遭受侵害的案件实际上已经大量发生，只不过不少受害者至今还蒙在鼓里，还不知道拿起法律的武器维护自己的合法权益。其实，这也从另一个侧面表明了强化编辑法律意识的重要性。

二、编辑法律意识与出版者的权利义务

近年来，强调维护著作权人合法权益的论述已日渐增多，同时，期刊因为不知情发表了抄袭剽窃的文章，被法院列为无独立请求权的第三人的案件也已经出现。也许是某种误解，不少人认为著作权法仅仅是保护著作权人的。其实，著作权法是平衡和保护作者、出版者、知识消费者三方权益的准则和武器。在我国，出版者是指经有关部门批准，享有特定出版权的法人或法人分支机构。经法定程序批准建立的期刊编辑部就是出版者之一。法律对出版者权益的保护可分为外在与内在两个方面。版权管理部门调处著作权纠纷或人民法院审理著作权纠纷案件是对版权人权益的外在保护；唯有出版单位的内部工作人员（主要是编辑）正确行使权利与履行义务，才是对版权人权益的内在保护。在不少情况下，首先是编辑不懂法、未能正确行使权利与履行义务，才使侵权人得以可乘之隙。显然，明确编辑的基本权利与义务是正确维护出版者权益的必要前提。出版者的权利与义务也是通过编辑的职务行为具体实施的；同理，编辑部是出版的具体策划、操作者，编辑的法律意识强弱及水平层次高低决定了出版者的合法权益能否由内而外地得到有效维护。

（一）出版者的基本权利

1. 专有使用权。这是出版者通过作者（著作权人）的授权独家享有并排除他人出版某一作品的权利，并居于其他诸项权利之首。以期刊为例，只要按照约定刊发作者投来的某作品即取得该文本的专有使用权。专有使用权的基本含义有三：一是，著作权人在其授权某编辑部出版其作品后，在合同许可期届满前不得再次授权他人出版；二是，出版者在出版期限内，不得许可他人出版该作品；三是，未经许可其他任何人均不得复制发行该作品。

2. 版本权。即出版者在合同有效期内和合同约定地区内，其版式设计和装帧设计的独占权利受法律保护。参加《中国学术期刊光盘版》的期刊只要声

明在先，即视投稿人同意在纸张、光盘（CD）载体上同时发表其作品。

3. 删改权。即出版者可以对作品进行技术性的修改、删节，但对内容的修改应当经作者许可。期刊是精神产品，对稿件从严审改乃天经地义。编辑行使删改权与保持作品的完整性是并不矛盾的，只要这种删改并未改变作者的观点。

4. 摘编权。即出版者有权在不违背作者原意的前提下，以简明的文字扼要地选摘作者的某些观点予以发表。本项权利也许是期刊编辑部行使得更多些，有些来稿虽然没有整体发表的价值，但部分观点尚有新意，以摘编形式发表体现了出版者对作者、读者的双重尊重。

5. 标注作者身份权。期刊编辑有权按照原稿提供的信息，注明作者的姓名、工作单位全称、所在省市名及邮政编码。刊发作者简介的期刊，可以将主要作者的姓名、性别、籍贯、职称、学位、简历、研究方向标出。作者要求署笔名的，应当予以尊重。

6. 转载权。即出版者对其他报刊发表的作品，除著作权人声明不得转载者外，可在标明转载、注明出处的前提下，以转载的形式再次刊出，并付给作者应有的报酬。

（二）出版者的义务

期刊是发表各类科技成果的园地，期刊编辑时常被人称为"园丁"。用法律术语说，期刊编辑必须为一定的行为或不为一定的行为，即依法履行义务。

1. 准确、完整地发表经审定的作品。应当充分肯定，绝大多数期刊编辑的工作责任心是很强的，但是，目前也确实存在个别不负责任的现象，个别人甚至把"无错不成书"当作为自己辩解的护身符。其实，将妄改、误改、漏校、失校严重的出版物推向市场，也是对作品完整权的侵犯，作者有权向有关编辑部追究篡改、歪曲其作品的责任。消费者（读者）有权就出版物的质量瑕疵向销售者或出版者要求赔偿。

2. 正确地将作者的署名置于作品的明显位置。漏印作者署名或将作者的姓名印错是出版工作的大忌。如果编辑假借曾为作品的发表做过工作而加署自己的名字，应当视为对作者署名权的侵犯。多位作者合作的作品，署名的次序应当依据原稿提供的信息或全体作者签署认可的更改声明。

3. 保护作品的完整权，未经作者同意，编辑不得对作品观点进行删改。编辑对作品的删改一般都出于善意，但是，编辑绝不能把自己的意志强加给作者，更不能以自己的无知与轻率滥用删改权。

4. 履行告知义务，在法定或约定的时限内将审稿意见通知作者。《中华人民共和国著作权法》第 32 条规定，报社审稿期为 15 日、杂志社审稿期为 30 日，同时规定出版者有向投稿人约定通知审稿意见期限的权利。笔者认为，期刊编辑部以向投稿人约定在 3 个月内告知审稿意见为宜。

5. 及时向作者发送样刊、支付稿酬。这里所说的支付稿酬应在刊载作品后一个月内，发送样刊的时间应当不晚于稿酬，数量应当不少于 2 册。

6. 不利用编辑工作特定的优先阅知权，使用投稿人尚未发表的作品。编辑不能在自己的作品中抢先使用尚未发表的稿件，即使注明出处地引用自己在审稿中获知的内容，也不符合编辑的职业道德。

三、编辑法律意识与期刊合法权益的维护

与一般工作岗位不同，编辑的服务对象是双重的，作者与读者都是期刊的"上帝"。没有高质量的稿源，期刊就办不下去；没有热心的读者，期刊就销不出去。在计划经济条件下，多数期刊都完全依靠行政拨款办刊，对可能来自作者的侵权行为在思想上认识不足，在实际上几乎没有抵御能力。随着我国出版业的发展和体制改革的深入，期刊之间的竞争将会在开辟高质量的稿源与扩大发行量两方面激烈展开。在初涉市场竞争的条件下，侵权现象有可能增多，如果期刊编辑在整体上法律意识偏弱，不仅难言在竞争中取胜，也许连自身的合法权益都无力维护。

（一）用编辑正确履行告知义务对抗作者滥用发表权

当前，如何正确处理和制止"一稿多投"的问题，使得不少期刊编辑部深感为难。从法律意义上讲，"一稿多投"侵害的是出版者的专有使用权。"一稿多投"不仅浪费了珍贵的版面资源，造成了不必要的重复出版，还助长了个别作者对发表权的滥用。"无论任何作品，发表权只能行使一次"。既然发表权是一次使用即告穷竭，作者就不能同时在暗中将作品交付数家出版机构。如果期刊编辑部对"一稿多投"采取默认或容忍的态度，就等于放弃专有使用权。"一稿多投"屡禁不绝的原因十分复杂，但是，出版者没有用好通知作者审稿意见的"约定权"和正确履行告知义务也是原因之一。

　　笔者以为，编辑部正确行使告知义务可以有力地对抗作者对发表权的滥用。首先，期刊编辑部要理直气壮地捍卫自身的专有使用权，吁请作者以"专投"的方式向本刊投稿。"专投"，是指专一地向某一出版者投稿的行为，投稿人在未收到编辑部答复之前不能将该稿另投他刊。期刊编辑部对没有注明"专投"的复印、复写、印刷稿，可以不视为正式投稿。凡正式投稿，编辑部应当负责在约定期限内发出"拟用"或"不用"的通知。凡是通知"拟用"的稿件，还可以要求作者在限定的时间内作出修改或确认性的答复之后再发排。其次，允许作者以明示"试投"的方式投稿。所谓试投，是指作者公开声明稿件系试探性地同时发给多个出版者，并承诺在收到某一出版者拟用通知后，由其负责及时撤回其余投稿。凡是试投稿必须在稿件醒目处注明"本稿同时试投某某编辑部"字样，附足回函邮资。对试投稿，编辑部应当按照约定（一般为一个月内）立即答复审稿意见，以免形成"多投多用"的局面。允许稿件"试投"是把"一稿多投"从地下引入地上，用公开化来遏制作品的"一女多嫁"；同时，也给作品更多的选用机会。此外，期刊编辑部在严格履行了审稿结论通知义务后，要敢于将侵犯其专有使用权的作者"曝光"并扣发其稿酬。

　　笔者坚信，"解铃还须系铃人"。只要期刊能真正珍爱自己的专有使用权，编辑能不厌其烦地做好与投稿人沟通的工作，"一稿多投"的顽症是一定可以根治的。不少学者将依法治国的突破口定在"依法治吏"上，其本意在于强调法的贯彻实施首先要以掌权人为表率。同样的道理，编辑往往是决定作品命运的掌权人，正确履行告知义务的直接受益者首先是期刊编辑部。

　　（二）用追究抄袭、违约双重法律责任惩治抄袭剽窃者

　　《中华人民共和国著作权法实施条例》第 32 条规定："同著作权人订立合同或者取得许可使用其作品，应当采取书面形式，但是报社、杂志社刊登作品除外。"显然，出版图书都必须事先签订书面合同，合同的内容尽管涉及诸多方面，但不可或缺的一项是著作权人向出版者保证其作品未侵犯他人的著作权。换句话说，非经授权，投稿人只能将自己具有著作权的稿件送交出版社，与出版者签订出版合同者必须具有完整、真实的著作权。期刊编辑部在接受投稿时虽未与投稿人签订合同，但其征稿启事中均有"文责自负"的约定。所谓"文责自负"，一是作者对文稿的内容负责，二是作者对稿件的著作权归属

负责。投稿人的投稿行为表示已承诺上述要约。显而易见，投稿人是以投稿行为向出版者确认了其所拥有著作权的真实性。无论是否以书面形式签订出版合同，投稿这一行为的发生即已证明合同的成立。如果投稿人提供的是抄袭剽窃之作，则无疑是合同欺诈行为。习惯上所说的投稿人是专有使用权授予人，其交付作品的行为是向出版人授予版权，出版人所承担的是复制与发行该作品。无出版权而出版，无疑构成著作权侵权；同理，无著作权而向他人授予版权，即构成对他人著作权的侵犯和对出版者的欺诈。这种欺诈行为与商家向消费者出售假冒伪劣商品在本质上是一致的。从这个意义上说，将抄袭剽窃之作投给期刊是向出版者提供"假货"，期刊编辑部是合同欺诈的受害人，期刊编辑部具有"打假"权乃理所当然。

从以上论述明显可知，投稿人向报刊杂志投稿或与出版社签订出版合同时，除另有声明者外，出版人可以推定其身份是著作权人。以往，出版者往往从人格信任角度将理论推定视为现实中的真实，不再追问著作权的真实与完整。这样做的结果，无疑是使出版者承担了著作权虚假的巨大风险。1999年3月国家出版局颁发了《图书出版合同》（标准样式）修订本（以下简称《出版合同修订本》），已从根本上解决了这一问题。《出版合同修订本》第三条规定："甲方保证拥有第一条授予乙方的权利。因上述权利的行使侵犯他人著作权的，甲方承担全部责任并赔偿因此给乙方造成的损失，乙方可以终止合同。"这就是说，作者在向期刊编辑部投稿时，必须保证其作品中不含有侵犯他人著作权的内容。因作者侵犯他人著作权给期刊编辑部造成损失的，作者应承担全部责任，并作出赔偿；编辑部可以因作者侵犯他人著作权而终止合同。如果抄袭剽窃之作骗得出版后给编辑部带来重大损失，期刊编辑部有权以合同违约提起诉讼，要求人民法院判令侵权人赔偿经济损失。

应当说，长期以来由于编辑法律意识偏弱，已经给抄袭剽窃等侵权者占了不少便宜。强化编辑的法律意识既是建设社会主义法治国家的需要，也是保护出版者合法权益之必然。不侵犯公共和他人的合法权益，维护自身的合法权益，应当是期刊编辑的上岗必备条件。强化编辑法律意识，这项利国、利民、利己的基本建设，我们必须只争朝夕地抓紧进行。

参考文献

〔1〕国家版权局：《出版文字作品报酬规定》1999年。

〔2〕郑成思：《知识产权法教程》，法律出版社 1993 年版。

〔3〕福建公安高等专科学校学报编辑部："稿约 10 条"，载《福建公安高等专科学校学报》1999 年第 3 期。

（原载《编辑学报》，2000 年第 2 期）

网络空间的个人数据与隐私权保护（摘要）

个人数据、个人私事、个人领域是隐私权的三种基本形式。任何人非法利用计算机网络技术收集、存储、控制、传播、使用个人数据的，均构成对他人隐私权的侵犯。

一、隐私权的基本含义

隐私权是公民依法享有拒绝、排斥任何未经法律批准的监视、窥探和防止个人私生活秘密、个人信息（个人数据）被披露的权利。此外，隐私权的构成是有条件的，在不同场合，对不同对象，国家法律可以对特定个体的个人隐私权作出必要的限制。例如，要求具有特定身份的人如实申报个人财产，以防止其个人隐私的内容有碍社会公共利益。一般而言，个人隐私权受到法律保护的前提是：

1. 公民既有个人数据的保密权，又有接受合法检查的义务。

2. 个人隐私权作为一项民事权利，既可以行使，也可以放弃。

3. 既要保护自身隐私权，又要尊重他人隐私权。

二、个人数据的主要法律特征

1995 年通过的《欧洲联盟数据保护规章》对个人数据下的定义是："有关一个被识别或可识别的自然人（数据主体）的任何信息；可以识别的自然人是指一个可以被证明，即可以直接或间接地，特别是通过对其身体的、生理的、经济的、文化的或生活身份的一项或多项的识别。"个人数据的主要法律特征如下：

1. 个人数据为生成主体所拥有。

2. 足以对主体构成识别的数据均为个人数据。

3. 获取个人数据必须事先经过批准且使用公正手段。

4. 数据用户使用个人数据必须限定在批准范围内。

三、必须警惕个人隐私权在网络空间受到侵害

当硕大无比的网络空间给我们带来了无数便利的时候，无论主权国家、法人、自然人都将面临信息控制权的严峻挑战，即主体对具有自主权的信息能否自主地加以控制。网络空间的隐私权比物理空间的隐私权更难设防、更难控制，这也许已经是不争的事实。在今天，谨防个人隐私权在网络空间被侵害的警钟应当敲响。我国在信息技术方面的落后已经使得我国信息控制权的实施颇具难度，信息（数据）控制意识的弱化将会使我们陷入更大的被动。面对计算机信息网络空间日趋激烈的竞争，"用我们的智慧筑起我们新的长城"，应当不再是鼓动口号，而应当是脚踏实地的行动。

（原载《政法论坛（中国政法大学学报）》，2000 年第 1 期）

写好"讲理"的裁判文书（摘要）

　　客观地说，我国法院以往制作的裁判文书，大多是居高临下的气势有余，缜密论理的充分性、针对性、公开性则不足。不少判决、裁定的真正理由并没有在裁判文书中得到体现。裁判文书的制作首先应当从无须"讲理"的误区中走出来；其次，司法文书的制作者必须学会"讲理"。

一、在表述认定事实的过程中充分说理

　　客观地说，凡是不能具体、准确地表述裁判依据的裁判文书，无论其措辞何等严厉，宣判时声势有多大，都不可能真正起到宣传社会主义法治，教育公民自觉遵纪守法的作用。在审判实践中，有不少当事人对判决、裁定的不服，也在一定程度上和裁判文书认定的事实不准确、裁判的法律依据不明晰、阐述的裁判理由不充分相关联。

　　准确认定事实是作出正确判决的基础。凡是作为裁判依据的事实都必须在裁判文书中加以叙明。从实践的角度看，无争议的事实从简概述，有争议的事实分别列举是可供制作裁判文书遵循的基本模式。从一定意义来讲，只有规范地选用法律词语才能更好地摆事实、讲道理。

二、在区别证明效力的差异中充分说理

　　从裁判文书改革的角度看，只有充分显示认定事实与证据之间关系的裁判才能称之为"证据确凿"。否则的话，自称的证据确凿只能是空话、套话。换句话说，实事求是、具体问题具体分析必须体现在裁判文书对每一项证据的使用上。对认定的事实列出一一对应的证据，并对证据的证明效力作出客观评价，对不予采信的相关证据说明理由，才是真正讲理的做法。

　　判断具体证据的证明力是对法官认知能力的考验，真正起作用的是知识、

智力，而不是地位和权力。法官一是要对各方所举证据作出取或舍的决定；二是要判断各方证据证明效力的优劣，识别证明力的强弱；三是要分析证据之间的矛盾，对有争议的事实作出认定或不予认定的结论。以上活动在裁判文书中的体现可以概括为以下内容：

1. 评述证据的有与无。

2. 辨别证据的真与伪。

3. 评价证据的效力强弱。

4. 公开矛盾证据的取舍。

三、在裁判依据的阐述中充分说理

裁判文书的说理水平集中体现在"本院认为"部分，这也是裁判文书需要改革的重点所在。裁判文书制作的前提是审判实践，裁判文书应当忠实记录审判的状况，判决、裁定依据的阐述必须"以事实为依据，以法律为准绳"，紧紧围绕诉讼请求，公开法官对所认定事实与所引用法律的理解，一般不许可采用学理性内容的引证。简单地说，写论文相对自由，制作裁判文书则是必须严格遵循规范的。具体说来，裁判文书中说理部分的写作应当做到以下几点：

1. 敢当众"亮相"。

2. 在焦点聚焦。

3. 与诉请呼应。

4. 持自主之见。

（原载《法学评论》，2000 年第 4 期）

共产党人必须高扬利他的旗帜（摘要）

共产党人必须以利他作为自己的价值观，资产阶级的价值观在本质上是利己的，对于非党群众可以允许其以利己不害他作为价值观的基本内容。

必须明确，市场经济的原则并不能指导一切，商品经济的法则不能在暗中成为党内生活的准则。把社会主义当作金字招牌，搞实际上背离社会主义的市场经济，是行不通的。中国共产党人在建设社会主义市场经济的过程中，必须勇敢地高举起利他的旗帜。市场经济中追求利益最大化等原则毕竟是非利他的。我们既要实现全心全意为人民服务的宗旨，又要建立市场经济体制，的确是在进行前无古人的探索。为此，在理论上必须创新，在实践上必须坚定。有必要首先要求共产党员接受以下"四个统一"：

一是个人至善与社会至善的统一。个人至善与社会至善不是对立的，而是统一的。作为每个完美的主体，必须以为国为民为己任，热爱祖国，关心他人，关注社会。首先，是通过自律使自我的作为能够代表社会的前进方向；其次，是在完善社会的过程中实现自我的完善；最后，才能是要求社会对其个人的价值的认可。

二是互利互惠与利他惠他的统一。这里的关键有三条，首先，互利互惠不能违反国家的法律，在有害公共利益的情况下实施；其次，互利互惠与利他惠他必须统一起来，使"人人为我，我为人人"成为当今社会成员基本的人生价值取向；最后，每个人都要建立国家利益、集体利益、个人利益的正确结合点和切入点，而不能以"三者利益兼顾"为借口，使"国家空、集体散，富了少数诈骗犯"。

三是奉献与索取的统一。我们高扬利他的旗帜，就是要用自己的行动使纯利他的行为得到越来越多的人认可。在纯利他行为尚不可能普及的情况下，共产党人的以身作则就显得更为重要。只要多数共产党员能真正实施利他从我做起，就会逐步地造就准利他行为的巨大群体，为纯利他行为的更多涌现打下基础。

四是自律与他律的统一。当利己与利他发生矛盾时，利他应当优先；当利己与利他不能两全时，应当舍利己而取利他。

（原载《党政论坛》，2001 年 3 月号）

论立法语言的创新与规范（摘要）

　　立法语言应当在创新和规范之间保持适当的张力，正确处理好创新与规范的关系，不断地从人民群众的活生生的语言之源汲取养料，使良好的法律理念在付诸语言表达时更加周密、准确、透彻，也是必不可少的。

一、创新与规范是法律语言永恒的主题

　　由于语言文字的复杂性，不少新语新词究竟是创新之举还是生造误用，既需要理论视角的剖析，也需要时日的考验，有的还需要有意识地看一看。

　　语言的推陈出新是大势所趋，新事物与新语言的出现总是基本同步的。就法律语言的正常发展而言，在切忌僵化、封闭、裹足不前的同时，万万不能过分追求"新潮"。新词新说至少可以分为规范的、非规范的、待考察的三大类。规范的新词新说必须大力推广促其普及，经过充分论证、确有生命力的也可以吸纳为法律专用语。待考察的新词新说应当有意识地"冷处理"，留待岁月为其去伪存真。对非规范的新词新说（尤其是出自名人之手的）要敢于争鸣。

二、普通语言被吸纳规范为法律语言的常见模式

1. 欲得之，渐进之。
2. 欲用之，慎择之。
3. 欲借之，赋新之。

三、立法活动中语言表述应当正确处理的几对关系

　　法律作为具有强制力的行为规范，无疑应当选择准确、庄重、严谨、周

密的表达方式，在具体操作时还应当注意正确处理好以下几对关系。

1. 刚性与弹性。
2. 宜粗与宜细。
3. 约定与俗成。
4. 简约与准确。
5. 借用与确指。

（原载《同济大学学报》，2001 年第 1 期）

关于增设故意制造事故罪的建议（摘要）

故意制造的事故客观存在这是不容回避的现实。我国刑法应当尽早增设故意制造事故罪，以强化揭露高智能、高技术犯罪的能力，为司法实践提供强有力的法律武器。

一、现行刑法对故意制造事故的行为未作出处罚规定

按照通常的理解，事故原本指"意外的变故与灾祸"。事故发生的原因，一是自然力或者其他意外；二是人为的破坏；三是责任者的过失。但是，我国刑法关于造成事故的刑事责任认定仅限于过失的范围内。笔者认为，这一规定既不符合事理，在逻辑上具有明显的错误，在实践上也给作案人以逃避打击的可乘之机，造成法律适用上的困难。我国现行刑法有关事故的罪名，明确规定只追究过失犯罪者的责任，完全排除了故意犯罪。事故不应当或不可能由故意制造形成的判断至少是缺乏根据的。

二、故意制造事故的案件在我国确有存在

在事故发生原因的分类上，笔者认为可以分为意外、过失、故意三大类；按照我国现行《刑法》的规定，其实际上主张事故的发生原因仅有意外与过失两类。实际上，事故的形成是主客观诸多因素综合作用的结果，自然力与过失的叠加可以形成事故，过失与故意或者不同主体的不同故意的叠加同样可以造成事故。事故并非只能由过失形成，故意制造的事故客观存在，制造事故的故意往往隐藏在过失或相对明显的故意的背后。故意制造事故者既危害公共安全，又坑害了有过失或其他非法行为的相关人，其手段十分恶劣，社会危害性十分严重，刑法对此不能采取视而不见的态度。

三、我国刑法应当增设故意制造事故罪

故意制造事故罪的基本特征是：（1）行为人主观上有制造事故与规避责任的故意；（2）行为人利用了某些客观条件或相关人的过错；（3）行为人熟悉相关规则，具有相应的技能；（4）行为人犯罪证据的获取难度相对较大。

（原载《中国刑事法杂志》，2002年第1期）

"三个代表"重要思想与人民的选择 　　

　　自从胡锦涛同志发表"七一讲话"以来，一个学习、贯彻、落实"三个代表"重要思想的热潮正在我国兴起。在深入学习"三个代表"重要思想的过程中，笔者以为，"三个代表"重要思想既是中国共产党成功经验的总结，又是必须依靠每一个党员的共同努力才能完成的历史使命。胡锦涛同志所说的"始终做到'三个代表'""真心实践'三个代表'"极为关键。学习贯彻"三个代表"重要思想必须付诸实践，用自己的实际行动接受人民的选择。

一、从法律角度对"代表"含义的界定

　　代表是经选择被确定为某一方面意志的维护者、利益的谋取者，或者被社会认同为表示、象征某种意义的人与事物。代表的生成有两种途径：其一，是经选举、受委托、被指派而取得代表权，笔者称之为授权性代表。这种代表的权力来自于授权人，代表必须为被代表者说话、办事、表达意见、谋取利益，如人民代表、诉讼代表人等。其二，是由于社会公众的认同，被默认为具有某种象征意义的人或事物。例如，某篇文章是某人的代表作，某位运动员代表着某球队的水平等，笔者称之为表征性代表。表征性代表是由于某人或者事物因为客观上具备了象征、表示、显示某种概念或意义的条件，而被视为代表。代表一词在应用中，授权性含义既在数量上多于表征性含义，也在功能上优于表征性含义。我们平时所说的代表，大多是在授权意义上而言的。授权性代表最为显著的特征是，代表根据被代表者的授权，以被代表者的名义进行活动，由被代表者承担代表行为所产生的法律后果。表征性代表是一种由社会评价趋于一致而形成的默认，社会对表征者的评价无论是正面的还是负面的，作为被代表者都不得不接受。形象地说，起表征作用的代表，会给被代表者带来增光添彩或者丢人现眼的结果，即便被代表者事后再

作辩解也是很难有说服力的。

"三个代表"重要思想中的"代表"一词对内主要是授权性意义，即中国共产党作为中国先进生产力发展要求、先进文化前进方向、最广大人民根本利益的代表是基于其先进性而形成的众望所归，是人民对中国共产党进行考察、选择的结果。"三个代表"重要思想中的"代表"一词对外还具有表征性意义，即面对全人类而言，中国共产党是中国先进生产力发展要求、先进文化前进方向、最广大人民根本利益的合格代表。从法律意义看，代表的基本特征如下：

（一）代表的生成基于选择或者实力比较

代表的产生形式多样，但是，无论是选举、协商、比较、推举、委托都是选择或挑选的过程。代表的最重要的特性是来自于被代表的本体且经过选择。选择就意味着竞争，隐含着淘汰的机制。选择、挑选是在实力展示和竞争基础之上的取舍，是对其他也可能成为代表者的淘汰。代表产生的民主性决定了代表的质量，无论授权性代表或者表征性代表都是在竞争中产生的，都是由被代表者挑选的。某个人、某团体、某政党之所以能够成为授权性的代表必定是其顺民意、谋民利、得民心；如果某个人、某团体、某政党能够成为表征性的代表，必定是因为其具有高于同类人员、团体、政党的水准，是该类别事物或人物中的佼佼者。

（二）代表与被代表者属同一法律主体

代表产生后，只是被赋予了一定的权力或者成为一种象征，成为代表之后的人与事物其自身的属性并没有变异。代表既是被代表者意志的表达者、利益的谋取者，又是被代表者群体中的一员。代表永远也不能脱离其代表的利益主体，本身没有、也不应当有特殊的利益，代表也无权向被代表者索取利益。代表与代理的不同之处主要在于，代表与被代表者是同一法律主体，代表来自被代表者自身，休戚与共具有共同的意志和利益；代理与被代理人是不同的法律主体，代理人多数来自被代理人外部，是一种异体的外部力量。代理人的意志可以与被代理人不一致，代理完全可以是营利性的行为，如聘请律师作为代理人必须支付费用。概括地说，代理是对外在的、异种力量的利用，而代表是对内在的、自身力量的使用。"人民选代表，代表为人民"则是代表与被代表者之间关系的正确概括。

（三）代表权来源于多数人的信任

从理论上考察，代表权与代理权都来源于授权。但是，代理权的授权是契约性授权，代理人与被代理人是合同关系，双方的权利义务约定在先，边界比较明确。与此相反，被代表者是基于信任将权力赋予代表，正由于这种授权是信任性授权，情感性的、模糊化的因素比较多。信任是在认同、支持、相信基础之上的托付，一方面是被代表者将满腔的期待与热情倾注于代表，另一方面对代表的素质也是更为严峻的考验。代表的选择不是"一次定终身"，代表可以是临时的、一次性的，也可以是持续的、连选连任的，关键是多数人的认同和信任。尽管多数人的意志不一定完全正确，但是，多数人的认同却是代表得以产生的基础。某一方面的权威被推举为代表的可能性较大，强制人民接受有权（仅有权力）无威（没有威信）的代表是对民意的强奸。在民主制度比较健全的情况下，被代表者对代表的信任是由衷的，这种信任有利于低耗费地建立服从性良好的秩序。在专横的统治之下，代表也可能勉强产生，但是社会认同的程度必然低下，以致成为少数人的代表。当代表的能力偏弱，客观上作用微小时，代表就会被人们视为可有可无的"摆设"。

（四）代表必须向被代表者负责

虽然代表产生于被代表者内部，但是，代表仅仅是一种资格，代表权不能垄断，代表权的授予也不是一成不变的。代表必须向被代表者负责。从某种意义上说，负责任才是代表，不负责任就不是代表。无论是授权性代表还是表征性代表，凡是代表就必须是杰出者，非杰出者充当代表是一种历史的倒退。代表必须不断地以优良的表现取得被代表者的信任，同时"昨天的代表≠今天的代表≠明天的代表"，被代表者对代表的选择也是发展的、动态的、与时俱进的。既定的代表被淘汰的原因大体有三：一是在前进中落伍，其自身已经不再是杰出者；二是新的杰出者的涌现，使得原有的代表相形见绌；三是代表的行为偏离了代表的职责，不足以继续取得代表资格。总之，多数人的意志不可违拗，被代表者不会容忍名不副实的代表，被代表者对代表既然具有选择权，也就同时拥有再选择权和撤换权，再选择权和撤换权的行使无须经过原有代表的同意。

二、"三个代表"不能自封

2000年2月25日，江泽民同志在广东省视察工作时首先提出了"三个代表"的要求。江泽民同志在视察讲话时总结了我党70多年的历史，得出这样一个结论："我们党所以赢得人民的拥护，是因为我们党在革命、建设、改革的各个历史时期，总是代表着中国先进生产力的发展要求，代表着先进文化的前进方向，代表着最广大人民的根本利益，并通过制定正确的路线方针政策，为实现国家和人民的根本利益而不懈斗争。"江泽民同志还指出："在新的历史条件下，我们党如何更好地做到这'三个代表'是一个需要全党同志特别是党的高级领导干部深刻思考的重大课题。"这段话的含义十分明确。从逻辑上讲，中国共产党之所以能够赢得人民拥护，是因为"总是代表着中国先进生产力的发展要求，代表着先进文化的前进方向，代表着最广大人民的根本利益"，这是从因果关系角度的阐释。在分析因果关系这个特定的语境之下，"总是代表着"意指"全部的原因都在于"，而并非"过去、现在、将来都是"。由此可见，江泽民同志提出"三个代表"思想时，立足于总结我党70多年的成功经验，充分肯定了我党的成功在于"总是代表着中国先进生产力的发展要求，代表着先进文化的前进方向，代表着最广大人民的根本利益"。江泽民同志以此告诫我们，如果我们党不能"总是代表着中国先进生产力的发展要求，代表着先进文化的前进方向，代表着最广大人民的根本利益"，就会无可逃遁地走向失败。经验教训告诉我们，只有始终做到"三个代表"，我们党才能永远立于不败之地。如果我们仅仅是在口头上宣称"三个代表"，而不是真心诚意地实践"三个代表"，我们面临的肯定是失败。

当前，对"三个代表"思想正确性的认识已经在全国基本达成共识，但是，对实践"三个代表"的认识还很不充分。有的同志认为，既然"三个代表"重要思想是中国共产党坚持和发展马克思主义的典范，我党理所当然就是"三个代表"。对于这种自封"三个代表"的倾向，笔者深感忧虑。江泽民同志提出"三个代表"思想并不是对我党建设的自我赞誉，恰恰是在新时期对我党建设的期望和要求。过去我们一直强调党的先进性，但对先进性的体现论述得不够明确，"三个代表"对我党的先进性予以更为形象的概括，意在号召和动员全党始终做到"三个代表"。党的十六大把"三个代表"重要思想同马克思列宁主义、毛泽东思想、邓小平理论一道确立为党必须长期坚持的指导思想，并不是肯定我党已经是名副其实的"三个代表"，而是要求全党不断增强贯彻"三个代表"重要思想的自觉性和坚定性。"三个代表"重要思想的根本价值在于，其既是中国共产党人昭示天下的理论宣言，又要坚定不移地将"三个代表"付诸实践。正如胡锦涛同志在"七一讲话"中所说："始终做到'三个代表'，是我们党的立党之本、执政之基、力量之源。这里的'本''基''源'，说到底就是人民群众的支持和拥护。""学习贯彻'三个代表'重要思想，必须牢牢把握立党为公、执政为民。这是衡量有没有真正学懂、是不是真心实践'三个代表'重要思想最重要的标志。"

学习贯彻"三个代表"重要思想，全党都要思考和回答的问题是：是否真心实践"三个代表"、能否始终做到"三个代表"。随着学习贯彻"三个代表"重要思想的深入，一定要认真防范自称"三个代表"或自封"三个代表"的倾向。这些年来，由于党的建设方面的缺陷，党员领导干部的腐败现象十分严重，党的威信已经在一定程度上有所下降，党中央提出"三个代表"重要思想的目的在于，使党的各项工作都以最广大人民的根本利益为出发点和落脚点，使先进生产力和先进文化更快更好地发展起来，不断让人民群众得到实实在在的利益。任何自封或变相自封"三个代表"的想法和做法都是没有依据的。

胡锦涛同志在"七一讲话"中将学习贯彻"三个代表"重要思想的活动划分为三个阶段。第一阶段是从 2000 年 2 月到 2001 年 6 月，主要是对"三个代表"思想的学习；第二阶段是从 2001 年 7 月到 2002 年 11 月，是在深入学习基础上对"三个代表"重要思想的贯彻；第三阶段是从党的十六大至今。笔者以为，用学习、贯彻、实践"三个代表"重要思想来概括上述三个阶段是妥帖的。胡锦涛同志在"七一讲话"中已经明确地向全党提出了真心实践"三个代表"、始终做到"三个代表"的要求，党的基层组织或党员如果面对党中央的告诫和要求，至今再自封为"三个代表"，必定在实际上疏远、脱离群众，引起人民群众的反感。

三、代表的生成是竞争之中的选择

必须充分肯定，在中国共产党领导人民摧毁旧政权、建立新政权的时候，以高度的先进性博得了全国人民的爱戴和支持。但是，在中国共产党执政50多年后的今天，中国共产党的先进性表现得是否充分，中国共产党是否能够持续地得到人民的信任，成为名副其实的"三个代表"，还有待人民的判断。客观地说，中国共产党的先进性不容怀疑，党的先进性具体地表现为党员的先锋模范作用，党员的先锋模范作用汇聚为党的先进性。当我们为党员队伍的壮大而欣喜的时候，也应当从质量上考虑每一个党员的先锋模范作用究竟如何。近年来，从党内揭露出了一批腐败分子，的确使党的队伍更加纯洁了，但是，党内腐败分子的数量之多、级别之高、罪恶之深、影响之坏，不能不说是触目惊心的。此外，贪图安逸、不思进取、与民争利等消极风气在党内也有一定程度的蔓延。党内先进性资源的流失与腐败性因素的增多，的确向我们敲起了警钟。

通俗地说，对一个人既要看"出身"，更要看表现，尤其是重在现实表现。"出身"替代不了现实表现，"出身"好并不能决定表现好。就政党而言，首先，需要考察的是该政党先进性的有无，即是不是一个具有先进性的党；其次，需要考察的是该党先进性的多少，即该政党在何种程度上是先进的；再次，需要考察的是该政党的先进性是否与时俱进，即能不能随着时代的步伐不断创新和提高自身的先进性。对任何政党而言，昨日的辉煌难以作为今日在竞争中取胜的"护身符"，选择什么政党作为执政党最终取决于人民的意志。对中国共产党而言，在全体党员中至今仍有永葆先进本色的党员，党的队伍某一方面具有先进性并不等于全面实践"三个代表"，在某一阶段具有先进性也并不等于始终实践"三个代表"。如果哪一天既有的代表不再为人民谋利益了，人民就有权力重新选择其所信任的代表。人心向背，是决定一个政党、一个政权盛衰的根本因素。人民对代表具有选择权、再选择权和撤换权是"三个代表"重要思想中最具有警醒意义的内容。

中国共产党作为用马克思列宁主义、毛泽东思想、邓小平理论和"三个代表"的先进理论武装起来的政党，是其成为"三个代表"的优势条件，但是，更为重要的是其实践"三个代表"的实际表现如何。既然是代表就必须服从被代表者的挑选，执政党也是如此。人民随时都在选择他们认可的"三个代表"，这种选择是长期、动态、全方位、"差额制"的，人民对执政党的选择不可能"一次定终身"。政党的先进性是动态演进的过程而非终极状态，人民的选择和再选择会与时俱进不断进行。

四、接受制约与监督是代表的义务

众所周知，代理权来源于契约，具有明确的形式要件，代理的权限范围（一般代理或者全权代理）也约定在先，代理人只能在委托的权限范围内活动。代理人超越权限或者变更权限的行为，非经被代理人追认，对被代理人不发生法律效力。由于代理是利用外在的力量，代理人与被代理人的关系完全契约化，对代理行为的法律规范已经引起了社会各界的重视，制约机制相对成熟。也正是由于代表是使用自身的力量，长期以来，"自己人效应"下的内部操作使得对代表的制约机制发育受限。很少有人从法律角度关注代表与被代表者的权利义务关系，代表一旦产生之后，代表权的限制权往往成为虚置的形式。一方面，由于被代表者对代表的信任不再具体地关心代表权的行使，另一方面，因为信息公开的缺失，被代表者对代表的约束也难以及时有力，代表背叛被代表者和滥用权力的发生率高于代理。在我国的政治生活中，有两种情况值得重视：一是由于制度设计等方面的缺陷，代表异化成了一种荣誉身份，代表的实际作用未能充分发挥（如相当一部分人民代表）；二是代表权的行使脱离了被代表者的管束，某些代表专横跋扈滥用权力，已经成了与民争利的"代表"人物。

党的十六大报告指出："建立结构合理、配置科学、程序严密、制约有效的权力运行机制，从决策和执行等环节加强对权力的监督，保证把人民赋予的权力真正用来为人民谋利益。"依照笔者理解，被代表者对代表既有制约权，又有监督权。制约和监督的含义客观上存在差别：监督是指"察看并督促"，制约是指"甲事物本身的存在和变化以乙事物的存在和变化为条件"。在执政党的建设问题上，一方面是对执政党的监督不可缺失、虚化、表面化；另一方面必须从制度上、机制上使执政党的行为受到规制、限制、控制。制约所能解决的问题是其"只能怎样做"，制约的作用更具有根本性、限制性、引领性，制约是机制在起作用，所能发生的钳制作用具有双向性质且不可逾越。中国共产党不但提出了"三个代表"重要思想，并坦言真心实践"三个代表"、始终做到"三个代表"，既表明了接受人民选择的决心，又迈出了在人民的制约、监督下执政的实际步骤。

（原载《红旗文稿》，2003 年第 17 期）

CAJ-CD 不能忽视《著作权法》

　　用"没有规矩，不成方圆"来形容期刊编辑规范的重要性并不为过。既然是规范，就应当科学、准确、严谨、可行。通俗地说，如果作为工具下发的直尺和圆规失准，设计出来的图纸必然无法使用。正因为规范具有超乎寻常的重要性，规范自身的科学、准确就更加引人注目。应当承认，《中国学术期刊（光盘版）检索与评价数据规范》（以下简称"CAJ-CD"）在统一编辑标准，适应计算机识别，方便检索统计方面起到了积极的作用，但是，该规范在不少方面确实存在值得推敲的地方。说得不客气一点，该规范本身就有不规范之处，未能实现规范编排体例，促进学术传播，保护知识产权的应有功能。

一、注释具有为引文说明出处的功能

　　CAJ-CD 并没有对注释的内涵下定义，但在强调参考文献与注释的区别时称："参考文献是作者写作论著时所参考的文献书目，一般集中列表于文末；注释是对论著正文中某一特定内容的进一步解释或补充说明"。那么，注释的功能仅仅是对"正文中某一特定内容的进一步解释或补充说明"吗？对此笔者不敢苟同。

　　按照《现代汉语小辞典》的介绍，解释的功能在于分析阐明、化繁为简、化难为易地说明某一事物的含义、原因、机理等。按照《辞海》（1979 年版缩印本）的解释，"注释亦称注解。对文章中语汇、内容、引文出处等所做的说明。"细心的读者一定已经发现，CAJ-CD 的编制者删去了注释的另一项功能——为引文说明出处。笔者赞同《辞海》对注释所作的界定，并认为注释客观上具有两种功能：一是为解释某些问题所做的说明，因其是为解释特定内容而附注的文字，可以简称为"释注"；二是因为引用了他人成果而标明出处的文字，可以简称为"引注"。从浅层次理解，无论释注还是引注，其基本功能都是说明情况。但是，释注与引注的功能是有区别的。释注的基本功能是针对内容做出解释，即因为某些内容的生僻、情况复杂及借用了某种提法等原因所做的说明，主要作用是解惑释疑，即释注是为内容的明晰而做说明，如"此处采用狭义说""我对该论点的阐述可以查阅某文"等；引注的基本功能是做出权利性说明，如"引自某人的某篇论文"是为公示所引用成果的知识产权为他人所有而作出的特别标识，主要作用是明示该段文字的知识产权所有者，即引注是为明确权利归属而做出的声明。

二、注释与参考文献的功能定位

从保护知识产权的角度看，严格区分参考文献与引用文献具有十分重大的意义。如果将注释称为"对论著中某一特定内容的进一步解释或补充说明"，显然表示由作者任意选择是否做出"进一步解释或补充说明"；而引文注明出处是《著作权法》对合理使用他人成果者规定的义务，使用他人成果而不指明作者姓名、作品名称（习惯上称之为"注明出处"）就是侵犯他人著作权。作为国家新闻出版署发布的 CAJ-CD，无视了注释具有为引文注明出处的功能，至少是不利于引导作者强化知识产权观念的。我国学术界目前对注释与参考文献的认识比较混乱，实践中的问题更多。笔者以为，这种混乱大多与对注释性质的认识偏差有关。概括地说，目前在我国，对注释与参考文献的关系至少有三种不同看法：其一为"同一说"，主张注释等同于参考文献；其二为"互含说"，认为注释中包含了参考文献，参考文献中也包含着注释，完全可以由读者自己去理解；其三为"区别说"，认为注释与参考文献的功能不同，严格加以区分理所当然。笔者持"区别说"的观点。

必须强调，写作时所参考的文献与引用的文献在使用性质上是不同的。我国的《著作权法》第 22 条规定，在"指明作者姓名、作品名称，并且不得侵犯著作权人依照本法享有的其他权利"的前提下，允许"为介绍、评论某一作品或者说明某一问题，在作品中适当引用他人已经发表的作品"。CAJ-CD 的制定者将注释称为"对论著正文中某一特定内容的进一步解释或补充说明"，无形之中取消了引文必须"指明作者姓名、作品名称"的规定，和《著作权法》唱了一个不大不小的"对台戏"。

众所周知，"著作权法所保护的对象不是思想或情感本身，而是赋予思想或情感以文学、艺术外观的表达。"[1]著作权所保护的是作品的具体表现形式，而不是某一种思想、情感。打一个通俗的比方，人在皎洁的月光下容易产生思乡之情这一观点并不受著作权法的保护，但是，李白所吟"床前明月光，疑是地上霜，举头望明月，低头思故乡"这一表达形式却受著作权法的保护。著作权法要求引文注明出处，所要解决的是该内容是谁、在何时、在何处赋予了特定的表达或表现形式。凡是引文就必须注明出处，这是学术写作时不可逾越的"底线"标准。长期以来，我国对知识产权的重视不够，通过强制推行的编辑规范推动知识产权意识的建立，应当是学术界的共同使命。遗憾的是，CAJ-CD 的编制者却把引文出处的注明任务从注释中无情地排除了。

三、列出参考文献并不能替代注明引文出处

有人提出，可以将引文注明出处的任务交给参考文献，即要求作者在参考文献中标注引文的页码。笔者也注意到，在 CAJ-CD 模拟样本 A 和 B 的参考文献中的确有少数文献标注了起止页码，如此设计的用心可谓良苦。但是，这种混淆使用参考文献与引用他人成果界限的做法，不仅在理论上有违保护知识产权的基本原则，而且在实践上也行不通。这是因为：其一，如果作者只是在参考层面上使用了某一资料，而并没有引用资料中的原文或大意，在编辑规范硬性要求之下标注的页码必然是不真实的；其二，如果作者只是从资料中转引用了某一典故、史料、警语，本来可以实事求是地注明是引用，现在却必须按照编辑规范的要求将其纳入参考文献，也大有被迫说谎之嫌；其三，在参考文献中采取引文均注页码的方式依然难以明确区分参考与引用的界限，况且在引用古籍时往往根本就没有页码可标；其四，参考与引用是对他人成果的不同性质、不同程度的使用，编辑规范应当引导人们恪守诚信，而不是做"糊涂账"。

近年来，学术界的抄袭剽窃已经严重到了令人吃惊的程度，成因亦十分复杂。笔者认为，做学问不讲诚信，学术规范缺失和现有的规范本身不够规范，这三方面的原因均不容忽视。如果学术界缺乏诚信的氛围，弄虚作假不

---

〔1〕 郑成思：《知识产权法教程》，法律出版社 1993 年版，第 45 页。

足为怪，抄袭剽窃也许就积重难返了。学术规范的最低标准是必须引导和强制人们实事求是，不说假话。如果某一种名为"规范"的东西在教人作假，其必然是短命的。举例而言，作者在论文构思时参考了王教授主编的某教材，行文时又引用了该教材中的某一段或者某一句话，那么，作者就应当既把该教材列入参考文献，又在注释中明示引文的作者、篇名、出版地、出版者、版次、起止页码等。这种做法无形之中对作者提出了严格的要求，即把自己的见解与他人的成果区别开来，把参考前人文献与引用他人成果区别开来，把直接引用与间接引用区别开来。具体地说，一是直接引用他人成果的原文必须置于双括号之内，以使其与自己所写的文字相区别；二是引用他人成果（包括概括地转述要点的），都必须注明具体出处，不能使人无从查找核对；三是必须实事求是地表明自己对他人成果的使用程度，或参考、或引用、或既参考又引用都必须明示于众。循此原则，在写作过程中使用他人原话时必须加上双引号；概括地摘录他人原文必须不失原意。无论是原文引用还是摘引、意引，都必须——注明出处，不能仅仅在参考文献中笼统地说明。这样的规定并不是对作者的苛求，而是对知识产权的尊重。

参考是查阅资料以供考证研究，所参考的文献不构成新作品的组成部分，故列出参考著述的目录即可；引用是在合理限度内使用他人具有知识产权的成果，故必须明示与权利所有者相关的详细信息。如果引用他人成果而不注明出处，仅仅罗列在"参考文献"之中，仍不能解脱其抄袭的责任。这是因为：其一，参考的作用仅存在于作品的形成过程中，参考是启迪思路、权衡比较、消化吸收，而不是搬用、套用、袭用；其二，参考文献的内容可以融汇、渗透在新的作品之中，但必须是已经不具有原有的表现形式，即不是存在于新作品中的独立部分；其三，被用来作为作者主张的一部分或证明自己观点论据的引文，虽然已经成为新作品的组成部分，但是，该部分是"借用"性质，是仍然独立于新作品的。所以，凡是引用他人成果，该成果的知识产权的归属必须予以注明，即清楚地标明知识产权所有者。打一个不恰当的比方，在新作品中引用他人成果类似于医学上的角膜移植。因为这种移植是适宜的，故经"移"而"植"入受体内的角膜能够发挥良好的作用，甚至成为一个"亮点"，但是，为该受体带来光明的角膜毕竟是外来之物。

四、滥用注释、参考文献的做法也应当制止

将注释分为释注与引注是以其功能作为分类标准的，如果再作二次分类，释注又包括介绍研究背景、交代分歧点、解难释疑、特别声明等。释注的基本功能是对某些内容的解释，必须以必要为限度，可有可无的解释应当一律删除。特别要注意提防"思想不够，注释来凑"的倾向，凭借大量无关紧要的注释"抻长"论文的做法是"学术泡沫"，必须坚决制止。以往人们常常用"剪刀加浆糊"讥讽抄袭剽窃者，如今"粘贴加复制"已是批量化生产论著的公开秘密。笔者曾经见到一篇有 79 条参考文献的一万字论文，不少地方明显表现出参考文献为正文"增肥"的现象，有的作者甚至故意将大量外文文献罗列为平庸之作的参考文献，这种故弄玄虚之术也许只能称之为"拉文献做虎皮"了。

引用的目的应当限于介绍他人成果、借用他人论点或以他人论据为佐证，引用也应当受到必要限度的制约。就质量而言，引用不能构成新作品的核心内容，即新作品的实质内容应当为作者独创，而不能把他人的成果作为自己作品的灵魂或精华。换言之，以他人成果为核心内容的作品充其量只能是对他人成果的解说或介绍。当然，应当允许通过引用使自己的文章得以增色或强化论点、论据的权威性，但引用数量过多，也会导致对正确目的的背离。除综述类文稿外，引证只能处于辅助的地位，至少不能使引用成为自身著述的核心部分或主要成分。此外，除作为争鸣依据的引证之外，所引用的文字应当具有独到的内容或新颖的形式，是具有学术价值和审美价值、非引用不可的。如果将在专业领域内已经成为常识的内容或类似"白开水"的文字也作为引用的材料，则应当视为借引用之名，行"注水"之实。引用是以明示的方式借用他人的成果，必须以适度和适用为原则。如果"引用时逐一注明出处、引用原文加上双引号"能够成为学术创作恪守的共同准则，引用过滥的问题自然就会解决。因为谁也不愿意自己写的文章是他人语录的"粘贴板"，这也能在一定程度上对试图拼凑论文者有所警示和约束。

五、完善 CAJ-CD 的具体建议

应当承认，CAJ-CD 是力图对注释和参考文献做出严格规范的。但至今为

止，其规范的理想并未变成理想的规范。究其原因，除了客观因素之外，CAJ-CD 自身存在缺陷也是不可忽略的。从进一步完善 CAJ-CD 出发，笔者特提出如下修改建议：

（一）充分体现知识产权保护意识

据 CAJ-CD 编制者介绍，其在编制时参考了大量规范性文件，但竟然没有把《著作权法》作为编制该规范的依据。笔者认为，这种疏忽是不应当发生的。编排规范虽然是技术层面的标准，但必须和体现遵守《著作权法》。如果离开了保护知识产权这个大目标去搞编排规范化建设，恐怕难免出现南辕北辙的结果。诚然，编排规范不宜重复著作权法的内容，只应当从技术角度为知识产权的保护起到强制作用，但是，不以《著作权法》为依据制订纸质出版物编排规范的做法是不可思议的。比如，CAJ-CD 要求在作者简介中刊出作者的姓名、性别、出生年、民族、籍贯、职称、学位、简历及研究方向，如此规定实在是有点不懂法的味道。按照《著作权法》，署名权是著作权人的一项权利，所以，其发表作品时只要不是冒用他人的姓名，使用笔名、别名或匿名都应当允许，出版者要求作者公布出生年、职称、简历等个人信息是于法无据的。

又如，CAJ-CD 中多处称被引用文献的作者为"主要责任者""析出文献主要责任者"，这种称谓虽然与法律意义上的"知识产权权利人"同一含义，但却反映了不同的立足点。举例说，当我在文章中引用了王教授阐述某观点的文字时，王教授是该段文字的知识产权所有者，我是使用王教授知识产权的责任人，我必须负责任地维护王教授的合法权利。如果说王教授是"主要责任人"，我却是权利人，那是本末倒置了。称"责任人"强调的是责任归属，明示责任人是对方；称"权利人"强调的是权利归属，明示被引用文献的作者具有知识产权。按传统的思维方式，强调"文责"（该文的责任）顺理成章，明示"文权"（该文的权利）并无必要，其实这恰恰背离了知识产权保护的基本原则，作为法治国家理应及时予以修正。此外，注释应当包含释注与引注，不能以罗列参考文献的办法替代引注；引文必须注明出处，标明所引用文字的知识产权归属等精神都应当在修改编排规范时得到充分体现。我国已经加入 WTO，知识产权保护的力度将进一步增大，此事的解决宜快不宜慢，宜细不宜粗。

（二）正确区分引用大意与引用原文

笔者认为，对引注应当按照不同标准进行进一步的分类研究。若以引文的状态为标准，可分为引用文意与引用原文。若引用的是某一成果的要点或大意，应当在陈述中明示（如："某人曾经说过大意如下的话"）或者在引用他人著述的主要表达方式之后以夹注形式标明"（大意）"。在人文学科的研究中，有时确实会遇到只需要说明梗概或转述大意的情况，如引用在广播中听到、在电视中看到的案例或观点等。注明引用大意的应当采取相对宽松的要求，即不要求逐字逐句地严格转录原文，只要不出现歪曲、篡改、断章取义、强行"嫁接"、篇幅失当等现象就不必苛求。引用他人原文的必须依照著作权人、题名、出版者、出版地、出版时间（期号）、页码等项目一一标明，以表示对他人知识产权的尊重，也便于读者按图索骥。概括地使用他人著述的，应当比照引用原文的格式标明"参阅"或者"详见"某某作品。

（三）应当允许"引中有注，注中有引"

应当承认，在特定条件下，引注和释注也会出现"我中有你，你中有我"的情况，即作者认为在对内容做出说明之后，还应当注明该知识产权的权利归属，对此应当鼓励。例如，童之伟教授曾经作过如下释注："这是笔者按本文所属学科的需要对罗豪才教授作品中的有关内容做的扼要概括。原文可参见罗豪才主编《现代行政法的平衡理论》一书'代序'，北京工业大学出版社 1997 年版，第 1~7 页。"在为引文注明出处时附加说明的情况在人文学科的研究中也颇为常见，如"相类似的观点还有 A、B、C"等。笔者认为，明示所引用的内容"参见某文或某书"，可以推广为"引中有注，注中有引"的统一模式。

（四）应当为"转引自"正名

CAJ-CD 明确地取消了"转引自"的存在地位。据说，取消"转引自"的理由是制止学术上的懒惰和不负责任，防止辗转抄录，以讹传讹。笔者认为，在学术研究中至少存在以下三种实际情况：一是已经从其他文献中阅读到他人著述中有价值的引文，但一时查找不到引用的原文版本；二是明知引文的出处，但限于客观原因无法接触到作者所引用的资料（如国家档案馆的某些文献）；三是因为作者缺乏阅读原文的外语能力，只好退而求其次，采用

"转引自"的方式，公开说明该段引文出自某中文著述。就理想状态而言，引文应当以最初发表该成果的出版物为依据，但是，面对上述情况，实事求是地注明"转引自"为什么不可以呢？在直接掌握原始资料或核查原文的基础上引用他人成果是直接引用，引用者当然应对引文的正确性负全责；在依据他人著录的条件下复制引用是间接引用，复制引用者的责任当然是有限的。换句话说，公司可以根据经济实力等各方面的情况，决定采取有限责任制或无限责任制，为什么不可以在学术研究时允许转引他人文献而负有限责任呢？实话实说是严谨治学的核心所在，取消"转引自"并不能杜绝引文"二传手"的存在。明示"转引自"本身就是一种负责任的表现，明明没有查对原文，照抄了别人的引文却标注直接引用才是不严谨的文风。作为国家标准之一的 CAJ-CD 理应实事求是，为学术诚信意识的建立起到推动作用。

（五）为古籍与未刊出文献设计适用的标注方法

CAJ-CD 包含的内容不可谓不细，但是，疏漏也是明显的。在人文科学研究中经常会涉及对古籍和未刊出文献的引用问题，但 CAJ-CD 却未涉及，编辑们只能在深感遗憾的同时表示无奈。以《史学史研究》（北京师范大学主办、北京师范大学史学史研究所编辑）为例，直到 2001 年，其对 CAJ-CD 的遵循只限于标注摘要、关键词、中图分类号、收稿日期，至于引文注释则依然按照习惯处理。显然，这不是编辑们在偷懒，因为若按照 CAJ-CD 的要求，我国几乎所有的古籍和尚未刊出的文献都属于信息要素不完整之列，是登不得学术大殿的。浩如烟海的古籍文献时时被今人引用，CAJ-CD 却对古籍的引用注释方法采取回避态度，真使人难以理解了。笔者建议，CAJ-CD 的编制者面对国情，采取实事求是的态度，尽快为古籍和未刊出文献制订简明、适用的标注方法，以示对民族文化之尊重。至于具体标注方法，笔者建议，邀请专攻古籍的学者设计若干套方案，再集思广益征求意见，最后组织专家筛选或集中已经形成共识的部分下发试行。亦可有意识地等待实践的反馈，听取实践者的意见，过一段时间再定稿。

（原载《南京大学法律评论》，2003 年春季号）

基因研究中知情同意权的实现

　　当人们刚刚开始享受以计算机网络为代表的信息时代福荫时，美国政府在1991年的一份工作报告中已经指出："随着时间的推移，生物工程无论在规模和重要性方面的潜力将超过计算机工业"，并声称"生物工程将成为下世纪的主导产业"，"哪个国家抓住了生物工程和生物学，哪个国家就将充当新时代的盟主。"客观地说，计算机及其网络只是为人类提供了一种工具、一种交流的平台，计算机网络技术的应用是人脑的延伸和人手的延伸，只能节省资源的耗费而不能创造财富。人类基因的研究却能改变人种甚至人类自身，对人类基因资源的发展、识读和实施技术干预，能够直接地创造财富。从这个意义上说，基因就是财富，基因就是金钱。但是，越轨的基因研究对人类而言究竟是福荫还是"祸因"，就值得思考了。如果不在全球范围内充分运用法律、道德、伦理的力量规范和控制人类基因的研究和成果应用，在地球上出现非人非兽、亦人亦兽横行且无法控制的局面是完全可能的。当然，因噎废食绝不是明智的选择，法律规制才是"止噎"而不"废食"的两全之策。

　　国际生物伦理委员会起草的《关于人类基因组与人类权利的国际宣言》（简称《人类基因组宣言》）已在1997年11月11日经联合国教科文组织第29次会议通过，1998年11月27日又经联合国大会批准，成为名副其实的国际文件。国际人类基因组组织（HUGO）也已经发表了题为《关于遗传研究正当行为的声明》《关于DNA取样：控制和获得的声明》《关于克隆的声明》（简称《HUGO的三个声明》）。2000年8月8日，我国在联合国总部签署了《"生物多样性公约"的卡塔赫纳生物安全议定书》（简称《生物安全议定书》）。但是，这一切努力与世界各国在基因研究方面的人财物投资相比，实在是不对称的。我国在基因研究方面虽然起步较晚，但现已完成了测定人类基因组序列1的任务。"测序1任务"的完成，意味着我国在人类基因组计划

（HGP）中取得了参与权、发言权、数据分享权，其意义已经远远超出了技术范畴。我国的法律工作者理应利用这一大好时机，依据《人类基因组宣言》明确提出的"人类的尊严与平等、科学家的研究自由、人类和谐、国际合作"四条基本原则，从法理上探寻基因研究法律规范与控制的具体对策，在全球合作的人类基因组计划中争取更多的发言权与规则制定权。

一、国家是公民知情同意权实现的引导者和保护者

我国人口众多，又有相当一部分人群祖辈生活在相对封闭的环境中，无疑是人类基因资源的大国和"富矿"，从生物产业对资源的依赖性与资源的信息化特征来看，我国必定是世界基因技术强国争夺资源的焦点。人类的基因资源在总量上是有限的，被发现一个就少一个，当你哪一天想要利用已被别人发现的基因资源时就必须支付高额的费用。从这个意义上说，每一个中国公民在防止基因资源流失问题上都"守土有责"。对基因资源的采集、开发、保管、出境等环节的有效控制，必须建立在明确自然人基因资源法律属性的基础之上。换句话说，任何一个主权国家只要确认基因是国家资源，国家就应当是基因资源保护的第一责任人。国家应当建立严密的基因资源保护制度，引导公民建立基因资源的保护意识，支持公民通过知情同意权的实现与国家共同保护基因资源。

（一）基因具有国家资源与个人信息的双重法律特征

按照笔者的理解，文物与基因同属于国家资源，对基因应当采取至少与文物相同的保护力度。主要根据是：其一，文物与基因都存在于一定领土、领水管辖范围内。文物在一定疆界范围内埋藏或者收藏，基因由一定国籍的自然人肌体所承载，两者客观上都存在于一定的主权管辖范围内。其二，文物与基因都是在漫长的历史进程中形成的存量有限的物，现实的开发只能使其总量减少。其三，文物与基因的价值都不可能一次性开发即告终了，文物的价值随着保存年代的久远而与日俱增；全人类对基因的研究刚刚起步，基因的未来价值几乎可以用无法估量来形容。其四，文物与基因两者的差别仅在于文物是肉眼可视的，基因必须借助相应设备和技术才能识读；文物的价值相对直观，基本上是表象化的，基因的价值相对内隐，基本上处于潜态；人类对文物价值的判断比较一致，不会因为某种文物的发掘而动摇既有的价值观，而基因的研究涉

及法律、伦理、社会诸多方面，技术上的开发速度远大于规则力量的增长。基因研究带给人类的是祸是福现在还难以断言，正如杨焕明教授所说："面对基因，我的忧虑多于快乐。"

据邱仁宗教授介绍，联合国教科文组织和国际律师协会曾经称人类基因组是"人类共同的财产""人类共同遗产的一部分"。但有人指出，人类基因实际上都是个人的。这个概念涉及个人隐私和专利等实际问题。所以，最后联合国教科文组织的行文是"在象征的意义上，它是人类的遗产。"从国家主权的角度看，公民所携带的基因组是其所在主权国家的自然资源，但是，基因组属于国家资源的观点并不排斥公民对个人基因所拥有的隐私权，自然人的基因具有国家资源与个人数据的双重法律属性。

（二）国家对重要基因资源的保护措施应当升格并细化

在法律意义上，主权国家对其管辖范围内的文物可分为尚未发掘的埋藏文物、个人合法持有的收藏文物、国家已经直接管理的馆藏文物、暂时处于失控状态的待藏文物等。对于不同状态的文物，所有国家都会采取有针对性的保护措施。例如，《中华人民共和国文物保护法》（以下简称《文物保护法》）第25条规定："非国有不可移动文物不得转让，抵押给外国人。"鉴于文物是典型的有形物，国家以明令海关查控的方式禁止珍贵文物非法出入国境，既维护了国家的整体利益，又保护了私人财产的安全。但是，基因的情况就复杂得多，人类基因是呈自然分布状态的客观存在物，目前已经明确序列和功能的尚属个别部分，有些仅知道序列而不知功能，或仅知部分功能，大多数呈未知状态。人类基因组计划不仅仅是测序，而更重要的是明确功能，功能不明就无从开发，如基因表达的蛋白质研究就属于功能定位。按照笔者的理解，以国家对基因的现实控制状态为分类的标准，目前至少可以将基因分为四类：客观上存在但尚未控制的基因；正在进行自主开发的基因；正在进行合作开发的基因；客观上已经流失的基因。显然，保护的重点是前三类，特别需要通过"查明家底"的方式加强保护的是尚未控制的基因。鉴于人类基因在未经人为分离之前是自然人的身体的一部分，人以天然占有的方式合法持有其自身的基因，最好的保护方式应当是国家与公民联手防止血样等被非法采集。如果这一思路可行的话，国家必须严格禁止非法采集血样及其他活体标本，其中亦包括严格禁止国外人员入境非法采集血样的活动。我国《文物保物法》第64条规定：

"违反本法规定，有下列行为之一，构成犯罪的，依法追究刑事责任：（一）盗掘古文化遗址、古墓葬的；（二）故意或者过失损毁国家保护的珍贵文物的；（三）擅自将国有馆藏文物出售或者私自送给非国有单位或者个人的；（四）将国家禁止出镜的珍贵文物私自出售或者送给外国人的；（五）以牟利为目的售卖国家禁止经营的文物的；（六）走私文物的；（七）盗窃哄抢、私分或者非法侵占国有文物的；（八）应当追究刑事责任的其他妨害文物管理行为。"同理，在我国境内非法采集血样的行为应当承担类似于盗窃文物或盗掘古文化遗址、古墓葬的法律责任。坦率地说，我国目前对基因资源的保护力度远没有达到保护文物的程度，我国近年来的文物流失比较严重，基因资源的流失更加触目惊心，国家对重要基因资源的保护力度亟待加强。

我国在《人类遗传资源管理暂行办法》（1998 年 6 月 10 日国务院批准）第 4 条规定："国家对重要遗传家系和特定地区遗传资源实行申报登记制度"。笔者认为，明令"重要人类遗传资源严格控制出口、出境和对外提供"是完全必要的，只是，仅仅规定重要遗传资源由发现或持有者申报登记显然不够。我国的《人类遗传资源管理暂行办法》第 4 条规定："发现和持有重要遗传家系和特定地区遗传资源的单位和个人，应及时向有关部门报告"，但是，如果特定基因的发现者或持有者瞒报、少报、迟报又应当承担何种法律责任呢？显然，重要遗传资源的保护问题尚未解决，至少是还没有提出具有操作性的规范。文物系统的有识之士认为，我国的《文物保护法》比较粗疏，操作性不强，并提出了修改建议。遗憾的是人类遗传资源在我国至今还未得到与文物相同水准的保护，《人类遗传资源管理暂行办法》作为行政法规的等级实在是太低了。提高基因保护的法律规格、细化基因保护的具体措施乃属当务之急。

笔者认为，我国有必要在现有的重要遗传家系和特定地区遗传资源登记制度的基础上，建立更为严格的遗传资源管理制度。客观地说，基因的情况比文物复杂得多，一般民众对基因的了解程度比文物低得多，血样是基因研究不可或缺的物质材料（当然，人体的任何组织都是基因载体，血样只是载体之一，但血样抽取方便），非法采集者以"免费体检"之类的手段对老百姓进行欺骗是极易成功的。如果不从采集权上进行源头控制，单纯依靠海关设卡堵截很难奏效。应当明确，各级卫生行政部门对重要遗传资源具有保护之责，具体工作可以指定卫生防疫部门承担。国家卫生部更应尽快组织力量，就我国已发现的重要遗传资源分布区域进行标定，同时推定可能存在重要遗传资源的地区，划定不同的保护等级（如一类、二类、三类等），制定有针对性的保护措施。

对列入一类保护区域或家系的遗传资源，必须经卫生部或卫生部授权的机构批准，才能采集血样；对列入二类保护的遗传资源，必须经省级卫生部门批准，方可采集血样；地市级卫生部门可以负责列入第三类的重要遗传资源的保护工作。重要遗传资源等级保护制度依照集权中央、属地管辖原则实施。国家主要负责法律法规的制定，以及工作中的政策性指导和出入国境、边境的控制；各级卫生部门按不同的保护等级管理好本管辖区域的遗传资源；基层卫生部门对进入其管辖地域采集血样者有事先进行审查，采集时全程监督，事后将全部采集记录存档的职责。特别是对国际合作项目，不能因为有我国的人员参与而不加监督，必须严格防范国内的研究参与人员因为私利出卖国家资源。从管理的角度说，过程管理与结果（目标）管理各有千秋，亦有不同适应对象。在对控制对象知之甚少的情况下，采用过程管理模式所需要的人力资源投入较大，但安全系数相对较高，生物工程技术也属于此类情况。例如，不久前发现在绍兴市已经繁衍了一百四十多代的姒姓家族可能是大禹的后代，假定现已将姒姓家族的遗传资源列为一类保护，那么，绍兴市及其基层卫生部门就有权对所有前来进行血样采集者进行审查，未经国家卫生部批准的血样采集一概禁止。当然，重要遗传资源的分类保护应当是动态可变的，根据已经掌握的实际情况和预测，可以新设或变更保护等级，基层卫生部门应当依照国家的指令实施保护。

（三）国家应当是公民实现知情同意权的引导者和保护者

我国重要遗传家系主要分布在闭塞、贫困、落后的农村，如果国家并不掌握哪些人、在哪些地方、用什么方法采集了血样，仅仅实行发现和持有者申报登记制度，最终将是"只防君子，不防小人"。就发现者而言，其不经审批就进行血样采集，一旦被查问，只要坚持说"尚未发现重要遗传资源"就可能蒙混过关。至于发现和持有重要遗传资源的单位和个人是否"及时向有关部门报告"，被采集血样的老百姓根本无从知晓。由此不难看出，一方面是国家不知道哪些人、在哪里采集了多少血样，另一方面，提供血样者不知道为何被采血、血样到了谁手里，基因资源就这样悄悄地流失了。其实，基因所具有的国家资源与个人信息的双重法律特征，在一定程度上有利于调动国家和公民两方面的积极性，双管齐下的保护机制是能够建立的。关键是国家能否做好引导和保护公民实现知情同意权的工作。

从某种意义上说，公民知情同意权的实现依赖于国家对遗传资源的重视程度及保护力度。采集血样的目的、用途及复杂的科技内容，单凭普通民众的知识是难以作出合作或拒绝决定的。只有国家担负起重要遗传资源保护职责，建立严密的控制措施，不断地普及相关知识，公民才可能在知情的基础上做出同意或不同意的表示。为此，国家有义务从法律上限定血样采集资格（包括个人、单位、境内外合作者），明确血样采集人权利义务、血样提供者权利义务、监督力量的设置等问题，并搞好普及性的宣传。特别是基因研究中的知情同意，必须有一定的知识作为依托，否则的话，表面上的知情等于实质上的被骗，形式上的同意也毫无意义。

二、血样是运用一定技术从人的身体中分离出来的身源物

所谓血样，是以人的鲜血作为信息载体的可供检验或研究的样本材料。一般而言，供检验用的血样是为临床诊断提供依据的，故不在本文讨论范围之内。供研究用的血样是为特定研究目的（如基因研究）而采集的，只要这种研究不是纯公益性质，血样就是获取商业利润的物质基础。本文所讨论的重点正是供研究用的血样。需要特别说明的是，随着干细胞研究可能成为新世纪生物和医学领域的革命性突破，采取血样所涉及的法律问题必定大量凸现，采集血样的目的与获取血样的用途很可能是纠纷发生的重点之一。检验用血样与研究用血样在理论上的区分是明确的，但是在实践中却很容易出现"混水摸鱼"的局面。如被采集的血样实际上用于基因研究，而血样提供者得到的却是某些常规医学检验报告。在这种情况下，血样提供者知情的是此（检验结果），同意的却是彼（基因研究），实际上的欺瞒被知情同意书掩盖了。为此，知情同意书的内容必须是内涵确定、简明易懂、无歧义的，必须清楚地写明该血样用于何种具体研究，该研究未来的结果以何种方式告知血样提供者。

任何血液样本材料，如果从物理意义上看都是物，但从法律角度看，凡是物就至少有下列问题不可回避：其一是所有权关系归属（即该物的所有权归属于何人）；其二是流通限制与否（即是否属于限制流通物）；其三是特定化与否（即可否由其他同种同类物替代）。血样既是物，又具有人身权的某些特征，血样采集者并没有自由获取、任意支配的权利。血样具有特定的权利归

属，即每一份血样都只有在权利人明确授权的前提下才能够采集、处置。对此类既有人身权内容，又有物权性质的人体组织器官、血液、骨髓、干细胞等，笔者以为称为身源物比较妥当。所谓身源物是指，经主体知情同意，采用一定技术从其身体中分离出来的，用于疾病治疗或符合社会公益的研究开发的，载有特定生命信息的器官、血液、组织成分等。对身源物作出这样的界定，主要考虑是：采集身源物的前提是主体在充分知情下的自主同意；身源物必须是运用一定技术从人体中分离出来的，自然分离物不能作为身源物；获取身源物的目的在于为他人治疗疾病或防御遗传疾病在人类的传续，为社会公共利益服务是唯一的合法动因；获取的身源物应当具有生命活力、负载具有研究利用价值的生命信息。

血样是运用一定技术从人的身体中分离出来的身源物，笔者同意这样的观点："自然人亦得自由支配从其身体上分离出来的物体，如血液、肾脏等的献出。"人身权的组成内容之一是身体的完整权，当器官、血液等组织成分存在于人体之内时它受到法律的保护，现在一般已无异议。当人体器官、血液等组织成分被人为分离于体外时，其依然具有人身权的某些性质，应当仍然以人身权为内容进行延伸保护。这是因为，血样是自然人遗传物质的载体，通过基因解读可以掌握有关其个人、家族的遗传信息。这种信息即法律意义上的个人数据（又称个人资料或个人信息），是个人隐私的重要组成部分。如果特定血样在采集之前经过专业角度的筛选，很可能是非常特殊、具有极高价值，甚至是全世界独一无二的基因研究材料。专业人员在搜集到特定血样之后，再加上智慧性的劳动，就可能把他人的基因变为自己的专利，获得极高的利益回报。笔者认为，事后争执基因物质的提供者是否应当与基因专利权人分享利益是无奈之举，积极的办法是事先明确基因与基因所有者的关系。我国香港地区的"隐私（个人资料）条例"规定，"个人资料"（personal data）指符合以下说明的任何资料：（a）直接或间接与一名在世的个人有关的；（b）从该等资料直接或间接地确定有关的个人的身份是切实可行的；（c）该等资料的存在形式令予以查阅及处理均是切实可行的。目前，把个人的住址、电话、身世、婚姻、健康、经济收入等资料视为个人数据在法律上已经没有异议；同样的道理，获取基因是迄今为止识别个人的最为有效的途径，把基因排除在个人数据之外的做法是荒谬的。

三、知情同意权实现方式之构想

知情同意权包括两项内容，首先是知情与否，其次才是同意的表示。知情权的实现以对方履行告知义务为前提，只有在全面知情的前提下，主体才可能做出同意与否的选择。据国内学者王德彦、傅继梁介绍，世界卫生组织（WHO）提出的有效知情同意手续的内容包括：（1）实验的性质和研究目的；（2）为何邀请此人参加，而参加是自愿的；（3）检验的步骤；（4）检验对个人或家庭两方面的不便之处和风险（如有任何风险的话）；（5）检验结果对预期和正确遗传咨询的不确定性；（6）对他人和对科学的可能好处；（7）对验证受试者身份的记录进行保密；（8）有关研究的问题或在发生研究损伤时去和谁联系；（9）个人在任何时候有撤回的权利；（10）个人和家庭有不受限制的医疗卫生服务的权利，即使那个人表示撤回。

笔者认为，知情权实现的前提是血样采集者对相关信息的告知，基因研究涉及高科技，对生物学或医学工作者的专业表述，各人的理解能力不一，多数人都难免有理解障碍；此外，采集血样之后并不一定取得成果，涉及不确定性的内容的告知程度也较难把握。从权利义务的对应性看，血样提供者的知情权与血样获取者的告知义务是一对矛盾，同意的表示一旦作出，就意味着向血样获取人授予一定的权利，血样获取者必须自始至终地履行相应义务。告知义务人唯恐言多必失，倾向于笼统表达或"少说为妙"的总会占多数；知情权利人则力求告知详尽、彻底，尤其希望将未来利益明确化。为了平衡双方的利益，似乎首先应当明确如下关系：

1. 血样采集者应当事先履行的义务：（1）明示采集目的。即本采集行为所预期达到的目的和给社会带来的利益，但对获得的血样是用于社会公益还是商业盈利必须作出明示，不能以"根据某课题研究之需""用于研究发展"之类的模糊词语表述。（2）出示采集许可。即本采集行为是否经过主管机关的批准，批准的文号、授予采取血样的区域与时间、批准机关等信息应当一一注明。（3）公开采集责任者。即本采集行为负责人的姓名、单位、资格认证情况，具体采集行为实施者的姓名、单位。（4）承诺保守隐私秘密，即公开承诺对所获血样及由此研究知晓的个人隐私采取的保密措施。（5）预告可能出现的风险及处置。提供血样或者其他研究样本后如果可能出现风险（如对身体有不良的影响),应当明示,并告知预防的方法。如果风险的出现确属提供血样或样本所致,应当由采集者负责提供医疗服务。(6)告知利益实现后的分享原则。血样采集者应当承诺,一旦从该血样中发现特定基因的方法获得专利,或者该基因获得专利,或者从该基因中生产出特效药品、找到特殊治疗手段,血样提供者可以分享的利益。鉴于此内容涉及未来的期待利益,且该项期待能否实现具有不确定性,不宜苛求血样采集者作出过于具体的承诺。依笔者之见,不宜采用支付货币的方式对血样提供者进行利益回报,作为该项成果的物质材料的提供者只能享有该成果的成本价格优先使用权。所谓成本价格优先使用权是指,在该项技术获得使用许可后,血样提供者有比社会公众优先使用该项成果的权利,且只支付成本费用。(7)公开联系方式。此项应当提供血样采集者的工作地址、邮政编码、电话号码、具体联系人,并声明一旦联系方式变更由血样采集者负责告知血样提供者。

2. 血样提供者享有的权利:(1)知情权。显而易见,血样采集者的告知义务即提供者的知情权利(详见上文所列 1~7 项告知内容)。(2)自主同意权。在采集者作出完整、明确的告知之后,相对人应当自主地、自愿地以书面签署的方式作出是否同意合作的选择。(3)成本价格优先使用成果权。只要血样标本提供者与采集者保持联系,采集者在取得开发成果后应当告知。如血样提供者自愿,可以优先购得以成本价格销售的药物或者医疗服务,但仅限于提供者使用的份额。(4)请求司法救济权。即血样提供者的合法权利遭到侵害时,受害人有权请求司法救济,人民法院应当受理案件,符合条件的应当提供法律援助服务。(5)对抗欺诈的索赔权。有证据证明基因研究成果获得者以欺诈手段获取血样的,血样提供者有权向血样获取者索赔,以实现其作为基因材料提供者应当得到的利益。在正常情况下,基因材料的提供者只能以成本价优先使用成果,但由于对方欺诈在先,血样提供者权益的实现应当由欺诈者以货币形式支付,在裁定赔偿数额时,人民法院应当按照惩罚性原则处断。

应当承认,迄今为止,我国的基因研究人员虽然笼统地知晓知情同意这一概念,但对如何实现知情同意权的考虑较少。客观地说,知情同意权的实现,涉及人权观念、法制环境、客观条件、操作习惯等各方面的复杂问题,必然有一个从不理解到理解、从不习惯到习惯的渐进过程。笔者认为,目前可以由卫生部草拟"知情同意书示范样本草案",先在小范围内试行,待条件成熟时再作推广。根据我国的国情,"知情同意书示范样本"只表示知情同意的最低标准，即血样采集者至少应当告知的事项，血样提供者另行要求告知的内容可以由双方约定。确定"底线"的作用在于保证血样提供者合法权益的实现，其效用至少可以体现在操作程序规范化、告知方式书面化、主要告知内容明晰化、权利人权利法定化等各方面。

参考文献

〔1〕李海峰：《科学：一把双刃剑世纪之交的科学挑战》，长春出版社 1998 年版。

〔2〕白玄、柳郁：《基因的革命》，中央文献出版社 2000 年版。

〔3〕邱仁宗："国际人类基因组组织（HUGO）关于遗传研究正当行为的声明"，载《自然辩证法研究》1999 年第 7 期。

〔4〕林英、罗杨："现代生物技术：让人欢喜让人忧"，载《光明日报》2000 年 10 月 2 日。

〔5〕方迎忠："杨焕明：基因决定论是非常可怕的"，载《南方周末》2000 年 11 月 24 日。

〔6〕邱仁宗："人类基因组研究和伦理学"，载《自然辩证法通讯》1999 年第 1 期。

〔7〕李仁玉主编：《2001 年全国律师资格考试指定用书：民法》，法律出版社 2001 年版。

（原载《政法论坛：中国政法大学学报》，2003 年第 1 期）

国家有权适度限制乞讨行为（摘要）

一、乞讨是公民的自由而非公民的权利

自由与权利的区别在于，自由表示主体的解放，即对自身的自主支配。具体地说，自由是根据自己的意志自主地决定自己做什么或不做什么，但是，自由并不是爱做什么就能做什么。按照恩格斯的话说："自由是在于根据对自然界的必然性的认识来支配我们自己和外部自然界"。[1]所以，法律意义上的自由，只是表明主体在不影响他人和公共利益的前提下对自身的自主支配。权利作为义务的对称，最为核心的内容是某一方面权利的实现必定以相对方履行义务为前提。由于权利的实现必须以相对方的义务履行为条件，必须由国家提供保障，在法无明文规定的情况下，公民据以作出的一定行为（如乞讨）只是自由而非权利。

二、习惯权利、道德权利不受法律的保护

我国《宪法》从来没有赋予公民行乞的权利，正如中共中央党校林喆教授认为，"乞讨的权利并没有成为我国法律制度所保护的一项权利。就人们对它的长期默认态度来看，它在本质上已成为一项习惯权利，或说是一种法外权利。法外权利不是为国家所保护的权利，也没有相应的法律义务作为它实现的条件或保障。"习惯权利只是风俗习惯或在一定范围内约定俗成的做法（例如各地民间对婚丧嫁娶的不同做法），通常称之为习俗。对于习俗，只要其没有危害性因素，国家就不必过多干预，也不会为其设定任何保障。准确地说，习惯权利只是表明一些人可以依照习俗这样做，另一些人也可以抛弃习俗不

---

〔1〕《马克思恩格斯选集》第三卷，人民出版社 1972 年版，第 154 页。

这样做。同时，习惯本身也有高雅与低俗之分。用卖艺的方式乞讨与用尾随纠缠的方式乞讨，显然会对他人和局部的环境气氛造成不同的影响。

至于道德权利只表示一种观念的存在，由不同的哲学、宗教之中的道德原则推行和支撑。国家没有义务为道德权利提供保障，公民也不存在履行道德义务的法律责任。

三、公民的自由只能在受限制的状态下实现

我国的法律并没有禁止乞讨，也从来没有宣布过行乞权的成立，行乞在我国只是一项个人的自由。个人自由的实施必须以无碍公共利益和他人利益为前提。世界上没有绝对的自由，承认自由就意味着承认限制，主张自由与接受限制是同一个问题的两个方面。

四、国家有权适度限制乞讨行为

乞讨是以牺牲自尊的方式求得施舍，政府应当向乞讨者提供救助。救助并不仅仅是为生活窘困者提供物质帮助，教育其从尊重自我人格做起尊重他人的权益也属救助的内涵。提供救助就是善待乞讨者，但应当以适度为原则，即以保障公共安全，保证多数人的人身自由和财产安全为底线，在行乞者、行乞区域、行乞方式等方面对乞讨行为进行必要的限制。

第一，对受法律法规保护的行乞者，对未成年人、精神病患者、残疾人、老年人、怀抱婴儿或怀孕的妇女以及明显患病者乞讨的，政府应当主动予以救助。发现上述人员行乞时，管理人员和执法人员应当告知其有求助的权利，表明政府有救助的义务，引导、劝导或护送其进入救助站，了解情况，及时救助，作出记载。在与其户籍所在地沟通情况后，请当地政府按照有关政策处理。

第二，对机场、码头、轨道交通站点、交通枢纽、商业繁华地段、居民区、党政机关、外事活动及公众聚集场所等需要重点管理和守护的区域，政府应当划定"禁讨区"。对在"禁讨区"行乞的人员，应当劝阻或者引导其进入救助站。经劝阻、引导无效的人员，应当带至救助站继续教育。

第三，对有碍公共安全、影响多数人正常活动、污染社会环境的乞讨行为，政府应当取缔。对查实有据的雇佣、租赁、教唆、诱骗、强迫、摧残未成

年人、智障者、残疾人、传染病患者行乞的，应当视违法情节予以惩处；构成犯罪的，追究刑事责任。对组织帮伙、占据地盘行乞、拒不听从劝阻及以暴力或污秽方式妨碍执法的人员，应当调查取证，予以打击。对伪装残疾、伪装患病，恶意展示本人身体残缺、病变、感染部位，或以自残、欺诈、尾随、纠缠、强索硬要等令人厌恶的方式乞讨的，应当予以制止。

（原载《探索与争鸣》，2004 年第 5 期）

经营者场所安全责任的合理边界

据报道，2003 年 2 月 26 日，中国建设银行云南省分行昆明市官渡支行发生持枪抢劫案。歹徒连开两枪，致使储户吴艳红死亡，另有一人重伤、二人轻伤。目前，案件尚未侦破，善后处理出现争议。死者的家属向法院起诉，要求银行对吴艳红死亡所造成的物质损失承担民事赔偿责任。2004 年 2 月 6 日，云南省昆明市中级人民法院对该案作出一审宣判，判决被告中国建设银行云南省分行昆明市官渡支行赔偿原告被害人 5 名家属死亡赔偿金、丧葬费和抚养人生活费共计 131 934.48 元。[1]昆明中院经审理认为，造成被害人吴艳红死亡的直接原因是犯罪嫌疑人的犯罪行为，在犯罪嫌疑人被公安机关缉拿归案，其犯罪主体的自然人身份得以确认的情况下，应当由犯罪人对被害人的死亡结果承担相应的民事赔偿责任，被告对被害人的死亡不具有主观过错；但银行营业厅对办理存储业务的交易客户人身及财产权益，负有在合理限度内的安全保障义务。本案中，被告未在合理限度内尽到对存款人的安全保障义务，具有过错。故在犯罪嫌疑人逃跑，至今未能缉拿归案的情况下，应承担补充赔偿责任。据笔者所知，这是全国首个储户在银行被抢民事索赔成功的案例。消费者在经营场所中人身、财产安全受到侵害后，经营者对在其营业场所中发生的消费者受害案件究竟有没有责任，此类责任的法律依据何在？经营者承担责任的合理边界何在？结合我国近期发生的北京密云县游园活动中游人被踩死挤伤、吉林市中百商厦火灾等特大恶性事故，本文将略作讨论，以求教于方家。

一、经营者场所安全责任的基本内涵

经营者场所安全责任，也可以简称为场所安全责任，即经营者在提供商品或服务时，因为经营场所的安全未能达到保障消费者人身、财产安全的法定要求或者合同约定的标准，导致消费者人身、财产遭受损害，从而应当承担的民事责任。毋庸讳言，经营者承担场所安全责任是要付出成本的，但是，这一成本的支付完全必要。服务安全成本是现代社会商务成本的构成要素之一，就其支付方式而言，可以分为积极支付与消极支付；积极支付是指，经营者以性能可靠的硬件设施和周到严密的管理，主动保障消费者的人身、财产安全。例如，宾馆、银行等经营场所设置了监控录像装置，并配备保安，以随时制止可能发生的侵害；消极支付是指，在经营者事先未能尽到场所安全责任的情况下，一旦消费者的人身、财产受到损害，经营者以支付一部或全部赔偿费用的方式承担责任。诉讼中要求经营者承担责任的大多数是后者。一般而言，积极支付的服务安全成本越高，消极支付的服务安全成本就越低。经营者被动地支付场所安全成本难免有些尴尬，但无论是未雨绸缪还是亡羊补牢，服务安全成本的合理支出都会使营业场所的安全系数得以提高，从而在民众中赢得更好的信誉，获得更多的商机。

（一）场所安全责任是随着商业发展而形成的有限制的责任

早在罗马时期，由于强盗行为对流动商贩的危害甚大，罗马法就提出了旅店主人应当对旅客财产负较重责任的原则，"对于客人所携带物品之毁损灭失，除能证明系因不可抗力或者旅客自己之过失所致者外，应负赔偿责任"。《德国民法典》第701条第1款规定："以供外人住宿为营业的旅店主应赔偿外人在该业务的经营中携入的物品因丢失、毁损或者损坏而造成的损害"。我国台湾省的著名法学家史尚宽先生将此类损害的责任称之为"场所主人之责任"，并说明"义务人为供客人住宿之场所主人"，责任之要件为：须已使客人住宿；须以营业而使住宿；惟对于客人携带之物始负此责任；须携带之物有毁损丧失；损害须于旅舍本身或其他接待客人之附属场所，加于客人携带之物。换句通俗的话说，场所主人的责任是有限制的，在不同时代、不同场所，场所主人应当承担的场所责任亦有差别。我国台湾省的所谓"台湾民法典"虽然在第607条中已经把饮食店、浴堂也规定为"场所"，但只要求对客人携带的"通常物品"负责。笔者以为，"场所主人之责任"作为一种法律术语不尽准确。在汉语习惯中，"场所主人"的含义比较模糊，如果某人在租赁的场地中经营零售业，一旦因为犯罪人引爆炸药发生损害消费者人身安全的案件，消费者却要越过经营者去追究场所主人的责任显然不合情理。于是，应将场所主人解释为因为租赁经营而对所租赁场所安全负责的自然人或法人。笔者以为，还是称为经营者场所安全责任更为明晰易懂。

（二）经营者对消费者的人身财产安全负有保障责任

我国《消费者权益保护法》第 18 条规定："经营者应当保证其提供的商品或者服务符合保障人身、财产安全的要求。对可能危及人身、财产安全的商品和服务，应当向消费者作出真实的说明和明确的警示，并说明和标明正确使用商品或者接受服务的方法以及防止危害发生的方法。"按照这一规定，经营者除应当提供确保消费者人身财产安全的保障外，还负有主动防范危害发生的责任。如果因防范措施不够严密被犯罪人钻了空子，也应当承担未能尽到善良管理人应有注意的责任。善良管理人的注意主要表现为对消费者的说明（如解释商品的安全使用方法），提醒和忠告（如安全标识、警示），对可疑人物和迹象的及时查处，等等。

就经营者而言，造成消费者人身、财产损害的主要原因既取决于自身的工作，也受制于社会治安的整体水平。如果整个社会的治安状况不好，经营者对经营场所安全承担的风险必然加大。混杂在消费者之中的作案人对无辜消费者加害的隐匿性和突发性都很强，以自杀性爆炸为手段的恐怖活动更是经营者难以独立防范的。经营者的安全责任风险系数，根据经营项目的不同亦有变化。一般而言，经营金融、珠宝、典当、文物的商家防盗防抢任务特别艰巨，娱乐业易于发生治安案件，人员密集的经营场所必须防范因拥挤而发生的伤亡事故，餐饮业必须对食品安全和卫生保持高度警惕。经营者为消费者提供的经营场所安全责任，既有主动的一面，如自身的安全设施良好、监控报警系统反应灵敏等；同时，也有被动的一面，如社会治安的总体水平不高等，特别是突发性的客流激增，必然增大经营者履行场所安全责任的难度。但是，只要在经营场所内，无论是安全保障上的缺陷或者管理上的疏漏而引起的消费者人身、财产侵害，除了有相反的证据以外，经营者都应当承担相应的民事责任。概括地说，经营者应当承担经营场所安全责任的事由主要如下：

1. 在经营场所内因不可抗力以外的原因发生坍塌、触电、爆炸、撞击、毒气泄漏、火灾等事故，以及因为经营秩序混乱或经营者未尽到安全保障义务而致使消费者出现的人身、财产损失；

2. 经营者对场所内可能发生危险的因素，未能以醒目、及时的方式做出警示或劝告，致使消费者人身、财产受损的；

3. 无辜消费者在消费或接受服务的过程中被第三人加害，如发生在经营场所的抢劫、杀人、伤害、强奸、绑架人质等刑事案件；

4. 被害人为躲避侵害、请求救助而进入具有保安服务的经营场所，因保安人员不作为或未能及时制止暴力，致使危险发生或加重的。

二、经营者应当承担场所安全责任的范围

做生意首先要招揽生意，吸引消费者进入商场是经营者努力的重点目标之一。可以肯定地说，经营者为消费者提供的服务越多、越好，被吸引进入经营场所的人流量就越大，人气越旺，成交额才能越高。与此同时产生的责任是，进入经营场所的人流越多、越密集，经营者应当承担的场所安全责任就越大、越细致。在进入经营场所的人员中既有消费者也有闲逛者，除了经营者做出限制性的规定以外（如影剧院不允许无票人员入内、自助银行必须先刷卡才能进入服务区等），无论在理论上或实践上都不可能对进入商场的人员做出消费者与非消费者的区分。经营者必须将所有进入经营场所的人员视为消费者，并提供良好的服务。概括地说，经营者所应当承担的场所安全责任与其所提供的硬件、软件服务相对应，经营者提供对外服务的项目越多、标准越高，其需要承担的场所安全责任就越重。上海的出租车行业有一条为所有驾驶员公认的行规：当乘客有物品遗忘在车上时，驾驶员不但要寻找失主送还遗失物，还应当退还乘客的该次车费。这一行规确立的依据是，出租车司机有责任在乘客下车时，提醒其不要遗忘随身携带的物品。乘客物品遗忘在车上的事件发生，说明司机尚未尽到提醒的责任。司机积极寻找失主理所应当，退还乘客该次租用车辆的费用是经营者（出租车司机）对其尚未尽责行为承担责任的方式。从表面上看，乘客遗失物品的责任在其自身疏忽大意，但是，乘客出资购买的不仅仅是出租汽车在某一里程内的专门运输，还包括人身、财产安全在内的服务。尽管车上张贴了有关忠告语，当乘客随身携带的物品遗忘在车上的事实发生时，出租车司机作为提供个别化服务的经营者仍然负有疏于提醒、检查不周或不及时的责任。但是，该规定不能套用到火车、轮船、公共汽车的客运服务之中。火车、轮船、公共汽车乘务员面对的是川流不息的客流，所提供的不是个别化的专项服务，任意扩大公交乘务员的安全服务责任是不现实的。

一般而言，经营者应当承担场所安全责任的范围可以作如下界定：

（一）时间范围

经营者所负场所安全责任的时间，是指经营者在其全部营业时间内，必须承担消费者的人身、财产安全责任。实行 24 小时服务的经营者，应当充分意识到夜间营业可能招致的风险，预先采取更为完善的安全保障。将经营者责任的时间明确限制在营业时间内的依据是场所安全责任与经营相一致。如果在非营业时间内，对方未经许可进入或者滞留在场所之内而发生损害，经营者一般不承担责任。如果因为经营者发出的限时段减价或限人数减价广告（如"开门时前 10 名消费者可获得半价优惠"），引起消费者在开业前因拥挤造成人身伤害的，经营者应当对其不适当的广告宣传和现场失控行为承担民事责任。

（二）空间范围

经营者所负责任的空间，原则上应当限于其经营或提供服务的场所。但是，如果其经营、服务活动扩展到营业场所以外，其应当承担责任的范围亦同时扩大。以路边店占用人行道经营为例，无论其跨出店门的经营行为是否得到许可，在其经营扩展空间内购买其商品或者服务的消费者，一旦人身、财产受到损害，经营者必须承担责任。如果经营者以发布广告、提供品尝、有奖销售等方式招揽消费者，在店门之外发生混乱，造成前来消费者人身、财产受损的，店主也应当承担民事责任。商场的电梯一般均有客运与货运之分，消费者要求搭乘货运电梯的行为被应允或默许之后，一旦发生事故，商场仍然不能免责。利用公园、体育场等露天场所举行游园、展览及娱乐活动的，经营者应当对该活动全部内容及场所内的安全性全面负责。即便不同活动项目由不同的单位承办，整个活动的组织者也应当对全部活动的安全负总责。星级宾馆一般均设有停车场，消费者入住并办理车辆保管手续后，经营者的安全责任延及交付保管的车辆完好无损；非入住者停放的车辆如果以行为方式订立了保管合同（支付保管费用并转移保管物），也应当由经营者承担安全责任，但是，宾馆事先声明"停车场地免费，车辆安全自负"的除外。

（三）对象范围

我国《消费者权益保护法》第 11 条规定："消费者因为购买、使用商品或者接受服务受到人身、财产损害的，享有依法获得赔偿的权利。"笔者认为, 对这里所指的消费者应当作广义的理解, 除了被经营者明示拒绝者外, 应当把进入商场、宾馆、公共交通车辆之内的所有人员均视为消费者, 无论其受到损害时是否已经购买商品或缔结服务合约。江苏省曾发生过一起车辆方为全责的车祸, 起因是客运中巴的驾驶员朱勇谎称车上仍有座位而招呼乘客上车, 受害人朱德广上车后见根本没有座位, 提出下车要求。朱勇在未关上车门的情况下, 突然加大油门行驶, 朱德广猝不及防, 从车门口仰面摔下, 造成 10 级伤残。被害人要求按照《消费者权益保护法》赔偿, 某中级人民法院的判决认为: "朱德广上车后因为朱勇驾驶的中巴上无空座位, 而要下车, 应视为朱德广不接受朱勇的客运服务, 故双方客运服务合同未成立。" 笔者不禁要反问: 如果乘坐出租车途中出现车祸, 乘客受伤后, 出租车司机能够以 "因为还没有给发票, 客运合同尚未成立" 而免责吗? 这种说法显然是站不住脚的。我国《合同法》第 293 条规定: "客运合同自承运人向旅客交付客票时成立, 但当事人另有约定或者另有交易习惯的除外。" 经承运人允诺先上车后买票或者被承运人招呼上车的乘客, 只要不是无端拒绝购票, 在尚未买票之前处于同承运人缔结合约的过程中。提供缔约场所者（即承运人）理所应当对该场所的安全负责。在缔约过程中出现消费者人身财产损失的, 除了消费者另有责任的外, 缔约场所提供者应当承担安全责任。

（四）安全责任随着服务延伸而扩展

目前, 不少商家在经营模态上采用了更为人性化的策略, 采用了大量延伸服务措施。例如, 有的商场开辟了供儿童游乐的空间; 有的超级市场提供免费的定点班车; 有的银行不但在营业厅内设置了供人休息的沙发, 还免费提供饮用水和一次性茶杯。延伸服务作为商家吸引消费者的策略, 本身就属于其经营活动的内容之一。根据权利与义务相对应的原则, 商家将服务延伸到何种范围, 其承担场所安全责任的边界也对应扩展。超级市场为吸引消费者提供的免费购物班车一旦出现车祸, 超市并不能因为 "免费" 而免责。如果经营者提供的延伸服务中包含着过错因素, 经营者也要承担责任。以体育竞赛场馆为例, 为防止观众一时冲动发生意外, 应当禁止销售用金属罐或玻璃瓶灌装的饮料, 如果场馆内出售了易拉罐饮料且因此发生伤害结果, 竞赛场馆就要对违规销售行为负责。

特别需要说明的是, 不同经营场所的服务对象不同, 经营者提供场所安全保障的重点也有差别。在经济发达程度不同的背景下，经营者提供的场所安全标准不可能整齐划一。以大都市为例，凡是允许残疾人、老年人、未成年人进入的场所，在环境建设中必须设置坡道以保障无障碍通行，所有设施的棱角都应当钝化或者有避免碰撞的保护措施，电源、热源、水源都应当有明显的警示标志或保护装置。然而，用修建坡道之类的标准要求农村小店，显然难以做到，而要求经营者采用人工辅助的方式弥补硬件设施的不足亦属合理。

三、经营者承担场所安全责任的争议焦点

在一般情况下，经营者的安全服务责任都是在损害事件发生之后才成为争议焦点的。在排除不可抗力致人损害、消费者故意所为因素之外，受害人与经营者之间关于民事责任的争议主要如下：

（一）侵权责任还是合同违约责任

依法理，民事责任有合同违约责任与侵权责任之分。经营者的场所安全责任究竟是合同责任还是侵权责任，有时很难区分，有时纯属竞合状态。在理论上将场所安全责任确定为合同责任或者侵权责任各有利弊。笔者赞成这样的观点："服务责任非单纯的合同责任，也非单纯的侵权责任，而是合同责任与侵权责任交叉存在的责任类型。受到损害的消费者与加害的经营者之间有合同关系存在时，可以适用合同责任进行救济，也可以通过侵权责任加以救济，在此情况下，产生合同责任与侵权责任的竞合。在没有合同关系的情况下，则可以通过侵权责任加以救济。"原告面对被告责任竞合状态，可以自主选择追究被告的违约责任或侵权责任，但不能重复追究。法院确定经营者应当承担场所安全责任的依据既可以是法律的规定，如我国《消费者权益保护法》第11条、第18条的规定，也可以是双方合同的约定。只要合同约定的内容不与法律的规定相抵触，受损的一方就可以要求经营者依据合同的约定承担损害责任。此时就法院而言，必须正确认定消费者与经营者之间订立的是什么合同、约定的是什么内容、承担的是什么责任。上文所提到的"停车场地免费，车辆安全自负"，实质上是对合同性质的声明，即：商家免收的是停车场地租赁费，消费者在免费租用的场地上停车，场地所有人不负保管责任。

以超市提供给消费者使用的存物柜为例，有的经营者以告示方式称之为"自助寄存"，同时声明"本商场实行自助寄包，责任自负"。这样做无形之中

导致了合同名称与合同实质相矛盾。"寄包"显属寄存合同，是指经营者收费或者免费为消费者寄存小件物品。既然构成寄存关系，就不能也不应当要求消费者"责任自负"。在法律意义上，"自助寄包"与"责任自负"两者必有一假。那么，超市所提供的存物柜究竟是"自助寄存"还是"借箱自存"呢？法院的裁判难点无疑在于此。我国《合同法》第365条规定："保管合同是保管人保管寄存人交付的保管物，并返还该物的合同。"就存物柜被消费者使用的实质而言，是借用合同而不是保管合同。商场提供分隔为若干个储存空间的存物箱，免费租赁给消费者使用，至于消费者是否向箱内存放物品及存放的是何种物品，超市是不知晓、不干预的。因为商场并没有对存放物进行控制、占有，不符合保管合同的保管物转移占有特征，所以在实际上也不应当负保管责任。租赁，通俗地说就是借用。我国《合同法》第212条规定："租赁合同是出租人将租赁物交付承租人使用、收益，承租人交付租金的合同。"超市在存物箱开启后又退币，是自愿做出的免收租金的行为，并不影响租赁关系的成立。超市借给消费者使用的是存物箱，消费者还给商场的也是存物箱，由于消费者没有将特定物交付商场，只要存物箱没有丧失与外界隔离的功能，超市就没有责任。

（二）过错责任还是无过错责任

按照民事责任的承担，一般分为过错责任、无过错责任、公平责任三类。我国《消费者权益保护法》第18条规定："经营者应当保证其提供的商品或者服务符合保障人身、财产安全的要求。对可能危及人身、财产安全的商品和服务，应当向消费者做出真实的说明和明确的警示，并说明和标明正确使用商品或者接受服务的方法以及防止危害发生的方法。"这一规定是从作为、不作为两个方面表明，经营者作为善良管理人还必须履行注意义务。倘若经营者做了不该做的事，如饭店为怕消费者"逃避买单"而封闭了消防通道；或者该做的事没有做，如宾馆忘了在消费者可能摔跤的地方放置防滑提示标牌或防滑垫，就应当承担过错责任。从理论上说，如果经营者该做的事都做了，不该做的事都没有做，消费者就不可能受到直接源于经营者过失的侵害，即便发生第三者加害的情况，经营者也不应当负责。据报道，2003年2月15日，吉林市中百商厦发生特大火灾，造成死亡54人的严重后果。火灾的直接起因是在第三简易仓库内，人为丢弃烟头引燃易燃物。该商厦中存在严重的违章建筑，消防设施在着火后基本上没有起作用，商厦未能及时报警，这些原因酿成了惨重伤亡。由于经营者在火灾中具有明显的过错，有关方面已经就善后处理作出明确表态，遇难者家庭至少可以得到 8 万元的赔偿。

设定经营者场所安全责任的本意，是为了促使经营者提供足以保障消费者人身、财产安全的服务，而不是苛求经营者担保不发生任何刑事案件。刑事案件在经营场所发生，经营者本身也是受害人，其只应当就其有过错的事由承担民事责任。如果把经营者责任扩大为无过错责任，对经营者的要求就不切合实际，势必造成乘客在公交车辆上钱包被盗，也要公交公司赔偿的局面。对在经营场所出现的刑事案件，经营者有过错的就有责任，无过错的就没有责任。2003 年 5 月 28 日国务院第 9 次常务会议通过，2003 年 9 月 1 日起施行的《物业管理条例》第 36 条的规定："物业管理企业未能履行物业服务合同的约定，导致业主人身、财产安全受到损害的，应当依法承担相应的法律责任。"这一规定表明，物业企业是以提供有效管理的方式从事经营活动，如果在由物业管理企业管理的范围内，发生业主人身、财产受到损害的刑事案件，除了追究犯罪人刑事责任外，物业管理企业也要承担相应的民事责任。对于在经营场所发生的第三者加害案件，经营者必须提供自己确实已经尽到善良管理人责任的证据，方能免责。这样做，既符合立法宗旨，又与我国的国情相适应，比较好地平衡了消费者和经营者的利益。

至于公平责任的承担，其前提是受害人和经营者对造成的损害都没有过错，适用时只要限制在我国《民法通则》第 132 条规定的范围内，就只是对过错责任的补充，而不是对过错责任的否定。

（三）比例赔偿还是全面赔偿

2002 年 3 月公布的《中国旅游饭店行业规范》第 27 条规定："饭店应当保护停车场内饭店客人的车辆安全。由于保管不善，造成车辆灭失或者毁损的，饭店承担相应责任，但因为客人自身的原因造成车辆灭失或者毁损的除外。双方均有过错的，应当各自承担相应的责任。"第 28 条又规定："饭店应当提示客人保管好放置在汽车内的物品。对汽车内放置的物品的灭失，饭店不承担责任。"这两条规定虽然是针对宾馆停车场车辆安全设立的，但是，对车辆整体安全、车辆内放置的物品安全做出了尺度比较明确的规定，比较好地体现了具体区分有无责任以及责任大小的思路，是值得重视的。

笔者认为，由于经营者直接责任造成消费者人身财产受损的，除了有证据证明消费者同时有过错的以外，经营者应当承担全面赔偿的责任，但是经营者不能对消费者提出防卫失策、逃生失当之类的苛求。相当一部分第三人在经营场所加害消费者案件发生的原因，既有经营者在履行安全服务责任时的懈怠，又与当事人的麻痹大意等主观因素有关，在承担民事责任的时候也应当按照实事求是的原则区分混合责任的大小。2003 年 6 月 3 日，上海市南汇区人民法院就浴客刘某醉酒后倒毙在胜禧浴场的案件作出了一审判决。法院认为，胜禧浴场应当对进出浴场沐浴的消费者依法承担安全保障的义务。刘某经尸检认定死亡的原因是吸入性窒息，刘某的死亡与浴场方没有严格履行经营者对消费者的法定安全保障义务，有着必然的因果关系。与此同时，刘某系身体健康的成年人，在醉酒后进入浴池溺水死亡，也与其严重醉酒有着密不可分的关系。基于经营者与消费者均有过错，法院判决被告胜禧浴场承担事故责任的70%，赔偿原告各项损失共计 18 万余元。

（四）原告举证还是被告举证

如前所述，经营者向消费者提供的应当是周到严密的安全保障。相比较而言，消费者在力量上远不及经营者，经营者是否正确履行了义务，处于弱势的消费者几乎是全然不知的。除此之外，安全保障涉及许多专业问题，消费者难以查考。消费者诉经营者未能尽到场所安全保障责任的案件，应当实行举证责任倒置，即由经营者证明自身无过错方能免责。以第三人在经营场所对消费者的侵害为例，消费者因要求经营者承担民事责任而起诉，如果法院做出消费者胜诉的判决，则必须确认：其一，消费者的人身、财产确实在经营场所中受到损害；其二，经营者对消费者未能尽到安全保障的责任；其三，消费者所受到的损害与经营者的疏忽、懈怠行为之间具有因果关系。显而易见，如果要求消费者证明后两项事实，等于给消费者出难题。为此，笔者建议，我国《关于民事诉讼证据的若干规定》增加以下内容：消费者的人身、财产在经营场所受到损害引起的诉讼，经营者的举证责任一是管理行为与损害结果之间不存在因果关系，二是经营者已经尽到安全保障责任。

四、第三人加害消费者时经营者场所安全责任的合理边界

《关于审理人身损害赔偿案件适用法律若干问题的解释》（法释〔2003〕

20 号）第 6 条规定："从事住宿、餐饮、娱乐等经营活动或者其他社会活动的自然人、法人、其他组织，未尽合理限度范围内的安全保障义务致使他人遭受人身损害，赔偿权利人请求其承担相应赔偿责任的，人民法院应予支持。"消费者的人身财产安全在购买商品、使用商品、接受服务等环节都应当得到保障，经营者对其所经营的场所安全负有责任毋庸置疑。但是，消费者在经营场所中人身、财产受到损害的情况十分复杂，在损害发生的具体原因、损害后果评估、经营者责任认定等方面，双方认识的差距往往很大。消费者希望能得到安全、舒适的服务，经营者在企盼平安的同时，更期望保障场所安全的成本能够相对低廉。消费者与经营者双方的立场无疑都是正确的，但是，各自的企盼均不能成为裁判的依据。从宏观角度说，明确经营者的场所安全责任既为消费者提供了放心消费的条件，也有利于规范市场秩序，对经营者是有利的。但是，经营者更希望场所安全责任明晰化。以宾馆为例，不同的星级表示设施和服务标准的差异，是否也可以理解为在安全保障的严密程度上也有差异呢？笔者以为，经营者对消费者的责任在于人身、财产的安全，这是不可突破的"底线"标准。任何经营者都应当在安全的前提下，尽可能为消费者提供舒适的服务。宾馆的星级标准可以在提供服务的舒适程度上有差别，却不能在安全上"打折扣"。合情合理地确定经营者的场所安全责任，对于平衡双方的利益十分必要。一般而言，发生火灾、爆炸、坍塌等安全事故时，经营者应当承担的责任比较明确，法院的判断难度不大；经营场所中一旦发生第三人加害消费者的案件，经营者的责任边界就显得比较模糊。特别是刑事案件久侦未破或者虽已破案，但被害人无法从刑事附带民事诉讼中得到赔偿时，经营者的场所安全责任往往有被"放大"的倾向。在"责任放大"倾向的笼罩下，经营者的场所安全责任也难免在无形之中被加重到了不合理的程度。

笔者认为，在第三人加害消费者的案件中，只要发生在经营场所中的犯罪案件与经营者没有牵连，且经营者已经尽到安全保障义务，经营者就是应当免责的被害人。经营者的被害主要表现在三个方面：一是经营者自身或雇员的伤亡（人身损害）；二是经营者的设施、商品受到损害（财产损失）；三是经营者的商业信誉损害（无形资产损失）。法人的商业信誉损害与自然人的精神损害有不少类似之处，无形性、切身性、体验性、长期性、难愈性等都是共同的，特别是商业企业每天都要开门迎客，戒备森严是招揽生意的明显障碍，采用"内紧外松"的策略肯定要加大成本，所以，商业场所在民众心目中安全感的受损一定会导致营业额的下降。必要时，经营者也可以对作案人提出刑事附带民事诉讼，请求人民法院责令犯罪人赔偿其经济损失。当然，与经营者相比较而言，被第三人伤害的消费者是更值得同情的弱者，经营者在承担场所安全责任的同时，对被害人予以慰问、表示同情也值得肯定。但是，第三人在经营场所加害消费者的案件是否破案、消费者能否得到刑事附带民事诉讼赔偿不能成为加大经营者场所责任的依据。人民法院审理案件时，不能误导民众产生"犯罪人赔不了，就找商场要"的诉求偏差。当然，如果经营者未能尽到安全保障义务，则必须承担相应的责任。

《法国民法典》第 1374 条规定："管理人应以善良管理人的注意管理事务。但管理人对于因过失或懈怠所生损害的赔偿，审判员得根据其开始管理事务时的情况而减轻之。"要求审判员注意经营者"开始管理事务时的情况"，无疑是尊重当时当地的客观现实，要求经营者承担适当的安全责任。不同治安背景、不同经营项目和不同消费等级的经营者承担的责任应当有所差别。概括地说，金融行业的安全系数必须大于一般商品出售或服务提供场所，经营餐饮娱乐业预防治安案件的责任更重，高档宾馆的安全服务理应优于一般旅店，为未成年人、老年人、残疾人、病人等提供服务的安全设施和管理应当更为完善。再进一步细化，医院为患者提供的住院护理一般分为一级、二级、三级，分别适用于生活不能自理的重症病人、部分生活能够自理的病人、生活完全能够自理的病人。分级护理的收费标准不同，对应配备的管理力量也是不同的，例如治疗精神疾患的医院对患者承担的安全防护任务更重。如果不加区别地强制经营者支付的场所安全成本过高，这过高的成本也会以间接的形态转嫁给消费者，出现"羊毛出在羊身上"的局面。根据目前我国社会治安的整体水平，笔者以为，面对经营场所中第三人加害消费者的案件，经营者承担的场所安全保障责任应当以防范设施有效、警示明确醒目、管理谨慎周到、制止侵害果敢、实施救助及时、保全证据妥善为限。只要经营者完成了以上六项任务，就应当认为经营者履行了场所安全责任。

（一）防范设施有效

所谓防范设施有效，是指经营者应当依照公安、消防、食品卫生监督等部门的要求，设置门禁、报警、录像监控等配套运行的安全防范设施，并保证设施的运行始终处于良好状态。经营种类与防范设施的关系十分重要，具体要求应当服从该行业的法规或经营规范。如医院对处置医疗废物污染、防止交叉感染有极为严格的规定，否则的话，医院就会变成"疫院"。

（二）警示明确醒目

所谓警示明确醒目，是指经营者对经营场所内的电源、水源、热源以及有毒有害、易于滑跌、急弯陡坡等可能发生危险的部位或事项，以醒目的方式，用文字、图案做出提示或警告。必要时，在场的保安及管理人员，应当随时以口头提醒、劝阻、警告等方式，使消费者知悉。经营具有高度刺激性的游戏或激烈运动项目（如垂直升降、高空旋转、对抗性身体接触等），必须事先明确告知哪些人不宜参加（如心脏病、高血压患者等），哪些状态不宜参加（如醉酒、怀孕等）。对不遵守游戏或运动规则、不服从管理者，经营者应当明确拒绝其进入经营场所。

（三）管理谨慎周到

善良管理人的谨慎管理，包括对进入经营场所可疑人员的注意和必要的盘查，对经营场所治安秩序的维护，对可能造成危害的设备、器械、药品的使用方法的说明等。根据经营场所面积、设施、经营种类等方面的差异，管理人还负有限制进场人数、限制载重负荷、保持照明亮度等义务。我国《未成年人保护法》和其他法律法规明令禁止或限制未成年人出入的场所，经营者也必须严格遵照执行。以游园活动为例，为了确保园内安全，在陡坡、急弯、邻水等可能出现险情的地段应当设置警示标志，对不适宜人流聚集处所（如影视拍摄外景地的观赏性建筑物）应当采取严格的管理措施，当游园售出的入场券已经到达规定的容纳量时，必须采取"量出为入"（即出门多少人、才能进门多少人）的管理方法，以确保安全。如果因上述方面出现疏漏而导致游人的人身、财产安全受损，就应当认为经营者未能尽到谨慎、周到、勤勉管理的责任。

（四）制止侵害果敢

根据经营安全的需要，不少经营场所都配备了保安人员。对第三人侵害消费者的案件，保安人员具有及时发现可疑迹象，及时劝阻违法举动，果敢制止犯罪侵害，尽力控制危险程度的责任。由于犯罪的复杂性，经营场所的保安人员能否成功地制止犯罪并不影响对其主观努力的评价。换句话说，不能苛求保安人员百分之百地成功制止犯罪或抓获侵害者，保安人员所应当做到的是在制止犯罪时勇敢果断、尽心竭力，不畏缩，不慌乱，在最短的时间内报警。

（五）实施救助及时

犯罪案件发生时，经营者对受到伤害人员的及时救助是对人的生命的尊重。如果经营者对被害人态度冷漠、懈怠救助，甚至见死不救的，应当视为未能尽到经营场所安全责任。当被害人因为求助、躲避歹徒的追赶而进入或请求进入有保安人员值守的经营场所，保安人员不得拒绝救护援助。

（六）保全证据妥善

经营场所发生侵犯人身权、财产权案件时，经营人必须及时向警方报案，积极提供侦破线索、妥善保全并提供监控录像等证据，配合警方缉拿案犯。否则，应当认定场所经营者未能尽到场所安全保障责任。

以银行为例，经营者雇佣的保安人员是其承担安全保障义务的举措，保安人员失职的应当由经营者承担责任。如果遇到歹徒抢劫客户的情形，经营者是否正确履行了善良管理人义务，应当通过对以下方面的考察全面衡量。其一，银行的营业大厅及门窗、出入口是否具有灵敏、坚固、有效的安全防护设备，运转是否正常；其二，在营业大厅内的明显位置是否有醒目的安全提示；其三，安全保卫人员是否在岗在位，是否及时发现、尽力制止歹徒的侵害行为，是否在第一时间内报警；其四，银行方面是否及时向警方提供监控录像带等证据资料。凡是能够全面完成上述四项工作的，应当视为经营者已经尽到合理注意的义务；如果经营者虽然在一定程度上履行了义务，但又有一定欠缺，则应当承担部分责任；如果仅仅在形式上安装了防范设备，保安人员惧于或怠于制止侵害，则应当认为未履行或基本未履行安全保障义务。

需要特别强调指出的是，经营者场所安全责任的具体内容是随着经济繁荣、科技发展、社会进步而不断变化的，总的趋势是经营者的安全责任越来越大，消费者享受到的安全保障程度越来越高。以酒精饮料的销售为例，在步行或骑马为主的农业时代，卖酒人可以在不区分具体消费对象的状态下经营，也没有人因为武松在翻越景阳冈时已经醉酒，而追查饭店的责任。但是，当今时代的酒类经营者，如果明知对方是汽车驾驶员或者未成年人而向其卖酒，则构成过错。这是因为，酒类经营者负有一种随着时代变迁而产生的合理注意义务，此项义务要求其为防止可能发生的车祸，不向驾驶员和未成年人卖酒。

2003 年春，SARS 病毒的肆虐给旅游、餐饮等行业带来了相当大的打击。除此之外，相当一部分患者因为惧怕到医院就诊可能受到交叉感染而尽可能不去医院，客观上造成了医院就诊人数锐减。因为惧怕交叉感染而不去医院的心理，充分反映了公众对经营场所安全的期待和关注，这是值得经营者重视的。在 SARS 病毒流行期间，不少商业经营者也针对性地提出了"本店提供分食制服务""本店每隔 4 小时消毒一次""本店不以野生动物作为食品原料"等广告语。诸如此类的广告表明，经营者向消费者承诺了更为严格、具体的场所安全责任。经营者安全责任的加重，在整体上有利于社会秩序的维护，有利于保护消费者的人身、财产安全，也是经营者必须承担的社会责任。我们有理由肯定地说，场所安全、商品安全、服务安全已经且必定是商业竞争的焦点之一。

参考文献

〔1〕王莹、冯丽萍："储户银行内遭抢 银行一审被判赔"，载《法制日报》2004 年 2 月 6 日。

〔2〕史尚宽：《债法各论》，中国政法大学出版社 2000 年版。

〔3〕智敏："女工 82 次省城上访 三级检察机关履行法律监督职能支持女工打官司讨公道"，载《检察风云》2003 年第 7 期。

〔4〕金福海："论服务责任的性质和归责原则"，载《法学论坛》2001 年第 5 期。

〔5〕沈志先、符望："自助寄包柜失包与超市责任——析李杏英与大润发超市财政损害赔偿纠纷"，载《法学》2003 年第 2 期。

〔6〕许哲煜："他酒后倒毙在浴场"，载《上海法制报》2003 年第 6 月 11 日。

（原载《法律科学》，2004 年第 3 期）

老年人权益保护法律的深化与细化（摘要）

中国进入老龄化社会以来，政府正在采取一系列措施，努力推进养老服务事业的发展。而我国的老年人权益保护法律法规建设滞后、内容笼统、条文粗疏、可操作性差则是基础性的缺陷。

一、明确老年人合法权益保护的政府责任

从总体上看，我国目前老年人合法权益的保障已经实现了有法可依。但基本上都是老年人权益保护宣言。其实，健全对老年人的社会保障制度，实现老有所养、老有所医、老有所学、老有所教、老有所为、老有所乐是离不开政府规划和投资的。各级政府如何逐步改善保障老年人生活、健康以及参与社会发展的条件：一是要编制立足长远的规划，二是要有资金投入的保证。老年人保护的地方立法应当明确规定，本地政府用于老年人事业发展的年度最低投入占国民生产总值的比例或比例幅度。

二、对老年人结伴不结婚的选择予以忠告性保护

老年人同居又称"同居不婚"，是个世界性的话题。在发达国家，老年人同居不婚比例是非常高的。俗话说"少年夫妻老来伴"，老年人不缺吃、不缺穿，缺少的就是倾听、交流、互慰，老年人结伴不结婚主要因为相互之间需要情感交流。结伴不结婚之所以会在一部分老年人中流行是因为其便捷、实用、牵扯面小。当然，老年人情绪的不稳定性也会给结伴带来不稳定，但是"散伙"的成本很低，甚至不需要成本。笔者认为，仅仅对老年人同居报以"不鄙视也不赞同"的态度是不够的，对老年人离婚、再婚的，要依据《中华人民共和国婚姻法》予以保护，对老年人结伴不结婚的应当提供忠告性保护。所谓忠告性保护，是指有针对性地宣传法律知识，在不干涉当事人行为选择

的基础上提出防范知识的忠告，引导其在非法律保护的状态下和睦相处，安度晚年。

三、用"双养协议"弥补老年人精神赡养规定的不足

在瑞典、芬兰等北欧福利国家的法律中，都有关于子女对父母精神赡养的具体要求，以保证老人们晚年的幸福。笔者认为，在我国立法上尚未确立"精神赡养"概念之前，可以充分利用"精神慰藉"的规定作为维护老年人权益的重要内容。应当教育年轻人注重对老人的赡养质量，抽出时间看望老人，尽可能多地与老人进行面对面的交流。当造成老年人精神伤害的事件发生后，可以运用我国特有的人民调解制度对有过错的后辈进行批评教育，促使其改变对老人的冷漠态度。必要时，人民调解委员会可以主持双方协商，达成"双养协议"，以双方协商认同的方式把"精神赡养"的义务明晰化。所谓"双养"即子女必须承担老人"物质赡养"和"精神赡养"的双重义务，不能"只出钱、不出面"。同时，还可以在"双养协议"中具体写明探望的次数、时间、禁忌的语言等具体内容，以保证协议履行的效果。

（原载《城市管理》，2004 年第 6 期）

论维护司法权威的基本思路（摘要）

一、司法权威的基本内涵

司法权威的构成取决于以下三要素：其一，是司法机关自身的作为。司法机关必须以正确、及时、高效、低耗的裁判活动，向社会提供优质的服务，在日积月累的过程中建立权威。其二，司法权威来自社会对司法活动的公认。司法权威与司法机关的形象具有高相关度。其三，司法权威是社会对司法工作的不断评价，当司法机关恪守公平正义，且持之以恒的时候，司法权威才能形成。司法权威来自实践，其形成是一个动态的积累过程。

二、司法权威的主要特点

概括地说，司法权威的主要特点是国家性、终结性、实践性、公认性。

三、维护司法权威的基本思路

概括地说，维护司法权威的努力必须立足于如下几点：在司法运作的过程中准确地表达和及时地体现国家意志，尽可能减少迟到的正义和代价昂贵的公正；以公正中立的司法品格，规范公共权力的有节制行使，使得人民的利益高于一切成为司法运作的结果；以对合法权益的终结性救济，实现司法机关权威程度不断提升的积累；用严格执法、文明司法的行为，使在纠纷调处中利益受到减损的一方从公正中认同司法权威。

1. 维护司法权威必须坚持党的领导。

2. 维护司法权威必须改进党的领导。

3. 维护司法权威必须执政党率先垂范。

4. 维护司法权威必须深化司法制度改革。

（原载《上海法治报》，2004 年 3 月 1 日）

社区矫正试点与矫正质量的提高（摘要）

社区矫正是组织社区的力量，对符合在非监禁条件下接受矫正的罪犯实施刑罚的活动。对罪犯实施社区矫正，并不是对狱内矫正的否定，社区矫正只是罪犯矫正工作的组成部分之一。推行社区矫正的主要目的在于克服狱内矫正的弱点，探索更加符合国情的罪犯矫正方式，在整体上提高罪犯矫正的质量。

社区矫正的试点应当围绕提高矫正质量来设计和运作，一是如何使适于社区矫正的罪犯"回家服刑"，二是如何实施非监禁条件下的矫正工作，三是如何对社区矫正的效果进行客观的评估，四是如何对社区矫正实施监督。以上"四个如何"的突破，无疑需要投入大批人财物力，但更为需要的是重心下沉，以创新、务实的态度进行实打实凿的探索。由于社区矫正的理论基本上属于"舶来品"，我们不仅要引进先进的理论，还要通过移植发现可能出现的"水土不服"，并寻找改进的对策。

社区矫正的试点应当紧紧围绕提高矫正质量，在平衡各方利益的前提下谨慎操作。试点工作一定要重心下沉，解决好街道怎么办、居（村）民委员会怎么做等实际问题。对我国社区矫正的试点成果采取谨慎乐观的态度较为可取。社区矫正工作队伍的组建，社区矫正工作与劳动教养制度改革关系的处理，防止社区矫正对象对社会的"逆向感染"，被矫正人员的权利保障等尚未引起足够重视的问题，亟待在试点工作深化阶段予以解决。

（原载《当代法学》，2004 年第 4 期）

应当高度警惕快感获得异常者的行为（摘要）

高度警惕快感获得异常者的行为，指导群众学会识别貌似温顺的恶魔，建立全社会共享的、反应灵敏的预警系统，严密防范其危害公共利益和无辜公民，及时侦破人格变态者犯罪案件，矫正其人格变态，应当是黄勇系列杀人案对我们的启迪之一。

快感获得异常是人格变态的表现类型之一。形成的原因主要是：快感的唤起有别于正常人，快感的内容有别于正常人，快感的满足有别于正常人。

快感获得异常者行为的基本特征是：作案手段的残忍性，羞耻或罪责感的缺失性，作案方式的连续性，侵害对象的一致性。

快感获得异常行为具有社会危害性。首先，快感获得异常者把全人类公认的非快乐的体验视为快乐，这是违背人伦的。其次，是主体所追求的畸形快乐对社会造成的危害十分严重。如果主体以罪恶的手段实现自己的快乐，其所为本身就是犯罪。即便是通过发泄取得的快感，也必须在无碍他人、无碍公共利益的前提下实施。

社会各界都应当高度警惕快感获得异常者的行为。作为社会而言，人格变态者或多或少总会存在。法律控制所能起到的作用只能是建立较为灵敏的预警机制，适时向公众发布提醒或提示公告，对已经查明和具有变态倾向的人员进行矫治和必要的监控，对构成违法犯罪的变态行为予以制裁。各级政府、与公共安全职能相关的各部门、教育界以及广大群众都应当从黄勇系列杀人案件获得教训，警惕快感获得异常者的侵害行为，力求早发现、早破案、早确认、早矫正。

（原载《犯罪研究》，2004 年第 2 期）

做好信访工作与提高党的执政能力（摘要）

　　为了加强和改进党的建设，十六大报告明确提出了"认真研究我国社会生活的新变化和群众工作的新特点，把加强和改进群众工作贯彻到党的建设和政权建设的各项工作中去"的要求。

　　信访是人民群众依法行使民主权利，管理国家事务，管理经济和文化事业，管理社会事务和维护自身合法权益的重要形式；是国家机关发扬社会主义民主，听取人民群众意见、建议和要求，接受人民群众监督的重要渠道。作为执政党和各级政府都应当珍爱与人民群众联系的现有渠道，并努力扩展直接联系的渠道。在一定时间内群众信访数量增多，既表明以往积累的难题拉响了预警信号，也是民意表达趋于畅通的征兆，为执政党及时正确地调整执政党与民众的关系提供了契机。显然，信访是表达民众意愿的途径，执政党立足于把坚持党的领导、人民当家作主和依法治国有机地统一起来，把信访增多的压力变成提高依法执政的能力的动力。

　　提高党的执政能力，不能停留在大造舆论和一般要求的层面，必须从每一个党员特别是党员领导干部开始做起，从解决群众最关心、最迫切需要解决的实际问题做起，多办得人心、暖人心、稳人心的好事实事。

　　中国共产党提高依法执政的能力的难点在于理论上能否与时俱进、自我革新，实践上能否代表人民、造福人民。我们党最大的政治优势是密切联系群众，党执政后的最大危险是脱离群众。对执政党而言，必须在解放思想的过程中统一思想，按照与时俱进的要求改造主观世界和客观世界，用改造主观世界的成果改造客观世界，用依法执政来维护社会稳定。以政府工作为例，以往的政府行为中确实存在不少越位、错位甚至错伤管理相对人的问题。如果仅仅从群众身上找原因，不主动检讨政府所为的缺陷，不但解决不了历史遗留的信访问题，反而会引发新的社会矛盾。各级党政机关增强忧患意识，以正确、科学、认真的态度对待人民群众来信来访，在解决信访问题的实践中具体体现立党为公、执政为民的执政理念，才能从根本上维护社会稳定，赢得人民的拥护，提高依法执政的能力。

（原载《政治与法律》，2004 年第 2 期）

从法治角度为我国艾滋病防治工作建言

一、依法延处"血头"和确有职务犯罪的国家公职人员

有人认为，我国不规范的采血、供血行为主要发生在 20 世纪 90 年代中期。我国确定非法组织他人出卖血液罪，强迫他人卖血罪，非法采血、制血、供血罪，单位违反检测操作规定采血、制血、供血罪，始于 1997 年 3 月 14 日修订的《中华人民共和国刑法》（以下简称《刑法》）。按照不溯及既往的原则，对 20 世纪 90 年代中期的"血头""血霸"问题已经无法处理。

笔者以为，即便无法追究既往"血头""血霸"的刑事责任，追究其民事责任也是必要的，被害人的民事诉权依然可以行使。当时卖血的农民所得甚少，"血头""血霸"及"血站"都发了横财。只要司法部门和政府机关通力合作，哪怕在象征意义上判令"血头""血霸"作出赔偿，都会有利于安抚因为卖血感染艾滋病的贫困者。"血站"的非法设立和违规操作，至少与政府有关部门的失职有关，政府应当承担相应责任，公开向民众道歉。

"阳光是最好的杀菌剂"，采供血及血液制品的安全一定要从源头上抓起，实行长效管理，不能只靠"专项整治"。各级医疗卫生部门必须建立严格的采血、供血、血制品监管制度，从源头上保障用血安全。不具备条件的地方绝对不能设置"血站"，已经建立的"血站"绝对禁止个人承包。"血站"的工作信息列入向社会公开的范畴，随时随地接受社会公众（包括境内外媒体）的查询、采访。卫生部应当向社会公布专用的免费举报电话号码，参照体育系统反兴奋剂通用的"飞行检查法"，采取随机抽查的方法进行严格监管。只要非法、违规采供血查实有据，就采取"突然死亡法"立即关闭该血站，并追究当事人和相关领导的责任。

二、对艾滋病感染者直接犯罪的活动要保持"露头就打"的高压态势

各地公安机关对故意传播疾病或盗窃、抢劫、敲诈勒索的艾滋病感染者必须保持高度警惕。一经发现，必须立即抓捕，依法惩处，决不能造成国家对艾滋病人作案"束手无策"的错觉。对进入诉讼程序和已经定罪的艾滋病感染者，应当给予人道待遇，设置专门的羁押区域，并予以积极治疗。

三、严厉打击以治疗艾滋病为手段的诈骗犯罪

艾滋病患者的心理十分脆弱，出于对生命的珍爱和渴求，艾滋病人特别容易听信"包治艾滋病"的欺骗，所谓治疗艾滋病的"祖传秘方"也会轻而易举地骗取艾滋病人的钱财。如果政府仅仅告诫艾滋病患者"不要上当受骗"，依然不能免除其行政不作为的责任。政府主管部门对以艾滋病感染者为对象的非法行医、非法制药，向艾滋病感染者销售假药劣药的行为，一定要及时发现、从严惩治。

处理针对艾滋病感染者的非法行医、贩卖假药劣药案件，除了在定罪量刑时必须体现从严原则之外，在判定刑事附带民事诉讼赔偿数额时，应当充分维护被害人的利益。对于生产、销售假药劣药的企业，一经查实要立即查封，彻底追缴流散的假劣产品。发现为销售治疗艾滋病的假药劣药发布广告的单位，除按照《中华人民共和国广告法》第41条的规定处罚外，要一律停止其发布广告的资格。

四、警惕从事艾滋病防治研究的实验室人员故意制造事故

我国《刑法》中并没有"故意制造事故罪"这样的罪名，但是，无论从理论还是实践的角度看，故意制造事故的行为确实存在，增补这一罪名势在必然。在防治艾滋病的过程中，各类科研人员的作用极为重要，研究资金的投入要依法保证，实验室的管理必须强化。如果艾滋病病毒从实验室逸出，特别是人为地将实验室的艾滋病病毒或某种带有毒性的中间试验品向社会扩散，事后控制的局面将极为被动。近年来，理论界已经提出了"生化恐怖"的概念，其中的关注重点之一是高科技人员和实验室的控制，我国切不可缺乏应有的敏感性。

（原载《中国艾滋病性病》，2005年第3期）

我国应当建立"和解不起诉"制度（摘要）

寻求被害人人权保障与犯罪人人权保障的平衡是世界范围内各国人权保障的必然趋势与走向。

一、必须注重被告人、被害人权利的双向保护

不能否认，被告人相对于司法机关确实是弱势的一方，但是相对于被告人而言，被害人又是弱者。被害人报案以后，其诉讼权利转移为由检察机关掌握的公诉权，并不一定能够使其摆脱弱势的局面。如果在保护被告人合法权利的同时，忽略了被害人在身体上、财产上、心灵上所受到的严重创伤，这种单一向度的"人文关怀"很难说是公正的。

弱势并非法律概念。按照通常的理解，弱势是指在社会的利益分配中处于偏弱地位者，即需要社会给予特殊关爱和援助的人群。当弱势群体等概念应用于法学领域时，我们必须准确把握弱势的基本特征。

犯罪被害人相对于犯罪人才是真正的弱势。如果能够使被害人从被犯罪人欺辱的状态，变为教育挽救犯罪人的力量，才能认为被害人已经成为强者。

二、我国被害人诉讼权利虚化的局面亟待改进

（一）被害人的诉讼代理人的实际权利低于被告人的辩护律师

（二）被害人对不起诉决定的申诉权、起诉权徒有虚名

（三）被害人的请求抗诉权基本上属于"画饼充饥"

（四）被害人在刑事附带民事诉讼中的赔偿请求大多落空

三、司法权过度替代被害人诉讼权利确有弊端

（一）司法权包揽的刑事诉论实际效果并不理想

（二）设定"考察"的自我授权难以推广

（三）司法改革应当防止国家专门机关竞相扩权的倾向

四、我国应当建立和解不起诉制度

所谓和解不起诉，是指被害人与加害人在人民检察院的主持下，通过加害人向被害人认罪悔过，求得了被害人的谅解，双方达成和解的协议之后，由检察院作出不起诉的决定。

（一）和解不起诉有利于对加害人、被害人的双向保护

（二）和解不起诉足以促使犯罪嫌疑人真诚悔罪

（三）以和解不起诉终结案件，有利于建设和谐社会

（原载《青少年犯罪问题》，2005 年第 5 期）

以善治为标准改革我国信访制度

当前，曾在我国党和政府与群众的沟通中起过重要作用的信访制度不仅遇到了信访"洪峰"的冲击，而且正在经受法治化的挑战。如何正确认识信访的功能并对其进行改革成为目前亟待解决的问题。

一、信访的功能应当是实现公权力与私权利的合作互助

根据现代治理理念，人民是国家的主人，政府手中的权力是人民赋予的，人民与政府之间是合作的关系，政府必须依法行政；治理方式应加强政府、非政府组织和公民之间的平等协商与合作。在目前国家法治还不够完善，局部地区司法腐败问题不同程度存在的情况下，信访制度作为一种救济性的制度安排，无疑应当继续为公民的有序政治参与提供通道和平台。

世界的法律体系如今出现了"公法私法化"与"私法公法化"的趋势。将信访制度纳入国家法治体系既不是主张公权力的扩张，也不是鼓励私权利的膨胀，而是为了建立公权力与私权利之间的平等协商、合作互助的机制。如果说，我们认同构建"小政府，大社会"的理念，就应当同时接受通过私法完成公共任务的观点。采用私法完成公共任务，"除了必须有完备成熟的私法法律体系外，还必须有国家与社会合作的行政模式来保证。因为，私法从根本上来说是平等主体之间的法律关系规范系统。公共行政采用私法完成公共任务就必须与社会各类主体平等合作。只有在此基础上，才能运作。这对传统的国家权力至上的公共行政来说，意味着转变模式，必须在特定的行政领域内，有意识地构建足够的负有公共任务而同时具有平等地位的、相对独立的、具有私法形式的公共行政载体。"[1]按照我国的国情，信访部门就属于"负

---

[1] 王维达主编：《以私法完成公共任务》，百家出版社 2003 年版，第 15 页。

有公共任务而同时具有平等地位的、相对独立的、具有私法形式的公共行政载体"。

笔者认为，从整体上考察，我国现行的信访机构属于行政部门。行政干预司法的现状不宜长期维持，权利的救济应当在法定的程序中运作。将信访作为法定程序之外的权利救济的手段，的确不利于维护司法权威。但是，就目前我国公民所具有的权利救济手段而言，是偏少而不是偏多，是偏弱而不是偏强。信访作为民意表达的渠道不能取消，信访部门目前所具有的权利救济功能应当归还于司法。信访制度的设计，必须严格遵循依法治国的基本要求，不能破坏和损害现代国家治理必须遵循的分权治国和权力制约的原则，不能影响或破坏行政与立法、司法权力之间的互相制约和平衡关系。说得通俗一点，不能希望信访部门成为具有超级功能的"大抹布"。

改革信访制度"牵一发而动全身"，理论创新的勇气必须与操作上的谨慎稳健紧密结合，明确目标、分期实施、兼顾左右、逐步推进可能是较为理想的策略。第一步，党委系列除了党的纪律检查委员会继续设信访部门之外，党委在其他方面不再出面接待信访，各条线通过信访途径发现的倾向性问题素材转递到党委组织部门或纪检部门。第二步，涉讼信访全部归属人大常委会或者公检法司机关各自的信访部门，依照法定的程序处理。第三步，政府信访机构不再受理涉讼类信访事项，主要通过落实民众的批评建议，促使政府工作的改进；对求决类信访，上级信访部门对下具有交办权、督办权，遇有疑难信访事项，上级信访机构有权公开召集听证会，通过公开听证做出决断。

从法治建设的长远目标计议，扩张信访部门的权力必须谨慎。如果授予信访部门太大的权力，信访部门解决的问题越多，群众对信访部门的信任和期待就会越强烈，信访部门无论怎样扩大编制，都会不堪重负。到头来，信访部门依法行政的可能性就越小，引发的问题就会更多。通过制度的改革，使得信访工作对上能顺畅地实现政治沟通，对下能有效地为民解忧，才是两全其美之策。国家信访局的职能应当是"治政"，即通过对规律性问题的研究，及时制定政策，正确表达国家意志。国家信访局要尽可能少地处理或者直接协调处理具体信访事项，以避免造成"只要找到北京去，国家信访局就会接待"的错觉。确有必要由国家信访局接待的信访事项，应当以预约面谈的方式进行。

当我们讨论公权力与私权利的合作互助时，还应当说明私权利在一定条件下也可以受到限制，当公与私的利益发生冲突的时候，私权利为公共利益的实现做出克减和退让也是必要的。以城市动拆迁过程中出现纠纷的信访为例，私有财产不受侵犯与依法征收征用并给予补偿是不矛盾的，信访部门面对纠纷的职责是劝导、规范双方的协商，而不是充当"裁判"，有迹象显示政府有侵权行为的转交行政监察部门处理，真正需要裁断的则进入司法程序。

二、信访制度的改革必须首先自身准确定位

目前，信访机构在民众的企盼与不满之中、在领导层的厚望与批评之中，不得不涉入社会生活的各个领域和各个部门，扩编和增人连年不断。甚至形成了这样的恶性循环——信访部门接待的来访越多，信访人员和信访事项就越多，信访人员和信访工作者都对此不满。问题的关键在于，信访工作至今没有摆脱计划经济的运作模式，职责权限不明确，主管事项不明确，运作程序欠规范，工作内容及运行带有较大的随意性。

对信访机关的定位必须符合法治理念和市场经济运行规律。一味地"做大"信访机构，不停地增加编制、扩大权力都不是解决问题的办法。政府各职能部门都有相应分工和确定权限，每个部门都应当"管好自己的人、办好自己的事"。在绝大多数信访事项都可归口于各职能部门的情况下，信访机构也应有所为、有所不为。信访制度的存在不能挑战或破坏现有司法体系，信访办不能变成"第二法院"或不开庭的"三审法庭"。信访机关应当成为党和政府的"第二研究室"，担负起表达民意、集中民智的决策咨询机构。

当前，信访工作陷入困境的原因是多方面的。首先是司法腐败、分配不公、侵害群众利益的实际问题确实存在，必须纠正基层组织对群众疾苦的冷漠、对上级机关交办信访案件的敷衍之态；其次是信访机构处理信访事项时的人治色彩浓厚，与信访人员的非理性行为交织在一起，对公共管理资源的无端耗费和民心的销蚀、民力的浪费都是严重的。信访部门非法治的处置手段与民众非理性的信访行为互为条件、互为因果，已经到了犬牙交错、难分难解的状态。以信访人员采取过激行为为例，过激行为的产生无非有以下原因：一是，负有接待和解决问题职能的机关或者人员态度冷漠，理应解决的问题久拖不决，甚至上级已经明确表态的问题也被"踢皮球"，引发了信访人予以强刺激或使其难堪的想法；二是，客观上采取过激行为能够引起领导的重视，

使问题较快得到解决；三是，别有用心的人暗中挑唆，以共同命运、共同目标、共同遭遇、共同行为为纽带的群体滋生出"法不责众""责任分散"的心理；四是，行为人自身存在偏执的、极端的心理倾向。但是，以过激的行为抗议官员的冷漠和行为过激能够获利的主要责任均在权力机关。如果能够切实改进基层组织和各级行政机关的工作，相当一部分过激行为都是可以预防或者化解在萌芽状态的。

针对信访机构和信访人员存在的不规范行为，双向规范是信访制度改革的突破口。双向规范的指向，对上是指信访机构和负有解决信访问题责任的基层组织，对下是指信访人员。对信访机构而言，必须改变用非法治的手段处理信访事项的习惯；对基层政权而言，必须杜绝不负责任的敷衍、推诿、塞责；对信访人员而言，必须理性、合法、有序、有度地表达意愿。由于基层组织大多数属于行政机构，所以也将其归入对上规范的部分。所谓双向规范，是指用可操作的法律规定，规范信访机构（含负有解决信访问题责任的基层组织）、信访人员的行为，实现公权力与私权利的合作互助。我们欣喜地看到《信访条例》的修订已经在这方面迈出了坚实的一步。新的《信访条例》第3条规定："各级人民政府、县级以上人民政府工作部门应当做好信访工作，认真处理来信、接待来访，倾听人民群众的意见、建议和要求，接受人民群众的监督，努力为人民群众服务。各级人民政府、县级以上人民政府工作部门应当畅通信访渠道，为信访人采用本条例规定的形式反映情况，提出建议、意见或者投诉请求提供便利条件。任何组织和个人不得打击报复信访人。"第5条还规定："各级人民政府、县级以上人民政府工作部门应当科学、民主决策，依法履行职责，从源头上预防导致信访事项的矛盾和纠纷。县级以上人民政府应当建立统一领导、部门协调，统筹兼顾、标本兼治，各负其责、齐抓共管的信访工作格局，通过联席会议、建立排查调处机制、建立信访督查工作制度等方式，及时化解矛盾和纠纷。各级人民政府、县级以上人民政府各工作部门的负责人应当阅批重要来信、接待重要来访、听取信访工作汇报，研究解决信访工作中的突出问题。"

三、对信访制度改革的设计必须以善治为标准

善治，可以理解为"好的治理"，即在执政党的主导和表率作用之下，国

家、社会、公民对公共生活的合作管理，使公共利益最大化。"好的治理"代表了人类对于效率与公平、私人利益与公共利益的两全其美的双赢追求。善治的价值和实践难度都在于，政权的执掌者从统治地位走向合作的倡导者和主持者，在公权力与私权利的制约抗衡关系之中，培育起合作互助的新颖关系。按照相关的研究，社会治理的进步意义体现在善治的八项要素之中，能否实现善治也需要以下八项要素的检验：（1）善治强调治理的合法性；（2）善治要求治理的透明性；（3）善治要求治理参与者的责任性；（4）善治以法治为前提；（5）善治强调责任承担者的回馈；（6）善治突出治理的有效性；（7）善治倡导最大限度的参与；（8）善治要求治理的公正性。[1]

可以说，信访工作是化解矛盾、解决问题、凝聚人心、巩固执政基础的工作，信访制度本身就是善治理念的初级表现形态，信访制度的改革能否达到善治的标准也是对中国共产党执政能力的具体考验。善治，既是我们努力的目标，也是一个不断变革的过程。善治，具体体现在信访工作上：一是，进一步畅通政治沟通的渠道，保障人民群众依法提出建议、意见和申诉的权利，把执政党和"一府两院"自觉置身于人民的监督之下。二是，创新工作机制，提高处理信访事项的效率和水平，建立公共利益、人民利益兼顾，标本兼治，各负其责、齐抓共管的信访工作格局。三是，强化各级政府、有关部门对人民负责的意识，依法、及时、公开、合理地解决群众的合法权益受到侵害的问题。四是，加强公权力与私权利合作互助的宣传，引导群众以理性、合法、有序的方式反映意见和建议，自觉维护正常的社会秩序，确保社会和谐稳定。

目前，我国公民的权利意识的觉醒尚属初级阶段，权利意识觉醒初期的无序在所难免，公民的权利意识觉醒后的正确行使尚待引导。国家设置人民群众来信来访的制度，前提是承认自己的执政能力还有欠缺，目的是听取民意、集中民智，力争在更高水平上为民造福。通过50年来的信访实践，信访机构在处理信访事项时的非法治化倾向已经成为信访工作的羁绊，基层政权组织对上级交办的信访事项敷衍塞责已经把信访的压力导向中央，信访人员的闹访、缠访行为已经占用了大量公共管理资源，并有可能引发社会秩序的混乱。我们强调执政党要善于协商合作，绝不是倡导软弱。协商是依法协商，

[1] 参阅林尚立主编：《上海政治文明发展战略研究》，上海人民出版社2004年版，第277~280页。

合作是守法合作，法律就是利益各方都能够接受的平衡点。以城市动拆迁为例，保护合法的私有财产不容置疑，把私有财产当作漫天要价的"筹码"也不能容忍。目前，我国不少地方都在试行疑难信访案件的听证制度，这是值得提倡的。听证的实质是公开展示各自的观点及其依据，通过平等协商，最终采纳符合多数人根本利益的方案。

当然，信访制度的改革只是政治体制改革整体规划中的一小部分，作为局部的改革必须得到全局的支持和呼应。就全局而言，必须切实提高执政能力，把立党为公、执政为民的宣言变成实实在在的行动，依法行政，公正办事，把矛盾化解在基层。考虑到执政能力的提高必定有一个过程，基层工作出现失误的可能性将会长期存在，信访机构理所应当继续担当起顺畅民意表达，督促纠正基层工作的失误，维护群众利益和司法权威的职能。目前，信访机构已经成为我国各类社会矛盾的聚汇点，信访机构的工作不能停滞，改革不能走偏方向。简单地评说信访工作的退与进或者信访职能的强化与弱化都是不准确的，信访制度的改革应当以规范双向行为、谨慎扩大权力、实现公权力与私权利的合作互助为基本思路。如果《信访条例》的修改只是单向度地限制人民群众的信访行为，民意表达的成本越高，群众的不满情绪就会更大，出现过激行为的可能性也就越大；如果《信访条例》的修订在实际上弱化了信访部门的地位，削减了信访部门的权力，则下情更难以上达，社会底层的腐败必定愈演愈烈，社会稳定的大局就会很快瓦解；如果《信访条例》的修改不适当地扩张信访机构的权力，即便授予信访部门直接弹劾一定职级干部的特权，由于并非从源头上解决问题，加之空间上的距离、时间上的滞后，也难以提高信访工作的效率。总之，信访制度的改革一定要按照建设和谐社会的要求，平衡各方面的权力或权利，协调各方面的利益，实现社会各方面力量团结，协作治理社会。在全国政治体制改革的统筹之下，首先在信访制度的改革中求得突破既是众望所归，也是具备条件的。

（原载《理论前沿》，2005 年第 13 期。）

引导公民理性有序地表达意愿

近年来，关于信访制度何去何从的争论十分激烈。笔者认为，对信访制度不宜简单地谈"强化"或者"弱化"。我国信访制度的出路在于法制化，即按照法治的原则规范信访。信访制度在整体上符合我国的国情，应当予以坚持；信访制度中过时的、非规范的内容也必须予以修正。信访制度与依法治国并没有矛盾，国外也有与我国信访制度相类似的申诉专员制度。不能简单地把信访制度视为法治的对立物，似乎一提信访就是"人治"。自从2005年5月1日起，我国新的《信访条例》开始施行，这本身就是信访制度走向法制的重要标志。信访制度是政府与民众之间实现政治沟通的有效手段，在我国的民主建设中具有不可替代的重要作用。新的《信访条例》从信访机构的职能、具体处理信访事项的基层单位的行政行为和信访人的行为选择进行了全面规范。当前全国上下的任务是按照新的《信访条例》，坚决维护信访秩序，脚踏实地做好信访工作，在做好信访工作的同时完善信访制度的法制化。

一、新的《信访条例》是信访制度法制化建设的起步标志

国家设立信访制度的本意在于使得社情民意能够顺畅地表达。信访的功能是通达民意，使政府能够更好地为民造福，而不是由信访部门去解决具体问题。所以，信访制度的改革要立足于规范行政行为，引导公民理性合法地表达意愿。新的《信访条例》第5条规定："各级人民政府、县级以上人民政府工作部门应当科学、民主决策，依法履行职责，从源头上预防导致信访事项的矛盾和纠纷。"这一规定明确了立足从源头上减少信访发生量的指导思想，是很值得重视的。一般而言，信访工作在整体上属于事后的行政救济，如果有大批群众长期、持续地就某一方面的问题进行信访，一定是公权力的不作为或滥作为侵害了群众利益，解决问题的根本办法是依法行政。如果把

信访机关设计成为无所不能的"大抹布",而无数个行政机关的"笼头"在时刻不停地"跑冒滴漏",那么,无论再给信访机构增加多少编制,也只能是消极应付,把明显的漏洞堵住或把表层的水迹擦干。

我国目前正处在改革不断深入、市场经济发展的初期,多元化的利益主体使得利益关系更加复杂。当前,群众的权利意识开始觉醒,客观上还有一个走向成熟的过程,政府的引导十分重要。如果与刚刚苏醒的权利意识对应的是被上访"老户"拽着团团转的信访制度,信访工作的功能就可能异变为表面上化解矛盾,实际上在孕育、滋生、扩大矛盾,引发攀比心理。近年来,信访总量的增长至少是反映了民众对信访机构的信任,执政党必须以清醒的头脑,引导民众把对信访机构的信任提升到对社会主义制度的全面信任。执政党坦诚地承认工作中的失误和缺点,切实提高执政能力,寻求在政府掌握的公权力与民众的私权利之间建立合作互助的关系是当务之急。在社会转型的过程中,民众对政府的信任程度往往决定了改革能否顺利推进。在缺乏信任的条件下,即使是对群众完全有利的政府决策,也会因为得不到理解而无法实施。维护公民的合法权益与维护社会稳定在本质上是完全一致的,只有在确保社会稳定的基础上,改革才能顺利推进,才能使人民群众共享改革的实惠。在新的《信访条例》实施初期,旗帜鲜明地维护好信访秩序十分必要。如果信访秩序在此时受到冲击而听之任之,信访制度的改革就无从谈起。

二、"办好信、减少访"是信访工作的发展趋势

由于种种复杂的原因,不少人不愿意以书面形式表达意愿,而对上访寄予特殊的期望。其实,这是一个误区。在十三亿人口的大国中,即便是只有极低比率的人想用上访的手段解决自己遇到的矛盾和纠纷,国家也不堪重负。中央国家机关的职能和工作秩序都不可能把主要精力用于接待上访。即便对个人而言,进京上访的成本极高,一旦意愿未能满足,极易产生不满情绪。如果遭遇外在挑唆,更容易出现出格的行为。依照法制规范,办好"信"、减少"访",是我国信访工作发展的必然趋势,绝不能以为《信访条例》是为信访开了什么"口子"。目前,我国绝大多数信访机构都能对来信及时给予答复,群众不满意的是那种仅有形式意义的"一批了之"。随着各地实行信访首办负责,建立严格意义的"来信必复"制度,矛盾化解在基层的比率将会越

来越高。笔者认为，信访工作的主要精力应当放在办理来信上（包括电子邮件、传真等函件），使群众在来信中提出的问题大部分得到解决或者在沟通中达成谅解。无论是民众还是政府，通过来信复函的方式解决问题都是成本低、产出高的行为。政府如果精力集中于接待上访，非但是上访的人数持续增长，信访秩序也难以维护。当然，办好"信"是减少"访"的前提，信访机构和各级政府职能部门都要以寝食难安、唯恐不及的心态处理好群众来信中提出的问题。凡是接到来信不予回复或者超过法定期限不予答复的，均视为失职。受理机关应当在复信中明示处理意见和提出该处理意见的法律或政策依据。一时不能明确答复的，要向来信人说明需要等候的时间和原因。批转其他机关处理的，应在复函中注明接收的单位及联系方式。群众来信中涉及的问题极为复杂，解决问题一定要依靠基层。各部门、各层次都坚持来信必复、复必有据，来访的减少就指日可待。

　　新的《信访条例》第 16 条规定："信访人采用走访形式提出信访事项，应当向依法有权处理的本级或者上一级机关提出；信访事项已经受理或者正在办理的，信访人在规定期限内向受理、办理机关的上级机关再提出同一信访事项的，该上级机关不予受理。"本条对"上访权"作出了限制性的规定，即信访应当向"本级或者上一级机关提出"。按照字义"上一级"是指向上一级，而非无限制的上级或者上级的上级。新《信访条例》第 33 条还规定："信访事项应当自受理之日起 60 日内办结；情况复杂的，经本行政机关负责人批准，可以适当延长办理期限，但延长期限不得超过 30 日，并告知信访人延期理由。法律、行政法规另有规定的，从其规定。"概括地说，除法律法规另有规定的以外，一般信访事项的办理期限是 90 日。在为期 90 日的办理期限内，信访人再提出同一信访事项的，有关机关应当不予受理。必须充分肯定，这一规定对减少重复上访是很有针对性的，但是，这一规定如不作出进一步细化的安排，就又难以解决重复上访的顽症。显然属于"不予受理"的事项又重复来访了，究竟应当怎么办呢？国家信访局应当作出细化的规定。重复上访是缠访、闹访的前提，限制重复上访是规范信访秩序的关键环节。在已经作出正确处理的情况下，具体信访事项不能"没完没了"地占用、耗费公共资源。已经历经诉讼程序终审生效的案件，如需申诉，应当依照法定程序进入再审程序。由于特殊情况需要采取救济措施的，应当由同级或者上级人民代表大会常务委员会组成特别调查委员会调查后再酌情处理。对司法程序已经终结的案件不再由信访部门受理申诉。对此类来信，信访部门只承担一次书面说明和指导依照法定程序诉讼的责任。

新的《信访条例》第 10 条在肯定了行政机关负责人信访接待日制度之后，规定："县级以上人民政府及其工作部门负责人或者其指定的人员，可以就信访人反映突出的问题到信访人居住地与信访人面谈沟通。"行政机关变被动地接待群众上访为主动地到基层"下访"，无疑是一大进步，但是，从制度层面分析，"下访"无非是把相关干部派到基层直接解决问题。用"下访"处理在当地具有一定普遍性的某一类问题尚属可行，对个别性很强的疑难问题而言，信访部门至少会遇到"下访"人力配置上与当场处置权授予上的困难。如果派出人员"下访"而不能解决问题，"下访"的投入产出之比就可能是负数。也许制定新的《信访条例》时，国务院已经考虑到"下访"的成本和实际效果，所以对"下访"只是用"可以"一词，作出了具有弹性和选择性的规定。

"约访"是指信访机构在认真处理好人民来信的基础上，就疑难信访问题约请信访人及相关职能部门面谈协商的一种方式。就整体而言，各级政府以对人民高度负责的精神一丝不苟地处理好来信，对具有一定普遍性的类型性问题派员下访就能逐渐减少上访。具体而言，对我国现实存在的信访事项应当分类指导，尽可能减少不必要的来访。凡是能够通过信函处理的，就不应当采用来访的方式。作为国家的一项制度，应当尽最大可能避免民众为上访而劳顿奔波。

三、以实际行动引导公民理性有序地表达意愿

在任何国家，民主的实现必定受制于当时当地的经济、社会、文化发展水平，向公民许诺尚不具备实现条件的无限制的上访权，非但无益于公民权利的保护，而且会造成"大闹大解决、小闹小解决、不闹不解决"的攀比效应。"上访专业户"一旦形成，就会在其周围出现串联等有组织的活动，就会有人以信访谋财。当前要特别注意以"为信访人服务"为掩护的非法活动。某些"上访专业户"已经占用了大量公共管理资源，并有可能引发社会秩序的混乱。我们强调执政党要学会善于协商合作，但绝不是倡导软弱。协商是依法协商，合作是守法合作，法律就是利益各方都能够接受的平衡点。以城

市动拆迁为例，保护合法的私有财产不容置疑，把私有财产当作漫天要价的"筹码"，阻碍正常的建设也不能容忍。目前，我国不少地方都在试行疑难信访案件的听证制度，这是值得提倡的。听证的实质是公开展示各自的观点及其依据，通过平等协商，最终采纳符合多数人根本利益的方案。

改革必然会导致旧有利益格局的改变和崭新利益格局的形成，不同阶层反映出不同的利益要求是正常的。言路必须畅通，利益必须平衡，"维权"口号之下提出的要求并不都是合理的。作为负责任的政府，既要支持和保护群众依法维护自身的合法权益，又要清醒地看到"维权"过程中可能出现的权利扩张。信访的过程充满博弈，负责任的政府必须对人民群众的根本利益负责。信访人总是想在用足信访权的过程中求得利益的最大化。信访机构对于不同利益需求应当允许其运用合法的手段充分表达，即便是合理正确的要求也不能因为其内容的合法性而允许其非法表达。应当承认，当前受理的信访事项不少都是历史遗留问题，处理的难度较大。但是，绝不能在处理旧有的历史遗留问题时造成新的历史遗留问题。信息公开是化解矛盾，避免攀比的良方。对于合法权益确实受损，应当予以经济补偿的信访人，对其的补偿也必须公开，绝不能搞悄悄的"花钱买太平"。

对政府而言，保障不同群体的合法利益是依法办事，果断制止危害公共利益与他人合法利益的行为也是依法办事。依法办事这一原则在实践中至少存在以下四种形态：其一，该办而又能办的事立即就办，及时满足和保护群众的合法的利益；其二，一时不具备办理条件的事，在做好解释工作的基础上，积极创造条件去办也是依法办事；其三，面对政策、法律规定不能办的事或者用非法手段要挟、胁迫政府的人，旗帜鲜明地予以制止同样是依法办事；其四，在查明事实的基础上，劝导当事人冷静地接受终结性的处置也是依法办事的应有之意。

(原载《红旗文稿》，2005 年第 19 期)

个人健康医疗信息和隐私权保护 ▪

　　个人信息,作为一个法律概念在我国出现时间并不长,由于理论研究的侧重点不同,亦有个人数据、个人资料等提法。笔者以为,个人信息是指为自然人所生成和拥有的,可供识别其个人的信号、符号、消息、图像、图谱的总称。在医疗活动中必定会接触到个人信息,并将相当一部分个人信息转换为个人健康医疗信息。尽管目前危害人类健康的主要"杀手"已经不是传染性疾病,但可以肯定,人类与传染性疾病的斗争将长期持续,传染病防治和个人健康医疗信息保护的冲突还会长期存在。有必要从理论上准确界定维护公共利益与保护个人隐私权的关系。

一、个人健康医疗信息的法律性质

　　个人健康医疗信息是个人信息的组成部分,主要是指在体检、诊断、治疗、疾病控制、医学研究过程中涉及的个人肌体特征、健康状况、人际接触、遗传基因、病史病历等方面的信息。从法律意义上看,个人健康医疗信息的基本含义有四层:其一,个人健康医疗信息的控制权归属于生成其的主体;其二,个人健康医疗信息的本质及价值是识别个人,即具有目标导向和确认功能;其三,存活的自然人或者已故者均存在个人健康医疗信息,且均可被收集、加工、使用和利用;其四,个人健康医疗信息与主体的人格利益、财产利益有密切的关联。个人健康信息既归属于个人,又是疾病控制、诊断治疗过程中必不可少的判断依据,还是医学研究不可或缺的原始资料。在现代社会,任何人都不可能禁止医疗机构对个人健康医疗信息的收集使用,个人健康医疗信息的合理使用对使用者和被使用者、对社会、对国家都有益无害。未来社会对个人健康医疗信息使用范围的拓展和使用程度的深化将不以人的意志为转移。绝对地抵制个人健康医疗信息被医疗或相关研究机构收集利用既不可能也不可取，放纵对个人健康医疗信息的收集利用更会导致践踏人权、扰乱经济、危害国家安全的严重后果。唯一正确的选择是，在个人健康医疗信息保护和信息使用两者之间找到适当的平衡点，实现社会公共利益与个人利益的"双赢"。

（一）个人健康医疗信息是可被用于识别主体的符号

首先，个人健康医疗信息是属于自然人以及属于该自然人事项的信息，不论是活着的人还是死去的人均具有特定的个人健康医疗信息。这是因为，个人的肌体特征、健康状况、基因图谱、病史病历等均能构成对数据主体的识别，即通过这些信息的识读，再加上人们的一般判断，就可以将该主体从人群中"认出来"。在目前的科技水平下，除掌握生理纹理、基因图谱外，仅凭孤立、单一的个人健康医疗信息，仅仅可以在狭小的范围内识别个人；在相对大的范围内识别个人，需要有数量相对多、内容相对深入的个人健康医疗信息。

依法理，既然生成个人健康医疗信息的主体是个人健康医疗信息的权利人，个人就有控制自己的信息不被非法传播的权利。曾有学者指出："隐私权不仅仅是一种消极的不受侵扰的权利，而且是一种积极的、能动的控制权和利用权。"笔者认为，隐私权是自然人对私人信息的秘密、私人生活的安宁、私人空间不受侵犯的支配和控制权。虽然我国法律还没有明示隐私权属于人格权，仅仅规定侵犯他人隐私，造成一定影响的，应当认定为侵害公民名誉权的行为。但是，我认为，隐私权是一项独立的人格权。人格权是支配权。自然人有权能动地控制个人健康医疗信息、自主地决定个人私事，积极地实施对私人生活的保密。无论从现实生活或者逻辑关系角度进行考察，我们都可以得出这样的结论：个人健康医疗信息的秘密处于隐私权的核心部位，居于次外围的是私人生活安宁，表层的是私人空间不受侵犯。如果没有法律依据或者非经当事人许可，不适当地公布个人健康医疗信息或者将患者的身体隐蔽部位向无关人员（包括无关的医护人员）展示，均构成对隐私权的侵犯。

（二）个人健康医疗信息的控制权为生成者所拥有

必须特别指出的是，深层次与高质量的个人健康医疗信息对识别个人具有特别重要的作用。个人的电话、电子信箱等通讯代码可以轻易变更，但 DNA 却终身不变，相比而言，运用 DNA 识别个人更加便捷、准确，价值也就更高。"DNA 是人类人格价值的仓库，基因隐私的'所有权'应当归 DNA 被提取人所享有（正如人的私有财产一样）。DNA 是人类身体的精华，DNA 的不同导致了每个人的差异性和不同，它应当属于个人所有。"个人的基因属于个人，无论在任何情况下，获取个人的基因信息材料（如组织、器官、血样、尿样等），必须事先征得其本人或监护人或亲属的同意。

前已论及，单一的个人健康医疗信息价值十分有限，但按照一定规则收集、加工、存储的个人健康医疗信息汇集则具有价值倍增效应。医学研究离不开病例，应当允许医疗机构在合理限度内使用其所收集的个人健康医疗信息，医疗档案数据库应当在严格管理下向医学研究人员开放。数据质量、数据储量是数据库价值的决定性因素，数据的深度加工是行使权利的行为，数据库的价值是通过使用实现的，数据库所有权与数据库所存信息的控制权必须明晰。笔者认为，应当赋予数据库以物权，即数据库建立者对数据库具有所有权；同时，个人健康医疗信息的主体对其提供的信息依然具有信息控制权，个人健康医疗信息进入数据库并不表明主体对个人健康医疗信息控制权的放弃。只有当个人健康医疗信息经过加工，成为不再能识别个人的衍生信息产品以后，数据库的所有者才能根据自己的意志使用。

（三）个人健康医疗信息的综合性使其价值高于单一个人信息

由于人们对生命的珍爱和对医疗机构的信任，向医疗机构提供个人健康医疗信息的障碍较少，且被采集者往往很少过问信息采集的真实目的，于是就发生了"搭便车"采集个人信息及个人信息被转卖、被商业性使用的问题，这是必须禁止的。一般而言，单个家庭的住址与电话号码对商家的意义并不太大，但是，只要加上其家庭成员患有某种疾病的信息，其价值便陡增。医疗机构所获得的个人健康医疗信息是由若干要素组成的综合信息，只要其收集到的个人健康医疗信息数量达到一定规模，其经济价值就可能扩张到难以测算的程度，一旦出现非法转让第三人的局面，对个人信息主体隐私的侵害也就更为严重。例如，妇幼保健院收集到的新生儿健康信息无疑包括了家长的个人信息，一旦倒卖给商家，受害人遭到的往往是难以摆脱的追踪式的长期纠缠。如果以聚沙成塔这个成语来比喻，单条的个人信息仅是"沙粒"，必须有足够数量的信息才可以建立数据库。数据库就是聚成的"塔"，塔的价值远大于单个沙粒堆积之和。也就是说，单一主体个人健康医疗信息的汇聚是数据集合体价值倍增性的基础，而在大范围内向公众收集个人健康医疗信息是数据库得以形成规模效应的前提。信息储量规模越大、个人健康医疗信息单元质量越高（即内容越丰富、越细致、越特定）的数据库，进行深度开发，以求信息价值 n 次（n>1）实现的前景越好。

（四）个人健康医疗信息控制权丧失后具有不可回复性

个人健康医疗信息具有信息的一般属性。个人健康医疗信息一旦与人分享，对数据主体而言，信息控制权的回复只能具有形式上的意义，在实质意义上失之不可再得。因此，个人健康医疗信息控制权的丧失并不意味着主体在物质形态上失去了对信息的控制，而是其对该信息价值形态失去了控制，这种权利的丧失具有不可回复性。也就是说，与一般的所有权人享有对所有物的返还请求权不同，个人健康医疗信息一旦与人分享，该个人健康医疗信息就无法被权利人收回。即便该个人健康医疗信息在物质形态上得以返还，但该信息为使用人所产生的利益是无从追索的。

据悉，目前有些个人健康医疗信息采集行为，已经涉及主体的潜态数据（如遗传基因等），而且数量较大。这必须引起高度重视。有记者报道，在美国哈佛大学与国内某高校的有关哮喘病的合作研究项目中，安徽省有数以万计的老百姓"贡献"了血样。而采血时，告诉老百姓的是"验血"，至于为什么要"验血"，血样的提供者是根本不知道的，有的还认为是有幸参加了"免费体检"。据美国哈佛大学方面的项目负责人徐希平说："这些项目的基因取样，样本的代表性将覆盖 2 亿中国人，其中，仅在安徽的哮喘病样本，就涉及 600 万人。"由于我国在 1998 年成立了人类遗传资源管理办公室，基因材料的出境必须由遗传办批准，徐便把实验室建在了安徽。至于徐以前拿走了多少材料，谁也说不清楚。仅哮喘病一项，徐本人承认带走了 16 400 份血样。我们强调个人健康医疗信息控制权丧失后具有不可回复性并非危言耸听，即便我们假设以中美合作研究项目名义带走的血样又被索要回来，但是，血样中所承载的基因信息，我们还能要得回来吗？答案无疑是否定的。

（五）个人健康医疗信息的控制权、管理权、使用权可适当分离

对进入数据库的个人健康医疗信息主体而言，其必须事先明确知晓个人健康医疗信息被收集、使用的目的和数据库的所有者，当主体作出同意的意思表示之后，采集、加工、使用、管理该信息的行为便是合法的。换句话说，个人健康医疗信息的控制权和管理权、使用权是可以适当分离的。个人健康医疗

信息控制权的存在并不排斥对个人健康医疗信息的合理使用，当主体授权其所信任的数据库收集、管理、使用其个人健康医疗信息后，数据库必须履行合理使用、妥善管理的义务。

个人健康医疗信息主体对数据库而言双方是平等的民事主体，双方的权利义务已有法律规定的从法定，法律没有规定的从约定。当数据库合理使用、安全管理个人健康医疗信息时，个人健康医疗信息主体认为数据库的行为在授权范围之内，如果没有特殊的需要，个人健康医疗信息主体不会关心自身权益实现以外的其他事项。但是，数据库所有人享有的只是授权内的使用权和管理权，如果越权使用、疏于管理，对个人健康医疗信息主体造成危害的，主体有权行使撤回权，并依法获得权利的救济。

二、与个人健康医疗信息相关的法律问题

在美国，个人信息是作为个人隐私权加以保护的。"按照美国有关法律的规定，凡与任何私人有关的，对其所有的群体而言并没有必然的实质性利害关系的所有数据资料都属于个人隐私权的对象。为此，任何利用计算机系统收集、存储、控制及使用与私人有关数据资料者，都有可能构成对私人隐私权的侵害。"隐私权首先是指可以有所隐瞒，即个人可以在不妨害社会公共利益和他人合法权益的前提下，依照自己的意愿决定隐瞒某些信息；其次，隐私权所指隐瞒的内容是私人信息、私人事务、私人领域。在信息技术高度发达的今天，消极被动的隐瞒已经难以抵御侵犯，隐私权应当具有积极的权能，即对私人信息、私人事务、私人生活领域的支配和控制。

依笔者之见，将隐私权界定为积极、能动的权利是社会发展的必然。隐私权"积极能动说"不是对隐私权的否定，而是对隐私权的深化。个人信息的公开与个人隐私保护的冲突，归根结底是私人生活与社会生活之间界限的划分和个人利益与公共利益的协调。公权力与私权利的联系、区分、协调、平衡涉及一系列复杂的理论问题。在社会生活中个人利益与公共利益时常交织在一起，就像大河与小溪之间有无数连接点、过渡带一样，绝对的区分是十分困难的。笔者认为，在维护公共利益与保护个人隐私的关系方面，我们至少应该明确如下要点：

第一，个人健康医疗信息属于个人隐私，应当予以全面保护，但为了维护

公共利益，个人隐私权必须适度克减。"任何一种权利，都存在着一个运用和行使的适当与否的问题。所谓权利的限度，是指一种权利的行使，有它特定的地点、场合、时间，也即权利行使的空间和时间条件。"全面保护个人健康医疗信息与适度克减个人隐私权似乎是矛盾的命题，但是，在本质上两者却是一致的。《公民权利和政治权利国际公约》第 4 条规定了必要时私权利可以克减，但"克减的程度以紧急情势所严格需要者为限，此等措施并不得与根据国际法所负有的其他义务相矛盾，且不得包含纯粹基于种族、肤色、性别、语言、宗教或社会出身的理由的歧视。"第 12 条又规定："除法律所规定并为保护国家安全、公共秩序、公共卫生或道德、或他人的权利和自由所必需且与本公约所承认的其他权利不抵触的限制外，应不受任何其他限制。"以防治传染性疾病为例，防止传染病蔓延是为了维护公共利益，如果个人对自己的行踪、与他人及物质的接触史、身体状况等守口如瓶，疾控中心就无法从宏观上掌握疾病流行的情况。即便拒不提供个人健康信息者暂时尚未感染疾病，到头来，其个人的健康也会受到威胁。

我们在强调个人健康医疗信息可以适度克减的时候，必须切记：法律只能为维护公共利益的紧急情势，要求公民克减部分个人权利，而不得要求个人放弃隐私权。且在知晓个人隐私之后，不得予以歧视。例如，疾控中心无权要求来自疫区的人员提供财产信息，处于隔离治疗阶段的传染病人与他人的非接触联系（如打手机、收发电子邮件等），只要无碍疾病控制就不受限制。

第二，个人健康医疗信息应当对本人公开，出于医学目的可以向第三人公开，但不得改变该信息的用途。个人健康医疗信息除了自觉症状之外，并不是自然地为主体所知晓的，医疗机构运用技术手段获取的个人健康医疗信息应当对信息主体公开。例如，运用各种检查手段获取的信息，应当以检验报告的形式交付本人，且对无关的人保密。出于治疗目的，医生可以暂时向患者隐瞒病情，但必须向患者亲属明示。以患者的病历为例，可以有限制地向第三人公开，即出于会诊、治疗、学术研究等医学目的，可以向相关的疾病控制、医疗、研究机构公开个人健康医疗信息，但不得改变该信息的用途。具体地说，个人有权决定自己的个人健康医疗信息是否公开、向何人公开、公开的程度如何，即便在个人健康医疗信息与他人分享（例如进入数据库）之后，信息主体依然有权获悉信息的储存处所，有权更改和更新信息等。如果收集了大量病历的医疗机构将病历或者病历中的某些内容转让给商业机构，无疑是将医疗科研目的改变为商业盈利。当然，信息主体对个人健康医疗信息的控制权不可能是绝对的。在个人信息领域，个人尤其不可能对其医疗健康信息实施垄断性控制。医疗机构在与患者建立诊疗合同关系之后，收集和合理使用个人健康医疗信息时无需征得个人的同意。

在临床诊断中，时常会遇到保护患者隐私与向实习医生、医学院校见习学生传授知识的冲突。无论临床实习或者见习，其目的均在于更加直观地接触具体病例，增加感性认识；带教医生会指导学生尽可能多地倾听、观察，有时还会要求学生触摸患者身体的特定部位。此时的冲突是，患者觉得自己的隐私暴露给了与诊断治疗无关的人，心里感到尴尬和不安；医院方面则认为，向实习、见习的医护人员传授临床知识是医院既有的教学功能，患者理应配合。笔者认为，要求患者向医院的实习、见习人员暴露自己的身体已经超出诊断治疗的范围，属于"出于医学目的向第三人公开"，鉴于该信息在小范围内的公开并没有改变信息使用的性质，原则上应当允许实习、见习的医护人员接触患者隐私。但是，患者不是教具，应当得到充分的尊重，凡是有实习、见习者参与的临床检查，应当事先向患者说明，征得其同意。

第三，个人健康医疗信息应当允许在合理限度内无害化使用，不能识别个人的个人健康医疗信息衍生产品收益权属于产品开发者。所谓无害化使用是指，使用他人的个人健康医疗信息应当以不损害个人的合法权益为前提。从维护公共利益的角度来说，对个人健康医疗信息的掌控使用必不可少。在市场经济条件下，绝对地不允许他人使用个人健康医疗信息也是不现实的。以基因药物的开发为例，如果从某些遗传性疾病（如哮喘病、糖尿病等）家族的数代成员中发现共同的基因缺陷，就可能利用生物工程技术找到修补该种缺陷的方法或药物，彻底阻断该种疾病的遗传。显而易见，基因药物的开发是以遗传病家族成员的个人健康医疗信息（基因）作为研究素材的，收集特定遗传病家族成员的血样（含有特定遗传基因的物质）的工作实际上是中介服务，如果没有严格履行知情同意程序，采用"体格检查"之类的欺骗方法获得血样就是对个人信息控制权的侵害。如果未经本人同意，将其个人医疗信息中的内容（如姓名、住址、电话等）转让给商家，绝不能以商家向个人提供了商品信息辩解其行为的侵权性质。在未经当事人许可的情况下，指名发送的具有推销性质的商业广告也是对隐私权的侵犯。我国台湾地区的"刑法"第316条规定："医师、药师、药商、助产士或其业务上佐理人，或曾任此等职务之人无故泄露因业务知悉或持有之他人秘密者，处一年以下有期徒刑、拘役或五百元以下罚金。"

应当承认，迄今为止我们对个人健康医疗信息的认识十分粗浅。我们现在看到的只是个人健康医疗信息"冰山的一角"，在个人健康医疗信息的使用上有许多亟待开发的"处女地"，理论界千万不能做"因噎废食"的蠢事。个人健康医疗信息的收集必定要投入成本，大型个人健康医疗信息数据库的建立更是耗资巨大、耗时长久。个人健康医疗信息的权益保护与个人健康医疗信息衍生产品的开发构成了尖锐的矛盾。笔者以为，个人健康医疗信息的本质是识别个人，撇开对个人健康医疗信息的具体使用细节，可以把对个人健康医疗信息的使用区分为原态使用与衍生使用两种不同的类型。原态使用是指，对个人健康医疗信息原有功能的使用，即被使用的个人健康医疗信息具有或者依然具有识别个人的功能。原态使用个人健康医疗信息必须严格限制在法定或事先约定的范围之内，超出法定、约定的范围或者未经许可转移使用权都属于侵权行为。衍生使用是指，利用已经收集到的个人健康医疗信息，开发形成的不能识别个人、但具有市场价值的信息产品。是否可以识别个人，是原态使用与衍生使用的区分标志，也是允许利用个人健康医疗信息开发药品的根据。

三、政府对个人健康医疗信息的保护责任

在通常情况下，个人健康医疗信息由医疗机构收集，在发生战争、重大灾害、突发公共卫生事件等紧急状态下，某些在常态环境下不必要告知他人的情况，有可能成为政府必须控制的信息。遇到此种局面，个人隐私权应当克减。在疫病流行期，要求相关人员申报姓名、身份证号码、有无特定物质或人群接触史、有无可疑症状等个人健康医疗信息是公民必须履行的义务。当社会公众的生命受到疫病威胁的时候，政府出于保护公共利益（也包括要求国家保护个人隐私权的个体）和国家安全、公共安全、公共卫生的需要，对特定对象（如来自疫区人员）的个人健康医疗信息进行调查，甚至采取必要的医学隔离措施，既是政府在必要限度内实施权力，也是对公民的爱护和保护。作为政府实施公共管理的对应方，公民如实申报个人信息是法定的义务。在美国，从两个方面规定了对个人隐私权的保护，"宪法下隐私权所针对的是政府的行为，而侵权法下隐私权则主要是针对私人的行为。普通法下隐

私权是用来规范个人的行为，而宪法下隐私权则是用来规范政府的行为。"我国以往的宣传中似乎侵犯隐私权都是个人的行为，而忽略了对国家保护隐私权责任的研究。按照法理，权利与义务具有对应性、对等性。通俗地说，此方的权利就是彼方的义务，相对的双方各自以充分履行义务的行为使对方的权利得以实施。没有无权利的义务，也没有无义务的权利。交通规则中的"红灯停、绿灯行"是对权利义务关系的最生动直观的解释。当政府为防治传染病而实施采集个人健康医疗信息的权利时，必须履行保护个人健康医疗信息的义务。

具体地说，在处理突发性公共卫生事件的过程中，收集个人信息是为防止疫病蔓延。由于流行病调查的内容除健康方面外，还在相当深的层面涉及个人的行踪、住所以及与特定物质或人群的接触等情况，直接牵涉到个人的其他隐私（如在防治禽流感时，会涉及被调查人是否接触过禽类动物、禽流感患者等行为），所以，被调查人面对信息采集很可能产生种种忧虑或顾虑。2005 年 6 月 6 日，国家卫生部颁发《高危行为干预工作指导方案》，鼓励暗娼接受性病治疗与生殖健康服务，促使暗娼使用安全套。这样做并不是反过来查找具有买淫、卖淫行为者的违法证据，而是体现政府的仁爱责任和义务。在为暗娼提供治疗与生殖健康服务的具体实施过程中，一定会遇到对其性伴的查问等"敏感"问题，此时，在性病治疗过程中收集的个人医疗信息必须恪守治疗和疾病预防的目的，如果转移使用到其他方面，将会使得该类敏感信息的收集难以为继，在实际上减弱对传染病源的控制能力。进行流行病学调查是实施公共管理的政府行为，为了正确履行政府的义务，取得民众的理解和配合，明确宣告政府作为个人健康医疗信息采集者的义务十分必要。具体而言，疾控中心代表政府采集个人健康医疗信息时，应当明确承诺政府将履行的如下义务：

（1）明示采集个人健康医疗信息的主体、目的、使用范围，信息的传递、保管措施。

（2）承诺由采集主体负责信息的保真、保密，即保证所采集的个人健康医疗信息不被篡改，不被泄露，不被转移为其他用途。

（3）明示所收集的个人健康医疗信息的保存措施及保存期限。

（4）保证在进行流行病学调查中采集的所有个人健康医疗信息不被任何商业机构使用或者以"搭便车"的形式使用。

（5）告知个人健康医疗信息被采集后出现侵权事实的权利救济措施，即如果违背采集主体特定、采集目的特定、使用范围特定的承诺，政府将以何种方式承担侵权责任，公民可以通过何种途径得到权利救济。

（原载《同济大学学报》，2006 年第 3 期）

论服务型政府和公共产品提供

2006 年 3 月，温家宝总理在《政府工作报告》中强调指出，要"加快推进行政管理体制改革，进一步转变政府职能。切实转变政府管理经济方式，加强社会管理和公共服务职能。"近来，公共产品、公共服务等词汇已经越来越频繁地进入政府的话语。各方面的信号都明确提示中国各级政府将从传统的无所不管、无所不干预、无所不控制的全能型政府，向一个权力有限、工作高效的公共服务型政府转型。

—

按照公共服务型政府的要求，政府的责任应当以保障国家安全和人民福祉为己任，以社会全体成员特别是社会弱势群体为服务对象，以推行公平教育为基本手段，最大限度地发掘人的潜能，促进人的全面发展，维护良好的社会秩序，实施社会保障，建立人与人、人与自然关系和谐的、可持续发展的良好环境。概括地说，公共服务型政府以向社会提供越来越多、越来越好的公共产品，实现为公众服务的宗旨，其特点是面向公众，为民造福，没有一己私利，向人民负责。公共服务是政府的职责，政府是提供公共产品的主体。为人民服务是人民政府的宗旨，当前更应当防范的是为人民服务的虚化和异化。所谓虚化是指为人民服务说得多、做得少，口惠而实不至，在相当一部分场合只是装饰性的"盆景"，落实不到具体的老百姓身上。所谓异化是指为人民服务异变为某些有权有势或者傍权傍势者独享的服务，实施为人民服务变成了捞取个人好处的过程。可喜的是，《"十一五"规划纲要（草案）》中明确提出加强政府的社会管理和公共服务职能，首次划定政府公共服务领域为"义务教育、公共卫生、社会保障、社会救助、促进就业、减少贫困、防灾减灾、公共安全、公共文化、基础科学与前沿技术以及社会公益性技术研究、国防等"。在"十一五"规划提出的 22 个主要指标中，有 8 个反映公共服务与人民生活。在公共财政预算优先安排的全部项目中，农村义务教育和公共卫生被明确列为最前端的两个项目。如此前所未有地突出强调公共服务，是从机制、体制上遏制了为人民服务宗旨的虚化和异化，体现了政府对自身职能的清醒认知。在"十一五"规划中厘定公共服务领域，明确财政优先安排的项目，要求各级政府要切实履行职责，无疑为各级政府职能的转变提供了制度引导，有助于各级政府更准确地把握权力的边界，避免政府职能的越位或缺位。笔者以为，提供越来越多、越来越好的公共产品是政府履行公共服务职能的主要方式和路径。

（一）公共产品的性质

"公共产品是指政府向居民户提供的各种服务的总称。公共产品包括的范围很广，诸如国防、治安、司法、行政管理、经济调节等，都是政府向居民户提供的服务。此外，由政府提供经费而实现的教育服务、卫生保健服务、社会保障服务等，也是公共产品。公共产品是一种没有排他性的服务。政府提供的服务是由全体居民享用的，一个人消费该种公共产品并不排除其他人对该种公共产品的消费，甚至也不减少其他人对该种公共产品的消费。"[1]公共产品是相对于私人产品而言的，但在公共产品和私人产品两端之间还存在着大量的准公共产品。为了辨别公共产品与私人产品的区别，经济学家还提出了"非排他性"、"非竞争性"和"非可分割性"的概念。凡是具有完全的非排他性、非竞争性及非可分割性，且不能确定价格的公共产品，即为纯粹的公共产品；凡一个人消费的产品总量对别人的福利有重要的外部影响，且仅具有其中一个特性而不具备另一个特性的公共产品，即为准公共产品。由于政府提供公共产品的目的在于满足社会公共需要，其资金来源于税收，作为人民政府更应当随着国家整体经济实力的增强不断增加纯公共产品的供给量，逐步减少准公共产品的实际比例。准确地界定公共产品，明确公共产品的供给原则特别值得重视。国家的财力总是有限的，面对有限的财力首先要解决的是何为优先的问题。要解决财力有限与公共产品供给不足的矛盾，关键在于真正地转变政府职能，把主要的财力集中到为老百姓提供更多、更好的公共产品上来。毫无疑义，政府提供给社会的公共产品都是公之于众的，任何公共产品的设计、制造、使用都应当按照公开透明的原则运作。义务教育和公共卫生属于公共产品是现代世界的共识，只要是社会的成员就应当无差别地享受义务教育和公共卫生服务。在我国现阶段，公共产品的主要受益者应当是尚未脱贫致富的大众，而不是已经致富的"小众"。纯公共产品的供给在多数情况下是为弱势群体"雪中送炭"，而不是为有权有势的人"锦上添花"，更应当明确弱势群体优先享用的原则，即让处于贫弱状态、不具有竞争能力的普通百姓享用更多、更好的公共产品。

（二）公共产品的分类

公共产品的供给主体是政府，政府除了内部管理之外，所有对外发生效力的行为都是向社会提供公共产品。制定法规、规划、规章是提供抽象的公共产品，构建设施、组织服务是提供具体的公共产品。抽象的公共产品对具体的公共产品有引领、导向、规范、协调作用。公共产品按照其具体表现形态可以分为环境类、服务类、物品类等；如果按照公共产品的内容则有政治类、经济类、文化类、交通类等；如果按照功能作为分类的标准，公共产品又可以分为索引类、提示类、告知类等。限于篇幅，本文只按照具体公共产品的表现形态略作介绍。

1. 环境类公共产品。环境类公共产品，是指政府为社会公众无偿提供的良好自然环境和社会环境。例如，令人心旷神怡的公共绿地、良好的社会治安、诚实守信的经济秩序以及权利救济公平便捷的法制环境等。在我国，环境类公共产品一直没有得到应有的重视，有的地方还对环境类公共产品出现了错误的理解。例如，"投资环境"曾经为不少政府官员所青睐，而在实际上提供良好的"投资环境"已经成了减免税收、出让利益、默许污染等给予个别人特别优惠待遇的代名词。微观层面上的局部环境可以是私人产品（如私人建造的别墅、花园等），但是，宏观层面上的整体环境只能是公共产品，即便是在整体环境中选取其局部加以建设之后使其成为收费使用的准公共产品（如旅游景点等），也不能对整体环境构成破坏。

2. 服务类公共产品。服务类公共产品，是指政府以税收建立和维持运转面向社会公众的服务系统，公众自愿进入该系统，无需交纳任何费用即可获得优质的服务。例如，110电话报警系统、148法律服务系统、街面上的交通指示牌、高速公路上的前方路况图示板等。以法律援助、婚前医学检查为例，政府提供的既然是服务，对应的行为必然是自愿接受，强制对方接受是根本不可能的。我国现在的突出问题是服务类公共产品的供给量严重不足，特别是义务教育和公共卫生这两项世界公认的基本公共产品供给不足。适龄儿童获得公平的教育不需要任何条件，这是义务教育与非义务教育的差别所在。政府有责任保证穷人的孩子受到公平的教育，穷人能够得到医疗、就业、生活救助在内的基本社会保障。

3. 物品类公共产品。物品类公共产品是政府以提供固定设施、实物的方式让社会成员便捷地无偿使用，并负责既有设施、物品的功能完好。例如，政府出资兴建的博物馆、在居民小区设置的体育健身设施、在人行道上铺设的"盲道"、在公共场所修建的无障碍通道，等等。物品类公共产品可以采取政府出资购买或者定制的方式向社会提供。例如，在繁华闹市的人行道上设置一些座椅供行人休息，显然是必要的，但是，公共座椅及其管理的费用不菲，政府在财力上可能有一定困难。若采用政府规划，允许商家在座椅上印刷广告的办法，就可以取得老百姓与商家"双赢"的效果。物品类公共产品的管理也是政府的责任，以水域的航标灯、道路的红绿灯为例，如果因为其功能错乱导致交通事故，应当向政府的主管部门问责。

一二

公共产品对应于私人产品而言，其本质特征是为公众生产，供公众享用，使公众获益。公共产品又分为纯公共产品和准公共产品，纯公共产品是完全无偿地供给公众使用的，准公共产品的使用需要支付一定的费用。形象地说，建造高标准的歌剧院、舞剧院是准公共产品，送戏下乡才是纯公共产品。本文只讨论纯公共产品供给的主要原则。

（一）渐增而不逆减

公共产品的供给量与国力成正比。随着国力的增强，公众享受到的社会安宁和公共福利指标也应当"水涨船高"。提高纯公共产品供给量是世界性的趋势，向公众提供普惠的、优质的公共产品，且不断扩大纯公共产品的供给量是政府的义务。公众不能苛求政府在一夜之间提供大量纯公共产品，应当明确提出不断提高纯公共产品供给总量的渐进性要求。除了在不可抗力的作用下或者国家突然遭受战争的袭击，国家对公众提供的纯公共产品应当是递进的增量，通俗地说是"只能做加法，不能做减法"。例如，上海市闵行区政府门户网站在最近首家推出的手机短信服务，提供的内容有政府公告、焦点新闻等12大类，就是一种新颖的增量服务。[2]我国现在突出的问题是纯公共产品的供给不足，如果用政府囊中羞涩来解释是难以自圆其说的。按照钟南山教授的说法，我国在"2004年，政府卫生支出占财政支出比重从20世纪90年代初的6%下降到4.5%。在卫生总费用中，政府投入只占17%，个人承担着56%，超过一半。中国卫生资源分配又极不合理，据世卫组织公布的数据，2000年中国卫生分配公平性在全世界排名188位，列倒数第四。"[3]这与中国政府的形象是不相称的。从表面上看，首当其冲的是资金投入问题，而根本性的问题却是政府的职能定位，即"社会资源的分配向政府部门自身倾斜——虽然这不符合社会公平原则，却符合政府部门的自身利益。"[4]

（二）"双优"而不收费

"双优"是指政府必须保证所提供公共产品的品质优良和社会弱势群体优先受益。公共产品的生产、使用原则是取之于民、用之于民，也必须以良好的质量取信于民。必须明确禁止公共产品粗制滥造的倾向。一方面，我国的公共产品供给在数量上很不充裕；另一方面，公共产品质量低劣或者疏于管理的情况已经开始出现。以为失明者提供专门服务的"盲道"为例，在我国大中城市铺设的"盲道"总里程是不低的，但是实际的使用率却不高。一位盲人感慨地说："盲道上竖着电线杆，盲道上放着自行车，叫我怎么走呢?"由于公共产品是社会的全体成员共同承担成本，更应当考虑普通百姓在实际上能够享用到多少及何种质量的公共产品。以义务教育为例，公民享受公平的受教育权利，国家应当逐步提高义务教育这一公共产品的供给年限（如从6年制义务教育→9年制义务教育）、供给尺度（如免学杂费→免书费→供应免费午餐→免费供应校服）。政府不能因为受到义务教育的对象今后在就业、经济收入等方面都会得益，而以"增加课时""课外辅导"等名义要求普通百姓增加在子女义务教育期的经济投入。又如公安机关的经费来自税收，其管理社会治安的服务显然是公共产品，公安机关对其管辖范围内的公众收取"治安管理费"是不能成立的。

（三）普惠而不歧视

公共产品的提供必须面向社会的所有成员，任何人都不得对公共产品实施垄断。政府的一切经费都源于税收，供给公共产品不是政府对民众的恩赐，而是职责使然。政府不应当存在任何"部门利益"，也不应当因为提供了公共产品就可以"近水楼台先得月"，也不能因为产品的性质是公共的而允许质量存在瑕疵。我国西部地区的贫困，既有地理区位和历史的原因，也与某些各级政府长期忽视公共产品的供给有关，教育资源配置的极度不均衡就是典型的实例。在某些条件下，公共产品和私人产品会发生重叠（例如公立医院与私立医院、公办学校与民办学校），社会成员有权根据自己的实际情况进行选择。政府提供公共产品时必须面向整个社会，而直接使用该产品的却不一定是社会的全体成员，对选择接受公共产品的人员不得有任何歧视。例如，有钱人家的孩子可以到收费高的学校就读，但是，提供义务教育的学校决不能受到收费高的学校的排挤和歧视。非残障人士也许不需要使用无障碍设施，但是，任何人不得歧视使用无障碍设施的残弱者。政府为了帮助吸毒人员早日摆脱毒瘾，以推行美沙酮替代疗法向特定人群提供公共服务，社会上的其他人员不能歧视接受美沙酮替代疗法的人群。

（四）使用而不减损

对公众而言，公共产品是以非竞争方式获得的，政府在提供公共产品时必须充分体现其便捷性、稳定性，使得老百姓能够随时随地获得该公共产品；另一方面，公众在使用公共产品时必须严格遵守使用的规则，不因为违规使用造成危害。例如，110电话必须用于报警，如果谎报警情或者骚扰接听人员则构成破坏，政府有责任保证110电话的畅通和在规定的时间内作出正确的响应。任何"小环境"都是"大环境"的组成部分，当市场秩序混乱，假冒伪劣商品充斥市场时，食品安全的保障必然归零。环境既是自然的造化，又是人文的积淀。环境作为一种公共产品在使用的过程中可能发生价值下降的损耗，也可能出现价值上升的增值。环境虽然有一定的自我修复能力，但是，损耗一旦超过自我修复的能力，毁灭性的后果就不可避免。政府是营造和谐环境的第一责任人，一旦政府在规划、准入、监管、决策方面出现失误，资源失之不可再得，环境被破坏后的治理代价极大，有的甚至永远不能恢复原状。当政府将既有的环境作为公共产品交付给公众使用的时候，其同时必然承担环境保护的责任，否则的话，环境作为一种公共产品被使用即意味着其价值不可逆的减损，这在本质意义上就是破坏而不是使用。

三

自 2003 年 10 月新修订的《婚姻登记条例》实施以来，婚检由"必须"变为"自愿"，婚检人数急剧减少，许多地方的婚检率由原来的95%以上下降到 10%，个别地方婚检率甚至降为零。面对婚检率下降的严峻现实，全国人大常委会副委员长、全国妇联主席顾秀莲忧心忡忡地说："如果婚检率急速下降的情况得不到遏制，我国遗传性病残儿的患病率将在 3 至 5 年后明显增加。"卫生部副部长蒋作君说，卫生部高度重视婚检工作，正积极寻求遏制婚检滑坡的综合措施。他表示，对此卫生部要加强引导，增加投入。"婚检不单纯是个人消费，它是一项公共卫生工作，必须用解决公共卫生的方式来解决婚检问题。"[5]近年来，一些地方政府对婚检采用"政府埋单"方式后，婚检率稍有增长，但婚检率提高的幅度尚未令人满意。于是有人提出重新恢复"强制婚检"，更有人指出"政府埋单"的药方并不对症，关键是政府的服务工作不到位。笔者认为，"强制婚检"既在理论上不能成立，也在实际上毫无可能。通过婚前医学检查筛选不宜结婚者，对采取适当措施可以结婚者提供具体的医学指导，对身体健康、即将结婚的准配偶提供保健服务，对民族未来出生人口的素质具有重要的前置性"把关"作用，因而是典型的纯公共产品。确定婚前医学检查是政府理应充分供给的公共产品，基本理由如下：

（一）婚前医学检查符合纯公共产品的所有要素

就体检而言，包括诊断疾病、保健指导、预防控制、特定选拔等多种功能，婚检的目的在于对意图成婚者实施保健指导，其本身就具有公共福利的性质。婚检的效用具有不可分割性，不需要通过竞争的方式取得，不具有"此得彼不可得"的排他性，某一人的获得婚检不会引起婚检总量的减少，所以，婚检是典型的纯公共产品，政府有责任无偿提供，组织有资质的医生对结婚登记者予以服务。

结婚是涉及自身、配偶、后代和家庭诸方面能否幸福、安康地生活的重大抉择，其中准配偶双方的身体状况对婚后的生活质量、人口繁衍质量具有关键性的作用。我国《中华人民共和国宪法》第21条规定"国家发展医疗卫生事业保护人民健康";第49条又载明"婚姻、家庭、母亲和儿童受国家的保护"。结婚登记是行政确认行为,如果政府简单地把是否进行婚前医学检查的权利交给当事人而不提供良好的医学服务,就很难说是负责任的行为。尽管我国目前还没有条件实行以全国所有人口为对象的全民定期体检,但向普通百姓提供越来越多、越来越好的公共产品这一点是不可逆转的。政府如果拒不供给婚检这一公共产品,应承担行政不作为的责任。

(二) 政府有能力承担婚检的费用

应当承认,长期以来我国对公民提供的公共服务和产品是不足的,有的地方甚至出现了名为服务、实为敛财的做法。以卫生保健的公共支出占国内生产总值的比重为例,我国在2001年的统计值为2.0%,法国为7.3%,美国和日本均为6.2%,波兰为4.4%,俄罗斯为3.7%,巴西为3.2%,印度为0.9%。从以上数据清晰可见,我国在卫生保健方面的公共投入偏低,而另一个鲜明的对照是我国政府在一般公务方面的财政支出比例过高。同样是上述国家,国家财政在一般公务方面的支出比重分别是:法国6.5%、美国10.1%、日本2.4%、波兰3.8%、俄罗斯为8.2%、巴西14.2%、印度6.1%,而我国的比重高达24.7%。[6]据统计,每年全国花在公务用车上的费用就高达3000亿元之巨。

这些数据表明,我国政府有能力支付婚检的费用。由于政府提供公共产品的目的在于满足社会公共需要,其资金来源于税收,政府随着国家整体经济实力的增强,逐渐增加公共产品的供给量不仅是必要的,而且是可行的。

在人的一生中,结婚的次数总是有限的。即便有一部分人因为多次成婚而多次接受婚检,其对婚检资源的占用也不会影响影响他人的权利和福利,所以婚前医学检查应当完全无偿实施。政府也没有必要制定所谓"初婚婚检免费、再婚婚检收费"之类与老百姓斤斤计较的政策。上海市卫生局等四部门已经在2005年推出《关于进一步做好婚前保健服务工作的意见》,明确规定在全市范围开展免费婚检。每人60元的基本婚检项目全部免费,政府还承担了50元HIV检测费用,此外,新人还可以根据自己的需要选择更高级的自付项目。[7]如果按照每位接受婚检者需要110元,政府向每对办理结婚登记者的投入也仅有220元,这对地方财政不可能构成压力。按照中央政府多承担一些、地方政府少承担一些的原则，财政也完全能够承担。

（三）政府无权以"婚检个人浔益"要求公众付费

自 1976 年 3 月 23 日生效的联合国《公民权利和政治权利国际公约》第 23 条规定："本公约缔约各国应采取适当步骤以保证缔婚双方在缔婚、结婚期间和解除婚约时的权利和责任平等。"一般而言，打算结婚的准配偶双方已经有了一定的了解，但是，对方是否患有某种疾病，如果生育对子女的健康有无影响等都需要在实施医学检查后，才能由专业人员作出判断和指导。进入登记结婚阶段的情侣对对方的身体状况具有知情权，此时再强调保守自己身体状况的隐私是对准配偶的不公平。对未来生育的子女而言，其有权利从父母的结合之中获得一个健康的躯体，如果有一方故意隐瞒自己的身体状况，致使本来可以通过采取医学措施避免的遗传性疾病发生在新生儿身上，应当视为隐瞒者对新生儿人权的代际侵权。"国家的首要职能在于保护公民的权利不受侵犯，包括来自外部（其他民族）的侵扰和来自内部（社会成员）的侵扰。其次，国家还具有协调的职能，如一个'大社会'一样协调个人与'小社会'（如家庭、各种政治团体、职业团体、行业行会等）之间的关系，并且对它们具有'最终的决定权'。"[8]通俗地说，在缔结婚约的过程中，既存在着"有情人终成眷属"的喜剧，也可能发生同代间、代际间的侵权悲剧。采取积极预防的措施，提高未来人口的素质，直接关系到国家未来的发展与社会资源的优化使用。政府仅仅充当"守夜人"的角色，消极地尊重公民的自由是不够的；积极地教育引导，通过结婚登记环节防止公民人权受侵犯是法治政府的应有之责。娩出有缺陷的新生儿，无论对家庭、对社会都是沉重的负担，婚检这第一道防线不应当弃守。

（四）婚前医学检查必须是优质的服务

婚前医学检查是政府提供的服务类公共产品，也不应当把婚前医学检查视为政府职责管辖以外的个人私事。服务不能强制，对拒绝接受婚检者作出记载后依然应当予以登记。婚前医学检查一要坚持，二要自愿，三要优质。从现代行政理念角度考量，进行婚前医学检查是政府公权力与公民私权利的合作，没有双方的合意是无法实施的。重新设计的婚检制度必须充分体现公权力与私权利合作的理念。政府有关部门应当转变观念，立足服务，通力协作，通过人性化的操作引导准配偶自愿接受婚前医学检查。特别需要强调的是，绝不能天真地以为将婚检称之为服务之后婚检率就会自然上升。只要医疗机构以"马虎"的方式实施婚检，当事人也必然以"马虎"的态度对待婚检。随着婚检制度的改变，全体工作人员在指导思想、行为理念、工作方式上必须有一个全新的突破。

参考文献：

〔1〕厉以宁：《教育产品的性质和对教育的经营》，载中国教育和科研计算机网，最后访问时间：2006 年 3 月 7 日。

〔2〕参见姜丽钧："闵行首推政府信息短信告知服务"，载《东方早报》2006 年 3 月 7 日，第 A5 版。

〔3〕赵颖、唐述权："钟南山委员：早防早治是破解'看病贵'最经济有效的办法"，载人民网，最后访问时间：2006 年 3 月 12 日。

〔4〕马国川："责任政府之下才可能免于教育致贫"，载《中国青年报》2006 年 2 月 10 日。

〔5〕吴忠民："中国现阶段社会结构层面上的主要问题"，载《山东警察学院学报》2005 年第 4 期。

〔6〕仇逸、杨金志："我们需要什么样的婚检?"，访问于新华网，最后访问时间：2005 年 9 月 6 日。

〔7〕董炯：《国家、公民与行政法》，北京大学出版社 2001 年版。

（原载《政治与法律》，2006 年第 6 期）

媒体必须规范使用法律语言

——以"少年犯免诉制度合理吗"为例

　　如今，法制类节目或栏目已经成为我国法制宣传的园地，媒体从事法制宣传的积极性很高，在普及法律知识、传递法制信息中发挥了重要作用。但是，我国媒体的法制宣传也确实存在不少问题，除了猎奇、媚俗等导向失误之外，突出的问题就是使用法律语言时经常出现失范现象。显而易见，媒体的法制类节目、版面既然以宣传法律为己任，无疑首先要符合法律规范，严格掌握法律界限，准确使用法律语言。媒体的法制宣传具有形象、生动、具体的特点，一篇失准的普法文章、一档失误的法制节目给民众造成的误导往往是长期的规范性解释都难以消除的。我国的法制建设任重道远，如果法制类节目、栏目所表达的内容不合法律规范，那它岂不是在帮法制建设的倒忙吗？应当承认，法制宣传中出现的法律语言失范问题原因十分复杂，本文绝没有兴师问罪的用意，只是力图通过一个侧面的分析，提请媒体和法律界、语言学界的朋友共同关注法制宣传中法律语言使用的准确性、科学性问题。

　　2004 年 6 月 10 日，《人民日报》华东版"下周争鸣"栏发表短文，提议围绕"少年犯免诉制度合理吗？"展开讨论。令人惊奇的是，这仅仅 10 个字的标题竟有两处明显错误。第一，"少年犯"的提法违背罪刑法定的原则。依照法律规定，任何人未经人民法院判决不得认定有罪。涉案的作案人在起诉前称之为"犯罪嫌疑人"，起诉后称之为"被告人"，人民法院的有罪判决生效后才能称之为"罪犯"。所谓"少年犯"并不是法律术语，而是民间的通俗说法，准确的说法应当是"未成年犯罪嫌疑人"，按照《少年犯免诉制度合理吗？》一文及其引用文章所述的事实，被暂缓起诉的未成年人只是犯罪嫌疑人。第二，免诉制度曾经在我国存在过，1996 年修订《中华人民共和国刑事诉讼法》（以下简称《刑事诉讼法》）时，免诉制度已经被废止，代之以不起诉制度。换句话说，1996 年修订的《刑事诉讼法》在 1997 年 1 月 1 日起施行，从 1997 年起我国已经不再存在"免诉"制度。仅就修辞而言，免诉与不起诉的字面含义也是不一致的。作为《人民日报》这样的权威报纸的记者、编辑决不会连"免诉"与"不起诉"的词义也搞不清楚。《少年犯免诉制度合理吗?》短文中说："犯罪青少年由社工进行 3 个月诉前考察，表现良好的将免于起诉，反之则进入诉讼程序"。这一段话明显有四项错误。其一，"犯罪青少年"的准确提法应当是未成年的犯罪嫌疑人；其二，就文字而言"免于起诉"应当是"免予起诉"；其三，就制度而言，我国在 1996 年修订《刑事诉讼法》时已经废止了不符合法治原则的"免予起诉"；其四，按照我国的《刑事诉讼法》，立案是诉讼的起始，侦查在立案之后，侦查即是诉讼的重要阶段，被确定为犯罪嫌疑人的未成年人早已进入了诉讼程序，此时已经根本不存在"进入诉讼程序"的问题。

也许，我们已经不必要再耗费精力去仔细查找《少年犯免诉制度合理吗?》之中的法律语言瑕疵数量。乔新生教授说过："多年以前，为了纠正报刊上出现的常识性法律错误，我曾经鼓励我的学生开展'纠错工程'，在短短的一学期，同学们在公开发行的报刊上发现数百个法律常识性错误，其中许多都是在有影响的报纸社论中发现的。这说明法律术语随意使用已经不是个别现象了。这些问题的出现不但无助于向公民普及法律知识，相反地，还会在公众中间产生不应有的混乱，对我国的法制建设起到破坏作用。所以，这类问题应该引起媒体的高度注意。"[1]

参考文献：

〔1〕乔新生："法律用语要准确"，载正义网，最后访问时间：2003 年 4 月 18 日

（原载《修辞学习》，2006 年第 4 期）

实施变性手术应以法定程序的审理为前提

近年来，我国在倡导尊重人权，以理解、宽容的态度对待变性人等方面有了长足的进步，变性手术已经不再是神秘的医学禁区，要求使用手术方法改变原有性别的人已非极个别，国内已经有一些医院施行变性手术，随之而来的法律纠纷也已经出现。根据笔者收集到的资料，我国自 1990 年施行第一例变性手术以来，2000 年以手术失败为由状告医院的案例在杭州出现；2004 年 6 月 1 日，成都市出现了 80 多岁的妻子要求与丈夫离婚的怪事，起因就是年已八旬的丈夫背着妻子做了变性手术；甚至有报道称"我国已有逾千人变性"。对变性人及变性手术的炒作已经引起有识之士的批评，但是，笔者以为，抨击和批评并不能阻止"变性热"，简单化的批评甚至可能诱发某些人的好奇和逆反，引起更多的人视变性为时髦。必须以科学的态度为变性手术的实施制定法定的程序规则，为确有必要的变性人提供帮助，并使其获得宽松平静的生活环境。

一、医疗机构决定实施变性手术可能引发法律纠纷

江苏省性学会副理事长储兆瑞教授认为，变性作为一种极为严肃的外科手术，涉及许多法律上的问题，目前我国还没有配套出台相关的法律，改变后的性别法律还不能完全地承认。据陈焕然博士介绍，目前对变性手术的施行，各家医院遵循的标准和要求各不相同，达成共识的手术条件是：①易性癖的诊断正确无误；②对手术的要求至少持续 5 年以上，且无反复过程；③患者必须以他（她）们选择的性别公开地生活和工作至少 3 年；④术前接受心理、精神治疗不少于 1 年；⑤术前必须有一年以上的激素治疗；⑥必须没有以其解剖学性别结婚；⑦精神病专家证明其精神状态正常；⑧必须同意术后随访；⑨年龄大于 20 岁；⑩无犯罪、滥用药物或酒精的历史；⑪无过于显著的

男性或女性化行为体征；⑫患者和术者对手术有统一的意见；⑬当地公安部门进行司法鉴定并备案同意术后更改身份证上的性别；⑭至亲家属无反对意见；⑮患者对术后可能出现的情况十分清楚，并有心理准备；⑯无任何外科手术禁忌症。对易性癖患者术后的性别问题，在国外某些国家（如丹麦、意大利、荷兰、瑞典等国）术后易性癖患者可以通过法律改变其出生证明。在比利时、法国等国家也存在改变出生证明的可能性。我国目前还没有法律承认他（她）们在术后改变的性别，但实际操作中，一些地方的公安部门已根据他（她）们的实际情况，出于保护他（她）们的隐私权和尊重他（她）们个人意愿以及方便他（她）们今后生活的目的，对其身份证、户口本、工作证上的性别一栏做必要的修正。以上内容作为医学界对社会负责任的做法是值得赞许的，但是，法律上的规制依然处于"零状态"。笔者认为，变性手术的实施涉及法律、社会、经济、文化等诸多方面，应当在经过人民法院的审查裁断之后，才能由医疗机构负责实施。

通常认为，人的性别非男即女。其实，在严格意义上，人的性别有男、女、假男真女、真男假女、非男非女、现实的性别与出生时的性别不同等复杂情况。一般意义上所说的性别，是指解剖学上的性别与主体在心理上的性别自认的协调一致；当主体对自身的性别认同出现倒错时，尽管他（她）清楚地知道自己的生物学性别，但却在心理上感觉到自己是异性，竭力追求改变自己的生物学性别。心理学、医学、社会学界把这种现象称之为"易性癖"，并呼吁社会对易性癖患者予以理解和尊重。从医学角度说，施行变性手术是治疗易性癖的方法之一。但是，人的性别决不单单是个人的私事，人的性别不但对其自身具有法律意义，而且具有广泛的社会意义。最为基本的问题是，由于人为的手术改变了患者原有的性别（生理性别），对其究竟应当以原有的生理性别抑或易性后的现实性别（术后性别）为准进行户籍登记呢？这在法律上无法回避，伦理方面的问题则更为复杂。2002 年，河南省公安厅和卫生厅在就公民实施变性手术后变更户口登记性别项目有关问题发出通知，对变性人性别项目的变更手续的办理做出了具体规定。客观地说，这些规定只解决了"常住人口登记表"背面的登记事项变更、收缴原有身份证、重新为其办理身份证等户籍管理上的技术问题，并未也不可能涉及对变性手术的法律规制。不同性别的人社会角色不同，具有不同的权利与义务，构成不同的亲属关系，变性手术由医疗机构决定并由医疗机构实施的做法是欠妥的。如此事关重大的人身改变理应采取决策与操作分离的控制策略，以防范可能出现的技术滥用和迟发性的社会危害在日后显露。由此可见，在没有历经特定法律程序，由医疗机构决定实施变性手术之后，可能引发难以解脱的纠纷，医院有极大可能因为无法律依据的擅自作为而成为被告或在客观上帮了犯罪分子的忙。

（一）变性手术存在失败或患者后悔的可能

整形外科作为医学门类包括美容与修复两大部分，变性手术是运用修复技术在生殖器和第二性征的外观上满足患者的心理需求。正如台湾学者黄丁全所说："一般医疗以疾病的治疗、健康的恢复为目的，而整形美容手术之目的，在于协助患者从其主观自认为丑陋中解放出来，满足患者对美的憧憬，此乃个人主观利益的追求，与伤病的治愈及健康的回复无关，因此其医学的适应性程度较低。"当患者摆脱对自身性别的厌恶之后，面临的将是新的心理煎熬，其必须重新适应社会。以美国第一例变性人为生活原型的自传体纪实小说《变性人》在"自序"中的如下叙述是耐人寻味的。"不是亲身经历过变性的人，决不会理解到：一个男性女性兼备的，并且是阴阳倒置的人身体上所受的煎熬。被这种什么都具备又什么都不明确的两性禁锢的人，身体上、精神上所遭受是无止境的非难和摒弃，以至由此所产生的绝望。"国外医学统计资料显示，70%～80%以上的变性人手术后性别心理并未改变，出现精神分裂等不适应症。心理学家认为，需要做变性手术的人，大多患有心理和生理方面的疾病。通常对患者采取至少 2 年的心理治疗，18 个月以上的异性适应性生活，1 年以上的心理分析，6 个月的异性性激素治疗等。瑞典 1986 年的一项实验报告显示，瑞典曾对 13 例变性手术进行平均 12 年的追访，结果大部分人对手术不满意，其中 8 人在术后性别心理没有改变，4 人后悔，1 人要求重新改变性别。由此可见，即便医生精心施行手术，变性手术因技术上的失败或当事人反悔的可能性客观存在，特别是患者对手术的心理期望值与手术实际效果之间的差距很可能诱发当事人的后悔。变性手术具有不可逆性，一旦失败便无法回复原有状态。即便手术成功，当事人对变性以后的社会角色与社会认同依然有艰难的适应过程，当其不能顺利担当新的社会性别角色时，反悔就可能出现。人的意志不可能始终处于恒定状态，性别转换的渴求在手术之后只能是一种历史，现实的处境完全可能促使当事人动摇追求性别转换的意志。

从理论上说，变性手术之后患者除了不能生育之外，在外观特征上可以认同为手术后的性别，而且是可以过性生活的。但是，手术绝不可能造就自然性别器官的全部功能，对生殖器和第二性征外观的认同难免有差异，手术后性生活的满意度更具有很强的主观性。患者一旦不满意，很可能将医院告上法庭，医疗机构则必须承担手术决策程序合法、操作无误、手术成功或者属于正常失败概率等一系列的证明责任。由于变性手术的成功与否至今尚无明确的标准，医院几乎是"自己为自己作证"，不但难度极大，而且证明力偏弱。特别是变性手术具有不可逆的特征，无论变性者再一次陷入何等严重的痛苦状态，医院都爱莫能助。

（二）变性手术摘除健康器官的合法性尚有争议

无论男变女或者女变男都必须摘除其原有的生殖器，故在法律上，变性手术还有一个摘除健康器官的合法性问题。从医学的角度说，性别变更手术的适应症有两种情况：一是由于先天的器质性生殖器官畸形而必须进行的矫正，二是对性别器官虽无器质性病变、但是心理上不能接受其 DNA 性别的患者的帮助。使用手术方法矫正生殖器官畸形是因为患者处于"假两性"的状态，医生应当根据患者 DNA 性别的具体情况，决定分别切除、保留以及修复器官部件。这种为使患者外观性别与 DNA 性别一致化的手术所切除的部分器官部件是正当的，因为这些畸形的器官部件的存在使患者处于"非男非女"的尴尬状态，为明确其性别必须有所取舍。为帮助易性癖患者摆脱心理痛苦的手术，建立在患者的生殖器官发育正常的基础之上，实际上是为满足心理需求而对健康器官"大动干戈"。人的心理需求是一个极为复杂多变的系统，既然有人要求用手术变更性别，也会有人提出过残疾人生活的要求。例如，某人认为世间过于喧闹，要求享受"耳不闻心不烦"的生活，医疗机构能够应允用手术破坏其正常的听力吗？

从易性癖患者的角度说，既然渴求变性，只有大"破"才能大"立"，切除健康的生殖器官就是必须付出的代价。但是，从法律意义说，手术摘除的恰恰是人体的健康器官。人体器官的健康、完整由国家的法律予以保护，当事人和医生都无权无端处置。对未婚的易性癖患者而言，其对易性的追求源于心理上对自身性别认同的倒错，具有正常功能的性器官尚未发挥应有的功能，却在没有发生任何病变的时候被人为地摘除了，这种做法无疑是对健康器官的残害。公民人身的健康、完整由国家的法律予以保护，当事人和医生都无权无端处置健康的器官。性别变更手术具有不可逆转的破坏性，作为健全的法制体系既要对患者负责，也要对社会负责。必须以严格的程序性审查平衡易性癖患者、患者亲属、社会其他成员等各方面的权利。即便是为了破解易性癖患者的心理痛苦，摘除其正常器官的手术也应当通过法定程序的审查。否则的话，就有医生的权利大于法律规定的嫌疑。

有人认为，摘除患者的性器官事先得到患者的同意，医生是可以免责的。首先，这种免责的说法并没有法律的依据。其基本情况与安乐死类似，在现有的法律制度下，虽有当事人的要求，医生仍然无权实施安乐死。此外，患者处于弱势，患者的知情同意是被动的、消极的；医生处于强势，医生的决策是主动的、积极的。患者的知情同意并不能免除医生残害器官的错误决策的法律责任。特别是患者在术后因为后悔而将医院告上法庭时，医院则处于有口难辩的状态。据陈焕然博士介绍，"在阿根廷就曾有一位倒霉的医生就只因草率征得病人的允诺后便为其做变性手术而承担法律责任，而被法院宣判犯有人身伤害罪。在美国，对这一问题同样存在不同看法，不过近些年一些比较开明的法官还是表示赞同实施这种医生和患者双方都同意的治疗方案的。""在比利时、加拿大、英国和瑞典等国家，如果全面的医疗评价表明这种外科手术具有积极的治疗意义，并且这种手术被认真而适当地实施，那么则被认为是合法的。在荷兰和丹麦，有关方面已编纂了一些外科手术要求，其中医疗法律顾问必须首先同意，并按这些要求去做手术，则是合法的，否则就是违法。我国目前在法律界还没有对做变性手术做出界定，医生们是根据易性癖患者的要求和所具备的条件等因素来确定是否给他（她）们做手术。"

(三) 变性手术涉及原有亲属关系的变更与重建

有人认为，变性手术是对自身身体某些部分外观的处置，处置自身身体属于私权的范畴，法律不应当干预。这种说法似是而非。性别是人的社会角色的基础之一，性别的改变必然涉及"他（她）是谁?""他（她）和我是什么关系"等一系列亲属权问题。已婚者变更性别，突然从为人妻或为人夫变为兄弟或姊妹，原配偶能够接受的可能性甚低。至于原配偶也是易性癖患者，夫妻同时进行变性手术，原先的夫妻关系对应"换位"后家庭关系依然良好，也许只是小说中的描述。未婚者进行变性手术也会涉及其父母、兄弟姐妹、祖辈等亲属的认同。变性不是更衣，任何个体的性别变更必然会涉及相关人与之亲属关系的重建，在法律上、伦理上的问题必须首先解决。否则，必然出现"用少数人满意换来多数人不满意"的局面。还有人认为，已婚者施行变性手术后只要办理离婚手续，即可解除原有的婚姻关系，成为具有崭新婚姻关系选择权的自由人。其实不尽然。依照婚姻法，夫妻双方婚姻关系的解除并不意味父母与子女关系的变更。夫妻离异之后，子女还得与女性爸爸或者男性妈妈交往，即便理想化地假设社会公众均以平静、宽容、理解的态度对待此事，在孩子的心灵深处也难以平静。如果女性爸爸、男性妈妈的子女尚属未成年人，父母与子女之间的关系在父亲或者母亲施行变性手术之后仍然需要维持，迫使未成年人理解"为什么我的爸爸是女性"或"为什么我的妈妈是男性"，对未成年人的身心健康肯定是不利的。从保护未成年健康成长出发，在立法时就应当考虑要求手术变更性别者必须没有未成年的子女。

亲属关系是一种盘根错节的网状关系，任何人都是亲属网之中的一个结点。某一个人的性别变更，如果事先征得相关亲属的知情同意，亲属将被迫重建新的亲属关系；如果事先未征得相关亲属知情同意，则构成对亲属权的侵犯。因为亲属是基于婚姻、血缘、收养所产生的社会关系，亲属关系具有对应性，在亲属关系中具有特定位置的人变性以后，原有的姻缘关系无法维持，作为夫妻可以离婚，但血缘关系却不能解除（如由兄妹变为兄弟、父女变为母女），与之对应的一方必然陷入被动。无论是同辈人之间的婚姻关系，还是两代人之间的血缘关系，就性别变更之后的相对方而言，都必须被迫做出牺牲，这是变性手术涉及第三人利益的明证。

（四）变性手术有可能成为犯罪人逃避侦缉的手段

以性别为显性差别的容貌是人的稳定特征。体貌特征在侦查犯罪案件和缉捕作案人时具有重要的作用。作案人的性别、面容、身高、体态，在案件侦查或追缉逃犯时，都是必不可少的判别依据。一般而言，侦查机关掌握了犯罪人确切的体貌特征之后，就可以按图索骥抓获犯罪人。但是，目前的整容技术已经给侦查工作带来了不小的困难。如果变性手术由医疗机构决定实施，无疑给犯罪人增加了一种逃避打击的手段，也会使得日益发展的整容技术在客观上为社会控制增加难度。近年来，追查缉捕携款潜逃国外的贪官已经是检察机关工作的难点，如果已经潜逃得逞的贪官再进行性别变更手术，无疑会进一步增大缉捕的难度。诚然，在民主的国度内，不应当因为遏制少数人的肆意行为而限制大多数人的行动自由，但是，作为法律控制设定必要的前提条件确是理所当然的。例如，性别变更手术只能用于治疗易性癖，绝对不能把实施变性手术演化为逃避刑事、民事责任的手段。

在严格意义上，人的性别应当由DNA确认，变性手术只是从生殖器和第二性征的外观上使患者感觉到性别转换已经实现，变性手术并未、也不可能改变性染色体XX（女性）或者XY（男性）的构成。由于性别属于个人隐私，非经特许其他人不能查询，如果正常人实施犯罪后以变性手术作为隐匿和重新融入社会的手段，侦查机关工作的难度很大。如果某男子强奸作案后逃匿并实施变性手术，此案除非偶然因素的介入"碰巧"破案外，侦查工作的难度是超常的。

二、对生命的干预必须按照人与自然和谐的原则进行

随着科学技术的发展，人类似乎可以随意充当"上帝"的角色，连克隆人之类的技术也向法律和伦理提出了挑战。由于环境污染的严重化，人类精子数量的减少已经十分明显，不孕症、不育症的患者正在增多，这本身就是人类活动对生命形成的破坏性干预。令人始料不及的是，"B超"技术的滥用造成了我国男女性别比例的严重失调，滥用促排卵药物和辅助生殖技术，又在人为地制造多胞胎。有人说，人为制造多胞胎是人和上帝开玩笑，硬要在女性子宫里挤进两个甚至更多的孩子。其实，人的生育常态是一胎一子，女性的子宫只能适宜一个胎儿的生存，多个胎儿在子宫里争夺空间、营养、氧气，必然造成宫内发育不良或者早产。人为制造多胞胎实质上是用故意制造宫内拥挤的方法残害生命，是对人与自然之间和谐关系的粗暴破坏。同样的道理，人类的两性区分和两性平衡是人与自然的天然和谐，无论技术的发展会达到何种程度，也绝不能提倡人为地改变"天赋"的性别。

（一）要求施行变性手术是人的自由，而非法定权利

所谓人权，是仅仅以"人"这一抽象主体来界定其所应当获得的权利。人权观念的公平性在于，其取消了一切附着在抽象的"人"身上的经济、社

会、文化、宗教、习俗等人为的因素，把人放在完全平等的基础上讨论人的应有权利。易性癖患者请求施行变性手术是其个人的自由，社会也应当允许运用医疗技术帮助易性癖患者摆脱心理上的痛苦。但是，这种自由能否实现既不能取决于其自身，也不应当由医生决定。世界上没有绝对的自由，承认自由就意味着承认限制，主张自由与接受限制是同一个问题的两个方面。例如，易性癖患者可以穿着异性服装，但是，易性癖患者进入与其生物性别相反的公共浴室、公共更衣室、公共厕所等暴露身体隐蔽部位的场所时，就会受到他人的抗议。此时，以令人厌恶的方式行使个人自由的易性癖患者，并不能以其患病为理由取得法律上的豁免。

权利和自由是有联系而又有区别的两个概念。依法理，自由和权利的共同点是主体可以按照自己的选择作出一定的行为，用法律的术语表达即"可以为"。自由与权利的区别在于，自由表示主体的解放，即对自身的自主支配。具体地说，自由是根据自己的意志自主地决定自己做什么或不做什么，但是，自由并不是爱做什么就做什么。按照恩格斯的话说："自由是在于根据对自然界的必然性的认识来支配我们自己和外部自然界"。所以，法律意义上的自由，只是表明主体在不影响他人和公共利益的前提下对自身的自由支配。例如，易性癖患者有穿着异性服装的自由，而没有进入异性厕所的自由。权利作为义务的对称，最为核心的内容是某一方面的权利的实现必定以相对方义务的履行为前提。由于社会中人与人关系的复杂性，每个人所能得到的自由和利益必定受到来自社会公众和相对方的让予。虽然个人的自由的实现并不要求相对方作出许可，但是，由于个人的自由或多或少会涉及他人的自由，对自由的必要限制本身也是以维护社会秩序的方式对行为主体实施保护。"法律的终极关怀是保障人们的自由，在人的自由受到其他社会意识形态冲击而支离破碎时，法律应该保障这种受到冲击的自由，使冲击引起的伤害达到最小化。世界上很多国家都制定了有关变性手术规范的法律，并且几乎是清一色持赞成态度，这是保障人权的一个重要方面。在比利时、加拿大、英国和瑞典等国家，如果全面的医疗评价表明这样的外科手术具有积极的治疗意义，并且这种手术被认真而适当地实施，那么则被认为是合法的。在荷兰和丹麦，有关方面已编纂了一些外科手术要求，其中医疗法律顾问必须首先同意，并按这些要求去做手术，则是合法的，否则就是违法。美国的很多州，包括纽约、佛罗里达、威斯康星等，也专门颁布了规范。"人权是具体的、历史的，是必定与他人、与社会有着紧密联系的权利。权利不是单纯的个人私事，任何人的性别都与其社会角色、社会责任及社会对其行为的规范有关。把人的性别理解为仅仅与个人相关的"纯个人"的权利是不正常的，在我国现有的法律中并不存在性别变更权，即便在未来能够赋予成年自然人的也只能是性别变更请求权。这一请求权能否得到实现，也不应当仅仅由医院来决定。

《世界人权宣言》第29条规定："人人在行使他的权利和自由时，只受法律所确定的限制，确定此种限制的唯一目的在于保证对旁人的权利和自由给予应有的承认和尊重，并在一个民主的社会中适应道德、公共秩序和普遍福利的正当需要。"现代社会，权利是对人与人之间的自由空间和利益关系的一种制度安排。立法是为了解决公民的应得、应取和社会对该人的应予、应让做出的制度设计，司法则是对该制度的强制实施。在引导公民强化权利意识的同时，也应当防止任意标定权利的倾向。前一段时间，我国曾出现了"接吻权""死囚生育权"等没有法律依据的提法，实践证明也是行不通的。自由是权利构成的核心要素，自由比权利更具有一般性和普遍性，权利仅指义务的对称，即依法设定的公民在行为上的可以作为或者不作为以及利益的获取或者放弃。权利的实现必须以相对方的义务履行为条件，必须由国家提供保障。具体就性别变更手术而言，任何人都有对自己生来既有的性别反感的自由，如果其喜好穿着异性的服饰，只要其不危害公共利益或者他人的利益，法律也不会干预。但是，如果把性别变更作为一项公民权利，国家则必须考虑以何种方式保障性别变更权的实现。由于性别变更具有不可逆性，国家出于对公民的负责，必须考虑符合何种条件才能享有性别变更权。按照笔者的理解，享有性别变更权的前提应当是：

（1）至少是年满18周岁的自然人，也可以考虑把年龄标准提高到20周岁或者22周岁；

（2）具有完全的辨认和控制能力，无心智和情感障碍，具有理解性别变更不可逆转的认知能力；

（3）两所以上具有相应资质的医院检查确诊为易性癖患者，且适宜手术治疗；

（4）完全出于治疗目的，即申请手术变更性别者不能将变性手术作为逃避刑事或者民事责任的手段、实施性别变更的医疗机构不能具有商业目的；

（5）易性癖患者事先得到近亲属的书面同意，并且经过医院采用其他手段治疗但无效果。

(二) 对生命的干预必然按照人与自然和谐的原则谨慎进行

应当承认，现代医学技术的发展在实际上已经走在法律规范的前头。加之经济利益的驱动和媒体的炒作，要求做变性手术的人数远远大于实际上有必要实施变性的患者数量。这种局面对整形外科的医生而言，也许是获得了更加丰富的研究样本和更好的经济收益，但是，变性手术是典型的干预生命的行为，是在一定程度上对生命主体的改造（至少是在外观上改变了某一生命主体的性别），并赋予其按照新的性别在社会上生存、活动的权利。变性手术既不能简单地"一禁了之"，也不能失之于"滥"，只能在法律的严格控制下谨慎为之。这也是以人为本的要旨所在。

易性癖患者在要求社会予以理解帮助的时候，同样也应当维护公共利益，顾及他人的感受。易性癖患者提出手术变性的请求是出于自身的利益的考虑，往往难以准确平衡自身与公共及他人利益的关系，客观上需要中立的第三方作出裁断。概括地说，性别并非可以凭借主体的喜好随意要求医院予以变更。无论是对生命过程的干预（如施行变性手术、器官移植），还是对生命结局的干预（如实施安乐死、堕胎），都无一例外地涉及法律的规范。令人欣喜的是生命法学、生命伦理学应运而生，并取得了初步的成果。生命法学是在医学、生物工程学等生命科学与法学、伦理学的重叠面上发展起来的边缘学科，对医学的发展具有规制和保障作用。诚然，生命法学、生命伦理学也具有其自身的边界，"它'管'的是伦理而非科学。要谨防它'僭越'，干涉、裁决科学内部的事务。"如果说，生命是一种自然现象，性别是维持人类繁衍进化的条件之一的话，悦纳自身的生理性别也是对生命的尊重。如今科技发展的现实是，在掌握了一定医学技术的人看来，干预性别的存在形态已经易如反掌，人既是掌握科学技术的主体又是科技手段改造的客体，自然造就的性别也可以用人为的手段加以改变，手术刀正在充当"上帝之手"。显然，人类正面临着这样三种选择：其一，是只看到技术进步的正面效益，听任人为因素对生命的干预；其二，是将一切有违传统观念的技术统统封杀，用强制的手段保护人的生命始终处于自然状态；其三，是在充分认识科学技术具有"双面刃"作用的前提下，运用法律的规制功能，兴利除弊，尽最大可能运用当代科技维护和提高人的生命质量，把技术的负面作用控制在最低限度。显然，第三种选择符合科学的发展观，是珍爱生命、尊重人权、维护公益的唯一正确选择。以性别变更手术为例，只有在生命正常过程的实现出现严重障碍时才能予以实施。即不为该易性癖患者实施手术治疗就等于听任其运用非科学手段残害自己的身体，"治病"（实施性别变更手术）是手段，"救人"（解除患者的心灵痛苦）才是目的。

在性这个敏感的话题面前，人们总是既厌恶又追求的。从统计学的角度看，绝大多数人厌恶的是来自外界的性侵犯，而对自身的性角色表示认同；极个别人则厌恶既有的性别，持久强烈地追求异种性别的生活。有学者认为，性偏离是指包括性身份异常、性对象异常、性目的异常、性爱手段异常在内的性行为异常。易性癖、双性恋是典型的性偏离行为。辩证地看，易性癖是一种由复杂原因引起的疾患，用手术满足患者改变性别的欲求具有"迁就"当事人的倾向，是其近亲属以克减自身权利的方式满足患者的欲求，在整体上是人道的。在严格控制下为易性癖患者施行变性手术，将有利于社会稳定。对变性手术既不能采取"禁"的手段，也需要严防失之于滥，必须严密防范变性手术成为组织"人妖"表演的人力供给站。

在一般意义上，人的性别应当服从出生时的自然状态。法律界亦有禁止变性手术的呼声，其基本理由是人不具有为自己或为他人选择性别的权利。笔者认为，易性癖是一种客观存在的疾病。这种"心理残疾"类似于生理残疾，予以积极治疗理所当然。变性手术对易性癖有确切的疗效，手术的成功对患者而言是人道的，对社会而言是有益的，法律不应当绝对禁止变性手术。在变性手术决定权方面，供作选择的方案大体有三：一是将性别变更权赋予社会公众；二是由医疗机构决定是否应该施行变性手术；三是由法定程序审查认定变性请求人是否具有性别变更资格。笔者认为，第一种方案失之于宽，显然不能采纳；第二种方案把解决社会问题的权力和责任都推给了医疗机构，也不符合现代社会的法治原则。第三种方案由法定程序审查自然人是否具有性别变更资格的做法利大弊小，只要严格掌握，对挽救患者、对控制社会和促进医学发展都是有益的。

人类曾经无数次企图战胜自然，但是，无数事实已经、并将继续证明人类的力量在自然面前是极其渺小的，无论科学技术发达到何种程度，人类能够做到和应该做到的是与自然（包括人类自身）和谐相处，而不是战胜自然。为易性癖患者实施变性手术是被动纠偏，所以，特别应当防止"矫枉过正"。

成年自然人是否具有性别变更资格应当由人民法院裁断，判决后由医院负责历经不低于一年的观察，申请人无反悔且适当处理亲属权关系之后，才能由医疗机构实施变性手术。易性癖是对自然的生理性别的反叛，变性手术客观上是在容忍和"迁就"反叛，这种"迁就"的远期效果如何现在还不宜过早下结论。迄今为止，人类对易性癖的认识还很不充分。目前的认识不可避免地带有历史的局限性，变性手术负面作用的显露至少需要几代人的较长过程。变性手术非但不应当炒作，而且应当在经过法定程序审理之后谨慎实施。

三、法院有能力承担确认人身特别权利的裁判工作

据临床医生介绍，由于我国的法律法规至今没有涉及变性手术的许可条件及审核程序，他们在决定是否实施变性手术时非常为难，为了避免日后出现争端，也曾经设想事先请患者提供公安机关、工作单位、公证机构的书面材料，这种做法证明，医学界亦要求法律介入易性癖患者的性别变更。

显而易见，易性癖的治疗涉及社会学、法学、伦理学、医学等诸多学科，变性手术的决策不应当由医疗机构承担。按照我国《中华人民共和国民事诉讼法》（以下简称《民事诉讼法》）的规定，在审判程序之中有一种特别程序。所谓特别程序是指，以确定某种法律事实是否存在，权利状态的有无或者自然人是否享有某种资格，能否行使某种权利为任务的诉讼。特别程序"审理的目的在于承认某一事实或权利在法律上的归宿，从而认定某种法律事实的发生、变更或者消灭的法律效果。"人的性别变更权是没有必要被广泛使用的一项与人身有关的特别权利，控制该权利使用的职责非人民法院莫属。

目前在我国，适用特别程序的案件有两类，一类是选民资格案件；另一类是非讼案件，包括宣告自然人失踪、宣告自然人死亡、认定自然人无民事行为能力或限制行为能力、认定财产无主案件。特别程序的最大特点是，提起诉讼的目的不是解决双方当事人之间的民事权益冲突，而是由申请人单方提起，经人民法院认为必要时即可进入诉讼的程序。例如，认定自然人无民事行为能力或限制行为能力案件的诉讼本质是确定自然人的权利状态，即：某自然人是否具有某种权利，其自身有无实现该权利的障碍。依法理，权利状态首先要解决的是权利的有无，其次是主体对特定权利有无实现的能力及有无补救的办法。循此思路，将特别程序扩展到确认自然人某些与人身有关

权利的诉讼既是必要的，也是可行的。设想中的这一类诉讼的目的在于，确认特定自然人与其人身相关的权利是否具有实现障碍及法律可以许可实施的补救方法，可以简称之为"确认人身相关权利"。由于确认人身相关权利的诉讼不存在被告，没有与申请人利害关系相对立的另一方当事人，所以依照特别程序审理更为合理。变性手术与人身权利相关，是因为手术所造成的是外观性别与生理性别（DNA）的背离，其性权利的界定以外观性别为准。某男子在接受变性手术之后，尽管其DNA依然是男性，但是在社会角色上已经取得女性身份，其有权与成年男性结婚。对申请者而言，就是通过法定程序的确认，使得自身的利益得以实现。假设某变性人生理性别为男性，术后性别为女性，其遭到成年男子强奸后认定强奸罪的成立的依据之一是在法律上该变性人系女性。

依照我国民法目前的规定，适用特别程序的主要是与人身权利有关的事项，如选民资格涉及政治权利，宣告自然人失踪、宣告自然人死亡涉及权利主体的有无，认定自然人无民事行为能力或限制行为能力的法律后果也直接与主体的人身活动有关，认定财产无主的诉讼是为该财产的处分提供依据。随着科学技术的发展，有关人身权利的行为（如性别变更）也需要法律的规制，如果法律采取坐视不管的态度显然是不符合时代需求的。在某种意义上说，法律总是滞后的，法律只有在某种行为、关系、纠纷出现以后，道德、习惯、伦理的规范力不能及的时候才能发挥其作用，但是，当社会需要法律规制的时候，法律又不应当"迟到"。当我们讨论人身特别权利的时候，不能忽略如下事实：其一，尽管人的自然权利（如成年人的结婚权、生育权等）在客观上是平等的，但就具体人而言可能遇到权利实施的障碍，法律应当允许采用手段予以补救或者辅助。其二，与人身相关的权利总是随着经济发展、科技进步而不断扩大的（如器官移植、干细胞移植）。人身特别权利既有扩展性，又有模糊性，特别是在科技进步带动下出现的自由和权利（如性别变更），一开始会在其适用对象、适用条件、禁止事项等方面处于模糊状态。其三，与人身相关的权利并不是人人都需要享受的特别权利（如辅助生殖技术的应用），只有在自然人的某种自然权利出现实现障碍时，特别权利才应当启用。其四，诸如性别变更等特别权利的滥用具有社会危害性。从对当事人和社会负责的角度考虑，必须动用法定程序对人身特别权利的启动进行必要性审查。

有人认为，与人身相关的权利案件涉及高科技在生命领域的应用，对法官的知识和能力构成十分严峻的挑战，法院受理人身特别权利案件会造成法官为具体技术的应用"拍板"的局面。笔者认为，这是一种误解。法院受理的人身特别权利的启动审查只是程序性审查，法院所要求的是申请人与医疗机构双方举证，以证明启用人身特别权利的必要性以及申请人、医疗机构已经达成合意。此类案件的审理完全可以采用独任制、一审终审、免交诉讼费、立案后 30 天内审结等民事诉讼特别程序的模式，法院是不会也不必要涉及具体医疗技术问题的。从总体上看，我国法院受理的特别程序案件相当少，适当扩展适用该类诉讼的范围，增加一些这方面的工作量既有实践的需要，也有实际的可能。

四、特别程序受理人身特别权利案件的立法构想

笔者认为，任何技术都有其两面性。兴其利、避其害不仅理所应当，而且完全可能。难点在于掌握该项技术的内在机理与规律，揭示该项技术与传统伦理的冲突实质，找到社会能够接受的权益得失平衡点。此外，新兴技术正负两方面功能的显露总有一个过程，当人们在比较深入的层面掌握该项技术的时候，法律的有效规制才能实现。法律对新兴技术的规制，实际上是不断深化对新兴技术的认识，兴利除弊，造福于民的过程。新兴技术的研发和使用，既促使着法律制度的创新，也为原有法律制度的发展开辟了崭新的空间。同时，法律制度应当尽可能快捷、准确地应对科学技术发展的挑战，为科学家智慧的正确运用指引方向。客观地说，生命法学的研究在制度创新与生命科学的技术进步方面还存在较大差距，不少技术上的突破已经向生命法学提出了挑战。变性手术在技术上的成熟已经在呼唤发挥法律的规制作用，防止有人滥用医学技术不负责任地、草率干预生命的存在形态。

(一) 修改《民事诉讼法》增设人身特别权利启动的特别程序

马克思说过："权利永远不能超出社会的经济结构以及由经济结构所制约的社会的文化发展。"同样的道理，法律也必须与时俱进。自然人享有的实体权利随着社会经济结构的优化和文化科技的发展，在内容上会不断充实和细化；与之相适应的是，诉讼制度也应当不断完善。诸如性别变更、器官移植、辅助生殖等问题都是在经济、科技发展到一定水平才出现的，其中的法律问

题，理应按照法定程序处理。从法律角度分析，变性是运用整形手术的修复手段，满足患者强烈持久的性别转换欲求，赋予其包括生殖器等异性外观特征为依据，获得与其DNA不一致的社会性别角色扮演权。变性手术是从外观上为患者性别变更的欲求实现提供依据，对变性手术的司法审查则是为性别变更提供保障，明确变性人应当享有的权利和应当履行的义务。例如，无论女性变更为男性或者男性变更为女性，无疑都是以放弃生育权为代价，获得以异性外部性征为准的社会性别定位。

确认自然人人身相关权利是民法体系中的全新内容，自然人人身相关权利也会随着经济发展与科学技术的创新不断补充新的内容，在具体探索中应当遵循理论先行，有所作为，稳步推进，不断完善的原则。自然人人身相关权利是一个新的民法概念，其基本内容次于人身权，在逻辑上属于人身权的下位概念，即人身相关权利是由人身权确定并统帅的，人身权是源，人身相关权利是流。性别变更、捐赠器官、充当"代孕母亲"等与人身相关的行为都属源于人身权的相关权利。例如，成年自然人在死亡之前有权以立遗嘱，或者以到人体捐献机构办理登记的办法处置自己的遗体。无论是遗体的整体捐献还是将部分器官捐赠他人，都是自然人对自己身体的有限处分权。这种有限处分权基于人身权而产生，但无论如何处分都不得在生前或者死后出售自己的身体或器官。

为了正确界定自然人人身相关权利的内涵，笔者试作如下定义：人身相关权利是指，成年自然人由其人身权派生、可以有限享有的，不具有财产内容的民事权利。这一概念的含义有四：其一，享有主体的特定性。人身相关权利只限于成年且有完全民事行为能力的自然人享有。例如，变性手术的适用对象必须年满18周岁，必须无智力障碍等限制民事行为能力的状况。其二，权利启动的程序性。在一般情况下人身相关权利处于"休眠"状态，非经人民法院特别程序的裁判人身相关权利不得启动。要求启动人身相关权利的只能是具有完全民事行为能力的主体，其他任何人均无启动权。其三，权利行使的受限性。经过特别程序认定的人身相关权利也只有有限行使权，即不得阻碍他人合法权益的实现。例如，已婚者施行变性手术之后，其配偶有权提出离婚要求，变性人不得干涉阻止。其四，权利内容的非财产性，与人身权一样，人身相关权利不具有任何财产性内容。任何人不能以变性手术的实施谋取经济利益。

依法理，权利具有利益、主张、资格、权能、自由五大要素。"一个现实的人要充分享受权利，就必须具备以下条件：①有某种特定的利益；②能够通过现实途径提出自己的要求；③具备提出法律要求的资格；④这种利益和要求得到某种现实权威的支持；⑤他自己要有起码的人身自由和选择自由。"自然人人身相关权利作为人身权的附属显然符合以上条件，应当能够被法庭依照民事诉讼法的特别程序进行审理。应当明确，从性别变更之中获益的主要是患者个人，其提出施行变性手术要求是表明自己的主张，该主张能否获得许可，必须由人民法院裁断。换句话说，非经法定程序审查确认，医疗机构不得施行变性手术。具体地说，要求变更性别应当由易性癖患者依照特别程序向人民法院提出申请，诉讼中没有被告，实行独任制和一审终审制。性别变更是个人隐私权的敏感内容，法院应当不公开审理，并为诉讼申请者保密。审理的目的在于确认性别变更权的归宿，认定运用民事诉讼特别程序审理性别变更请求的主要环节是：

（1）当事人按照管辖向人民法院提出审查其是否具备性别变更权的诉讼请求。

（2）人民法院审查申请人是否成年、是否具有完全的民事行为能力、申请人的配偶和其他直系亲属是否知情并表示同意。

（3）医疗机构就为患者施行变性手术的必要性和是否具备适应症提供证据。

（4）法院审查医疗机构是否将手术风险、预后向申请人作出全面清楚的说明，申请人是否以不可变更的方式作出确认。

（5）人民法院依据事实和法律对申请人性别变更资格的诉讼请求作出裁判。

（6）在人民法院签发确认患者具有性别变更资格的判决书一年之后，由医院决定是否施行手术。换句话说，在法院判决和医院施行手术之间应当设定不低于一年的观察期，以有利于申请人正确妥善地处理亲属权关系，最大限度防止可能出现的反悔。法院所确认的只是患者具有性别变更的资格，并非手术指令。是否应当实施手术，应当由医生通过在对患者历经一年以上的激素、心理治疗之后酌情决定。

（7）手术后，患者凭法院判决书、医院签署的诊断书和手术证明材料，到公安机关办理户籍登记中的性别变更手续。

（二）尽快制定《性别变更手术技术管理办法》

以性别变更手术为例，此类手术与其他手术具有的差异至少表现在以下方面：其一，手术将摘除原有的健康生殖器官，不可逆转地人工再造新性别的外生殖器，涉及法律对公民人身健康、完整权的保护。其二，手术必须分多次连续进行，手术的结果是外观性别的人为变更，除当事人如愿以偿外，还涉及与他人的亲属关系。其三，手术成功的标准不明确，失败的概率高，结果很可能低于当事人的心理期待，引发医疗纠纷的可能性大。其四，即便手术成功，变性者还必须长期服用性激素，接受医疗机构的随访，变性者很可能不能适应新性别的社会角色，出现反悔。其五，变性手术对当事人具有追求外在美和自我悦纳的心理功能，对医疗机构具有扩大名声、获取利润的作用，在浮躁心态之下有被市场"炒热"的趋势。当前，我国卫生部应当尽快制定《性别变更手术技术管理办法》，以行政规章的形式明确手术的适用对象、应用范围及禁止事项，尽早使患者、医生、医疗机构及社会相关方面都有法可依。今后，视条件成熟再制定更高位阶的法律。《性别变更手术技术管理办法》的主要内容应当包括：

（1）明确性别变更手术的研究和实施必须完全服从于治疗目的，严禁商业目的的任何活动介入性别变更手术。

（2）明确施行性别变更手术医院的资质要求及年度审核制度，以防止不具有相应技术条件的医院及人员滥竽充数。

（3）参照国内外的研究成果，明确易性癖的诊断标准，尽最大可能减少误诊。

（4）严格施行性别变更手术的条件，将手术治疗作为医治易性癖的最后手段。对已经确诊为易性癖的患者，医疗机构应当首先积极采用其他治疗措施，其中激素、心理治疗的持续时间不低于一年。对历经多种治疗确无疗效，对持续数年（似可规定 5 年以上）坚持要求实施变性手术，且无反复的患者方可考虑手术治疗。

（5）申请性别变更手术者必须系未婚或者已经离婚，无未成年的子女、无"双性"活动（即兼有男性、女性两种性别的性活动）、无犯罪史、无吸毒史、无滥用药物及酒精史，无手术禁忌症。

（6）明确医疗机构与易性癖患者的权利义务关系。主要包括：医疗机构以书面方式对手术预后、可能出现的副作用、失败的概率、手术风险等情况进行全面的告知，患者以书面形式认可上述告知，同意与医疗机构进行合作。

（7）患者对性别变更之后的亲属关系已经预先做出妥善处理，并取得亲属的书面同意。为了审慎稳妥地实施性别变更手术，笔者建议规定适当的"准备期"，即在人民法院签发确认患者具有性别变更权的判决书一年之后，由医院决定是否施行手术。换句话说，在法院判决和医院施行手术之间，应当设定不低于一年的观察期，以有利于申请人正确妥善地处理亲属关系，做好相应的心理准备，最大限度防止可能出现的反悔。法院所确认的只是患者具有性别变更权，并非手术指令。是否应当实施手术，应当由医生对患者历经一年以上的激素、心理治疗之后酌情决定。

（8）医疗机构承担永久保护患者隐私的责任、出现医疗纠纷的处理等其他相关内容。

（原载《清华法学》，2006 年第 1 期）

手机的信息传播与违法犯罪的控制（摘要）

在科技发展的今天，防止手机成为违法犯罪的工具应当引起足够的重视。

一、手机具有超便捷的信息制造和发送功能

随着公民言论自由日益受到保护和现代通讯技术的发展，手机多媒体信息的生产个体化已经成为不可抗拒的潮流。把手机视为媒体，归根结底是因为每一部手机都具有制造、编辑、发送信息的功能。现代通讯技术为手机用户开拓了施展才华的广阔空间，也向社会控制提出全新的挑战。一是手机网络传播的便捷性更强。二是手机集信息生产、信息归宿、信息传播为一身。对手机的拥有者而言，"制造信息——接收信息——转发信息"这三项功能不需要任何附加条件就可以实现。三是手机被动地接收来源不明信息的几率更大。如果说"垃圾邮件"已经引起计算机用户极大烦恼的话，手机的"垃圾信息"更会搅乱用户的正常生活。四是难以要求手机网络服务提供者承担全部信息内容的审查责任。

二、利用手机信息传播功能进行违法犯罪的基本类型

（1）传播影响国家安全、公共安全的信息，组织非法活动，破坏社会稳定。

（2）利用手机引爆特定爆炸装置。

（3）通过发送手机短信设置各种"中奖"陷阱，骗取他人钱财。

（4）利用手机短信套取信用卡用户的个人信息。

（5）利用手机短信销售违禁物品。

（6）利用手机短信散发色情、迷信、赌博、虚假广告等方面的信息。

（7）利用手机短信散布虚假恐怖信息。

三、现代网络通讯技术发展中的法学思考

（1）手机是迄今为止信息个体化生产和传播的最佳平台。可以预期，未来社会将会出现信息个体化生产与传播的趋势。

（2）双重"市场利益最大化"的驱使，使得手机信息生产与传播的监管难以到位。

（3）对手机的控制不能因噎废食，必须兼顾和平衡各方面的利益。

（4）抓紧立法，尽快改变移动通讯无法可依的局面。

（原载《江西公安专科学校学报》，2006 年第 4 期）

为婚前医学检查制度的重新设计建言(摘要)

一、婚前医学检查服务是政府提供公共服务的职能

婚前医学检查以提高民族人口素质,减少已知遗传病、传染病为目的,具有公共保健的性质。尽管婚检是针对个体实施的,但是,婚检不是个人的私事。婚检的意义和作用主要表现为减少未来公共资源的无价值耗费和社会保障方面负担的加重,是典型的公共服务项目。

二、婚检应当按照尊重人权的原则实施

结婚登记是对双方建立合法性关系的确认,鉴于性行为是艾滋病、性病等部分传染病的传播途径,性行为是受孕生育的通常途径,政府设立和坚持婚前医学检查制度既是对公民基本权利的保护,也是对公共利益的保护。

(一) 婚检涉及尊重准配偶的人权

(二) 拒绝婚检有可能发生"代际侵权"

(三) 准配偶之间的隐私权应当服从于知情权

三、按照公共服务的原则重新设计婚检制度

笔者以为,婚前医学检查应当在自愿接受的基础上坚持,教育和引导公民进行婚前医学检查是政府的职责所在。凡是申请结婚登记的男女双方,均应当向对方、向婚姻登记机构提交《婚前医学检查证明》或者《医学鉴定证明》。在这一责任上男女双方的权利义务是平等的、对应的。作为法治政府、责任政府、服务政府,应当通过规范自身的行为,以人性化的良好服务引导

准配偶双方负起平等的责任。

（一）婚前医学检查的费用应当由政府负担

（二）对拒不接受婚检者应当在其结婚证上予以写实性标注

（三）婚前医学检查可以在结婚登记前适度提前进行

（四）必须打破由指定婚检机构垄断婚检的格局

（五）应当充分使用"询问相关情况"的审查手段

（六）政府必须为公民提供系统的婚姻保健服务

（七）不宜采用特定区域"强制婚检"的做法

（原载《法律科学》，2006 年第 5 期）

维护社会稳定与提高执政能力

    提高党的领导水平和执政能力，提高执政党拒腐防变和抵御风险的能力是中国共产党面临的两大历史性课题。正确认识和自觉运用共产党执政规律、社会主义建设规律和人类社会发展规律，对我们党的发展壮大、对具有中国特色社会主义事业的兴旺发达具有决定性的意义。本文拟从维护社会稳定，构建和谐社会的视角，讨论执政党应当如何在维护社会稳定的过程中提高执政能力。

一、树立依法维护社会稳定的观点

1. 社会稳定的标准

    社会稳定不是追求的目标，而是动态的过程，即为改革发展提供条件，并在发展的过程中跃迁提升。稳定是在法治条件下的稳定，稳定只能通过践行法治才能实现。应当承认，社会稳定一方面是有客观标准的，是可以测量的；另一方面，社会稳定不仅表现为有或无的定性，更为重要的是多或少的定量。"美国社会学家戴维斯提出的 J 型曲线理论（又称相对剥夺理论或革命发生论）认为，政治不稳定根源于人们对现实的不满心态，当社会实际满足低于人们的需求期望时，人们便由此产生一种期望挫折感（即'相对剥夺感'），进而对社会现实的不满心态；政治稳定与否，取决于人们需求期望与社会满足之间的差距。"戴维斯的这一观点被社会学家引申利用，通过调查公众对社会现状的综合满意程度来判断社会稳定的程度。

    应当承认，置身于不同角度进行考察，可能对社会稳定得出不同的结论，政府官员与普通民众对社会稳定的感受程度也会出现一定程度的差异。一般而言，身居领导岗位者对是否"出事"的敏感程度要高于普通民众，老百姓考虑更多的是其温饱的实现和生活安宁、富庶的要求得以满足的程度。"出事"是社会矛盾激化到一定程度的显性表达，不"出事"也可能是矛盾正在孕育和激化的过程中。"出事"与"不出事"只能在相对意义上作比较，一时"不出事"并不意味着长远"不出事"，高压状态下的"不出事"并不是好事。能够未雨绸缪主动发现隐患，把问题解决在基层，把事端化解在萌芽状态才能有真正的稳定。如果在大局稳定的前提下，仅在局部出现一些微小的、可控的震荡，且能够及时解决的个别事件，则应当认为是社会矛盾存在过程中的无害化能量释放。在社会运行过程中，应当尽可能"不出事"或者"不出大事"，但是，绝不能为粉饰太平而隐瞒"出事"，也不能为暂时的"不出事"，暗中满足个别人的非分要求。

把公众利益需求的满足程度作为考察社会稳定的指标具有客观性、动态性和可比性。社会稳定是供给人民群众享受的公共福利，绝不能变成邀功请赏的"摆设"。如果崇尚"撸平（或曰'摆平'）就是水平"，为一时的"太平"不择手段地"撸平"，不但维护社会稳定的成本居高不下，积累性的爆发总有一天会出现。按照笔者的理解，有意愿就会要求表达，高压锅的安全和实用取决于锅盖上的气阀灵敏有效。当锅内的压力达到一定程度，气阀自动开启排气是安全之举。如果把气阀的正常排气当作不安全的征兆而去关闭气阀，就犯了低级错误。

2. 关于维护什么样的社会稳定

维护社会稳定的效果要从短期与长久、特定与常态、局部与全局、治标与治本、投入与产出诸方面综合评价。社会在随着时代的步伐前进，维护社会稳定的观念和做法也要与时俱进。我们必须为社会稳定注入法治的观念、动态的观念、发展的观念。从某种意义上说，社会稳定是社会管理各个方面规范化运作的集中反映，并不是靠事后的"维护"而得到的。真正意义上的社会稳定只能依靠执政党和政府各方面主动、严格地依法办事，即在动态中通过法律、道德等多种手段对社会实施调节而实现。我们所讲的社会稳定是以贯彻落实"三个代表"重要思想为基础，实施依法治国方略的社会稳定，一不是"人治"之下的万马齐喑，二不是暗箱操作的"花钱买太平"。在局部或者短暂时间内，"家天下"式的封建统治也可以造成表面稳定的局面，高压政策之下的稳定还可能被贴上"法治"的标签。就民主制度而言，民意得到尊重、言路保持畅通、秩序严格维护、失误及时纠正是社会正常运转的必备要素。一方面，如果政府不能坦诚地面对以往工作中的失误，实事求是地改正，反对的呼声就会持续不断；另一方面，如果政府因为强调尊重民意就不敢对失序的行为作出限制，社会秩序就必然混乱，民主就会走向反面。从根本上说，只有通过推进法治建设，把改革开放的成果普惠于社会公众的社会稳定才是真正的稳定。学习贯彻"三个代表"重要思想，一定要落实到执政为民的具体实践中去。站在巩固党的执政基础、提高执政能力的政治高度考察，依法办事才是维护社会稳定的唯一正确选择。

维护社会稳定，要从加强法治建设入手，努力提高全体公民的法治观念和法律素质，为维护社会稳定奠定坚实的法治基础。改革必然会导致陈旧利益格局的解体和崭新利益格局的形成，不同阶层表达不同的利益要求是正常的。对于不同利益需求应当允许其运用合法的手段充分表达，即便是合理正确的要求也不能因为其内容的合法性而允许其以非法的方式表达。对执政党而言，保障不同群体的合法利益是依法办事，制止危害公共利益或者他人合法利益的行为也是依法办事。必须强调指出，依法办事在实践中至少存在以下四种形态：其一，能办的事立即就办，及时满足合法的利益需求是依法办事；其二，一时不具备办理条件的事，在做好解释工作的基础上，积极创造条件去办也是依法办事；其三，面对政策、法律规定不能办的事或者用非法手段要挟、胁迫政府的人，旗帜鲜明地予以制止也是依法办事；其四，在查明事实真相，实事求是地作出结论的基础上，劝导当事人冷静地接受终结性的处置也是依法办事。总之，是否依法办事不在于事情是否办成，而取决于办事的依据和程序。

3. 关于如何实现社会稳定

社会稳定既是改革、发展稳步推进的前提条件，又是不断变动的动态过程，既不能"作秀"更不能作假。政治文明建设的推进，对于我国的社会稳定具有决定性的意义。可以说，"社会主义现代化的稳定性，来源于共产党的强大性，而共产党的强大性，则来源于它所代表的人民的广泛性。""共产党执政的社会基础不是少数的利益集团，而是占社会绝大多数的人民群众。社会主义不搞两党或者多党轮流执政，其实质是不能够放弃最大多数人民的利益和地位。……事实已经证明，共产党一旦放弃了自己的领导地位，社会主义根本不可能再有稳定的现代化进程。"坚持加强和改善党的领导是实现社会稳定的关键所在，对任何借口维护社会稳定而削弱党的领导的言行都必须旗帜鲜明地坚决抵制。

改革和完善党的领导方式和执政方式，对推进社会主义民主政治建设具有根本性、全局性的作用，对维护社会稳定也具有前提性、决定性的作用。坚持党的领导这一点决不能动摇，而坚持党的领导的前提是加强和改进党的建设，只有坚持不懈地改革和完善党的领导方式和执政方式，党的领导、人民当家作主和依法治国三者的有机统一才能实现，社会稳定才有了坚实的基础。坚持党的领导，所要坚持的是与时俱进的科学、正确的领导，而不是自居领导地位的"我说了算"。共产党是人而不是神，共产党也会犯错误，党的领导本身也需要在改革中求得完善。从宏观上看，共产党人的伟大在于其自身并没有利益所求，是无私决定了无畏。但是，在微观层面，在处理具体问题的时候，个人利益确有可能掺杂其间。为此，对执政党而言，维护社会稳定必须立足自身的改革，立足排除个人利益得失的干扰。"立党为公、执政为民"既是中国共产党人的庄严誓言，更是需要排除私利才能实践的具体工作。凡是涉及维护社会稳定的事项都是各方利益的聚汇点，居于领导地位的任何党员干部只要心存"这样做领导是否满意"的私念，就必然畏首畏尾。所以说，维护社会稳定要从执政党自身的改革做起，从端正为人民服务的宗旨做起，从不以权谋私、不与民争利做起，从排除私心杂念做起。

二、从提高执政能力入手维护社会稳定

我国的行政机关编制之大、人数之多是惊人的。按理说，政府各职能部门都有明确分工和权限，如果每个基层单位、每个职能部门都能"看好自己的门、管好自己的人、办好自己的事"，就不会有那么多的不稳定因素。而无情的现实是，大量影响社会稳定的因素凸显，有的甚至发展到影响正常社会秩序的程度。于是，党政机关不得不增设各种类型的"维稳"部门，专门从事"维稳"工作，有关人员日夜奔忙，效果依然不尽如人意。这一现实提醒了我们，必须找到影响社会稳定的主要因素和矛盾的主要方面，采取治本的措施，从"源头"上解决问题。否则的话，即便把"维稳"部门打造成为无所不能的"大抹布"，而无数个基层组织和行政部门漠视群众利益的"笼头"在时刻不停地"跑冒滴漏"，不停地酿造、培育不稳定因素，那么，无论再给"维稳"部门增加多少编制，授予多大权力，也只能是忙于应付，把明显的漏洞堵住或把表层的水迹擦干。

1. 维护社会稳定，必须认识执政行为中的瑕疵

笔者认为，社会稳定是政治、经济、军事、文化等多元因素综合作用的结果。影响社会稳定的因素虽然分散在社会的各个角落，隐蔽在社会生活深层，但是，影响社会稳定因素被凸显、甚至激化的主要矛盾往往来自执政党的执政瑕疵。国情社情（包括特定的人文、历史、风俗等因素）只是决定了某项工作的难易程度，并不会直接构成影响社会稳定的因素。影响社会稳定因素的生成源头在于行政管理实施的方向和效能，即行政权的滥作为和不作为。如果我们借用环境保护的原理，可以把维护社会稳定的工作分解为源头控制、过程控制、末端控制三大部分。所谓源头控制，是指从不稳定因素生成的机制上加以控制，尽最大可能减少不稳定因素的产生、聚集和相互作用。过程控制主要是指对关键环节的监管和及时采取调整措施，防止上一环节的污染或者偏差转移、积累到下一环节。末端控制属于被动形态，把所有未能消除的污染和质量缺陷都聚集在最后工序进行处理本身就是一种无奈，但是，末端控制依然不可或缺。放弃末端控制，就会引起更大范围的危害。按照源头控制的观点，执政党必须进一步提高执政能力，既要严格防止腐败分子假借改革之机，侵吞国有资产，危害群众利益，也要学会协调各方力量，兼顾各方利益，高效率地推进工作。进一步细化分析，执政瑕疵包括两大类型：一是，执政行为偏离了为人民谋利益的宗旨，表面上是行使公共管理职能，实际上中饱了个人的或者小集团的私囊；二是，执政行为的整体方向是正确的，但是，由于调查研究不细，工作方式粗糙，在一定程度上侵害了群众利益，形成了"好事没办好"的局面。当然，以权谋私与执政方法上的偏差是不同性质的问题。对以权谋私必须予以揭露和制裁，对执政方法上的偏差要通过总结经验教训及时纠正。事情的复杂性在于，某些人会利用党内出现腐败案件的机会兴风作浪，用我们以往工作中的失误牵制我们的精力。当我们的缺点被别有用心的人利用时，不稳定的因素就显得格外突出。

在我国，人治的传统由来已久，行政权的自我扩张力与专横性格外突出，而且行政机关往往意识不到自身行为失当对私权利的侵犯性。在维护社会稳定中一定要把握依法治国的正确方向，避免走入"维稳→治乱→治民"的怪圈。执政党成员和承担行政管理职能的各级干部是受人民的委托从事公共事务的管理，手中的权力是人民赋予的，权力越大，责任也就越大，为了防止权力的扭曲、变异，公共事务的管理者理应比普通公民接受更多、更全面、

更严格的法律制约。维护社会稳定不仅仅是矫正社会运行中出现的偏差，更为重要的是提醒执政党不断自我革新。执政党通过自我革新，改进执政方式，提高执政能力，巩固执政基础，才是找到了解决社会稳定问题的"总开关"。对各级领导干部，要在强调负政治责任的同时，严格要求其行政决策和行政行为必须符合法律法规的规定。如果发生失职、渎职、侵权等行为影响社会稳定，必须承担相应的法律责任。

2. 维护社会稳定，必须把提高执政能力现实化

应当承认，我国目前存在的影响社会稳定的因素，绝大部分都与生产力水平低下，国民受教育的平均年数较低，就业、教育、医疗等资源的供给不足有关。我们更应当坦言的是，不稳定因素的形成和积累与我们工作中的失误有直接关系。官员的腐败越严重，社会的稳定就越脆弱；执政能力越低下，执政的成本就越昂贵。可以说，当前的社会不稳定因素实际上是以往具体决策失误的累积和折射。维护社会稳定一定要从战略上着眼，从战术上着手。从战略上着眼，是指围绕提高党的领导水平和执政水平、提高拒腐防变和抵御风险能力这两大历史性课题，全面推进党的建设。从战术上着手，是指深入基层，贴近群众，充分调查研究，把群众反映强烈的问题当作和自己职务晋升、子女就业一样重要的事情来办。

人们奋斗所争取的一切都同他们的利益有关。人的利益是其需要产生的动因，也是人的各种社会活动和社会关系的动力，社会不稳定现象甚至社会动乱也都与利益有关。我们党只有坚持全心全意为人民服务的宗旨，坚持以人民的利益为一切工作的出发点和落脚点，发挥党密切联系群众的政治优势，努力为人民群众谋利益，在社会不断发展进步的基础上使人民群众不断获得切实的经济、政治、文化利益，才能赢得人民群众的理解、支持和信任，才能保持社会稳定。执政党以什么样的态度对待人民群众，人民就会以什么样的情感回应执政党。对执政党而言，维护社会稳定必须从"我"做起，坦诚地承认以往工作中的失误，努力提高执政能力，切实改进自身的工作，使老百姓能够从执政党的为民之举中真真切切地感受到执政党的一片公心。对群众来说，只有当他们的现实利益得到了肯定和实现，才能产生满足感，从而保持思想上、行动上的稳定有序。雪中送炭的价值绝对高于锦上添花，这是众人皆知的道理，但是，在实践中却往往会被扭曲。为了维持社会的有序运转和平稳发展，保证社会公平，我们党的各项政策、措施，首先要考虑满足

最大多数人的利益要求，同时尽可能地兼顾不同阶层、不同方面的利益。

3. 维护社会稳定，必须从规定性领导向示范性领导转变

党的十五大报告指出：依法治国就是要"从制度上和法律上保证党的基本路线和基本方针的贯彻实施，保证党始终发挥总揽全局、协调各方的领导核心作用。"胡锦涛同志明确指出："人民代表大会制度是我国的根本政治制度，是党领导的人民民主制度"。《中华人民共和国宪法》（下称《宪法》）在2004年3月修改时也明确："中国各族人民将继续在中国共产党领导下，……把我国建设成为富强、民主、文明的社会主义国家。"

中国共产党必须真心诚意地抓好自身的建设，尽快地实现由主要地依赖规定性领导向示范性领导的转变。所谓示范性领导，是指执政党以自己的先锋模范行为，引领全国人民珍爱稳定的社会环境，按照法治原则建设富裕、民主、文明的社会主义国家。近年来，从革命党向执政党的转变的观念已经为多数党员接受；作为第二步，必须明确执政党究竟应当怎么实施领导。笔者以为，在中国共产党的领导地位被宪法确定之后，必须实行由主要依赖规定性领导向主要地依靠示范性领导的转变。这种转变实现得越迅速、越全面、越自觉，执政地位就越巩固，用于执政的成本也就越低。当然，实现规定性领导向示范性领导的转变必须找到适当的突破口。依法维护社会稳定，就是执政党实现规定性领导向示范性领导转变的突破口。

三、把执政为民和维护社会稳定统一于科学发展

多年来，我们对维护社会稳定的工作十分重视，工作的成效也有目共睹。但是，维护社会稳定和公正执法、执政为民的有机统一还有欠缺，亟待深入研究如何把维护社会稳定同日常的行政管理统一于科学发展观的落实。

1. 维护社会稳定，要有"穷人经济学"的情感

"穷人经济学"这个概念是由诺贝尔经济学奖获得者舒尔茨1979年提出的。其之所以能够引起世界的重视，并不是名称的"讨巧"，而是对防止"穷人更穷、富人更富"的恶性循环具有指导意义。中国共产党长期处于执政地位，特别应当防止脱离群众的倾向，有的领导干部虽然也是贫苦出身，但在决策中已经大有"饱汉不知饿汉饥"的味道。执政党所领导的改革必须解决谁是最大受益者的问题。发展的实惠优先落实于弱势群体，稳定的益处才能

深入人心，改革的震荡才能趋向最小。多年来，我们经常使用"政策倾斜"一词，其实，在中国大地上最应当得到政策倾斜的是以农村失地农民和城市失业市民为代表的弱势群体。只有时刻把群众的温饱冷暖放在心上，其决定的政策才能向社会上的弱势群体倾斜。

在改革、发展、稳定三者的关系处理上，必须严格防止牺牲公平的高效率。公平与效率之间不可能绝对持平，一定时期的操作有所侧重也是可以的，但是，"公"方能"平"，公平才能实现和谐。

笔者认为，构成稳定的两个基本要素是秩序和持续。如果不从为大多数人谋利益的角度促使社会秩序的井然，强制维护秩序的结果必然是民众的生存条件、生活质量下降。到头来，表面上有序的局面也只是暂时的。

2. 维护社会稳定，必须保证人民群众共享改革的成果

在执政活动中最大多数人的利益是最紧要和最具有决定性的因素。只有代表最广大人民的根本利益，实现好、维护好、发展好最广大人民的根本利益，才能使党的路线、方针和政策得到广泛认同，得以顺利实施；才能使我们党获得广泛而牢固的群众支持。国际劳工组织在《全球就业议程》中指出："工作是人们生活的核心。不仅是因为世界上很多人依靠工作而生存，它还是人们融入社会、实现自我以及为后代带来希望的手段。这使得工作成为社会和政治稳定的一个关键因素。"从老百姓的角度看，就业、住房、教育、看病、养老是最为实际的生存问题。"民以食为天"，要生存就要吃饭，要吃饭就要干活，这是最明白的道理。作为执政党必须清醒地认识到："人心向背，是决定一个政党、一个政权盛衰的根本因素。马克思主义政党的理论路线方针政策以及全部工作，只有顺民意、谋民利、得民心，才能得到人民群众的支持和拥护，才能永远立于不败之地。"我国改革开放的成就为世界瞩目，但是，对老百姓而言其最为关心的是自己能够分享到多少改革发展的成果。

在社会成员总是会有一条无形的、动态的"均等线"存在于群体意识之中。由于频繁的交流和互动，存在于公众心目中的"均等线"以多数人能够接受为尺度，大体上反映了社会公平的水平，即：多数人会认为自己的生活和待遇"比上不足、比下有余"。假如其生活虽然有所改善，但实际的处境低于"均等线"距离过大，而本来和他"脚碰脚"的人一夜暴富，他就会感到日子过不下去。实际处境低于"均等线"越远，内心的嫉恨和敌视就越强烈。马克思分析得十分生动："一座小房子不管怎么小，在周围的房屋都是这样小

的时候，它是能满足社会对住房的一切要求的。但是，一旦在这座小房子近旁耸立起一座宫殿，这座小房子就缩成可怜的茅舍模样了。这时，狭小的房子证明它的居住者毫不讲究或者要求很低；并且，不管小房子的规模怎样随着文明的进步而扩大起来，但是，只要近房的宫殿以同样的或更大的程度扩大起来，那么较小的房子居住者就会在那四壁之内越发觉得不舒适，越发不满，越发被人轻视。"因为"我们的需要和享受是由社会产生的，因此，我们对于需要和享受是以社会的尺度，而不是以满足它们的物品去衡量的。"

3. 维护社会稳定，必须始终紧密依靠人民群众

正确处理改革、发展、稳定三者关系是执政党永恒的课题。在不同的发展层面，改革、发展、稳定三者的关系有不同的表现方式和侧重点。决定性的因素是执政党要始终把人民群众当作维护社会稳定的依靠力量，和人民群众保持血肉相连的关系，想人民群众所想，急人民群众所急，谋人民群众所需。在把改革的力度、发展的速度和社会可以承受的程度统一起来考量的过程中，一定要以社会底层的承受力为标准。要敢于改革，善于"维稳"，使改革与"维稳"的成果见之于发展，使发展的成果普惠社会公众。坦率地说，执政党所领导的改革必须首先解决谁是最大受益者的问题。发展的实惠优先落实于弱势群体，稳定的益处才能深入人心，改革的震荡才能趋向最小。

我国《宪法》规定："中华人民共和国的一切权力属于人民。"毫无疑义，维护社会稳定的权力也属于人民。第一，执政党不能把人民群众视为维护社会稳定工作的对象，必须从内心确认人民群众是维护社会稳定的中坚力量，紧紧地依靠人民群众维护社会稳定。从维护社会稳定的需要和职业分工看，国家必须拥有精干的武装力量，执政党必须实现对武装力量的绝对指挥，但是，绝对不能由此推导出公安机关、检察院、法院、武警、军队才是"维稳"力量的结论。第二，必须正确处理政府是"维稳"责任人与人民群众是"维稳"力量的关系，维护社会稳定必须还权于民，丝毫不表示各级党委总揽全局责任的减弱，特别要防止政府在维护社会稳定方面的不作为和滥作为。第三，执政党与人民群众在维护社会稳定方面不是"发令员"与"运动员"之间的关系，"维稳"必须全民投入、全民参与，党委和政府是"核心队员"，是"场上灵魂"，维护社会稳定必须亲力亲为，不能搞"层层转包"。第四，上无法守下无道轨。维护社会稳定必须从提高执政能力，规范执政党的行

为做起。规范首先要有示范。如果手中握有各种各样行政权力的机关自身的行为是不规范的，普通群众的行为就根本无法规范。从这个意义上说，社会稳定、社会和谐的前提和保障都是执政党自身行为的法治化、规范化、廉洁化。

（原载《社会科学》，2006 年第 5 期）

信访事项终结操作程序设计建议

国务院 2005 年修订的《信访条例》中明确规定了处理群众来信来访反映的事项一级答复、二级复查、三级复核的程序，以及凡经答复、复查、复核作出明确结论的信访事项，信访人对复核意见不服，仍然以同一事实和理由提出投诉请求的，各级人民政府信访机构和其他行政机关不再受理。这一规定构成了信访事项三级终结制度。从实践的角度看，世界各国的所有诉讼都存在终结的规定，公民个人意愿和主张的表达可以不断持续，司法机关或者政府机关的处理必须"有始有终"，即始于受理，终于审结。笔者认为，信访事项终结的条件、程序应当明晰化、公开化，以便信访人和信访工作机构一体遵循。首先，切实发挥各级政府职能部门的作用，把问题解决在当地，解决在基层，解决在初信初访阶段，防止上访由分散趋于集中，由重复趋于无休止；其次，从制度上明确符合一定条件、历经一定程序后的信访事项要公开宣告终结，对个人意愿的追求不能"没完没了"。鉴于此，笔者对信访终结的具体工作程序提出如下设计建议。

一、区分信访事项的自然终结与宣告终结

自然终结，是指信访事项的处理意见一经作出即为信访人接受或者经复查后为信访人接受，信访机构按照文书档案管理规定留存材料。

宣告终结，是指信访事项历经提出处理意见、复查、复核、听证或者监督程序方能终结。按照《信访条例》第 32 条的规定，信访事项的处理一般分为予以支持、做好解释工作、不予支持三种情况。如果信访人对处理意见没有异议，该信访事项的处理即自然终结。如果信访人对处理意见不服，可以按照第 34 条的规定，请求原办理行政机关的上一级行政机关复查。复查意见被信访人接受的，该信访事项依然属于自然终结。信访人对复查意见不服的，

可以按照第 35 条的规定向复查机关的上一级行政机关请求复核。复核时可以举行听证，经过听证的复核意见可以依法向社会公示。

二、信访终结的程序应当按照涉讼、行政"两条线"的原则设计

《信访条例》第 14 条、第 15 条已经对信访事项的提出作出了明确的分工，与之对应，信访事项的终结也应当按照《信访条例》第 14 条、第 15 条的分工实施。简言之，属于行政范围的信访事项需要宣告终结的，由行政机关负责；属于人大、法院、检察院职权范围内的信访事项，分别由人大、法院、检察院负责。信访终结程序按照涉讼、行政"两条线"的思路设计，有利于保证司法独立，也能够避免信访机构的工作负担过重。为了保证终结的公正性，凡是涉讼的信访事项需要宣告终结的均应当历经审判监督程序。目前，国内学术界对现行的审判监督程序提出了不少修改意见，应当在《刑事诉讼法》《民事诉讼法》《行政诉讼法》修改时，兼顾可能发生的信访事项终结事宜，作出统一的修订。涉讼信访事项的终结程序的提请权不能在信访工作机构，否则不符合司法独立的原则。

三、行政范围的信访终结应当以听证为前提

凡是符合《信访条例》第 14 条的信访事项不能自然终结的，收到复查请求的行政机关应当在收到复核请求的 30 日内提出复核意见。在信访复核意见提出前，应当由信访工作机构组织公开听证。听证内容事先通知信访人和负责处理信访事项的行政机关，双方具有平等的陈述权、质询权、辩论权。信访人和负责处理信访事项的行政机关均有一次推迟听证会举行的权力，推迟的时间以 30 日为限。评议不公开举行，评议结果投票决定并公开宣布。负责处理信访事项的行政机关原拟的复核意见与听证评议结果不一致的，以听证评议结果为准。信访人有权放弃听证，放弃听证应当采取书面方式，放弃听证不得反悔，放弃听证视为接受复核意见。听证评议结果宣布后该信访事项即宣告终结。

四、信访事项的终结结论应当公开宣告

信访事项的终结结论应当送达信访人，并由信访人签署意见。信访人拒

绝签署意见的，将有关情况实录在案。终结结论作出后，应当在 10 个工作日内通知有关信访机构和相关部门，在信访人所在单位和街道（乡、镇）公开宣布。属于上级交办、督办的案件，报送交办、督办机关备案。全国信访信息系统建立后，信访事项的终结结论输入全国信访信息系统。

五、信访终结后的后续工作按照属地原则分工负责

信访事项终结后，信访人仍然以同一事实且不能提供新的证据来访的，相关部门按照《信访条例》的规定不予接待，但应当做好教育疏导工作。信访人不能息诉罢访的，由其所在单位及其上级主管部门为主、经常居住地的街道（乡、镇）配合做好劝返、疏导、教育工作。信访人生活、就业确有困难的由信访人所在单位和经常居住地街道（乡、镇）协调予以帮困救助。

（原载《人民信访》，2006 年第 7 期）

以为民之心化解社会矛盾

当前，我国正处在利益格局的深刻调整时期，各类社会矛盾的反映十分突出。改革的过程，也是利益格局不断调整的过程。构建和谐社会是要缓解不同阶层在追求各自价值存在的过程中的冲撞，减少矛盾激化的几率。

一、我国当前社会矛盾的特点

当前化解社会矛盾首先要了解社会矛盾产生的背景和原因，以求辨证施治、对症下药。概言之，我国当前的社会矛盾具有以下特点：

第一是强烈的利益需求与弥补"亏欠"心理的交织。当前，我国许多社会矛盾和社会问题，已经明显地集中到与人民群众基本民生问题密切相关的各个环节，不少冲突暗含着不满、愤懑情绪的发泄，处理的难度颇大。改革开放初期，我国提出了"效率优先、兼顾公平"的收入分配原则，这在当时的历史条件下有其必要性。但是，利益分配实际运作的结果是连"兼顾"也未能取得。北京科技大学管理学院白津夫教授接受《中国经济周刊》采访时透露："收入分配差距明显拉大的一个重要表现就是反映居民收入差距状况的基尼系数急剧增长。我国的基尼系数 1981 年是 0.288、1990 年 0.343、1999 年 0.397，进入新世纪后基本上是在 0.4 以上的水平发展，2003 年达到 0.46 后继续增加。"[1] 由于贫富之间收入差距过大，处于弱势的群体内心有一种十分强烈的"亏欠感"，急切希望能够在亲民政策的贯彻期间得到补偿。有的动迁户直言相告："我当工人那么多年，从来没有享受过福利分房，这次赶上动迁的机会，我再不争取就再也没有机会了！"事实上，我国的工人农民在计划经济年

---

[1] 王红茹："我国收入差距最高达 33 倍 第三次分配被寄厚望"，载《中国经济周刊》2006 年 6 月 26 日。

代用自己的辛劳为国家提供了大量积累，与个人得到的利益不成比例，如今要通过动拆迁等机会偿还历史的欠账又很不现实，矛盾化解的难度很大。

第二是正当的利益需求与故意"搞大"心理的交织。就民意的正常表达而言，正当的利益应当通过合理合法的途径和程序得到顺畅的反映，政府应当在主动吸纳民意的基础上及时地进行政策调整。由于我们自身工作上的失误和社会管理机制的不健全等原因，在我国确实存在"闹夜的孩子多喂奶"的现象，这就诱发了故意把事情"搞大"的畸形利益表达；特别是有些党政官员存在对上负责的行为倾向，以至上访乃至进京上访已经成为衡量地方政府治理能力的重要标准。其实，所有上访人员都明白，问题的最终解决必定在基层，上访只是利益博弈的手段。在我国目前的情况下，整个社会缺少规范化的利益追求方式，强势群体利益占有优势更为明显，弱势群体利益表达的渠道缺乏，实际运用的利益表达形式时常选择非规范的手段。由于博弈的内心动力强劲，利益追求者与政府之间的博弈正在趋向组织化。

第三是利益博弈的复杂性与利益兑现"中间梗阻"的交织。近年来，党和政府的工作透明度大大提高，群众切身感受到党中央厉行立党为公、执政为民，从而增强了对党的信任感。今年5月26日，中共中央总书记胡锦涛主持政治局会议，专门研究了改革收入分配制度和规范收入分配秩序等问题。会议作出了"在经济发展的基础上，更加注重社会公平，合理调整国民收入分配格局，加大收入分配调节力度，使全体人民都能享受到改革开放和社会主义现代化建设的成果"[1]的决定。但是，改革成果为全体人民共享方针的实施是一个极为复杂的系统工程，一方面需要各级党政干部转变观念，依法行政，改革社会管理的方法；另一方面，也需要政府的有关职能部门制定操作方案，稳步推进。正像邓小平同志当年提出"让一部分人先富起来"一样，全民共享改革成果的利益预期使每一位社会成员都会考虑"我能够分享到什么"。对尚未"先富起来"甚至实际利益受到减损的人来说，"赶紧挤上这班车"的心理也会陡然而生，以求得到最大利益。特别需要注意的是，党中央和基层群众对立党为公、执政为民的期许和积极性远远高于某些干部，客观上形成了"两头热、中间冷"的局面。由于一些干部自身已经成为特殊利益集团的一部分而唯恐既得利益受损，全民共享改革成果的方针在贯彻中的"中间梗阻"情况也

―――――――――

〔1〕 中新网，http://www.chinanews.com.cn//news/2006/2006年5月26日/8/735307.shtml.

确实会发生。

第四是群众"维权"热情高涨与公务化暴力的交织。在我国的计划经济年代,公民权利长期得不到重视,如今,公民权利意识觉醒的条件已经逐渐成熟。但是,由于我国以往普及法律知识时的重心不够明确,公民权利意识的觉醒和权利的合法行使、正当维护并没有水到渠成,相当一部分群众还不懂得如何正确地行使权利、维护权利。公民权利意识的觉醒对绝大多数中国人而言都具有新鲜感,于是,维护自身权利的积极性在缺乏理性指导的状态下空前高涨,不能冷静地表达诉求、不愿理性地服从司法权威、不会在妥协中求得利益的最大化等问题屡屡出现。

正如腐败是一种"世界病","公务化暴力"在我国和世界各国也同时存在。所谓"公务化暴力",是指对社会具有管理职能的机关及其人员以不文明的、野蛮、粗暴手段实施执法的行为。社会需要良好的秩序,社会管理不应当缺位,而问题在于,当社会管理者在"维护秩序"的名义下,自恃权力在握,其行为必然具有粗暴的倾向;而且,当无证经营的小商小贩在"生意好做、城管难躲"的状态下,很容易产生"你不让我过日子,你也别想过日子"的绝望心理,当双方的神经都处于高度紧张时,误解和冲动则随时都可能出现。

二、正确理解"化解社会矛盾"的内涵

当前,我国正处在改革发展的重要战略机遇期,同时也是利益矛盾凸显的时期,协调社会利益关系的难度明显加大。但是,不进则退,改革的方向必须坚定不移。我们必须以构建和谐社会为目的,以科学发展观平衡社会与经济关系,通过深化改革创新获得新动力,化解已集中呈现并日益尖锐化的社会矛盾。必须明确指出,化解社会矛盾的主动权掌握在各级党政机关手中,着力点是提高执政能力、改进政府工作。化解社会矛盾不是简单的"花钱买太平",而是内涵深刻的执政方式的改进和执政能力的提高。只有切实加强和改进社会管理,才能统筹协调各种利益关系,从根本上减少社会冲突。化解社会矛盾不是由党政官员居高临下地教育群众,而是采取切实措施纠正利益失衡,着力解决就业、就学、就医、社会保障、社会治安、安全生产、环境保护等人民群众最关心、最直接、最现实的利益问题,加紧建设对保障社会公平正义具有重大作用的制度,保障人民在政治、经济、文化、社会等方面的权益,引导公民依法行使权利、履行义务。

庞德曾经把利益界定为"它是人类个别的或在集团社会中谋求得到满足的一种欲望或要求"[1]。利益的存在可以分为物质、政治、精神3种基本形态，各个不同的群体、个体对利益的具体占有在数量上存在多或少、在时间上存在早或迟、在质量上存在实或虚的差别。马克思说过："人们奋斗所争取的一切，都同他们的利益有关"。[2]如果说，改革开放之初，人们投身改革的积极性主要缘自打破精神枷锁后的释放，那么，随着改革的深化，人们投身改革的积极性已经转变为对利益平衡的要求。社会不同阶层与个体利益获得的多寡、早晚、虚实是人民内部矛盾的总根子，利益矛盾是人民内部其他各类矛盾的总根源。当利益的差别超越人们可能承受的经济和心理限度的时候，冲突、冲撞甚至对抗就开始出现。当前，社会矛盾主要是通过领导和群众之间的关系表现出来的，而且，矛盾的主导方面在领导。为此，化解社会矛盾首先要解决民生问题，重建党和人民的血肉联系，发展社会事业，优化公共资源配置，使改革中利益受损的群体得到合理补偿。统筹兼顾国家、集体与个人的利益，统筹兼顾发展能力强的群体与发展能力弱的群体的利益，统筹兼顾改革中得益较多的群体与得益较少的群体的利益，逐步形成惠及全民的基本公共服务体系，让发展带来的利益增量得到合理公正的分配。

三、为人民的利益化解社会矛盾

当前，我国各类社会矛盾的形成，绝大多数都与利益失衡有关，不同阶层及其个体的利益博弈欲望强烈，但是，利益博弈的法治环境、舆论环境又很不健全。为此，执政党如何肩负着人民的期望，引导中国社会的利益博弈走向文明和理性尤为重要。笔者认为，党和政府的各级组织都承担着为人民的利益化解社会矛盾的重任。面对化解社会矛盾的任务，党政官员必须摒除私念，端正行为动机，以爱民之心、为人民的利益化解矛盾。

第一是从社会运行机制上减少和预防冲突的发生。2006年9月4日，温家宝总理在"加强政府自身建设，推进政府管理创新"电视电话会议上指出："我国经济社会发展中存在的深层次矛盾和突出问题，主要原因在于体制不完

---

〔1〕 庞德编著：《通过法律的社会控制》，商务印书馆1984年版，第81~82页。
〔2〕 《马克思恩格斯全集》第1卷，人民出版社。

善，特别是行政管理体制改革滞后。"〔1〕建设和谐社会，一方面要充分利用好发展黄金期的有利条件，坚定不移地加快发展步伐，不断增强我国经济的整体实力；另一方面，又要通过提高执政能力，改进政府工作，妥善处理好矛盾凸显期所面临的各种突出矛盾，确保社会的安定有序。以我国近年来多次发生的群体性事件为例，大体可以归为三类，一是群众的利益受到侵害，比如在征地、拆迁中违反政策，从而引发群众不满的无序发泄；二是官员的腐败行为伤害了群众的感情，老百姓怨声载道、投诉无门，最后导致群体性对抗；三是群众以比较激烈的方式表达意愿，主管部门从最初的漠视转变为强行压制，使得矛盾趋向对抗。这些群体性事件突出地反映为干群之间的利益矛盾，公权力的滥作为、不作为是矛盾的主要方面。党中央提出"情为民所系、权为民所用、利为民所谋"，就是要从根本上解决执政党与民争利还是为民谋利的问题。

第二是避免在解决旧有矛盾的同时诱发新的矛盾。化解社会矛盾是一门科学也是一门艺术，具体的化解办法需要进行过细的研究，但是，不在解决旧有矛盾的同时诱发新的矛盾是一条必须掌握的基本原则。如，近年来劳动争议案件增多，劳动者（特别是农民工）用分散的抗争手段来抵抗雇佣者非法行为的案例时有所闻，维权的效果很不理想。关键在于国家要尽快健全劳动和社会保障制度，任何企业都应建立工会组织，确保工会组织成为劳动者维权的代言人，这才是维护社会稳定的治本之策。在治本目标尚未实现之前，治标的措施必须与治本目标相一致。当劳动者为无奈地采用"展示性自杀"手段讨要工资时，政府既要迅速解救，也要防止负面影响的扩大。〔2〕另外，在化解矛盾时，必须明确如果随意在政策上"开口子"，就会引起无穷无尽的攀比，"摆平"了一个，"翘起"了一片；如果为一时的安宁随意"许诺"，兑现承诺的责任就无法摆脱；如果"闹夜的孩子多喂奶"，存心"闹夜"的人就会越来越多。我们现在面临的一些难题，有一部分就是因为以往政策失当或者处置不当积累下来的，今后再也不能做"以错纠错"的蠢事。

第三是防止在化解局部矛盾时出现"吊胃口"的负面作用。在社会利益总量既定的状态下，一部分个体利益的扩张，势必对其他个体利益造成侵犯；在利益总量有所增减的情况下，增（减）量落实到具体个体的承受比例是争议产

---

〔1〕 中新网，http://www.chinanews.com.cn/other/news/2006/09-04/784507.shtml.
〔2〕 汤啸天："警惕自杀形态和性质的变异"，载《法学家茶座》2005 年第 3 期。

生的焦点。根据发展为了人民、发展依靠人民、发展成果由人民共享的原则，必须按照"对处于最不利地位者"予以更多关照的原则，首先解决低收入阶层特别是最困难群众的基本生活问题。贯彻全民共享改革成果的方针，对政府而言必然存在供给总量与需求总量的测算、配置方案的设计等一系列细致的工作；对社会成员而言，也存在取得顺序上的先后、数量上的多少、质量上的适配性等方面的期待。客观地说，全民共享改革成果方针的提出是对忽视人民利益倾向的纠偏，然而，具体实施一定是渐进的过程。全民共享改革成果必须有序地进行，在具体操作上必须严格按照公开、公平、公正的原则，准确地把握人民群众长远利益和现实利益的平衡点，量力而行，尽力而为，不"吊胃口"，不开"空头支票"。目前能够做到的事项，作出方案公布于众，力争尽早兑现；一时难以实现的目标，也应实事求是地作出解释；国外已有的成功且可以借鉴的实践经验，限于我国的国情不能照搬的，需要作出耐心的说明。

第四是谨防出现国内公民维权向国际"求援"的复杂局面。客观地说，公民维护合法权益的行为是需要指导的，政府应当义不容辞地承担起指导公民依法维权的责任。即便是面对自称"刁民"的上访者，也必须确认其"民"的本质属性，引导其依法、有序地表达意愿。公民的称谓表明了其在这个国家中的权利义务，从这个意义上说，公民维护自身权利的行为与维护国家的治安秩序、社会稳定是一致的。维权与维稳的统一，要求公民在内政范畴内处理维权事宜，不把国内事务"国际化"，因此，对"告洋状"不能漠然视之。国家对于公民的诉求要依法受理，对其意愿要认真听取，司法机关和政府部门首先应当成为守法的模范。当政府的行为出现偏差成为被告或者被投诉的一方时，更要以"程序优先"实现实体公正。

（原载《探索与争鸣》，2006 年第 12 期）

执政能力的提升与非传统安全的考验

众所周知，社会的安全稳定关系到整个社会的发展。经济发展越快，社会开放的程度越高，就会引发越多的矛盾和冲突。我国当前正处在社会矛盾的凸显期，不但传统的安全问题没有减少，非传统的安全问题也日益凸显，执政党的执政能力正面临着严峻的考验。

一、执政党注重非传统安全的极端必要性

《中共中央关于加强党的执政能力建设的决定》指出："始终把国家主权和安全放在第一位，坚决维护国家安全。针对传统安全威胁和非传统安全威胁的因素相互交织的新情况，增强国家安全意识，完善国家安全战略，抓紧构建维护国家安全的科学、协调、高效的工作机制，……确保国家的政治安全、经济安全、文化安全和信息安全。"显然，传统安全与非传统安全是既有联系又有区别的两个不同概念，目前我们所面临的是传统安全威胁和非传统安全威胁的因素相互交织的新情况。

笔者认为，非传统安全是相对于传统安全而言的一种安全概念。传统安全主要是指军事安全或国防安全，其工作的重点是军队建设、国防建设和外交斗争。非传统安全是指传统安全领域之外的国家安全，主要包括经济安全、政治安全和社会安全等范畴，其工作的重点是通过维护公民的人身、财产、民主权利，实现社会稳定，保障国家安全。尽管学术界对非传统安全的定义还有不同见解，但是，认为非传统安全是包括能源安全、环境安全、生态安全、金融安全、网络安全、信息安全、卫生安全、文化安全等涉及社会生活一切领域，与公共利益有关的安全，却是没有分歧的。在当代世界范围内，非传统安全问题和人为制造的危机正成为公共安全的主要威胁。这些安全问题可能由疾病、生产事故、群体骚乱等原因引起，也可能由自然灾害、公共

卫生事件诱发，更可能由恐怖分子一手炮制。由于非传统安全发生的机理、危害方式与传统安全有所不同，更具有隐蔽性、不确定性、紧急性、突发性。

显而易见，传统安全与非传统安全都是国家安全的重要组成部分，国家主权的完整和国家安全的护卫以传统安全和非传统安全的实现为前提。传统安全与非传统安全只是理论上的一种划分，并不是割裂或者对立。传统的安全理论关注的重点是军事、国防、政治、外交，非传统安全理论则在充分肯定传统安全理论的基础上，把安全的视野扩展到除军事、国防、政治和外交冲突以外的其他对主权国家及国家整体生存与发展构成威胁的因素。只要研究安全问题，不可回避的问题：一是谁的安全（即安全的主体），二是安全的目标（即什么样的价值观和利益的安全受到了威胁），三是安全的威胁何在（即破坏安全的力量是什么），四是实现安全的途径和手段（即用什么样的方法实现安全）。在国家机器运转的过程中，传统安全与非传统安全是缺一不可的、必须齐头并进的两个轮子。相比较而言，传统安全更多地表现为两军对垒的局面，非传统安全则更多地表现为突发性、多因性、隐蔽性。新的世界大战在可以预期的时期内打不起来，并不是认为针对国家的安全威胁不再存在，而是呈现出传统安全威胁与非传统安全威胁的因素犬牙交错的局面。非传统安全的"问题领域"虽然很广，但基本上可以分为五大类：一是人类为了可持续发展而产生的安全问题，包括环境安全、资源利用、全球生态问题以及传染性疾病的控制和预防；二是人类社会活动中个体国家或者个体社会失控失序而对国际秩序、地区安全乃至国际稳定所造成的威胁，包括经济安全、社会安全、人权、难民等问题；三是跨国界的有组织犯罪，如贩卖人口、毒品走私等；四是非国家行为对现行国际秩序的挑战和冲击，最典型的是国际恐怖主义；五是由于科技发展以及全球化所产生的安全脆弱性问题，例如网络安全、信息安全以及基因工程安全。

（一）实现以人为中心的安全才能从根本上维护国家安全

1990 年，联合国开发计划署在其第一份人类发展报告中提出了"人类发展"（Human development）的概念，仅仅 10 多年的时间，人类发展的思想就已经得到各国政府、学术界和社会公众的普遍认可和广泛接受。"人类发展范式强调的安全是以人为中心的人类安全，它有别于传统的以国家为中心的安全观。新的人类安全观强调关注人类安全面临的新挑战，即工作安全、收入安全、经济安全、免于疾病的健康安全、环境安全和免于犯罪和战争的人身安全等。"站在人类发展的角度审视国家安全，笔者体会到，国家安全的国内基础是公民人身权利、财产权利、民主权利受到法律的保障，和在该国生产力发展实际水平已经达到的水准上的实现。实现以人为中心的安全才能从根本上维护国家安全。当政府作为国家的代表，为公民提供了人身安全、财产安全、民主安全、健康安全、环境安全和免于遭受侵害犯罪的安全，该国的公民就会回报以维护国家安全的行动。国家安全既是奋斗的目标，又是一个过程。目标的达成离不开全体人民的共同努力，过程的实现也必须依靠全体人民的协力支持。执政党不能单纯地考虑执政安全，只有树立以人的全面发展为中心的国家安全观，才能从根本上保障国家安全。

（二）非传统安全主张以实现"人的安全"达到"人类安全"

强调人的安全并不是对国家安全的否定，这一理论所主张的是，通过对一个个具体的人的安全的实现为国家的安全奠定基础，实现世界各国、各民族的和睦相处，进而达到人类的安全。以不发达国家中最为常见的食品匮乏为例，当老百姓食不果腹的时候，国内的社会稳定便无从谈起，"爱国"就只能成为掩饰落后的说教。笔者提出执政党必须高度重视非传统安全是因为，来自非传统安全的威胁因素客观存在。从现实的情况看，非传统安全对我国的威胁有进一步增强的趋势。执政是一种必须依循执政规律的行为，非传统安全的威胁因素绝不会因为我国是共产党执政而有丝毫的减弱。

特别应当强调的是，在我国讨论非传统安全与传统安全问题，必须有全球化的视野和本土化的操作。近年来，我国明确提出了"以人为本"的理念，并在实践中落实。这样做并不是对国家利益的否定或者忽视，而是表明国家权力的运行是在根本上以实现公民权利及其所体现的利益为目的。国家权力来源于公民权利，公民权利制约着国家权力可能出现的扩张，国家权力又防止着公民权利的滥用。胡锦涛同志提出"以实现人的全面发展为目标，从人民群众的根本利益出发谋发展、促发展，不断提高人民群众日益增长的物质文化需要，切实保障人民群众的经济、政治和文化权益，让发展的成果惠及全体人民"，正是从根本上解答了以何种观念维护国家安全和如何实现国家安全的问题。

（三）和平条件下非军事威胁已经成为国家安全的主要威胁

众所周知，以发生在美国的"9·11"事件为代表的一系列恐怖袭击并不是军事威胁，2003年在我国出现的SARS病毒疫情，也不是军事威胁。诸如，艾滋病毒的传播、贫困人口的增加、地球物种的减少、工业污染向不发达国家的转移等影响全球乃至全人类安全的威胁正在加剧，人类正在付出巨大资源的代价寻找治理对策。因此，冷战的终结、核战争的威胁的减弱，使得世界各国执政者都在密切关注超越国家疆界的、非军事性的威胁。事实是最好的老师。鉴于在安全威胁方面非传统安全威胁对传统安全理论产生了巨大冲击，人类关注的目光正从应对军事威胁更多地转向非军事威胁，如人口激增、贫困、贩毒、犯罪、难民、环境污染、恐怖袭击、能源短缺等。按照学术界的通说，传统安全主要是指军事安全，非传统安全主要是指跨国家的安全互动以及国家内部所产生的安全威胁。笔者认为，任何国家的安全都涉及国家内部、国家与国家之间、国家与非国家行为体之间的互动和影响，注意源于国家内部的非军事威胁十分重要。

目前，我国面临着非传统安全威胁的严峻考验。一方面，人民的生活水平有了显著提高，另一方面，极少数党员领导干部贪污受贿、欺压群众、携款潜逃，已经造成了极坏的影响。近年来，造成重大经济损失和严重政治影响的群体性事件屡有发生，有的群体性事件已经出现暴力；社会治安形势严峻，犯罪案件的发案率一直居高；新型犯罪不断出现，具有黑社会性质的犯罪规模有所发展并呈上升趋势。总之，我国已经争取到十分有利的国际环境，当前在安全方面的主要威胁是非军事的，国内不稳定因素所引起的突发事件必须予以高度重视。如果一方面是贫富差别不断扩大，一方面又缺乏民主的渠道，在社会的底层就会出现以非法抗争为手段的活动，零星散发性的非法抗争得不到及时妥善的处置，就有可能聚合成为突发事件。近年来，我国每到逢年过节和"敏感"时间就出现的"上访热"，以及在个别人上访活动中竭力"把事情搞大"的苗头特别值得重视。

二、迎接非传统安全的挑战必须从源头上防范突发事件

从客观角度考察，安全是动态可变的存在状态；从主观角度分析，安全是一种足以信赖的心理氛围。就政府而言，安全应当是其提供的公共服务产品，主要表现为对国家安全的护卫和使每个公民感受到公共安全的现实化。安全作为一种公共产品，在应然层面，对上要能够保证国家利益的实现，对下要成为公民权利实现的保障。在实然层面，安全的实际状况如何必须接受人民群众的评判。这些年来，人们经常提到"投资环境"，其实，安全就是对"投资环境"最为重要的综合评价。安全是动态可变性还在于，安全的变更有渐变与突变两种形态，潜态的变化日积月累，渐变的过程往往不易引起重视。鉴于执政党在政权体制具有决定性的领导作用，执政党必须总揽全局，协调各方，承担起国家安全与人民安全的双重责任。居安思危，随时警惕不稳定因素的积累，未雨绸缪，时刻戒备突发事件的发生应当是执政党的首要任务。国家和公民都是安全的利益共同体和共同受惠者，公民对国家必须恪守维护国家安全的责任，国家对公民必须提供切实的安全保障。"兵荒"必然"马乱"，国家安全与公共安全之间是相通的。危害公共安全的行为可能危及国家安全，危害国家安全的行为一定危害公共安全。但是，公共安全与国家安全的指向又有一定差异，公共安全侧重指向公民个体，国家安全主要指向国家整体。在社会转型期，由于利益格局的变动，当某些个体的利益需求未能得到满足时，也可能发生来自国内民众的对国家安全的冲击。在处置失当的情况下，个体的抗争行为也可能聚集、叠加成为突发性、群体性的暴力事件。在和平环境下，这是执政党尤其应当警惕的。

突发事件高发是当前的世界性问题。按照突发事件发生的缘由，可以区分为外源型、内源型、内外双因型。从实践的角度看，国内原因与国外因素的双重交织是突发事件的常见形态。突发事件本身是矛盾积累到一定程度又无法合理宣泄的表现，突发之后往往即刻进入失控状态。处置时稍有不当，极易造成始料不及的后果。特别是以制造大量无辜者伤亡或者造成重大影响为目的的突发事件，其性质上具有恐吓性、要挟性，往往是双重"极端化"的产物。在微观层面是行为人极端蔑视生命，甚至决意以结束生命的方式完成所谓的"壮举"，在宏观层面是当政者在管理过程中采取过漠视人权的极端方式。

对社会突发事件要立足于从源头上防范。所谓防范并不是绝对意义上的任何一起突发事件也不发生，而是尽最大可能主动消除突发事件产生、蔓延的条件，使突发事件在尚未酿成灾害的时候即被控制，及时地化解在基层。由此可见，执政党既要领导政府编制预警应对突发事件的预案，提高有效处置突发事件的能力，更要认真研究突发事件发生、发展的规律，滋生以及蔓延的客观条件，权为民所用，利为民所谋，采取主动防控措施，尽可能清除突发事件滋生、发展、蔓延的条件。在对策思路上应突出以下重点：

（一）对人的控制

对人的控制，主要是指对国内可能成为突发事件制造者（包括有迹象表明可能向黑社会组织、恐怖组织演变者），可能从境外渗透进入的恐怖组织成员、极端分子和社会上的不稳定分子的控制。对社会上的不稳定成员的认识一定要打破传统的观念，不能过分地强调所谓的"阶级因素"，应当注意把在智力较量中走偏方向者、正常诉求得不到解决者、快感获得方式异常者、在精神上陷入漩涡者、因生活窘困而产生绝望心理者等纳入视线。在对人的控制方面，特别要注意因为智力因素偏异性发展走向极端、因为绝望而以命相拼的人。国内已经查获数起高学历人才堕落成为毒品制作者的案件。作为一个信号，这类案例至少是提示我们注意高科技犯罪的智力条件。犯罪活动高科技化已经是当代犯罪的一大特点，雄厚的资金、高度的智能、严密的组织是制造突发事件必不可少的实力因素，什么样的人有能力、有财力、有动力组织策划这类突发事件，值得有关部门认真思考。

（二）对财（资金）的控制

当前要在积极引进国外、境外、民间资本的同时，及时发现"洗钱"犯罪的线索和名为创建企业、实为聚集犯罪资金或为犯罪提供经费的活动。对携款潜逃国外的贪污贿赂分子，应当设法掌握其动向，积极通过外交途径引渡回国进行审判。在尚未引渡前，应当注意携款潜逃国外的贪官从腐败分子转变为敌对破坏势力。近年来，我国多次发生上市公司高级管理人员携带巨款失踪的案件。按照 2005 年 1 月 25 日《民主与法制时报》的报道，仅在2003~2004 年就有 16 个上市公司的高级管理人员失踪，带走资金或者留下坏账达 86 亿元之多。

（三）对物的控制

这是指，对物（爆炸物品、传染性病毒和细菌、剧毒品、化学危险品等）从生产到销售、运输、使用、存储的管理和控制。应当充分估计到，蓄意制造突发事件的人在我国已经有零散、分散的活动。如果防控不力，突发事件可能出现从境外向境内渗透、从农村向城市聚集、从个别人的极端行为向有组织的恐怖活动升级、从具有黑社会性质的犯罪向恐怖犯罪集团演变的态势。抓住特定物品的控制，既可以减少突发事件从构想到付诸实施的条件，又可以发现可疑人物的活动迹象。现在的问题主要是规章制度制定得多，落实得少，不少规章制度似乎制定之后张贴上墙就算落实了。例如，高校和研究机构均有相当数量的实验室，某些实验室的设备、试剂、标本和实验过程中的某些物质，一旦被别有用心的人利用或逸出，都可能产生难以控制的后果。

（四）对信息的控制

与突发事件有关的信息主要是指，故意制造传播的虚假恐怖信息、恐怖犯罪手段的教唆传播、计算机病毒的编制传播等。当前，特别要注意邪教组织与境外敌对组织纠合在一起进行的煽动，以歪理邪说误导邪教的信奉者走上"以生命达成目标"的极端。

近年来，故意制造虚假恐怖信息的案件已经在国内发生多起。有的针对生产销售的竞争对手，故意散布某种商品含有有毒有害物质的信息，在极短时间内使得蒙冤的生产者、销售者遭受重大经济损失；有的故意散布某个超级市场已经放置了炸弹的消息，或者直接向该超市打电话要挟，或者直接向公安机关报案。目前，此类制造、散布虚假恐怖信息的案件，一是对被害的企业造成巨大的损失，二是引起了消费者的惊恐和慌乱，三是无形之中形成了"必假无疑"的惯性判断。如果不采取有力的控制措施，出现虚假信息与真实信息混杂、有真亦有假的局面，则很可能出现确有消费者中毒、公共场所果真发生爆炸的结果。我国的公共交通系统时常处于超负荷运转的状态，一旦发生爆炸或其他破坏事件，很可能在瞬间出现众多人员慌乱逃生的失控局面，踩踏、拥挤、坠落造成更多人员伤亡的惨剧极易发生。一旦处置不当，则有可能出现持续性的混乱甚至诱发骚乱。

三、处置非传统安全突发事件应当注意的问题

笔者以为，非传统安全概念及其理论体系的出现，其本身一是说明了安全对全人类社会生活的极端重要性，二是表征了世界范围内安全研究的深入，三是安全研究的成果是人类智慧的结晶，对安全的研究应当是超意识形态的。面对非传统安全威胁因素的增多，中国共产党一定要解决执政为什么的问题，

把立党为公、执政为民落到实处。

（一）积极化解矛盾，高度重视国内不稳定因素对国家安全的威胁

对主权国家而言，和平的国际环境来之不易，是集中精力快速健康发展的机遇期。和平的国际环境并不表示不存在外在的安全威胁，但只要国内的工作做得比较好，发生情况突变的概率就低；反之，如果国内工作出现大的失误，既有的和平环境也会在转眼之间丧失。作为执政党必须充分利用和平环境的有利条件，对外通过对话和合作解决争端，对内高度重视化解不稳定因素。当前，传统安全的威胁因素与非传统安全威胁因素交织在一起，来自国外境外的安全威胁因素与来自国内的安全威胁因素交织在一起，别有用心者制造的安全威胁因素与执政党失误导致的安全威胁因素交织在一起，非传统安全的挑战正摆在我党面前。不稳定因素是客观存在的，视而不见或者采取"绕道走""踢皮球"的办法只能激化矛盾，引起群众的更大不满。能不能主动化解矛盾，妥善处理由于利益调整或自身工作失误造成的不稳定因素，是对党的执政能力的严峻考验。作为执政党必须清醒地认识到："人心向背，是决定一个政党、一个政权盛衰的根本因素。马克思主义政党的理论路线方针政策以及全部工作，只有顺民意、谋民利、得民心，才能得到人民群众的支持和拥护，才能永远立于不败之地。"

（二）主动预警，及时处理好处于"敏感地带"的问题

威胁安全的因素并不会一开始就表现为"大事"，某些看似不起眼的小事由于同群众利益相关，又处于时间或者空间的"敏感地带"，一旦反应迟钝，就会酿成难以收拾的局面。2004年11月间，在上海复旦大学出现了学生自发组织的巡逻队，手无寸铁的学生在校园及校园周边地区巡逻，并对扒窃嫌疑人员进行拍照、摄像取证。有关专家提醒，这是一个值得引起高度重视的动向。公安机关是维护社会治安的职能主体，是保护高校师生生命财产安全的责任主体。高校学生因为校园治安不好而自发地组织巡逻队，无形之中是在替代公安机关的部分职能。如果自发参加巡逻的学生被作案人伤害，公安机关、高校领导将无法向社会交代。有关领导认为，大学生自发组织治安巡逻队是一个极为敏感的问题，立即与上海市公安局、上海市教委、复旦大学所在地公安机关、复旦大学紧急沟通，并取得了共识。当地公安机关立即调集警力强化校园周边的治安管理，复旦大学负责强化校园内部的管理，并做好

引导学生致力于学业的工作，市公安局、市教委负责对全市校园及周边地区的治安状况进行调查整治。由于各方面认识一致，行动迅速，措施到位，复旦大学的学生巡逻队很快自行消亡，校园的治安状况也得到了进一步改善。应当说，这是一个成功预警的案例。学生自发组织巡逻只是一个信号，校园治安状况堪忧是问题的关键。在巡逻的学生尚未出现伤亡的情况下，超前一步考虑到一旦学生被作案人伤害将可能引发的事件，及时地向有关部门发出预警并立即落实控制措施，就主动地避免了可能出现的危机。

（三）谨防我们的缺点被人利用

我党在 50 多年的执政历程中，的确有过曲折，也有不少值得记取的教训，至今我们的执政能力还存在着亟待改进的薄弱环节。党的十六届四中全会作出《关于加强党的执政能力建设的决定》正是对全党同志的严肃要求。在全党努力提高执政能力建设的同时，更要谨防我们的缺点被某些别有用心的人利用。坦诚地说，我党长期居于执政党的地位，对变化了的社会矛盾缺乏研究，一些党员领导干部养尊处优，不敢深入基层化解矛盾，立党为公、执政为民的宗旨贯彻不到位是我们最大的缺点。长期积累形成的大量社会矛盾或多或少都与我们的缺点有关。如果仅仅单纯地编制行动预案，部署化解矛盾，无论我们在战术上作出何等周密的设计，也会因为缺乏群众的广泛信任和支持而难以推行。从这个意义上讲，提高执政能力练的是"内功"，预警处置突发事件用的是"外功"。坚持党的领导必须通过改善党的领导才能实现。中国共产党不能以天然的领导者自居，一定要改革和完善党的领导方式和执政方式。预警处置突发事件必须同强化党的先进性建设、巩固执政基础、提高执政能力紧密集合在一起。

当前，我国正处在社会转型期，社会财富总量的增加、民主渠道的增多和公民对政府要求的提高势在必然。而由于我国的历史和文化传统，我国民众所缺乏的不仅仅是权利意识，国家意识与公共秩序意识的缺失、淡漠同样是亟待补课的内容。法律的功能并不是单纯地求取公正，因为不同主体的思维角度和视野决定了其所主张的权利不可能不具有个人的色彩，在公民个人权利的觉醒阶段难免会出现某些无序，平衡各方面的利益，构建和谐社会乃是法律的意旨所在。公民权利的觉醒与对权利实现的期望值过高并存，个人利益开始受到尊重与个体间利益差别的扩大并存，执政党执政能力正在不断提高与实际工作中还存在缺点并存，是我们正在面对的考验。执政党不仅要以"立党为公、执政为民"的无私心态，坦诚地承认工作还有欠缺，用实际行动赢得民心，还要警惕别有用心的人利用我们工作中的缺点煽动群众的不满情绪。2004 年 7 月 29 日，宁夏回族自治区首府银川市的出租车司机连续进行 4 天集体上访，给银川市民和外地旅游者的出行带来极大不便。此次大规模集体上访起源于 7 月 28 日银川市出台的一系列与出租车行业有关的政策。面对 6000 多辆出租车司机集体"罢运"，7 月 31 日和 8 月 2 日，银川市人民政府连续发布两个通告，对原准备于 8 月 1 日执行的《银川市城市客运出租汽车经营权有偿使用管理办法》和《银川市城市客运出租汽车更新管理规定》停止执行。由于政府及时纠正自身的过失，从 8 月 3 日早晨开始，银川市部分出租车开始运营。有人认为，此次事件平息的关键是银川市政府"收回成命"，似乎有失政府的权威。但是，"成命"到底该不该收回，要看其是否合法、合情、合理。知错即改所抛弃的是政府工作中的失误，赢得的是群众的谅解和支持。从法治角度思考，法治的本意在于治吏，政府和执政党都可能犯错误。坦诚地承认错误，及时地纠正错误，才能从根本上防止自身的错误被人利用。

（四）防止"群体极化"行为的出现

在现实生活中我们可以看到这样的实例：当三人同行时，只要有其中一人"打破沉默的墙"，在"责任分散"的心理误导下，抢东西的罪过似乎消失；当有 30 人动手抢东西时，随从的人数将大于首先行动者；如果现场有 300 人哄抢物资，不去拿点什么回家，就好像"吃亏"了似的。心理学将此种情况称之为"群体极化"，即：人多是一种壮胆的因素，处身于陌生人群之中会产生"匿名效应"，越是人多杂乱的场合，错误行为会被"哄抬"到极端的程度。在处置突发事件的过程，注意防止"群体极化"行为十分重要。以正在"上访"的群众为例，无论其要求是否合理，就其个人而言一定是觉得心有郁闷或委屈，在挑唆之下很容易出现冲动性的发泄。如果有人躲在幕后出谋划策，其行为就会趋向于组织化。来自各地的"上访"人群一旦在互怜、互爱、互助气氛中"抱成一团"，由于相互之间的感染、支撑和"责任扩散效应"的作用，就会表现出超出常理的破坏力。如果一个地区、一个部门形成了有一定人数的"上访专业户"，就有可能在"全职"的上访人周围形成一批"兼职"的上访人群，围绕上访人群又会出现以其为目标的牟利者。

我们坚持立党为公、执政为民，在处置突发事件的实践中，已经取得了一些经验，诸如，宜早不宜迟、宜小不宜大、宜散不宜聚、宜疏不宜堵等原则都是十分重要的。英国的危机管理专家杰斯特曾经提出过著名的危机沟通"3T 原则"：第一，以我为主提供情况（take your own）；第二，提供全部情况（take it all）；第三，尽快提供情况（take it fast）。笔者以为，"3T 原则"在防止群体行为失控方面也可以积极地使用。在发生群体性行为失控时，要果断调动媒体的力量，及时进行正面报道，切忌采取"捂"的做法。当出现打砸抢烧等行为时，媒体的摄像录音设备要公开地指向行为人。只要媒体如实报道，旗帜鲜明地揭露非法行为，就能运用"曝光"的力量遏制非法行为的扩散，防止不明真相的人卷入。政府相关部门要以及时的、追踪式的新闻发布会，不断地公开事实真相，以"大道消息"遏制谣言。

（原载《人民日报内部参阅》，2006 年第 22 期）

"过劳"现象与公民维权（摘要）

在被雇用的状态下，劳动者是微薄、分散的个体力量，在劳资关系中天然地处于弱势，根本无法对抗雇佣者。劳动者维权的根本出路在于政府强化对用人单位的监管，而不是靠劳动者个人的努力。

一、过劳死是长期过度疲劳的积累性暴发

所谓过劳死，就是因为持续、超强度劳动导致的劳累致死。过劳死是长期过度疲劳积累之后的暴发，具体的诱因在医学上很难就某一次超时劳动作出判断。过劳死的原因很多，但最多、最常见的原因是企业员工长期无可奈何地超时加班，加之缺乏必要的劳动保护，休息时间得不到保证。当超时劳动不得不被接受时，身体再棒的人也会出现类似金属"疲劳断裂"的结果。

二、超时劳动的主张者应当承担违法责任

应当说，我国劳动法对劳动时间的规定是明确的。现在的问题是，超时加班时常被称为"一个愿打一个愿挨"。雇主遭遇质疑时，很坦然地说："他们是自愿加班的。"有人提出，立即组织力量修改《中华人民共和国劳动法》（以下简称《劳动法》），对超时劳动作出更为严格的限制。笔者认为，任何法律的效率都是通过贯彻落实得以体现的，我们不能采取"法律浪漫主义"的态度，认为只要法律作出了规定一切都会纳入正轨。最可怕的是，表面上"立法如林"（貌似法律制度完备），实际上"执法如零"（执法的到位率极低）。

其一，雇员接受超时加班也不能免除主张超时加班者的责任。

其二，不能苛求"自愿加班者"履行执行《劳动法》的责任。

三、工会在劳动者维权中应当起到"领军"的作用

我国欢迎外来投资，也愿意为投资者做好服务工作，但是，任何进入我国的投资者都必须遵守我国的法律法规。如果地方政府唯恐完不成招商引资的"政绩"，就会产生唯恐得罪"财神爷"的心理。

根据《中华人民共和国工会法》第 6 条的规定，维护职工合法权益是工会的基本职责。现在我国的当务之急是：第一，要在企业中无一例外地建立工会组织，使职工处于有组织的状态；第二，要确保工会成为劳动者利益的代表和代言人，真真切切地维护职工的利益；第三，工会与雇佣方的交往活动要向工会成员公开，接受职工的监督，对于不称职的工会干部，职工应当具有重新选择的权利。任何权力必须受到权力授予者的监督，工会的权力更应当受到工会全体成员的严格监督。

四、政府要真心诚意地为劳动者作主、管事

在被雇用的状态下，劳动者是微薄、分散的个体力量，在劳资关系中天然地处于弱势，根本无法对抗雇佣者。劳动者维权的根本出路在于政府强化对用人单位的监管，而不是靠劳动者个人的努力。

政府一定要挺身而出，为劳动者承担起维权指导的责任。追求利润的最大化是企业的本能，雇员对侵害的忍受总是有限度的，失去正确指导的维权一定会走向非法的抗争。如果事情发展到劳动者被迫无序抗争的程度，政府一方面不得不调用警力破案，另一方面又不得不要求雇主改善雇员的劳动条件，各方面的损失都是不可估量的。《世界人权宣言》言辞恳切地告诫我们："鉴于为使人类不致迫不得已铤而走险对暴政和压迫进行反叛，有必要使人权受到法治的保护。"

（原载《检察风云》，2006 年第 20 期）

促进利益平衡　实现社会和谐发展

社会公正是和谐社会的重要内容，实现社会公正要求兼顾各种不同主体的利益关系，达到共存、共生、共荣。利益不是单纯用货币计算的经济概念，而是一个权利行使范围及其受保障程度的法律概念。例如，进城务工农民的子女能否在城市获得义务教育的权利，并不能直接用货币单位衡量，但是，得不到平等的教育权，减损的是其应得的利益。社会的和谐发展，是追求社会各种利益关系之间以及人类与自然之间的平衡状态，在公平原则下承认差异，在差别中形成共存、共生、共荣的格局。

一、正确认识当前的社会矛盾

当前，我国正处在改革发展的重要战略机遇期，同时也是矛盾的凸显期，协调社会利益关系的难度明显加大。当前比较突出的利益矛盾有：城乡差距、地区差距、行业差距、贫富差距进一步拉大；城市就业不足，农村劳动力急需找到出路，解决"三农"问题的任务相当艰巨；分配不公的问题突出，社会保障体系远未普及；房价不断上涨，开发商获取高额利润，普通老百姓买不起房等。从整体上看，以上问题是发展中的问题，只能依靠深化改革加以解决。与此同时，我们还应当认识到体制、机制上的缺陷确实存在，改革的深化必然涉及利益群体的利益调整。

我国近年来的群体性事件大体可以归为三类，一是部分群众的利益受到侵害，比如一些地方在征地、拆迁中违反政策，引发了一些群众的不满；二是少数官员的腐败行为伤害了群众的感情；三是一些群众以比较激烈的方式表达意愿，主管部门处理方法不当，使得矛盾趋向对抗。这些群体性事件突出地反映为干群之间的利益矛盾，都是可以避免或者化解于初始阶段的。我们党提出"情为民所系、权为民所用、利为民所谋"，就是要从根本上解决执政党与民争利还是为民谋利的问题。

化解社会矛盾是一门科学也是一门艺术，具体的化解办法需要进行深入研究，不在解决旧有矛盾的同时诱发新的矛盾是一条必须掌握的基本原则。在化解矛盾时，如果随意在政策上"开口子"，就会引起无穷无尽的攀比，"摆平"了一个，"翘起"了一片；如果为一时的安宁随口作出"许诺"，兑现承诺的责任就无法摆脱；如果"闹夜的孩子多喂奶"，存心"闹夜"的人就会越来越多；如果某项举措使得非法行为者获得利益，无异于奖励非法行为。

二、坚定不移地把握不同利益群体的权利平等

政府是公共权利的象征，政府工作人员是公民的"仆人"，如何摆正政府的位置，就成为了一个关键点。政府所拥有的一切管理权是人民赋予的，其充当的角色是社会秩序的维护者，是国家财富的管理者。政府掌控的是人民赋予的权力，必须对人民负责，接受人民的约束。政府是各方面、各层面利益群体的平衡者，当不同群体的利益发生冲突的时候，政府就要充当管理者和调节者的角色。

不言而喻，利益平衡是一项极为复杂的系统工程，不同群体的利益关系复杂多变，政府工作人员必然与形形色色的利益群体存在千丝万缕的关系，政府除了自身保持"无利益追求"的超脱状态之外，在具体的利益调整中，还应当恪守公平正义原则。利益的调节不应当给已经获得最大利益者"锦上添花"，而应当为在利益获取中处于最不利地位者"雪中送炭"。在城市，要把企业改组改制中下岗、缺乏劳动技能和生活来源、资源枯竭城市和老工业基地的困难群体作为低保重点；在农村，要坚持"多予、少取、放活"的方针，在确保农民收入增长的同时，建立面向全体农民的社会保障制度。健全城乡最低生活保障制度，加大对城乡特困群众的救济救助力度，千方百计增加农民收入。

三、实现利益平衡必须抓好制度建设

邓小平早在 1993 年 9 月 16 日就说过："我们讲要防止两极分化，实际上两极分化自然出现。""少部分人获得那么多财富，大多数人没有，这样发展下去总有一天会出问题。"[1]让一部分人、一部分地区先富起来的目的是为了共

---

[1]《邓小平年谱》，2004 年版，第 1364 页。

同富裕, 在我国进行改革开放取得巨大成功的今天, 贫富差距过大已成为当前影响社会稳定的因素之一, 实现共同富裕仍刻不容缓。

1. 建立有序的利益表达机制

社会主义社会是高度民主的社会, 所提倡的是权利的平等。构建社会主义和谐社会的关键在于推进民主法治建设, 推进民主法治建设的关键则在于尊重和保障公民权利。为了保障弱势群体平等权利的实现, 必须建立全面、客观的国情公开制度, 引导社会各方面把人财物投向贫困地区, 把保障公民权利实现的重点指向社会弱势群体。目前, 我国公民权利意识的觉醒尚属初级阶段, 权利意识觉醒初期的无序在所难免, 公民的权利意识觉醒后的正确行使尚待引导。对于民意的表达, 一是要确保渠道的畅通, 二是悉心指导民意表达的有序理性, 三是要有 "民忧即我忧" 的责任感。政府的各个部门, 既要坚定不移地维护人民的利益, 又要防止维权过程中可能出现的权利扩张。对群众合法权益受到损害的诉求, 要采取措施制止侵害或者调查侵权事实, 指导群众的维权实践; 对足以损害群众利益的威胁, 要立即排除并防止威胁的再次出现; 对于群众的误解, 要做好解释政策、说明情况、消除误会等劝解工作。

2. 建立合理的利益分配机制

利益平衡机制的实质是如何合理地配置稀缺资源。时下, 高收入的就业岗位已经成为稀缺资源之一。在 2006 年 5 月 26 日的政治局会议上, 中央就改革收入分配制度提出了 "着力提高低收入者收入水平, 扩大中等收入者比重, 有效调节过高收入, 取缔非法收入" 的基本原则, 这对于化解社会矛盾、促进利益平衡有很大的意义, 要坚决贯彻这一原则, 并着手制定实施方案。政府应当鼓励竞争, 同时更要规范竞争。对某些过热或畸形的竞争要善于使用经济政策加以调整, 不能依靠自然界 "弱肉强食" 法则处理人际关系和社会运转。薪酬收入的 "一次分配" 不能过于悬殊, 特别要防止隐性收入、非物质收入被人为隐蔽; 税务机构要突出对收入畸高人群的监管, 使 "二次分配" 真正趋于公平; 以捐赠为主要形式的 "三次分配" 要形成制度, 引导富人做有社会责任感、有爱心的人。

3. 建立完善的利益补偿机制

我国的城乡建设如火如荼, 土地征用等利益补偿的制度化建设十分重要。利益补偿涉及的问题十分复杂, 特别是补偿尺度的把握更是难题。当前在这一方面出现的突出问题是, 一些地方对利益受损者的利益补偿过低, 引起一些人民群众的不满，甚至导致矛盾激化。解决这一问题的关键是政府部门要高度重视群众的合理利益要求，不能把部门的利益、个别商人的利益摆在群众利益之上，更不能为了创造政绩而牺牲群众的利益。在利益的补偿中，要充分考虑市场的作用，比如土地征用后的补偿，应当把土地的市场价格作为补偿的重要参考标准。

（与王晓晶合作，原载《红旗文稿》，2006 年第 22 期）

警务制度改革与犯罪预防控制（摘要）

　　随着世界经济一体化的进程加快和科学技术的普及，社会上的犯罪案件总量正在不断增加，犯罪的智能性因素增多，破案的难度和成本增大。那么，警察应当如何面对犯罪浪潮的挑战呢？最基本的答案是：向科学的管理要警力，向身边的群众要警力，向高科技手段要警力。

一、警务制度改革是应对犯罪挑战的必由之路

（一）改善警民关系是警务制度改革的关键之一

（二）"我为人民管治安"是警务制度改革的中国化实践

（三）好秩序来源于公权力与私权利的合作

二、预防和控制犯罪的力量之源在民众之中

（一）集中民智，用"无穷民力"提升"有限警力"

　　人民群众生活在社会的方方面面，扮演着各不相同的社会角色，在日常生活中积累了丰富的预防犯罪经验，当这些经验处于感性、分散、孤立状态时，至多只是自发的防范"小窍门"，难以构成具有综合效能的犯罪预防力、控制力。整体的力量永远大于各要素简单相加之和。警力有限，民力无穷。警察如果能够把蕴藏在群众中的、处于感性分散状态的防范"小窍门"发掘出来、整合起来，就找到了"有限警力"与"无穷民力"无缝对接的关键点。

（二）利用传媒，用"喜闻乐见"传授防范对策

　　上海市公安局治安总队已经探索出了"提高市民防范意识，集中市民防

范智慧，教会市民防范本领，激发市民防范热情"的新路子，初步形成了多样式、全方位、叠加式的防范宣传平台和渠道。

（三）有的放矢，把"警方提示"送入千家万户

2003 年 8 月 6 日，上海市民汤啸天致函上海市市长韩正，提出了《关于建立政府信息发布与提示职能制度的建议》。来信提出：依照现代法治理念，政府不仅要抓 GDP 的增长，更要为公民生活的富裕安宁服务，成为公民人身财产安全的护卫者。向市民直接提供公共物品和公共服务是政府首要的职责和功能，这方面上海还存在较大差距。除了法律规定必须保密的事项外，所有公共信息都应当公开。建议市政府率先建立公共信息公开化、为民服务直接化的工作制度，借助电视传媒实现"面对面"的服务。8 月 13 日，韩正市长作出批示："请转达对汤啸天同志的感谢，所提建议很好。"并指示专人办理。目前，上海市公安局已经以每旬为时间单位发布治安信息，并作出有针对性的提示。

（四）形象生动，用"入脑入心"促进平安建设

"入脑→入心→行为习惯"是一个长期积累、内化的过程，尽管内化的决定性因素在于个体的文化等内因，但是，宣传的方法手段也必须精益求精。犯罪预防的对策研究和传授要注意从不同人群的文化背景入手，宣传活动不仅要有声势、有针对性、有连续性，更要强调入耳、入心、入脑，通过诱导形成行为习惯。

三、运用先进理念和科技手段实现犯罪预防的精细化

未来，无论是警务制度改革还是预防控制犯罪工作，都要按照"从细节中来，到细节中去"的原理，实现标准化、精细化的操作。预防和控制犯罪工作，在空间维度上"失之毫厘，差之千里"，是细节决定成败；在时间维度上"养兵千日，用兵一时"，成年累月的防范有可能一直处于"待命"状态，真正需要防范工作发挥作用的往往是稍纵即逝的一瞬间，也是细节决定成败。预防犯罪的工作不仅要认真去做、用心去做，而且要持之以恒地用心去做。认真能够把工作做对，用心才能把工作做好，持之以恒地用心去做，才能一如既往地把好事做到位。司法的精细化是世界司法工作发展的趋势，预防犯罪工作的精细化也将是预防犯罪工作取得实效的关键之一。

（原载《犯罪研究》，2007 年第 1 期）

类媒体的充分利用与规制

在法律意义上，媒体是进行信息采集、加工、传播的机构，是依法独立享有民事权利和承担民事义务的组织。近年来，手机媒体、互联网媒体、新媒体、第 N 媒体等新名词不断出现。为了规范信息网络传播秩序，有必要对蓬勃发展中的信息网络传播的利用和规制进行讨论。

一、类媒体的范围

传统的媒体是指从事信息采集、加工制作和传播的社会组织，即传媒机构。如果需要认定新出现的媒体，也应当按照信息采集、加工、传播三项职能兼备的标准进行衡量。手机、播客、博客等新兴技术群的应用都只是催生了与传统媒体具有某些类似特征的信息网络传播活动方式，而不是造就了"新媒体"。为了便于表达，可以将电信服务商、营利性网站等信息网络服务提供者称为类媒体。但必须声明的是，类媒体与媒体的关系是似而不是、类而不同。笔者采用类媒体这一表达方式，意在说明类媒体只具有与媒体类似的某些特征（如信息的传播），但在本质上，类媒体并不是媒体，类媒体传播的是手机、博客等用户生产的信息产品，类媒体只能对传播行为负责，而不能对信息产品的内容负责。稍有医学知识的人都知道，风湿性关节炎、类风湿性关节炎是两种不同的疾病。笔者提出类媒体这一概念，是借用了医学界关于风湿性关节炎与类风湿性关节炎有某些相似的症状，但不是同一种疾病的理论，将信息网络服务提供者称为类媒体，将手机、博客等新兴技术的应用者称为类媒体用户。类媒体与媒体最主要的区别在于，媒体对信息的采集、加工、传播负全责；类媒体只对也只能对信息网络传播活动负责。信息产品的生产者与信息网络传播服务的提供者并非同一主体是类媒体的基本特征。类媒体的活动至少涉及信息产品生产、信息网络传播服务提供、信息产品使用三者的关系。国务院常务会议 2006 年 5 月 10 日通过的《信息网络传播权保护条例》，明确提出了"网络服务提供者"的概念。网络服务提供者包括 ICP（Internet Content Provider，即互联网内容提供商）和 ISP（Internet Service Provider，即互联网技术服务供应商）。笔者赞同这样的观点：网络服务提供者，"是指通过信息网络向公众提供信息或者获取网络信息等目的提供服务的机构，如为公众提供接入互联网服务、传输服务对象的信息，或者通过网络提供自己制作、搜集的信息等。这些机构既包括各种营利性网站、电信公司，也包括通过信息网络提供作品、表演、录音录像制品的非营利性图书馆、教育机构、国家机关等，还包括通过信息网络提供交互式广播电视节目的电台、电视台等。"按照化繁为简的原则，营业性网站中除了从事新闻信息服务的部分及电信运营商经批准开办的"手机报""手机电视"之外，其他网络服务提供者均属类媒体。

二、应按照"善治"原则对类媒体实施规制

鉴于信息生产的目的在于传播，当网络传播技术的平台能够为信息的生产者提供强有力而及时的互动传播时，新兴技术的运用获得了无限广阔的空间。同时，网络传播服务在获得丰厚利润的同时，也拉动了信息传播技术的快速发展。全社会都是技术发展的受惠者，技术的发展还为公众提供了更加便捷、多样、全面的服务。此外，信息产品的使用者在交互技术的引领下，十分便捷地实现了信息产品使用者与生产者的"交叉跑位"，集信息产品使用者与生产者为一身的局面进一步提高了信息产品生产的效能。从总体上看，信息生产者与信息传播服务提供者之间的合作符合社会发展的需求，也为信息使用者提供了海量的信息和更为多样化的选择条件。这种局面有利于公民言论自由权的实现，有利于在互动中激发人的聪明才智，有利于促进人的全面发展，已经并将继续为人的全面发展提供方便条件和促进力量。但是，当全人类都在充分享受信息网络传播技术之利的时候，中性的技术也有被人用于侵犯公共利益、国家安全和公民合法权利的危险。利用博客传播色情、暴力信息和手机短信诈骗的猖獗就是明证。从社会良性运转的规律而言，"一个建立在公共同意基础之上的自由政府可以而且经常必须使用强力以迫使公民遵守法律。事实上，它必须比任何一个公民或一群公民都要强大有力。政治自由并不意味着免于控制的自由，它意味着自我控制。"显然，类媒体的技术发展前景广阔，一定要兴

利避害，在充分利用、促进发展的前提下进行规制。将新兴技术推广为大众使用的工具无可厚非，获得相应的利润乃情理之中。同时，网络服务提供者必须接受政府的监管，承担相应的社会责任，对使用新兴技术的公众要引导其守法自律。

（一）应当明确反对"泛媒体化"倾向

在我们面对日益活跃的信息网络传播的时候，应当注意防止"泛媒体化"的倾向。2005 年，我国手机用户已经达到 4.02 亿。另据《2006 年中国博客调查报告》称，至 2006 年 8 月底，中国博客数量已经达到 1750 万。如果我们把"博客媒体""手机媒体"等概念联系起来思考，就会发现所谓"媒体"的总量早已数以亿计。令人生疑的是，使用手机、博客等新兴技术的公民真是"媒体"吗？实际上，政府根本不可能对 4 亿多个手机用户和博客按照媒体进行管理。吴海民先生认为："从某种意义上讲，博客即门户。一个博客就是一个媒体。"同时吴海民先生又坦言："办好这样的个人媒体有三难"。如果说，连像吴海民先生这样的报界精英都觉得办好个人媒体具有如此之大的难度，社会普通成员还有几个能够承担"办好个人媒体"的重任呢？就行政管理而言，把博客作者"抬举"到媒体从业人员的地位，而又根本不按照媒体的管理规则对其实施管理，反而会造成权利义务的混乱。按照类媒体不是媒体，但又具有与媒体类似的传播功能的定位，一方面应当对类媒体用户实行指导和约束，要求其正确行使公民权利、履行公民义务；另一方面必须对类媒体实施严格的管束，并严格防止网络服务提供者以默许、纵容信息生产者违法的方式获得非法利益。

具体而言，凡是在我国境内设立的电信经营商、互联网站必须对其信息网络传播行为承担责任。凡是在我国主权管辖范围内使用类媒体的所有人，都必须遵守中华人民共和国法律的规定，按照我国公民的权利义务规范言论和行为。《世界人权宣言》第 19 条规定："人人有权享有主张和发表意见的自由；此项权利包括持有主张而不受干涉的自由，和通过任何媒介和不论国界寻求、接受和传递消息和思想的自由。"对于公民发表言论的自由应当给予充分尊重，并应当按照《世界人权宣言》第 29 条的规定，保证"人人在行使他的权利和自由时，只受法律确定的限制，确定此种限制的唯一目的在于保障对旁人的权利和自由给予应有的承认和尊重，并在一个民主的社会中适应道德、公共秩序和普遍福利的正当需要。"例如，手机在美国是实行"实名制"的，博客实名制在韩国等国家已经有先例，我国也完全可以按照"后台实名制"的思路对博客实施管理。同时，政府职能管理部门一定要明确，实名制并非万能之策。没有网络服务提供者的配合，手机和博客实名制的作用甚微。卢梭坦言："人是生而自由的，但却无往不在枷锁之中。"当博客作者可以在没有编辑等"把关人"的制约下发表作品的时候，实际上是把自己放在了更为严格自律的位置上。我国当前的问题是对信息网络服务提供者的监管乏力，信息传播者又力图把责任推到信息生产者头上。如果继续把博客、手机的使用者都称为媒体，信息网络传播者只要借口监管媒体是政府职能而非企业权力，就可以逃避责任。

（二）规制的目的是为了促进发展

有学者分析，博客"它是互联网上赋予个人以力量的工具……未来的博客将是集成各种网络应用的中心：包括电子邮件、即时短讯、博客应用、协同办公以及留言讨论等，而且除了电脑，还可以通过手机、电视、电话等各种终端无所不在地进行博客。人人都是网民的下一个趋势就是人人都是博客。个人博客就是个人在网上的全面形象的代表，是以个人为基础的互联网各项应用的'枢纽'。"笔者还认为：信息生产者与网络服务提供者的不谋而合，给类媒体造就了极为广阔的发展空间，也为网络服务提供者带来了极为可观的经济利益。一方面，类媒体用户对其生产的信息产品绝不会停留在自我欣赏阶段，将其信息产品"推销"出去，引起公众的关注并获得利益回报是其乐此不疲的强劲动力；另一方面，网络服务提供者基于协议为信息生产者提供传播服务，并由此直接或者间接地获取利润。"信息产品生产者—网络服务提供者（类媒体）—信息产品使用者"三者之间是利益共享、各负其责、风险分担的合作关系。信息生产者与网络服务提供者各负其责、各得其利是符合权利与义务对应原则的。信息产品的生产者对产品的质量负责，网络服务提供者通过良好的传播服务并承担起拒绝传播违法信息的责任，这两方面的合作才能起到促进发展的作用。纵容不良信息的传播就是诋毁健康信息的推广。当网络不断制造沉迷其中的"网奴"时，表面上是获得了运营利润，实质上是排斥了更多人的信任。由于我国对信息网络传播缺乏有效的管理，小道消息、色情、暴力信息的泛滥已经在一定程度上破坏了网络的形象。在有人成为"网迷"的家庭中，对网络的憎恨溢于言表。在许多情况下"网上讲的"已经令人感到不可相信。长此以往，对互联网产业的长远发展是非常不利的。

现在有一种"唯网络自由"的论调也值得注意，这种错觉的形成是与网络服务提供者的默许、纵容、暗中引导分不开的。只有在互联网空间言论才是自由的，只要开设了博客就可以信口开河，编发短信、彩信可以不负责任，这些错觉误导了不少年轻人。是类媒体管理上的薄弱导致了网络信息传播秩序的混乱，是混乱才造成了"唯网络自由"的错觉。其实，在网络空间自律比自由更为重要，因为一旦丧失自律，自由也将失去。编制手机短信、彩信与自己的朋友"搞笑"是可以的，但"搞笑"不能突破法律的底线。博客作为开放的个人空间，一定不能像在自己家密闭的小房间里一样随心所欲。据调查，我国博客数量的增长速度极高，但是，现在已经有七成以上是平均每月更新不到一次的"睡眠博客"。当博客成了"公共痰盂"时，谁还会对博客感兴趣呢？七成以上的博客处于"睡眠"状态，也从一个侧面证明了类媒体只有急需得到规制，才可能有健康持续的发展。

（三）按照服务器的属地确定对类媒体的规制

类媒体用户都是公民，对公民的要求只能是遵守国家的宪法和法律，不能在宪法和法律之外为公民设定义务。在依法治国的大背景下，依法行政是依法治国的关键，而依法行政的核心是对行政权加以严格的控制和规范，一方面应当防止公权力过多干预私权利，另一方面也应当防止行政权的当为不为。应当承认，我国对互联网的研究不力，对网络信息传播的管理更是疲软。近年来，我国加强网络管理立法的呼声很高。其实，在现行的法律体系内就可以找到规范信息网络传播服务的相应法律依据，关键的问题是对"财大气粗"者，既缺乏管束的勇气也缺乏管束的智慧。无国界的即时信息传输是互联网的特征之一，而管理必定有一定的边界，这似乎是一种矛盾。其实不然，一方面，各主权国家实际上总是在自己的管辖范围对网络终端实施管理，类媒体的管辖权分别属于不同的主权国家；另一方面，类媒体可以超越国界向信息产品的生产者和消费者提供服务。针对这种情况，应当依循"网络无国界，终端有管辖"的原则，按照服务器的属地确定对类媒体的管辖权。提出这一思路的基本理由是，网络空间的信息传播服务依赖于服务器的运行，互联网站有明确的属地，每一台服务器终端总是在一定的主权法律制度控制之下的。信息产品的传播依赖网络服务而实现，服务提供者又在实施服务的同时获得了利益，为此，服务提供者必须承担相应的责任。

据《人民日报》驻美国记者报道：依据《国土安全法》中"加强电子安全"部分的有关条款，提供互联网服务的公司，例如微软的 MSN 和美国在线 AOL，在调查机关要求下，有义务向美国政府提供用户的有关信息和背景。一般情况下，美国公司如果没有收到法庭批准的搜查证，通常是不大愿意为政府监控机构提供材料的。但最新法案要求，在发生电子袭击时，如果可能会出现人员伤亡的情况时，这些公司必须提供有关用户的信息。在此条款下，警方也有权监视互联网上的信息来往，其中包括个人电子邮件。还有一项条款规定，如果出现"危及国家安全"的情况，或"受保护的电脑"遭到袭击，当局无需事先征得法院同意，即可监视电子邮件和互联网上的其他相关信息。美国大法官冈萨雷斯呼吁国会，对那些在自己网络系统上提供儿童色情内容而又没有报告的网络服务商，课以 3 倍于目前数额的罚款：即初犯时罚款 15 万美元，之后每次违法罚款 30 万美元。由此可见，即便在美国，在保障个人自由的同时，对公共安全、国家安全、他人合法权利的保护丝毫没有放松。当然，在保护公共利益和维护个人自由之间发生冲突也是难免的，基本的原则应当是：个人的自由以无碍国家安全、公共利益、他人合法权利为限，当个人的自由与国家安全、公共利益、他人合法权利不能兼顾的情形下，个人的自由应当克减。

三、类媒体应当对其信息网络传播行为负责

信息传播者与信息生产者系合作关系。我国当前的主要问题是，管理工作未能抓住传播者正以其传播行为引导信息生产这一关键所在。在信息网络传播中，尽管是信息生产在先，传播服务在后，但是，起主导作用的却是网络服务提供者。信息传播的前提应当是无碍国家利益、公共利益和他人合法权利的实现。对根据常识即可判别的侵权违法信息，如果作为传播者采取佯装不知的态度故意传播，尽管其事先与信息生产者没有预谋，也要追究其责任。网络服务提供者不能在获利时承认与信息生产者配合默契，追究责任时就否认合作关系；也不能只承认提供了信息传播平台，而对平台上传播的信息产品质量免除所有责任。SP（Service Provider，即服务提供者）总是把自己比作"鸡蛋搬运工"，言外之意是搬运工不应当承担鉴别所搬运鸡蛋品质的责任。那么，

明知是"臭鸡蛋"依然予以搬运的行为能不能推卸责任呢？我国《信息网络传播保护条例》第 23 条规定："……明知或者应知所链接的作品、表演、录音录像制品侵权的，应当承担共同侵权责任。"

（一）类媒体必须在"剔错"中求生存

对网络服务提供者而言，越是新鲜、新异、新奇的信息越能引起关注，公众注意力的最大吸引就是产出的最大化，而对所传播信息的内容承担过多的责任，一定会导致传播速度的降低和成本的增大。显然，从社会和谐的全局利益出发，类媒体必须实现吸引更多用户与承担尽可能少的责任这两者之间的平衡。如果认同类媒体的用户必须以自律换自由的话，类媒体必须在"剔错"之中求生存。按照笔者的观点，类媒体的"剔错"生存，不是苛求其逐一审查所有待传播的信息产品内容，只是要求其在发现信息产品内容违法时，及时实施屏蔽、删除、断开链接等措施。"剔错"生存主要表现在以下三个方面：一是事先约定，即与用户事先签订协议，约定双方共同遵守宪法和法律的规定，不从事任何违法活动；二是事中巡查，即类媒体配备专职人员负责地对传播的信息产品进行巡查，一旦发现有明显违法的信息产品，及时阻止其传播并保留证据；三是事后删除，即类媒体在接到指控曾经传播的信息产品有违法内容时，立即采取删除、屏蔽、断开链接等措施。手机、博客、播客都是新技术的商业化使用，尽管各国规制方法的具体设计不同，但是，信息产品的生产者必须对其产品的质量负责，信息的传播者必须对其提供的网络服务行为负责是共同的。德国在 1997 年 8 月 1 日实施的《多媒体法》中规定 ISP 应对其制作的内容负责。如果 ISP 知道他人制作的信息内容，能够采取技术措施避免其使用，而且可以合理地预见到应当避免其使用，则 ISP 应对他人制作的而又由其提供给用户的信息负责，即 ISP 应与信息的制作者共同承担责任。新加坡的《互联网络内容指导原则》规定，新加坡三大电信营运商有义务屏蔽"不良博客"。我国《互联网信息服务管理办法》第 15 条规定："互联网信息服务提供者不得制作、复制、发布、传播含有下列内容的信息：（一）反对宪法所确定的基本原则的；（二）危害国家安全，泄露国家秘密，颠覆国家政权，破坏国家统一的；（三）损害国家荣誉和利益的；（四）煽动民族仇恨、民族歧视，破坏民族团结的；（五）破坏国家宗教政策，宣扬邪教和封建迷信的；（六）散布谣言，扰乱社会秩序，破坏社会稳定的；（七）散布淫秽、色情、赌博、暴力、凶杀、恐怖或者教唆犯罪的;(八)侮辱或者诽谤他人,侵害他人合法权益的;(九)含有法律、行政法规禁止的其他内容的。"以上俗称"九条"的禁止性规定明确针对"制作、复制、发布、传播"四种行为,作为网络服务的提供者如果事先知晓传播的内容有违法嫌疑,或者虽属事后得知但仍然传播的,无论其动机是何,都必须为自己的传播行为承担责任。类媒体只有在同时具备《信息网络传播保护条例》第 22 条所列五项规定时才能免责。在这五项规定中,其中第 3 条"不知道也没有合理的理由应当知道服务对象提供的作品、表演、录音录像制品侵权"的表述,特别值得重视。网络服务提供者所提供的服务至少有三种情况涉及传播的内容:一是类似于现实空间的"出租房屋",网站出租或者免费提供磁盘空间,供给他人制作虚拟的网站或者主页,通过网络向公众提供信息;二是类似于现实空间的开"棋牌活动室",网站开设网络聊天室、公共论坛等供给他人上载、交流信息;三是类似于现实空间开设的"行李寄存处",网站提供磁盘存储空间,直接供他人使用(如建立家庭相册等)。通俗地说,以上三种情况只有在不知道也没有理由应当知道向外"租赁"的空间进行了违法活动或者存放的是违禁物品时,才能免除责任。

(二)类媒体对明显违法的内容应当过滤拦截

网络服务提供者的利益是通过传播信息的高流量和高点击率实现的,为此,其必须对传播行为承担相应的法律责任。所谓"相应"是指,不能苛求服务提供者担当发稿"把关人"的角色,但是,必须要求类媒体对明显违法的内容进行过滤筛查,在发现违反法律规定的信息后,立即阻止该信息的传播。对诸如短信诈骗等违法内容的拦截是抵御侵犯国家利益、公共利益和他人合法权益的需要,并不存在限制公民自由的问题。从国外的实际情况看,信息网络传播者不作为的,政府的网络警察绝不会视而不见。比如,2006 年 3 月 1 日,《纽约时报》网络版发布一条宇航局批评白宫的新闻,而短短五分钟后,这条信息中有关批评美国当局的言论就被美国的网络警察删除。美国《国土安全法》中"加强电子安全"部分的有关条款规定,提供互联网服务的公司,例如微软的 MSN 和美国在线,有义务向美国调查机关提供用户有关信息和背景。美国情报单位能通过技术手段全面监控、跟踪甚至删改互联网中不利于美国国家利益的信息。从我国的实践看,短信诈骗等犯罪得逞后,侦查的难度极大，采取针对性的过滤措施是必要的，也是可行的。如天津移动公司为加强对非法短信的打击力度，启用了信息安全过滤软件，将"证件、文凭、车牌、发票、代办"等字段输入系统，按照设定的条件对流动的信息进行过滤，同时对具有上述字段的信息发送频度进行统计，每小时的发送量超过 200 条的，判定为垃圾信息予以拦截。从有利于类媒体发展的实际出发，在规范化运用的责任配置上，既不能采取放任自流的完全免责模式，也不能采取严格管束的完全归责模式。对类媒体提供网络传播服务的责任，应当以事后监督为主，同时施行针对明显违法的内容的事中巡查。事中巡查的范围不宜过宽，只能限定在技术能力可及和明知或者应知内容侵权违法的范围内。正如我国信息产业部发布的《互联网电子公告服务管理规定》第 13 条规定："电子公告服务提供者发现其电子公告服务系统中出现明显属于本办法第九条所列的信息内容之一的，应当立即删除，保存有关记录，并向国家有关机关报告。"

需要说明的是，网络服务提供者对某个信息产品施行删除、断开链接、屏蔽等技术措施并无碍它的其他信息传播活动。以博客为例，网站为博客提供的是信息存储空间，博客用户与网站是信息存储空间的租赁和提供网络服务的关系，这与传统的报纸开设专栏邀请特约撰稿人写稿是不同的。尽管报纸可以事先声明"刊发的稿件不代表编辑部的观点"，但是，编辑部依然应当为稿件的内容负"刊发"之责。此外，稿件一旦刊发，在报纸发行的过程中是不可能进行内容删节或者断开某一稿件与报纸关系的。而信息网络传播的特殊在于，在信息传播的过程中，某一信息的删除或者断开链接并不直接影响整个信息传播活动。如果被删除或者断开链接的某一信息具有怪诞离奇的形式、侵权违法的内容，只能会使别有用心或者好奇者的点击率下降。

（三）应采取过错责任归责原则认定类媒体责任

如果把对信息产品的事前全面审查定义为积极审查义务，以事后审查为主、事中巡查为辅则应当定义为消极审查义务。类媒体应当承担的是消极审查义务。消极审查义务，是指网络服务提供者在发现代为传播的信息具有违法的内容或者泄露了国家秘密、披露了单位的商业秘密、侵犯了个人的隐私时，必须以最快的速度阻止其传播。正如《信息网络传播权保护条例》第 15 条所规定："网络服务提供者接到权利人的通知书后，应当立即删除涉嫌侵权的作品、表演、录音录像制品，或者断开与涉嫌侵权的作品、表演、录音录像制品的链接,并同时将通知书转送提供作品、表演、录音录像制品的服务对象;服务对象网络地址不明、无法转送的,应当将通知书的内容同时在信息网络上公告。"在归责原则方面,过错的判断应该放置于消极审查义务是否得到切实履行。以针对个人的侵权为例,网络服务提供者对权利救济请求人只负担消极审查义务,而不是积极审查义务。当权利救济请求人没有向网络服务提供者提出采取权利救济措施时,服务提供者即便遭遇侵权之诉,也可以因为其没有过错而被判定免除责任。只有当权利救济请求人在提出采取权利救济措施,而服务提供者没有立即履行诸如删除、断开链接、屏蔽信息等义务时,才承担过错责任。同样的道理,如果网络服务提供者拒不履行或者怠于履行已经明示要求信息生产者共同遵守的协议内容,疏于或怠于消极审查义务的履行,造成违法信息的传播,也必须为其过错承担责任。至于网络服务提供者对政府监管采取暗中抵制,故意为违法信息的传播提供服务的,则应当按照《中华人民共和国电信条例》《互联网新闻信息服务管理规定》《计算机信息网络国际联网安全保护管理办法》等法规追究其责任。

(原载《法学》,2007 年第 5 期)

论和谐社会构建中高校党委执政能力的
提高（摘要）

一、高校党委必须以规定性领导为基础向注重示范性领导转变

（一）唯有改进党的领导，才能坚持党的领导

领导的原意是指"率领并引导朝一定方向前进"。接受领导的含义不仅是服从，更重要的是认同前导者所指引的方向。当我们充分肯定国办高校基层党组织具有较强战斗力的同时，必须清醒地认识到高校党组织在执政能力方面还有不少欠缺。所以，唯有改进党的领导，才能坚持党的领导。

（二）执政党领导权威的主要来源是威信而不是权力

在知识分子群集的条件下，权力的作用固然十分重要，人格魅力、学术能力、人际亲和力等无形的力量更具渗透力，执政党领导的权威性主要来源是威信而不是权力。规定性领导与示范性领导不是截然分开的，规定之中有示范的要求，正确的示范体现规定的实质。规定性领导为我们坚持党的领导提供了极为有利的基础性的条件，示范性领导为我们改进党的领导指明了努力的方向。

（三）必须实现依赖规定性领导向依靠示范性领导的转变

当前，高校基层党委绝不能陶醉于法律规定了其在学校中的领导地位，必须真心诚意地抓好自身的建设，尽快地实现由主要地依赖规定性领导向实现示范性领导的转变。具体步骤：一是珍惜规定性领导，学习示范性领导；二是用足规定性领导，探索示范性领导；三是提升规定性领导，实现示范性领导。

二、高校党委必须以内部凝聚力的提升带动外部凝聚力的强化

中国共产党及其各级组织的凝聚力至少包括两层含义，一是指党组织内部的团结、协调所产生的驱动力，似可称之为内部凝聚力；二是指党组织对其周围力量的辐射、吸引，直至吸纳的力量，似可称之为外部凝聚力。对于高校党组织而言，其依靠的力量不仅是党员，还要团结来自各方面的人才。组织内部的凝聚力十分重要，同时更应当注意外部凝聚力的形成和提高。

从本质上说，政党外部凝聚力是一种由内向外的力。这是因为，政党的先进性是内在的，是通过其执政行为、执政能力和对民众的态度表现出来的。如果执政党本身已经失去先进性，只是用"贴标签"的办法进行了"外部装修"，其组织之外的力量只能表示顺从，至多只是违心地说一些"奉承话"。可以说，与时俱进的先进性是党组织凝聚力的核心所在，党组织内部凝聚力的提升是外部凝聚力强化的基础性条件。唯有执政党内部具有足够强大的先进性，才可能对党内外的优秀人才构成吸引和凝聚。和谐是不可能用强制的方法实现的，高校党组织内部凝聚力的提升和外部凝聚力的强化是提高和谐社会构建能力的途径之一。

（一）内部凝聚力依据共同政治信仰，外部凝聚力依靠政治认同

（二）内部凝聚力由上而下，外部凝聚力由内而外

（三）内部凝聚力的制度支撑强劲，外部凝聚力必须主动而为

三、高校党委必须正确处理好"双肩挑"与权力制约的关系

在国办高校，由于党的建设已经达到全覆盖的程度，从校长、院长到系主任、教研室主任几乎都是学术骨干与党政职务"双肩挑"，这就形成了党的领导、行政领导、学术领导"三权合一"的局面。一般而言，学术活动比较多地表现为个体智力劳动和团队的合作攻关，行政职责更多地表现为筹划、决策、组织、指挥和协调。在角色复合的状态下，高校的各级党政领导都会遇到如何脚踏实地做好自己的学问，如何出于公心用好手中权力的双重挑战。

（一）高校党委成员要洁身自好，严谨治学

（二）高校党委成员的全部学术成果都要公开化

（三）高校党委成员要身体力行匿名评审和回避制度

（四）对惩治学术腐败要有"壮士断腕"的决心和勇气

（原载《西南政法大学学报》，2007 年第 3 期）

民心、民情、民意与社会稳定

一、执政者的立场、感情与社会稳定

"穷人经济学"这个概念是由诺贝尔经济学奖获得者舒尔茨1979年提出的。其之所以能够引起世界的重视，并不是名称的"讨巧"，而是它对防止"穷人更穷、富人更富"的恶性循环具有指导意义。中国共产党长期处于执政地位，特别要防止脱离群众的倾向。现在，有的领导干部虽然也是贫苦出身，但在决策中已显露出"饱汉不知饿汉饥"的味道。多年来，我们在一些地区和领域经常使用"政策倾斜"一词，其实，在中国最应当得到政策倾斜的是以农村失地农民和城市失业市民为代表的弱势群体。执政党只有真正把群众的冷暖放在心上，决策时才能向社会弱势群体倾斜。如果说"穷人经济学"是一个学术问题，那么，执政党如何对待穷人，则是立场问题、情感问题。政策倾斜的前提条件是感情贴近。只有内心装着穷人，决策时才能向着穷人。

在改革、发展、稳定三者的关系处理上，必须严格防止牺牲公平的效率。公平与效率之间不可能绝对持平，一定时期的操作有所侧重也是可以的，但是，"公"方能"平"，公平才能实现和谐。当前，特别应当注意"公平缺失性高效"的危害作用，要花大力气从根本上解决隐蔽性的公平缺失。

在短短二十多年的时间里，中国已经从一个平均主义盛行的国家，转变为存在贫富差距扩大现象的国家。贫富差距扩大的幅度过大、速度过快这一现实，必须引起我们的警觉。常言道，不平则鸣。如果"不平"到了恶性的程度，"鸣不平"的声音就难免会失控。

笔者认为，构成稳定的两个基本要素是秩序和持续。任何执政者都要以强力维护有利于政权平稳运行的秩序，这是超越阶级性的执政规律。换句话说，秩序是可以用强制手段维护的，但是，强制维护秩序的成本越高，投放于社会福利的资金份额就会越少。如果越来越多的人认为社会不平等，就会有越来越多的人卷入社会财富分配的冲突之中，社会就会越不稳定。一旦社会处于不稳定状态，一方面，投资者出于安全的考虑，必然寻求脱离；而另一方面，社会将不得不把本来就不多的资源用于防范和打击犯罪，从而必然导致公共福利投资的减少。强制维护秩序的结果必然是民众生存条件、生活质量的下降，表面的有序也只是暂时的。执政党只有从为大多数人谋利益出发，赢得民众的广泛认同，才能确保社会政治体系持续运行，从根本上促使社会稳定有序。

二、老百姓的相对生活境遇与社会稳定

在执政活动中，最大多数人的利益是最紧要和最具有决定性的因素。只有代表最广大人民的根本利益，实现好、维护好、发展好最广大人民的根本利益，才能使党的路线、方针和政策得到广泛认同，从而得以顺利实施，才能使我们党获得广泛而牢固的群众支持。

国际劳工组织在《全球就业议程》中指出："工作是人们生活的核心。不仅是因为世界上很多人依靠工作而生存，它还是人们融入社会、实现自我以及为后代带来希望的手段。这使得工作，成为社会和政治稳定的一个关键因素。"从老百姓的角度看，就业、住房、教育看病、养老是最为实际的生存问题。"民以食为天"，要生存就要吃饭，我要吃饭就要干活，这是最明白的道理。作为执政党必须清醒地认识到："人心向背，是决定一个政党、一个政权盛衰的根本因素。马克思主义政党的理论路线方针政策以及全部工作，只有顺民意、谋民利、得民心，才能得到人民群众的支持和拥护，才能永远立于不败之地。"我国改革开放的成就为世界瞩目，但是，对老百姓而言，最为重要的是自己能够分享到多少改革发展的成果。

社会上总是会有一条无形的、动态的"均等线"存在于群体意识之中。由于频繁的交流和互动，存在于公众心目中的"均等线"以多数人能够接受为尺度，大体上反映了社会的公平程度，即：多数人会认为自己的生活和待遇"比上不足、比下有余"。假如其生活虽然有所改善，但实际的处境低于"均等线"过大，而本来和他"脚碰脚"的人却一夜暴富，他就会感到日子不如意。实际处境距离"均等线"越远，人内心的嫉恨和敌视就越强烈。马

克思对此分析得十分生动："一座小房子不管怎么小，在周围的房屋都是这样小的时候，它是能满足社会对住房的一切要求的。但是，一旦在这座小房子近旁耸立起一座宫殿，这座小房子就缩成可怜的茅舍模样了。这时，狭小的房子证明它的居住者毫不讲究或者要求很低；并且，不管小房子的规模怎样随着文明的进步而扩大起来，但是，只要近旁的宫殿以同样的或更大程度地扩大起来，那么较小的房子居住者就会在那四壁之内越发觉得不舒适，越发不满，越发被人轻视。"因为"我们的需要和享受是由社会产生的，因此，我们对于需要和享受是以社会的尺度，而不是以满足它们的物品去衡量的"。[1]

三、社会稳定的主要维系力量

正确处理改革、发展、稳定三者关系是执政党永恒的课题。在不同的发展层面，改革、发展、稳定三者的关系有不同的表现方式和侧重点。决定性的因素是执政党要始终把人民群众当作维护社会稳定的依靠力量，和人民群众保持血肉相连的关系，想人民群众所想，急人民群众所急，谋人民群众所需。在把改革的力度、发展的速度和社会可以承受的程度统一起来考量的过程中，一定要以社会底层的承受力为标准。要敢于改革，善于"维稳"，使改革与"维稳"的成果见之于发展，使发展的成果普惠社会公众。坦率地说，执政党所领导的改革必须首先解决谁是最大受益者的问题。只有使人民群众看得到改革的成果能够"共享"，才能从根本上调动其主观能动性。在改革中广大人民群众已经以下岗和失地的代价作出了牺牲，如果再看不到"共享"的希望，就势必丧失"共建"和谐社会的积极性。只有当发展的实惠优先落实于弱势群体，稳定的益处才能深入人心，改革的震荡才能趋于最小。

第一，执政党不能把人民群众视为维护社会稳定工作的对象，而必须从内心确认人民群众是维护社会稳定的中坚力量，紧紧地依靠人民群众维护社会稳定。从维护社会稳定的需要和职业分工看，国家必须拥有精干的武装力量，执政党必须实现对武装力量的绝对指挥，但是，绝对不能由此推导出公安机关、检察院、法院、武警、军队才是"维稳"力量的结论。第二，必须正确处理政府是"维稳"责任人与人民群众是"维稳"力量的关系，维护社会稳定必须还权于民，丝毫不表示各级党委总揽全局责任的减弱，而是特别

---

〔1〕《马克思恩格斯选集》第 1 卷，人民出版社 1972 年版，第 367~368 页。

要防止政府在维护社会稳定方面的不作为和滥作为。第三，执政党与人民群众在维护社会稳定方面不是"发令员"与"运动员"之间的关系，"维稳"必须全民投入、全民参与，党委和政府是"核心队员"，是"场上灵魂"，维护社会稳定必须亲力亲为，不能搞"层层转包"。第四，上无法守，下无道轨。维护社会稳定必须从提高执政能力、规范执政党的行为做起。规范首先要有示范。如果手中握有各种各样行政权力的机关自身的行为是不规范的，就根本无法规范普通群众的行为。从这个意义上说，社会稳定、社会和谐的前提和保有量是执政党自身行为的法治化、规范化和廉洁化。

（原载《上海市马克思主义理论研究和建设工程专报》，2007 年第 10 期）

浅议本科教学评估工作的改进

教育部加强和改进高校本科教学工作评估的决策是正确的，但由于缺乏经验等各方面的原因，本科教学工作评估也出现了一些亟待解决的问题。解决的方法有多种，本文提出应通过科学化的制度设计来改进本科教学评估工作。

一、评估中出现的问题应当通过科学化的制度设计加以解决

教育部周济部长指出："一些学校为了应付评估，组织教师和学生补做试卷和论文，甚至编造假文件、假数据，还把这种造假行为归结为是评估造成的。"[1]笔者认为，造假者应当受到追究，但是，评估中的造假问题需要从评估制度的设计着手予以遏制。有的老师已经直率地提出了"对评估的评估""谁来监督评估"的诘问。

按照周济部长提出的评估改进方案，从 2007 年起主要采取两项措施：第一，每年公布一次高等学校教学基本状态数据，并把这些数据作为专家组进校考察评估的依据之一。专家组进校后，要对这些数据进行认真核实，发现作假，一票否决。第二，将高校自评报告、专家组进校考察评估意见、学校最终评估结论等在评估中心网站上向社会公布。信息公开无疑是一大进步，虽然笔者尚未在网上查到公开的数据，但仍愿意讨论一下评估中心应当采集哪些数据、应当公布哪些数据。高等学校教学基本状态数据都是静态数据，特别是校园面积、校舍建筑面积、各种设施的配置、实验室、图书馆的建设等均可能通过突击使之"初具形态"，一旦接受评估的高校通过突击完成或者

---

〔1〕 周济："在普通高等学校本科教学评估工作经验交流暨评估专家组组长工作研讨会上的讲话"，载中国高等教育改革与发展网，最后访问时间：2007 年 4 月 29 日。

接近完成教育部确定的指标时，评估组专家再行使否决权，就很有不近人情的味道。所以，高校静态数据的公开对教育教学质量的提高虽有促动，但不会太大。至于"将高校自评报告、专家组进校考察评估意见、学校最终评估结论等在评估中心网站上向社会公布"〔1〕，此时该高校评估得到皆大欢喜的结论木已成舟，高校内部的成员谁还敢冒犯众怒去"捅马蜂窝"呢？另外，周济部长提出为了使评估方法更加科学合理、简化易行，今明两年的评估中，将原来规定的抽查近三年的学生试卷、毕业设计（论文），改为只抽查近一年的。据说，这也是为了从源头上防止个别学校在这方面弄虚作假。作为国家教育部这样做的初衷可以理解，但是，抽查范围的缩小，一方面使得评估专家难以全面了解被评估单位教学的真实水平，另一方面使得造假的成本大大降低，最终的结果还是鼓励造假。

对任何一个批量生产的产品而言，其质量都是非恒定的值。某一个产品的高质量，不能替代所有产品的质量。高等教育质量是由多元力量的素质水准、多元力量的整合程度、多元力量的动态发挥状态和受教育者接受的程度而构成的变量。我国高等教育质量不高的原因之一是质量监控体系的构建还存在非科学的因素，实践中的"空转"比较严重。组织专家对高校的教育质量进行评估，是典型的外力监控，其工作的基本形态只能是突击性的抽查，且不可能频繁进行。从其他行业质量管理的成功经验看，对生产过程中重要"关键点"的控制十分重要。"高等教育监控体系应是一个不停息地进行着信息交流的回路系统。通过信息的不停前馈和反锁来进行监控。"由于高等教育的接受者全程参与教育，其基本素质及努力程度对教育成果有着巨大的影响，所以"输入保证属于前馈控制，如对生源质量、教育经费、图书资料、质量方针等的监控。输出保证属于反馈控制，它是一种事后的控制，"〔2〕如考核学生的学业成绩、反馈就业情况等。在输入和输出之间还有一个"过程保证"，过程保证的效能在很大程度上决定了教育教学质量。评估中心在平时（至少以年为单位）采集各高校对教育教学质量起到"过程保证"作用的信息，才能使评估工作建立在扎实的基础之上。评估中心对被评估高校的了解只限于"自评报告"以及"高基表"中罗列的静态数据，难免不陷入"对你说什么，

〔1〕 牟延安：《高等教育质量法律控制系统研究》，中国经济出版社 2006 年版，第 32 页。
〔2〕 安心等："试析高等教育质量保证的若干问题"，载《高等教育研究》1988 年第 6 期。

你就听什么"，"让你看什么，你就见什么"的窘境。

二、建立高校每年报送教育教学过程监控数据制度的建议

笔者赞同教育部每年公布一次高等学校教学基本状态数据，通过信息公开，促进各高校自觉地把工作重心放到内涵建设上来。同时建议，建立遍及全国所有高校的教育教学过程监控数据报送备查制度。每五年一轮的评估，以各高校每年报送的原始信息作为抽查的基础。教育部高等教育教学评估中心（以下简称评估中心）作为主管机构接受和保管各高校报送的信息，不对各高校每年报送的信息进行实质性的审查，不外传、不上网，只负督促报送和保管、保密的责任，对拒不按时报送信息的高校予以公开点名批评。

评估中心应当是高校设置、运转信息采集、测量、评价、公布的权威机构。如果教育部评估中心的权威性仅仅体现在实施评估的短暂时间内，平时起不到制约和规范作用是不正常的。教育部、财政部《关于实施高等学校本科教学质量与教学改革工程的意见》中所说的"教学评估与教学状态基本数据公布"任务，也应当由评估中心承担。目前，评估中心网站的功能还比较弱，应当对其进行技术改造，使之成为高等教育教学评估的专用网。至于各高校每年报送的信息，只是在评估中心网站的服务器中划分了2000多个信息贮存空间，技术上是简易可行的。根据评估中心公布的评估指标体系，笔者建议各高校每年报送的教育教学质量过程监控信息至少应该包括：（1）师资队伍的数量、构成状况及人员名单；（2）教授、副教授为本科生上课的情况（包括开设的课程、修读的学生人数、开课的时间地点、学生的考试成绩）；（3）所有课程的教学大纲、选用教材名称、主编者、出版者、出版时间；（4）所有课程的试卷、所有参加考试学生的成绩、主讲教师对考试结果的分析；（5）所有毕业生的成绩汇总表、毕业设计（论文）及教师评语、评定等级。以上五类信息尚属初步列举，一定还有遗漏，适当再增加一些也是可行的。

对各高校而言，以上信息是教育教学质量监控中必须获取和分析、保管的信息，每年对有关信息进行整理汇总，是理所应当的份内工作。由各高校每年一次向教育部评估中心上传电子文档（包括寄发光盘）也不会增加太多的工作量。从全国本科教学评估工作中已经发现的造假看，造假主要围绕以

上方面进行。以试卷为例，其实际上是教学质量的单项检验报告单，而毕业论文（毕业设计）则是综合性的质量检验报告单。每年将试卷和毕业设计（论文）的原始材料扫描件上传到评估中心，既可以强化各高校对教学主要过程的监控，也杜绝了日后造假的可能。有人戏称：高考是中小学教育的指挥棒，评估是高等教育的指挥棒。我国高等教育教学质量评估工作现在还处在制度设计和初步实践阶段，制度的导向作用极为强烈和持久，科学的制度必须遏制投机行为，为恪守诚信、扎扎实实的工作亮起"绿灯"。如果全国各高校每年报送监控过程信息备查、每五年一次接受评估真正成为持之以恒的制度，提高我国高等教育教学质量的基础将更为扎实可靠。

三、高校每年向评估中心报送教育教学过程监控数据的作用

全国所有高校每年定期向教育部评估中心上传年度教育教学过程监控信息，评估以每年报送的原始信息为基础进行至少具有如下作用：

第一，由于各高校必须每年向评估中心报送教育教学过程监控数据，评估中心的信息采集成为经常性的工作，会对各高校教育教学质量监控产生难以抗拒的制约力。所报送的信息具有原始性，一旦报出就无法变更，每年积累的资料都是测量教育教学管理工作水平的素材。这对高校领导而言，只能加强管理，别无捷径可寻。

第二，评估时的抽查以每年报送的原始信息为基础，从根本上杜绝了造假的可能。评估中心对各高校报送的信息采取"平时不查"的做法，是减少行政干预，把办学的自主权交给了高校；而"评估必抽"的做法，是体现了行政主管机关的监督职能，而且，这种监督是随机性的、防不胜防的。假设高校有造假的动机，其无法预测实施评估时会抽查哪些材料，只能把精力转移到抓日常管理上来。

第三，由于评估中心事先采集到各高校历年的原始资料，专家组的现场检在时间上可以大大缩短，无疑减轻了被评估高校的负担。评估专家组在进入现场评估之前已经进行"背靠背"的审查，评估组成员事先不知道评估的对象，有利于客观公正地评审和保守秘密。如果经查发现疑点但尚难断定，可以凭据该校每年报送的原始信息提出抽查名单，接受评估的高校按照抽查名单立即提供本校留存的纸质材料，也不可能有造假的时间。除了现场查看

和听课之外，评估组不必长时间住在被评估高校，肯定可以减少非公正因素的干扰。由于审阅抽查的纸质材料，有该校以往报送的电子版信息为对照，发现问题的几率提高，又避开了可能出现的干扰，可以实现低成本、高效率。

第四，建立各高校教育教学监控信息年度报送制度，在硬件方面的投资量极低，即只要为各高校的每个系都配备一台扫描仪、光盘划录机即可。各系（包括承担教学任务的系级教学单位）定期向所在高校报送教学监控过程信息，各高校汇总后，每年报送给评估中心在技术上并没有困难，只是需要由专人负责收集相关信息，以"压缩文件"的形式上传即可。考虑到数据保管安全的需要，有必要以制作光盘的形式，在上传"压缩文件"后另行报送同一内容的备份。评估组在现场检查时，凭借光盘记录的数据也可以提出针对性的询问。

第五，由于评估中心要求高校每年报送的是教育教学监控过程信息，其材料的原始性能够得到保证。评估中心接受各高校报送的信息不对信息进行实质性审查，也不会增加高校的负担。评估中心只要设置严格的管理程序、保密规则，切实防止数据库被非法侵入或遭受攻击，信息的安全性是可以得到保障的。此外，评估中心还保存各高校报送的光盘（备份资料），可以做到成本低廉且万无一失。

（原载《大学·研究与评价》，2007 年第 12 期）

保障人民的表达权：政府责无旁贷

"十七大"报告提出"保障人民的知情权、参与权、表达权、监督权"，具有十分重大的理论和实践意义。就人民而言，其对政府的制约具体地表现为知情、参与、表达、监督四大环节的实现，其中，知情是基础，参与是关键，表达是根本，监督是手段。

一、表达权的基本含义

表达权是指公民在法律规定的限度内，使用各种方式表明、显示或公开传播思想、情感、意见、观点、主张，而不受他人干涉、约束的权利。表达权包括表达方法和表达内容两方面的自由。只要在法律规定的限度之内，权利主体具有包括使用媒体等各种方式表示自己的主张，对参与的公共事务进行表态、表决和提出新的相关请求的权利。知情与参与是实现表达的前提，表达则是实质意义上的知情与参与。质言之，人民没有表达权，就没有人民对政府的制约；人民对政府的制约一定是通过表态、表决等自由表达主体意志实现的。对执政者而言，保障公民的表达权实现，就是要在制度上给说真话的人提供方便的条件和免受追究的保障。表达不仅仅是说话，而是使用各种方式表明、显示或公开传播思想、情感、意见、观点与主张。在表达的各种方式中，投票是最自由、最正式、最庄重的，也是最终的表达方式。在多种意见难以统一，而事态的发展又必须作出决断时，表达权的拥有者有权提出以投票表决的方式进行表达。以往，我们时常宣传"要让人说话"，似乎让人说话是当权者的宽宏大量，是对民众的恩赐。其实，表达权是人作为人而非"会说话的动物"所具有的基本权利，国家有义务保障公民表达权的实现。

联合国大会1966年12月16日通过的《公民权利和政治权利国际公约》第19条明文规定："一、人人有权持有主张，不受干涉。二、人人有自由发表意见的权利；此项权利包括寻求、接受和传递各种消息和思想的自由，而不论国界，也不论口头的、书写的、印刷的、采取艺术形式的或通过他所选择的任何其他媒介。三、本条第二款所规定的权利的行使带有特殊的义务和责任，因此得受某些限制，但这些限制只应由法律规定并为下列条件所必需：（甲）尊重他人的权利或名誉；（乙）保障国家安全或公共秩序，或公共卫生或道德。"通俗地说，在法律规定的范围内，每个人都可以有自己的主张，都可以寻找、接受、传递各种消息和思想，都可以发表自己的意见。法律之所以作出限制，是因为表达权并不意味着可以"想怎么说、就怎么说"，任何人的表达必须限制在不危害国家安全、公共秩序、公共卫生、公共道德和他人权利、名誉的范围内。表达自由是一种信息沟通的自由，它意味着公民具有通过口头、书写、进入互联网、印刷以及其他手段传递信息和交流信息的自由。在法律意义上，当国家对公民的某项具体自由以法定的形式加以确认，该项自由就成为权利。凡是权利都是由国家提供实施保障的。当权利的实现受到来自法律之外的约束时，都可以通过法定程序申请权利的救济。"十七大"报告把人民的知情权、参与权、表达权列于监督权之前，表明了对制约机制的认识已经达到了新的高度。人民对政府工作的制约只有在知情、参与、表达、监督实现的前提下实现。政府保障人民的知情权、参与权、表达权、监督权，是保证人民赋予政府的权力始终用来为人民谋利益的前提。

二、公民表达权的行使以政府对表达权的保障为前提

政府保障人民行使"四权"，首先要提供"让人说话"的政治条件和宽松氛围；其次是要真诚纳谏，解除人民"说真话"的后顾之忧；再次是允许"说错话"，不以言治罪；最后是对人民的所呼所求要及时做出回应。换言之，如果不为人民表达权的实施提供严密的保障，人民的知情权、参与权、表达权、监督权只能是空头许诺。如果从制度层面考察，我国公民享有表达权，我国政府负有保障公民表达权实现的任务是明确的。《中华人民共和国宪法》（下称《宪法》）第 35 条规定："中华人民共和国公民有言论、出版、集会、结社、游行、示威的自由。"这里所说的自由，应当是指采用发表言论、出版、集会、结社、游行、示威的方法表达自己意志的自由。《宪法》第 41 条规定："中华人民共和国公民对于任何国家机关和国家工作人员，有提出批评

和建议的权利；对于任何国家机关和国家工作人员的违法失职行为，有向有关国家机关提出申诉、控告或者检举的权利，但是不得捏造或者歪曲事实进行诬告陷害。"所列举的批评权、建议权、申诉权、控告权、检举权都是表达自由的具体体现。

据此应当认为，表达自由已经由我国的宪法确认为公民的基本权利，但是，"纸面上的法"与"实际上享受到的法"往往还有差距。法律意义上的自由，只是表明主体在不影响他人和公共利益的前提下对自身的自主支配。权利作为义务的对称，最为核心的内容是某一方面的权利的实现必定以相对方的履行义务为前提。由于社会中人与人关系的复杂性，每个人在实际上所能得到的自由和利益必定受制于相对方提供保障义务的水平。公民表达权的行使必须建立在政府对表达权提供保障的基础之上。表达权是需要保障的，没有保障的表达权只能是"水中月""镜中花"，而且，对表达权提供保障的水平差异也会直接影响表达权的实施。民众是否敢于讲真话取决于制度的设计以及在实际上实行的是什么样的制度。如果说假话、阿谀奉承者平步青云，说真话、揭露事实真相者惨遭迫害，说假话的人就会越来越多，说真话的人就会越来越少。政府官员承诺"我有听取不同意见的雅量"自然是好事，但是，更为重要的是为敢于说真话的人提供实实在在的制度保障。为此，我们应当冷静地说：表达权的实践比表达权的制度更重要，表达权的权利行使到位比表达权的许诺更重要，行使表达权的努力比期待表达权的惠及更重要。

三、政府有责任善待说真话的人

表达权是公民共有的，而每一个公民在行使表达权的时候都会在表达内容和表达方式上表现出其独特的个性。确认公民的表达权与赞成或者不赞成某一位公民的表达内容、表达方式是并行不悖的。一般而言，顺耳之言的表达不会受到执政者的阻止，逆耳之言的表达就不一定畅通无阻了。我国《宪法》规定"中华人民共和国公民有言论、出版、集会、结社、游行、示威的自由"，绝不是为阿谀奉承者提供"保护伞"，而是为勇于直言、敢说真话者提供"挡风的墙"。许耀桐教授撰文披露："新中国建立以来，在大约2万多亿的总投资中，因决策失误造成的浪费至少有1万亿元。'十五'期间，公共决策的失误每年估计都达1000亿元左右。"就政府而言，决策失误是最大的失误。防止决策失误的最好办法是允许不同意见作出比相同意见更为充分的表达。不争的历史和严峻的现实都毋庸争辩地证明：说"好话"的人不一定怀有好意，也不一定是好人；说"坏话"的人不一定怀有恶意，也不一定是坏人。忠言逆耳是一种无情的现实，其真正的"无情"并不是言者不顾闻者的情面——言者往往已经采取了尽可能和缓的方式，而致命的"无情"在于闻者听不得不同的意见——即便当时的闻者日后醒悟，也已经悔之晚矣。法律意义上的表达权的高明在于，撇开隐藏在好话与坏话、逆耳与顺耳、相同意见与不同意见背后的动机，明确规定"人人有自由发表意见的权利"，而且要依照法律的规定保障人民实现表达权。

对和谐社会的含义，我赞同"有禾人口谓'和'、人皆可言谓'谐'"的形象解说。一方面，"有禾人口"的"禾"是有质量之分的，和谐也有层次之别，低层次的和谐实现之后，还要努力构建更高层次的和谐；另一方面，"人皆可言"的"言"是没有好坏之分的，言是思想的直接体现，人人都可以持有自己的思想观点，只要是在法律允许的范围之内"皆可言"。我们党执政以来成绩斐然，失误也是客观存在的。痛定思痛，我们才猛然醒来，深感是表达权的虚无使得党和国家遭受了严重的损失。如今，互联网是可以供给民众使用的最便捷的表达平台，对公民网上表达权的保障更值得重视。国务院总理温家宝在2006年"两会"记者会上曾明确表态："中国政府支持互联网的发展和广泛的应用。作为人民的政府，应该接受群众的民主监督，也包括在网上广泛听取意见。""十七大"报告又进一步提出保障人民的表达权，也是为了防止出现"有顺耳之言表达自由，无逆耳之言表达自由"的怪诞局面。

表达权的实现关键有二：一是需要社会制度的昌明，二是需要政府官员的开明。在理论层面，无论在形式或者内容上，表达权所受到的限制只能是法律，法律之外的限制对表达权是无效的。但是，在实践层面，政府官员却可能以"影响对外形象""影响社会稳定"为由扼杀逆耳的忠言。中国有句俗话"看人的脸色说话"是非常形象生动的。政府每一项行为都对民众具有引导作用，政府善待说真话的人，民众才能想说真话、敢说真话、愿说真话。"闹夜的孩子多喂奶"之所以会成为"潜规则"，是因为政府对"闹夜的孩子"确实有"多喂奶"的利益给予。如果群众表达意愿的方式出现了偏差，政府要首先检查自己的行为是否失当。当然，"让人说话"不是主张或者放任无序表达，乱哄哄地"说话"也是会误事的。面对人民表达权时有受阻的局面，政府一定要承担起指导、引导公民正确行使表达权的责任。首先，政府要倾听民意的真情实意，主动拓宽言路，敢于直面批评性的意见。政府率先善于倾听民意在前，群众善于表达意愿才能在后。否则的话，政府的冷漠只能导致老百姓用出格的行为打破"冷漠"。其次，必须剔除政府工作"一贯正确"的错误观念。政府的工作人员是人而不是"神"，政府在工作过程中也会自觉不自觉地出现差错。如果政府既往的行为不具有事实和法律的依据，政府要做的是进行自我批评，而不是把批评政府的人视为"刁民"。最后，要以爱民之心善待曾经批评过政府和正在批评政府的人。特别是对政府已有方案的征询意见，绝对不能"作秀"，要允许可行性、缓行性、不可行性等多种意见的平等表达。

（原载《法学家茶座》，2008 年第 3 辑）

人口自然流动的规律与公权力的调控(摘要)

一、进一步扩展居民身份证的管理功能

目前，我国已经实现了"一人一卡"式的身份证管理，已经为废止"一户一簿"式的户籍管理改革提供了准备。目前，我国的身份证管理始于年满18周岁的公民，0~18岁之间的身份资料基本上处于分散收集、分散使用的非共享状态，这不仅是资源上的浪费，也造成了管理上的不便。

计分实际上是一种人口素质评价制度，只要计分办法科学合理就能够造就一种激励向上的机制。社会对人口的管理应当始于出生、终于死亡，计分应当伴随每一个人的一生，随时随地为其谋生提供服务。从信息技术角度看，身份证的机读功能完全可以进一步扩大，社会管理也需要扩大居民身份证通过机读实现的功能。未来的居民身份证至少可以包括如下信息的记录、贮存、读取：社会保障、医保账户、受教育程度、纳税、缴纳养老金、捐赠、免疫接种、婚姻状况、个人信用、车船飞机等驾驶资格、特种岗位技能、个人DNA等。上述各种信息都有相应的主管机关，分单元进行管理，各单元的信息经过授权可以共享。根据贮存信息的种类不同，分别授权不同的机构使用特定的设备机读，既能保障个人信息的安全，又能起到"一卡通"终生相随的作用。就个人而言，人口信息的收集从医院开具"出生证"做起。预防接种、接收义务教育的状态等信息随着生命的延续不断记录，身份证才能客观、全面、动态地表征公民的素质状态，便于其参与社会的竞争。

二、建立自出生开始计分、终身累计的人口素质评价体系

在我国，如果简单化地在《宪法》中规定"公民有迁徙的自由"，必然导致更多人口盲目流入城市的失序状态。笔者在1998年就提出了"积分累计

制"的户籍改革设想。从公平原则出发,利用居民身份证信息系统构建的身份数据记载(似可称为"身份积分")应当取消城镇、农村的隔离,面对全国公民。身份积分数据记载是人人平等的"写实",鉴于我国特大城市、大城市的容量限制,在一定阶段对某些人口的流入亮起"红灯"也是必要且合理的。人口素质是先天遗传发育与后天教育训练的综合作用所决定的。恰当运用文化筛选机制,可以使进入城市的人口数量得到控制,质量却相对较高。所谓文化筛选机制,是指在最终实现人口自由迁徙的过程中,以受教育的程度作为主要控制阀,根据不同规模城市的不同发展需求,吸纳不同类型、不同层次的人口,使人口在流动中不断提高素质。

三、建立登记居住与取得身份待遇分离的人口管理制度

1. 变城镇户口、农村户口的二元户籍管理制为"以房管人"的居住登记制。

2. 由公安部建立统管全国所有人口的信息平台和包括全国人口和出入境人口的人口数据库。

3. 由各地政府确定不同市民待遇与一定身份积分的对应关系,并公布于众。

4. 细化"以房管人"的具体内容,建立登记、检查、扣分、承担连带责任的制度体系。

5. 运用利益杠杆强制居住登记的实施。

6. 在全国范围内试行义务教育凭证和有条件的医保账户异地支付。

7. 把入境人口纳入居住登记范围。

(原载《法治研究》,2008 年第 8 期)

以群众利益为本是维护社会稳定的治本之策

当前，我国由生存型社会进入发展型社会，"生存性"压力明显减弱，"发展性"压力全面凸显。可以用"两个从来没有过"来描述：即从来没有出现过这样的好形势，也从来没有遇到过这么多的新情况、新矛盾、新问题。今年下半年，我国发生了多起民众与政府发生冲突的事件，甚至出现了打砸抢烧的暴行。毫无疑问，对进行打砸抢烧犯罪活动的人必须追究其刑事责任，但这些事件的发生具有深刻的原因，是对我们执政能力的严峻考验。

从贵州省瓮安县、云南省孟连县发生在政府与民众之间的冲突事件看，确实有坏人挑动的因素，但是，更值得各级政府和公务员深思的是，围攻警察、烧毁警车、破坏办公设施都是明白无疑的违法犯罪行为，人民群众为什么那么容易被坏人煽动呢？

一、警惕政府漠视公民权利引发的野蛮突围

当前，群体性的突发事件较多关键在于一些地方未能切实贯彻"以人为本"的理念，在以往的工作中确有偏离"立党为公、执政为民"宗旨的过失。群众中不满情绪的积累、化解难度加大与政府预警机制不灵敏、处置能力偏弱并存，导致了本来可以在早期化解的矛盾呈现为激烈的冲突。加之长期以来信息的公开化不足，如今信息公开了，信息传播的渠道增多了，才感觉到"出事"特别多。

从理论上讲，人民群众是实现社会稳定的根本力量，这一点也许不会有人反对。但是，在实践中能否把人民群众当作实现社会稳定的依靠力量，却是有待检验的。《中华人民共和国宪法》（下称《宪法》）规定："中华人民共和国的一切权力属于人民。"毫无疑义，保持社会稳定的权力也属于人民。首先，执政党不能把人民群众视为保持社会稳定工作的对象，必须从内心确

认人民群众是实现社会稳定的依靠力量，紧紧地依靠人民群众保持和维护社会稳定。从保持社会稳定的需要和职业分工看，国家必须拥有精干的武装力量，执政党必须实现对武装力量的绝对指挥。但是，绝对不能由此推导出公安机关、检察院、法院、武警、军队才是社会稳定力量的结论。其次，能否使人民群众的力量在实现社会稳定中真正发挥积极的作用，取决于我们对社会公平问题的解决程度。如果社会公平解决得比较好，人民群众就会成为实现社会稳定的根本力量。如果社会公平被忽视，受害的一定是人民群众，由于愤懑，其表达意愿时可能出现过激的方式。此时，如果政府处置不当，就会在客观上把人民群众推向社会稳定的另一面。

当前，社会上出现的不稳定现象关键在于一些地方没有切实贯彻"以人为本"的理念，在维护人民权益方面做得不够，在维护社会公平方面积累了不少问题。据云南省普洱市市委常委、政法委书记谢丕坤介绍，孟连傣族拉祜族佤族自治县冲突事件起因于胶农与橡胶公司的利益纠纷。勐马橡胶公司几年前改制为私营企业，当地胶农认为橡胶公司侵占了他们的利益，因此多次围攻、打砸橡胶公司。7月19日，公安民警对带头打砸的骨干人员采取强制传唤措施，执勤过程中，民警遭到胶农聚集围攻。暴力冲突中，41名执勤民警被打伤、8辆执勤警车被砸坏；危急情况下，民警被迫使用防暴枪自卫，15名胶农受伤，2人被击中不久后死亡。从云南孟连县冲突事件的后期处理看，确实需要各级干部深入群众，听民声、察民情、顺民意、思民忧、化民怨。当干部真正站在人民的立场上分析原委，真诚地向民众认错，确保群众利益不受损失，正常社会秩序还是能够及时恢复的。

应当承认，某些政府在以往的工作中存在为开发商、私人老板"保驾护航"的做法，造成了人民对政府的不满、不信、不服，久而久之已经形成了民怨的积累。在民怨产生后，本来也有机会消除，但一些地方政府以"稳定"的名义随意动用警力，一旦遇到偶然事件的介入，积郁在民众中的怨气就会井喷般地爆发，过激行为也就酿成。所以，面对突发的群体性事件不仅要看到坏人的煽动挑唆，还要看到坏人挑唆得逞的基础。面对公民维权，政府如果采取"一漠视、二压制、三哄骗、四收拾"的做法，虽然能在表面上平息事态，但是，积累的却是民众内心的不满和政府公信力的急剧下降。就宏观背景而言，群众有权维护自身合法权利，老百姓的"底气"是很足的。当群众的维权行为在局部遭到蔑视、封锁、打压时，一定要突破重围寻找"可以说话的地方"，聚众突围肯定具有野蛮的特征。特别是一旦警力被滥用，暴力冲突几乎难以避免。

二、"刁民论"有悖政府职能的转变

美国经济学家弗里德曼在他著名的《自由选择》一书中写到："政府有四项义不容辞的责任，保证国家安全；保护社会上每个人不受他人的侵害或压迫；建设并维护公共事业、公共设施；保护那些'不能对自己负责'的社会成员。"应当承认，社会现实中确实存在"不能对自己负责"的成员，如未成年人、残障人士、年老体弱者、权利意识觉醒但法律意识低下者等，政府对其不能歧视、漠视，更不能张网以待。

笔者认为，虽有维权的积极性，但缺乏维权知识和能力的社会底层成员也应当在政府保护之列，如果不采取适当的方式予以指导，社会底层的维权活动就可能陷入既"不能对自己负责"，也不能对社会负责的状态。例如，进城打工的民工、失地的农民、城镇的下岗工人等弱势群体均处于社会的底层，在政府官员不允许弱势群体参与利益分配"讨价还价"的情况下，民怨的积累总会以合法或者非法的形式爆发出来，可能构成对社会稳定的冲击。所谓"刁民"，无非是指专门给政府出难题，刻意"把事情搞大"，提出过高的要求甚至做出过激行动的人。"刁民论"的提出者也确实能够举出一些社会底层成员有违法律、道德的事例，以证明"刁民"的不可理喻。如果再深究一步，"刁民"是谁"惯出来"的呢？也许多数人都会认为，是政府以往的失当行为培育了"刁民"，"刁民"的出现是政府以往工作失误的折射。

首先，在法律意义上"刁民"也是"民"，不能因为其"刁"，而抹杀其"民"的属性。如果政府将社会底层的成员称为"刁民"，本身就有推卸自身责任和歧视社会成员的嫌疑，实际上是公开地把政府放在与民众对立的位置，将导致民众滋生更为严重的不满情绪。其次，"刁民"的出现既是道德问题，也是社会结构问题的反映，政府应当通过改善社会底层成员的生活状况，防止底层的沦陷。用温家宝总理的说法就是必须考虑到船队中航速最慢的船只，给予更多的关照。再次，政府应当组织法律服务的多元力量，深入社会底层为弱势群体提供无偿或者低偿的法律服务，承担起指导公民正确维护合法权利的义务。最后，把理应受到法律制裁的个别人称为"刁民"是以偏概全的。

对违法犯罪行为必须依法予以制裁，这本身就体现了对人民负责的精神。总之，"刁民论"与建设法治政府、责任政府、服务型政府的目标相悖。

党的十七大报告明确提出"保障人民的知情权、参与权、表达权、监督权"，绝不是主张或者放任无序表达，乱哄哄地"说话"也是要误事的。任何人都不能从违法活动中获益，即便其追求的利益是正当的，也不能允许使用非法的手段。如果政府不能把人民行使表达权的秩序维护好，保障人民的表达权就是一句空话。服务型政府是指政府由原来的管制者、控制者，改变为兴利者、服务者，政府职能以控制管理为主转变为以传输服务为主，管理目标由经济领域转移到公共服务领域。和谐社会不是没有矛盾，更不是不允许矛盾的暴露，而是让矛盾通过有序的表达得以理性地化解，形成共同遵守的规则或共识。服务型政府主要是做市场和个人不能做、不愿做或做不好的事情。即主要是提供维护性的公共服务和社会性的公共服务。维护性的公共服务主要包括维护市场经济秩序、保护财产权利和公民权利、保卫国家安全和社会安全，这是服务型政府的基石；社会性的公共服务主要是指提供惠及全体人民的教育体系、完善的社会福利体系和健全的社会保障制度，包括教育、医疗、卫生、环境保护、公共事业和社会保障等，社会性公共服务是服务型政府的主要体现。作为执政党只有时刻把群众的温饱冷暖放在心上，其决定的政策才能向社会上的弱势群体倾斜。

我国当前社会的主要矛盾没有变化，还是人民群众对物质文化的需求与落后的社会生产之间的矛盾，但主要矛盾的主要方面变化了，政府提供的公共服务还处于量少、质弱、效率低的状态。利益分配不公等问题的积累，已经直接影响社会稳定，而执政能力的提高、政府职能的转变还没有及时、充分地体现出来。以信访工作为例，国务院《信访条例》早在 2005 年就已颁布，党中央国务院也三令五申"办好信、减少访"，但实际上仍然有相当数量的初次来信尚未做到"来信必复"，有的信访人员甚至还就回复人民来信提出"倡导一种简化"的要求。更为典型的是，上海某小区业主要求恢复原本规划许可中的老年活动室、健身房、老年阅览室等公建配套设施，由于小区至今没有成立业委会，业主个人没有资格代表全体业主起诉街道，业主们只得不断信访。业主几番周折后，得到的却是一串串"XXXX"字符的回复，被媒体称为"最牛的行政回复"。无奈的业主们只能贴小标语表示抗议。

目前，我国有相当一部分政府提供维护性公共服务和社会性公共服务的能力还很弱，如果不抓紧政府职能的转变，却把责任推向民众将会造成更大的被动。20世纪80年代末，邓小平同志在回顾改革开放的经验教训时尖锐地指出："十年最大的失误是教育，这里我主要是讲思想政治教育，不单纯是对学校、青年学生，是泛指对人民的教育。对于艰苦创业，对于中国是个什么样的国家，将要变成一个什么样的国家，这种教育都很少，这是我们很大的失误。"我们千万不能以为邓小平同志反复强调教育是最大失误的警语已经过时，其基本精神对今天依然是适用的。如果说"刁民论"注意到愚民政策已经行不通的话，承担起教育、指导、引导公民正确维护合法权利的责任乃非政府莫属。责任的本意是做本分以内应该做的事情，既然政府知晓我国法律知识的普及在整体上处于较低水平，面对公民维权积极性的高涨而不加指导的做法是有违对人民负责宗旨的。客观地说，公民维权行为的出现大多与政府的行政不作为、滥作为有关，政府从提高执政能力的大局出发，更应当积极支持、指导公民正确维权，而不是持消极态度。

三、"达民之情" 方能 "求民之稳"

古人说："善为治者，贵在求民之稳，达民之情。"应当说，"达民之情"不仅是民意表达的渠道畅通，政府还要充分、透彻地理解民情民意。当公民维护自身合法权利的积极性不断高涨时，政府只有"达民之情"才能"求民之稳"。从实现好、维护好、发展好最广大人民的根本利益出发，认真解决人民群众最关心、最直接、最现实的利益问题，对长期处于执政状态的中国共产党来说至关重要，也是实现和保持社会稳定的治本之策。"在一定意义上，正义的两个原则所要达到的是政府与公民之间的理想关系。第一个原则，要求政府尊重和保障公民的政治权利和自由。第二个原则，要求政府有所作为，承担创造和保护事实平等的责任。在第一个原则的范围内，政府的角色是'守夜人'；在第二个原则的范围内，政府的角色是'保险公司'，不但要承担社会收入再分配的责任，而且要有能力和手段。由追逐自己最大利益的本性所决定，每个人都希望从有限的社会资源中获取比别人更大的份额，所以任何社会中利益冲突都比利益一致更为明显，因而引导社会实现恰当的分配关系是对政府能力的考验。"党的十六届六中全会通过的《中共中央关于构建社会主义和谐社会若干重大问题的决定》指出："社会公平正义是社会和谐的基本条件，制度是社会公平正义的根本保证。必须加紧建设对保障社会公平正义具有重大作用的制度，保障人民在政治、经济、文化、社会等各方面的权利和利益，引导公民依法行使权利、履行义务。"

当前，各级政府要紧紧抓住人民群众反映强烈的问题，切实维护人民合法权益，切实维护社会公平正义。作为政府官员，要把维护好人民权益作为工作的根本出发点和落脚点。在关注困难群体面前检验自己的良知，为人民安居乐业提供更加有力的法治保障和法律服务。着力解决人民最关心、最直接、最现实的利益问题，不能口惠而实不至，任何人搞维护不平等利益的"土围子"都会诱发民众的突围行动。中共中央纪委、监察部、人力资源和社会保障部、国家信访局颁布实施的《关于违反信访工作纪律处分暂行规定》第9条明确规定："违反规定使用警力处置群体性事件，或者滥用警械、强制措施，或者违反规定携带、使用武器的，对负有直接责任者，给予记过、记大过、降级或者撤职处分。造成严重后果的，对负有直接责任者，给予撤职或者开除处分；负有主要领导责任者，给予记过、记大过、降级或者撤职处分；负有重要领导责任者，给予警告、记过、记大过或者降级处分。"近来，有的干部已经开始意识到执政的高风险。需要明确提醒的是，高风险社会的首要问题是解决社会公平和民生问题。分享改革成果方面的不公正将直接影响改革积极性的调动。改革中出现的问题只能通过改革的深化才能解决。如果人民群众不是改革的最大受益者，深化改革的动力就会衰减。

在今日的中国，"以人为本"要更多、更实在地体现在尊重、善待、保护人民的合法权益，这是实现社会稳定的前提。我们必须认识到，干群之间、警民之间发生冲突仅仅是社会不稳定的表象，根子在执政党的执政能力上。唯有切实解决人民群众最关心、最直接、最现实的利益问题，才是维护社会稳定的治本之策。如果不认清并切实解决好这个问题，仅仅就稳定谈稳定，恐怕只能是维护表面的稳定。

（原载《人民日报内部参阅》，2008年第35期）

政府要学会问计于民

近年来，各级政府在提高执政能力、提升决策水平方面作了不少努力，但有的决策效果却不尽如人意。原因之一是缺乏问计于民的程序意识和能力。例如，沪杭磁浮上海机场联络线的规划引起不小争议，涉及新技术应用、环境影响、未来城市交通运能、建设运营成本、周边群众利益等诸多方面的重大决策，理应调集多专业、各方专家进行综合性论证。但是，时至今日，上海所有的专业学会都在磁浮线规划面前集体失语。

一、转变政府职能从问计于民做起

转变政府职能不是一句空话，转变政府职能是要解决政府到底管什么的问题，以及怎么管、管到什么程度，哪些权力应该下放、下放给谁，等等。就建设规划等公共决策而言，政府责无旁贷。但是，如何决策却是对政府的考验。过去一些地方政府搞"点缀型的民意调查、偏好型的盲目决策、强制型的有偿服务、闷包型的财政预算"，实际上是扭曲了政府的职能。虽然有似乎严格的审批制度和问责制度，实际上都是"一把手"说了算。回首往昔，政府决策的失误比比皆是。如今应从制度上防止"拍脑袋决策、拍胸脯担保、拍屁股走人"的闹剧继续上演。

我国社会主义民主政治的发展，意味着将进一步畅通底层群众的利益表达渠道，也需要进一步发挥专业性学会等社会组织汇集民意、提供咨询论证意见、协助政府科学决策的作用。一方面，民众在关系切身利益的公共事务中有更多的话语权；另一方面，民众的知情权、参与权、表达权、监督权是需要执政党和各级政府采取切实有效的措施提供保障才能实现的。

和谐社会不是没有矛盾，更不是不允许矛盾的暴露，而是让矛盾通过有序的表达得以理性地化解，形成共同遵守的规则或共识。以往，政府的行政管理时常陷入"一放就乱、一管就死"的窘境。究其原因，政府一是缺乏"让人说话"的胆识和胸怀，二是不知道如何有序地"让人说话"，三是"让人说话"之后不能认真倾听、及时回应。"让人说话"不是主张或者放任无序表达，乱哄哄地"说话"是会误事的。政府的决策不能单凭良好的愿望，要真心实意地倾听民意、集中民智、问计于民。当前对各级政府而言，提高执政能力要从学会问计于民做起。

二、更新传统的决策模式

现在政府决策基本上是"民—官—官"的决策模式：职能部门调查研究提出最初方案，相关部门会商或将初拟的方案征求相关部门的意见，报领导审批后付诸实施。这种"民—官—官"的决策模式，虽然具有民意被采集、重视的可能性，但由于程序的非公开性，只有到公布之时才能知晓民意被尊重与否。

按照法治政府的要求，除了抢险救灾等应急性的决策之外，政府作出的每一项涉及公共利益的重大决策都要历经调查研究、制订方案、公布征求意见稿、由第三方组织可行性论证、吸纳民众意见再行决定的民主过程。我称之为"民—官—民—官—民"的决策模式。在"民—官—民—官—民"的决策模式中，第三步是关键。其中，公布建议方案征询民众意见的时间至少不短于一个月，并由职能部门负责同民众介绍建议的依据、国内外的比较研究成果、解释技术性的疑难问题、收集和反馈信息。第三方论证应当由独立的第三方，如：社会科学界联合会、科学协会等机构负责共同组织，请相关专业学会参与论证。

众所周知，由于学科领域的限制，公务员的专业水平往往低于学科专家。尽管国家机关也有不少专业技术人员，但由于身份限制，其独立性不足。无论自然科学、社会科学，各学科的学会都是专业人员组成的，因此有能力也有有责任从专业角度独立地、有理有据地为政府的决策提出论证意见。

三、用制度保证论证、听证的科学性

近年来，听证会在我国很"时髦"，但效果却并不理想。听证会起源于英美，是一种把司法审判的模式引入行政和立法程序的制度。听证会模拟司法审判，由意见相反的双方互相辩论，其结果通常对最后的处理有拘束力。

具体来说，凡是在听证会上提出的意见，决策者必须在最后裁决中作出回应，否则相关行为可能因此而无效。显然，听证会不是公布预定方案的前奏曲，而是在严格设定的法律程序框架中，充分听取并考虑与行政决策有利害关系的各种利益表达，从而使行政决策获得合理性和正当性的支持。

听证，必须有来自各个方面、代表不同利益群体、经过充分准备的论证。但在专业性较强的决策事项中，按照地域选代表的办法并非上策。"社会组织是反映群众诉求、扩大群众有序参与的基本组织形式。"把论证的任务交给内部成员具有共同的专业背景的学会等社会组织，并邀请不同学科的学会分别论证，在听证会上陈述各自的意见，展开交流与交锋，尽管也可能出现情绪化的场面。但是，理性的成分一定更多，共识的达成一定更快。当然，我们不能用专业人员的"良心"来保证论证的科学性，以下制度的建立和严格实施是必须的：

1. 在党政机关担任现职的学会成员不得参加或参与论证。学会在选择论证任务承担者时也应当回避本人及近亲属在方案拟定单位和决策部门的人员。

2. 方案拟定单位通过社联、科协向承担论证任务的学会提供基础数据等材料。方案拟定单位对提供材料的真实性、可靠性负责。

3. 承担论证任务的学会及其论证任务承担者在参加听证会之前，必须保守秘密不得与方案拟定单位和决策部门的人员私下接触。

4. 除事先经过批准数个学会联合论证的以外，各学会的论证工作应当独立完成。

5. 完成论证任务所需预算由承担论证任务的学会向科协、社联提出，论证人所需的支持由其所在的学会提供。政府以购买服务的方式向科协、社联提供经费。

6. 论证报告由论证人和其所在学会共同署名。多人共同承担论证任务，有意见分歧的，允许持有不同意见者以书面形式阐述意见，并允许其在听证会上陈述。

7. 听证会召开后，论证报告的结论和主要依据向社会公布。论证报告全文在论证人所在学会的网站上永久性全文公布。承担论证任务者的表现情况，由学会作出写实性记载后公布于网站，并向其所在单位通报。

（原载《改革内参》，2008 年第 7 期）

法律语言研究应当强化立法语言的审校服务（摘要）

目前，法律语言研究者正在着手建立"法律语言规范库"。笔者认为，建立法律语言规范库的倡议的确具有实用价值，但当前最为紧迫的研究课题之一是明确该项工作的理论定位，找到实现其社会服务功能的路径。

一、"法律语言规范库"抑或"立法规范技术服务"

（一）法律语言研究应当以立法语言为重点

（二）法律语言研究应当以服务立法活动为主要功能

（三）"规范库"的提法有待商榷

（四）规范应当包括对规范制定者本身的规范

二、立法语言规范导引审校服务系统的功能

法律语言学者应当把自己视为现代服务业的一员，用实实在在的服务技能开拓市场、赢得市场。法律语言学者能够提供的是第四层次的服务，即为社会公共决策和具体设计服务。高等教育具有教学、科研、社会服务三大功能，立足于社会服务建设立法语言规范导引审校服务系统将会使法律语言研究站得更高、看得更远、具有更强的生命力。

三、立法语言规范导引审校服务系统建设要点

立法语言服务系统的建设首先应当注意解决好如下两个关系。一是立法语言规范与现代汉语规则的关系；二是语言的新陈代谢与法律稳定性的

关系。

（一）法津术语产生的规则以及术语界定

（二）立法语言的条款句式规范

（三）立法语言的其他规范

（原载《华东政法大学学报》，2009 年第 5 期）

防范以银行卡密码为突破口的犯罪
侵害（摘要）

当前，银行卡使用密码的便捷性与安全性的矛盾日益突出。密码安全的脆弱性不可忽视。人为设置密码的安全性受制于设置者的智力水平和对安全性能考虑的周密程度，人为设置密码的经常变更也无法抵御随时可能发生的密码被窃取或者骗取的风险。正因为密码是将他人拒绝于系统之外的可靠方法，所以与非法入侵、非法操作有关的犯罪活动基本上都是围绕密码的非法获取展开的。非法获取他人密码是"前置性犯罪"，而获取他人密码之后的犯罪活动可称为"后发性犯罪"。建议：应当在个人信息保护立法中明确对密码的特别保护，进一步明确银行在保护客户密码安全方面的义务，努力创造条件对银行账户采用生理纹线识别技术。

（原载《河南公安高等专科学校学报》，2009 年第 5 期）

关于维护社会稳定的思考（摘要）

稳定压倒一切。这一论断本身无疑是正确的，其含义是说，如果没有一个稳定的局面，我们就会什么事也做不成。对这个正确的论断，绝不能歪曲地理解为"稳定可以压倒法治"。社会稳定不是目标，而是动态的过程。稳定是在法治条件下的稳定，稳定只能通过践行法治才能实现。

一、关于社会稳定的标准

应当承认，社会稳定一方面是有客观标准的，是可以测量的；另一方面，社会稳定不仅表现为有或无的定性，更为重要的是表现为多或少的定量。社会稳定的程度具有主观感受和评价的性质，其标准的把握具有一定难度。

要把改革的力度、发展的速度和社会可以承受的程度统一起来，在社会稳定中推进改革、发展，在改革、发展中实现社会稳定。要敢于改革，善于"维稳"，使改革与"维稳"的成果见之于发展，使发展的成果普惠社会公众。坦率地说，执政党所领导的改革必须解决谁是最大受益者的问题。必须高度警惕GDP统计数据"绝对增长"和对弱势群体"相对剥夺"并存的畸形"政绩"。

二、关于如何实现社会稳定

社会稳定只能来源于执政党践行"立党为公、执政为民"的宗旨，来源于依法治国方略的具体实施。坚持加强和改善党的领导是实现社会稳定的关键所在，对任何借口维护社会稳定而削弱党的领导的言行都必须旗帜鲜明地坚决抵制。

改革和完善党的领导方式和执政方式，对推进社会主义民主政治建设具有根本性、全局性的作用，对维护社会稳定也具有前提性、决定性的作用。坚持党的领导这一点决不能动摇，而坚持党的领导的前提是加强和改进党的建设，只有坚持不懈地改革和完善党的领导方式和执政方式，党的领导、人民当家作主和依法治国三者的有机统一才能实现，社会稳定才有坚实的基础。

三、关于维护什么样的社会稳定

第一，领导人民制定能够维护绝大多数人利益的法律，以身作则维护法律的至上性，无条件地接受法律的约束，在宪法和法律允许的范围内活动；第二，在不谋求一己私利的前提下，统揽全局，支持不同利益主体维护自身的合法权利，优先满足社会弱势群体的利益需求；第三，旗帜鲜明地指导公众依法、理性、有序地维护自身的合法权利，防止公民在维护合法权利过程中可能出现的权利扩张；第四，如果矛盾的形成与政府以往工作的失误有关，应当坦诚地赔礼道歉，通过真诚的沟通取得群众的谅解；第五，对于涉及人民群众切身利益的规定，在出台前广泛听取人民群众的意见，以赢得理解和支持，即便是经过理论论证和他人实践认为是正确的做法，也要在取得多数人赞同的基础上施行。

（原载《学习论坛》，2009 年第 2 期）

论法律援助与司法救助制度的衔接（摘要）

从国内外的立法实践看，法律援助立法正向着让穷人更多地分享社会进步成果的方向发展，实体性的内容更加精细，程序的可操作性普遍增强。

一、适时调整司法政策是落实科学发展观的必行之举

必须树立以为人民服务为中心的思想观念，改变思考问题、制定政策的立足点，设身处地为弱势群体着想。政法机关的具体业务各不相同，但都必须从方便人民群众的角度进行制度设计，努力把方便人民群众作为改进政法工作的一个重要环节。

二、法律援助与司法救助衔接是调整司法政策的有益探索

法律援助制度是实现社会公正、维护社会稳定的重要手段。当弱势群体在急需法律援助、司法救助的状态下，能否迅即得到便捷、高效的法律援助和司法救助是对法律援助、司法救助制度健全程度的考验。作为政法机关应当本着"方便群众、提高效率、操作公开、便于监督"的原则，把分属公、检、法、司管辖的服务项目融为一体，实现"一门"或者"一个窗口"受理，并"一门"或者"一个窗口"办结。

三、调整司法政策要在便民利民上优化制度细节

法律援助与司法救助工作应当用实际行动保护人民群众的合法权益。这就必须做到坚持把人民群众的呼声作为第一信号、把人民群众的需要作为第一选择、把人民群众的利益作为第一考虑、把人民群众的满意作为第一标

准，最大限度地拓宽服务领域、延伸服务内容、提升服务水平。通过各自的工作，真正为人民群众提供方便，让人民群众更多地感受到党和政府的温暖。

（原载《中国司法》，2009 年第 1 期）

正确处理控制人口数量与吸纳各类人才的关系（摘要）

　　人口流动的基本规律是：在推力与拉力的互相作用中求得预期的最大利益，以不同生存法则求得尽可能大的利益满足，人口在不同层次上集聚的"阶池"具有强大的蓄能作用但自身也具有脆弱性。城市的发展既需要建立适当的筛选吸纳机制，以吸引年轻的高素质劳动力，也需要控制适度的规模。

　　户籍制度改革的基本点是回归户籍制度的登记功能，实现居民身份证"一人一卡、终身相随，一个平台、多个单元，分别记分、动态管理"。未来的居民身份证至少应当包括如下信息的记录、贮存、读取：出生时间、出生地、个人 DNA、免疫接种、受教育程度、社会保障（含医保账户）、纳税、捐赠、婚姻状况、个人信用、驾驶资格、特种岗位技能等。我国应当在现有居民身份证制度基础上，建立始于出生的人口登记制度，实现"以房（住房）管人"。

　　每一个城市都可以设定适当的"门槛"，以一定的身份积分数量作为取得其市民户籍的公开标准。公权力调节人口流动的操作建议：一是改进并进一步强化居民身份证的管理功能；二是建立自出生开始计分、终身累计的人口素质评价体系；三是建立登记居住与取得市民待遇分离的人口管理制度；四是设计相关的配套措施。

（原载《科学发展》，2009 年第 5 期）

"蚁族"：一个呼唤善待的群体（摘要）

据统计，仅北京一地就有至少 10 万蚁族，全国有上百万的规模。随着我国大学毕业生就业形势的持续严峻，蚁族的数量在未来几年内必将急剧增加。

一、蚁族是"漂"在高校中的非稳定态聚居群体

蚁族是继农民、农民工、下岗工人之后出现在中国的又一弱势群体——大学毕业生聚居群体。之所以把这个群体形象地称为"蚁族"，是因为该群体具有诸多同蚂蚁类似的特点，如高智商、群居态、个体弱小等。我们应当看到，蚁族的聚居是为了寻求更好的发展前途，其本身是充满活力和希望的，但是，蚁族又处在收入偏低、生活质量很差的环境之中，理想与现实、自身与他人、家庭的期盼与自身的窘困等巨大的落差很容易使他们出现行为偏差。

二、城乡二元结构是"蚁族"形成的主要原因

我国以户籍制度为核心控制力的城乡二元结构是"蚁族"形成的主要原因。但我们同时必须面对的是，户籍制度的改革一定是逐步试点、稳步推进的渐进过程。为此，在蚁族聚居的区域，政府应当大力开发租赁价格较低但生活设施齐全的"人才公寓""新市民公寓"，尽可能改善蚁族的生活环境。

三、蚁族成为影响社会稳定"起火点"的可能正在加大

蚁族作为受过高等教育，又恰恰在社会底层打拼的年轻人，具有就业不稳定、收入不稳定、居所不稳定、心态不稳定的特征，而蚁族唯一稳定的是在互联网空间的生活与生存，其人际联络方式、情感表达方式、行动动员方式已经完全超越了传统。加之蚁族由于其收入偏低、生活窘困、生活空间狭

窄，内心的积郁很难得到排解，特别容易成为"起爆点"。这种"起爆"较大可能以维护自身合法权利的形式出现。

四、在善待"蚁族"中创新社会管理

其一，用政府信息公开透明，形成人与人之间的信任基础；其二，用公务员以身作则，形成民情疏导的示范效应；其三，用主动提供周到服务，形成合作互助关系；其四，平等待人的信息沟通，用形成民主协商机制；其五，用落实社会保障措施，形成改革成果的共享规则。其中，关键是执政理念的更新，政府所有作为都应当以民众的福祉作为出发点和归宿。政府出台的每一项政策，制定的每一个举措，都应该尊重人民意愿，体现人民要求，为人民谋利益。尤其是，政府关注民生，不仅要解决弱势群体的衣食温饱，更要指导和帮助全体人民正确维护合法的权利。

（原载《青少年犯罪问题》，2010 年第 3 期）

"隐私"与"丢丑"说必须纠正

从我国网络反腐的实践看，网民已经由单纯关注贪官抽什么烟、戴什么表、开什么车等表面现象，发展到对官员"八小时以外"的全方位监督。网络反腐作为反腐败斗争的手段之一，只要政府部门正确引导，是不会给社会"添乱"的。为此，作为承担反腐败工作职能的机关，没有任何理由为人民表达权的行使制造人为的障碍。

近日，网上传得沸沸扬扬的"日记门"事件主角韩峰，因涉嫌受贿犯罪，被依法逮捕。"网络反腐"及其相关话题，再度引起社会的高度关注。

近年来，网络曝光监督已成为反腐败斗争的一把利器，成为党政机关获取腐败线索的重要来源之一。中国青年报社会调查中心在去年10月进行的一项调查发现，75.5%的公众最愿意用网络曝光参与反腐。今年3月调查也发现，78.3%的人认同网络举报监督行为在预防或治理腐败方面会发挥很大作用。

但与此同时，有一种现象也令人深思。比如，有的地方个别主事者十分怀念没有互联网的日子，不仅私下抱怨是互联网把地方"搞乱"了，打心底里想"封网"，甚至还抓捕了敢于提意见批评政府部门的网民。

"凡私必隐"的说法并没有法律根据。某些公权力的掌控者之所以敢于如此打击网民，其手里有一张所谓保护官员隐私的"牌"。的确，官员也具有隐私权，但值得注意的是，并不是所有人都在隐私方面享有平等无差别的权利。

隐私就是指私人生活中与公共利益无关，主体不愿意为他人知晓的个人生活秘密。所以，隐私权的保护限度关键在于是否与公共领域、公共利益相关。就官员等公共人物与普通公民的隐私权相比较而言，官员的隐私权要相应地少一些，这是官员作为公共人物本身的社会角色所决定的。

例如，官员作为公权力的掌握者，其工资收入来自公民缴纳的税金，相应地就不能在个人或者家庭财产信息方面享有隐私权,而应当申报并公布其个人和家庭财产等相关信息。换句话说,对官员隐私的保护是有限度的,由于官员掌控着公权力,其个人生活中与公权力有关的内容也会不再纯属私人性质,"凡私必隐"的观点应当纠正。

事实上,在任何国家,对个人隐私权的保护都不可能是绝对的。国家应当选择最优方案,力求平衡各方面的利益,但是,在社会公共利益与私人利益发生冲突的时候,官员的隐私权首先应当受到限制。至于贪污受贿、生活糜烂的事实,本身就为党纪国法所不容,官员不能以"隐私权"受到保护为由抵抗人民群众对事实真相的揭露。

一、必须摒弃错误的"丢丑论"

联合国《公民权利和政治权利国际公约》第19条规定:"人人有自由发表意见的权利;此项权利包括寻求、接受和传递各种消息和思想的自由,而不论国界,也不论口头的、书写的、印刷的、采取艺术形式的、或通过他所选择的任何其他媒介。"温家宝总理在今年的政府工作报告中明确要求,"创造条件让人民批评政府、监督政府,同时充分发挥新闻舆论的监督作用,让权力在阳光下运行。"

而有个别官员却认为,反腐败可以向有关部门举报,把事情"捅"到互联网上是"丢自己人的丑",是故意"制造难堪"。如此这般的"丢丑论"是完全错误的。腐败的毒瘤如果已经形成,讳疾忌医是最愚蠢的做法。倘若一定要说"丢丑",也是腐败分子在"丢丑",而不是揭露腐败事实的人在"丢丑"。揭露腐败事实是清除毒瘤的第一步,把"丢丑"的责任强加到揭露真相人的头上可说是颠倒是非。假如把揭露事实定义为"丢丑",护短行为就会大行其道。网民的积极参与,是反腐败斗争取得胜利的基础,查清事实获取证据是关键,网络曝光还能够起到线索追踪的作用。为此,作为承担反腐败工作职能的机关,没有任何理由为人民表达权的行使制造人为的障碍。如果某些腐败事实屡屡向有关部门举报得不到重视,举报人迫不得已转移到网上公开举报,其网上举报行为本身也是对反腐败斗争的一个推动,造成"难堪"局面的并不是举报人。

二、网络反腐作用不容抹煞

特别值得重视的是，运用其他手段难以查处的腐败分子在网络曝光中败露，直接推动了我国反腐败斗争的深入。网络反腐作为反腐败斗争的手段之一，只要政府部门正确引导，是不会给社会"添乱"的。由于网络匿名性的特征，网民数量的巨大化以及网民构成的多元化，网络空间确实存在某些不负责任的行为。这在现实空间其实也同样存在，是不值得大惊小怪的。不能用个别事例否定或者抹煞互联网在反腐败斗争中的揭露平台作用、线索追踪作用和威慑作用。况且，我国《侵权责任法》已经为私权利的救济作出了明确的规定："网络用户利用网络服务实施侵权行为的，被侵权人有权通知网络服务提供者采取删除、屏蔽、断开链接等必要措施。""网络服务提供者知道网络用户利用其网络服务侵害他人民事权益，未采取必要措施的，与该网络用户承担连带责任。"

保障人民的知情权、参与权、表达权、监督权，是民主政治建设的重要内容。支持人民群众利用互联网信息传播的广泛、海量、即时特性揭露腐败分子，有助于反腐败斗争高效率、低成本地推进。而保障人民行使"四权"，首先要提供"让人说话"的政治条件和宽松氛围；其次是要真诚纳谏，解除人民"说真话"的后顾之忧；最后是对人民的所呼所求要及时作出回应。从我国网络反腐的实践看，网民已经由单纯关注贪官抽什么烟、戴什么表、开什么车等表面现象，发展到对官员"八小时以外"的全方位监督。当每一个网民都是监督员的时候，网络监督无时不在、无处不在，不仅如同"天网"对贪官起着强大的威慑作用，而且对维护社会的稳定起着积极作用。显然，倾听网民们的意见，建立并不断完善"网络问政"的机制，无论腐败分子隐藏的伎俩有多高，在人民群众受到保障的"四权"监督下必然暴露无遗。

（原载《文汇报》，2010 年 3 月 24 日）

表达权实施的制度保障

　　正如学会游泳只能在游泳的过程中，学会正确行使表达权也只能在行使表达权的过程中。特别需要指出的是，由于复杂的历史原因，我国各级政府在尊重表达权方面、人民群众在行使表达权方面都处在"新手上路"的摸索阶段。各级政府要学会保障人民的表达权，先要允许老百姓"在游泳之中学会游泳"。期待人民正确使用表达权的前提是允许人民使用表达权，并在实践中不断地加以指导和规范。

　　政府崇尚说真话是表达权正确实施的前提。在中国的语言习惯中有"好话""坏话"之分，其实是不科学的。"好话""坏话"之分的非科学性在于评判标准的主观化，基本上是把顺耳的话当作"好话"，把逆耳的话当作"坏话"。不争的历史和严峻的现实都毋庸置疑地证明：说"好话"的不一定怀有好意，不一定是好人；说"坏话"的不一定怀有恶意，也不一定是坏人。"让人说话"所指的"话"是没有好坏之分的，只要是在法律允许的范围之内，"好话"和"坏话"都可以说。法律意义上的表达权的高明在于，撇开了"好话"与"坏话"、逆耳与顺耳、相同意见与不同意见的纠缠，明确规定"人人有自由发表意见的权利"。

　　联合国《公民权利和政治权利国际公约》之所以明确规定"人人有自由发表意见的权利"，是因为人的思想是不能被强制的。其实，包括领导干部在内的每一个人都存在"自己说话"与"听别人说话"的角色变换，其在"自己说话"的角色扮演过程中一定企盼能够有畅所欲言的氛围，一定会因为说了真话遭受打击而感到郁闷。那么，"己所不欲，勿施于人"，在其转换角色"听别人说话"时，一定要尊重他人的表达权。从某种意义上说，尊重他人的表达权就是尊重自己的表达权。自由表达权的前提是思想自由，即主体按照自己的意志，独立自主地决定自己的思考及以何种方式展示自己的思想。著名的启蒙运动领袖伏尔泰对表达权作了精彩的阐述：我不同意你的观点，但我誓死捍卫你发表观点的权利。表达权不是"报喜不报忧"，如果权势者强制、胁迫他人"报喜不报忧"，就是从根本上亵渎了表达权。

表达权并不是绝对的权利，对表达予以适度限制也是必要的，关键是依照什么样的标准限制表达。《中华人民共和国宪法》第51条规定："中华人民共和国公民在行使自由和权利的时候，不得损害国家的、社会的、集体的利益和其他公民的合法的自由和权利"，这就是对表达权的法定限制。不以长官的意志、个人的好恶、赞同者的多寡、一时舆论的倾向干预表达权的行使十分重要。捍卫他人特别是与自己意见相左者的表达权是造就民主社会的基本功。这是因为：只有在人人尊重他人的表达权，而又不滥用自身表达权的社会集体中，表达权的正确行使才能得到保障。

其实，保障人民表达权的工作要从每一个基层单位、每一项工作和对待每一个人做起。只有明确保障人民表达权是政府的义务，建立和不断完善保障自由表达的制度体系，说真话、办实事的人才会越来越多。如果说真话的人长期处于受排挤的状态，则可能会出现"改正归邪"或者刻意"把事情搞大"的情形。"改正归邪"是指说真话的人迫于压力"归顺"于说假话的行列，久而久之，一定是说真话的人越来越少。鉴于刻意"把事情搞大"的主观动机，其行为必然出格，对社会稳定的破坏作用也是明显的。政权执掌者的明智之举应当是以自己渴望他人尊重的同样心态尊重他人的表达权。这是因为，每一个人都是受到社会环境影响的，同时又在影响社会环境。维护人民的表达权是提高执政能力的着力点之一，巩固执政基础的关键是提高公众对执政行为的认同度。

期待人民正确使用表达权的前提是允许人民使用表达权。媒体的采访权是公众知情权的延伸，媒体必须对公众的知情权负责，必须代表社会成为一种监督公权力的力量。一方面，真实是新闻的生命，新闻媒体必须对所报道信息的真实性负责；另一方面，也不能用法院制作裁判文书的要求苛求新闻报道。只要媒体穷尽了自身的调查手段，履行了自身的客观报道责任，就有义务把自己知道的真相报道出来。

据《第25次中国互联网络发展状况统计报告》显示，截至2009年底，中国网民规模达到3.84亿人，较2008年增长28.9%。但是我们应当看到，我国的网民数量虽然居世界第一，但网民的质量和使用网络的质量却是不高的。网络表达的状况也应当称之为喜忧参半。一方面，网络表达充分体现了自由度大、双向互动、传播面广的优点；另一方面，由于匿名而带来的不负责任也已经成为网络公害。对此，政府对网络管理的责任不是"贴封条"而是作指导，特别是从自身对网络管理的不足查找原因。从保障人民表达权的角度分析，允许表达与允许表达时说错话是同等重要的。正如政府会办错事一样，群众也会说错话，政府应当以对待自己的宽容尺度对待说错话的群众。政府每一项行为都对民众具有引导作用，政府善待说真话者，民众才能说真话。政府率先倾听民意在前，群众的善于表达才能在后。政府以仁爱与宽厚对待说错话的人，民众才能畅所欲言。即便是说错的话，只要不会引起明显而即刻的危险，就应当"冷处理"。有时真理会掌握在少数人手里，实践才是检验真理的唯一标准。有些片面、偏颇的议论之所以成为"错话"，根源在于政府的信息公开不够，如果政府能及时、完整地公开事实真相，议论的焦点自然就会转移。思想的解放，首先应当是表达的解放；表达的解放取决于权力在阳光下运行。如果群众表达意愿的方式出现了偏差，政府要首先检查自己的行为是否失当。

维护人民的表达权是巩固执政基础的基本功。当前在我国，公开地反对自由表达的声音不多，但是，关于"会不会说话"的潜规则却颇有市场。究其原因，当然具有众多复杂因素的交织，但是，说真话的人遭受冷遇，说假话的人平步青云的示范效应是最为主要的。"村骗乡，乡骗县，一直骗到国务院"的民谣说明，说假话造就的既得利益也壮大了说假话的势力。经济学中关于"劣币驱逐良币"的理论告诉我们：如果市场上有两种货币———良币和劣币，只要两者所起的流通作用等同，因为劣币成本低，人们在使用中往往会选择劣币。久而久之，良币就会退出市场。当某一天真正的良币出现在市场的时候，占据市场主要地位的劣币就会群起而攻之，结果自然是良币的失败。尽管现代科技造就了高度发达的信息采集、传播手段，隐瞒重大天灾人祸的难度越来越大，但是，敢于说真话的人越来越少的局面却孕育着更大的灾难。维护人民的表达权就是维护执政的基础。如果我们的制度体系能够对人民的表达权予以有效的保护，政令不畅的社会基础就将不复存在。

（原载《法制日报》，2010 年 2 月 3 日）

犯罪学应当研究人肉搜索的规制之道（摘要）

目前，人肉搜索在揭露腐败、打击犯罪方面起到了一定作用，同时也引发了诸多侵权事件。正因为人肉搜索是由不特定人发起、不特定的多数人参与搜索并将信息公开传播的过程，不特定人发起与不特定的多数人参与导致了信息搜寻的高效率，而且，不特定的多数人提供的信息直接进入传播更加促成了人肉搜索成为公众的关注点。网站经营者深知高点击率会带来高收益，因而尽最大可能吸引和保持人肉搜索的人气的高指数就成了网站的追求。人肉搜索引擎在被免费使用的状态下，由不特定的人针对某个问题或者事件抛出的问题实际上也是不特定的，加之数量不特定的网民的踊跃参与，决定了"什么事都可能发生"：一是管理失控导致网站人肉搜索的经营混乱；二是无规则的运行对特定人员的身份保密构成威胁；三是使用人肉搜索可能引发侵犯隐私权等一系列法律问题。

对人肉搜索并不能简单地作出"放"或者"禁"的结论，对人肉搜索应当在疏导的前提下予以规范。把握的难点在于，涉及何种情况可以使用人肉搜索，何种情况下不得使用人肉搜索。就人肉搜索规制的原则而言，是维护公共利益与保护私人利益的平衡原则。所谓的公共利益原则，是指只要有关事件或有关主体的行为涉及违反法律、损害社会公众的利益、败坏公共道德的情形，就应该允许使用人肉搜索，以便汇集分散在社会各方面的信息，使公众了解事实真相，捍卫法律的尊严，维护社会道德规范。所谓的私人利益原则，是指对于既不违反法律、也不违反社会道德的纯粹私人生活的问题，不应当允许人肉搜索的介入。

笔者认为，以下三个方面亟待深入研究，提出细化的、可操作的准则：其一，信息权利人可以在自愿的前提下，公布与其自身相关的信息，这是对自我权利的处分，只要于法不悖就应当允许。其二，法律也应当禁止任何单位和个人擅自发布、传播、删除、修改信息权利人的相关信息。其三，为了维护国家安全和公共利益，举报乃至公布含有个人信息的违法犯罪事实，为侦查、反贪等专门机关提供线索，鼓励、号召公众揭露真相的行为，应当得到法律的保护。

（原载《河南公安高等专科学校学报》，2010 年第 4 期）

公安教育坚守正确政治方向与国家教育主权（摘要）

公安院校是为公安机关培养和输送具有创新精神和实践能力的高素质专门人才的教育机构，公安教育的最大特征是职业化，是以培养共和国人民警察为目的的教育。公安教育作为国家政权建设的重要组成部分，同政治教育、军事教育一样具有鲜明的政治特性，是特殊的职业教育。

一、教育工作坚持正确政治方向是党的优良传统

我们在市场经济条件下办公安教育，更要把坚定正确的政治方向放在首位。办学的政治方向是指为谁办学、为什么办学、办什么样的学校、依靠谁办学等重大问题，也是办学首先要明确的根本问题。公安教育承担的是培养中国特色社会主义事业建设者、捍卫者的使命，更要坚定不移地坚守正确的政治方向。

我们要借鉴人类政治文明的有益成果，但绝不能照搬西方政治制度的模式。世界上一些发展中国家盲目照搬西方政治制度模式，导致了严重的社会政治后果，这方面的教训我们一定要引以为戒。20 世纪 80 年代末，邓小平同志曾经尖锐地指出："十年最大的失误是教育，这里我主要是讲思想政治教育，不单纯是对学校、青年学生，是泛指对人民的教育。对于艰苦创业，对于中国是个什么样的国家，将要变成一个什么样的国家，这种教育都很少，这是我们很大的失误。"

二、国家教育主权的核心部分不容让渡

教育主权是国家主权在教育领域的具体体现，是主权国家所享有的自主处理对内、对外教育事务的最高权力。有学者把教育主权定义为"一个主权

国家固有的处理其国内教育事务和国际上保持教育独立自主的最高权力"。笔者赞同这样的观点："教育主权和国家主权一样，是主权国家固有的权力，包括教育立法权、教育司法权、教育行政权和教育发展权，这四个部分是有机统一、不可分割的整体。但是，教育主权又是可以部分让渡的，即可以在自愿的基础上通过双边或多边机制相互让渡部分教育主权。"教育主权的独立行使与可以部分让渡是需要特别注意的，教育主权除具有国家其他主权的共有性质之外，又可以对非核心的部分作出有限制的让渡，即有限度地开放教育服务市场。教育不可能完全摆脱政治目的的束缚和意识形态的影响，但又客观存在着意识形态相对较弱的部分（例如理工农医等学科）与意识形态相对较强的部分（例如公安教育、政治教育、军事教育）。为维护本国的国家安全和社会公共利益，在教育的管控上应当采取区别化的政策，在维护核心教育主权的同时，不排除国家对教育主权的部分让渡。同时，作为主权国家也必须明确规定哪些领域、哪些专业、哪些学校不能采取中外合作办学或者出资人冠名办学模式。2003 年，国务院颁布的《中外合作办学条例》第 6 条明确规定："中外合作办学者可以合作举办各级各类教育机构。但是，不得举办实施义务教育和实施军事、警察、政治等特殊性质教育的机构。"目前，我国的教育主权和国家文化安全面临挑战，公安教育的教育阵地更是争夺的焦点。我们必须保持清醒与审慎，防止国家核心教育主权的旁落。

三、公安教育坚守正确政治方向的现实担当

公安教育历来是政治力量角逐、碰撞的敏感区。公安教育不仅是知识生产和传播的高地，更是建设中国特色社会主义事业的前沿阵地。社会主义法治理念教育仅仅在政法系统进行，而公安教育可以游离之外的局面是不能允许的。前些年，个别公安院校为了增加收入，盲目扩大招生所造成的教训十分深刻。由于境内外敌对势力对我国西化、分化的政治图谋不会改变，反西化、反分化的斗争将是长期的、复杂的、艰巨的。反西化、反分化的斗争反映在公安教育上将主要围绕着"三个要不要"，即：要不要坚持党的领导、要不要坚持社会主义的办学方向、要不要坚持宣传马克思主义的意识形态。

（原载《山东警察学院学报》，2010 年第 5 期）

关于当前警民关系的思考（摘要）

在新的历史条件下，公安部门如何解放思想，创新思路，通过亲民、爱民、护民的实践，建立良好的警民合作关系，维护正常的治安秩序，实现警务工作由打击型向防范型、由被动型向主动型、由管理型向服务型的转变，这是本文力图讨论的主题。

一、"社区警务树" 理论值得借鉴

（一）公安部门扎根群众要有 "双根"

欧美社区警务战略之父是英国警察学家约翰·安德逊。社区警务的理念叫作"社区警务树"（Community Policing Tree）。警务好比一棵大树，树干是警察，枝枝叶叶是警种和分工。果实是警察工作的成效。社区警务的原理是社会是产生犯罪的地方，抑制犯罪的主力军也在社会。笔者赞成英国学者约翰·安德逊把警察比作一棵大树的理论，更要进一步提出"警察的根在哪里"和"警察怎样扎根于群众"的问题。由于警察工作的特殊性，"树大招风"难以避免，如果"风刮树倒"就不堪设想了。值得公安部门注意的是，树干很粗，树冠很大，枝繁叶茂时更要注意扎根于群众之中。

（二）警察也要与网族、车族、卡族交朋友

如果公安部门不能从枝上伸出须来扎到土壤之中，把网族、车族、卡族团结起来，警民关系的调整是做不好的，至少是不全面的。

（三）警察要以责任心和办事能力赢得民心

想干事，能干事，能够干成事，是三种不同的层次。取得群众满意的核心是办事的责任心、能力和效率。光有谦和的态度是不够的，所有干警都应

当有"本领危机"的紧迫感。在具体操作上，一定要做到大处着眼，小处着手，换位思考，提高效率。

二、调整警民关系首先要解放思想调整思路

公安部门是为民、护民的中坚力量，必须坚持把人民群众的呼声作为第一信号，把人民群众的需要作为第一选择，把人民群众的利益作为第一考虑，把人民群众的满意作为第一标准，最大限度地拓宽服务领域、延伸服务内容、提升服务水平，真正为人民群众提供方便，让人民群众更多地感受到党和政府的温暖。

（一）警民合作关系建立的前提是警察公正严明执法

（二）警察执法环境的改善主要需要公安部门的努力

（三）警务工作的改革应当引进"善治"理论

三、警察要从提高执政能力的高度处理警民关系

在我国，人治的传统由来已久，行政权的自我扩张力与专横性格外突出，而且行政机关往往意识不到自身行为失当对私权利的侵犯性。在维护社会稳定中一定要把握依法维护社会稳定的正确方向，避免走入"维稳——治乱——治民"的怪圈。公安干警受人民的委托从事社会治安管理，手中的权力是人民赋予的，权力越大，责任也就越大，为了防止权力的扭曲、失控、变异，公安干警理应比普通公民接受更多、更全面、更严格的法律制约。维护社会稳定不仅仅是矫正社会运行中出现的偏差，更为重要的是执政党接受社会的挑战。执政党必须树立爱民、亲民、利民、为民意识，按照与时俱进的要求，不断更新观念，主动纠正执政党自身行为中的失误。通过自我加压，自我革新，巩固执政基础，改进执政方式，提高执政能力，这才是找到了维护社会稳定的"总开关"。

（原载《江苏警官学院学报》，2010 年第 2 期）

新闻，该把的关要把好

5月12日，上海市教育委员会发出《关于对组织中小学生参加劝阻吸烟活动予以规范的通知》。该通知明确指出：因《上海市公共场所控制吸烟条例》并未将"街头"规定为禁烟场所，若学生直接实施"缴烟"行为，于法无据，并可能引发吸烟者与"缴烟"学生的冲突，存在一定的安全隐患。各区县教育局要立即通知所辖中小学校停止组织学生上街"缴烟"活动。

2月27日，上海某报曾经用头版头条发稿、配以大幅照片的方式报道《小学生控烟队上街缴"烟枪"》。从该报所说"民间控烟，小草掀开大石头""一个小时里缴下42根'烟枪'"等话语，可以清楚地看到报道者的立场。笔者随即以《不能倡导让小学生收集"二手烟头"》为题，在《报刊业务探索》2010年4~5期上，对小学生上街缴"烟枪"提出了质疑。笔者认为，小学生上街缴"烟枪"已经不是原本意义上的宣传控烟，也不是制定《上海市公共场所控制吸烟条例》的本意所在。教育行政主管部门应当及时对小学生上街缴"烟枪"的活动明确表态。现在市教委已经明文制止组织中小学生上街"缴烟"活动，也许争论可以告一段落。但是，举一反三，进一步思考新闻媒体的社会责任似乎更为重要。

2009年10月9日，由全球9大知名媒体共同发起的世界媒体峰会在北京召开，会议通过了《世界媒体峰会共同宣言》。国家主席胡锦涛在世界媒体峰会开幕式上指出，媒体要切实承担社会责任，促进新闻信息真实、准确、全面、客观传播。他强调，当今社会，"对各类媒体来说，树立和秉持高度的社会责任感比以往任何时候都更为重要"。众所周知，新闻媒体之所以被称为社会公器，根本原因就在于新闻媒体具有强大的社会影响力，对人们行为的引导是鲜明、具体、立体化的。任何新闻媒体传播什么声音、放大什么声音，都是在一定价值观指导下的选择。中小学校为配合控制吸烟条例的实施组织宣传活动本身应当予以支持。但是，报道组织小学生上街收缴烟头的活动，就值得认真"把关"了。

需要特别强调的是，千万不要把媒体"把关人"视为中国的"土特产"。在传播学中，较早提出"把关人"概念的是美籍德国社会心理学家库尔特·莱文；1950 年，他的学生怀特在《"把关人"新闻选择的个案研究》一书中提出了"把关人"理论。西方的学者坦言，在整个信息流通过程中，存在着有许多关口组成的把关链，不同的把关人对经过他们的大量信息一层一层地加以筛选。[1]按照《小学生控烟队上街缴"烟枪"》报道所说，"已经有了40 人的规模，都是 10 岁左右的小学生"的民间控烟队在去年开始上街缴"烟枪"，此行为存在明显的风险，是不得不慎之又慎的。我国《未成年人保护法》第 38 条规定：对未成年人"不得安排其从事过重、有毒、有害等危害未成年人身心健康的劳动或者危险作业。"即便排除炒作，媒体传播的放大、叠加效应也非常明显，新闻从来都不是有闻必录、有闻必播的。安排到头版头条的报道，一定经过层层把关，我们不得不提醒的是：偏见比无知更可怕。

《上海市公共场所控制吸烟条例》自 2010 年 3 月 1 日起实施，新闻媒体配合进行宣传乃理所当然。我们也不怀疑小学生上街"缴烟"的事实存在，这里要讨论的是媒体的报道如何对社会负责。每一个人在一定的场合有所言行，其言行也都表征一定的观点或者倾向，人的言行在其做出的场合被在场人知晓，属于自然传播，其影响是有限的。习惯中所说的传播是人为传播，即利用媒介和传播手段将某一信息传递到该信息发生地以外的地方。人为传播一定是有选择的，至于某一主体表达的信息是否适于传播则适用如下标准："从整体上讲，一方面，需要法律为言论提供特别的保护；但另一方面法律又对某些内容提出了种种限制：不符合内容标准的言论不能进入传播领域，没有达到一定智力程度的个体不能接受、消费特定内容的信息，而没有经过政府许可的大众传媒组织，则不得从事相关的传播活动。"[2]这是因为：言者必须对其所言负责，人为传播必须对整个社会负责。

客观地反映事实真相，忠实地反映社情民意是媒体的基本职责。但是，简单地把新闻媒体比作"镜子"是不够的。有社会责任感的媒体，除了准确

---

〔1〕 陈力丹、闫伊默：《传播学纲要》，中国人民大学出版社 2007 年版，第 201~202 页。
〔2〕 王四新：《网络空间的表达自由》，社会科学文献出版社 2007 年版，第 334 页。

及时地反映客观事实，还要有引导，有引领。在民主法制社会里，新闻从业人员可以持有自己的价值观，但是，新闻媒体不是新闻从业人员的个人工具，公权不能私用。个人写博客与采访写稿件是两种不同性质的行为。

现代社会的人们已经越来越离不开媒体，越来越依赖媒体。对新闻媒体来说，秉持和坚守高度的社会责任感比以往任何时候都更为重要。

（原载《青年记者》，2010 年 6 月上）

蚁族的形成与高等教育评估改革（摘要）

一、蚁族是挣扎在理想与现实之间的聚居群体

应当看到，蚁族的聚居是为了寻求更好的发展前途，其本身是充满活力和希望的，但是，蚁族又处在收入偏低、生活质量很差的环境之中，理想与现实、自身与他人、家庭的期盼与自身的窘困等巨大的落差很容易使他们出现行为偏差。特别值得重视的是，贫困是蚁族在经济利益上所面临的共同困境。

二、高等教育的办学瑕疵是造就蚁族的原因之一

（一）高等教育的办学瑕疵客观存在

（二）眼高手低是当前高校毕业生的"常见病"

（三）大学生理应经受锻炼的说法不能遮掩办学瑕疵

三、教育评估应当对教育改革中的风险起到预警作用

从某种意义上说，中国并不是缺乏就业岗位，如"民工荒"就是典型的例证。问题的关键是高校毕业生的知识技能水平与社会实际需求不对应，蚁族的心理定位与企业急需的就业岗位不匹配，高校办学规模扩大与人才培养质量的提高不同步。中国的高等教育已经到了非大刀阔斧加以改革不可的程度，高等教育的发展只能在改革中寻找动力、在改革中取得突破。

教育评估应当为教育改革的政策制定提供预测或者说风险预警的作用。

办好人民满意的教育，必须由人民来检验到底办得好不好。把改革的力度、发展的速度和社会承受的程度有机地结合起来是改革取得成果的历史经验，也应当是高等教育改革的必行之举。

（原载《中国高等教育评估》，2010 年第 2 期）

用大兴批评与自我批评之风化解社会矛盾（摘要）

一、社会矛盾多发的原因在哪里

当前，社会上出现的不稳定现象并不是因为贯彻了"以人为本"的理念，而恰恰是多年来我们在维护人民权益方面做得不够，在维护社会公平方面积累了不少问题。以我国近年来多次发生群体性事件为例，大体可以归为三类：一是群众的利益受到侵害，比如在征地、拆迁中违反政策，从而引发群众不满的无序发泄；二是官员的腐败行为伤害了群众的感情，老百姓怨声载道、投诉无门，最后导致群体性对抗；三是群众以比较激烈的方式表达意愿，主管部门从最初的漠视变化为强行压制，使得双方矛盾趋向对抗。这些群体性事件突出地反映为干群之间的利益矛盾，都是可以避免或者化解于初始阶段的。至于有个别人在与政府纠缠的过程中得到了不应该得到的利益，形成了"大闹大解决、小闹小解决、不闹不解决"的错误导向，责任也在政府本身。

当前社会矛盾的凸显并不是经济发展所决定的，而是既有利益的分配不公和人民群众对未来生活的忧虑增多所导致的。在社会利益总量既定的状态下，一部分人利益的扩张，势必对其他个体利益造成侵犯；在利益总量有所增减的情况下，增（减）量的承受比例是争议产生的焦点。利益总量是一定的，社会是分层的，不同阶层的个体都在不同层次上追求其自身的利益，这就产生了矛盾的不可避免。但是，矛盾激化的主要原因是利益分配不公和处置不当。如能转变党员领导干部不适应、不符合科学发展观的思想观念，利益矛盾无疑是可以调节的。

二、影响科学发展的"短板"在哪里

如今，管理学中的"短板理论"已经为多数干部了解，但是"短板在哪里"的问题却一直没有解决好。"短板理论"又称"水桶定律"，是由美国管理学家彼得提出的，说的是由若干块木板箍成的水桶，其最大盛水量不是由桶壁的最长木板决定，而是取决于桶壁上最短的木板。想要使这只木桶的盛水量增加，必须换掉短板或者将短板加长。"短板理论"是一种比喻，在排除桶壁与桶底之间、构成桶壁的各块木板之间存在缝隙的前提下，提高木桶盛水量的出路在于解决"短板"之短。现在的问题是，几乎所有寻找"短板"的目光都指向了别人，似乎与科学发展观不适应、不符合的思想观念都存在于他人的头脑之中，缺少自我批评。可以设想，如果每一位干部都眼睛向外，在别人身上找"短板"，最终的结果一定是谁也不是"短板"，谁也不存在不适应、不符合科学发展观的思想观念。其实，"不适应不符合"既是科学发展的"拦路虎"，又是提高执政能力、化解社会矛盾的"顶门杠"。历史的经验告诉我们，批评与自我批评是我党克敌制胜的光荣传统，也是自我纯洁、与时俱进的法宝。

三、大兴批评与自我批评之风从何处做起

改革开放 30 年的历史，就是思想不断解放，批评与自我批评的武器得以正确使用的历史。改革开放的深化，也必然要求思想更加解放，批评与自我批评的武器更加正确全面地得到使用。随着改革开放的深入，刻不容缓的任务是提高执政能力、改进执政方式、廉洁党的队伍、改善党群关系、转变政府职能。

特别需要指出的是，官员腐败激起和积累的民愤并非法院重判所能释然。大兴批评与自我批评之风虽不能解决所有腐败难题，但其在主动防腐、遏制腐败蔓延方面的作用肯定是其他措施不可替代的。大兴批评与自我批评之风要从自己做起。解放思想不仅是对他人的承诺，更是对自己的要求。解决不适应、不符合科学发展观的思想观念是我们进一步解放思想的重点任务。

（原载《江南社会学院学报》，2010 年第 2 期）

再论人民表达权的行使与政府的保障

  "十七大"报告提出"保障人民的知情权、参与权、表达权、监督权",具有十分重大的理论和实践意义。近期,保障人民的知情权、参与权、表达权、监督权(以下简称"四权")已经成为社会关注的热点之一。民意表达的渠道进一步畅通,宪法所规定的公民言论自由也在前所未有的宽松环境中实现,实践的脚步正在催促表达权保障研究的进一步深化。

一、人民表达权的行使以政府对表达权的保障为前提

  政府的权力来自人民的委托和让与,人民之所以要把自己所有的权利的一部分交给政府,是因为涉及社会公众事务的管理是个人力量所不能企及的,人民将一部分权利受让给政府,目的在于让政府通过权力的行使为人民创造和维护一个安全、清洁、有序的环境,使得社会上的每一个成员都得到全面的发展。简单地说,民授权与官,是让政府为人民谋利益的。就人民而言,其对政府的制约具体地表现为"四权"的行使,其中,知情是基础,参与是关键,表达是根本,监督是手段。

(一)保障人民的表达权是法定的政府义务

  表达权是指公民在法律规定的限度内,使用各种方式表明、显示或公开传播思想、情感、意见、观点、主张,而不受他人干涉、约束的权利。表达权包括表达方法和表达内容两方面的自由。表达方法包括表达选择的时间、地点、场合、借助的具体媒体、使用的符号系统等。只要在法律规定的限度之内,权利主体拥有包括借助媒体等各种方式表达自己的主张,对参与的公共事务进行表态、表决和提出新的相关请求的权利。权利总是相对于义务而言的,此方权利的行使必须以彼方义务的履行为条件。否则,任何权利的许

诺都是"空头支票"。人民对政府的工作首先是在知情、参与、表达环节实现的前提下实施制约，而后才是监督的补充或补救。政府保障人民的"四权"，是保证人民赋予政府的权力始终用来为人民谋利益的前提。如果从制度层面考察，我国公民享有表达权，我国政府负有保障公民表达权实现的任务是明确的。《中华人民共和国宪法》（以下简称《宪法》）第 35 条规定："中华人民共和国公民有言论、出版、集会、结社、游行、示威的自由。"这里所说的自由，应当是指采用发表言论、出版、集会、结社、游行、示威的方法表达自己意志的自主选择。《宪法》第 41 条还规定："中华人民共和国公民对于任何国家机关和国家工作人员，有提出批评和建议的权利；对于任何国家机关和国家工作人员的违法失职行为，有向有关国家机关提出申诉、控告或者检举的权利，但是不得捏造或者歪曲事实进行诬告陷害。"这里所列举的批评权、建议权、申诉权、控告权、检举权都是表达自由的具体体现。据此应当认为，表达自由已经由我国的宪法确认为公民的基本权利，政府保障人民的"四权"是由宪法规定的法定义务。但是，纸面上的"法"与实际上享受到的"法"往往存在差距。法律意义上的自由，只是表明主体在不影响他人和公共利益的前提下对自身的自主支配。权利作为义务的对称，最为核心的内容是某一方面的权利的实现必定以相对方的履行义务为前提。每一主体在实际上所能得到的自由和利益必定受制于相对方提供保障的水平，人民表达权的行使需要政府提供切实的保障。而且，对表达权提供保障的水平差异会直接影响表达权的实施。于是，关键的问题是怎样为表达权的行使提供保障。

（二）保障人民表达权的行使有利于社会稳定

当前，我国干群矛盾的严重和激烈程度不容讳言，各地为维护社会稳定投入的人财物力也有目共睹。据于建嵘研究员说："近十年来，中国发生的群体性事件在迅速增加。群体性事件 1993 年共 8709 宗，此后一直保持快速上升趋势，1999 年总数超过 32 000 宗，2003 年 60 000 宗，2004 年 74 000 宗，2005 年 87 000 宗，上升了近十倍。如果要对这些事件进行分类的话，农民维权约占 35%，工人维权为 30%，市民维权是 15%，社会纠纷是 10%，社会骚乱为 5%，有组织犯罪等为 5%。"换句话说，在全部群体性事件中，属于犯罪的案件是极少数，绝大部分都是人民群众因为利益受损而与当地政府发生了冲突。处理群体性事件的基本对策是交流、沟通，在协商中达成共识，以共同维护社会稳定。也许我们有必要做一点"逆向思维"的探索：为了维护社会稳定，有必要采用广开言路，充分保障人民表达权的做法，减少矛盾产生和出现冲突的几率。化解社会矛盾是需要成本的，这里所说的成本不仅是人财物力的耗费，还包括政府的形象和公信力的损耗，与其持续现有模式下的化解矛盾高成本投入，不如着力于保障人民的表达权，在沟通交流中化解矛盾。政府坚守维护社会稳定的阵地无疑是正确的，但是，时至今日，我们有必要思考"在某种意义上已经陷入'越维稳越不稳'的恶性循环"的原因，反思原有维稳观的正确性和维稳模式的科学性。

表达权行使方式多种多样，新的表达方式层出不穷，利益的多元化必然形成多元化的思想表达。政府必须从善如流，通过保障人民的表达权实现社会稳定。我们既然认同多元化的利益追求，也应当宽容多元化的思想表达。畅通言路能够集中民智，平等的沟通才能取得理解和谅解；堵塞言路的结果只能是导致和加剧社会的不稳定。表达自由将导致社会不稳定的担心是没有道理和依据的。对利用互联网实现的新型表达方式要采取以疏导为主的管理方式，对思想言论宽容以待，但绝不允许破坏性的行动。言论与行动的区分可以用"动口与动手"这样一个看似简单的标准。在一般情况下，仅仅用言辞方式表达意愿、主张，而没有实际破坏行为的，都可以视为"动口"而允许其表达。但是，具有以下情况之一的，不能以"动口不动手"而免除责任：其一，"动口"者所使用的言辞会导致公众恐慌，公共秩序发生混乱；其二，"动口"者使用言辞方式煽动、鼓动、挑动、教唆他人"动手"；其三，"动口"者的言辞泄露国家秘密、商业机密、个人隐私；其四，"动口"者制造、传播谣言或者危害国家利益、公共利益、他人利益的信息。

(三) 保障人民的表达权才能让人民活得更有尊严

在我国，"面对面"的表达曾经经历过曲折，至今仍有不少难题。所幸的是，"屏对屏"（计算机终端对计算机终端）的表达已经有了良好的开端。2008年6月20日，国家主席胡锦涛在人民网直接与网民交流时说："网友们提出的一些意见、建议，我们是非常关注的。我们强调以人为本、执政为民，因此想问题、作决策、办事情都要广泛听取人民群众意见，集中人民群众智慧。通过互联网了解民情、汇聚民智，也是一个重要的渠道"。网民之所以认为网络离中南海最近，既有享受互联网快捷、直接、互动、公开表达心声的喜悦，也有对基层政府和各级领导人"面对面"地听取民意表达的期待。据报道，温家宝总理说："我提出'要让老百姓活得更有尊严'，主要指三个方面：第一，就是每个公民在宪法和法律规定的范围内，都享有宪法和法律赋予的自由和权利，国家要保护每个人的自由和人权。无论是什么人在法律面前，都享有平等。第二，国家的发展最终目的是为了满足人民群众日益增长的物质文化需求，除此之外，没有其他。第三，整个社会的全面发展必须以每个人的发展为前提，因此，我们要给人的自由和全面发展创造有利的条件，让他们的聪明才智竞相迸发。"从温家宝总理所阐释"尊严"的含义可见，公民享有宪法和法律赋予的自由和权利，"让老百姓活得更有尊严"的任务之一是保障人民的表达权。党和国家领导人的身体力行具体阐释了保障人民表达权的含义，无疑吹来了强劲的东风。现代科学技术为人类提供的"屏对屏"表达交流工具，已经在技术层面推动了表达自由在我国的起步。当前，摒弃表达自由会影响社会稳定等旧观念的条件日趋成熟，政府理应从制度层面建立保障人民表达权的操作对策。

二、保障表达权的重点在于保障批评性意见的表达

回顾我国民主法治建设的进程，我们可以肯定地说：人民对表达权的不懈探索推动了政府保障人民表达权任务的提出。正确行使表达权的实践比期待表达权的惠及更重要，表达权的权利行使到位率比表达权的许诺更重要。

（一）不仅要让人说话，还要保障其他表达方式的实施

这些年来，强调话语权的论述很多。其实，表达权的含义比话语权更广、更深。联合国大会1966年12月16日通过的《公民权利和政治权利国际公约》第19条明文规定："一、人人有权持有主张，不受干涉。二、人人有自由发表意见的权利；此项权利包括寻求、接受和传递各种消息和思想的自由，而不论国界，也不论口头的、书写的、印刷的、采取艺术形式的、或通过他所选择的任何其他媒介。三、本条第二款所规定的权利的行使带有特殊的义务和责任，因此得受某些限制，但这些限制只应由法律规定并为下列条件所必需：（甲）尊重他人的权利或名誉；（乙）保障国家安全或公共秩序，或公共卫生或道德。"通俗地说，在法律规定的范围内，每个人都可以有自己的主张，都可以寻找、接受、传递各种消息和思想，都可以采用各种方式发表自

己的意见和主张。法律之所以作出限制，是因为表达权并不意味着可以"想怎么说、就怎么说"。任何人的表达必须限制在不危害国家安全、公共秩序、公共卫生、公共道德和他人权利、名誉的范围内。但是，《公民权利和政治权利国际公约》对具体表达方式的选择却没有作出限制性的要求。我国《宪法》第35条规定："中华人民共和国公民有言论、出版、集会、结社、游行、示威的自由。"至少，这里所列举的6种表达方式都是可以自由选择的。

表达是一种信息沟通的自由，意味着公民具有通过口头、书写、进入互联网、印刷以及其他手段传递信息和交流信息的自由。在法律意义上，当国家对公民的某项具体自由以法定的形式加以确认，该项自由就成为了权利。凡是权利都由国家提供保障条件。当权利的实现受到来自法律之外的约束时，都可以通过法定程序申请权利的救济。《中华人民共和国集会游行示威法》（以下简称《集会游行示威法》）第3条规定："公民行使集会、游行、示威的权利，各级人民政府应当依照本法规定，予以保障。"该条明确地宣示了集会、游行、示威也是公民可以选择使用的表达权，同时，《集会游行示威法》第7条还明确："举行集会、游行、示威，必须依照本法规定向主管机关提出申请并获得许可"。当前，我国人民在网络传播中已经逐渐"见多识广"。至于集会、游行、示威的表达方式可能与公共秩序发生冲突，国家明文规定必须事先申请并获得许可也确有必要。应当承认，表达是一种能量释放，能量释放时必须严守非暴力、无危害的原则。从政府的角度而言，必须考虑释放的时间、地点，把握好平缓释放的"度"，防止"释放"变为"失控"；从公民的角度考虑，其客观上具有通过表达以求释放（宣泄）的权利，当其主观上有申请集会、游行、示威的行动，若申请得不到批准时，应当有权利救济措施。同样的道理，《集会游行示威法》所规定的："公民在行使集会、游行、示威的权利的时候，必须遵守宪法和法律，不得反对宪法所确定的基本原则，不得损害国家的、社会的、集体的利益和其他公民的合法的自由和权利"（第4条）；"集会、游行、示威应当和平地进行，不得携带武器、管制刀具和爆炸物，不得使用暴力或者煽动使用暴力"（第5条），均必须得到贯彻，但是，也应当适当批准一些集会、游行、示威。如果政府采取形式上赋予公民集会游行示威的权利，操作时对批准的控制过于严格，实际上还是虚化了公民集会、游行、示威的权利。笔者认为，药理学中的"缓释胶囊"原理值得借鉴。缓释是控制释放的过程，以力求最佳的效果。尽管在集会、游行、示威之外还有其他"协商解决"的渠道，但如果对集会游行示威的控制过严，"协商解决"的成本颇高，能量释放依然没有完成，所谓的"散步""购物"等不是游行示威的"游行示威"就可能出现。

（二）不仅要保障表达，更要保障不同意见的顺畅表达

由于公民的言论自由是人民的表达权的基础，公民言论自由的实现一定会造成"百花齐放，百家争鸣"的蓬勃局面。"某一言论"（这里指的是言之成理，持之有故的言论，而非狂喊乱轰的攻击漫骂）在没有公之于世以前，无法判定其荒谬与否，无法判断其是进步还是反动。为了追求真理，唯一的办法是让它公之于世，在阳光下，让大家来思索、来辨别，才有可能认识它的本质。我想，这就是大家所说的言论自由，也就是毛泽东提倡的至理名言："百家争鸣"。思想观点的多元化是生物多样性在精神领域的表现，即便是居于主导地位的正确思想也没有必要对其他思想、观点进行排斥和压制。保障表达权的重点核心都在于保障批评性言论的表达。从实践经验看，因为对领导机关、领导人提出质疑、批评、批判、控告意见而遭受打击迫害的例子数不胜数。为此，讨论对表达权的保障必须面对中国的国情。应当说明表达权并不是绝对的权利，对表达予以适度限制是必要的，关键是依照什么样的标准限制表达。限制的唯一标准只能是《宪法》第 51 条的规定："中华人民共和国公民在行使自由和权利的时候，不得损害国家的、社会的、集体的利益和其他公民的合法的自由和权利"。这是政府和社会全体成员都必须严格遵守的"底线"，任何人触犯了这一"底线"都要受到法律的制裁。人民没有批评性意见的表达权，就没有人民对政府的制约；人民对政府的制约一定是通过表态、表决等自由表达主体意志的方式实现的。当人民表达的意见与政府领导人的意见不相一致时，才是考验政府保障人民表达权能力与水平的关键时刻。显然，政府官员不能以观点相同或者相异，决定某种观点能否表达。表达权的行使不是"报喜不报忧"，如果权势者强制、胁迫他人"报喜不报忧"就是从根本上亵渎了表达权。

政府保障人民行使"四权"，首先要提供"让人说话"的政治条件和宽松氛围；其次是要真诚纳谏，解除人民"说真话"的后顾之忧；再次是允许"说错话"，不以言治罪；最后是引导人民"有话好好说"，对人民的所呼所求及时作出回应。换言之，如果身处执政地位的中国共产党人和各级政府不

为人民表达权的实施提供严密的保障，人民的"四权"只能是"纸面上的权利"。十七大报告把人民的知情权、参与权、表达权列于监督权之前，表明了政府对制约机制的认识已经达到了新的高度。

（三）不仅要保障言辞表达，还要为自主表决提供配套措施

无论在形式或者内容层面，表达权所受到的限制只能是法律，法律之外对表达权的限制是无效的。对执政者而言，保障公民表达权的实现，就是要在制度上给说真话的人提供方便的条件和免受追究的保障。表达不仅仅是说话，而是使用各种方式表明、显示或公开传播思想、情感、意见、观点或者主张。依法理，表决是行使表达权的最为庄重、最为明晰、最为自由的形式，保障表达权必须为表决权的正确行使提供配套措施。凡是表决，必须事先明确表决办法，如是否提供秘密的写票环境、是否实行差额选举、是否以三分之二通过为有效等。由于"鼓掌表决""不同意的画记号"等方式虽然便捷，但是很不庄重，因此必须在事先征得全体表决者同意方可使用。尤其是公开票决的结果（即赞成票、反对票、弃权票数量），既是对主体行使表达权的尊重，也具有防止舞弊的功能，应当"以公开为原则，不公开为例外"。

以往，我们时常宣传"让人说话"，似乎让人说话是当权者的宽宏大量，是对民众的恩赐。其实，表达权是人作为人而非"会说话的动物"所具有的基本权利，国家有义务保障公民表达权的实现。以往我们还劝导民众"要敢于说真话"，其实，民众是否敢于讲真话取决于制度的设计，以及在实际上实行的是什么样的制度。以讨论重大决策的会议为例，为防止"一把手"独断专行和以"集体决定"逃避责任，必须事先酝酿、提供讨论文本，允许各种意见的充分表达。对讨论中发表的各种意见要予以完整记录，日后"问责"时，持反对意见的人免除对错误决策的责任。在多种意见难以统一，而事态的发展要求必须作出决断时，表达权的拥有者有权提出以投票表决的方式进行表达。只有建立民主科学的制度才能使人有条件说真话和敢于说真话。"知屋漏者在宇下，知政失者在草野"，这样的道理对执政者而言并不难懂得。但是，权力会扩张人性的弱点，听不得、听不进不同意见是权力执掌者的"通病"。政府官员有"雅量"自然是好事，但是，更为重要的是为敢于说真话的人提供实实在在的制度保障。当前在我国，公开反对自由表达的声音不多，但是，关于"会不会说话"的潜规则却颇有市场。究其原因，当然具有众多

复杂因素的交织，但是，说真话的人遭受冷遇，说假话的人平步青云的示范效应是最为主要的。如果说假话、阿谀奉承者平步青云，说真话、揭露事实真相者惨遭迫害，说假话的人就会越来越多，说真话的人就会越来越少。当前，保障人民"四权"的行使最为缺乏的是制度保障，而制度建设的法律依据、社会需求、群众基础都是充分的，关键是要冲破旧观念、旧制度对权力扩张的保护，用法治的力量约束权力。

三、善待说真话的民众是政府保障人民表达权的突破口

政府对人民表达权的保障是非选择性的。这里所说的"非选择性"有两层含义：一是，保障人民的表达权乃政府义务，是刚性的规定，没有"讨价还价"的余地，故笔者主张及时将"保障人民的知情权、参与权、表达权、监督权"，增补到我国《宪法》之中；二是，政府保障人民的表达权没有"挑挑拣拣"的余地表达，与自己观点相同的意见要欢迎，与自己意见不相同的意见更要精心保护，而且，保障的突破口是善待说真话的民众。

（一）政府崇尚说真话是人民表达权正确行使的前提

在中国的语言习惯中有"好话""坏话"之分，其实是并不科学的。"好话""坏话"之分的非科学性在于评判标准的主观化，把顺耳的话当作"好话"，把逆耳的话当作"坏话"。一般而言，说顺耳之言不会受到权势者的阻止，逆耳之言的表达就不一定畅通无阻了。"让人说话"所指的"话"是没有好坏之分的，只要是在法律的允许范围之内"好话""坏话"都可以说。经济学中关于"劣币驱逐良币"的理论告诉我们：如果市场上有两种货币——良币和劣币，只要两者所起的流通作用等同，因为劣币成本低，人们在使用中往往会选择劣币，储存良币。久而久之，良币就会退出市场。当某一天真正的良币出现在市场的时候，占据市场主要地位的劣币就会群起而攻之。结果自然是良币的失败。政府只愿意听顺耳之言，等于是放任劣币的流通，迫使良币败退市场。严峻的现实是，通讯手段越来越多、使用越来越便捷，干部与群众的距离却越来越远、隔膜却越来越深。尽管现代科技使得封锁信息、隐瞒真相的难度越来越大，但是，敢于说真话的人也越来越少了。

不争的历史和严峻的现实都毋庸争辩地证明：说"好话"的不一定怀有好意，也不一定是好人；说"坏话"的人不一定怀有恶意，也不一定是坏人。

忠言逆耳是一种无情的现实情况，其"无情"并不在于言者不顾情面，而是闻者听不得不同的意见。法律意义上的"表达权"的高明在于，撇开了好话与坏话、逆耳与顺耳、相同意见与不同意见的纠缠，明确规定"人人有自由发表意见的权利"。其实，包括领导干部在内的每一个人都存在"自己说话"与"听别人说话"的角色变换，其在"自己说话"的角色扮演过程中一定企盼能够有畅所欲言的氛围，一定会因为说了真话遭受打击而感到郁闷。那么，"己所不欲，勿施于人"。在其角色转换"听别人说话"时，一定要尊重他人的表达权。《公民权利和政治权利国际公约》之所以明确规定"人人有自由发表意见的权利"，是因为人的思想是不能强制的。高压政策所能达到的效果至多只是"有话不敢说"，一旦遇到适当的条件，郁积的压力就会引发爆炸。自由表达权的前提是自由，即主体按照自己的意志，独立自主地决定以何种方式展示自己的思想。

（二）保障人民的表达权是巩固执政基础的基本功

单光鼐研究员认为："社会管理是全社会的事，不光是政府的责任。管理主体并不局限于政府，还包括公民和公民社会；过去，管理是单向度的，权力权威运行的方向是自上而下，公民缺少知情权、表达权、参与权和监督权；现在，社会管理应该是双向度的，政府和公民通过上下互动、合作、协商，借此确定目标，达成共识，实现社会公共事务的管理。"政府在与公民互动、协商的过程中肯定会出现不同意见，如果仅仅欢迎和采纳与自己观点相同的意见，则不能称之为"保障表达权"。唯一正确的做法是把"坚决捍卫你说话的权利"与"不一定同意你的观点"区分开来。著名的启蒙运动领袖伏尔泰曾经对表达权作了精彩的阐述："我不同意你说的话，但我誓死捍卫你说话的权利。"这一名言之所以流传至今，是因为区分了"你说的话"与"你说话的权利"。可以说，政府保障人民的表达权是知易行难的自我革新，捍卫他人特别是与自己意见相左者的表达权是造就民主社会的基本功。保障人民的表达权就是维护执政的基础。如果我们的制度体系能够对人民的表达权予以有效的保护，政令不畅的社会基础就不复存在。这一点对长期执政的中国共产党是格外重要的。

新闻媒体的采访权来自民众的知情权，新闻媒体的采访报道权来自人民的"四权"，如实报道负面信息是对人民负责。政权执掌者的明智之举应当是，以自己渴望他人尊重的同样心态尊重他人的自由表达权。这是因为，保障人民的表达权是提高执政能力的着力点之一，巩固执政基础的关键是提高公众对执政行为的认同度。每一个人都受到社会环境影响，同时又在影响社会环境。我国各级政府保障人民表达权的工作还有许多不足，包括领导干部在内的相当多数人都为表达权的缺失、虚化感到遗憾。其实，保障人民表达权的工作要从每一个基层单位、每一项工作和对待每一个人做起。每一个人在行使表达权时，其观点都会在表达的场合传播，这属于自然传播。习惯中所说的传播是人为传播，即利用媒介和传播手段将某一信息传递到该信息发生以外的地方。人为传播一定是有选择的，至于某一主体表达的信息是否适于传播则适用如下标准："从整体上讲，一方面，需要法律为言论提供特别的保护；但另一方面法律又对某些提出了种种限制：不符合内容标准的言论不能进入传播领域，没有达到一定智力程度的个体不能接受、消费特定内容的信息，而没有经过政府许可的大众传媒组织，则不得从事相关的传播活动。"这是因为：言者必须对其所言负责，人为传播必须对整个社会负责。

（三）应当让人民在行使表达权的过程中学会表达

美国在 1960 年发生过一起著名的纽约时报诉警察局长沙利文案。历经曲折，联邦最高法院在 1964 年 1 月 6 日开庭审理此案，3 月 9 日，联邦最高法院作出判决。判决认为沙利文没有足够的证据证明纽约时报出于恶意诽谤沙利文，尽管广告内容存在失实问题。判决认定：公共官员如果不能证明其职务行为的批评者之批评出诸实际恶意（actual malice），则不能获得损害赔偿。所谓实际恶意即明知为非或不顾真实与否之轻率的心理状态。这一判决的核心意旨在于："使公共官员执行公共权力的行为，接受人民最广泛的批评；而批评政府是公民的一项崇高义务。"同时，为了保障公民批评政府的言论自由，不应当以严苛的标准要求批评者表达的准确性。国家安监总局局长李毅中同志在 2007 年 2 月说过："媒体不是中央纪委，媒体不是审计署，媒体不是调查组，你不能要求他每句话都说得对。只要（媒体监督）有事实依据，就要高度重视。"这一说法之所以会得到社会的普遍赞同是因为，媒体的采访权是公众知情权的延伸，媒体必须对公众的知情权负责，必须代表社会成为一种监督公权力的力量。从保障人民表达权的角度分析，"允许表达"与"允许表达时说错话"是同等重要的。正如政府会办错事一样，群众也会说错话，政府应当以对待自己的宽容尺度对待说错话的群众。政府每一项行为对民众都具有引导作用，政府善待说真话的民众，民众才能说真话。政府率先倾听民意在前，群众的善于表达才能在后。政府以仁爱与宽厚对待批评自己的人，民众才能畅所欲言。即便是说错的话，只要不会引起"明显而即刻的危险"，就应当"冷处理"。有时真理会掌握在少数人手里，实践才是检验真理的唯一标准。有些片面、偏颇的议论之所以成为"错话"，根源在于政府的信息公开不够，如果政府及时、完整地公开事实真相，议论的焦点自然就会转移。以匿名举报贪官，甚至到异地投寄举报信为例，似乎问题出在老百姓身上，而实质是贪官的权力太大，国家对举报人的保护太弱。思想的解放，首先应当是表达的解放；表达的解放取决于权力在阳光下运行。如果群众表达意愿的方式出现了偏差，政府要首先检查自己的行为是否失当。

近年来，批评性的表达在网络空间较为多见。客观地说，网络表达的状况喜忧参半。"网上匿名也在一定程度上降低了人们的责任心，匿名可以使他们不像实名那样必须对自己的行为负法律或道德上的责任。"一方面网络表达充分体现了自由度大、反应快、传播广的优点，另一方面由于匿名而带来的不负责任也已经成为网络公害。对此，政府的责任不是"贴封条"而是"作指导"，特别是应当从自身对网络管理的不足方面查找原因。近年来，强调"宜疏不宜堵"的理论成果不少，但亦有偏颇。"疏"的本意是清除淤塞使之通畅，不能简单地把"疏"理解为"开闸"，疏导的重点在于"导"，清除淤塞之后一定要精心建设和管理"导流渠"。正如学会游泳只能在游泳的过程中，学会正确行使表达权也只能在行使表达权的过程中。我国各级政府在尊重表达权方面、人民群众在行使表达权方面都处在"新手上路"阶段，各级政府要学会保障人民的表达权，要允许老百姓"在游泳之中学会游泳"。期待人民正确使用表达权的前提是允许人民使用表达权，并在实践中不断地加以指导和规范。

(原载《同济大学学报》，2010 年第 3 期)

找准根源，有效“维稳促和”

当前，我国正处于重要战略机遇期和矛盾凸显期，维护社会和谐稳定的任务艰巨繁重。由于人民群众物质文化需求日益增长，公共产品的供给压力变得越来越大，进而导致执政能力提高不足和政府职能转变不足等问题明显集中到民生问题的解决环节上，成为影响社会和谐稳定的源头性、根本性、基础性问题。究其原因，主要有以下几点：

1. 对在和平建设时期危险主要来自内部腐败的认识不够自觉，解决发展问题的措施不够坚决。特别是，由于收入分配体系存在较大的变通空间，差距趋势明显，弱势群体内心的“亏欠感”愈发强烈。对此，有必要加大对既得利益者或团体的约束力度，确保公众的正当利益不因制度失衡、政策歧视及管理漏洞而减损。

2. 民意表达的渠道不畅通。特别是，由于存在对上负责的行为倾向，对知情权、参与权、表达权、监督权的保障不够有力，对工作失误也缺乏及时有效的校正机制，进一步诱发群众向把事情“搞大”的畸形利益表达方式发展。上访乃至进京上访已经成为一些人向地方政府施压的“杀手锏”，大量公共资源耗费在“上访——截访——再上访——再截访”之中。对此，有必要加强民意表达和利益疏通机制建设，确保公众的正常利益诉求不遭遇冷漠。

3. 党和政府的责任意识、积极性和透明度有很大提高，但仍存在“中间冷”问题，政府公信力有待全面提升。特别是，对于诸如收入分配政策、医疗体制改革、教育资源规划、户籍制度调整等反复讨论的问题，由于特殊利益的存在和干扰，导致全民共享改革成果的进程遇到“梗阻”。

4. 由于以往普法的重心是“守法”而不是“信法”，导致民众包括党员干部对于法律权威的认同度较低，公民权利意识的觉醒和权利的维护和行使有待成熟和提升。这里要特别强调的是，只要干部思想解放尚未真正突破束缚，指导公民正确维护合法权利的责任就无法有效落实。

面对发展形势的深刻变化，必须紧紧抓住影响社会和谐稳定的源头性、根本性、基础性问题，深入推进社会矛盾化解、社会管理创新、公正廉洁执法三项重点工作。为此，有必要培养辩证理性思维，采取针对性措施，有效"维稳促和"。

（原载《解放日报》，2010 年 4 月 5 日）

政府坦诚真实才能赢得公信力

媒体有关"山西疫苗乱象"的报道已持续了一段时间。近日，卫生部、国家食品药品监管局派出专家和工作人员，并由中华医学会选派临床专家，共同组成调查组赶赴当地，对报道涉及的患儿、疫苗和有关情况做现场调查。

4月6日，卫生部新闻发言人邓海华表示："尽管没有发现有关媒体此前报道的山西省'贴签疫苗'存在安全问题，但调查组认为，山西省疾控中心与北京华卫时代公司合作经营期间在疫苗管理上存在一定问题。""卫生部和国家食品药品监管局会同山西省正在依照法定程序，进行深入调查，对违规违法行为，无论涉及什么人，都要一查到底，决不姑息，坚决依法处理"。

这个严肃表态引发了笔者的思考：我们不能绝对地要求政府部门工作不出现失误，但是，要求政府部门以诚实的态度和真实、充分的信息公开求得公众信任，却是绝对必要的。

一、严厉查究虽有一定震慑力，但震慑力并不能转化为公信力

依照法理，所有执掌公权力的部门和公务人员，都要对自己的公务行为的事实依据和法律依据作出报告、说明和解释，并接受公众质询，这是公信力的来源和支撑之一。没有公开、公平和公正，就不会有民众的信任。公信力是社会成员出于信任、信赖而汇聚成的巨大力量，而其基础是公开的真实告知。"一言九鼎"，不是地位和权力使然，坦诚和真实才能令人信服。

拿疫苗管理来说，虽然只是存在一定问题，只涉及疫苗生产总量的极小部分，但问题疫苗对接种者健康的危害却是百分之百的。因此，不做深入调查、不及时公开动态信息，就不可能打消公众的疑虑，甚至会诱发公众的逆反心理，引发信任危机。

近年来，我国对食品药品安全的重视程度与日俱增。但普通百姓深感困

惑的是，一方面从立法层级到管理机构全面"升格"，一方面食品药品安全事件依然频频发生，并且事件曝光有许多偶然因素。人们想知道，是监管不力，还是有关部门知情却未公开。"不认真做"和"不坦诚说"，都有损于公信力。

我们的"认真做"，往往是事后突击，这不够。有证据表明，在"三鹿奶粉"事件曝光后，有个别经销商并没有完全销毁含毒奶粉，在认为时过境迁管制放松后，就将含毒奶粉拿出来掺兑制作成了奶制品。事件曝光后，虽又有突击整治，但在公众看来，这并不是主动而为的有效的公共管理手段。事后的严厉查究虽然有一定的震慑力，但震慑力并不能转化为公信力。

二、"阳光"是最好的消毒剂，政府信息公开是社会稳定的最佳增效剂

公信力的形成需要积累，而公信力一旦下降，其负面作用就相当惊人。如果陷入"问题因偶然因素介入而暴露——揭开了部分黑幕——狡诈者得以逃脱——逃脱者再度作案——偶然因素导致再次暴露"的恶性循环，公信力的受损程度就会大幅上升。现在某些官员的心目中，只有自己的"面子"问题，而没有"政府公信力"的概念。保"面子"是为了保"位子"，于是敷衍搪塞、糊弄说谎，法定应该公开的政府信息就被"保密"了。在有的地方，政府信息公开仿佛还只是一种"宣示"，并没有进入与公务员利益相关联的实质性操作。

从世界各国对食品药品安全实行监管的经验看，他们无不坚决采取"阳光法则"，以最大限度满足公众的知情权、参与权、表达权、监督权作为监管的根本手段。"保密"与"公开"永远是此消彼长、此增彼减的抗衡过程。有些政府信息适度保密是必要的，但保密的扩大必然引起公开的减少，关键在于"度"的把握。有效的信息公开是实现有效监督的关键。疫苗等越是技术风险大、使用群体大的产品，越需要政府监管的高透明度。"阳光"是最好的消毒剂，政府信息公开是社会稳定的最佳增效剂。如果把实质性的信息遮蔽起来，找些冠冕堂皇的话编一篇"新闻通稿"一念了之，只能称之为"糊弄"。

气象学有一个名词叫"能见度"。"能见度"是反映大气透明度的指标，即具有正常视力的人，在当时的天气条件下能够看清楚目标轮廓的最大距离。

其实，公权力的运作也有"能见度"问题。在社会管理领域，"能见度"是人为控制的。如果以涉及"保密"或者"复杂的技术问题"而遮蔽本应当公开的信息，就扩大了相关权力的"自由度"，而加大了民众监督的难度。法治的本质是保障人民的权利得以实现。增强政府的公信力，很重要的一个方面，是提高政府信息公开的力度。

（原载《文汇报》，2010 年 4 月 8 日）

政府信息公开中应当遮蔽最小化

2010 年 3 月 17 日，有关媒体刊登了"山西疫苗乱象调查"的报道后，卫生部、国家食品药品监管局派出相关专家和工作人员，并由中华医学会选派临床专家，共同组成调查组赶赴山西，对报道涉及的患儿、疫苗和有关情况进行现场调查。4 月 6 日，卫生部新闻发言人邓海华表示，这次事件客观上已经造成了全国范围内广大群众对疫苗的信任危机。

在气象学中有一个名词叫"能见度"。"能见度"是反映大气透明度的一个指标，即具有正常视力的人，在当时的天气条件下还能够看清楚目标轮廓的最大距离。其实，公权力的运作也有"能见度"问题，政府信息实际上的"能见度"掌握在政府手里。但同时，公民在其知情权受到侵害时，也可以寻求权利的救济。政府信息公开是政府必须履行的法定义务，同时要求政府信息公开是公民的法定权利。除了政府主动公开的信息外，公民可以依法申请公开其他信息，政府无正当理由不履行义务则应受到追究。正因为如此，政府信息"公开是原则，不公开是例外"。

目前，在某些地方，政府工作领域信息的"能见度"完全由政府控制，"保密"的程度已经到了"一夫当关，万夫莫开"的境地。国务院新闻办副主任王国庆在做客央视《新闻会客厅》时说，地方的新闻发言人有这样的说法：现在发生在一些地方的所谓不好的事情，90% 都能"捂住"，只有 10% 倒霉的给披露出来了。其实，地方政府这种"捂住"的本事越大，对公信力的损害也越大。某些官员为什么热衷于"捂住"本应公开的信息？除了自身的"不干净"之外，还可能是把政府信息公开当作"额外的麻烦"。正因为是应付"门面"，公权力的掌控者自然会想出用信息公开的形式达到信息不公开目的的种种办法。

法治的本质是限制公权力，还权于民、还利于民，保障人民的各项权利（其中无疑包括知情权）得以实现。增强政府的公信力，更重要的是加强政府信息公开的力度，减低信息遮蔽的数量和年限。政府信息公开的前提是政府履行义务——除非有另外需要加以保护的重大利益，是政府的义务决定了其必须将自身掌握的信息最大限度地提供给公众。就涉及公共安全、公共利益的突发事件而言，政府应当及时向公众提供当时所掌握的全部信息，而不是有选择地公开部分信息，特别是不能因为怕"丢丑"而遮蔽所谓的"负面信息"。以涉及"保密"等借口遮蔽本应当公开的信息，实际上就是扩大公权力运作的自由度，加大民众监督的难度。

美国的政府信息公开制度可以给我们提供一些借鉴。美国《信息自由法案》2002 年修正本明文规定，"本法案不适用于下述文件：

（1）（A）为了国防或外交政策的利益，依据总统颁发的行政命令规定的标准，特别授权保密的文件；（B）依据这样的行政命令实际上已经划定为保密的文件；

（2）纯属机关内部人事规则和制度；

（3）法律（不包括本法案 552b 在内）明文规定豁免公开的文件，但该项法律必须：（A）规定文件对公众保密的方式如此严格，以致机关没有自由裁量权力；（B）对应予保密的文件规定特定的标准，或列举应予保密的文件的特定的种类；

（4）商业秘密和从个人处所得到的应保密的商业或金融信息；

（5）机关以外的当事人和机关进行诉讼时，在法律上不能利用的机关内部或机关之间的备忘录或函件；

（6）公开后，会明显侵犯个人隐私权的人事、医疗档案及类似档案；

（7）对于为执法目的而建的文件或信息，只在下述情况之下才可以不公开这类执法的记录或信息：（A）可以合理地预期会干扰执法程序；（B）会剥夺一个人的公正的审判或公平的裁决；（C）可以合理地预期会构成不正当地侵犯个人的隐私权；（D）可以合理地预期会暴露秘密的信息来源，包括州、地方政府、外国的机构或机关、或任何私人组织在秘密的基础上提供信息的情况在内；以及在刑事侦查中，刑事执法机关根据秘密来源编制的记录或信息，或者合法地执行国家安全情报调查的机构由秘密来源所提供的信息；（E）可能泄漏执法的调查或追诉技术和程序，或者在这项公开可以合理地预期会发生逃避法律情况时，泄漏执法的调查或追诉的行动纲领；（F）可以合理地预期会危害任何个人的生命或人身安全的文件或信息；

（8）负责管理或监督金融机构的机关所编制的或使用的检查、业务或情况的报告；

（9）关于油井的地质的和地球物理的信息和资料，包括地图在内"。

由于国情不同，我国在食品药品监管方面应当如何具体把握保密与公开的关系还需要进一步讨论，但是，"最少遮蔽原则"却值得我国学习借鉴。我国各级政府都冠之以"人民"二字，这是从根本上界定了政府爱民、为民、忠于人民的本质属性。就此而言，人民政府不应当给人民对政府的批评、监督设置任何障碍。假如公仆有意用公开正面信息、遮蔽负面消息的办法糊弄主人，主人就有权让公仆"下岗"。毋庸讳言，政府信息公开必定使得公务活动处于众目睽睽之下，会加大政府工作的难度。但是，这种"成本的支出"与我国公款接待、公费出国考察、公车"三公"的开支相比简直是不成比例的。况且，政府信息公开只能迫使公务员更加廉洁勤勉，绝不可能导致公务员的消沉腐败。这样的好事，何乐而不为呢？

政府信息公开是世界潮流，我国政府信息公开已经有了良好的开端。开弓没有回头箭，民众也不可能坐视政府信息公开的虚化。我国的《政府信息公开条例》规定："行政机关不得公开涉及国家秘密、商业秘密、个人隐私的政府信息。"这一提法与世界上几乎所有政府信息公开制度所规定的免除公开条件十分相似，但在实践操作中，"以公开为原则，不公开为例外"恰恰变成了"以不公开为原则，公开为例外"。因为在目前，保密工作若有闪失，必定追究个人责任；法定公开的政府信息未能主动公开或者依申请公开，却没有一个人对此承担责任。由此可见，政府信息公开从宣示走向实施，必须设定与公务员利益相关联的操作程序。

政府工作机构无一不是人组成的，我们不能苛求政府工作绝对不出现失误，但是，要求政府以诚实的态度和信息的公开求得公众信任却是绝对必要的。"集中力量办大事"是社会主义优越性的集中体现，在政府信息公开方面也需要集中力量办大事——以坦诚和真实赢得公信力。可喜的是，最高人民法院已经发布了《关于审理政府信息公开行政案件若干问题的规定（征求意见稿）》，在政府信息公开方面公民权利的救济有望得到更加有力的支持。此外，还需要从考核、问责角度强化制度约束，使所有公务员承担"应当公开而不公开与应当保密而没保密"的双重责任。

（原载《法学家茶座》，2010年第2辑）

把狗"当孩子养"更要"当孩子管"

5月15日，《上海市养犬管理条例》开始实施。这一地方法规是执法手段相对缺乏的"软法"，以明确养犬人行为自律为重点，引导规范养犬的行为。所谓"软法"，是指由国家制定或认可，体现公共意志，不单纯运用国家强制力，而更多地依靠自治自律机制保证实施的规范体系。但"软法"绝不是执行疲软之法，对于违反养犬管理条例而又不听劝阻的行为，条例明确规定了法律责任。

近年来，无证狗泛滥、狗伤人、犬吠扰民、犬只随地便溺、饲养大型犬和烈性犬等"狗患"问题备受关注。但解决"狗患"不能仅仅奢望一部养犬管理条例，其根本解决之道在于提高养犬人的责任、自律意识。理论上，养犬人的自由与不养犬人的自由是平等的。但自由是在不影响他人权益前提下做自己愿意做的事，因而当确认"己所不欲，勿施于人"时，还应明确"己所欲，亦勿强加于人"。

养犬人的习惯各不相同，法律法规不可能列举出所有违法行为。为此，当事人有必要主动改掉不文明的养犬行为。如，高层电梯上下班时段人流密集，此时养犬人应避免让自己的爱犬与他人争空间、抢时间。再如，不能因为自己喜好养犬，就想当然地以为其他人也愿意与犬"亲密接触"。一句话，养犬人可以"与狗为友"，但绝不该以邻为壑，更不能与不养狗的人为敌。

养犬人对狗的情感依恋可以理解。当养犬人把狗"当孩子养"的时候，社会就有权要求养犬人把狗"当孩子管"。养犬是需要金钱、时间、精力、情感投入的，在上海城区一户养一只宠物犬足矣。如果为犬所累或者为犬损伤了正常的邻里关系、人际关系，就太不值得了。

养犬人不能因为给自己找乐而给别人添堵。实际上，狗的很多行为是可以规范的。比如，狗的便溺具有时间、地点的习惯性，完全可以经由训练使其在指定时间、场所进行。即便是为了防止自己踩到脏物，养犬人也应在遛狗时随身携带收集狗粪的工具。其实，遛狗都是在公共场所，维护公共场所卫生也是养犬人的责任之一。有人愿意把饲养名犬作为身份的象征，但其实随身携带收集狗粪的工具、避免爱犬惊扰他人，才能真正体现出修养和素质。

（原载《解放日报》，2011 年 5 月 23 日）

不能为保护自己而侵害他人合法权益

　　在城市居民住宅区，有些住户觉得仅仅安装安全门还不足以保障家庭安全，便在家门口或者住宅周边安装监控摄像头。目前，我国还没有规范在居民住宅区个人安装摄像头的法律法规，有的人以为既然法律没有规定，就可以"随便装"。事实上，个人在自己家门口、住宅周边安装监控系统不得突破不侵害他人合法权益的底线。安装或使用摄像头失当的，可能因为侵犯他人隐私权成为被告。我国《中华人民共和国民法通则》规定："公民、法人享有名誉权，公民的人格尊严受法律保护"。如果当事人把摄像头安装、留置、隐藏在他人住宅之内，是对他人隐私权的明显侵犯，如果摄像头安装在他人住宅之外，由于位置、角度所构成的特定视线，也可能因为对监控设备的非法使用构成侵权责任。法律并不限制使用监控设备保障家庭安全，但又明确禁止为保障个人利益而侵犯他人合法权利。

　　在楼道等半公共空间安装摄像头最容易引发监控争议，区分是否侵权的界限是，该摄像头是"看自己的门窗"，还是"盯别人的门窗"。为防止因为安装摄像头侵犯他人合法权益，必须严格遵守以下三大原则。

　　1. 摄像头指向公共空间原则。摄像头监控的对象只能是公共空间，而不是空间里的人，更不应针对他人私密空间。安装在自己家周边或者家门口、窗口的摄像头，其监控范围只能是自己住宅外墙周边和门窗。如果摄像头指向其他住户的家门、窗口，监控的性质就改变了。

　　2. 明示告知原则，摄像头不应被隐蔽、藏匿。在英国伦敦的大街小巷可以说监控摄像头遍布，同时附带有"你已在监控下"的提示。北京从 2008 年开始，规定凡是在北京公共场所使用的摄像探头都必须"公示"在探头边悬挂"图像采集区域"的标志。国内便利店内也有"本店处于摄像范围"的提示。明示的作用是公开告知，进入监控范围内的人要注意保护自己的隐私，监控者的管理责任也更明确。如果进入监控范围的人做出暴露个人隐私或者与他人亲昵的行为，则视为其本人自愿放弃自己的隐私权。

3. 预防"功能入侵"的原则。由于摄像头具有"远视"功能，一旦安装就必须防止摄像头对他人领域的"功能入侵"。摄像头虽然没有安装到别人家里，但如果摄像头直接指向他人住宅的门窗，其功能依然可能侵犯他人私密空间。因为摄像头对前方一定范围具有监视作用，这种监视不能用他人隐私权受到侵害为代价。鉴于摄像头的特定功能，侵权行为的认定不以摄像头安装或者隐藏到他人家里为必要条件。曾有这样的案例：房东安装的摄像头较为隐蔽，被房客发现正对其卫生间之后报警。警察接到举报，进行了实地勘查，并拆走了摄像头和主机硬盘。硬盘中记录的信息就足以证明该摄像头的安装者是否侵权。

根据上述原则，怀疑他人安装的摄像头侵犯隐私权的，应当搜集并固定相关证据。如果经交涉无果，向人民法院起诉时，原告应当承担举证责任。

（原载《新民晚报》，2011 年 4 月 17 日）

论推进民主建设是加强和 创新社会管理的基础

当前，社会各界高度关注我党加强和创新社会管理的举措。针对"为什么要加强和创新社会管理"和"怎样才能加强和创新社会管理"这两个根本性、基础性的问题，有必要通过讨论取得共识。

一、人民群众是社会管理的主体还是客体

（一）社会管理的主体是人民

在哲学层面，主体指在一定社会中的、从事着实践活动和认识活动的人。客体是主体的实践活动和认识活动所指向的对象，即进入主体的实践和认识范围的对象。社会管理作为任何社会都客观存在且不可或缺的管理活动，必然存在力量来源和受益主体是谁的问题。为加强和创新社会管理，适当增加政府编制及人财物力投入无疑是必要的。但更为关键的是，要认清到底谁是社会管理的主体，或者说社会管理的根本力量在哪里，最大受益者是谁。有人认为，党中央提出加强和创新社会管理就是因为以往的管理太弱了、手段太少了，政府的强势作用还不够。这是明显的误解。胡锦涛总书记在省部级主要领导干部社会管理及其创新专题研讨班开班式讲话中强调："社会管理，说到底是对人的管理和服务，涉及广大人民群众切身利益，必须始终坚持以人为本、执政为民，切实贯彻党的全心全意为人民服务的根本宗旨，不断实现好、维护好、发展好最广大人民根本利益。"这一论述，不仅仅是阐明了管理和服务之间的关系，更是指明了"以人为本"与"为民谋利"的双重含义，深化了共产党人对社会主义本质的新认识。就整体而言，全国人民都是改革开放的受益者，但是，受益的不公平问题也显而易见。社会管理的主体

是人民群众，民众是社会管理的依靠力量而不是工作对象，社会管理必须遵循为了人民、服务人民、造福人民的原则，人民也理所应当是社会管理的最大受益者。

我们一定要充分认识执政党地位变化所引发的挑战。在之前，共产党人自身一无所有，基本地位是号召组织民众夺取政权，"枪杆子里面出政权"的基础是民众的支持和拥护。在之后，执政党的所作所为，究竟是"惠于民"还是"惠于官"，则直接涉及人心的向背。如果失去了民众的支持，"枪杆子"与"笔杆子"都不能造就执政的基础。政府工作不力或者出现过失的结果总是直接或间接地侵犯公民的权益，公民有权要求政府修正错误。公民维权的具体目的确实与其切身利益相关，但是，维权的客观作用是推动政府实现职能转变。

首要问题是：加强和创新社会管理是为了什么？如果把加强和创新社会管理当作统治人民、管束群众的手段，或者把加强和创新社会管理当作取得"政绩"、升官晋级的台阶，或者把加强和创新社会管理当作耍一番"花拳绣腿"的"台上功夫"，走偏了方向去搞加强和创新就会南辕北辙。其次，社会管理必须依法而为，严格遵循实践检验的标准。现代法治必须通过维护个人合法权利——实现，达到整体上的社会稳定。社会管理要从提高执政能力、转变政府职能、规范政府行为做起，特别要防止政府在"维稳"名义下对公民权利的侵犯。最后，社会管理不是发号施令，政府必须通过与公众的平等沟通、民主协商，在合作中实现社会各方面的协同。

（二）社会管理的权力属于人民

我国《中华人民共和国宪法》（以下简称《宪法》）规定："中华人民共和国的一切权力属于人民。"毫无疑义，管理社会的权力也属于人民，政府是接受人民的委托来管理社会，公权力的行使情况必须接受人民的监督。加强和创新社会管理首先必须解决依靠谁的问题。有人认为，我国当前的社会管理遇到的第一个难题是如何维护社会稳定。设想一下，离开了人民群众的支持，我们还能依靠谁去维护社会稳定。"社会管理，说到底是对人的管理和服务"，既看到了管理的主体和对象是人，需要依靠人来管理，强调了社会管理"依靠谁"，看到了人民群众是立党之本、发展之源、执政之基；同时也注意到了社会管理必须以为民谋利为目的，强调了社会管理是"为人民"，看到了执政的首要目的是为人民谋利益。

　　显然，执政党不能把人民群众视为社会管理的对象，必须从内心确认人民群众是维护社会稳定、推动社会良性运转的中坚力量，紧紧地依靠人民群众管理社会。在具体执法活动中，行政执法者与执法相对人之间确实存在矛盾的关系，但是，即便是相对人接受处罚也是享有法定权利的，执法者必须尊重其权利。汪习根教授认为："由行政主体单向度指向行政相对人的命令式执法，固然在维护社会秩序和保障公共安全方面发挥着必不可少的作用，但在社会交往频繁、利益关系复杂、矛盾冲突多样的现代社会里，这种方法已经暴露出明显的缺陷，时常是维权不足、侵权有余。其实，法治社会所追求的稳定是'有正当理由的稳定'，而无论是哈贝马斯还是罗尔斯，最终都殊途同归，强调民意共识和道德基础是社会稳定的根基，而这正是通过反复的公共辩论来培植的。"因此，命令式执法需要与立基于以人为本的互动式执法相结合，使执法建立在充分的民意基础上，以修复权利与权力以及权利与权利交互之间的断裂。由此可见，公民权利的实现是社会稳定的基础。公民维权是从个人角度对社会失稳的抗议或纠正，是对加强和创新社会管理的呼唤，政府应当真心诚意地引导、指导、运用好公民维权的力量。

　　我国曾长期处于计划经济时期，政府的命令式行为长期被认为是无可厚非的。随着法律知识的普及和公民权利意识的觉醒，对"社会稳定根基在民"的认识刚刚开始。人民是国家的主人，而不是被统治者；政府的权力来自人民，接受人民的监督天经地义；即便是法律的实施，也必须从权力本位回归权利本位。政府转变职能的前提是还权于民，让公权力的执掌者接受对公权力的限制无疑是痛苦的，已经尝过与民争利甜头的人转变到为民谋利的轨道上来，一定要有外力的推动和严格的制约。如果权力的执掌者拒绝还权于民，就有可能发生冲突。从维护社会稳定的需要和职业分工看，国家必须拥有精干的武装力量，执政党必须实现对武装力量的绝对指挥，维护社会稳定是"硬任务"。但是，有三点必须明确：一是，不能因为国家掌控暴力机器，而由此推导出公安机关、检察院、法院、武警、军队才是维稳力量的结论；二是，不能因为民众高举维权的旗帜、政府承担维稳的重任，而由此导出维权与维稳相对立、相冲突的结论；三是，不能因为某些维权活动对社会稳定产生了冲击，而由此导出"维稳"的任务就是把维权人士"看死盯牢"。

（三）社会管理的目的在于保证人民当家作主

纵观历史，我国长期处于积贫积弱的状态。所谓积贫积弱，既是经济落后的积累，也是民主匮乏的叠加。当我国一跃成为世界第二经济大国之后，特别要注意防止用经济领域的施惠替代民主制度建设的推进。现代法治的本质在于防止国家权力侵害个人权利，执政活动必须顺应民意、维护民权，这是人类文明的共同成果，也是普世的真理。胡锦涛总书记在党的十七大报告中指出："发展社会主义民主政治是我们党始终不渝的奋斗目标。""人民当家作主是社会主义民主政治的本质和核心。"社会主义越发展，民主也应该越发展。任何人都不能借口我国将长期处于社会主义初级阶段，而阻挡民主的进程。人民民主是社会主义的生命力之所在。更高地举起人民民主的旗帜，不断扩大人民民主，保证人民当家作主是执政党执政目的所在。

必须明确指出，我国日趋尖锐的社会矛盾是以往政策偏误和官员腐败等负面作用积累的结果。当前最紧迫、最严重的问题是教育干部，解决干部中存在的脱离群众、欺压群众等问题。化解社会矛盾不是由党政官员居高临下地教育群众，而是主动反省自身的失误，采取切实措施纠正利益失衡，着力解决就业、就学、就医、社会保障、社会治安、安全生产、食品安全、环境污染等人民群众最关心、最直接、最现实的利益问题。化解社会矛盾就是要求各级领导干部还权于民、还利于民，各级政府回归到为民谋利的宗旨上来，从制度上让改革带来的利益增量首先体现为弱势群体获益。限公权与谋民利是一个问题的两个方面。只有加紧建设对保障社会公平正义具有重大作用的制度，保障人民在政治、经济、文化、社会等方面的权益，才能引导公民依法行使权利、履行义务。

二、社会管理是"我管你服"还是"合作共管"

党中央决定，加强和创新社会管理并不是一种被动的、应急性的选择，而是实现马克思主义中国化迈出的新一步，对建设具有中国特色社会主义道路的新探索。

（一）发展中国家政局动荡的经验教训值得记取

2010年12月以来，突尼斯、埃及、利比亚等北非和中东地区一些国家先后出现政局动荡，并造成部分国家领导人和执政党下台。这些国家领导人及其执政党近几年的执政过程和经验教训，非常值得我们研究。尽管造成各个国家政局动荡的原因是多方面的，但它们之间共同的原因就是民主缺失、官员腐败、贫富悬殊、物价高涨、失业严重，普通民众生活状况长期得不到改善。在利比亚，全民享有免费医疗和教育，国家对粮食等生活必需品实行价格补贴。很多居民都住上了新盖的楼房和砖房，大多数家庭都有小汽车。在通信方面，在利比亚使用固定电话进行国内通话是免费的，手机话费价格也非常低廉，目前利比亚手机覆盖率为103%。也就是说，利比亚目前使用的手机号数量已经超过了其人口总数。《世界新闻报》记者在利比亚采访的短短几天里，常看到当地人手里拿着两个手机来回换着打。路透社的评论认为，卡扎菲对于利比亚长达40年的领导并没有使得这个国家成为一个人民的国家。相反的，利比亚是目前全世界贪污腐败问题最为严重的国家之一。现有的事实已经证明，公正廉洁的政府才有凝聚力。高福利并没有使利比亚免于动乱。

世界各国现代化发展历程表明，经济社会加快发展，往往也是经济容易失调、社会容易失序、人们心理容易失衡、社会矛盾急剧增多的时期。我国用三十多年的时间走完了西方发达国家上百年才走完的发展历程，西方国家在不同时期渐次出现的许多矛盾和问题，必然在我国相对集中的时间段里以叠加方式表现出来。我国在发展进程中遇到的矛盾和问题无论是规模还是复杂性都世所罕见。我们不仅要避免重蹈西方现代化过程中付出沉重代价的覆辙，还要提高执政能力，用全民共享政治体制和经济体制改革成果的实践，向全世界证明社会主义制度的优越性。纵观历史，不少政党在夺取政权的阶段，其政策主张或多或少体现了人民群众的某些利益诉求；但在取得政权之后，往往就脱离群众，忘乎所以，久而久之就把自己置身于人民群众的对立面，最终被人民群众所抛弃。

（二）有效的社会管理只能在民主中得以实现

改革开放以后，随着我国经济体制改革的深化，社会结构发生了巨大的变化，城乡差别、地区差别、贫富差别、利益多元、心态失衡等各种社会问题日渐凸显，使得社会系统性风险加大，使得社会脆弱性加剧，出现了潜在的发展风险。当前官民关系紧张的根本原因在于权力和利益的官民配置均严重失衡。从我国近年来的情况看，群体性事件持续多发，用自焚等极端手段抵制拆迁以及采用暴力手段维权的做法明显增多，而行为人基本上是中低收入人群。对此，我们必须清醒地认识到"悄悄地花钱买太平"已经失效，信息封锁不可能抵御互联网的全球传播能力，用暴力压制群众维权是根本行不通的。高压措施不可能造就和谐，有效的社会管理只能在民主中得以实现。化解矛盾的根本途径是推进民主制度建设，强化鱼水情深的党群关系，使执政活动得到更多人的认同和支持。

俞可平教授说："社会管理的加强从某种意义上讲，是政府职能的转变，但是不能说政府职能的弱化。政府该管理的，什么时候都要管，而且要加强管理，但是它不应该管的，就坚决不要去管。社会管理的推进过程，首先应当是公共服务的扩大过程，公民权利的增加，而决不能成为公共权力的扩大过程，那样的后果将十分可怕。"社会管理一要加强，二要创新。加强主要解决面对纷繁的社会问题不敢管理的问题，创新主要解决"老办法不管用、新办法不会用"的困惑。社会管理的加强必须在创新理念指导之下付诸实践，创新的社会管理才有可能在真正意义上得到加强。"党委领导、政府负责、社会协同、公众参与"，无疑是从社会管理格局构成的角度规定了推进民主的重要性。在这十六字方针中，党委领导是根本，政府负责是关键，社会协同是依托，公众参与是基础，四位一体，有机联系，不可分割。其一，在管理制度上，要坚持加强源头治理体系建设，强化动态协调机制建设，推进应急管理制度建设。源头治理要从宣示走向落实，构建相互联系、相互支持的规范、机制和制度体系。其二，在管理方式上，要从偏重管制控制向更加重视服务、重视协商协调转变。在管理环节上，要从偏重事后处置向更加重视源头治理转变。其三，在管理手段上，要从偏重行政手段向多种手段综合运用转变。更多地运用法制规范、经济调节、道德约束、心理疏导、舆论引导等手段。

（三）公权力与私权利协调合作是人类文明的大势

根据现代治理理念，人民是国家的主人，政府手中的权力是人民赋予的，人民与政府之间是合作的关系。如果政府的行为严重偏离人民的授权，人民就有权选择能够代表人民利益的政府。管理社会公共事务的力量中心是多元的，政府、非政府组织、政府与非政府组织的合作都是多元力量之中的"一元"。政府既是公共事务管理的责任人，又不能居于发号施令的地位。"现代的治理理念认为管理是社会方方面面的共同参与。治理方式强调加强政府、非政府组织和公民之间的平等协商与合作。"世界的法律体系曾经有私法与公法之分，如今又出现了"公法私法化"与"私法公法化"的趋势。加强和创新社会管理绝不是主张公权力的扩张，也不是鼓励私权利的膨胀，而是建立公权力与私权利之间的平等协商、协调合作机制。"党委领导、政府负责、社会协同、公众参与"的理念，就体现了公权力与私权利合作的理念。社会管理涉及每一个社会成员权利的保障，出现矛盾和冲突是难免的，对于人民内部的矛盾和冲突，对于民众中提出的不合理要求，靠"钱"摆平是永远也"摆不平"的。"和谐社会是一个民主和善治的社会。善治即是使公共利益最大化的社会管理过程和管理活动。善治的本质特征，就在于它是政府与公民对公共生活的合作管理，是政治国家与公民社会的最佳关系。建设一个和谐社会，必须协调好各种社会关系，其中最为重要的是政府与公民的关系。和谐社会当然需要人人友爱、家庭融洽、邻里团结、社区敦睦，但是，如果公民与政府处于互不信任、互不合作，甚至相互对立的状态，纵使人际环境再好，也不可能有真正的社会和谐。因此，一个和谐的社会，应当是一个公共利益最大化的社会，一个公民与政府良好合作的社会，一个政治参与和政治透明程度较高的社会。"追求善治，这既是民主政治发展的要求，也是执政水平提高的反映。公权力与私权利的合作现在已经被视为世界各国政府的共同目标，在社会主义制度下，我们理应比其他国家做得更好。

孔子曰："古之为政，爱人为大。不能爱人，不能有其身。"孟子曰："夫能爱人，则人爱之，而身安定矣。"在这里，古人不仅强调了爱民是为政之要，还阐述了官员爱民与自身立身的关系。不能爱民，官员也就没有自己的作为和地位，政权的丢失就难以避免。为此，胡锦涛同志强调："只有我们把群众放在心上，群众才会把我们放在心上；只有我们把群众当亲人，群众才会把我们当亲人"。在战争年代，老百姓是节衣缩食，用"最后一把米也要做军粮，最后一尺布也要做军装"的行动支持共产党打天下的。应当知晓，忠言逆耳，对政府工作提出批评意见也是公私合作的方式之一。实行民主制度是人类发展至今为止最伟大、受益面最广的文明成果，其本身具有消弭隔阂、减少冲突、化解矛盾的功能。建设民主制度的勇气和决心既是对执政党宗旨是否付诸实践和执政能力的考验，在本质上也是有利于巩固执政地位的。

宪法规定的公民言论自由必须有基础性的民主制度加以保障。如今，老百姓的维权活动，也许给政府的某些官员带来了麻烦或者压力，但是，政府行为有瑕疵也是客观事实。开展批评和自我批评，坦诚接受人民的批评监督才能恢复和重建共产党领导人民夺取政权时的鱼水关系。"夫爱人者人必从而爱之，利人者人必从而利之，恶人者人必从而恶之，害人者人必从而害之。"这个道理简单而又明了，关键是要付诸行动。执政党要对人民满怀挚爱，对自己可能犯错误保持清醒，对逢迎讨好的行为保持警惕。从心底里培养和深化对人民群众的挚爱，而不是从来自群众变为脱离群众，从"高高在上"变成走向对立。

三、改善民生能否替代民主制度建设

恩格斯说："我们的目的是要建立社会主义制度，这种制度将给所有的人提供健康而有益的工作，给所有的人提供充裕的物质生活和闲暇的时间，给所有的人提供真正的充分的自由。"巩固和发展社会主义，必须完成好"把蛋糕做大"和"把蛋糕分好"两大任务：一是解放和发展生产力，极大地增加全社会的物质财富；二是逐步实现社会公平与正义，极大地激发全社会的创造活力和促进社会和谐。上述两大任务相互联系、相互促进，是统一的整体。"把蛋糕做大"很不容易，"把蛋糕分好"则更不容易。没有生产力的持久大发展，最终就不可能实现社会主义本质所要求的社会公平与正义；不随着生产力的发展而相应地逐步推进社会公平与正义的建设，就不可能愈加充分地调动全社会的积极性和创造活力，因而也就不可能持久地实现生产力的大发展。

（一）民主制度建设是加强和创新社会管理的基础

美国政治学家亨廷顿指出，广大发展中国家在从传统走向现代化的过程中，"城市的角度是一成不变的：它永远是反对派的发祥地。但农村的角色是可变的：它或是充当稳定的源泉，或是充当革命的源泉。对于政治体系来说，城市反对派虽能起到扰乱作用但并无致命威胁，然而，农村反对派的作用，却是致命的。谁控制了农村，谁就控制了整个国家"。民主是形成政治认同的必经之路，民主制度建设是加强和创新社会管理的基础。加强社会管理不是以人民作为管理对象的加强，创新社会管理是为了更好地保证人民当家作主。只有把蕴藏在人民群众中的创造性激发出来，社会才能在有活力的状态下保持长治久安。坚持党的领导，加快建设社会主义法治国家建设是人民当家作

主的根本保证。法治的要义是"治吏",人民当家作主不能淡化、虚化、抽象化,必须落到实处,也不能用"替人民当家作主"的办法实现党的领导。从这个意义上说,加强和创新社会管理必须以执政党自身行为的法治化、廉洁化、规范化为前提。加强和创新社会管理的目的,就是要维护人民群众最现实、最关心、最直接的利益,实现政府工作从"国家本位"到"社会本位"的转换,促使公务员从居于人民之上的"形式公仆"变为与群众心连心的"实质公仆"。当前,我国既处于发展的重要战略机遇期,又处于社会矛盾凸显期,更需要弘扬民主、畅通渠道,保障人民的参与权、知情权、表达权、监督权。

(二) 民生的改善不能也不可能替代民主制度建设

近年来,我国各级政府已经注意到调整各方面利益平衡的重要性,但是,维护刚性稳定的成本巨大,官与民、贫与富之间的矛盾还在进一步扩大。官与民各自称对方为"刁民""贪官"就是典型的例证。有些地方政府还处在公众满意度下降、社会风险上升的过程中,群众维权行为的暴力倾向增多,有的官员对动用暴力机器维护社会稳定也有不正确的期待。亨廷顿在其代表作《变化社会中的政治秩序》中提出过一个经典的结论:现代性孕育着稳定,而现代化过程却滋生着动乱。我国将走出一条政治上人民当家作主、经济上协调发展、社会和谐稳定、民生持续改善的社会发展道路。"做大蛋糕"的重点是组织动员民众,"分好蛋糕"的难点是限制公权力。随着经济总量的增大,如何公正地"分好蛋糕"的难度已经远远大于"做大蛋糕"的难度。化解社会矛盾客观上需要各级干部都有所作为,也会触动各级干部的既得利益和未来期望。人心向背始终是决定一个政党、一个政权盛衰兴亡的根本因素。正因为政府掌控着公权力,政府工作人员是公民的"仆人",如何摆正公仆与主人的位置,就成了加强和创新社会管理的关键点。

如今我们经常说"全民共享改革成果",也确实作出了一些让利于民的安排,但是,群众中的"不买账"也时有可闻。有必要深入想一想,改革成果难道仅限于经济上的利益给予吗?要而言之,我国的改革成果表现在民主政治建设和经济高速发展两个方面,人民群众理所应当在民主与民生两个方面共享改革成果。客观地说,近年来,我国民生环境已经得到一定程度的改善,但是,我国民主制度的建设相对于民生改善是落后的。当前,应当注意防止民主建设与民生改善的"一手软、一手硬"。加强民主制度建设不能只是呼吁，必须付诸实施。如果没有民主制度的制约，改善民生的表面化、"盆景化"也就在所难免。民生不能替代民主，在缺乏民主制度的条件下改善民生只能成为官对民的"恩赐"。戴志勇先生在呼吁政府必须把保障房建设当作政治任务完成时提出："在当前，保障房是政府对低收入群体必担之责，肯定要涉及财富分配的调整。把切给强势群体的蛋糕，多少分一点给弱势群体，以减少民怨，换取民心"。这种"削富济贫"的思路诚然是可贵的，但正如戴先生所说："不触及任何既得利益，指望原原本本地实现保障房的初衷，只能是幻想"。保障民主、改善民生是社会管理的两个"驱动轮"，只有双轮驱动才能使社会发展又好又快。我们必须高度警惕以下两种情形的出现：一是生产力得以解放，全社会的物质财富极大增加，民生却未能得到相应的改善；二是物质生活条件虽然有所改善，但是，政治体制的改革停滞不前，公平正义的缺失未得到有效纠正，贫富差距又进一步扩大。

（三）用改善民生替代民主制度建设是可怕的错误

俞可平教授说："改善民生与发展民主是一种什么关系？它们之间也是一种相辅相成、互为促进的关系。既不能将这两者割裂开来，更不能将它们对立起来。不能认为重视民主就势必忽视民生，或相反，强调民生就势必轻视民主。民主与民生并不相互排斥，民主促进民生，民生需要民主。"单纯地改善民生的确可以在一定程度上消解中低收入人群心中的"不幸福感"，但是，其作用一定是短暂的。如果仅仅是改善民生，民众生活条件得到改善之后的满足就会迅速地被民主权利虚化的不满意所瓦解，感激之情也会迅速在民主氛围不足的环境中淡化。物质享受、精神追求、情感支持三者之间在一定条件下可以互为补充。但是，人的物质享受永无止境，欲望的满足也永无尽头。改善民生、推进民主是不可抵挡的世界大势，执政者理应从善如流。民主制度所能够集中的意见并不一定是最佳的。但是，多数人的理性一定能够防止最坏结果的出现。缺乏民主支撑的改善民生很可能出现民众"不领情"的局面，推进民主与改善民生不能"一手软、一手硬"。

近年来，一些基层政府几乎每年都有完成"民生工程"的承诺，但细加分析就可以发现，推进民主的事项既少又空，改善民生的项目或多或少带有"形象工程""政绩工程"的味道。如果说，我国在民生改善方面存在历史欠账的话，民主制度建设的滞后更是阻碍民生改善的主要原因。向着穷人才能想着穷人，这是最浅显的道理。"向着穷人"只有在民主制度建设的刚性制约下才能做到，"想着穷人"乃是民生改善中的人性化操作。没有刚性的民主制度约束，仅靠领导人注意力的转移，对穷人的关注就会停留在逢年过节"送温暖"的层面。从我国法制基础薄弱的现实出发，推进民主比改善民生更为艰巨，也需要付出更大的努力。提出加强和创新社会管理就是为了从根本上提高政府的公共服务能力，成为真正意义上的人民政府。推进民主和改善民生不仅是政府履行社会管理职能的必然要求，而且是政府必须优先履行的基本职能。用改善民生去替代民主制度的建设，是一种可怕的错误思维。如果付诸实践，一定会付出沉重的代价。

（原载《东方法学》，2011 年第 5 期）

媒体应当敢于对公众人物实施监督（摘要）

所谓公众人物，目前在我国的法律中并没有正式的界定。笔者认为，公众人物，是指在社会生活中广为人知的社会成员。例如，政府公职要员、公益组织的领导人、文艺界、体育界、娱乐界的明星以及著名科学家、知名学者、模范人物、重大荣誉称号获得者等。这类社会成员因为担当公务要职或者经常抛头露面，因此他们自己的行为便构成了公众形象的一部分，对社会风气的形成和演变起到了超出一般社会成员的作用和影响。

近年来，我国对社会名流提出批评指责引发的纠纷，大多以名誉侵权为由提起诉讼。笔者认为，对涉及公共人物的案件，判决应当由人民法院依法独立作出，新闻媒体需要解决的是今后还敢不敢刊发监督公众人物稿件的问题。公众人物是大众知情的兴趣重点所在，也是媒体争相报道的对象，不少明星人物还时常运用新闻发布会等方式进行"炒作"，媒体也为明星的"走红"耗费了大量资源。与此相应，公众人物必须为满足公众的知情权作出一定的牺牲。

媒体发表的报道是否构成对公众人物的侵权，并不完全取决于被报道者是否感到名誉受到了伤害，关键是报道的事实是否存在。当然，媒体对公众人物实施监督，既要积极更要谨慎。积极是无私无畏，更好地体现公共利益优先的原则；谨慎是力求准确，更加有效地实施监督。为此，以下方面特别应当引起媒体重视。

首先，一定要尽最大可能把报道的事实核实准确。

其次，要围绕公众人物社会角色的相关性进行报道评论。

再次，要准确把握泛指、不点名批评、指名道姓的尺度。

最后，要"平衡报道"，避免媒体成为某一方的代言人。

（原载《青年记者》，2011 年 2 月上）

切忌"打补丁"式化解社会矛盾

"打补丁"式的利益给予，既会带来"吊胃口"的负面影响，也容易导致不满情绪的轮番滋生。我们并不缺少"解决人民内部矛盾"的具体办法，缺的是"用为民之心解决人民内部矛盾"的积极性和责任心。新形势下，加强和创新社会管理，需要同做好群众工作紧密结合起来，从源头上端正为民的宗旨，主动化解社会矛盾，维护社会稳定，促进社会和谐。

日前，胡锦涛总书记在社会管理及其创新专题研讨班开班式上指出："我们加强和创新社会管理，根本目的是维护社会秩序、促进社会和谐、保障人民安居乐业，为党和国家事业发展营造良好社会环境"。同时，从提高执政能力、巩固执政基础、转变政府职能、加强公共管理和服务的高度出发明确要求，加强社会矛盾源头治理，妥善处理人民内部矛盾，坚决纠正损害群众利益的不正之风，切实维护群众合法权益。

多年来，有观点认为，我们的维稳工作总是以被动应急的方式来满足部分群众的利益诉求，而不太重视执政能力的真正提高。

一、主动为人民利益"做加法"

人民是主人，权力来源于人民。但在现实中，一些地方"主仆关系"出现颠倒，甚至演变为官与民争利，这显然无助于社会的稳定和谐。维护社会稳定需要为人民利益"做加法"，必须以"为人民谋福利"为出发点和归宿，使全体民众能够感受到社会稳定所带来的切身益处。正如温家宝总理所说的："我们所做的一切都是要让人民生活得更加幸福、更有尊严，让社会更加公正、更加和谐。"

应当认识到，深化改革必然涉及既得利益的调整。就此而言，化解社会矛盾客观上需要各级领导干部有所作为，摆正"公仆"与"人民"的位置，理性看待和处理个人利益及未来期望。

以政府信息公开为例，花公家的钱，如公车使用、公款招待、公费出国等，按理应如实禀报。它既不存在"保密"的理由，也体现了对人民特别是纳税人权利的尊重。可现实是，民众有需求，法律有规定，政府有承诺，信息公开的实施效果却并不怎么理想。

为破解这一难题，当务之急在于明确将政府信息公开的重点放在与公众利益联系度较高的民生问题（如就业、社保、医改、教育、住房等），以及公众关注度较高的政府行政成本（如公车使用、公款招待、公费出国等）方面。同时，设立公开信息解释答疑机制，使相关信息便于公众掌握和理解。

二、从"吏治"层面取得新突破

社会矛盾产生的原因十分复杂，从法律角度可以按照权利义务关系发生争议的主体不同分为三类：一是民事纠纷，包括公民之间、公民与法人之间、法人之间的权利义务争议；二是刑事犯罪，包括公民的行为侵犯了国家、社会或者他人的合法权益；三是行政纠纷，包括公民与政府之间的权利义务关系发生争议的行政诉讼以及通过信访等途径表达的批评建议。一般而言，民事纠纷只有在处置不当的情况下才会影响社会稳定，刑事犯罪与行政纠纷对社会稳定的影响则是直接的。从一定意义上说，社会稳定不是靠"高压"政策维护出来的。社会稳定源自社会制度的民主科学、执政党的勤勉廉洁、政府的透明高效、司法机关的公平公正和公民素质的不断提高。社会稳定不是绝对的"不出事"，而是矛盾能够及时得到化解，且每一次都能取得举一反三的动态校正效果。

当前，一些干部抱怨"群众工作越来越难做"。感受到危机存在总归比"醉生梦死"要好，但我们的干部应该进一步认识到自身工作态度和方式方法上的不足，进而努力"弃旧图新"而不是"怨天尤人"。

需要指出的是，中央推行以人为本、全民共享改革成果、构建和谐社会的理念和决策深得民心，但在贯彻过程中或多或少出现了力度递减的偏差，甚至还存在"把好经念歪了"的情况。究其原因，归根结底在于权力制约不够严密完善，法治建设尚未在"治吏"层面取得突破。公权力的滥作为、不作为是社会不稳定的一大源头。化解社会矛盾没有捷径可走，唯有通过改进执政方式、提高执政能力、转变政府职能来实现。

三、保障"知情权、参与权、表达权、监督权"是维稳"钥匙"

保障人民的知情权、参与权、表达权、监督权，是党的十七大提出的重要论断，是新时期化解社会矛盾、维护社会稳定的"钥匙"。一般认为，人民群众对政府的制约具体表现为知情、参与、表达、监督的实现。其中，知情是基础，参与是关键，表达是根本，监督是手段。人民群众的知情权、参与权、表达权、监督权的实现，意味着制约公权力的现实化。反之，人民对政府工作若处于不能知情、不能参与、不能表达、不能监督的状态，那将不利于官民互信和现代政治体制的建立和完善。

具体来看，表达权包括表达方法和表达内容两个方面的权益。在法律规定的范围内，权利主体具有包括使用媒体等各种渠道和方式表达主张，并对公共事务进行表态、表决和提出新的相关请求的权利。知情与参与是实现表达的前提，表达则是实质意义上的知情与参与。以支付货币或者非货币的利益形式，诱使当事人不披露某些事实或者"息访"，既是对公共权力和公共财政的滥用，也是对人民尊严的损毁。

政府的每一项行为都对民众具有引导作用。只有善待说真话者，民众才可能倾诉实情；只有认真倾听民意，群众才会积极表达。畅通有效的民意渠道，将有助于及时发现矛盾、化解矛盾，从而避免矛盾累积后突然爆发的破坏性后果。

（原载《解放日报》，2011 年 3 月 7 日）

如何让更多人"见义"而能"勇为"？

见义勇为、匡扶正义、惩恶扬善是社会主义精神文明建设的重要内容，也是公民法律意识、道德水准不断提升的结果。社会需要见义勇为，而见义勇为的风险不能由"百姓英雄"自己来扛，只有为见义勇为者提供强有力的制度保障并落实到位，社会正气的弘扬才有更坚实的基础

近年来，国内发生了多起见义勇为者"孤掌难鸣"的事件，他们在制止犯罪和救人于危急的现场得不到众人响应和支持，事后甚至还陷入"英雄流血又流泪"的窘境。我们当然要寻找造成"集体冷漠"的原因，但如果总是归结为道德滑坡、社会风气不好，总是谴责一番，有用吗？

一、制度保障的力度决定见义勇为的涌现率

见义勇为者，为保护社会公共利益或他人的人身、财产安全，挺身而出，或制止犯罪，或抢险救灾、救死扶伤。见义勇为，常常是要承担风险的：他自身的人身、财产可能受到损害；可能被误解、诬赖，陷入"说不清楚"的尴尬；在奋力搏斗的瞬间也可能出现防卫过当的情形。这些风险，正是社会多数成员"见义"而不"勇为"，临场胆怯、退缩的原因。如何让更多人将"见义"转化成"勇为"？这既需要有效的道德和法制教育，更要求完善相关制度以提供强有力的保障——可以说，制度保障的力度决定见义勇为的涌现率，如果一再让英雄孤独而心寒、"流血又流泪"，有过见义勇为行动的人以后也会趋向冷漠与退缩。

完善社会制度体系，为见义勇为者提供更多、更有力的法律保障，是政府的责任。针对见义勇为者时常遇到的窘困，政府的责任至少有以下几项：

其一，确认的责任。及时调查现场情况，尽可能迅速地对见义勇为行为作出确认。

其二，救助的责任。要绝对避免见义勇为者因经济困难而延误抢救治疗的情况发生。

其三，表彰的责任。大力弘扬见义勇为的壮举，借此在全社会倡导良好风尚。

其四，补偿的责任。对受伤、受到财产损失的见义勇为者给予充分经济补偿，帮助解决他们治疗、康复乃至生活、就业等方面的困难。我国在1993年设立了"中华见义勇为基金会"，上海于1999年5月设立了"见义勇为基金"，正体现了政府的责任担当。

在支持和保障见义勇为的制度建设方面，国外有不少经验。在法国的法律制度中，将见义勇为定义为"对行政（政府）的自愿合作行为"，他们规定：非公职人员，如果实施了行政职务所要求的行为（如挺身而出制止犯罪），就是"行政的自愿合作者"；他们由于合作行为而受到的损害，由行政机关代表国家补偿。这种做法基于一种被称为"特别牺牲说"的理论，提出者是德国学者奥托·梅耶。他认为，"自愿合作者"的财产或人身损害，是为公共利益和国家利益蒙受的"特别牺牲"，这种牺牲不应由个人负担，而须由公众分担，由政府代表公众支付补偿。

构建和谐社会需要每位成员都能尽力、主动帮助他人，做公共安全和社会公平的监督者、捍卫者，要求有能力的社会成员在紧急情况下能不顾安危成为政府的合作者。

二、从重奖励转向重保障，同时完善追偿制度

全国人大常委会1991年通过的《关于加强社会治安综合治理的决定》规定："对参与社会治安综合治理工作成绩显著的单位和个人以及与违法犯罪分子斗争的有功人员给予表彰奖励；对与违法犯罪分子斗争中负伤、致残的要妥善治疗和安置；对与违法犯罪分子斗争中牺牲人员的家属给予抚恤"。2002年，上海制定了《上海市见义勇为人员奖励和保护办法》。全国各地也纷纷制定了类似的法规。现在，把省一级的地方法规"升级"为全国性法规的条件已经成熟，应该在全国范围内推进见义勇为者权益保护工作的法制化、规范化。

与此同时，要完善以政府为主导的见义勇为保障体系，全方位解除人们

对于见义勇为的后顾之忧，包括实行问责制，在明确职能部门及其职责的基础上，对"不作为""慢作为""滥作为"严格追责。

县级以上政府都应当设立见义勇为专项保障资金，同时鼓励社会参与捐助；而保障工作重点应从对见义勇为人员的一次性奖励转向长期。还应完善追偿制度，对见义勇为事件中有经济能力的加害者和受益者应当追偿，公职人员在见义勇为事件发生时有渎职失职责任的，在作出国家赔偿之后，也应当向有责任的公职人员追偿。此外，人民法院要认真研究因为见义勇为而发生纠纷的案件的审理原则，使判决达到法律效果与社会效果的统一。

见义勇为、匡扶正义、惩恶扬善是社会主义精神文明建设的重要内容，也是公民法律意识、道德水准不断提升的结果。社会需要见义勇为，而见义勇为的风险不能由"百姓英雄"自己来扛，只有为见义勇为者提供强有力的制度保障并落实到位，社会正气的弘扬才有更坚实的基础。

（原载《文汇报》，2011 年 1 月 14 日）

学生 "每天一小时校园体育活动" 关乎未来国力

　　国务院总理温家宝在 2011 年《政府工作报告》中提出，要 "保证中小学生每天一小时校园体育活动"。温总理在与人大代表交流时还明确表示："我一定跟孩子们上一堂体育课！" 国家领导人如此强调学生体育锻炼的落实，可谓语重心长。改革开放以来，我国经济总量增加日新月异，人均寿命普遍增加，但青少年体质水平却令人担忧。近视、肥胖的现象在中小学生中比比皆是，低龄化的老年病也已经进入青少年。与亚洲其他国家相比，我国青少年的很多健康指标都不占优势。有识之士直言，如此下去，上海将选拔不出体检合格的飞行学员。

　　1989 年联合国制定《儿童权利公约》第 3 条第 1 款明确规定："关于儿童的一切行动，不论是由公私社会福利机构、法院、行政当局或立法机构执行，均应以儿童的最大利益为一种首要考虑。" 国家承担保护人民健康的义务，各级政府及其职能部门必须有所作为。近年来，民众对 "看病难、看病贵" 的问题呼声强烈，但国民健康并不仅仅是由医疗服务所决定的。影响健康的因素有生物学、环境、生活方式和习惯、医疗卫生系统四个方面。有研究证明，我国中小学生身体素质下降的原因是由多方面原因造成的，其中学生的体育活动不足是主要因素。日本青少年研究所 2000 年对中日美三国初、高中学生课外体育活动的问卷调查显示，参加课外体育活动的初中生，中国为 8%，日本为 65.4%，美国为 62.8%；高中生中国为 10.5%，日本为 34.5%，美国为 53.3%。美国 5 ~12 年级学生每周课外体育活动时间平均为 12.6 小时，每周体育课时间平均为 2.35 小时，学生体育活动主要靠课外。我国学生远达不到此水平。

　　传统的观念认为，健康是个人的私事。其实，健康是关系民族人口素质、综合国力和国家核心竞争力的关键要素。对一个国家而言,即便其地大物博、资源丰富,也都将人力资源视为第一资源。国民整体健康水平的提高会极大地提高劳动生产力,减少资源的无产出耗费。国家以及代表国家行使权力的政府,作为社会权利的代理者,必须承担尽其所能尊重、保护、实现公民个人健康权的义务。落实好学生体育锻炼的条件保障知易行难,其中"每天一小时"的时间保证又是核心环节。温总理在《政府工作报告》中提出,"保证中小学生每天一小时校园体育活动",无疑是政府履行义务的有力宣示,也亟待教育管理部门和学校共同履行好这一项事关未来国力的政府义务。

(原载《新民晚报》,2011 年 3 月 27 日)

学术抄袭与合理使用的法律界定

我国《中华人民共和国著作权法》（以下简称《著作权法》）第 47 条规定："剽窃他人作品的"是侵权行为。而该法第 22 条又允许"为介绍、评论某一作品或者说明某一问题，在作品中适当引用他人已经发表的作品"。从司法实践看，正确区分合理使用与剽窃抄袭是著作权的保护中的常见难题。显然，知识的传播与著作权的保护是并不矛盾的。在知识经济时代，对合理使用与抄袭剽窃作出准确界定，尤显重要。

一、合理使用的内涵与限制条件

（一）合理使用的基本含义

合理使用是著作权法中具有特定含义的术语，但对于研究什么是合理使用却颇有争论。曾有学者将合理使用与自由使用作为同义术语使用。不过，趋向于共识的观点认为：自由使用未必是合理的。自由使用一词易产生可以不受限制地使用他人著作的误解，是一种不科学的提法。显然，合理使用是对他人著作有条件、循规范的正当使用；否则，"合理"二字便无立足之地。笔者认为，合理使用是在法律允许的范围内，出于正当目的，不经著作权人同意，不向其支付报酬，但不损坏其利益而使用其作品的合法行为。

1. 使用他人作品的范围要合法

这主要有二层含义：一是指只允许使用他人已经发表的作品，如果抢在他人作品发表之前复制、传播其内容，就是对作者发表权的侵犯；二是对他人作品的使用必须严格限制在《著作权法》第 22 条所规定的 12 种情形之内。

2. 使用他人作品的目的要正当

这里所指的目的正当并非最终意义上的对社会有益处，而主要是指是否影响著作权人合法权益的实现。质言之，使用他人作品不得具有商业目的，不得有直接或间接营利的意图。我国《著作权法》第 22 条用"为个人学习研究或者欣赏""为介绍、评论某作品或者说明某一问题""为报道时事新闻""为学校课堂教学或者科学研究""为执行公务""为陈列或者保存版本的需要"，以及为"适宜少数民族或盲人阅读"等提法对使用目的作了明确限制。

3. 使用他人作品的手段要磊落

从纯技术的角度说，使用他人作品的具体手段有复制、临摹、摄影、录像等。而从法律角度看，唯有指明作者姓名、作品名称，并且不侵犯作者合法权益的使用手段才是光明磊落的。我们之所以将不注明出处抄录他人成果冒充自己的作品称为抄袭，将充当"挂名"作者，不劳而获的做法称之为剽窃，因为这些手段都是非法的，是故意混淆他人成果与自我作品界限的不义之举。

4. 使用他人作品的质与量均要适当

任何科学成果概括表达时，都可以浓缩成为一个公式、配方或观点。而这个公式、配方或观点恰是某篇论文（著作）的灵魂和精华所在，通常我们称之为作品的实质性内容。如果使用了他人作品的实质性内容，而自己只是添附与延伸了某些从属性的见解，这种使用就不在合理范围之列。就使用他人作品的数量而言，原俄罗斯、原南斯拉夫、英国等国家都有明晰的量化规定，我国也有过类似的规定。从实践的角度看，引用他人成果无论在质量还是数量方面都是有限制的，我国 1991 年的《著作权法实施条例》第 27 条已明确规定："所引用部分不能构成引用人作品的主要部分或者实质部分"。

（二）合理使用的必要限度

有人认为，凡是符合《著作权法》第 22 条所列的 12 种情形的使用都是合理使用。其实，这是一种误解。笔者认为，《著作权法》所列的 12 种情形是划定了允许使用的范围。允许使用与合理使用是不同的概念，在允许使用的范围内仍可能出现不合理的使用。不经著作权人许可，不向其支付报酬是法律赋予使用人的权利；同时，使用人必须履行注明作者姓名、作品名称、不侵犯著作权人权益的义务。换句话说，准确、完整地履行使用义务是对使用权的必要限制。依照民法原理，使用是指直接按照财产的性能和用途加以利用、运用。使用包括所有人的使用与非所有人的使用两种情况。所有人对自己的财产具有使用权是不言自明的。非所有人对他人财产（包括知识产权）的使用，必须限定在法律规定或合同约定的范围内，必须严格履行相应的义务。著作权人允许他人合理使用自己的作品并不表示著作权的转移或消失。如果使用他人作品已经或足以给公众造成著作权转移的误解，危害或足以危害著作权人合法权益的获取，非所有人的使用行为即构成侵犯。由此可见，引用他人成果时凡注明作者姓名、作品名称的（习惯上称之为"注明出处"）是明确表示了该知识产权的归属。而使用他人成果不注明出处的，无论因故意或过失，在客观上都会造成该知识产权转移的公众错觉。如果虽已采用注明出处的方式，但因大量抄用他人成果，有碍原作的再版或再次印刷，也应视为侵犯了著作权人的合法权益。

二、学术抄袭的法律界定

江建名先生认为："剽窃与抄袭义在微殊，但一般理解为：以多少改变形式或内容的方法，将他人作品的全部或部分作为自己的作品加以发表的行为。而抄袭则是剽窃的一种直接手段。"江先生还一针见血地指出：剽窃、抄袭侵权行为的本质是将他人的作品据为己有。[1] 笔者认为，剽窃是侵权的实质——将他人的成果窃为己有，抄袭是剽窃的主要手段——将他人成果直接抄用或略加改头换面后充当本人之作。剽窃还有一种常见的手段是非法署名，即不付出应有的劳动便在他人成果上署名。由于非法署名的争议焦点是某人是否具有署名权，故本文从略不作讨论。在著作权纠纷中最为棘手、最难正确判断的是抄袭与合理使用的界限。有的法官甚至将此类纠纷的判决责任完全推给鉴定人，采取"鉴定书怎么写我就怎么判"的态度。其实，我国1991年的《著作权法实施条例》第27条已经就区分适当引用与抄袭作了原则的规定，即引用目的仅限于介绍、评论某作品或者说明某一问题；所引用部分不能构成引用人作品的主要部分或实质部分；不得损害被引用作品著作权人的利益。在审判实践中，一般均为原告认为被告抄袭，被告辩称系合理使用，如能依据上列三项规定，从以下方面进行认真审查，就能对案情作出准确的判断。

---

〔1〕 江建名：《著作权法导论》，中国科技大学出版社 1994 年版，第 297 页。

（一）时间性审查——查明原、被告作品形成谁在先或另有第三方作品在先

时光不能倒流，抄袭之作总是形成于被抄原作以后，这是不言而喻的。如果原告能够举证说明被抄袭的原作形成、发表于抄袭之作以前的，法庭应询问被告有无相反的证据，若无相反的证据，则可认定被抄的原作在先。如果争议双方所指向的内容另有第三方作品在先，则应考察原、被告之作与第三方作品间的先后关系以及相似程度。在特定情况下，也会出现 A 作形成在先，B 抄袭 A 作而 A 不知晓，C 从 B 作中转抄后被 A 发现提起诉讼的局面。特别应注意在高等教育与科研领域，有的先创作完成的成果最初以"内部资料"的形式少量印发，某些所谓的"快手"会迅即抄袭抢先公开发表，故必要时可要求原、被告提供原始手稿或原始资料。

（二）内容性审查——查明被告作品是否独立于原告之作

非演绎类的学术作品之间不应当存在隶属、重复、缩简、扩张关系，原因在于不同作品是不同人的研究成果。就像世界上没有两个完全相同的人一样，不同主体在不同时间、空间条件下的研究成果不可能完全相同。在科学研究中出现殊途同归现象是合理的，这里所说的"殊途"实际上是从不同起点或角度出发而目标相一致的曲线，各曲线除可能出现交叉与少量重叠之外，各自的实际形成是不一致的。这一观点无论在自然科学或社会科学领域均概莫能外。一般地，越是高起点、高水平的作品，与他人作品在构思、主题、内容和表述上出现偶合的概率越小。但由于抄袭者的目光总是盯住佳作，故必须对争议之作的独立性进行审查。

1. 内容独立否

学术成果的内容是指其所表达的实质性信息及其意义。非抄袭作品在内容上的独立性显而易见，一个人写的文章，尽管研究范围可能与他人相同，甚至连论文标题均相同或相似，但细看其内容即可见到彼与此的实质性差别。这就是说，在同一研究范围内，可以出现研究对象一致或大体一致的论著，但只要不是抄袭，各成果彼此独立，各有不同的依据和见解，在表达方式上也是个性多于共性。有的"文抄公"特别善于做改头换面的"整容术"，审查时应特别仔细。形式与内容是对立的统一，内容决定形式，形式依赖于内容；有什么样的内容，就有什么样的与之相适应的形式。凡从他人成果中"拷贝"

或"翻版"而成的作品，只能作文字的移位、修饰、增删及改变次要的提法等修补之术。

2. 论据相似否

任何一部学术论著都有论点、论据、论证三要素。论点是作者的主张和观点，在同一学术领域中出现近似或相同的论点不足为奇，除了从大论点到小观点都通盘抄袭之外，应着重考查论据是否相同或相似。有的抄袭者凭借其"小聪明"会搞移花接木式的"挪用"。在同一研究领域内，当甲作品中的材料证明的均是观点 A，乙就可能将观点 A 的论据分解为 a1、a2…an，然后将甲作品中的材料分别列为证实观点 B 的论据。这种抄袭方法会造成表面上论点不同的假象，但只要对论据进行核查即可真相大白。

3. 论证有别否

论证是具体解决论点和论据之间逻辑关系的过程。抄袭者毫不费力从甲作之中剽取或"翻版"某一论点，又从乙、丙等多人处"拷贝"到了论据，在使用时往往照搬照抄或者添加了一些起连接性作用的话。故此，争议之作论证方法往往与被抄袭之作如出一辙。需要强调的是，论证方法上的区别应当具有本质意义，诸如隐去或改换例证中的人名、地名、时间，将他人之作中的一、二、三等序号改成首先、其次、再次等"加工"，均不能视抄袭者付出了自己的劳动。至于整页整段地将他人成果挪用到自己的论点之下的，只要不注明出处则属抄袭无疑。

(三) 程度性审查——查明被告使用原告文字的性质和数量

程度性审查主要解决争议之作抄用了他人之作哪些内容及抄用的数量如何。认定抄袭必须从质与量两个方面进行核查。当然，抄用的量过多则无可逃遁地构成侵权。如暨南大学某教授发表的一篇论文共4334字，其中，几乎只字不漏地抄袭了他人论文2024字，抄袭量占46.7%，该教授已被取消教授任职资格。[1]如果抄袭数量并不是很多，但指向著作权作品的核心，同样构成侵权。有专家认为："作品的实质部分应是整个作品的灵魂和精华所在。""在科学作品中，则表现为作者独立性和创造性的思想阐发和理论说明。上述内容及其表述在整个作品中具有核心地位和重要价值。因此过'量'损

---

[1] 详见 1997 年 1 月 23 日《新民晚报》报道。

'质'的使用，都不符合'合理性'要求。"[1]笔者认为，在制裁抄袭行为时必须防止"唯数量论"。一部专著可以浓缩为一篇论文，一篇论文可以压缩成二、三百字的要点。抄袭者如果仅剽窃了数百字，而这数百字恰是该著作的要点，那么这本专著的著作权已在实际上被侵害。在沈阳某高校，《杀人案件的侦破方法》一书的作者彭某被黑龙江省的李某指控抄袭。彭某答辩称："《杀人案件的侦破方法》全书341页，20多万字，而原告著作中此部分内容仅仅61页，3万字。如此这般竟告本人侵权，岂不是无理取闹。"按照彭先生的观点，其作品为"株"，好似一颗独立的大树，被其抄来的他人作品中的内容充其量只能称之为"枝"，只要"株大于枝"，就可以否定抄袭的存在，这显然是形而上学的观点。认定抄袭的标准是非法使用他人成果的质与量，而不是他人成果的质与量。文字量大并不一定表明信息量大。"株"与"枝"之间的大小与是否抄袭无关，即便是"大部头"抄袭了"小册子"也应认定抄袭。如果一部作品的主题或主要观点（此处亦借用"株"喻之）十分单薄，某一个分论点（此处借用"枝"喻之）却精彩异常，就会出现"枝大于株"或"枝秀于株"的局面。一般来说，此种情况认定抄袭的难道相对较低，故不再赘述。对于抄袭既要查明数量，更要注重质的分析。有一种俗称的"兑水抄袭法"就是将他人成果的核心内容窃取后，再"稀释"成自己的长篇之作。这类抄袭者在学术上并非一无是处，否则的话，他会连"兑水"的本事也没有。由于贪图功名利益和投机取巧心里作祟，同行间特别容易出现"兑水抄袭"。在进行程度性审查时，必须查明核心内容来自何处，而不能机械地查对抄袭了多大的文字量。特定的质是特定事物存在的本身，质和事物的存在是直接同一的。从著作权的角度说，独创性与可复制性是受保护作品的本质存在，作品的独创性主要体现在作者将其作品的思想内容用一定的形式表现出来。抄袭者如将载有核心内容的表现形式窃为己有，就是在本质上、整体上的侵权。由于"兑水抄袭"非法使用的是他人成果的精华，故抄袭之作中出现"枝秀于株"的现象也就不足为怪。

三、认定学术抄袭的主要方法

认定学术抄袭是一项严肃而又颇具难度的任务。按照民事诉讼法的基本

---

〔1〕 吴汉东：《著作权合理使用制度研究》，中国政法大学出版社1996年版，第210页。

原则，首先应当请原告与被告提出各自的证据，必要时应聘请专家进行鉴定。鉴于法官在审理著作权纠纷中处于主导地位，除必须掌握认定学术剽窃的主要方法外，还应根据案情的不同，不断探索新的方法。

（一）比较法

所谓比较法是将原、被告提供的事实逐项加以对照，以查明以下"四个是否"：（1）作品的论题与基本结构是否相同或相似；（2）主要论点是否相同或系衍生而成；（3）主要论据（尤其是数据与例证）是否相同或相似；（4）论证方法与文字表述是否一致或基本一致。

（二）查源法

所谓查源法是要求原告、被告均提供争议之作形成的原始根据，以判明何为长期酝酿、精心构思所得，何为信手移植、拼装组合而成。一般而言，创作者能够提供最初原始稿、中间修改稿、数据采集及处理记录等证据，而抄袭者大多谎称原始资料已散失或未加保留。

（三）剔除法

所谓剔除法适用于局部抄袭的著作权纠纷案。主要方法是将双方有争议的文字用颜料遮盖，然后看残留的部分是否仍能表达出明晰、确定的含义。凡有整段、整页抄袭之嫌的，应审查经剔除后争议之作的论点是否完整，论证是否出现"空缺"现象。如果经过剔除，残留部分的内容已模糊不清，表达已残缺不全，则应认定抄袭。

（四）水平测定法

对于"枝秀于株"的抄袭纠纷或翻译、古籍整理等演绎作品发生的纠纷，可邀请有关方面的专家对原、被告的实际水平进行当场测试，以判明何者并不具备创作、演绎的能力。专家组的测试结论可以作为著作权纠纷的判决依据之一。

四、认定抄袭中的几个疑难问题

由于抄袭的手段复杂多样，抄袭又是在故意心理支配下实施的，故实践中时常会遇到似是而非的说法，把本来已经明朗的案情"搅混"。

（一）共识与己见

一般而言，学术成果的价值在于具有正确而又独到的见解，能够给实践以强有力的指导。毋庸讳言的是，当前低水平重复的论文并不罕见，只不过多数作者是努力用自己的语言表述早已形成共识的观点，故其作品尽管无甚价值，但并不涉及侵权。这就是说，在同一学科的研究中，同行间对诸多问题均有共识是正常的，但任何共识都不能代替、也不可能排斥己见。用自己的语言表述共识是允许的，法律所禁止的是抄录他人的文字时不注明出处，事后又以"此系共识"作辩解的行为。《著作权法》并不要求作品具有首创性，而只要求"具有独创性并能以某种有形形式复制"。首创是指前所未有的创造，独创指不依赖于他作的独立构思和创作。既然是表述共识就谈不上首创，但在独立构思前提下所表述的必然是属于作者自己的思想和情感，必然无须依赖他人的作品。譬如，对流行性感冒的症状医学界早已达成共识，但是，因研究者的角度及自身水平的差别，形成的文字表达表述必然各有区别。如果以"同行共识"为借口抄录他人文字且不注明出处，则应视为抄袭。

（二）区别与巧合

任何事物皆有共性与个性，越是优秀的成果个性越强，无论在结构、内容及表达上与他人之作雷同的概率都越小。同一领域的学术成果的部分内容出现交叉性的重复，甚至在个别表达形式上相似或相近，都可能系巧合所致；但是，学术成果必须有独特的个性特征，以显示出"这个"与"那个"的区别。可以说，真正独创的成果与他人之作的区别是绝对的、本质意义上的。如果某一作品虽从总体上具有自身的风格，但部分内容却与他人之作完全一致，甚至连文字都相一致，则应承担局部抄袭的责任。认定抄袭的最有力的证据是将他人笔误、失校等差错也当作正确的内容照搬到自己的"作品"中。这除了证明抄袭属实之外，还可以佐证抄袭者的水平低于被抄袭者。有的被告在法庭上一再用"巧合"为自己辩解，其实是徒劳的。如果同行间对某一问题的表述逐字、逐句甚至逐段、逐页都相同或只有改头换面的差异，形成在后的作品的独立性便不复存在。

（三）教材与讲稿

讲稿是否具有著作权是一个复杂的问题。一般而言，为建立一门新的学科或课程而不依赖于他人作品，由主讲教师直接创作完成的讲稿应视为编著作品，笔者称之为原创性讲稿。为诠释某本教材的内容，经搜集资料整理加工而成的讲稿应视为演绎作品，笔者称之为演绎教材讲稿。有些教学内容已比较稳定的课程，同类教材有多个版本，当教师缺乏创造性精神时，就会为完成教学任务在多本教材中选取相关内容照本宣科，对此笔者称之为多本教材拼凑的讲稿。多本教材拼凑的讲稿的致命弱点是没有创造性，除略加取舍外，基本内容是对他人作品的摘抄与连缀。在教学活动中，我们没有必要苛求教师一一声明讲授内容的出处，但如果将由多本教材拼凑成的讲稿作为教材出版，就难以逃避抄袭的责任。如欲将演绎教材的讲稿交付出版，也应采取格外谨慎的态度，对并非作者原创的内容一一注明出处。我国目前的教材出版尚欠规范，有些自称为"某某学"的教材，其实是东拼西抄的大杂烩。在法学界也有相当一部分教材是在对现行法律作解释，故稍微多翻几个版本就会发现内容惊人地相似。结构大同小异，不少文字亦如出一辙。有的教师写稿时依赖"剪刀与胶水"，很少注入创造性的劳动，当其草率地将讲稿略作整理出版后，一连串的著作权官司就会接连而来。

（四）直接营利与间接营利

随着复制技术的普及和复制费用的低廉化，复制文字或视听材料已成举手之劳。为此，各国著作权法都明确规定禁止出于商业目的的复制。有的人认为，只要是为了教学或科学研究就可以不受限制地复制他人作品。这是一种十分危险的误解。在市场经济条件下，学校教学与科学研究并不一定是非营利性的，如举办各种类型的函授、刊授、培训班、研修班都与"创收"有直接或间接联系，义务教育是针对未成年人与成年文盲而进行的公益活动。笔者赞同江建名先生的观点，《著作权法》中所说的"学校课堂教学"是指全日制学校的课堂[1]。其他凡有直接或间接营利目的的复制他人已发表作品的活动均属禁止之列。为课堂教学、科学研究及公益、公务需要有复制已发表作品时，数量必须限制在少量范围内。近年来，我国在评定技术职称时对科研成果要求较严，各学术刊物时常收到水准一般但又急需发表的"职称稿"，有的则采取收"版面费"或单独出版专题性论文集的办法予以发表。在多数

---

〔1〕 江建名：《著作权法导论》，中国科技大学出版社 1994 年版，第 276 页。

情况下，发表"职称稿"者不仅稿酬分文不得，反而要付费。在这些纠纷中作者皆不得以未获得稿酬解脱侵权责任。这是因为，引用是复制的一种形式，未获得稿酬只能排除直接营利的目的，名誉等非物质利益的获得是典型的间接营利，亦属禁止之列。

（原载《学术批评网》，2011 年 1 月 29 日）

政府限制乞讨与保护儿童权利（摘要）

一、乞讨是成年公民的自由，施舍并非公民义务

在法律意义上，权利和自由是有联系而又有区别的两个概念。

自由和权利的共同点是主体可以按照自己的选择作出一定的行为，用法律的术语表达即"可以为"。自由与权利的区别之一在于，自由表示主体的解放，即对自身的自主支配。具体地说，自由是根据自己的意志自主地决定自己做什么或不做什么，权利是意志支配行为的界限，是自由的度。

（一）权利必定以对应面的义务履行作为保障

自由是权利构成的核心要素，自由比权利更具有一般性和普遍性，权利是对自由的具体化、法定化、明晰化。在没有加以特别注明的情况下，权利仅指义务的对称，即依法设定的公民在行为上的可以作为或者不作为以及利益的获取或者放弃。法定权利具有法定性、对应性、相对性、受保障性等特征。

（二）行乞仅是成年公民有限的行为选择自由

由于权利的实现必须以相对方的义务履行为条件，由国家提供保障，在法无明文规定的情况下，公民据以作出的一定行为（如乞讨）只是自由。林喆教授认为："严格地说，乞讨行为从来都不是一种被社会道德或国家法律所倡导的行为。'行乞权'在我国宪法法律中找不到其相应的根据。"

（三）生存保障不等于施舍义务

除了依法执行剥夺生命的刑罚之外，国家有义务保障每一个人有尊严地生存。公民遇到天灾人祸或突发状况，只要生活无着就有权利要求并接受政

府的救助。鉴于未成年人的心智发育还不成熟，政府有责任禁止未成年人行乞。

二、政府有权适度限制乞讨行为

承认成年人具有乞讨的自由是确立贫穷者与富裕者人格的平等，适度限制乞讨是为了维护公共利益。如果连公共利益都得不到保障，人格平等就是虚幻的。承认成年公民乞讨自由与适度限制乞讨，应当是社会管理创新的题中应有之意。根据我国《未成年人保护法》禁止"胁迫、诱骗、利用未成年人乞讨"的规定，政府在处理流浪乞讨行为时，应当依法对行为人身份、行乞目的、行乞手段等方面审查区分。

三、应当按照"最大利益原则"保护儿童权利

（一）政府是保护儿童权利的第一责任人

（二）我国保护儿童权利的法律法规尚需进一步严密化

（三）保护儿童权利必须打通政府部门之间的"信息孤岛"

（原载《东方法学》，2011 年第 2 期）

做好新形势下高校意识形态工作（摘要）

一、深刻认识高校意识形态工作面临的全方位挑战

在经济全球化的时代背景下，世界各国的联系更加密切，各种思想、文化的影响越来越大。国际上西方敌对势力加紧对我国实施"西化""分化"的"和平演变"图谋一直没有改变，活动的幅度在加大，方式更加多样，意识形态领域的斗争将长期存在并且日益复杂。高校意识形态工作在思想观念、体制机制、内容形式、方法手段等方面，还存在与形势发展、党的要求和群众需求不相适应的地方。

二、按照"依法治校，民主办学"的思路推进高等教育改革

在高校既要理直气壮地宣传社会主义核心价值观，又要虚怀若谷地允许不同意见、不同观点的表达，在竞争中确立正确意识形态的主导地位。

作为高等院校的管理者应该充分尊重师生的表达权，即使要根据维护正常教学秩序的要求，对师生的表达自由予以限制，这种限制也必须与所追求的合法教育目的相适应。

三、正确处理继承人类文明成果与坚持社会主义核心价值观的关系

社会主义核心价值观的提出，本身就是建立在对人类文明成果的继承之上的。"富强、民主、文明、和谐"这八个字是我国社会主义核心价值观的精髓，即建设富强、民主、文明、和谐的社会主义现代化国家。社会主义核心价值观不仅继承科学社会主义和共产主义的理论，其"和谐社会"的思想更是人类对理想社会追求的又一次升华。

四、正确理解"学术无禁区"与"宣传有纪律"之间的关系

坚持"学术无禁区"无疑是正确的。在高校的课堂不能传播背离社会主义理念的"私货"，教师的"课堂自主权"只能在教学大纲的限定范围内行使。拥有学术研究的自由是高校科研工作者的权利。"学术无禁区"目的是促进学术繁荣，从而推动社会生产力发展。但"学术无禁区"并不是放任自流，还必须"有纪律"。倡导"宣传有纪律"是对"学术无禁区"的补充，它可以限制一些不正确的思想蔓延。

五、正确处理学术民主、思想宽容与维护社会稳定的关系

（一）宽容的思想氛围是学术民主的前提

（二）学术民主是思想宽容的表现形式

（三）维护社会稳定是实现学术民主、思想宽容的有力保障

（四）学术民主、思想宽容对维护社会稳定有积极的推动作用

（与刘江江、徐海琨、江晨合作，原载《党政论坛》，2011 年 5 月号）

把征集人民建议的好事办实

据悉，我国北京市、上海市、云南省、安徽省、黑龙江省等地信访机构正在开展征集人民建议工作。我认为，建立信访制度的本意是保持各级政府同人民群众的密切联系，与此同时，信访工作的职能不仅是受理群众的投诉请求。利用信访渠道主动征集人民群众就经济发展、社会事业、政府工作等方面的意见和建议是问计于民，进一步实现公民有序政治参与的良策，一定要站在推进民主制度建设的高度抓细抓好。

一、征集人民建议要立足于建立官民合作关系

近年来，从政府公务员的话语中时常可以听到"工作越来越难做"的抱怨。为什么一方面政府在大力倡导"善治"，另一方面群众政治参与的积极性却不高，甚至本来难度不大的具体工作事项操作时困难重重呢？只有民主法制社会才会有真正的良好素质的公民，如果"口惠而实不至"或者形式主义盛行，公民也会在效仿中刻意"把事情搞大"。此时，政府为了实现预期的"政绩"，或以暴力压制，或以"给好处"的方式妥协。久而久之，法治名义下的"人治"就成了解决难题的最后手段，民众的利益胃口也被"吊大"了。"善治"，可以理解为"好的治理"，即在执政党的主导和表率作用之下，国家、社会、公民对公共生活的合作管理，使公共利益最大化。"好的治理"代表了人类对于效率与公平、私人利益与公共利益的两全其美的双赢追求。"善治"的价值和实践难度都在于，政权的执掌者从统治地位走向合作的倡导者和主持者，在公权力与私权利的制约抗衡关系之中，培育起合作互助的新颖关系。社会关系包含两个环节：一是社会合作，一是社会斗争。从社会学契约理论的角度来说，国家的建立是公民达成契约的结果，所要谋求的是社会福利的最大化。国家的职能就是组织社会合作和控制社会斗争，实现人与

人、人与自然的和谐相处。政府代表国家，是国家履行管理职能的执行机构，政府的职责是行使公共权力，管理公共事务，向社会提供越来越多、越来越好的公共产品。毫无疑问，为了建设法治政府、责任政府、服务政府，政府必须更好更多地与人民群众建立紧密的合作关系，以广纳民意、集中民智的行为保证其决策的科学性。如果政府仅仅是一厢情愿地"维护社会稳定"，而未能与群众建立起良好的合作关系，即便是完全正确的决策也会遭遇抵制，其行政效率的低下也就难以避免了。

当前，在我国既有民主制度建设不力，也有公民政治参与积极性不高与有序化不足的问题。主要问题是民主制度建设停留在宣言层面的较多，人民群众看得见、摸得着的民主较少。邓小平同志再三告诫我们："没有民主就没有社会主义，就没有社会主义现代化。"征集人民建议是政府倾听民意、集中民智、汇聚民力的主动举措，是与民众建立良好合作关系有效途径之一，必须抓实抓好。马克思指出："社会关系的含义是指许多人的合作，至于这种合作是在什么条件下、用什么方式和为什么目的进行的，则是无关紧要的。"政府无法苛求群众的意愿以什么样的方式表达，按照人民当家作主的原则征集人民建议则是有力的主动引导。一般而言，群众以表达投诉请求的方式参与信访是因为政府工作中出现了瑕疵。故此，求决类的信访活动是对既成事实的瑕疵进行修复和弥补，征集并接受人民建议是政府力争把工作做得更好的主动而为，既是公民有序政治参与的制度构建，也有利于政府从被动的"维稳"中解脱出来。各级党委和政府既然下决心征集人民建议，就应当从善如流，把这项从根本上维护社会稳定的全局性、战略性、前瞻性的工作做好。

二、以前所未有的勇气和韧性抓好人民建议征集工作

征集人民建议能否成为撬动公民有序政治参与的"杠杆"，主要看人民的正确建议能否得到采纳，关键是政府各职能部门的理念更新和职能转变。《中华人民共和国宪法》明确规定："人民依照法律规定，通过各种途径和形式，管理国家事务，管理经济和文化事业，管理社会事务。"提出批评建议是公民的权利，吸纳民意、集中民智是政府的义务。政府各职能部门和所有公务员都不能把人民建议征集工作看作是"花样翻新"或者是增加"额外负担"。征集人民建议工作的难点和重点都在于，政府以什么样的态度看待人民建议，

如果认为征集人民建议是"又多了一件事",政府就不可能从人民建议中汲取养料,征集人民建议的工作就可能沦为"做做样子"的花拳绣腿。抓落实,既要有勇气,也要有韧性,更为重要的是观念的变革。早在 2004 年,国家主席胡锦涛在法国国民议会演讲时已经公开承诺:"我们不仅进行经济体制改革,也进行政治体制改革。发展社会主义民主政治,是我们始终不渝的奋斗目标。我们明确提出,没有民主就没有社会主义,就没有社会主义现代化。我们积极推进政治体制改革,完善社会主义民主的具体制度,保证人民充分行使民主选举、民主决策、民主管理、民主监督的权利"。勇气,主要是要敢于突破陈规旧习,乘征集人民建议的东风推动具体民主制度的建设;韧性,主要是锲而不舍地抓具体工作落实,防止"领导批了、会上讲了、文件发了,就算落实了"。为了防止征集人民建议的活动陷入空泛议论,政府应当事先设计好建议征集的程序,公布具体的征集要求,必要时可以组织专项性质(如城市定位、城市规划、社会保障的具体政策设计等)人民建议征集活动。

有人担心,政府主动征集人民建议可能响应者寥寥。这种局面的确有可能出现,但政府应当由此认识到,这是以往不尊重群众意见酿下的苦酒。如果政府能够痛下决心变"为民作主"为"人民当家作主",是完全可以用实际行动挽回局面的。这就是:在重大工程项目、重大决策的讨论阶段,政府在按照规定进行可行性论证的同时,公开委托独立的、具有相应资质的投资咨询公司进行专门的"不可行性论证",并在平行公布可行性论证结论与"不可行性论证"结论的基础上,再次征集人民建议。可以相信,只要政府所为是真实、坦诚的,老百姓一定能够摒弃前嫌,积极建言献策。"公开正反方意见+征集人民建议"的决策路径,既能减少决策的盲目性,又能使决策在实施过程中,顺乎民心,实施顺利。

三、把人民建议办理落实情况纳入政府信息公开的事项

征集人民建议活动所产生的信息,属于国务院《政府信息公开条例》所指主动公开的内容。政府门户网站应当承担人民建议征集、办理、落实情况信息公开的主要职能,每一件人民建议都应当做到既有及时的程序性回复,又有办理落实情况的实质性反馈。政府信息公开的目的在于更好地保障民权、

改善民生，不能为"信息公开"而"公开信息"。政府应当有这样的自觉和自信：把人民建议征集、办理、落实以及落实后效果评估信息公布于众是人民政府的性质使然。人民建议征集是一种具有引导性的建设性实践，主动征集人民建议除了有利于政府科学决策外，通过有效的双向交流，也可以起到"限压阀""避震器"的作用，会对维护社会稳定产生诸多正效应。征集特别是讨论落实人民建议过程的公开化，对于释放转型时期不可避免地出现的某些社会群体的不满情绪，消除潜在的不稳定因素，将会收到事半功倍之效。人民建议具有社会公益性质，并非是对自身利益的诉求。实际操作中，肯定会遇到不具有合理性或者仅从自身利益出发的建议，对少数不合理的建议公开地作出解答、说明，可以直接起到化解矛盾的作用。在政府的门户网站，应当设置人民建议征集工作专栏，只要内容符合人民建议标准，经过建议人认可，就以实名方式公布其主要内容，并随附收到建议、正式受理、职能部门反馈、当事人满意与否等专项记录的公开显示。当然，建议人如果作出"不愿意公开"的选择，则应当尊重其选择。公开人民建议的内容及其办理过程和结果，不仅可以起到规范政府职能部门工作的作用，对民众也具有教育意义。只要公布的信息是真实的，就不会引起混乱。如果有关职能部门推诿、拖延，其行为记录均公布于众，那么之后对相关部门的问责也就有了事实依据。

四、建立公开、讨论、落实人民建议以及事后效果评估的机制

随着具体民主制度建设的推进，人民提出意见建议的积极性肯定会进一步加强。但是，如果出现"开门征集，关门处理"的局面，就会挫伤群众的积极性。人民建议来自人民，但谁也不可能保证人民建议的每一项内容都正确可行，信访机构对建议进行筛选是必要的。筛选的标准包括但不限于如下：其一，是否具有全局性的眼光，指出了事关国计民生、经济社会发展全局的关键性问题；其二，是否应对社会的现实需求，提出了有针对性的批评或者建设性意见；其三，是否符合当时当地的实际，基本思路具有可行性和操作性。要建立人民建议的公开讨论机制，用党委、政府的真诚和正确行为引导公众的有序政治参与。如果征集到的建议具有较高的敏感性，可以分别委托当地社会科学界联合会、自然科学技术协会等学术团体，从各自专业的角度

进行调查研究后，提出论证报告。新闻媒体除定期以综述方式报道人民建议工作外，还可以选择人民建议的典型例证（包括正确建议屡遭推诿的事例）公开报道，必要时组织公众讨论。以上海为例，广播电台的"市民与社会"节目可以利用"市长热线"版块，以现场对话、连续追踪等方式反映人民建议征集工作。现有反映市民代表寻访团活动的电视节目可以改为"寻访与建议"，侧重增加对人民建议的报道。对于人民建议中指出的政府应该办、能够办而又推诿扯皮的事项，政府应当公开进行批评和自我批评。

（原载《上海人大》，2012 年第 5 期）

创新社会管理的本质是还权于民

加强和创新社会管理，现已成为我国公务人员耳熟能详的话语。如果追问一句"为什么要加强和创新社会管理"，答案也许各不相同。笔者认为，党中央提出加强和创新社会管理的原因在于，执政瑕疵等多方面负面因素的长期积累，已经蓄积了大量社会不稳定的能量。一些地方的领导干部片面理解"稳定压倒一切"，认为平安就是"不出事"。一方面漠视群众的利益呼声，另一方面又唯恐群体性事件的发生，或滥用暴力加剧冲突，或"悄悄地花钱买太平"。这种"权力维稳"的逻辑，已经或正在破坏公民权利的实现。加强和创新社会管理的本质是实现政府职能的转变，回归人民公仆的本位，还权于民、让利于民。

一、有效的社会管理只有在民主的进程中才能实现

众所周知，健康的社会取决于权力、市场、社会三种力量的平衡，社会主义理应如此。胡锦涛在省部级主要领导干部社会管理及其创新专题研讨班开班式讲话中强调："社会管理，说到底是对人的管理和服务，涉及广大人民群众切身利益，必须始终坚持以人为本、执政为民，切实贯彻党的全心全意为人民服务的根本宗旨，不断实现好、维护好、发展好最广大人民根本利益。"这一论述，既看到了管理的主体和对象是人，需要依靠人来管理，强调了社会管理"依靠谁"，看到了人民群众是立党之本、发展之源、执政之基，政府是接受民众的委托管理社会公共事务；同时也注重社会管理必须以为民谋利为目的，强调了社会管理是"为人民"而不是"管人民"，看到了执政的首要目的是为人民谋利益。

（一）民主是社会管理运行的基本原则和价值取向

"社会管理，说到底是对人的管理和服务"，不仅仅阐明了管理和服务之

间的关系，更指明了以人为本与为民谋利的双重含义，深化了共产党人对社会主义本质的新认识。既然是管理和服务，其运行的"基本原则和价值取向应是发展高度民主——在充分尊重和发挥广大社会成员当家作主权利的基础上实现国家机构与社会机体的一致性。因此，加强社会管理与社会建设的过程，同时应是民主发育与生长的过程。社会管理及其创新与民主政治建设不可分割地融合在一起，内在地成为我国现阶段社会建设与社会发展的必然趋势和突出标志"。[1]在改革和发展的过程中，强调维护社会稳定是"硬任务"无疑是正确的，但不宜把维护社会稳定放到"压倒一切"的位置上。至少，社会稳定不能"压倒"法治，不应当也不可能在法治以外寻求社会的稳定。在法治国家，维护社会稳定的目的在于保证民权的实现，民权得以实现社会才能稳定。邓小平同志说："中国搞资本主义行不通，只有搞社会主义，实现共同富裕社会，才能稳定，才能发展。"[2]故此，在法治意义上说，政府维护社会稳定的正确目的是为了维护公民合法权益的实现，公民权利实现的程度决定了社会稳定的程度。政府作为人民利益的代表，无权在未经人民许可的情况下，要求民众以牺牲公民权利的方式来保证其顺利施政。如果确有必要进入紧急状态，采取戒严等措施的，应当依照法定程序办理。[3]周瑞金说："'稳定压倒一切'的思维，关注的是社会当下的稳定，倾向于采取强制措施，封堵不良信息乃至所有负面议论，往往强行消除网上的杂音。意识形态的思维，强调官民互动，占据舆论的主导权，用信息开放对付似是而非的流言和不负责任的谣言，用细致的思想工作来说服民众，这是社会管理创新的正确思路。"[4]政府既不能以"维稳"的名义压制群众"维权"的诉求，也不能以"花钱买太平"的名义，诱导利益攀比，破坏社会稳定。

（二）脱离群众是我们党执政后的最大危险

我们一定要充分认识执政党地位变化所引发的挑战，以及我们在实际上

---

〔1〕 包心鉴："社会管理及创新应与民主政治建设同步并重"，载《学习时报》2011年5月23日。

〔2〕 中共中央文献研究室编：《邓小平年谱1975—1997》（下），中央文献出版社2004年版，第1312页。

〔3〕 根据我国《宪法》第67条和第89条的规定，有权决定紧急状态的机关分别是全国人大常委会和国务院。其权限划分是：全国人大常委会有权决定全国或者个别省、自治区、直辖市进入紧急状态，国务院有权依照法律规定决定省、自治区、直辖市范围内部分地区进入紧急状态。

〔4〕 周瑞金："我对社会管理创新的十点思考"，载《南方日报》2012年7月13日。

脱离了群众的危险。如果我们承认密切联系群众是我们党的最大政治优势，那么，必须同时承认脱离群众是我们党执政后的最大危险。克服这个最大的危险，需要弃旧图新的不是民众而是执政党自身。不能认为，腐败分子只是极少数，对腐败分子已经采取了包括死刑在内的惩处手段，党群关系就能够自然向好的方面发展。必须从思想上正确认识和把握党和人民之间的关系，避免载舟之水变成覆舟之水。

周瑞金最近撰文指出："社会管理要防止进入两个误区，一是把社会管理等同于社会危机管理和社会问题管理；二是把社会管理当作政治控制，不承认社会管理中的市场逻辑和社会自治逻辑。"[1] 还权于民不是空泛的说教，至少包括但不限于把知情权、参与权、表达权、监督权还给老百姓。客观地说，我国人民的知情权、参与权、表达权、监督权至今还处于"让你知情多少，你就知情多少；让你何时参与，你就何时参与；让你表达什么，你就表达什么；让你监督何处，你就监督何处"的"指定"状态，人民当家作主还经常异化为"被当家作主"。有人认为，人民的知情权、参与权、表达权、监督权应当在政府当局的许可范围内实现，否则的话，就会导致社会秩序的混乱。这种"担心"似乎有一定道理，但是，政府信息公开真正危及的只是官员"为民做主"的秩序，即官员不能一手遮天也就不可能收受贿赂了。加强和创新社会管理必须走法治化的道路，通过社会管理创新约束公权力的运作，必须建立不可逾越的制度体系，保障公民在实际上参与政府决策。现在的问题是，有的政府虽然也在抓"公民有序政治参与"，但在政府负责人内心"问计于民只是取得政绩的抓手"，并没有让社会管理权力回归社会的意识，政府也在被群众称为"作秀"的过程中失去了公信力。

首要的问题是，加强和创新社会管理是为了什么？如果把加强和创新社会管理当作统治人民、管束群众的手段，或者把加强和创新社会管理当作取得"政绩"、升官晋级的台阶，或者把加强和创新社会管理当作耍花拳绣腿的"台上功夫"，走偏了方向去搞"加强和创新"就会南辕北辙。

（三）加强和创新社会管理不是与民博弈

加强社会管理不是以人民作为管理对象或者利益"对手"，创新社会管理

---

〔1〕 周瑞金："社会管理的历史、现状与创新"，载《炎黄春秋》2012年4月11日。

是为了更好地保证人民当家作主。近年来，对博弈论也出现了某些误读，有的基层政府甚至把自己放在与民众博弈的位置上，津津乐道于"与民博弈"。我们必须摆脱对博弈论的误读，更高地举起人民民主的旗帜，还权于民，保证人民当家作主。其实，博弈是多决策主体之间行为具有相互作用时，各主体根据所掌握信息及对自身能力的认知，做出有利于自己的决策的一种行为。在决策过程中，有关职能部门因为各有利益所求而博弈是存在的。但是，以下三点必须坚守：第一，执政党和政府官员的权力来自人民的委托，我们党除了人民利益，没有自己的特殊利益；第二，政府是人民利益的代表，必须为人民谋利益，不能以"对自己有利"作为决策的标准；第三，政府在处理不同利益主体之间的纷争时，可以在协商中主导"讨价还价"，但绝不能中饱私囊。

我们一定要充分认识执政党地位变化所引发的挑战。其一，在管理制度上，要坚持加强源头治理体系建设，"党要管党"是必须切实解决的源头性问题，"己不正焉能正人"，社会管理必须建立在廉洁、勤勉、接受监督的机制和制度体系之上。其二，在管理方式上，要从偏重管制、控制向更加重视服务、重视协商、协调转变。在管理环节上，要从偏重事后处置向更加重视源头治理转变。其三，在管理手段上，要从偏重行政手段向多种手段综合运用转变。更多地运用法制规范、经济调节、道德约束、心理疏导、舆论引导等手段。

二、推进民主是加强和改进社会管理的题中应有之意

改革开放以来，我国经济总量增长迅速，但由于计划经济模式的惯性强大，区域发展不平衡，民主制度建设的起步较晚，所以仍然属于发展中国家。随着我国经济体制改革的深化，社会结构发生了巨大的变化，但多元利益需求在贫富差别、城乡差别、地区差别进一步扩大的基础上引发了强烈的社会心态失衡，使得各种社会问题日渐凸显，社会系统性风险加大，潜在的风险进一步加剧。世界各国现代化发展历程表明，经济高速增长，容易引起经济结构失调、公众心理失衡、社会矛盾急剧增多。改革开放以来，我国用三十多年的时间走完了西方发达国家上百年才走完的发展历程，西方国家在不同时期渐次出现的许多矛盾和问题，在我国发展过程中必然在相对集中的时间段、

以复合交叉的形式表现出来。我国在发展进程中遇到的矛盾和问题，无论在整体规模还是复杂程度上都世所罕见。正如乌尔里希·贝克所说："在现代化的进程中，生产力指数的增长，使危险和潜在威胁的释放达到了一个我们前所未知的程度。"[1]我们不仅要避免重蹈西方现代化过程中付出沉重代价的覆辙，而且要致力于提高执政能力，用全民共享政治体制和经济体制改革成果的实践，向全世界证明社会主义制度的优越性。早在20世纪60年代末，美国政治学家亨廷顿曾明确指出："就政治发展而言，重要的不是政党的数量而是政党制度的力量和适应性。"这里"力量"与"适应性"所衡量的，就是一个政党制度对不断变化的不同社会阶级、阶层、集团利益是否具有与时俱进的吸纳、代表、表达和整合的能力，"从这个观点出发，政党数量只有在它能够影响到该制度为政治稳定提供必需的制度化渠道的能力时，才具有重要性"[2]。

2010年12月以来，突尼斯、埃及等北非和中东地区一些国家先后出现政局动荡，并造成部分国家领导人和执政党下台。这些国家领导人及其执政党近几年的执政过程和经验教训，非常值得我们研究。尽管造成各个国家政局动荡的原因是多方面的，但它们之间共同的原因就是民主缺失、官员腐败、贫富悬殊、物价高涨、失业严重，普通民众生活状况长期得不到改善。民主制度建设涉及的内容很多，核心的要素只有两条，一是执政党接受监督的程度，二是政府信息公开的程度。实践是检验真理的唯一标准，民主建设的水平也必须以监督执政党和政府信息公开的实际状态予以衡量。当前，我国既处于发展的重要战略机遇期，又处于社会矛盾凸显期，更需要弘扬民主、畅通渠道，保障人民的参与权、知情权、表达权、监督权。亨廷顿在其代表作《变化社会中的政治秩序》中提出："现代性孕育着稳定，而现代过程却滋生着动乱。"[3]我国理应在"孕育着稳定"与"滋生着动乱"的矛盾中，走出一条政治上人民当家作主、经济上协调发展、社会和谐稳定、人民生活持续改善的社会发展道路。任何一个政党的先进性、任何一种社会制度的优越性，

---

〔1〕 〔德〕乌尔里希·贝克著，何博闻译：《风险社会》，上海译林出版社2004年版，第15页。

〔2〕 转引自蒉凯频："民主矛盾论中国特色社会主义民主制度与发展路线的哲学基础"，载中国社会文化人类学网 http://www.sociolo-gy2010.cass.cn/news/133109.htm，最后访问时间：2011年8月5日。

〔3〕 〔美〕亨廷顿著，王冠华等译：《变化社会中的政治秩序》，上海人民出版社2008年版，第31页。

都无一例外地需要接受实践的检验。中国特色社会主义的新型文明，能否在总体上优于资本主义文明，不仅要"听其言"，更要"观其行"。作为执政党，加强和创新社会管理必须"眼睛向内"查找自身的不足，而不是"眼睛向外"专找群众的毛病。各级政府不能借加强社会管理的名义集权、扩权，也不能以"科技发展迅猛"为由懈怠职责的履行。正如俞可平教授所说："社会管理的加强从某种意义上讲，是政府职能的转变，但是不能说政府职能的弱化。政府该管理的，什么时候都要管，而且要加强管理，但是它不应该管的，就坚决不要去管。社会管理的推进过程，首先应当是公共服务的扩大过程，公民权利的增加，而决不能成为公共权力的扩大过程，那样的后果将十分可怕。"〔1〕

当前，我国在社会管理方面确实既有"不敢管"，也有"不会管"的问题。加强社会管理主要是解决面对纷繁的社会问题不敢管理的问题，创新社会管理主要是解决"老办法不管用、新办法不会用"的困惑。加强和创新社会管理，最为重要的是更新执政理念，端正掌权的出发点，既在为民谋利的过程中获得民主制度建设的不竭动力，又通过民主制度建设不断提升民生改善的水平。"民主是个好东西，不是说民主就可以强制人民做什么。民主最实质性的意义，就是人民的统治，人民的选择。尽管民主是个好东西，但任何人和任何政治组织，都无权以民主的化身自居，在民主的名义下去强迫人民做什么和不做什么。"〔2〕社会管理与其他管理相比，应当更加注重民主的实现。通俗地说，加强和创新社会管理是为人民谋利益，而不是以幸福的恩赐者自居，推行国家的强制。

三、保障民主、改善民生是社会管理的两个"驱动轮"

近年来，大力改善民生无疑是正确的。但是，改善民生并不能也不可能替代民主建设。如果把民主视为"麻烦的东西"，自觉或不自觉地延误了民主的推进，未来的麻烦就会更大。我国当前社会的主要矛盾没有变化，还是人民群众对物质文化的需求与落后的社会生产之间的矛盾，但主要矛盾的主要方面变化了，政府提供的公共服务还处于量少、质弱、效率低的状态。化解

---

〔1〕 俞可平："社会管理须淡化官本位 注重民主法治作用"，载《齐鲁晚报》2011年5月31日。
〔2〕 俞可平："民主是个好东西"，载《学习时报》2007年1月5日。

社会矛盾的根本途径是提高执政能力和改进执政方式，即让人民在民主制度的落实中得到更为公平的利益。从利益分配角度看，即便在事实上做到了让全国人民共享改革的成果，也不能减缓民主制度建设的进程。

（一）必须认清民主与民生是相互联系、相互促进的统一整体

俞可平教授认为："社会管理的重点是制度建设和制度创新，特别是权益保护机制、利益协调机制、社会保障机制、公共安全机制、社会稳定机制、公共服务机制、应急管理机制、基层治理机制、社会自治机制等方面的制度建设和创新。至于说到难点和关键，在我看来，在于如何处理好以下几个关系：党的领导与公众参与，政府管理与社会自治，依法治国与以德治国，静态稳定（以堵为主）与动态稳定（以疏为主）等等。"[1] 当前在我国既有民生改善不够，又有民主保障不力的问题，许多社会难题都是民生改善不够与民主保障不力叠加产生的。在多数情况下，民生问题并不是"经济能力"造成的，隐藏在民生问题背后的是公正性的缺失和公众政治参与的不到位。如果能在制度层面保障民意表达的渠道畅通，允许批评的声音存在，社会矛盾的群体性爆发就会大幅度减少。近年来，保障人民知情权、参与权、表达权、监督权的宣示已经反复在党和国家的文件中得到申明。但是，实际贯彻的差距还很大。以往，我们时常宣传"要让人说话"，似乎让人说话是宽宏大量的表现，是对民众的恩赐。其实，表达权是人作为人而非"会说话的动物"所具有的基本权利，国家有义务保障公民表达权的实现。用"端起饭碗吃肉，放下筷子骂娘"形容民间心态是不公正的。只要分配不公客观存在，政府就不能用"有肉吃"堵老百姓的嘴。

恩格斯说："我们的目的是要建立社会主义制度，这种制度将给所有的人提供健康而有益的工作，给所有的人提供充裕的物质生活和闲暇的时间，给所有的人提供真正的充分的自由。"[2] 巩固和发展社会主义，必须认识和把握好两大任务：一是解放和发展生产力，极大地增加全社会的物质财富；二是逐步实现社会公平与正义，极大地激发全社会的创造活力和促进社会和谐。上述两大任务相互联系、相互促进，是统一的整体。没有生产力的持久发展，

---

〔1〕 俞可平："社会良序更多依靠社会自治与自律"，载《文汇报》2011 年 4 月 22 日。
〔2〕 ［德］恩格斯："弗·恩格斯对英国北方社会主义联盟纲领的修正"，载《马克思恩格斯全集》第 21 卷，人民出版社 1965 年版，第 570 页。

就不可能最终实现社会主义本质所要求的社会公平与正义；不随着生产力的发展而相应地逐步推进社会公平与正义，就不可能愈益充分地调动全社会的积极性和创造活力，因而也就不可能持久地实现生产力的大发展。

(二) 必须把既得利益从党的根本利益中剥离出去

多年来，少数党员干部腐化变质的恶劣行径已经严重影响了党在群众中的威信，加强和创新社会管理必须面对这一现实。刘昀献教授认为："由于权力自身具有强制性力量和专制化倾向，而且总是与各种利益有着紧密联系；在长期执政、特别是在改革开放新的历史条件下，利益多元化趋向也必然会影响到我们党内，难免会有少数人由钻体制的漏洞进而蜕化变质。他们把党和人民赋予的职权、把自己的地位、影响和工作条件，看成是自己的所谓既得利益，不是用这些职权和条件来为党、为人民更好地工作，而是用来为自己捞取不合理的非法的利益；有的甚至视之为谁也碰不得、动不得的私有财产，想方设法要去维护和扩大这种所谓既得利益，进而以政治权力为纽带，网络各方面人员，结成一个个特殊利益集团，大量鲸吞社会财富。"[1]加强和创新社会管理，一定会遇到既得利益拥有者对社会管理权力的争夺。如果按照既得利益拥有者的思路进行政策设计，社会管理的权力就会更多地集中于"官"，再通过官商结合的隐蔽形式，由"官"与"商"进行利益分配。所以说，加强和创新社会管理最为重要的是更新理念、端正出发点，真正把人民当家作主作为中国特色社会主义民主的本质与核心来坚守，在为民谋利的过程中获得改革深化的不竭动力。

以"裸官"为例，虽然有关部门已经作出了"裸官不得当第一把手"等决定，但官员非法转移资产出境并外逃不归现象一直引人注目。"裸官"群体是在巨额资金流向国外的基础上形成的，背后一定隐藏着巨额的贪污贿赂。可以肯定地说，"裸官"群体的形成与我国利益配置以及信息公开的缺陷有关。化解社会矛盾客观上需要各级干部都有所作为，也会触动各级干部的既得利益和未来期望。正因为政府掌控公权力，政府工作人员是公民的"仆人"，如何摆正公仆与主人的位置，就成了化解矛盾的关键点。我国的利益分配不公虽然在行业、职业、城乡等方面都有比较突出的反映，但是，真正差

〔1〕 刘昀献："中国共产党在当代面临的十大执政风险"，载《中国浦东干部学院学报》2012年第2期。

距悬殊的还是官民之间的实际利益差距。官员利用手中权力获得了归个人所有的既得利益,改革的深化必然要消除和剥离这种既得利益。通俗地说,加强和创新社会管理应当是官员个人利益"做减法",群众根本利益"做加法"。正如俞可平教授所说:"增量民主的实质,是在不损害人民群众原有政治利益的前提下,最大限度地增加新的政治利益。下一步的政治改革将着眼于调整社会的利益分配格局,缩小社会成员和社会群体之间的利益差距。"[1]

(三) 必须摒弃社会组织发展"影响社会稳定"的旧思维

改革开放以来我国的社会组织有了较大的发展,但存在的问题也是严重的。据民政部统计:截至 2010 年 9 月,登记注册的中国社会组织总量已达到43.5 万个。[2]然而,未经登记注册的社会组织的数量远大于正式注册的数量。2002~2003 年上半年,有人在深圳、安徽部分地区调查时发现,经过正式登记的社会组织数量只占实际数量的 8%~13%。[3]在我国之所以出现大量社会组织处于"法外"的现象,并不是因为民间的登记积极性不够,而是部分领导干部唯恐社会组织发展起来后"影响社会稳定",尽可能设置障碍不予登记。与此同时,在中国的国外非政府组织(NGO)有 4003 个,目前登记的却只有 20 多个。[4]这里有两个误区是幼稚和荒唐的:一是似乎只要申请结社不予登记或者未登记,其就会自然消亡;二是社团有了主管机关,就不会"影响社会稳定"。社会管理是所有社会实现秩序良好所必需的制度机制。现代社会管理的核心是,如何在保障社会每一个成员权利得以实现的前提下,实施对社会的有效控制。如果忽视了对社会成员权利的保障,而一味强调"稳定压倒一切",这样的"稳定"无疑也不可能压倒社会组织的成长。

我国已经在 1997 年签署加入了联合国《经济、社会和文化权利国际公约》。该公约规定缔约国确认"每一缔约国家承担尽最大能力个别采取步骤或经由国际援助和合作,特别是经济和技术方面的援助和合作,采取步骤,以便用一切适当方法,尤其包括用立法方法,逐渐达到本公约中所承认的权利

---

〔1〕 俞可平:"增量民主:中国特色政治模式",载《北京日报》2011 年 11 月 22 日。

〔2〕 孙伟林:"起好步 开好局 推进社会组织健康发展——新年献词",载《社团管理研究》2011年第 1 期。

〔3〕 谢海定:"中国民间组织的合法性困境",载《法学研究》2004 年第 2 期。

〔4〕 王峰:"年增长率不足 3% 社会组织双重管理体制谋变",载《21 世纪经济报道》2011 年 3月 17 日。

的充分实现。"因此，通过强化社会立法，将国际公约转化为国内法并付诸实施，也是我国履行国际公约的必然要求。就社会管理而言，充分发挥社会组织的作用是全球公认的经验，良好的社会秩序离不开社会自治与公民自律。在我国，某些领导虽然抽象地承认社会自治的重要性，另一方面却以是否符合"长官意志"对社会组织进行法律标准以外的限制。按照现行的《社会团体登记管理条例》，新成立的社会组织一方面需要在民政部门依法注册登记，另一方面还必须事先由业务主管单位批准即实现"挂靠"。其实，不合理的登记"门槛"并不能阻遏公民的结社行为，对社会组织的蓬勃发展采取视而不见、听而不闻的态度，只能诱发更深层次的社会不稳定。据报道，北京市拟对工商经济类、公益慈善类、社会福利类、社会服务类四大类社会组织实行"无需挂靠"登记。这无疑是一大进步。然而，我国如今的社会组织有相当一部分属于"兴趣爱好"类型，即以共同兴趣爱好为纽带自发成立的户外俱乐部、歌友会，等等。"兴趣爱好"类型的社会组织并没有商业目的，也不对外服务，纯属自娱自乐，陶冶情操。其中的多数已经在活动中形成了较强的凝聚力，也应当采取"无需挂靠"的管理办法，通过提供服务和引导，使之成为社会管理的力量之一。此外，网上民间组织的兴起也是不争的事实，我们的社团管理制度为什么就不能与时俱进呢？客观的现实是，社会组织并不会因为"未经登记"而不再存在，有关管理部门如果因为惧怕其发展而放任不管，除了为今后"选择性执法"提供了方便之外，对社会管理而言是没有任何益处的。

（四）必须学会在多元利益表达中听取批评、凝聚共识

"当今中国，正处于大转型的现在进行时。财富的持续增长、社会的不断变动，激发出空前活跃的思想。维权意识日益敏感、利益诉求更趋多元，方此之时，共同的社会认知、道德理念、行为规则，才能保证思想的交锋、价值的角力、利益的博弈，不至沦为撕裂社会秩序的负资产，而成为推进社会前行的正能量。"[1]当然，民意是由复杂因素构成和推动变化的，"此民此意"与"彼民彼意"的相左也是正常情况。作为政府必须认清楚什么是多数人的根本利益，善于引导多数人意志的充分表达与集中体现。特别是，整体

---

[1] 人民日报评论部："多元时代更需凝聚共识"，载《人民日报》2012年7月12日。

利益与个体利益在民意表达和形成的过程中也会出现冲突，具体的民意表达者也可能把自己的意愿以"民意"的方式表达出来。例如，谁都会说建造公共厕所是必要的，但是，谁都不愿意把公共厕所建造在自己家门口。如果政府有关部门把建造公共厕所这一件事情，分解成三个"征询程序"来操作，民意就比较容易集中。第一次征询只涉及"要不要建造公共厕所"，在取得多数人同意（95%或者90%的赞同率）之后，再对建造方案（包括选址、面积、造价等规划设计内容）进行第二次征询，取得85%~90%赞成票就相对容易。如果必要，还可以就"委托谁负责管理、按照什么标准管理"进行第三次征询。可以肯定地说，只要政府敢于广开言路，善于集中民意，多数人一定会成为政府的依靠力量和监督力量。

这里特别需要说明的是，政府不能把依靠力量和监督力量对立起来，那种"我依靠你，你就要顺从我"的思路是完全错误的。2012年3月26日，温家宝总理在国务院第五次廉政工作会议上强调："要全面贯彻落实中央关于党风廉政建设和反腐败斗争的决策部署，深化改革和加强制度建设，深入推进政务公开，创造条件让人民群众监督政府。"[1]细作研究可以发现，让人民群众监督政府是需要创造条件的，如果没有适当的条件，人民群众监督政府只是一句空话。就主人与公仆的关系而言，主人具有选择和再选择仆人的权利，公务员必须接受主人的监督和挑剔。就资本的属性而言，当其为了占领市场而不得不拜求"市长"的时候，必然会有一段时间的"乖顺"乃至献媚的表现。但是，私人资本对公共权力的归顺只是短时间的虚伪，资本扩张到一定程度，其拥有者一定会转而要求政治权力。对政府而言，招商引资无疑是正确的，更要谨防招商引资毁坏环境、葬送自己。资本是最重要的生产要素，却不是政府的依靠力量。只有人民群众才是政府的依靠力量。其中的道理非常简单，因为人民群众是政府的唯一授权人。公仆不但必须把自己的授权人作为依靠力量，还应当无条件地接受来自授权人的监督。说得通俗一点，"家贼"不得不防，主人防止仆人贪污受贿是天经地义。近年来，问计于民、问策于民已经成为口头禅，但在实际操作中，容不得不同意见的做法也时有所见。温家宝总理多次说"要创造条件让人民群众批评政府"，实际上落实得并不好。有的咨询会、论证会有意识地选择"唱赞歌"的发言人，排斥批评者

---

〔1〕 "温家宝强调创造条件让人民群众监督政府"，载《人民日报》2012年3月27日。

的介入，这样的问计问策虽有"于民"的外壳，实际上是对民意的亵渎。

（五）必须以"贴心管家"的身份加强和创新社会管理

加强和创新社会管理就是要维护人民群众最现实、最关心、最直接的利益，实现政府工作从"国家本位"到"社会本位"的转换，将政府从"为民做主"转变为民众的"贴心管家"。显然，"贴心管家"不是"甩手掌柜"，人民群众才是"当家人"，管家（仆人）必须按照人民（主人）的意志提供服务。如果"管家"（人民的公仆）贪污受贿忙于向境外转移资产，"当家人"（人民群众）却连基本生活保障还未落实，人民就有权利行使选择权和再选择权。群众满意不满意、群众高兴不高兴是检验政府工作的试金石，群众对政府提出批评意见是理所应当由政府承担保障责任的。

如果承认察实情、讲真话是思想解放的反映，也是解放思想的起点，那么，加强和创新社会管理也要以察实情、讲真话为起点。当然，察实情、讲真话包括自律、他律与律他三个方面。首先，各级领导干部要以身作则察实情、讲真话；其次，用保护批评质疑声音存在的方式，具体地保障人民的知情权、参与权、表达权、监督权；再次，对下属实施严格的要求，避免不真实的情况报告影响决策的正确性，更不能暗示下属按照自己的口味报告情况。1937 年 2 月 6 日，《西行漫记》的作者斯诺在给美国驻华大使约翰逊的信中写道："没有人告诉我不能写什么，没有人查看我的笔记。他们让我自由地拍摄我所选择的任何镜头"。[1]如果说，当时延安高层领导人的民主实践已经为我们作出榜样的话，我们今天的社会管理创新就应当成为民主制度建设的突破口。为此，笔者同意周瑞金的观点："社会管理创新的真实涵义，应当是在深化改革的精神统领下，创建社会管理新格局，还权力以规范，要求国家以法律力量和行政力量给社会一个自治管理秩序，让社会在常态下按照自己日常规范进行自我管理；在非常态情况下，也可以用组织力量自我控制，降低国家运行成本和管理代价。这是中央提出社会管理创新的一个基本理念。所以，加强社会管理创新的实质，就是深化社会体制的改革与建设"。[2]

（原载《东方法学》，2012 年第 5 期）

---

〔1〕 郑福汉："提升领导媒介素养'功夫在诗外'"，载《新华每日电讯》2011 年 8 月 5 日。

〔2〕 周瑞金："社会管理创新 实质在深化改革"，载《南方日报》2012 年 7 月 17 日。

从城管改革看社会管理的加强与创新 ████

随着改革开放的深入，我国人民的生活水平普遍有所改善，但是，官民关系却在一定程度上呈现紧张化，虽经多方努力，社会矛盾激化的趋势并未得到根本扭转。以取缔无证经营乱设摊为例，近年来，政府投入持续增加，社会舆论屡屡诟病，城管野蛮执法的数量虽然总体上有所减少，但暴力导致伤亡的事件仍时有报道，始终未能在维持公共秩序与保障低收入人群自谋生计权利之间找到利益的平衡点。温家宝总理说："我们所做的一切，都是为了让人民生活得更加幸福、更有尊严。"为达到这一目标，我国的社会管理应当从被动式管理走向主动式管理，从上对下的恩赐给予走向权利间的互动，从管理者单向约束走向管理者与相对人双向制约。显然，街头设摊面临的是诸多矛盾汇聚交织、各方面利益反复博弈的复杂局面，从城管入手创新社会管理也许是很有价值的"试验田"。

一、城市设摊管理的敏感性值得重视

最近，世界上有三件与城管执法有关的事情，值得引起我国各级领导干部的重视。

其一，2010 年 12 月 17 日，突尼斯南部地区一名 26 岁的大学生布瓦齐齐，因为找不到工作而沿街售卖蔬菜。布瓦齐齐为了抗议警方阻止他贩卖水果蔬菜谋生而试图自焚，结果引发抗议民众与警方的冲突。布瓦齐齐在医院不治身亡后，突尼斯全国各地相继发生大规模社会骚乱，并迅速蔓延至突尼斯全境。突尼斯有关当局在 1 月 14 日傍晚宣布，"决定立即在全国所有领土上实施紧急状态法"。当晚，总统本·阿里携家人乘飞机离境。

其二，在英联邦运动会前夕，新德里发动了大规模的驱逐小贩行动。从2009 年 3 月到 2010 年 5 月，"印度全国街头小贩联合会"与新德里有关当局进行了一系列接触，举行了 12 次会议，希望能够合理解决新德里的街头小贩问题，但是却没有取得任何结果。2010 年 6 月，印度最高法院接到了"印度全国街头小贩联合会"的上诉。10 月 20 日，印度最高法院正式做出判决："街头叫卖是人们谋生的一项基本权利，政府需要贯彻一项成文法来规范街头小贩，而非打压。"判决说，同行人的自由行路权一样，街头摊贩的谋生权利同样需要保障，"政府需要保障两者间的平衡而只有在法律的框架下，通过合理的规范，才能使这两种相互冲突的权利达成平衡"。判决认为，目前，的确存在着一些妨碍小贩基本权利的行政规划和政策，但即便如此，小贩们诚实经营的自由和尊严也不可剥夺。"不能因为路边摊贩贫穷、无组织，就让他们应享有的这些基本权利处于混乱状态，也不能用不断变化的行政规划来决定他们的基本权利。"判决还要求，印度政府必须在规定时间内实施相关法律，保护路边摊贩。"到 2011 年 6 月 30 日，必须通过一部法律，规范路边摊贩以及他们的基本权利。"

其三，2011 年 1 月 12 日《新京报》报道，近日在北京华威桥附近发现，为对付城管，卖红薯的小贩配了对讲机。当一名商贩发现城管时，便会通过对讲机通知其他人及时躲避。记者说："这是一场以技术对抗技术的攻防战，为了生活的小贩，面对城管装备的升级，无奈地提升着应对围追堵击的防卫能力。都说城管与小贩是猫鼠大战，对讲机的出现，又为这场沉重的街头战争，加了一个有点儿滑稽的注脚。小贩的账算得精细：置办烤红薯的大桶加上脚蹬三轮车成本 300 元，烤红薯每天可赚 60 元到 70 元；一年内可能数次被抓，既会丢设备又会被罚，而对讲机 200 多元，这种投资似乎很值。"特别需要说明的是，小贩对付城管驱赶，以往的办法是雇人望风报信，配备对讲机显然是博弈的"升级版"。

街头小商小贩的管理是全世界遇到的共同难题，最为突出的矛盾是城市的形象（即"面子"）与低收入人群的生活出路（即"肚子"）两者之间的平衡。在突尼斯，愤怒的小贩以自焚的手段抗争，引发了全国范围的骚乱；在印度，组织起来的小贩迫使法院作出了维护小贩谋生权的裁定；在中国，小贩则采取增加成本装备对讲机与城管"打游击"的策略。显然，世界各国都有小商小贩与城管的矛盾，中国小贩采取的抗争手段最为轻柔内敛。小贩们没有以死相逼，也没有要求政府作出承诺，只是以自身增加成本的办法与城管"打游击"。

问题是，如此旷日持久"打游击"的后果，究竟是公共秩序得到了维护还是城管的不作为或暴力的孕育？小贩是低收入人群，游动经商是其养家糊口的收入来源。小贩一旦无法忍受城管的暴力，就可能以死相逼或结成反抗同盟。在小贩与城管的博弈中，小贩注定是弱者，而且小贩对增加成本的消化能力极其有限，绝大多数成本将会转移到消费者头上。由于小商小贩已经成为城市中低收入人群消费需求的供给源之一（如早餐、蔬菜、水果的零售等），小贩的存在毕竟方便了市民的生活。于是，在市民与小贩之间、城管与小贩之间都在无意识之中形成了"既爱又恨"的关系，市民既喜爱小贩的廉价与便利，又怨恨小贩缺斤少两、污染环境；城管既喜爱小贩能够为他提供"孝敬"，又怨恨小贩的不服管、不配合。相比较而言，市民对小贩的不满特别容易转化为对政府的抱怨，小贩希望从城管手中得到最宽松的"待遇"，寻租必然出现。在缺乏正确规制的状态下，城管与小贩之间或暴力对抗或腐败丛生，市民的利益受到损害，最终导致小贩、城管、市民均对政府不满的局面。特别是，小贩与城管的角逐都发生在街头巷尾，一旦出现冲突，很可能在公众围观中扩大乃至失控。

二、必须以唯恐不及的补课心态强化社会管理的创新研究

当前，我国社会矛盾的凸显和化解难度增大的现实告诉我们，必须充分认识社会发展大系统本身的客观规律，以对社会发展规律性的认识为基础，从改进自身工作入手，提高执政能力，构筑社会的"硬件建设"和创新社会的"软件管理"，通过"民富"巩固"国强"。概括地说，社会建设主要是有关社会良性运行的制度、设施建设，社会管理创新主要是确立社会管理的新机制，努力实现从传统模式向政府行政管理与社会自我调节、居民自治管理良性互动、社区管理与单位管理有机结合、多种手段综合运用、管理与服务融合、有序与活力统一的多元治理、共建共享的新模式转变。应当承认，中国共产党虽然长期处于执政地位，但在社会建设、社会管理方面还是"新手上路"，亟待补课和在实践中学习。

（一）社会管理的实践与研究在我国尚属起步阶段

管理，我国而言并非新概念，但是，长期以来管理基本上仅限于与经济相关的领域，如经济管理、企业管理、工商管理等。2005 年《中共中央关于

加强党的执政能力建设的决定》提出"加强社会建设与管理，推进社会管理体制创新"。但是，无论理论界还是实践部门都缺乏足够的重视，至今只是完成了加强和创新社会管理的宣示。不少同志仅仅把加强和创新社会管理当作"提法的改变"，鲜有见到社会管理的理论研究成果，实践经验的总结提升也很不够。

应当看到，我国改革开放以来，经济建设成就斐然，但也引发了诸多社会问题和社会矛盾。城管队的出现也许的确是实践的需要，但匆匆走上街头的城管队却是在执法主体资格不明状态下开始执法的。据报道，我国城管执法机构的归属很成问题，"有的挂靠在建设局，有的挂靠在规划局，也有的城市成立了城管执法局"，而四川省广元市城管副局长更是坦言"建设局或规划局下设的城建监察支队或城管执法局，一般是事业编制，不具备行政执法主体资格"。以上海的城管工作为例，自1993年至今，上海的城管执法已经历经了巡警综合执法、城市管理监察执法、城市管理综合执法三次大的体制变动。从全国来看，城管执法的争议不断，在公众批评与城管人员的怨言几乎同步增长的情况下，提升城管地位、城管归属公安机关等强硬姿态已经冒头。2010年7月27日下午，北京市宣布了市城管执法局局长由市公安局治安管理总队总队长兼任的任命。记者在报道时还披露：北京市纪委监察局对本市城管执法现状的调查报告建议，市城管综合执法局要从市政市容委中独立出来，归政府直属管理。

其实，在领导层面对城管队伍总体素质不高的认识是明确的，希望城管由市政府直管乃至"城管警察化"，都是期望能够在更加强有力的支撑下完成任务。警察化的城管和警察尽管都属于行政机关，但有本质不同，公安机关作为一种武装性质的力量，行使着维护社会治安和刑事侦查的双重职能，并拥有对人身、财产的强制处分权。党中央一再提醒"慎用警力"，将城管纳入巡警系列，或者由公安机关的治安部门负责人兼任城管负责人，都会进一步增强"暴力管理"的误解。人民的政府应当防止小摊小贩暴力抗法和城管暴力执法相互交织的蔓延，特别是当前社会分配不公客观存在，政府和民众关系紧张，民众的怨气较大，更需要慎出"城管警察"这张牌。

（二）城管困境形成的主要原因是社会管理的落后

由于我国长期缺乏对社会建设与社会管理的深入研究，习惯于"一刀切"

的手段管理社会,公共资源的巨大耗费与收效不成正比,基层管理者与市民之间发生暴力冲突或形成互相憎恨而又互相利用的关系,积怨和销蚀因素正在不断积累。一方面,加强和创新社会管理在部分政府工作中至今还是说说而已的"软任务";另一方面,在城管队之外又出现了协管员,有的地方还出现了招聘"年轻""形象好""26 岁前必须下岗"的女性充当城管队员,公共资源的耗费还在进一步加大。特别值得重视的是,官民之间对社会矛盾凸显的原因认识分歧较大。公众倾向性的意见是公平性不足与尊严感的缺失,强烈的抨击直指严重的官员腐败;而部分公务人员则认为,是公民素质偏低、利益要求太高导致了管理困难。

笔者认为,社会矛盾凸显的内在原因是执政党执政能力的提高、政府的职能转变落后于社会的发展。这种落后包括社会管理理念、管理手段、行政授权、行政监督、信息公开等各方面。社会管理是一切社会形态的必然要求,其根本任务是协调利益关系,建立公平合理的秩序。社会管理必须与社会结构及其经济发展的实际相适应,城管的困境主要是并不清楚自身的职能和到底应当如何管理城市。从法治角度考察,最应当避免的是随意行政。我国城管现实的局面可以概括为"四个不满":一是公众对以非法经营乱设摊为主要表现的公共秩序、环境卫生不满;二是对城管执法的野蛮与低效不满;三是小贩对政府的野蛮管理不满;四是城管队员也因为政令多变、工作难做深感不满。蔡定剑教授曾经分析:"城管实际上成了一些不得意的官员带领一些饭碗并没有保障的临时工,在执行那些别的正规执法机构不愿意执行的那些琐碎的法律,他们的法律地位、执法依据和执法队伍的合法性一直倍受学者的质疑。这支队伍本身的不满和心理的不平衡感也会发泄、表现在执法中,执法中的简单、浮躁和过激行为就难以避免。"

(三)城管改革必须摆正基点不能搞"负债经营"

必须明确,我国改革开放的成果体现在民主的推进和民生的改善两个方面,推进民主制度的建设和改善人民的生活同等重要。全国人民共享改革成果,一是还权于民,真正实现人民当家作主;二是让利于民,进一步改善人民的生活条件。改善民生不是政府对老百姓的恩赐,而是政府理所应当的作为。胡锦涛同志说得好"社会管理说到底是对人的管理和服务",其核心要体现以人为本,把社会管理寓于社会服务之中。当然,也不能把加强社会管理理解为"加大力度的综合治理"，唯有还权于民、让利于民才能形成政府和人民之间合作协同，共建共享和谐的关系。国家掌握"暴力机器"是必不可少的，我国改革开放的最大成功是公民权利和利益的回归本源。中国共产党执政至今，应当深刻认识执政的根本基础是民众的认同和支持，执掌政权的关键是民众的支持。

我国的城管发展至今，缺少的不是管理手段，而是为人民服务的诚意。缺"诚"之管，只能是越管越乱。"老百姓给予政府的是公权，而不是私权，包括征税的权力、维持治安和秩序的权力、合法化的权力。公权是保护私权的，而不能侵犯私权。私权侵犯私权，政府应当以法秉公处理；公权侵犯私权，是社会的乱源。"现代社会管理既是政府向社会提供公共服务并依法对有关社会事务进行规范和调节的过程，也是社会自我服务并且依据法律和道德进行自我规范和调节的过程。这两个过程相辅相成、缺一不可，更不能相互替代。加强社会建设、创新社会管理是我国当前重要而紧迫的战略任务，而下大气力推进民主制度建设的前提是摆正为人民服务的基点，保障人民的知情权、参与权、表达权、监督权。

凝聚民心与改善民生同等重要。就当前而言，大力改善民生是正确和及时的，精心保障民主更为重要。必须广开言路充分保障公民批评和监督政府的权利，迫使政府在公开透明的条件下改进工作。这是因为，"巩固和发展社会主义，必须认识和把握好两大任务：一是解放和发展生产力，极大地增加全社会的物质财富；一是逐步实现社会公平与正义，极大地激发全社会的创造活力和促进社会和谐"。

我国各级政府在思想观念上，必须从重经济建设、轻社会管理，向重视社会建设、社会管理和经济社会协调发展转变，努力解决经济建设"一手硬"、社会管理"一手软"的问题。由此看来，社会管理不能"负债经营"，边管理、边"欠账"的做法只能导致更大的被动。以上海为例，2007年4月12日，上海市新闻发言人焦扬曾经宣布《城市设摊导则》将于5月1日前公布试行，申城将率先对城市摊点不再一律封杀。然而，原定2007年5月公布的《城市设摊导则》，不知何因至今尚未面世。当笔者在2011年1月20日向上海市绿化和市容管理局要求获取《城市设摊导则》时，得到的答复竟然是"您要求获取的政府信息属于本机关未制作信息，该政府信息不存在。"其实，城市中小贩与城管的冲突并不会因为立法的迟滞而减缓，上海的城管与小贩在设摊导则缺位的状态下，从 2007 年至今又打了三年多"游击战"。这种"游击战"发展的结果将是小贩、城管和公众更大的不满意。社会管理工作面对的是一刻不停的社会运转，如果在法律法规缺失、政策多变的状态下"负债经营"，必然出现暴力冲突与权力腐败交织的局面。于建嵘教授将"不特定之人因不特定之事引发的普遍和长期的愤怒"概括为"抽象愤怒"的观点值得注意，我国的社会管理如果不能尽快摆脱"摸不着石头也过河"的状态，不仅政府的公信力将进一步下降，且随时都可能引发公共危机事件。

三、应当从社会管理入手探索落实善治的路径

俞可平教授认为："在当今世界，政府应当为公民的幸福生活提供的最重要条件就是善治。善治就是使公共利益最大化的社会管理过程和管理活动，是国家与公民社会的良好合作，是两者关系的最佳状态。"当前，特别要警惕关注民生被片面地理解为"给好处"，而忽视对民心的体谅理解。在社会需要管理的前提下，首先应当解决的是以什么样的理念管理社会，搞清楚良好的公共秩序、整洁的市容市貌是提高执法力度"管出来"的，还是政府与民众合作的成果。通俗地说，就是"我为市容管人民"还是"我为人民管市容"。

（一）城管执法争论的焦点是"为何执法"，而非"如何执法"

在我国，近年来虽然已经引进了善治理念，但真正实施的不多，抱怨"公民素质低"的声音却不绝于耳。其实，我国亟待通过社会建设的强化和社会管理的创新，在政府与公民之间形成更多、更好的合作关系，使得政府依法行政成为常态，也使得公民在有序政治参与中提高素质。"少一些统治，多一些治理"是世界发展的大势，加强民主与法治建设是我国实现长治久安的根本道路。

季卫东教授在回答记者关于如何切实保障私人权利的问题时说过："第一，是把私人利益上升为一种权利，以受到国家法律的保护。使这些利益变成有确切保障的权利。第二，这种利益和自由不能随意受到其他的侵害。如果受到侵害了，应可以找公正的第三者来解决。第三，国家本身的权力是有限制的。第四，就是说公共性的问题决定的时候，每个人都要有机会去参加，表达自己的利益，也就是说公共事务的决定，要保证相应的利害相关人的权利。"就根本而言，维护社会秩序与保障公民权利是一致的。执法者所拥有的

行政权力来自于公民权利的让渡，切实保障公民权利是有效维护公共秩序的前提条件。"发展经济和改善民生的前提条件就是社会稳定和政府效率。推演之，发展经济和改善民生同时必须促进社会公平正义、扩大公民的政治参与和增加透明、责任。否则经济的发展和民生的改善也难以获得民众对政府的合法性。"

在印度，也有与中国相类似的摊贩管理问题。我国与印度同属发展中国家，同样遇到了城市管理与小商小贩的矛盾，上述印度最高法院的这一判决对我国具有深刻的启发意义。在我国，有关城管执法的争议颇多，其实争论的焦点不应当是"如何执法"，而应当是"为何执法"。假如"为何执法"的根本性问题不解决，"如何执法"的讨论就永远也不会有结果，暴力执法的现象也难以禁绝。

（二）由权力"管人民"主导下的社会管理绝无出路

我国基层政府大多具有"管理"的癖好，这种所谓的"管理"实际上还是计划经济年代的管制，即按照自己政绩或者"面子"的需要，以剥夺公民合法权利的代价"管人民"。就社会管理而言，我国的政府和公民都需要在游泳的过程中学会游泳，但是，政府的管理与小贩的设摊经营如何实现合作，政府的作用和责任无疑是主要的。与政府授权的城管队、协管员相比，小商小贩无疑是弱势群体。小贩素质较差、利益意识强烈等特征是我国社会管理必须面对的现实国情，如果能够在设摊管理方面先行先试取得突破，无疑可以在整体上推进我国社会管理的加强和创新。

城管对城市公共秩序和市容市貌的管理确属必要，但管理的前提应当是尊重小贩自谋生计的选择，在提供服务的过程中引导有序经营。小商小贩与城管队、协管员本来都是中低收入人群，两者之间的差别仅仅在于前者是自谋生计，后者由政府发工资。以街头设摊的方式自谋生计既没有增加国家财政负担，又缓解了就业压力，方便了群众生活，其行为利大于弊。流动商贩的确有影响交通、污染环境、缺斤少两等负面作用，这正是需要管理的原因。如果城管逼得小贩失去生存条件，实际上是以增加失业率的方式加重政府的负担。提倡人性化执法，就是要"己所不欲，勿施于人"。执法者应当换位替执法对象想一想，给人以生存空间，不要断了穷人的生路。正如蔡定剑教授的遗作所说："城管的出路，消除城管与小商贩的冲突，根本上要求政府转变管理观念，真正转变到为了人民管理城市的价值理念上来，只有这样才能建立正确的执法目标。所有的执法都是以服务人民为前提，而不是为了秩序而管人民。所以应当取缔对小商贩的管制，消除无商贩城市的观念，取消许可，即便有许可也不是为了限制，而是更好地为人民提供服务。政府执法的目标决定不要走向加强暴力，那些呼吁要通过加强立法使城管合法和让城管变成第二警察的思路是行不通的，因为这样的路是与人民为敌的道路，是加剧政府与老百姓矛盾冲突的路，这样的执法是与人民根本利益背道而驰的。"

（三）加强和创新社会管理必须还权于民、让利于民

2011 年 3 月 14 日，国务院总理温家宝在人民大会堂与中外记者见面时强调，当前最大的危险在于腐败，而消除腐败的土壤还在于改革制度和体制。"我深知国之命在人心，解决人民的怨气，实现人民的愿望，就必须创造条件，让人民批评和监督政府。"如果需要以最简单的话语表达政府在社会管理中与社会组织、社会公众的关系，就是还权于民、服务于民、谋利于民，以下三项则必备：

一是以权谋公，即服务型政府应该是一种以公民为中心、为人民谋利益的政府，是尽职尽责为人民管理公共秩序、经济秩序、环境秩序的。

二是以勤谋公，服务型政府手中的权力来自人民的委托，重任在肩，不容懈怠，一时一刻也不能背离勤奋工作的"俯首甘为孺子牛"的形象。

三是以廉谋公，服务型政府是廉洁的政府，而不是贪污腐败的"老爷"政府。城市街面是人流集中而又不断流动、利益独立而又充满互动的公共场所，城管是一项高难度的管理。小商小贩无论是以暴力抵抗，还是以柔性周旋，其目的都是争取自谋生计的权利。还权于民并不是把自谋生计导向自行其是，而是把商贩纳入承担社会管理责任的协同主体、参与主体，引导其在自谋生计的同时维护公共秩序。

据《新京报》2010 年 10 月 24 日报道，印度最高法院的判决还要求，印度政府必须在规定时间内实施相关法律，保护路边摊贩。"到 2011 年 6 月 30 日，必须通过一部法律，规范路边摊贩以及他们的基本权利。"流动设摊确实会带来一些有碍市容整洁的情形，这意味着印度最高法院已经意识到小商小贩与市容市貌之间并不存在根本性冲突，通过尊重小贩沿街叫卖的权利，作出合理的制度安排，可以做到城市环境与商贩权利的共赢。这种还权于民、让

利于民，以法制实现规范的社会管理思路值得借鉴。我国在推进依法治国的过程中，也应当学习世界各国，特别是发展中国家的先进理念和成功经验。政府有责任保护自谋生计者的生存权，城市环境的整洁有序与小商小贩生存权的平衡确实有一定难度，但是，如果从根本上确立了为人民谋利益的宗旨，就能够变堵为疏，在空间上划定相应的经营场所，在时间上规定合理的时段，为自谋生计人群提供便利，也尽可能减少摊贩对交通秩序、环境卫生的干扰。

"党委领导、政府负责、社会协同、公众参与"的格局是符合我国国情的。如果从城管的角度考察，小商小贩无疑属于"公众参与"的范畴，也是当家作主的一员。印度小贩建立了自己的"印度全国街头小贩联合会"，该会拥有 540 个成员组织，其中大部分为街头小贩组织，成员达 37 万。小商小贩有了自己的组织，也可以强化其参与社会管理的责任心，至少也可以减少其以耍泼、耍横、耍野等方式与城管纠缠。每个人都具有人性的弱点，科学合理的制度在于承认并遏制人性的弱点，而不是把人逼急、逼到与公权力对抗的道路上去。这里有许多环节需要政府把握，最为重要的是还权于民，给人以尊重。这里所说的尊重，并不是刻意在小贩之中培养几个人大代表、政协委员，而是引导他们组织起来，以社会组织的形式协同政府实施社会管理，监督批评政府的工作。

（原载《上海政法学院学报》，2012 年第 2 期）

还"能见度"于民才能遏制权力期权化（摘要）

一、权力期权化是更为隐蔽的权钱交易

形象地说，权力期权化就是延时兑现的权钱交易。官员在位期间，以公权力埋单的方式合法地付出投入，待其退位以后再安全地收回利益。相关的调查表明，权力期权化只不过是把任上权力操控的结果留待任后享受。权力期权化的特殊之处在于，行为人放公权力的"长线"，钓个人私利的"大鱼"，获取证据的难度更高了。

二、"制度＋科技"是突破口

制度不仅是规则体系，更为重要的是得到无一例外的执行。制度如果得不到一体遵循，就是合法地"撑死胆大的、饿死胆小的"。提出用"制度＋科技"打击腐败，首先要有把公权力这只"老虎"关进"笼子里"的制度设计，加之科技力量的作用才可能做到"用无私的电脑管住有私的人脑"。

（一）制度不能是贴在墙上的装饰品

（二）不能坐等条件成熟再制定科学的反腐败制度

（三）不能奢望科技力量能为疲软的制度"加钙"

三、信息公开是关键

按照"制度＋科技"的思路，对行政权的监督必须达到"权力边界与权力运行程序公布于众，权力运行痕迹每一环节可查，权力运行全程受监控，

权力责任人终身可问责"的程度才可能真正发挥作用。显然，信息公开与保守秘密的矛盾必须妥善解决。

公信力是社会成员基于信任、信赖而汇聚成的巨大力量，基础是公开的真实告知。从世界各国政府信息公开的经验看，无一不是坚决地采用"阳光法则"，以最大限度满足公众的知情权、参与权、表达权、监督权作为维护社会稳定的根本手段。如果忧虑公开政府信息会引起混乱，"维护社会稳定"就可以成为阻止政府信息公开的最大理由。反之，如果认识到政府信息公开的虚化更会引起混乱，维护社会稳定就是推进政府信息公开的最大动力。时至今日，我们应当认识到阳光是最好的消毒剂，政府信息公开是社会稳定的最佳增效剂。"能见度"本来是气象学名词，是反映大气透明度的一个指标，即具有正常视力的人，在当时的天气条件下还能够看清楚目标轮廓的最大距离。其实，公权力的运作也有"能见度"问题。在社会管理领域"能见度"完全是人为控制的。如果以涉及"保密"或者"敏感问题"而遮蔽本应当公开的信息，实际上就是扩大了腐败分子的自由度，加大民众监督的难度。

（原载《检察风云》，2012 年第 9 期）

记者行使职务权利应注意的问题（摘要）

一、正确处理从业竞争与职务权利的关系

新闻行业具有高度竞争性。但是，竞争越激烈越是需要冷静的头脑。在新闻机构负责人鼓动"抢头条""挖素材"的时候，记者一定要弄清楚"抢新闻"合法性的边界、"挖素材"的底线在哪里，以确保"取之有道"。即便是为了工作，记者触犯法律或者道德的底线都是不能被原谅的。

二、正确处理如实报道与善意批评的关系

从法律角度分析，记者必须把陈述事实与表达意见区分开来，在欧洲大陆叫做把事实判断与价值判断区分开来。新闻报道最重要的是事实准确无误。记者对某一事件的看法究竟是对是错，并不是把话说得很"强硬"就能够起作用的，许多事情还需要时间的检验。为此，记者在发表评论时，一定要出于公心，释放善意，以理服人，留有余地。不说绝对的话，不说过头的话，不采取下结论的口吻，不采用具有攻击性的词汇，不贬损对方的人格。

三、正确处理正常采访与隐性采访的关系

记者采访绝大多数时候都应当采取出示证件、亮明身份，以求得当事人合作的方式正常进行；隐性采访手段只能在非常必要，且万不得已的状态下实施。首先，隐性采访可以用普通老百姓的角色隐瞒记者的真实身份，但不得假冒军人、警察、检察官、法官等任何国家机关的工作人员，更不能以国际组织的身份出现。其次，隐性采访的地点必须严格限制在公共场所，绝不能到公民私人住宅秘密录音、摄像。再次，新闻记者不是公安机关的侦查人

员，隐性采访必须禁止设置"圈套"，应尽量避免"诱导"的手段。

四、正确处理自我保护与职业保护的关系

记者经常独自一人进行采访，独善其身更为重要，具体而言：

一是认真履行选题申报手续，报批采访计划，随时向新闻机构报告行踪，取得所在机构的支持和保护；

二是洁身自好，严格自律，恪守职业道德，拒绝一切形式的"好处"，不授人以柄，不落入他人设置的"圈套"；

三是增强证据意识，精心采集、固定、保存原始证据，随时准备接受来自各方面的质询。

（原载《青年记者》，2012 年 5 月上）

人的根本就是人本身

近年来，城管队伍建设与执法模式一直是公众关注的焦点，有的地方宣布城管"加入民兵"，成立"城管武装部"；有的地方由当地公安局治安总队的队长兼任城管总队的队长；有的地方组织开展城市管理法律法规的全员培训。显然，抓好城管执法队员的法制教育，全面提高法律素养才是治本之策。

特别需要强调的是，城市管理者法律意识的强弱并不是以能够熟记多少法律条文为标准的，关键是法律思维方式的形成和应用。城市的任何管理者都是城市的一员，城市的管理者与被管理者的"角色互换"总是在不经意间经常进行的，此时此地的管理者在彼时彼地则是被管理者。马克思说："批判的武器当然不能代替武器的批判，物质力量只能用物质力量来摧毁，但是理论一经掌握群众，也会变成物质力量。理论只要说服人，就能掌握群众；而理论只要彻底，就能说服人。所谓彻底，就是抓住事物的根本。但人的根本就是人本身。"（《马克思恩格斯选集》第1卷，第9页）

"人的根本就是人本身"告诉我们，必须按照人性化的原则开展管理活动，在管理的过程中尊重和保障人权。"人本身"指的是人之所以成为人的那些品质，即人性。人性是人与动物相区别的要素，集中体现着人类活动的本质特征。因此，承认人性就必须尊重和保障人权，特别是手中一时握有某种权力的管理者必须接受被管理者的监督。人类的生产实践活动作为人的一种最基本的活动类型，其本质特征是自由、自觉、创新。信息技术的普及，为人类生产实践等一切活动创造了前所未有的条件和机遇，自由、自觉、创新不再是一种渴望，而是人人都可以实现的行动。

例如，有的人认为对城管"负面新闻"的集中报道，使得城管形象"妖魔化"了。其实，如今社会已经是人人都成为可以发稿的"记者"，互联网是"封"不了的。也许城管队员很"头疼"他人将其不文明执法行为的视频挂到网上，而换一个场合，不以城管队员身份出现的"他"也在收集别人不文明的视频资料。这就是"人人都可以成为记者"的物质生活条件和人性展示的空间。

如果说，以往的社会新闻都是由媒体"先过滤后出版"的，信息公布与事实发生总有一定的"时间差"；而随着以互联网为代表的"社会性媒体"的出现，社会公众手里的拍摄传播设备已经实现了信息的"先出版再过滤"。由于受众的选择功能和关注程度决定了信息的传播速度和范围，人性中天然具有被关注、被褒奖的需求，努力使得上传信息后被"顶"的动力也会生成。自由、自觉、创新作为"人本身"的本质特征，已经初露端倪并将在今后的人类活动中更为集中地体现出来。

作为一种探索，在小范围内试行城管"武装化"也未尝不可，但必须接受公众的质疑评论。在现代社会是不可能搞信息封锁的，只要客观事实存在就必须接受公众"七嘴八舌"的评说。城市作为人财物高度集中和流动的载体，必定会在人性表达和人权保障方面成为聚焦点和更加引人关注。城市管理必须直面"人的根本就是人本身"带来的机遇和挑战。

（原载《法制日报》，2012 年 9 月 5 日）

使"常回家看看"深入人心 ▓▓▓

6月26日,十一届全国人大常委会第27次会议审议了《中华人民共和国老年人权益保障法(修订草案)》。草案规定每年农历九月初九为老年节。修订草案规定,家庭成员应当关心老年人的精神需求,不得忽视、冷落老年人。与老年人分开居住的赡养人,应当经常看望或者问候老年人。

随着人口老龄化步伐的加快,许多老年人已经和下一辈人分开居住,或者在养老机构生活。独居老人以及在敬老院生活的长辈虽然衣食无忧,但对亲情的渴望也更为强烈。现在很多敬老院的条件都很好,服务也很到位,但是这些都不能与来自儿孙的照料相提并论。所以,我赞同将类似"常回家看看"的表述写入法律条文,更主张通过各种手段,使"常回家看看"深入人心。

社会要为老年人的生活照料和精神慰藉作出努力。小辈对老人的精神慰藉应该承担更多的责任,即便是同样的问候和照料,因为来源主体不同,接受者的感受总是有差异的。同样的一碗粥,服务员端到老人面前是尽职,儿子端到老人跟前是尽孝,老人从中得到的愉悦感是不能比拟的。从这个意义上说,尽管"常回家看看"不是严格意义上的人身行为,不能绝对排除代理,但是,无论小辈有多忙也要尽其所能"常回家看看",尽可能多地亲力亲为照看老人。住在敬老院的老人,无论其过去曾经有过多么辉煌的经历,如今都没有什么可以荣耀的,老人与老人之间所能比的就是我家所有的儿孙都常来看我。

有人认为,"常回家看看"难以量化统计,很难划定统一的标准。其实,"常回家"是根据每个人的具体情况相比较而言的。如果子女住在海外,一年能回来1~2次探望父母,就算是常来;如果子女与父母住在同一个城市,一年看望12次,也不能算常来。理解"常回家看看",不能把时间和空间割裂开来，用机械的方法做"硬性"规定。人生在世，生老病死的客观规律不可抗拒，等到"欲尽孝而亲不在"的那一天，小辈就悔之晚矣了。只要情感的纽带不断增强，子女就一定能够挤出一点时间来和父母沟通。即便来不及回家看看，打个电话、发条短信也可以给父母带来问候。

（原载《新民晚报》，2012 年 7 月 29 日）

"错放"与"错判"的风险评估（上）

在客观上存在一定错案率的现实面前，"决不放过一个坏人"是很难做到的。不枉不纵虽然美好，但现实中，选择宁纵不枉是不得已的次优选择。

最近，最高人民法院常务副院长沈德咏在《我们应当如何防范冤假错案》一文中提出，必须坚决贯彻无罪推定原则，并形象地指出："错放一个真正的罪犯，天塌不下来，错判一个无辜的公民，特别是错杀了一个人，天就塌下来了。"笔者认为，"宁可错放，也不可错判"的本质是在刑事诉讼领域对公权力的制约，符合"两害相较择其轻"的原则。

一、对"纵"与"枉"的关系分析

在我国，有一个长期习惯使用的口号叫"决不冤枉一个好人，决不放过一个坏人"。其实，这一提法的科学性很值得商榷。这个口号的前半句"决不冤枉一个好人"是正确的，但是后半句"决不放过一个坏人"就显得勉为其难了。我们现有的侦查、公诉、审判能力，真的能够做到"决不放过一个坏人"吗？在客观上存在一定错案率的现实面前，"决不放过一个坏人"是很难做到的。必须清醒地认识到，由于种种复杂的原因，有一部分案件至今还没有被侦查机关发现（如腐败官员的贪污受贿等），有一部分案件实际上并没有破案（不是指统计报表上的"破案率"），审判活动在整体上始终存在错案发生的风险。在以上三方面因素的共同作用之下，"决不放过一个坏人"实际上从来没有做到过，今后也难以全面实现。

"决不放过一个坏人"的前提是百分之百的报案率和百分之百完全正确的破案率，实际上这是迄今为止所有国家都未能达到的状态。在这样的客观现实面前，如果提出诸如"命案必破"之类的口号，有些地方就会不顾实际地追求"必破"的指标，出现破案率百分之百的司法造假。

　　显然，围绕着"纵"与"枉"的关系，可供选择的思路有三：一是不纵不枉，即既不放纵一个坏人，也不冤枉一个好人；二是宁枉不纵，即宁可冤枉一个好人，也不放过一个坏人；三是宁纵不枉，即宁可放纵一个坏人，也不冤枉一个好人。也许有人会说，思路一是唯一正确的，后两个思路都有失偏颇。其实，事情并不像我们想象的那么简单。人的认知能力必然受到客观条件的限制，侦查本身就是探求未知的高风险作业。一方面受到人的主观认识能力及客观条件的限制，对无辜者产生错误怀疑的概率始终存在；另一方面犯罪人的狡诈由其本性所决定，揭露其真实面目是十分困难的，在侦查与反侦查的角逐中，犯罪人有可能在一定期限之内逃避侦查。为了避免错判，我们不得不采取"宁纵不枉"的策略。我国《刑事诉讼法》第195条第3款规定："证据不足，不能认定被告人有罪的，应当作出证据不足、指控的犯罪不能成立的无罪判决。"应当说，持有此类判决书的当事人确有可能是犯罪人，人民法院采用宣告无罪的方式将其"放过"，既避免出现为追查案件而侵害人权的局面，也符合实事求是的原则。

二、"宁可错放，也不可错判"是不得已的次优选择

　　1956年，经济学家理查德·李普西（R. G. Lipsey）和凯尔文·兰卡斯特（K. Lancaster）创立了次优理论。侦查、起诉、审判案件必然受到种种客观因素的制约。面对关键证据灭失、补充证据客观条件丧失的案件，主动地放弃对准确定罪量刑的最优目标追求，冷静地选择"宁可错放，也不错判"的次优目标，是符合实事求是精神的。

　　首先，有部分犯罪真相在短期内未被揭露是我们不得不承认的客观现实。客观事物的暴露有一个过程，剥去犯罪人的伪装也难免遭到挫折。如果掌握的证据不足，就只能暂时"放过"嫌疑者，而不是用超期关押或用刑讯之类的非法手段获取口供。

　　其次，"两害相较择其轻"也是诉讼中谋长远、谋全局的选择。侦查人员受到认识能力限制，一时掌握的证据还不充分，羁押期限即将届满，侦查人员必须对是否"放人"作出选择。如果超期限制犯罪嫌疑人的人身自由或刑讯逼供，必然要付出侵犯人权的代价；如果将犯罪嫌疑人释放，的确不能排除其造成新的社会危害的可能。此时，"放人"有害，不"放人"亦有害。

侦查人员必须面对"两害"作出抉择。笔者认为，此时唯一正确的做法是"两害相较择其轻"，即将"放人"与"不放人"各自所可能形成的危害结果作一权衡，选择可能形成危害较轻的做法。显而易见，以侵犯人权作为追究犯罪的代价，不仅可能误伤无辜，使真正的犯罪分子漏网，而且往往使办案人沦为犯罪人，这种代价实在是得不偿失的。宣告证据不足的犯罪嫌疑人无罪并不影响隐蔽的侦查工作，至多只是增加了侦查部门的取证难度，这种不利的局面还是可以承受的。

最后，我国刑事诉讼法已经明确规定了非法证据排除规则。有人担心，实施"排除规则"后会造成放纵犯罪的局面。这实际上还是对"纵"与"枉"的关系理解不清。笔者认为，既然在排除了故意放纵犯罪之外，我们并不可能绝对地做到"不放过一个坏人"，那么就应当采取"宁纵不枉"的原则。尽管刑讯逼供的做法有时也能破获一些案件，但实际上因此造成冤假错案而带来的损失和恶劣影响，远比侥幸破案的收获要大得多。为了破案而不惜牺牲人权的做法弊大利小，必须彻底摒弃。至少为了保护侦查和司法人员不再"为工作而犯罪"，就应当坚决地废止"决不放过一个坏人"的不现实要求。这样做，在一时"放过"某些犯罪嫌疑人的过程中可能会暂时地放纵个别犯罪人，但从整体上考量，仍然是利大弊小的。

（原载《人民法院报》，2013 年 5 月 27 日）

"错放"与"错判"的风险评估（下）

无辜者一旦被疑罪"从有"、"从轻"或"从挂"，就会给公众传递出莫名的恐惧，谁都可能成为下一个受害者，因此必须坚持"疑罪从无"的原则。同时，要提高司法人员责任心，防止走向另一个反面。

三、必须使公民免于广泛的恐惧

1764年7月，意大利刑法学家贝卡利亚提出了无罪推定的理论构想："在法官判决之前，一个人是不能被称为罪犯的。只要还不能断定他已经侵犯了给予他公共保护的契约，社会就不能取消对他的公共保护。"无罪推定原则体现的是法律对社会每一个成员的精心保护，而不是过分强调惩治犯罪而使得公权力乘隙获得恣意妄为的机会。当今，对公权力予以程序性约束和制衡，防止执法者和当权者凌驾于法律之上的做法，已经成为人类文明的共同成果。

我国《刑事诉讼法》第12条也明确规定："未经人民法院依法判决，对任何人都不得确定有罪。"就此而言，人民法院具有一锤定音的最终权力，同时又是落实无罪推定原则的最终把关人。检察机关作出起诉决定的前提是认为被告人有罪，而在侦查阶段公安机关必须敢于怀疑符合作案条件的所有人。侦查、检察机关如果连怀疑的胆量也没有，侦查、起诉工作就无从下手。竭尽全力查找犯罪人、竭尽全力搜集犯罪证据是侦查、检察机关的职责使然，而竭尽全力避免出现冤假错案则是审判机关的底线。我国法治建设任重道远，出现冤假错案的风险随时存在，特别是排除非法证据的困难重重，人民法院依法独立行使审判权的责任格外重大也特别沉重。

由于客观事物的复杂性，每一个理性的人都应当清醒地认识到，在刑事司法领域有三种情况随时可能发生。其一，案件一时未破。世界上的确存在一时甚至长期未能侦破的案件，遭遇刑事案件本身就是一种不幸，如果案件长期未能侦破甚至失去侦破的条件，对被害人造成的心理创伤将始终得不到抚慰。其二，法院作出疑罪从无的判决。就具体案件而言，甚至可能出现公诉机关认为证据确凿，被告人连连喊冤，审判机关认为确有疑点但尚不足以认定，作出了疑罪从无的判决。其三，无辜者沦为冤枉的嫌疑人。无辜者与刑事案件因为偶然因素不期而遇，在某种巧合或者误会的情况下，被莫名其妙地怀疑为刑事犯罪人，且得不到辩解的自由。概括地说，公安机关侦查破案是公正地找到作案人，检察机关审查案件是公正地起诉被告人，审判机关的任务是公正地认定罪犯并予以制裁。公检法三机关在实现公平正义的总任务之下有着各自不同的职责，必须恪尽职守，用自己的努力防止出现冤假错案。由于公检法机关各自的职能定位不同，在各自的履职过程中，随时可能出现差错。如果不采用无罪推定的原则严格规范诉讼活动，每一个公民都将生活在广泛的、随时随地都可能降临的恐惧之中。这是因为，当误被怀疑的无辜者被按照"疑罪从有"（有怀疑就是有罪）、"疑罪从宽"（有怀疑就要适度从宽处理）或者"疑罪从挂"（有怀疑就要背负怀疑）原则处理，无论是成为"屈死鬼"的冤魂还是幸免一死而又活不好的人，传递给公众的无疑是莫名的广泛恐惧，因为谁都可能成为下一个被害者。

客观地说，"决不放过一个坏人"的目标很难实现（当然，故意放纵犯罪不在此例）。必须退而求之，承认"宁纵不枉"原则的相对合理性，我们可能出现的错误就要少些、小些。特别是，我国当前的司法公信力不高，更要谨防用不切实际的口号"忽悠人"。"疑罪从无"所体现的也是公平正义，也不应当迟到。在多数情况下，越是证据不足的案件分歧意见越多，案件总不能久审不决，法院按照"疑罪从无"的原则作出判决是理性的。否则的话，无论是按照"疑罪从有"或者"疑罪从轻"的原则作出判决，客观效果一定是既冤枉好人，又放过坏人。

四、必须进一步强化司法人员的责任心

显然，"错放"与"错判"都会带来历史性的损害。在主观努力已经尽到的前提下，"错判"的损害远大于"错放"。按照"两害相较取其轻"的原则，选择"宁可错放，也不可错判"尽管是一种无奈，但本质上是明智的。"错放"只是无可奈何地犯了一个可能"错放"犯罪人的不确定错误，"错

判"则是犯了冤枉无辜和阻碍真实犯罪人被揭露的两个确定的错误。

我国宪法已经明确规定"国家尊重和保障人权",具体地说,人权存在分为三种形态,即应有权利、法定权利和实有权利。人权作为人所应当享有的权利写入宪法是历史性的进步,更为重要的任务是如何把法定权利变为实有权利。

在目前中国,如何把法定权利转化为实有权利是当务之急、重中之重、难中之难。以刑事诉讼中的人权保障为例,公权力对私权利的侵犯往往是在"打击犯罪的需要""维护社会治安的需要"等冠冕堂皇的理由下进行的。公民的权利就是司法机关和政府的义务,公民权利实现的水平取决于各级司法机关、政府履行义务的程度。公民合法权利的实现,首先是各级司法机关和政府不侵害公民的权利。尊重和保障人权是从根本上维护社会秩序,公民维护合法权利的主要责任在于司法机关和政府,公民及其维权组织的行为只能起到呼吁和发出请求的作用。当公民在误被怀疑或者"疑之有理、定之无据"的状态下,放与不放的权力完全在司法机关。"宁可错放,也不可错判"的理性在于,由司法机关承担起可能犯"错放"错误的责任,也要避免因为"错判"导致人人自危。个中的道理十分简单,与各级司法机关、政府的强大无比的权力相比,公民个人的力量是分散且极其微弱的。我们常说"没有救济就没有权利",公民权利在遭到侵害(特别是在遭到公权力侵害)时,体制内的救济途径必须有效运行;与此同时,在侵犯公民合法权利的局面即将出现时,公权力机关还必须有承担"错放"责任的勇气,而不是要求公民为其"错判"忍气吞声。特别是,审判机关对公民掌握着生杀予夺的权力,为此必须正确处理尊重和保障人权与司法权行使中的冲突,宁可自身承担因为"错放"导致"无能"的质疑,也不能因为"错判"迫使公民蒙冤受难甚至人头落地。

与此同时,我们必须进一步强化司法人员的责任心,决不允许把"宁可错放,也不可错判"当成工作懈怠的护身符。必须把"宁可错放,也不可错判"与司法机关及其工作人员怠于履行职责所造成的"错放",作出明确的区分。在强调"宁可错放,也不可错判"的同时,也必须防止出现故意乃至精心设计"错放"的司法腐败。

(原载《人民法院报》,2013年5月28日)

从"清凉政策"看"穷人经济学"

　　面对破历史纪录的高温，发放高温补贴或者减免市民部分电费的方案制定或许并不难，各地政府也不缺乏紧急应对自然灾害的能力，要紧的是领导干部把中低收入人群的所思所盼真正放在心里，急群众之所急，想群众之所想。这就需要我们的各级领导干部真正读懂"穷人经济学"这堂必修课。

　　7月30日，中国气象局局长签署的重大气象灾害二级应急响应命令，是我国内地有史以来首次启动的最高级别高温应急响应。面对如此极端的高温天气，每一个人都像处在烘烤箱之中，而收入偏低、居住条件不好的穷人更觉高温难耐。

一、尽可能扩大"送清凉"的惠及面

　　气象局预计，在8月上旬，我国江淮、江南以及重庆等地会出现较大范围日最高气温超过35℃的高温天气。其中，江南部分地区持续高温日数可达5~8天，部分城市可突破高温历史极值。以上海为例，今年7月高温持续24天，已经打破历史纪录。尽管上海的医疗条件较好，但也出现了十多起热射病导致死亡的病例。

　　特别令人关注的是，重度中暑导致死亡的病例多数并不是室外工作人员，已经出现了收入偏低的老年人因为舍不得开空调而中暑的病例。此类情况虽不具有普遍性，但也值得警醒。

　　在开不开空调、开多长时间空调的问题上，我们不能责怪老年人"抠门"，更要设身处地考量其收入支出是否捉襟见肘。政府部门提醒人们避免高温时段的户外活动，对老、弱、病、幼人群提供防暑降温指导是必要的，但是，防暑降温也需要个人有能够"托底"的经济基础，这就需要相关部门进一步体谅穷人的困顿和感受，不仅要有向重点人群赠送实物的"送清凉"，还要注意尽可能扩大"送清凉"的惠及面，让全体民众共享改革的成果。

二、可考虑向市民发补贴减免电费

据报道，在香港一个港人家庭每天都开 2000 瓦功率的暖气，每个月电费只交 48 元，电力公司并没有算错账，因为香港政府每月补贴电费 150 元。尽管香港政府为市民补贴电费的做法具有抗通货膨胀的用意，但其做法对内地各级政府也有借鉴意义。2011 年 7 月 1 日开始，香港政府又向香港的住宅用户电力户口内连续 12 个月注入 150 元的补贴，总额为 1800 元。政府这种根据实际情况适当发放补贴的做法，对老百姓而言就很实惠，也很实在。

在北方的冬季，市民可以得到取暖补贴，而在极端高温天气出现时，政府部门是否可以考虑向市民发放高温补贴或者减免部分电费呢？其中的道理与北方冬季的取暖补贴完全相同——增强民众抵御高温或者严寒能力都需要经济上的帮助。政府的财政收入来自于民，更要在关键时刻用之于民。面对各地已经发生和未来还将出现的持续高温，各地政府显然有必要迅即作出反应，采取相关的紧急措施。

三、要真正读懂"穷人经济学"

"穷人经济学"这个概念是由诺贝尔经济学奖获得者舒尔茨 1979 年提出的。其之所以能够引起世界的重视，并不是名称的"讨巧"，而是因为对防止"穷人更穷、富人更富"的恶性循环具有指导意义。任何改革都必须解决谁是最大受益者的问题。发展的实惠优先落实于弱势群体，稳定的益处才能深入人心，改革的震荡才能趋向最小。

多年来，我们经常使用"政策倾斜"一词，其实，在中国大地上最应当得到政策倾斜的是弱势群体。只有时刻把群众的温饱冷暖放在心上，相关政府部门的决策与政策才能真正向社会上的弱势群体倾斜。如果说"穷人经济学"是一个学术问题，政府决策与穷人的关系则更多涉及立场问题和情感问题。政策倾斜的前提条件是感情贴近。只有为了穷人，决策时才能想着穷人、向着穷人。面对破历史纪录的高温，发放高温补贴或者减免市民部分电费的方案制订或许并不难，各地政府也不缺乏紧急应对自然灾害的能力，要紧的是领导干部对中低收入人群的所思所盼真正放在心里，急群众之所急，想群众之所想。这就需要我们的各级领导干部真正读懂"穷人经济学"这堂必修课。

四、以群众感受衡量作风建设成果

近日，上海市政府已经宣布，本市居民水价调整执行时间由 8 月 1 日推迟到 9 月 1 日。推迟调整水价的做法得到市民欢迎，道理非常简单——夏季居民用水量增多，价格调整也要选择适当的时间点。推而广之，向市民发放降温补贴或者减免部分电费之类的事情，看似不大，但如果能够果断决策，将惠及千家万户，倒确实是事关民心的民生大事了。在抓经济工作时，各地政府有不少"急事急办""特事特办"的经验，那么，帮助市民特别是弱势群体安然度夏，当下更应当是各级政府的急事、特事，也应当急办、特办。面对酷热，如何进一步尽可能采取各种措施，实实在在地扩大"送清凉"的惠及面，是对各级政府部门和党员干部的一个考验。上海市委在群众路线教育实践活动中提出，要以群众感受和工作成效来衡量作风建设的成果，真正使干部正作风、党员受教育、群众得实惠。群众路线教育实践活动能否取得实效，群众正在拭目以待，而"清凉政策"就是一个很好的考题。

（原载《文汇报》，2013 年 8 月 6 日）

法院贯彻疑罪从无规则的压力及破解

疑罪从无，是指在刑事诉讼过程中，一旦出现既不能排除犯罪嫌疑又不能证明有罪的两难情况时，从法律上推定为无罪的处理规则。对此规则，法学界并不陌生亦基本达成共识，而一遇到恶性案件，舆论又常常对此众说纷纭，其中不乏反对之声。

一、坚持疑罪从无规则需要改革提供制度保障

何家弘教授经过对我国刑事错案形成原因的研究，提出了存在相似的共有模式，即：一样的偏重口供、一样的非法取证、一样的事实不清、一样的疑罪从轻。人类之所以创造了司法制度，是因为社会需要公平、正义，而且公平正义在实体上的实现会遇到难以想象的复杂局面，为此必须有刚性的程序予以保障。显然，程序的设计也要与时俱进。当公平正义的实现出现了偏差，改革就属于必然。比如，案件如果在法官亲力亲为阅卷、开庭、质证、聆听各方意见之外，还有可以"协调案件"的权力存在，且协调案件者不在判决书上签名，承办案件的法官就很难真正负起责任。任何组织、任何人都必须在宪法和法律的范围内活动，这是建设法治中国最大的大局，也是最好的社会效果。在刑事诉讼领域，不能认为只有在法院作出有罪判决之后才是"案结事了"，在受到客观条件和主观认识能力限制的情况下，破不了的案件、抓不到的作案人、起诉不了的罪行、认定不了的疑案总会存在，与其在证据不足的状态下搞"疑罪从挂"或者"疑罪从轻"，不如尊重人类共识坚持疑罪从无，以避免既冤枉无辜又使真正犯罪人逍遥法外的局面出现。

当前，我国法院也存在着行政干预审判的问题。地方党政官员可能针对证据不足的疑难案件对法院说："破案庆功会都已经开过了，怎么能放人呢？"此时，法院坚持疑罪从无就会遇到极大的考验。为了避免行政权力对法院审

判活动的影响，采用将司法辖区与行政辖区相分离的制度设计应当是科学且可行的。总之，坚持疑罪从无规则，需要法院的努力，也需要司法制度的改革为保障。

二、贯彻疑罪从无规则需要坚守法律至上

检视以往历经法院审判依然出现的冤假错案，往往是放弃原则、奉命行事或者违心地接受"案件协调"的结果。尽管我国刑事诉讼法早已明确规定："证据不足，不能认定被告人有罪的，应当作出证据不足、指控的犯罪不能成立的无罪判决。"而在以往的司法实践中，相当一部分证据不足的案件法院是难以作出无罪判决的，主要原因并不是法院没有认识到证据不足，而是屈从于各方面的压力，最为典型的做法就是"疑罪从轻"，采取降格处理的办法避免错杀。如果仅仅是否认了疑罪从轻，而不能完全做到疑罪从无，那么"一样的偏重口供、一样的非法取证、一样的事实不清"汇聚到法院这个最后一道关口，给法院带来的压力就会依然如故。其中的道理如同环境污染的末端治理，当刑事案件的侦查、起诉环节不能起到层层把关的作用时，由法院指出案件证据的不足与瑕疵，不仅否定了侦查、起诉环节的全部工作，而且，在公众情绪已经被"预热"的状态下，法院判决必定与舆论发生冲突。

最高人民法院常务副院长沈德咏在《论疑罪从无》一文中指出："人民法院应勇担落实疑罪从无的重任。"笔者以为，如果不能痛下决心，以壮士断腕的果断和坚毅使疑罪从无的规则得以落实，法院未来的窘困将更加严重。贯彻疑罪从无的规则不会一帆风顺，但法院对法律至上的坚守格外重要。令人欣喜的是，《最高人民法院裁判文书上网公布暂行办法》已经正式实施。所有应当上网公开的裁判文书都毫无例外地上网，意味着每一份裁判文书都将接受人民群众的检查和评论，也意味着法官有权把作出裁判的所有依据写入裁判文书，这是对支撑法官坚持疑罪从无规则的重要制度保障。

三、贯彻疑罪从无规则需要取得共识

在讨论实际案例的过程中，法院往往遭到"谁能保证其不是犯罪人"的质问。显然，贯彻疑罪从无确实会给法院带来可能"错放"的风险。法院一旦作出疑罪从无的判决，其面临的压力也是多方面的。一是来自地方党政领

导干部的指责。当法院的判决与长官意志不符，现有证据的不足与瑕疵往往被回避或遗忘，法院将被指责为"只讲法律效果，不讲政治效果、社会效果"。二是来自被害人及其亲属的抗议。三是来自当时当地社会舆论的压力。越是在当地轰动一时的案件，越容易形成"宣告破案"在先，随即"评功授奖"的先期舆论"热炒"，当法院的判决与"舆论审判"的倾向相左，舆论就会进一步"升温"，甚至要法院承担"治安恶化"的责任。

贯彻疑罪从无规则，一方面需要法院能够坚守宪法法律至上，另一方面也需要支付必要的社会成本。疑罪从无的最大风险是有可能放纵犯罪，而疑罪从有的最大恶果是有可能出现冤假错案。当然，公检法各机关都应当通过各自的努力，把作案人逃脱法网的可能性降至最低，但由于案件情况的复杂性，有时也会出现认识上的分歧，法院无疑要起到"一锤定音"的作用。对此，引导社会和公众做好承受"宁可错放也不错判"的心理准备，法院和其他相关部门都应当有所作为。

(原载《人民法院报》，2013 年 11 月 15 日)

公开化方能鼓励学术创新、遏制学术腐败

2009 年 8 月 25 日,《科学时报》刊登的《朱清时:求解中国创新人才培养困局》一文分析说,"2008 年全国大学毕业生的数量是民国时期的 800 倍。""如果教育是按比例发展的,那么培养出来的拔尖人才也应该越来越多。"而"现在的情况很尴尬。"朱清时分析说,"如果按照民国时期的比例来说,我们现在国内应该培养出几千个像杨振宁、李政道、钱学森那样的大师。"正如钱学森所说:"回过头来看,这么多年培养的学生,还没有哪一个的学术成就,能跟民国时期培养的大师相比!"在钱学森看来,现在中国没有完全发展起来,一个重要原因是没有一所大学能够按照培养科学技术发明创造人才的模式去办学,没有独特的创新的东西,老是"冒"不出杰出人才。这一论断无疑一针见血,但如果仔细分析"没有一所大学能够按照培养科学技术发明创造人才的模式去办学"这一共性原因之外,还有一些个性的原因与共性原因结合在一起,扼杀了创新人才。笔者认为,学术不端也是阻碍创新人才成长的重要原因,学术腐败更是从根本上破坏了创新人才成长的基础条件。我国学术风气如果不能得以净化,创新人才的培养就永远只能是美好的愿望。

一、学术不端是创新人才培养的"拦路虎"

我国改革开放以来,人才工作蓬勃发展,各高等院校也为人才培养做了大量工作,取得了显著成绩。但是,在人才工作中也存在着学术不端、学术腐败等破坏性、腐蚀性因素,不但造成了投机取巧者的数量直线上升,诚实钻研者备受盘剥的局面,更为严重的是"劣币驱逐良币",相当一部分科研管理等实权落到"文贼"手里,创新人才的成长空间几乎为零,即便是老实人也会不由自主地倒向腐败与不端。毫无疑问,学术腐败与贪污盗窃在性质上

是相同的，无非是采用似乎"雅"的手段将他人科研成果据为己有，每一个学者都必须坚决地与学术腐败作斗争，但是，我国《高等教育法》第39条规定："国家举办的高等学校实行中国共产党高等学校基层委员会领导下的校长负责制。"领导的原意是指率领并引导朝一定方向前进。接受领导的含义不仅是服从，更重要的是认同前导者所指引的方向。特别是在基层，抵制学术腐败是需要学者个人付出极为高昂的成本的，真正能够为扭转学术不良风气奉献学术青春的人毕竟是少数。还是邓小平同志说得好，"制度好可以使坏人无法任意横行，制度不好可以使好人无法充分做好事，甚至走向反面。"据报载，2010年12月30日，复旦大学校长杨玉良在媒体见面会上透露："从现在起，复旦大学校领导和各部处负责人退出校学术委员会、教学指导委员会。"问题是，诸如此类形成高校行政权力与学术权力有效隔离的措施，至今在我国高校还只是凤毛麟角的探索之举。相当一部分高校的党政负责人"理所当然"地成为该校的学科带头人，有的甚至在一定程度上垄断了该校的学术资源。当然，学术水平、管理能力俱佳的"双肩挑"人才，并不是不可以成为学术领军人物，但是，学术权力化也绝非个别。

有人提出，科研机构、高校领导人应当在当"运动员"（做学问）与当"裁判员"（当领导）之间作出抉择，以免公权私用。此议虽然用心良苦，实际上却缺乏操作性。没有学问的领导难以服众，又红又专才能有权又有威。至少在目前，简单地要求科研机构、高校的党政领导干部"纯行政化"或者"纯学术化"都是不可能的。既然学术和权力难以截然分开，关键就在于正确看待和行使学术权力，把以个人智力劳动为主的做学问与为公共利益行使学术权力区分开来。在角色复合的状态下，科研机构、高校"双肩挑"的各级领导都会遇到如何脚踏实地做好自己的学问，如何出于公心用好手中权力的双重挑战。科研机构、高校党组织能否得到各类人才的信任，成为人才成长的引领者、人才队伍的构建者、人才利益的代表者，还有待实践的检验和公众的考察。实践是检验真理的唯一标准，在政治学领域，人才流失是公民"用脚投票"的说法很值得人才工作的重视。对科研机构、高校而言，能不能吸引人才、用好人才、留住人才是对党的执政能力的检验。同样的道理，创新型人才培养只有在科研机构、高校党政领导班子（首先是党委一班人）理念更新、率先垂范的状态下，才能取得扎扎实实的效果。

科研机构、高等院校是知识分子聚集的高地，各类人才思维活跃，对党的领导的要求更高。科研机构、高校党委的一言一行都要接受师生员工的评议和检验，稍有偏差比在社会其他领域的反应更为敏感和强烈。"喊破嗓子，不如做出样子"的示范效应在高校表现得更为突出。高等教育法对高校党委领导的明文规定，并不能保证党的具体领导实际上能在该校得到实现。尽管党的领导已经由宪法和相关法律所明文规定，不受师生员工认同和拥护的党的领导，在高校也只能处于"装饰品"的状态。特别值得重视的是，华而不实的饰物在实质上是"赘物"，不但耗费大量资源，还会引发群体性的懈怠不满和创造力的压抑。

中国共产党的各级组织和每一个党员都应当成为先进性的身体力行者，通过先进性的充分展示，得到越来越多、越来越高的政治认同。如果说，事业、感情、待遇、环境都是凝聚人才的重要因素的话，高校各级领导班子的表率作用更是培养人才、凝聚人才的首要因素。创新人才的涌现必须以科学的制度支撑为前提，而科研机构、高校党委更需要身体力行。习近平总书记在十八届中央纪委第二次全会上强调，要加强对权力运行的制约和监督，把权力关进制度的笼子里，形成不敢腐的惩戒机制、不能腐的防范机制、不易腐的保障机制。这一重要论述，深刻揭示了制约监督权力的基本路径，凸显了制度建设在规范权力运行、防治腐败中的根本作用，不仅对建设廉洁政治具有重要指导意义，对从根本上改变创新人才"冒不出来"的困境也有重要作用和深远意义。

二、用"清洁生产"遏制学术不端

众所周知，科研机构、高等院校的功能之一是从事知识生产和知识传播。科研机构、高校发表的学术论文、专著、教材、专利、研究报告等都是知识产品。当研究功利化、学术商品化的歪风侵蚀了科研机构、高校的学术净土，其所生产的知识产品也出现了严重的假冒伪劣。知识产品的假冒伪劣主要表现在两个方面，一是因为粗制滥造导致的质量低劣，二是因为抄袭剽窃、假冒署名等不端行为造成知识产权归属上的污染。一般而言，质量低劣的"垃圾"作品比较容易被识别，而著作权归属上的污染很容易混淆视听，甚至使真正的著作权人遭到排斥。

我国目前的对学术不端的处置是典型的事后查处，平时虽有对学术不端的声讨，但是真正落到实处的不多。鉴于著作权是私权，具有学术不端行为的人一旦被揭露大多会影响单位的声誉。在多数情况下，相关单位在得到举报信息后会立即采取"人情攻势"，协商"封口"条件，转瞬之间学术不端的举报者就会在无形之中处于孤立无援的状态。即便举报人"六亲不认"执意公开事实真相，至多也只是"谁被举报，谁倒霉"。这种处置学术不端的方式基本上与环境污染的末端治理雷同。末端治理是指在生产过程的末端，针对产生的污染物开发并实施的治理技术。末端治理在环境污染治理的过程中曾经起过作用，在一定程度上减缓了生产活动对环境的污染和破坏。但是，末端治理的局限性很大，其投资大、运行费用高、治标而非治本的弊端日益显露。目前，世界各国正在摒弃"末端治理"，厉行"清洁生产"的理念。清洁生产是关于产品的生产过程的一种新的、创造性的思维方式。清洁生产意味着对生产过程、产品和服务持续运用整体预防的环境战略，以增加生态效率并减降人类和环境的风险。在知识生产的过程中，弄虚作假、抄袭剽窃、假冒署名、篡改数据等不端行为都是对知识产品和学术环境的污染。更为严重的危害是学术污染比环境污染更难识别，极易造成"劣币驱逐良币"的局面。学术不端行为的隐蔽性、危害的久远性和消除影响的困难性都决定了应当按照"清洁生产"的理念加以治理。

科研机构、高校应当建立学术不端的预防机制。加强学风建设的治本之策是建立以质量为导向的科研评价体系，把学风表现作为教师考评的重要内容，把学风建设绩效作为高校各级领导干部考核的重要方面。浮躁、浮夸、急功近利的情绪和学术研究功利化是造成学术不端的土壤。端正学风，净化学术氛围一方面需要尽早建立来自外部的法律、法规、条例、规章等制度体系；另一方面是要建设更为积极有效的内部监督管理机制，加快科研机构、大学行政信息公开，以公开保障公正，以公正实现公平。按照"清洁生产"的理念，对污染的治理应当从生产的第一个环节开始，上一个生产环节不能为下一个生产环节制造、转移污染。所有生产环节对可能发生的污染都必须采取即刻、就地消除的对策，不能把污染累积到末端再寻求治理。由此可见，科研机构、高校的学术委员会要真正"有职有权"，成为学校处理学术不端行为的最高学术调查评判机构。必须明确大学行政决策的程序，扩大、完善教职工代表大会在事实上的权力作为，赋予并加强教职工代表大会提案权、质询权、辩论权、表决权、公开审计请求权等多项民主监督权利。科研机构、高校对学术成果鉴定、学术成果评奖、学术称号授予的方案及评审情况应当事先公示，接受质疑，从内部运行机制上防止学术不端在内部滋生再向社会蔓延。

三、领导带头、信息公开方能遏制学术不端

近年来，科研机构、高校学术不端的丑闻屡屡曝光，已经成为社会关注的热点之一。我国科研机构、高校的领导人大部分都是学者出身，相当一部分是行政、教学、科研"三肩挑"的骨干。"三肩挑"的角色复合，一方面使得身居领导岗位者具有获取信息快捷的便利，一方面也因为行政事务繁忙，使其出现了无暇专心致志从事科学研究的局面。更为深层次的角色冲突是，在科研机构、高校居于领导岗位的学者一方面是学术竞争的组织者（简称"竞赛组织者"），同时又是学术活动的带头人或主要骨干（简称"运动员"），并且还是学术竞赛的评判人（简称"裁判员"）。身兼运动员、裁判员、组织者的高校领导客观上具有"近水楼台先得月"的条件，自身稍有松懈就可能在争取课题经费、获得出版资助、评审成果获奖等方面获得更多的利益。因此，严肃处理发生在一般教师、科研人员身上的学术不端无疑是正确的，但是，还应当注意揭露发生在上级与下级之间的学术侵权。这是因为，在权力的笼罩之中，侵权行为的被害人屈于权势的高压与利益的诱惑，难以在没有外力支撑的条件下公开揭发丑恶。

教育部在 2009 年 3 月 19 日发出《关于严肃处理高等学校学术不端行为的通知》，明确高校对本校有关机构或者个人的学术不端行为的查处负有直接责任。教育部的通知指出："高等学校对本校有关机构或者个人的学术不端行为的查处负有直接责任。"高校领导必须要有科研能力，也应当有科研成果，否则的话，他就不可能有学术发言权。科研机构、高校领导人（特别是一把手）更为重要的是要正确处理好做人、做学问、做官三者的关系，既不以权谋私，也不以权谋学，清楚地区分负责指导、参与领导与主持研究、亲力亲为的关系，清楚地区分个人科研成果、多人合作成果与职务作品的界限，不坐别人抬的"轿子"，不搭别人出成果的"便车"，不贪别人奉送的金钱、女色和知识产权。"打铁先得自身硬"，对学术不端坚持标本兼治、综合治理、惩防并举、注重预防的方针，关键是科研机构、高校领导人要身先士卒远离

腐败。己不正，焉能正人。净化高校学术氛围，树立老老实实读书，规规矩矩做学问的风气首先要从高校领导层抓起。

阳光对学术不端而言，也是最好的消毒剂。在制度设计上可以采取如下措施：其一，高校的处级以上领导干部除了必须按照组织人事部门的规定申报财产等信息之外，必须每年向上申报自己的科研成果，不仅要填写科研成果申报表，而且要提交全部原件，由科研主管部门和行政监察机构共同负责设立开放式的阅览室并在校园局域网上公布。其二，高校领导干部要率先进行自查自纠，在限定的期限内自我检查是否存在"来源不明"的科研成果以及形成的原因。对于已经形成的"挂名成果"，只要本人如实申报，作出检讨并对实际上的著作权人作出补偿，可以既往不咎。本人未申报、未自查自纠的侵权作品一旦被发现，由未申报人承担举证责任，即必须由其证明自己与该项成果的关系（包括个人获益情况），转相关部门处理。其三，教育部的通知指出，学术委员会是学校处理学术不端行为的最高学术调查评判机构。学术委员会要设立执行机构，负责推进高校学风建设、调查评判学术不端行为等工作。此项工作能否落实的关键是能否对学术委员会的授权与学术委员会议事规则的科学化。学术委员会要有职有权，要实现表达权的充分行使，重大或有争议的事项要无记名投票表决。其四，高校的科研管理、纪检、行政监察部门应当认真受理本校涉及学术不端的投诉，不能以维护学校声誉的名义压制举报，或者以著作权纠纷属于人民法院管辖而"踢皮球"。人民法院受理涉及高校学术不端的知识产权案件，高校应当积极予以配合。人民法院应当选择具有典型意义的知识产权案件到高校开庭审理或者通知高校组织旁听，进一步扩大保护知识产权的宣传力度和法律威慑力。

（原载《社会科学管理与评论》，2013 年第 4 期）

基于次优理论的高等学校办学定位研究

《国家中长期教育改革和发展规划纲要（2010～2020年）》明确指出："促进高校办出特色。建立高校分类体系，实行分类管理。发挥政策指导和资源配置的作用，引导高校合理定位，克服同质化倾向，形成各自的办学理念和风格，在不同层次、不同领域办出特色，争创一流。"在这一段表述中"引导高校合理定位"的提法令人耳目一新。首先，任何高校都面临着如何定位的问题；其次，高校的定位必须合理；再次，高校的合理定位是需要引导的。

一、高校合理定位的选择必须遵循高等教育的规律

高等学校定位是指高等学校根据自身基础、功能、社会经济发展需求以及生源特征等客观条件，对自身某一时期在高等教育系统内部分工和协作关系中所处位置和角色特征的选择。高等学校办学定位是一所学校具有统领引导作用的方向标，决定了学校特色的形成和学校改革发展的方向。高校办学定位的失误是根本性的失误，即行为起点和目标追求均处于错误状态。

1. 符合高等教育规律的发展才是科学发展

高等教育的规律超越意识形态和社会制度，这对所有高等教育的举办者发生作用。为此，任何高等院校的举办者都必须受到高等教育规律的无情制约。已经为实践证明了的高等教育规律是人类文明的重要组成部分，也是人类在克服自身认识局限和与时代不相应制度压制所积累的宝贵财富。高等教育是人类以教育实现自我提升、自我完善，追求所有人得以全面、自由发展的伟大创举，人类在举办高等教育的悠远历史中历经了从摸索路径、积累经验、发现规律到遵循规律的过程，已经完成了对高等教育规律性的认识。这种认识是人类文明的结晶，对在不同社会制度下生活的全人类都具有普适性。承认高等教育规律的客观存在，承认高等教育的规律对在社会主义制度下创

办的大学依然具有指导作用是前提。

办好人民满意教育的目标追求，要落实以人为本的核心价值观，解决好"培养什么人、培养什么样的人"这个重大问题。据此，对学校教育评估制度改革的讨论必须在贯彻落实科学发展观的大背景之下进行，必须旗帜鲜明地反对"不顾条件上专业、不惜代价上层次、不顾容量上规模"的做法。对于符合高等教育规律、符合科学发展观的做法，要积极地肯定和支持；对某些方面存在的漠视高等教育规律、偏离科学发展观的做法，要理直气壮地提出批评和改进的建议。

2. 高校办学定位的合理选择必须遵循高等教育的规律

所谓办学定位，即一所学校办学层次、功能定位、人才培养目标、特色所在的综合体现。具体而言，高等学校的定位包含下列可测量的指标：一是学校向社会输出人才的类型、数量和质量；二是学校向社会提供科研成果和智力服务的类别、数量和质量。以上两项指标中均含有数量和质量的监测，换句话说，同一类型的高校是可以对其具体贡献进行数量、质量比较的，不同类型的高校所作出贡献的数量、质量不具有可比性。每所高校的定位不同，其所承担的具体任务、服务功能的类型和范围是不同的，盲目攀高至多只能是跟在别人后面爬行。

3. 高校办学特色是遵循高等教育规律的必然成果

中国高等教育必须遵循高等教育规律才能得到科学、协调、可持续的发展，这样说并不是否定中国的国情，也不是否定中国高等教育必须具有中国特色。中国高等教育能否遵循规律、把握规律，在全球竞争的大环境中得到上乘的发展，还要看能否着眼培养科学精神和科学态度，不断深化对高等教育发展规律的认识，正视国情、面对国情、尊重国情，求真务实，力戒浮躁，努力在遵循规律的基础上把中国高等教育办出特色。为此，我们必须始终坚持实践是检验真理的唯一标准，始终坚持想问题、办事情从我国社会主义初级阶段基本国情出发，牢牢把握人民日益增长的物质文化需要同落后的社会生产之间的矛盾，这一我国社会的主要矛盾，不断增强按照高等教育客观规律办学的自觉性和主动性，在中国的土地上办人民消费得起而又满意的高等教育。同时需要说明的是，任何高校的办学特色都是动态的，特色建设不能一劳永逸。过去有特色，不能说明现在依然有特色，现在有特色不表示今后继续有特色。

二、合理确定高校办学定位才能办好人民满意的教育

根据前人的研究，"高等学校的定位应主要考虑七大要素，即学校类型定位、功能定位、层次定位、学科定位、服务方向定位、规模定位和特色定位，其中类型、层次、学科水平和特色是关键要素。一个大学的定位往往是几种要素的整合，而整合的任务是通过自主选择、自主定位来实现的，是用自己的个性和特色去参与市场竞争的，是用自己的办学水平和声誉去赢得市场的，是用自己的优势和能力获得发展的机遇，不应是人为地通过自上而下的行政命令来决定。"[1]

1. 分层次是高等教育的基本特征

中国高等教育的繁荣是在人才奇缺的严峻背景下起步的。在一定的历史阶段，为了满足社会的需要，采取跨越式的发展措施情有可原。但是，高等教育自身的规律性不能违背，特别需要强调的是，全国的高等教育是分层的，既有可以争取办世界一流的高校，更有培养应用型、操作型人才的高校。特别是，有条件办世界一流的高校，能不能办成世界一流绝不是凭借自吹自擂，而必须在世界范围内得到公认。

办学定位决定了学校在某一时期内的发展目标，是高等院校制度化建设的风向标。如果高校办学定位模糊不清，必然出现"摸不着石头也过河"的盲目局面。办学定位是对学校规格、类型、特色及其办学目标的确定性选择，一旦确立就应当持之以恒地做出不懈的追求。办学定位既不是学校的装饰物，更不是学校的广告词，也不应当随着市场的变化而随波逐流。办学定位具有宏观性、前瞻性、适应性、稳定性，一定是一所高校在较长的历史时期内确定的立足点，必须严格防止办学定位随着学校主要领导人的变动，或者主要领导人学术专长及其注意力的变动而漂移的局面。如果出现了高校领导人（特别是一把手）一变动，该高校的办学定位就变化的局面，这种办学定位就变成了某位领导人在学校地位的定位。

2. 不同高校应有不同人才培养目标的正确定位

高校正确认识办学目标定位的重要性在于找到适合自己生存、生长、发

---

〔1〕 杜彦良、江舒、张爱淑等："对不同类型高校定位与人才培养模式的思考"，http://www.eol.cn/20040709/3109965.shtml，最后访问时间：2008 年 2 月 12 日。

展的空间，这样的道理的确是说来容易、做来难的。树立科学的定位观对高校发展有统领作用和导向作用。科学的定位观的建立需要高校领导人的理性、清醒和抛弃私心杂念，同时，教育部推行的评估工作也应当具有引导高校定位"选择时求其准、建设时安其位、发展时谋其特"的作用。其中，求其准是基础，安其位是关键，谋其特是成果。高等教育评估的作用之一是引导各地区、各层次的高校清醒地认识自身的条件，扬长避短，走差异化、特色化的发展道路，有选择地追求卓越。当然，高校自觉地放下身段，选择适合于自身的较低层次的定位实属不易，安于其位扎扎实实地抓内涵建设难能可贵，收获谋其特的成果更需要时间。教育主管部门必须从自身的改革入手，更新管理理念，对高校实施分类指导，避免因为管理者决策的失误，导致办学者盲目攀比。

3. 办好人民满意的教育并不排除次优目标的选择

就追求的目标而言，分为最佳、次优、一般、较差、最坏这样五种是合理的。而在现实中最优目标是很难达到的，有时客观条件的制约实际上使最优目标无法实现，实现次优目标才是明智的。1956 年，经济学家理查德·李普西（R. G. Lipsey）和凯尔文·兰卡斯特（K. Lancaster）在总结前人的理论研究的基础上，创立了次优理论，"如果在一般均衡体系中存在着某些情况，使得帕累托最优的某个条件遭到破坏，那么即使其他所有帕累托最优条件得到满足，结果也未见得是令人满意的，换句话说，假设帕累托最优所要求的一系列条件中有某些条件没有得到满足，那么，帕累托最优状态只有在清除了所有这些得不到满足的条件之后才能达到。"[1]

次优理论的基本思想还可以用人们在群山之中攀登最高峰的比喻来说明。就理想状态而言，每一个人都想登上群山的最高点，事实上能够登上最高峰只是极少数人。如果群山之中的最高峰的确是足以称之为最高峰的话，就不应当鼓动所有的人都攀登顶峰。人往高处走，水往低处流，无疑是正确的，但是，这句话所描述的是宏观规律。在微观领域，为了达到"往高处走"的目的，曲线绕行甚至走回头路的情形都可能发生。每一个人向上攀登的起点都只能是他立足的脚下，攀登的起点位置不能忽略不计。不考虑客观条件的制约，单纯地讲唯有攀登最高峰的人才是成功者的说法也不符合辩证法。对攀

---

〔1〕 杨光义：《次优选择》，中国华侨出版社 2008 年版，第 3 页。

登者而言，在比攀登高度时，绝不能忽略攀登起点在哪里、装备如何等客观条件。

对高等院校的发展而言，在争优的基础上，次优是在更多附加约束条件下求解目标函数最大值的务实选择。

高校定位的选择与追求目标的确定是同样的道理。定位太高，终究力不能及，劳民伤财；定位太低，错失良机，必定浪费资源；确定经过努力能够实现的定位（或称"跳起来，够得着"的目标），才能凝聚人心，涉险求胜。从进化论的观点看也是适者生存，说明得以生存的是适者而非最优者。地球村客观上是一个次优者生存的世界，次优世界只能选用退而求其次的办法。在以往对高校定位的论述中，常用的修饰语是"科学"。《国家中长期教育改革和发展规划纲要（2010~2020年）》改用为"合理"一词，可谓用心良苦。科学定位强调的是定位的科学性，改用合理定位突出了符合事理、情理，符合客观规律。定位切忌自我拔高，一所高校能够放下身段本身就是清醒和理性，脱离实际的自我拔高绝对不可能得到市场的认同。西蒙认为，"人们在决定过程中寻找的并非是'最大'或'最优'的标准，而只是'满意'的标准。"[1]办高校，必然受到种种客观因素的制约。直面客观条件的约束，主动地放弃对"最优标准"的追求，冷静地选择"满意标准"作为自身的地位，是符合实事求是精神的。当前，我们要自觉地把自己的思想认识从那些与科学发展观不相适宜的观念、做法和体制的束缚中解放出来，从对马克思主义的各种错误的和教条式的理解中解放出来，从形形色色的主观主义和形而上学的桎梏中解放出来。

三、办学定位是学校教育评估的重要内容

由于高校办学定位知易行难，一所高校定位的言辞表述与实践相背离的局面也有可能出现。在好高骛远思想影响下，较为常见的是办学定位畸高，实际上力不能及，为了掩饰实力的不足或者投入的不足，又以稀释、虚夸等方式造就泡沫式的政绩。就理想状态而言，学校教育教学评估首先检验的就是高校的办学定位，也必须对高校办学定位及其实施情况做出严格的审核。

---

〔1〕 ［美］赫伯特·西蒙：《管理行为》，杨栎等译，北京经济学院出版社1998年版，第74页。

1. 定位评估是对高校定位合理性的考察

1998 年在巴黎联合国教科文组织总部召开的首届世界高等教育会议通过的《21 世纪的高等教育：展望和行动世界宣言》指出："高等教育的质量是一个多层面的概念，应该包括高等教育的所有功能和活动：各种教学与学术计划、研究与学术成就、教学人员、学生、楼房、设施、设备、社会服务和学术环境等。""应该建立独立的国家机构和确定国际公认的可比较的质量标准。但对学校、国家和地区的具体情况应该予以应有的重视，以考虑多样性和避免用一种统一的尺度来衡量高等教育质量。"[1]高等教育可以分为本科、专科等不同层次；也可以按照办学的类型，进一步把本科院校分为综合型、学术型等不同类型，更可以按照规模，把高校划分为大、中、小。但是，这些都是静态特征，与办学质量没有必然的联系。要从根本上考察高校定位合理与否，应当按照分类指导的原则，从"言"（规划、报告、各种场合的领导讲话等）和"行"（实际上采取了哪些步骤、采用了什么标准、落实了哪些措施、取得了哪些效果）两个方面进行评估。

2. 用彰显特色的评估促进高校合理定位

在《现代汉语词典》中，特色是"事物所表现的独特的色彩、风格等。"[2]所谓特色，一定是与其他相类似事物具有独特、特别、突出、特异之处的景象或者面貌。高等教育的特色至少包含以下三方面的含意：第一，特色是比较、对比的产物，着眼于同类事物的差异性，即所谓区别于共性的个性特征，高校教学的特色必须以符合高等教育规律的办学措施和成果作为标识；第二，特色具有其生成、生长的客观条件，且与客观条件相适应，能够以稳定形态表现出来的"人无我有、人有我优、人优我精"；第三，特色是相比较而言的具有代表性和优越性的特征，是在高等教育竞争中的足以称之为优秀的表现，而不是自吹自擂。就高等教育而言，特色，即特殊的、有别于其他的特点，这种区别不是表面或者细微层面的，而是足以构成一种整体色彩、风貌的良好表现。

对高等院校而言，评估是最有力的"指挥棒"。在评估中，如果评估标准

---

〔1〕 联合国教科文组织："21 世纪的高等教育：展望和行动世纪宣言"，http://www.unesco.org/education/educprog/wche/declaration_ eng. htm.

〔2〕 中国社会科学院语言研究所词典编辑室：《现代汉语词典》，商务印书馆 2012 年版，第 1274 页。

是整齐划一的"一把尺",千差万别的高等学校不得不牺牲自己的特色,去接受乃至应对评估标准的共性制约。由于评估标准是对以往的教学活动进行评价,出现"临时抱佛脚"式的造假也就不足为奇了。政府应当扶持鼓励以应用型人才培养、技能型人才培养为目标的高校安于其位,办出特色。其中最有力的办法就是通过评估,实施分类指导。特别需要强调的是,分类指导不是指导学校"升格",以批准"专升本"、摘掉"职业教育"帽子作为激励,而是对其中办得好的学校采取拨款资助等奖励政策,促使其办出特色。

3. 用强有力的政策引导高校在不同类别中创优争先

中国曾经长期处于闭关锁国的状态,做过不少"关起门来称大王"的蠢事。在不知道什么是世界一流的情况下,妄称自己所做的是世界一流就是典型的例证。即便在改革开放以后,我国高等教育界与世界各国高校的交流并不充分,但浮躁、急于求成的问题却越来越严重。这是因为,长期以来我国教育行政管理的改革滞后,高校行政级别不仅在实际上存在,而且正在升温。

千万不能以为把"985""211"、老本科、新本科、高职高专分开进行评估就是分类指导了。关键是从领导层做起,老老实实地遵循高等教育的规律,摒弃非科学的"政绩观"。应当承认,"高大全"式的办学思想在我国还是很有市场的,"左"的影响在高等教育战线还会长期存在。一所高校的办学定位在较长时间内具有稳定性,这种稳定性应当界定为几十年甚至更长时间。高校办学特色和特定文化氛围的形成需要几代人、十几代人、几十代人的努力,不可能一蹴而就。如果确认高校评估工作要每五年进行一轮的话,前三轮、前四轮的评估应当鼓励和引导高校在既有的定位中创优争先,而不是用"升格"作为褒奖的手段。对高等教育的管理者而言,不应当泛泛地号召创优争先,而应当在不同类别区分的基础上,引导、激励各高校在其所处的类别中创优争先。

4. 不同类别高校在创优争先的具体体现

不同类别中的创优争先的政策引导至少应当体现在如下三个方面。

(1)评估的政策导向要端正

高校盲目求大求全、盲目攀比无疑有其自身的责任,但根子是在教育部以往评估工作政策导向的偏差。有研究者认为,"目前我国高等教育投入实行的是重点倾斜政策,政府办学资金大幅度向学术性研究型名校倾斜,名气越大的学校就更能争取到越多的资助和政府项目,出现资源配置的'马太效应'。就总体而言，这种投资模式是以牺牲公平为代价的，最终结果必然是高校发展的两极分化。"[1]这种来自非知名高校的声音值得重视。各级教育管理部门都要为高校的合理定位、自主发展提供政策支持和空间，强调"各归其位不冒进，安于其位不越位"，对不同区位、类别、层次的优秀办学者予以重奖。

（2）摒弃高等教育可以跨越式发展的"左"的说法

鉴于高等教育发展的渐进性规律，高校的发展受到所处地域、建校时间以及师资队伍形成周期、学科体系形成周期、人才培养模式形成周期、社会认同形成周期等四大周期的限制，主观意志并不是万能的。高等教育发展有它的自身规律，这种规律不受社会制度和意识形态的制约，也不可能被"大干快上"所取代。从国家而言，从高等教育大国变为高等教育强国，需要一个长期的发展过程，并不可能是一蹴而就的。就具体办学者而言，教育投资的回收期是长而不是短，办教育不可能像办企业那样，几年之内就可以发展壮大起来。遵循高等教育自身的发展规律才能办好大学，做强高等教育。其中的办好、做强都是客观标准，而不是主观宣示。

欲速则不达。高等教育的实力必须通过长期的积累，要理直气壮地宣传大学的建设是长期甘于清贫的文化积累过程。硬件设施可以通过资金的集中大量投入迅速建成，软实力却是花钱也买不来的。不同区位、不同类别、不同层次的学校都能办出一流教育，应当重奖在不同区位、不同类别、不同层次的高等教育实践中的务实行动，而不是鼓励跨越式发展。至少目前在高等教育领域，跨越式发展的词义是模糊的。高等教育的跨越式发展究竟要跨越什么呢？教育主管部门究竟要鼓励高校跨越什么呢？是不同地域、不同层次、不同类别的限制还是其他？如果尚无明确的答案，还是不提跨越式发展为好。

（3）引导高校找准特色基点

所谓特色基点，是指高校办学特色得以形成的基础性、起点性的条件，在高校所处的具体区位、类型、层次之中，以实事求是的态度进行特色化的建设，而不是搞"穿靴戴帽"式的特色。真正的办学特色一定是有别于他人的个性特征，也一定是他人难以复制的特殊性。每一所高校都要全面剖析和

---

〔1〕 何祥林："高等教育科学发展先优化什么？"，http://www.jyb.cn/high/gdjyxw/201008/t20100811_ 381167.html，最后访问时间：2010 年 8 月 11 日。

冷静审视自身的客观条件，明确学校的起点如何、基础如何、优劣势表现在哪里。教育部高等教育教学评估中心要制定开展分类评估的不同标准，引导不同的层次、不同类别的高校能够合理定位，安心于各在其位、各展所长，办出特色。

（原载《上海教育评估研究》，2013 年第 3 期）

鉴定人需履行的义务

　　司法鉴定是指在诉讼活动中鉴定人运用科学技术或者专门知识对诉讼涉及的专门性问题进行鉴别和判断并提供鉴定意见的活动。当前，我国的司法鉴定"供需两旺"，也存在一些亟待解决的问题，其中之一是鉴定人拒不出庭作证。鉴定收费制度的运行，一方面为专业技术人才提供了服务社会的机会，同时也不能排除鉴定中出现逐利行为。通俗地说，打算做鉴定的人愿意出钱"买证据"，鉴定人在一定程度上是收钱"卖证据"。鉴定人并非生活在真空之中，司法鉴定的法律准则、行业规则、道德规范被金钱、人情突破的可能性始终存在。

　　2012 年 8 月 31 日，第十一届全国人大常委会决定对《中华人民共和国民事诉讼法》作出修改。其中第 78 条规定："当事人对鉴定意见有异议或者人民法院认为鉴定人有必要出庭的，鉴定人应当出庭作证。经人民法院通知，鉴定人拒不出庭作证的，鉴定意见不得作为认定事实的根据；支付鉴定费用的当事人可以要求返还鉴定费用。"据了解，部分鉴定人对民事诉讼法修正案的这一规定有不同意见，认为既然法院通知鉴定人出庭作证，法院就必须承担鉴定人为出庭所发生的全部费用。但是，人们不禁要问鉴定人在出具鉴定书之后难道没有提供售后服务的责任吗？所幸的是《民事诉讼法修正案》已作出鉴定人应当出庭的规定。根据规定，当事人支付的鉴定费之中已经包含出庭费用，因为鉴定人不出庭，当事人可以要求返还鉴定费用，鉴定人无权要求法院承担出庭费用。"当事人可以要求返还鉴定费用"的规定说明出庭费用已经包括在内，先期付给了鉴定人。

　　我国当前的司法鉴定为什么屡屡出现不负责任的做法和低级错误，原因之一是制度上存在类似于"出厂之后概不负责"的漏洞。在我国，一般商品都有明确的售后服务制度。令人难以相信的是，司法鉴定意见作为一种"人命关天"的特殊商品的售后服务却几近空白。如果说，司法鉴定结论的重要性人尽皆知，那么，司法鉴定售后服务的缺失再也不能持续下去了。在法庭上，来自抗辩双方的交叉提问、相互质询的对抗才是能够真正揭示鉴定结论可靠性的唯一办法。

鉴定活动是鉴定人利用专业知识和技术设备对专业问题作出判断并阐述理由的一种服务。这种服务的特殊性之一是必须在法庭上得到充分展示才能够说服法官，使得鉴定意见被法庭所采信。否则的话，鉴定人不出庭的鉴定就会变成"自说自话"。好在，法律及时对此表明了态度。

（原载《新民晚报》，2013 年 6 月 14 日）

让医患关系回归信任与合作

当下，各级政府应当旗帜鲜明地阐明医疗行为的客观规律，维护医生的人格尊严，维护医疗机构的正常秩序。特别是，对暴力袭医的"零容忍"一定要在时间、空间两个方面充分体现。在政法机关依法对暴力伤医保持高压态势的同时，社会各方应当着力引导正常医患关系的重建。

李克强总理日前对浙江温岭医生被刺身亡事件作出批示，要求有关部门高度重视因医患矛盾引发的暴力事件，采取切实有效措施维护医疗秩序。应当清醒地认识到，"医闹"和暴力袭击医生的案件在我国持续高发，已经使得医生失去了最基本的从业安全和人格尊严。遏制"医闹"亟待从尊重医疗行为的规律、完善制度设计、调整相关政策、修复医患关系、正确预防处理医患纠纷、强化安全防范措施等方面标本兼治。

一、医疗行为具有高度风险性

医疗行为本身具有高度的探索性和风险性，有着许多与其他行业不同的特有规律。危害健康的疾病是无限的，人与人之间的个体差异又很大，疾病的突然变化随时可能发生，治疗的效果取决于多方面因素的共同作用。为此，应当理直气壮地在全社会正确宣传医疗活动的特殊属性，引导包括患者在内的所有人尊重医疗活动的客观规律。随着科学技术的发展，检查、诊断、治疗疾病的手段更多了，但是，医生是人而不是"神"，医疗技术再发展、再先进也不可能包医百病，医护人员再努力、再尽心也有力不从心之处。美国医生特鲁多的墓碑上的名言"有时是治愈，常常是安慰，总是去帮助"，生动地表达了医生的职业操守和医疗活动的局限性。

当前，我国许多医生都处于超负荷工作状态，其工作强度之大、身心压力之大都是局外人难以理解的。医生应当恪守行医道德、不断提高医术水平，但必须明确的是，暴力伤医绝对不可能促使医德、医术提高。任何人在惊恐中的行为差错发生率都会增高，时刻感到性命难保的医生必然更多出错。医生为求自保，必然要求患者做更多的检查，客观上又增加了患者的负担。如果医生在承受行医的职业风险之外，还要为人身安全担惊受怕，就不可能用创新的精神推进医学的发展，最终受害的还是患者。从根本上说，医护人员首先要恪守医德，不断提高医疗水平和服务质量，但也需要政府提供有力的法律支撑和全社会共同努力营造良好的氛围。

二、疾病才是患者与医生共同的"敌人"

医生与患者应当是信任合作关系。所谓合作，是指为了共同的目的一起工作或者共同完成某项任务。"共同的目的"或者"共同完成某项任务"强调的都是在目的或者任务上的一致性，这是合作的大前提。医患关系在本质上应当是信任合作关系，而不是商业交易关系，更不是敌对关系。通俗地说，疾病是患者与医生共同的"敌人"，医患双方是基于维护生命权、健康权结成的"利益共同体"，作出正确诊断、尽最大可能治愈疾病或恢复功能或减轻痛苦或予以安慰是医患双方的共同任务。医生如果得不到患者的配合和支持，再高明的医术也会寸步难行。医疗活动客观上要求医患双方紧密合作，由于多数患者不可能充分掌握医学知识，即便不能"齐心"，至少也应当"协力"，而不是猜疑甚至对立的状态。

患者面对自身的疾病、患者亲属面对医疗行为应当有理性客观的认识，治愈、好转、得到安慰都是医疗行为的正常结果。医患关系的正常化需要全社会的共同努力，尊重生命、尊重患者、尊重医务人员三者之间最为重要的是医生、患者之间的相互尊重。医生救死扶伤应当尽心竭力，患者也应当理解体谅医生的难处。医患之间出现纠纷，患者和医生都应当换位思考，设身处地为对方着想，理性地接受医患纠纷调解机构的调解。即便是认为医生有违背医德的行为，也应当依法维护医生的合法权益。

三、着力解决医患关系的深层次问题

"医闹"乃至直接伤害医护人员的案件之所以在我国屡屡发生，原因是多方面的。应当肯定，绝大多数医护人员为患者服务是尽心尽职的，一些患者的不满并不单纯是由医护人员造成的，深层次的原因或许在于制度设计。"医闹"多发于患者亲属耗费巨资落得"人财两空"之时的现实说明，医疗体制的不合理与社会利益配置的不公平才是真正的原因。2008 年 8 月，世界卫生组织总干事陈冯富珍博士在题为《用一代人时间弥合差距：针对健康问题社会决定因素采取行动以实现卫生公平》的报告中指出："政策欠佳、经济失灵和政治失误交杂缠绕在一起，在很大程度上造成世界上大多数人享受不到其在生理上本可达到的良好健康。"她的话是针对全世界而言，当然对于我们也同样有警示意义。

我国医患矛盾冲突的加剧，一方面是道德滑坡、规则失灵、社会普遍缺乏信任的表现，另一方面也是"看病难、看病贵"沉疴的折射。联合国经济、社会、文化权利委员会在 2000 年第 14 号《一般性意见》中强调了国家对公民健康权的实现负有尊重、保护和实现三种义务。如果医护人员的从业安全都得不到保障，公民健康权的实现无疑就会落空。当务之急是防止医护人员成为某些现行医疗体制的"牺牲品"，政府除了采取强有力的治安措施之外，必须着力解决医患关系问题的深层次原因，组织和动员社会各方面的力量共同努力，修复正常的医患关系。

四、跨前一步体现对"医闹"的"零容忍"

近些年来，在我国出现了极不正常的"以闹获利"倾向，很重要的原因在于某些官员"摆平就是水平"的思维和工作方式。在"不闹不解决、小闹小解决、大闹大解决"的心理暗示之下，利益驱动的"医闹"必然愈演愈烈。保障行医安全和医生的人格尊严是文明的底线。如果守不住这条底线，充当牺牲品的不单是医务人员，全社会的所有成员都将处在性命难保的危险之中。

当下，各级政府应当旗帜鲜明地阐明医疗行为的客观规律，维护医生的人格尊严，维护医疗机构的正常秩序。特别是，对暴力袭医的"零容忍"一定要在时间、空间两个方面充分体现。有扰乱医疗机构正常秩序的行为一旦露头，就要果断采取制止措施，决不能任其发展到一定规模之后再处置。在政法机关依法对暴力伤医保持高压态势的同时，社会各方应当着力引导正常医患关系的重建。

（原载《文汇报》，2013 年 11 月 7 日）

如果手枪也能打印

　　最近，3D 打印已经成为广为流行的热词。有人认为，不仅形形色色的创意和设计可以通过 3D 打印迅速地生产出样品，似乎只要物理意义上客观存在的东西都可以通过 3D 打印机复制出来。3D 打印技术的神奇在于逐层增加材料的方式，以最为低廉的成本，将数字模型制造成三维实体物件。当客观上还没有的东西在电脑上完成设计之后，打印出实体只需要"睡一小觉"的时间，仿制物的生产只需点击鼠标即可启动。其实，我们现在没有必要对 3D 打印的应用领域作过于细致的预测。随着 3D 打印技术的不断成熟，其应用范围的扩展已经是不争的事实。更为重要的是，3D 打印技术将开启人类智慧和创造能力的空前释放，成为产业革命的引领者。

　　但据媒体报道，在美国，只要拥有一台电脑和一台 3D 打印机，只需几个小时就可以制造一支半自动枪。报道说，"打印"制造半自动枪能够发射 600 发子弹，网上的图纸已被下载一万次。当未成年人在卧室里"打印"枪支时，他们的父母可能认为他们是在"玩电脑"，而孩子们则很快就成了枪支拥有者。这种像是科幻小说的现实存在，对未成年人和别有用心之人具有极大诱惑力和便捷性。由于对用 3D 打印机制造枪支的人没有年龄限制，无需接受背景调查，可能隐匿身份登记，将会出现枪械产生的源头失控。用 3D 打印机制造的枪支一没有品牌注册，二没有生产企业注册，三没有序列号登记，四没有销售记录，流转环节会完全失控。

　　可见，3D 打印技术异常使用的社会危害是明显且可以预见的。随着 3D 打印技术使用领域的扩展，其潜在的危害还会进一步释放。正如任何技术都是双刃剑，3D 打印技术也是一柄双刃剑。特别需要强调的是，越是应用面广的新兴技术，其从实验室进入"小众市场"，走向"大众市场"的过程也会越快。在市场需求的刺激下，各有优势的竞争主体又力图以低廉的价格、快捷的服务争取占有更大的市场份额，由于产量巨大，售价在高位运行的时间也会相应缩短。新生事物的发展必然伴随着违法犯罪乃至挑战人类道德底线的异端行为，我们应当做的不是扼制技术发展，而是未雨绸缪，以前瞻眼光、务实态度防范 3D 打印技术的发展走偏方向。

（原载《新民晚报》，2013 年 4 月 19 日）

如何让纸上的鉴定人出庭作证

司法鉴定售后服务的缺失再也不能继续下去，鉴定人出庭需有经费保障的细化规定与罚则的支撑。

当前，我国的司法鉴定"供需两旺"，也存在一些亟待解决的问题，其中之一是鉴定人拒不出庭作证。鉴定人并非生活在真空之中，司法鉴定的法律准则、行业规则、道德规范被金钱、人情突破的可能性始终存在，铜臭对鉴定活动的污染或多或少总会发生。而法官在审判活动中，有意无意地把鉴定结论视为"拐杖"，故鉴定结论正确与否直接影响审判质量和司法公信力。

一、民诉法修正案已经明确规定鉴定人应当出庭作证

目前，除了侦查机关办案时内部工作人员依职责进行的鉴定之外，鉴定收费在我国已经成为制度。这一方面为专业技术人才提供了服务社会的机会，同时也不能排除鉴定中出现逐利行为。根据"阳光法则"，规定司法鉴定结论的出具人必须出庭接受质证，才是保证鉴定结论科学性的治本之策。

2012 年 8 月 31 日，第十一届全国人民代表大会常务委员会第二十八次会议决定对《中华人民共和国民事诉讼法》作出修改。其中第 78 条规定："当事人对鉴定意见有异议或者人民法院认为鉴定人有必要出庭的，鉴定人应当出庭作证。经人民法院通知，鉴定人拒不出庭作证的，鉴定意见不得作为认定事实的根据；支付鉴定费用的当事人可以要求返还鉴定费用。"

我认为，在民事诉讼案件中，鉴定人出庭作证的费用不宜采用定额制，在合理范围内实报实销且最终由败诉一方当事人承担较为可行。为此我建议，鉴定人出庭费用应当在收费标准中明示，可以规定含出庭费用与不含出庭费用两种收费标准。如果事先明示鉴定费用不包含出庭费用的，鉴定人的出庭费用可以由对鉴定意见有异议的一方先行垫付，最终由败诉一方当事人承担。

如果双方当事人对鉴定结论没有异议，人民法院为正确行使职权，认为鉴定人有必要出庭，且发出鉴定人出庭通知的，法院可以先行垫付出庭费用，最终由败诉一方当事人承担。

二、司法鉴定售后服务的缺失再也不能继续下去

鉴定服务除了用于侦查机关内部的无偿部分之外，是向社会提供的有偿服务。鉴定机构是营利性的中介机构，"面向社会、接受委托、有偿服务、承担责任"是司法鉴定的基本性质。鉴定人所出具的鉴定书是以自己的专业判断对法律负责，同时也是获得经济收益的一种途径。从这个意义上说，鉴定书也具有"一手钱、一手货"的商品属性。商品经济发展到今天，在世界各国，一般商品和服务提供后都有明确的售后服务制度。令人难以相信的是，司法鉴定意见作为一种"人命关天"的特殊商品的售后服务在我国却几近空白。

鉴定人出具鉴定书之后，托词不出庭作证已经成了公开的秘密。如果说，司法鉴定结论的重要性人所皆知，那么，司法鉴定售后服务的缺失再也不能继续下去了。在法庭上，来自抗辩双方的交叉提问、相互质询的对抗才是能够真正揭示鉴定结论可靠性的唯一办法。也许国内鉴定人以为自身的工作量已经很大，并不知道世界各国、各地区对于鉴定人出庭作证规定的严密程度。以香港高等法院审理王廷歆诉龚心如"世纪遗产争夺案"为例，我国文件检验专家贾玉文教授共计用了 36 天出庭作证。可见鉴定人投入出庭作证的时间和精力之多。

鉴定活动是鉴定人利用专业知识和技术设备对专业问题作出判断并阐述理由的一种服务。这种服务的特殊性之一是必须在法庭上得到充分展示才能够说服法官，使得鉴定意见被法庭所采信。否则的话，鉴定人不出庭的鉴定就会变成"自说自话"。正如最高人民法院法官何帆所说："如果让法庭科学家们出庭，既可以向法官、陪审团解释、澄清鉴证思路，还可通过质证修正、补强鉴定结果，对促进司法公正大有裨益，对科学家们自身的水平也是有提高的。"

三、鉴定人出庭作证需有罚则支撑

应当看到，鉴定人缺乏出庭作证的法定义务感，使得鉴定人出庭作证难

以落实。使应当出庭而拒不出庭的鉴定人会受到一定的处罚，承担相应的法律后果，是国际上较为普遍的做法。我国应当借鉴其他国家和地区关于鉴定人强制出庭的规定，细化鉴定人不出庭的法律后果。对于鉴定人无正当理由不出庭或拒绝出庭的，可采取训诫、责令具结悔过并责令其到庭；经训诫后仍不到庭者，法庭可以采取传唤、拘传等措施，强制其出庭作证；对到庭后消极不作证的鉴定人，应视具体情节追究其行政责任，并建议取消其司法鉴定人资格或从司法鉴定人名册中除名。

（原载《人民法院报》，2013 年 7 月 12 日）

调解类电视节目如何传播正能量（摘要）

近年来，国内不少电视台开办了调解类节目，而且多数调解类节目都在黄金时段播出，对社会舆论、社会风气产生了深刻的影响。作为新生事物，调解类节目在探索的过程中也出现了一些值得注意的倾向。

一、调解类节目不能泛泛地"调和不调散"

传播学上"黄金时间"的说法，意指收视率高的时间段。换句话说，黄金时段是稀缺资源，所有的节目都希望跻身黄金时段，以提高影响力。传播学十分重视话语权。通俗地说，话语权是指把发出声音的权利交给谁，以及由此产生的价值观影响。如果把黄金时段与话语权联系起来考察，我们就可以看到，话语权和黄金时段掌握在谁手里，谁就决定了社会舆论的走向。调解者应当旗帜鲜明地肯定诚实信用的一方，支持其在法律规定的范围内处分自己的民事权利和诉讼权利。如果调解类节目片面地追求调解成功率，就会自觉不自觉地模糊是非界限，要求无过错的一方作出更大的让步。调解人只有充分尊重无过错方的选择，才能体现保护诚实信用、主持公平正义的立场。

二、媒体应当谨慎使用悔过型人物"现身说法"

什么人可以在电视台"露脸"，主要取决于节目组的选择。这种选择权的行使必须对社会负责，而不是仅仅对节目的收视率负责。意识形态作为一种潜在力量有形无形地隐含在媒体传播的信息内容之中，并且在不断地影响和改变着受众的观点。如果黄金时段播出的是劣迹斑斑者毫无诚意、近乎表演的"悔过"，其社会影响就是请曾有劣迹者公开作秀。收视率越高，负能量的传播越甚。媒体把黄金时段用于曾有劣迹者的悔过应当高度谨慎，事先必须认真判断这种悔过传播的是正能量还是负能量，并从社会整体影响的角度作出严格评估。

三、传播正能量是提高收视率的唯一正确道路

正能量一词源于英国心理学家理查德·怀斯曼的专著《正能量》，其中将人体比作一个能量场，通过激发内在潜能，可以使人表现出一个新的自我，从而更加自信、更加充满活力。在每一个人的身上都会有正能量与负能量，每一个人所承载的正能量、负能量各不相同。媒体的职责应当是发现、挖掘、传播、放大正能量，遏制、限制、缩小、消减负能量的扩散。客观地说，调解类节目中有时难以避免对丑态的揭露，但一定要注意在揭露丑恶的同时，防止负能量的扩散。千万不能用展示劣迹去"吊"小市民"胃口"，以满足人们的好奇心的做法片面追求收视率。

（原载《青年记者》，2013 年 3 月上）

应当发挥法律在遏制"官帽"腐败中的作用（摘要）

如果说，净化市场需要"打假"的话，建设法治国家更需要在干部队伍中"打假"。应当明确指出，从事公共行政管理的职位、权力是最稀缺的政治资源，公务员是受聘于国家从事公共管理活动的。非法获取官位的活动形式多样，笔者简称其为"官帽"腐败。"官帽"腐败是源头性、根本性、全局性的腐败。

一、王亚丽骗取官位的行为实际上并未受到法律制裁

2010 年，原石家庄市政协常委、团市委副书记王亚丽，因为与亿万富豪的亲生女儿争夺遗产遭到当事人连续实名举报，导致其真实身份败露。王亚丽涉嫌造假骗官进入司法程序后，最终被认定犯职务侵占罪、行贿罪。王亚丽的造假骗官行为实际上并没有得到法律的制裁。

二、遏制"官帽"腐败需要发挥法律的制裁作用

"官帽"腐败在我国具有多种表现形态。卖官买官是赤裸裸的钱权交易，而用篡改年龄、骗取学历、伪造履历、假造政绩、卖身投靠等手段取得官位或者某种政治身份则是隐蔽的"官帽"腐败。如果说买官卖官已经在我国官场形成了可怕的现金流，造假骗官则是摧毁了社会诚信的根基。

三、能动司法应当在遏制"官帽"腐败中有所"能动"

（一）检察机关应当为国家财产遭受损失提起附带民事诉讼

（二）人民法院应当为反腐败斗争提出司法建议

（三）检察机关在公益诉讼中的积极性值得期待

（原载《河南警察学院学报》，2013 年第 2 期）

应通过讨论达成禁放烟花爆竹的共识

禁不禁放烟花爆竹，是一个涉及千家万户的民生话题，也是事关公民有序政治参与的社会话题。只要我们真正有问计于民、问策于民的决心，就应当以此契机，在人民建议征集制度建设方面迈出更加关键的一步。

近年来，我国雾霾天气出现的频率、范围和严重程度不断加剧，组织动员全社会的力量、从源头上减少大气污染已经成为共识。显而易见，控制雾霾的根本途径是改变经济和能源结构、改善城市规划布局、减少污染排放。治霾是一个长期、复杂、浩大的系统过程，除了加大推进各项治理措施以外，还有一条，我觉得也到了应当再予以讨论的时候，即倡导每一位市民不再燃放烟花爆竹。在 2014 年春节即将来临之际，我们应当通过讨论达成是否继续燃放烟花爆竹的共识。

一、特大城市禁放烟花爆竹的时机已经成熟

燃放烟花爆竹的危害性显而易见，不仅对环境有多重污染，并伴有火灾和人身伤害的威胁。大量事实和数据已经表明，燃放烟花爆竹既危害人身安全，又有害公共利益。在爆竹声中迎新年是中国人的传统习俗，但习俗并不是一成不变的。社会发展到今天，也并不是没有替代燃放烟花爆竹传统习俗的办法。对普通市民而言，究竟是燃放烟花爆竹重要还是维护空气清洁重要，这个道理是清晰可见的。只要政府部门带头从身边小事做起全力治霾，我相信，广大群众也会有这个觉悟为减少大气污染物排放而不再燃放烟花爆竹。

虽然我国各地对燃放烟花爆竹的争论一直不断，但迄今为止，随意燃放、限放、全面禁放三种模式的实践也已经足够充分，至少在特大城市全面禁放烟花爆竹的时机已经成熟。广州市自 1992 年 6 月 1 日实行禁烟花爆竹，至今一直坚持，就是一个例证。

二、应当用实践回答禁放烟花爆竹的难点何在

十八届三中全会明确要求，"在党的领导下，以经济社会发展重大问题和涉及群众切身利益的实际问题为内容，在全社会开展广泛协商，坚持协商于决策之前和决策实施之中"。我认为，不妨利用春节将至的时机，在报纸、广播、电视、网络等公共传播平台中进行充分的讨论，真正做到问计于民。讨论中即便有一部分人坚持要求燃放烟花爆竹，也会在这个讨论的过程中受到教育。不放烟花爆竹是一件利国利人又利己的好事，群众内心要求政府全力治霾的愿望急切而又强烈。我相信，广大群众一定能够做出对于是否禁放烟花爆竹的明智选择。现在的问题是，有相当一部分人认为，禁放烟花爆竹就是断了政府的一部分税收，有些政府官员是舍不得的。其实，禁放烟花爆竹的阻力是在民还是在官，是一个完全不需要讨论、仅待实践回答的问题。政府部门完全能够用实际行动证明和显示自己维护最广大人民根本利益的决心和意志。

尊重一些人燃放烟花爆竹喜好的"小道理"，无疑应当服从防治环境污染的"大道理"。也许有一些人会说，过年不放烟花爆竹就没有"年味道"了。这可以称之为"此民此意"。还有很多人说燃放烟花爆竹害大于利，是得不偿失的愚昧之举。这可以称之为"彼民彼意"。即便在"民意"相对立的时候，政府也不能不作为。正确的做法应当是，积极地组织"此民此意"与"彼民彼意"的交流讨论，把不同意见的争论引导到有利于维护人民群众根本利益的共识上来。

三、是否禁放烟花爆竹，不妨主动征集人民建议

关于是否燃放烟花爆竹，似乎是媒体和社会各界每年都会议论一番的"老话题"，我国不少城市也历经了从"禁放"到"限放"的反复过程。回顾以往在燃放烟花爆竹问题上的政策摇摆不定，根子不完全在于民俗问题，而在于如何进一步以法治思维法治手段充分协调各方面的利益平衡。

在全民权利意识进一步增强的今天，我们必须多一点法治思维、多一点法治方法，敢于和善于为维护人民群众的根本利益有所作为、勇于作为。例如，我们有人民建议征集工作的成功经验，完全应当在"是否禁放烟花爆竹"

的讨论中充分发挥作用。尽管目前的人民建议征集在一些地方主要集中在事后收集民意，但已有的实践已经印证了"群众是真正的英雄"的科学论断。如果能够在相关部门决策之前，主动地、专题化地征集人民建议，一定有利于调动各方面的积极因素，克服改革和发展中的困难。这当然不局限于是否禁放烟花爆竹这个问题。

禁不禁放烟花爆竹，是一个涉及千家万户的民生话题，也是事关公民有序政治参与的社会话题。只要我们真正有问计于民、问策于民的决心，就应当以此为契机，在人民建议征集制度建设方面迈出更加关键的一步。

（原载《文汇报》，2013 年 12 月 26 日）

畅通公民有序政治参与的机制

　　公民的有序政治参与也有一个学习和实践的过程，而且，政治参与的有序性只有在参与的过程中才能实现。如果以"有序"为借口，设置种种障碍限制公民的参与，或者冷漠对待公众参与，公众参与就一定会无序化。

　　《中共中央关于全面深化改革若干重大问题的决定》（以下简称《决定》）指出："建立畅通有序的诉求表达、心理干预、矛盾调处、权益保障机制，使群众问题能反映、矛盾能化解、权益有保障。"回顾以往的实践，我国部分国家机关的工作往往是着眼于诉求表达的有序性，而自觉不自觉地忽略了建立畅通有序的表达机制。近年来，对公民行使表达权的保障虽然有所加强，但差距也是明显的，尤其是群体性的表达往往演化为"闹事"。放眼看世界，任何国家都存在民众诉求表达的畅通有序问题，只要是厉行民主法制的国家都在探索公民意愿表达畅通有序的机制建设。可以说，探索公民意愿表达畅通有序的机制建设是人类文明的重要成果，世界各国也为我国相关制度的建设提供了可供参考的经验。

　　2011 年 9 月 22 日，奥巴马政府在美国白宫官网上设立了"我们人民网"。年满 13 周岁不分国籍的任何人都可根据自己关心的话题通过利用该网络平台提出和邀请别人参与请愿或参与别人请愿这一方式，寻求政府答复，实现网络问政。奥巴马政府承诺，如果一份请愿发出后在 30 天内达到 150 人签名，白宫网站上就可予以显示。但要得到政府答复，则必须在请愿发出后 30 天内达到最开始要求的 5000 人，之后提高到 2.5 万人，现在则上升到 10 万人，以后也有可能根据实际情况予以提高。对于期满后签名人数未达标的请愿将被取消。截止到 2013 年 11 月 21 日，得到政府答复的请愿数量已经达到 133 个。答复内容涵盖了政治、经济、移民、农业、消费者保护等多个领域。其中，以公民权利和自由、刑事司法和执法、外交政策、经济、医疗和政府改革居多，每项都有超过十个请愿最终得到了政府答复。

2012 年 8 月，根据时任俄罗斯总统普京签署的总统令《完善国家管理体系的基本任务》，时代总理梅德韦杰夫签署了《"俄罗斯社会倡议运动"构想》。"俄罗斯社会倡议运动"，是要为俄罗斯联邦公民利用互联网公开提出建议提供技术、组织和法律保障。除通常包括提出、登记、审理和监督四个步骤的一般程序外，还有特殊程序。特殊程序是指工作人员将预先审核的结果以及是否安排网络投票的决定告知建议人。如果建议人的建议符合要求，工作人员决定将该建议内容传至互联网，供广大民众投票；如果建议不符合要求，工作人员有权决定对该建议不做下一步安排，即意味着建议程序终止。建议被上传至互联网之后，广大民众根据"一人一票"原则，通过互联网对该建议进行投票。投票期限为自决定对该建议进行网络投票之日起一年。如果一年之内，该建议没有获得 10 万人以上赞同，视为建议未获得支持，将取消投票，建议程序终止。如果在一年之内，该建议获得 10 万人以上赞同，则视为获得支持。获得 10 万人以上赞同的建议，工作人员将该建议提交给专门组建的工作组，以进行鉴定工作。鉴定之后，可能做出拟定规范性文件草案或者不落实建议的决定。

十八届三中全会提出"更加注重健全民主制度、丰富民主形式，从各层次各领域扩大公民有序政治参与，充分发挥我国社会主义政治制度优越性"是切中时弊，非常及时的。客观地说，一个国家民意表达渠道是否畅通，主要取决于制度设计。各级国家机关必须责无旁贷地承担起"健全民主制度、丰富民主形式，从各层次各领域扩大公民有序政治参与"的责任，并在回应公民表达的过程中引导表达的理性有序。公民的有序政治参与也有一个学习和实践的过程，而且，政治参与的有序性只有在参与的过程中才能实现。如果以"有序"为借口，设置种种障碍限制公民的参与，或者冷漠对待公众参与，公众参与就一定会无序化。如果政府只是按照自己的意志安排几场"参与秀"，那么，无论政府为做"盆景"式的参与买了多少单，老百姓都不会买账的。"在党的领导下，以经济社会发展重大问题和涉及群众切身利益的实际问题为内容，在全社会开展广泛协商，坚持协商于决策之前和决策实施之中"，既是规定了应当在全社会开展广泛协商的任务，也明确了"坚持协商于决策之前和决策实施之中"的具体要求。我国人民享有知情权、参与权、表达权、监督权，但上述"四权"的实现更需要具体的保障。政府善于倾听民意在前，群众善于表达自身意志才能在后。在推进民主的进程中，必须是政府具有真心实意倾听民意的切实行动，公众才会在表达的过程中学会理性有序表达。

公民意愿的公开表达可以分为三类：一是完全自发的社会性表达，目前常见于博客、微博、微信的传播。由于社会性表达的内容庞杂、数量甚多，政府只能选择具有代表性的内容进行回应，但回应的风险较大。二是响应征集的渠道性表达，主要是在国家机关提出征求、征询、征集群众意见后，公民做出的响应。由于渠道性表达预先设定了提出意见的方法和路径，无序的风险很低，但往往回应率偏低。三是主动参与的公益性表达，完全是公民出于权利意识和责任感，就公共事务管理提出的建议意见。公益性表达往往代表了相当一部分民众的意愿，如果政府应对不力或者失当，也会引起社会震荡。民意是一种客观存在的能量，在缺乏畅通渠道的状态下，无序的甚至是破坏性的表达必然出现。目前我国政府决策的民主化、科学化、程序化还有相当大的差距，民意表达的渠道必须进一步拓宽。只有用体系化的制度安排，才能使问计于民成为政府决策的必经程序。

笔者认为，建议类信访的功能应当在我国民主法制建设中得到进一步的彰显。只要是与公共事务管理相关的建议意见就应当允许公民公开表达。客观上，民众已经在利用博客、微信等现代通讯工具在表达内心意愿，只是还没有与政府对接的平台。智慧在民间，就优化公共事务管理提出具体建议意见的公民而言，绝大多数都是愿意在网络上进行公开表达的，政府相关部门也需要直接了解该建议的公众支持程度，以便更加直接地了解民意。如果在征集人民建议的制度框架之内，安排专门的平台受理公共事务管理建议的表达，也不失为丰富民主形式的可行之策。至于与个人利益相关的诉求、检举控告等应当按照举报类信访的渠道和程序处理。为此，笔者建议相关部门借鉴国际经验，结合我国国情实际进行可行性研究。

（原载《法制日报》，2014 年 2 月 19 日）

从呼格案中感受法治建设的暖意

　　近日，内蒙古自治区高级人民法院对呼格吉勒图故意杀人、流氓罪一案作出再审判决，宣告呼格吉勒图无罪。尽管这一冤案拖了18年才得以昭雪，但迟到的正义毕竟来到了。呼格吉勒图案是我国在执行死刑的案件中，因事实不清、证据不足而改判无罪的第一例。也因此有了我国司法领域中划时代的重要意义。痛定思痛之际，更需要我们做的是亡羊补牢，防止冤假错案的不断发生和破除案件再审中的"潜规则"。

　　就宏观而言，难以做到绝对不出现冤假错案，但首先要采取严格的措施避免出现冤假错案，其次是要切实发挥审判监督程序的纠错功能。我国《刑事诉讼法》第241条规定："当事人及其法定代理人、近亲属，对已经发生法律效力的判决、裁定，可以向人民法院或者人民检察院提出申诉，但是不能停止判决、裁定的执行。"第242条还规定了当事人及其法定代理人、近亲属的申诉符合五种情形之一的，人民法院应当重新审判。就此而言，我国审判监督程序已经就再审做出了明确的规定。但实际上，即便是已经发现新证据的案件，提起再审的难度也极大。审判监督程序难以启动的原因十分复杂，司法机关中的"潜规则"和某些人员的慵懒也是无形的"拦路虎"。

　　为了防止无序申诉，我国刑事诉讼法已经规定申诉的提出不能停止判决、裁定的执行，而且申诉的提出并不意味着立即引起审判监督程序。然而，实际上存在的各种主客观的阻力不扫除、"潜规则"不破除，提起再审就可能演变为"提不起再审"。按照《刑事诉讼法》的原意，再审程序的提起必须十分慎重，但这种审慎必须严格按照法定程序进行，而不是法律之外的干预。1996年6月10日呼格吉勒图被执行死刑。呼格吉勒图父亲、母亲随即提出申诉。内蒙古自治区高级人民法院于2014年11月19日作出再审决定，12月13日作出宣告无罪的终审判决。换句话说，从呼格吉勒图父母亲申诉到平反历经 18 年，从决定再审到作出终审判决不到一个月的时间。两相对比可以看出，案件的阻力不小。而如何防止法外因素干扰案件的重新审理也应当成为今后制度设计的一个重点。

审慎提起再审程序与贯彻有错必纠的原则并无矛盾，关键是有没有新的证据。一般而言，发现具有实质意义的新证据就应当提起再审。为了防止法外因素对再审的干扰，可以采用异地指定管辖提起再审，也可以探索由跨行政区划的人民法院负责再审省高院终审的案件。在具体的制度设计上，也可以尝试吸收世界各国的成功经验，并防止提起再审失之以滥。譬如，有一些国家通过吸纳民间救援机构的专业力量，推动专家学者有序参与提起再审案件的审查，也是可供借鉴的思路。

对于案件再审和正义的最终到来，人们看到了诸多偶然性因素，例如，呼格吉勒图在 1996 年"偶然"地遭遇了女厕命案，又"偶然"地遇上"严打"，本案的峰回路转，再次是由于"偶然"地碰到另一嫌犯的供认。但其实案件得以沉冤昭雪的重点不是偶然性，而是偶然性背后的必然性。这种必然性解释了为什么呼格案的再审今天能够冲破阻力。这种必然性正是人们对社会正义和法治的向往与热切期待、司法部门纠错的勇气、法治国家建设的坚定决心。而这种必然性也将成为未来推动社会公正、法治进步的巨大原动力。习近平同志对司法工作提出一个获得社会高度赞同的目标："要努力让人民群众在每一个司法案件中都感受到公平正义"。呼格案当是在这一目标实现路程上的现实注脚。

（原载《解放日报》，2014 年 12 月 19 日）

改革者的修行　担当者的责任

2014 年 12 月 10 日，上海市高级人民法院副院长邹碧华突然在工作岗位上离开了我们。碧华和我是忘年交，所有的交集都发生在学术活动的过程中。我们没有私交，却有私人感情，碧华突发心脏病辞世的消息，突然使得我无法相信这一切居然是真的。当无数与碧华相识或不相识的人自发悼念碧华时，人们说：做法官，当如邹碧华；做院长，当如邹碧华；做法律人，当如邹碧华。我要说：法律人成长，当如邹碧华！

一、背着"黑锅"前行：改革者的修行

1988 年，碧华在北京大学本科毕业后只身来到上海寻找就业岗位。在投递了 60 多份简历之后，碧华被上海市高级人民法院录取。碧华从书记员、助审员、审判员做起，在理论与实践的紧密结合中，一步一个脚印地探索前行。即便在担任庭长、基层法院院长、市高级法院副院长之后，碧华总是把"我不累"挂在嘴边，既当领导又做学问，带领着一批又一批的法律人团队为法治的实现铺路架桥。碧华是一个不事声张、极为低调的人，对别人的赞誉他至多只是淡淡的一笑，因为在他的内心有母亲的叮咛和嘱托："一定要做一名有良知的法官。"其实，在法治建设从无到有、从不健全到比较健全的过程中，做一名有良知的法官又谈何容易。

透过"邹碧华现象"，首先值得我们深思的是，法院和法官如何赢得社会的认可和尊重。按照碧华儿子的转述"1988 年来上海时，我除了你妈妈，一个人也不认识"，碧华是没有任何"背景"，没有任何"靠山"的一介书生。碧华的成长过程，至少可以说明，我国法律人的成长环境正在不断改善，碧华就是不需要有人"罩住"的成才典型。碧华是不信邪的硬骨头，碧华是不随波逐流的顶风船，碧华是挺立潮头的先行者。按照碧华的说法，"改革，一

直是一点一点往前拱的"，所以他不需要有人"罩住"；在碧华看来，"背着'黑锅'前行是改革者必须经历的修行"，所以他已经把个人利益置之度外。

在践行法治的艰难行程中，碧华凭借自己的信仰和坚韧，用自己的勤奋和智慧，把别人难以担当的重任扛在了肩上。如果说，戴着镣铐跳舞已经难能可贵，背着"黑锅"前行则更加令人敬仰。具有中国特色社会主义法治体系的建设依然还会有艰难曲折，法律本身的滞后性与时代要求法律能够为社会的良性发展起到引领作用的双重压力，也还可能出现"背着'黑锅'前行"的局面。对法律人而言，既然"是改革者必须经历的修行"，我不背"黑锅"，谁背"黑锅"？背了"黑锅"也不能犹豫、彷徨、退缩，这就是邹碧华现象给我们的答案。

二、手中握有权力：担当者的责任

由于参与组织各类学术活动，我经常和学者打交道，给我留下印象最深的是碧华高瞻远瞩接地气、攻坚克难立潮头的风范。碧华曾经长期在上海高院研究室、业务庭工作，对基层的实际需求、对当事人的甜酸苦辣，碧华看在眼里，记在心上，总是想方设法寻找用法律破解难题的路径。

我记得在 2003 年，在关于信访制度改革的课题研讨会上，碧华与我有过深入的交谈。碧华提出，信访制度的本源是民意表达的渠道，要避免政策的误导，防止人们把信访作为个人利益诉求的解决渠道，特别注意要维护司法的权威，不要把司法裁判已经生效的案件再导入信访。这样的观点，在现在也许已经是共识，但在十多年前碧华就能准确界定信访与司法的边界，提出了防止引导公众"信访不信法"的忠告，是非常难得、非常接地气的。虽然他已经走上领导岗位，但不惧怕一时不能得到他人的理解，总是尝试在制度内做一些突破和创新，践行了燃烧自己、照亮别人的蜡烛精神。

如果说，在碧华手中掌握着一定权力，碧华已经把权力当作为法治建设作出更大贡献的责任，用自己毕生的精力诠释了什么是奉献和付出。在最难担当的司法改革事业中，他默默地挑起了重担，展现出他的勇气、胸怀和智慧，呕心沥血尽其所能地推动法治的进程，得到了法律界的一致认可。特别是律师界的朋友对碧华更是感到由衷的亲切，深深地为他尊重律师、善待律师的努力而感动。

　　碧华是质朴的，从外表到内心都充满了真诚和智慧。记得今年 11 月 19 日下午，碧华应上海市法学会等单位的邀请，从天津赶回上海，一下飞机立即赶赴会场，为"医患纠纷人民调解法律保障研讨会"作专家点评。碧华一语中的："我们人民调解未来的发展方向是职业化"，他那具有特殊吸引力、感染力的发言虽然简短，但当场就赢得了与会者的赞扬。

　　碧华是聪颖的，阅读他的文字是一种享受，倾听他的演讲会令人久久回味。在碧华生前的最后一次演讲中，"权力运行可视化"就是他独创的语言。

　　碧华是勤奋的，他把办案子、做学问、当领导三者紧紧地结合在一起，笔耕不辍，出版了大量理念先进、务实管用的论文和专著。其中《要件审判九步法》更是在法律界引起轰动的畅销书。

　　总之，碧华无论待人、处事、学术、官德都口碑极好，碧华辞世的消息一传出，人们对他的追思、悼念完全是自发的。碧华是凭着自己的人品、学识和能力赢得了法律共同体成员的尊重和认可；碧华是用自己的碧血丹心，为法治建设添写了浓墨重彩而又永载史册的华章。

　　　　　　　　　　　　　　　（原载《人民法院报》，2014 年 12 月 25 日）

见义勇为高风险的化解（摘要）

一、应当充分认识见义勇为行为的高风险性

见义勇为可能出现以下三种风险：一是安全风险，行为人自身的人身财产安全很可能受到损害，其平静的生活可能就此发生逆转；二是责任风险，助人之举可能遇到被误解、反诬而陷入"说不清楚"且无法举证的局面；三是法律风险，有可能出现防卫过当，甚至错伤无辜或紧急避险累及第三人的局面。

二、政府有责任帮助见义勇为者化解风险

面对见义勇为者时常遇到的风险与窘困，政府至少应当承担如下责任：

1. 确认的责任，即及时调查现场的情况，尽可能迅速地对见义勇为行为作出认定。

2. 保护的责任，依法排除见义勇为者承受的法律风险，消除误解，为见义勇为者提供强有力的法律保护和法律服务，避免见义勇为者承受不应有的法律责任。

3. 救助的责任，即及时提供妥善的医疗救治，避免见义勇为者因为经济困难而延误抢救治疗。

4. 表彰的责任，即按照法律与道德的要求，对见义勇为的壮举予以弘扬，在全社会倡导见义勇为的社会责任感和正义感。

5. 补偿的责任，即对因为见义勇为而陷入困境者予以经济补偿，帮助其解决生活、就业、治疗、康复等方面的困难。

三、政府应当学会多层次聚焦见义勇为的正能量

见义勇为行为的本质是民众主动参与社会治理，政府理所应当把见义勇

为当作与政府合作的力量，一方面大力弘扬见义勇为的精神，另一方面为见义勇为者提供坚实的保障。就见义勇为保障体系的建设而言，除了认定、保护、奖励、援助之外，还应当包括知识传授、行为指导、法律服务等各个方面。

在聚焦社会正能量的过程中，我们也应当认识到见义勇为行为也具有多元、多样、多层次的特色，对核心层次的见义勇为要大力弘扬，对非核心层次的见义勇为也应当充分肯定。这样做，比较符合社会多样性、道德有层次的现实，也有利于推动公共服务的精细化。

（原载《河南警察学院学报》，2014 年第 6 期）

论警务合作机制的强化与科学技术应用的优化（摘要）

当今世界，利益主体的多元化和多元利益主体对利益最大化的追求，使得实现有效社会管理的难度越来越大，警察所承担的任务日益繁重。我国公安机关更需要紧紧抓住合作与科技两大要素，进一步优化合作与科技的关系。

一、合作优化与科技进步具有互补互促效应

合作与科技的出现、发展、成熟是共生共存的鸟之双翼、车之双轮。一般而言，系统中最容易出现问题的是合作环节，决定系统工程运转效果的主要因素是合作。由于合作与科技两者关系动态性，实践中一定要以实事求是的态度，是什么问题就承认什么问题，是什么方面有欠缺就强化什么方面，以避免纠缠于合作与科技哪个更重要的无谓争论。

（一）科技发展带来的风险必然要求深度合作

（二）公安机关的职能要求优化警民合作关系

（三）既要"向科技要警力"也要"向合作要警力"

二、科技进步效能的发挥取决于合作的状态

（一）"公私合作"是当代行政法学的新成果

（二）警察有必要学习"一报还一报"的合作理论

（三）科技效能的发挥取决于合作的水平

在警务装备科技水平提升和人员科技素质提高的前提下，公安工作比以

往任何时候都更加需要人民群众的大力支持和紧密配合，"合作 + 科技"是加强和创新社会管理的正确路径，抓住"合作 + 科技"才是找准了警务能力增长的根本要素。

三、科技进步更要关注合作机制的优化

（一）合作是创新社会管理的切入点

有竞争、有合作才是完整世界。这个世界不能只有竞争而没有合作，合作之中一定渗透着竞争。只有竞争的社会不仅是残缺的，而且必定是无序的。

（二）科技发展与合作优化并非"水涨船高"的关系

成熟的科技成果一定是合作的结晶，但科学技术本身对合作的呼唤并不能自然促成应用该项技术的合作。合作理念的建立极为必要，合作的理念必须内生于心（头脑），才能在实践中外化于行（行动），经过经验的提升固化于制（制度）。

（三）警务科技应用水平的提高更需要合作

我们用现代科技装备公安队伍，必须坚定不移地走合作的道路，通过"在自己头上开刀"的改革和调整，使"合作 + 科技"得以实现。公安队伍建设和警务能力的提升就是不断解决"硬实力不能软、软实力要更硬"的问题。一方面科技是手段，合作是本体，另一方面科技优化合作、合作吸纳科技，当现代科学技术的"好钢"用在合作的本体之上，警察队伍才能成为永不卷刃的尖刀。

（原载《山东警察学院学报》，2014 年第 1 期）

政府重大决策事先征集公民建议的制度构建（摘要）

一、参与式民主是代议制民主不可或缺的补充

（一）征集公民建议是政府的义务

（二）政府不应在民主不健全的状态下"负债经营"

（三）征集公民建议有利于实现依法维护社会稳定

二、制度建设是公民有序政治参与的保障

（一）征集公民建议的关键是理念更新和制度建设

政府信息公开的本意不是在"拍板"之后发布信息，而是尊重人民的主人翁地位。征集公民建议与政府信息公开实际上是转变政府职能的两个"轮子"，必须双轮驱动。

（二）征集公民建议不能搞"花拳绣腿"

首先，要解决征集公民建议是真心而为，还是"做做样子"。其次，政府必须以负责的态度，用信息公开的方法求得群众的合作和帮助。最后，对征集所获信息要梳理研究、分门别类处理。

（三）征集公民建议必须不怕引来公众对政府的批评

批评和自我批评是我党的光荣传统，创造条件让人民监督政府已是既定的方针。既然中央政府已经承诺"创造条件让人民批评政府、监督政府"，那

么，各级政府在决策前征集公民建议就应该无所畏惧。

三、公民建议征集制度建设的具体建议

在我国还没有制定行政程序法的情况下，公民建议征集制度建设既是对公权力实施具体制约的刚性制度，又是对公民有序政治参与的具体保障，也可以起到为制定行政程序法"探路"的作用。更为重要的是，程序本身自有其内在的价值，无程序即无制约。

实践已经证明，对公权力的制约只能依靠科学的程序。政府重大决策前征集公民建议体现的是政府接受公民委托的关系，体现了程序理性和政府只有公民委托限度之内的自由裁量权。所以，在全国法治建设不断推进的基础上，选择法治建设积累相对较好的地区，在公民建议征集制度方面先行先试，取得突破之后再逐步推广是稳妥可行的。

（原载《法学》，2014 年第 3 期）

政府决策事先征集公民建议应当制度化

近年来，各级国家机关为落实习近平同志"要加强对权力运行的制约和监督，把权力关进制度的笼子里"的要求，作出了不少努力，但如何把决策权关进制度的笼子里，还缺乏刚性、不可避开、具有操作性的制度化规定。笔者认为，在非紧急状态下，政府作出重大决策事先征集公民建议应当制度化。

党的十八届三中全会通过的《中共中央关于全面深化改革若干重大问题的决定》（以下简称《决定》）指出："在党的领导下，以经济社会发展重大问题和涉及群众切身利益的实际问题为内容，在全社会开展广泛协商，坚持协商于决策之前和决策实施之中。"其中，把"坚持协商于决策之前和决策实施之中"，作为推进协商民主广泛多层制度化发展的具体要求，尤其应当引起重视。政府以往的决策失误已经使我们付出了极为沉重的代价，尽最大可能减少决策失误是当务之急，而最为紧要的是"坚持协商于决策之前和决策实施之中"。政府决策事先征集公民建议是关系到政府决策程序改革的全局，是一项从根本上转变政府职能、改善政府与民众关系的系统工程。征集公民建议是政府重大行政决策程序化的"启动阀"，既"牵一发而动全身"，又"开弓没有回头箭"，应当在建设法治政府中优先取得突破。

（一）征求公民建议是政府决策的"规定动作"而非"自选动作"

实践中，对政府决策有不同的分类方法。按照决策主体的地位，分为国家决策、地方决策和基层决策；按照决策紧迫程度，分为紧急事项与非紧急事项；按照重要程度区分，分为重大事项与一般事项；按照决策影响范围，分为全局性与局部性决策；按照决策涉及内容，分为行政管理决策和机关管理决策；等等。这里所说的政府决策，是指依照政府职能权限或者在明确授权之下的重大决策。应当说明，并非所有政府决策都需要事先征集公民建议，对于紧急事项、一般事项、局部性或者属于机关管理的决策，不需要事先征集公民建议。以上海市为例，市、区（县）和基层人民政府在依法履行宏观调控、公共服务、市场监管、社会治理、保护环境等职责过程中，对关系全局、涉及面广、与人民群众利益密切相关的重大事项做出决策时，事先征集公民建议应当是避不开的"规定动作"。根据《上海市重大行政决策程序规定（草案）》，以下6个方面的决策必须列入事先征集公民建议的范围，而不是政府可以把征求公民建议作为"自选动作"自由裁量：

1. 国民经济和社会发展规划、计划以及经济和社会发展战略，城市总体规划、重点区域规划以及重大专项规划的编制；

2. 政府财政预算的编制，以及大额财政性资金和社会公共资金的使用安排；

3. 一定规模以上的政府投资项目的确定、重要公共资源的配置以及国有资产的处置；

4. 政府职能转变、经济转型发展、社会建设和城市管理等方面的重大改革创新政策、措施的制定；

5. 劳动就业、社会保障以及环境保护、医疗卫生、公共交通、教育、物价、住房、旧城区改造等涉及社会分配调节、保障和改善民生的重大政策和措施的制定；

6. 其他具有全局性、长远性影响，或者与公民、法人、其他组织利益密切相关的重大事项。

（二）建立"可溯源、可追责"的政府重大决策信息公开制度

一般而言，以往政府决策历经的程序大体是：（1）调查研究；（2）形成决策意向；（3）起草文本草案；（4）听取相关部门意见；（5）形成征求意见稿；（6）公示征求群众意见；（7）汇总意见后报送审批；（8）确定决策。以上过程，除了征求群众意见环节之外，都是在保密状态下进行的。政府重大决策征求意见的文本公布以后，但老百姓感受到的是"木已成舟"。于是必然出现以下两种情况，一是只要不与自己的切身利益密切相关，就置之不理；二是用刻意"把事情搞大"的方式，迫使政府撤销已经确定的决策。概而言之，这种"官—民—官"的决策模式有利于官员迅速"拍板"，本质上还是政府"替民作主"，至少是把公民建议意见置于政府"可听可不听"的从属

地位，象征意义大于实质意义，基本上是"走走程序、做做样子"。为此，政府职能转变必须从决策环节抓起，变"官—民—官"的传统模式为"民—官—民"的民主决策模式。按照"民—官—民"的决策模式，政府决策的基本程序是：（1）初步调查研究；（2）酝酿决策意向；（3）征求相关部门意见；（4）起草讨论草案；（5）提请专业论证；（6）提请风险评估；（7）报送草案；（8）组织决策听证；（9）相关部门会审；（10）拟定配套措施；（11）合法性审查；（12）报批集体讨论；（13）公布决策；（14）跟踪进行决策后评估。在以上14个环节中，关键性的变革有五：一是公布决策意向；二是提请专业论证；三是提请风险评估；四是召开决策听证会；五是进行合法性审查。

显而易见，按照以上14个环节的决策程序，政府作出重大决策的速度会明显降低。笔者的观点是，与科学的、刚性的制度相比，任何人都是靠不住的，宁可让GDP增长慢下来也不能放任政府在重大、非紧急事项中仓促决策。过于追求效率必然丧失公平，即便假设政府"闪电"决策具有百分之百的正确性，也存在公众的心理承受力问题。对公权力的制约必须从决策权这个最终的源头开始抓起，规定严格的决策程序是防止决策失误的根本办法。

还需要强调说明的是，对以上14个环节的决策程序必须建立"可溯源、可追责"的信息公开制度保障。政府的每一项重大决策，都在政府门户网站建立一个永久公开、永久可查、永久保存的决策信息网页，供公众随时查阅。阳光是最好的杀毒剂。征集公民建议的制度设计能不能收到实效，取决于政府信息公开的到位率。现在有一个说法，叫作"政府工作的过程性信息不能公开"，如果按此推论，能够公开的只是政府决策的最终文本。显然，这样的政府信息公开必然不能满足人民知情权、参与权、表达权、监督权的实现需求。政府重大决策每一个环节中的承办单位、经办人、决定人必须留下自己履行职责的痕迹，并向社会公开。唯有这样做，才能实现无论哪个环节有做假、舞弊行为发生，都可以根据原始信息追根溯源，明确地找到责任人。

（三）政府在重大决策酝酿阶段应主动向社会公开决策意向

近年来，问计于民、问策于民的宣传颇有声势，但是，到底如何问计于民、问策于民的研究却很不充分。习近平同志要求各级领导干部，"做到谋划发展思路向人民群众问计，查找发展中的问题听人民群众意见，改进发展措施向人民群众请教，落实发展任务靠人民群众努力，衡量发展成效由人民群众评判。"当下的政府决策是决策者在门里，群众在门外，听取专家意见与公示征求群众意见只是在非常有限的时间和内容范围内打开了一扇门，随即又进入了关门决策的过程中。按照"从群众中来，到群众中去"的群众路线，政府在重大决策的酝酿阶段，必须主动向社会公开初拟的决策意向，坦诚地征求、征询公民的意见。可以预见，决策前公布决策意向一定会极大地调动公众参与的积极性，当然，也会出现政府决策意向被否决的结果，但从根本上说，这是防止公共资源浪费的主动之举。

如果承认智慧在民间，真正的问计于民、问策于民，就应当将"问计"与"问策"提前到计策产生之前，而不是政府先拿定主意，再象征性地征求群众意见。政府公布决策意向之后，赞同、反对乃至对立双方相持不下的局面都可能出现。这种"七嘴八舌"的场面，无疑给政府以进一步深入调查研究的强劲推动，政府与民众的关系也可以得到改善。如果意见分歧难以形成共识，政府也可以公开宣布暂缓决策，留待今后参考。如果发现该项决策意向是某些领导干部为个人或小团体利益搞的"政绩工程"，予以"一票否决"也属理所当然。公布决策意向的优越性还在于，政府决策进入了"可溯源、可追责"的信息公开全过程，对防止决策腐败具有釜底抽薪的作用。

（四）针对决策意向进行可行性论证和风险评估

按照"民—官—民"的决策模式，提请专业论证与提请风险评估是保证决策可行性的必经程序。当下，我国可行性研究的透明度不高，其中也不乏"看领导脸色"的暗箱操作。为了保证专业的问题由专业的机构和人士作回答，政府在公布决策研究意向的同时，应当公开发布针对该决策意向的可行性与不可行性研究课题。以政府购买服务的方式，公开招标，邀请具有相关资质和能力的机构，进行独立、平行、同步的研究。可行性研究与不可行性研究承担者在以下方面具有相同的权利义务（简称"四个相同"）：一是提出相同的要求；二是提供相同的资金；三是给予相同的支持；四是研究者承担相同的责任。政府在课题招标中应当明确宣布，无论可行性研究与不可行性研究都要求作出具体的结论（可行或不可行、部分可行或部分不可行），提出完善、调整、替代的建议。研究承担者分别提交研究报告，向社会公开，终身承担专业研究责任。

可行性研究与不可行性研究的报告都要全文在政府网站向社会公开，在决策影响范围所在地的主要媒体上应当发布简要的结论和依据。在此基础上，政府应当指定承办部门及相关部门进行风险评估。决策风险评估应当完成的主要任务是：其一，测评重大决策可能对社会稳定、生态环境、居民生活、财政承受能力造成的影响；其二，对是否可能引发社会矛盾纠纷、群体性事件或者其他不稳定因素作出评估；其三，针对环境风险进行预测、分析、评估，提出防止或者减轻不良影响的对策措施；其四，就投入资金的来源保障、当地财政的投入额度、承受能力、投入产出比进行分析，提出相关意见建议。

（五）政府重大决策必须召开决策听证会

有人认为，政府重大决策是否召开听证会可以"视情况决定"，笔者持反对态度。听证源于英美法系的自然公正原则，也是人类文明的结晶之一。自然公正原则的要义是，任何权力必须公正行使，对当事人不利的决定必须听取他的意见。就政府重大决策而言，必然涉及公众重大利益，对公众的财产权、人身权、健康权等合法权益产生重大影响，举行听证会应当是政府在非紧急状态下作出重大决策的刚性约束。政府举行重大决策听证会，应当在听证会举行之前 15 日公告以下事项：（1）举行听证会的时间、地点；（2）听证的事项；（3）公众参加听证会的报名时间、报名方式。听证会参加人主要通过自愿报名产生，以保证公众都有机会参与听证；同时邀请可行性研究、不可行性研究与风险评估承担者出席听证会。听证时，决策承办单位工作人员应当就拟决策内容、理由、依据等进行陈述，再由听证会参加人依次陈述，围绕是否可行与风险预测进行辩论。听证参加人可以多次发言，但是每次发言时间应有限制。听证会可以采用电视直播、电台直播、微博直播等方式，披露完整信息。必要时，还可以在听证会结束后进一步组织公众在媒体上进行讨论。听证会形成的听证报告要全面反映听证情况，采纳或者不予采纳的意见，都应当说明理由，并向社会公布。

（六）人大常委会应当对政府重大决策进行合法性审查

凡是有权力存在的地方就会有权力的扩张，只要是人就会犯错误。政府是由人组成的，政府官员是人而不是"神"，政府出错也是"自然现象"。正由于政府出错的成本要由国民来承担，人民便具有对政府重大决策进行合法性审查的权利。鉴于各级人大对各级政府的工作都具有监督权，对各级政府重大决策的合法性审查应当由各级人大常委会对应承担。有人主张，政府决策的合法性审查由政府法制部门承担。笔者认为，任何人都不能成为自己的法官，政府法制部门成为政府决策合法性的审查者，无疑是自己对自己的审查。政府决策可以分为紧急决策和非紧急决策两大类，紧急决策的合法性审查应当在决策后进行，非紧急决策的合法性审查应当成为决策的最后一道"关口"，在决策报批之前进行。合法性审查的主要内容是：（1）决策事项是否符合法定权限；（2）决策方案所涉及的内容是否合法；（3）决策方案的制定是否符合法定程序；（4）其他需要审查的内容。合法性审查应当采取书面报告的形式，并向社会公布。

（原载《人民日报内部参阅》，2014 年 5 月 2 日）

3D 打印技术与骨科植入物研发现状 及其瓶颈突破思路[1]（摘要）

近年来，日益加重的人口老龄化导致骨肌系统疾病发病率在全球范围内逐年上升。过半数老年人由于关节退行性病变而长期处于慢性疾病状态。手术治疗是骨肌系统疾患的根本治疗措施，治疗过程中往往需依赖各种植入物，而骨科相关植入物又是医疗各系统中价格最高的，这就决定了骨科相关植入物将在医疗相关支出中占据较大比重。因此，骨肌系统植入物的自主研发及制造无论在社会民生角度还是经济产业角度都是至关重要的。

一、基于 3D 打印技术的骨科植入物国产化、个体化研发现状

（一）植入物是骨肌系统治疗的核心要素，其社会及经济影响巨大

中国巨大的市场潜力为全世界所共知，国外植入物公司早已进驻我国各大城市，国外植入物公司目前牢牢把持着国内骨科植入物的高端市场：据美国 F&S 公司所提供的资料，2009 年外资企业合计占国内市场的 56%，包括强生、美敦力、捷迈、辛迪思、史塞克等；其中，关节市场国外品牌占 64%，脊柱类占 61%，创伤类占 43%。这不仅意味着大量资金流向国外，更为重要的是，关乎人民健康的关键行业在某种意义上为国外企业所把控，有碍我国的科技创新。

（二）骨科植入物国产化及个体化需求倒逼研发工作

临床工作中，常见假体尺寸或有几何结构不匹配的情形，此时施术者往

———————

〔1〕 感谢戴尅戎院士的指导。文中建议系汤啸天在 2013 年 8 月 16 日上海市法学会卫生法学研究会召开的 "3D 打印技术医疗应用的法律问题" 研讨座谈会上提出，此后在戴尅戎、王燎在有关著作以及接待国家食品药品监督管理总局来沪调研时也有谈及。

往会根据假体形态来改造患者解剖结构 以保证手术的完成，这种"削足适履"的手段，显然有影响手术效果的风险。

（三）个性化人工关节数字制造系统发展的受限因素

不可否认，个体化植入物的总使用量并不大，因为临床工作还有"时限要求"这一关键因素，即在优化效果的同时还需兼顾效率及效益。但要实现产业化及常规化，除量体裁衣设计出最优化的植入物外，还需考虑如何将个体化治疗的技术优势转化为临床效益，克服费时、费钱及费力的弊端，灵活组合相关支撑技术部门，通过区域网络联盟快速、有效地实现以下技术的整合，如3D打印技术、反求技术、数控加工及网络制造等。

（四）3D 打印技术是检验数字化设计、实现数字化制造的高速公路

增量制造（Additive Manufacturing，AM），俗称"3D 打印技术"，是快速原型技术（Rapid Prototyping Technology，RPT）的一个重要分支，是近年来发展起来的直接根据 CAD 模型快速生产样件或零件的技术总称，它集成了 CAD 技术、数控技术、激光技术和材料技术等现代科技成果，是先进制造技术的重要组成部分。3D 打印技术最早使用在模具、汽车、家电、建筑、轻工、航空航天等领域，近年来开始开拓其在医疗方面的应用。其中，3D 打印技术最常用的医学领域之一就是骨科植入物。骨科植入物要求能与局部解剖相匹配，进而构建最佳的生物力学环境。

二、基于 3D 打印技术的骨科植入物研发亟待法治化保障

众所周知，科技创新是我国现代化建设所面临的"短板"之一，而科技创新又必须以法治保障为前提。科技创新法治化保障的实质，是依靠法规制度规范约束政府科技行政管理行为，激励创新活力，整合创新力量，通过保障创新主体的合法权益，实现全社会获益的根本目标。

（一）个体化生产拥有 3D 打印技术的优势但也受限于法律缺失

当前，关于医疗器械审批的法律法规是根据批量产品的生产特点进行设计的，而对于个体化及 3D 制造的产品还没有明确规定，这方面法规指导的缺失，导致医生、企业家、工程师及患者都无所适从。个体化生产医疗器械并不是医生的别出心裁，而是每一位患者所需要的"那一个"植入器材各不相

同，患者的个体解剖特征或缺损部位的差异性决定了需要"按需生产、按需供货"。通俗地说，当活生生的"那一个"，与硬邦邦的"那一批"不相吻合的时候，法律的规范也应当为"那一个"提供帮助。

（二）促进改革创新方能突破 3D 打印技术医疗应用的瓶颈

1. 现行法规未禁止 3D 打印技术在医疗领域的应用。

目前，医疗器械按《医疗器械监督管理条例》（以下简称《条例》）要求分为三类，其中要求最高的医疗器械是植入人体的，简称"植入物"，归入第三类医疗器械，它用于支持、维持生命，属对人体具有潜在危险，对其安全性、有效性必须严格控制的医疗器械。这种按照在使用安全性、可靠性作为分类的标准思路是正确的，但是限于当时的科技发展水平，分类规则不可能涉及采用 3D 打印技术制造医疗器械。从逻辑上分析，《条例》对医疗器械分类的依据只有结构特征、使用形式、使用状况三个方面，并没有把生产方式作为分类标准之一。既然法律没有对医疗器械的生产方式作出规定，那么运用 3D 打印技术制造医疗器械就不在禁止之列。根据"法无禁止皆自由"原则，《条例》并没有明文禁止以个体化方式生产医疗器械，这就在客观上给 3D 打印技术留下了生存的空间。

我们并不是主张取消严格监管，而是期盼监管立足于造福人民，以公开透明的方式促进创新、规范竞争。从 3D 打印技术的临床应用看我国已经落后，原因之一是法治保障的不足。据此，上海可以做的，一是用足现有法律资源，二是在制度创新中实施谨慎突破。为此，我们建议，市食品药品监督管理局应当采用"在职权范围内作出规定"的办法，支持和保护 3D 打印技术在医疗领域应用的探索。

2. 3D 打印技术的临床应用可从现有可植入材料起步。

3D 打印技术临床应用的捷径是选择现有可植入人体的材料，以"打印"的方式予以成型。3D 打印技术目前只是初露头角，其临床应用应当尽可能利用现有的材料，以避免舍近求远。从这个意义上说，运用 3D 打印技术生产个体化的"人工关节""脊柱固定物""接骨板""骨修复材料"等，都应当从现有的可植入人体材料起步。

根据《医疗器械注册产品标准编写规范》（国药监械〔2002〕407 号）的规定，申报医疗器械产品必须写明"与人体接触的材料是否已在临床上应用过，其安全性、可靠性是否得到证明"，那么，其产品的所使用的原材料（粉末、黏合剂等）按照相适应的国家标准、行业标准进行过生物学试验，并且此产品在生产加工中没有使材料改变（未添加其他物质），就是一条捷径。

3. 用 3D 打印技术打印的医疗器械不可能进行临床试验。

3D 打印技术可满足植入物个体化生产的需求，其优势在于与个体需求的高度吻合的个体化生产，但同时存在不可能进行目前批量生产产品常规开展的临床试验的窘境。按照现有审批制度必然没有临床试用的数据。

4. 监管 3D 打印之医疗器械的重点应当有所调整。

按照传统要求，新型医疗器械在投入市场前，应进行临床试用，临床试用评价是政府主管部门作为决定该医疗器械能否进入市场的重要客观依据之一。临床试用的目的在于评价该医疗器械在正常使用条件下，是否符合预期安全性设想和能够达到预期的医疗效果。鉴于 3D 打印技术生产的医疗器械不可能进行临床试用的现实，就不应当墨守成规，用不可能做的临床试验苛求研制者。根据市场监管必须与科技发展与时俱进的要求，政府主管机构对 3D 打印技术生产的医疗器械的监管重点应当作相应调整，如：其一，选用的打印材料是否符合安全性、生物相容性标准；其二，打印成型产品的有效性（与预期的相应功能重建、替代、补偿的实现程度）；其三，打印成型产品植入人体后的可靠性（有效性在多长时间内能够稳定地发生作用）。

三、破解 3D 打印技术个体化生产医疗器械难题的思路

（一）报请国家食药监局批准在上海建立 3D 打印技术临床应用试点

应当在上海选择有资质且实力强、管理好的医院作为 3D 打印技术临床试用的试点单位。由于《条例》并没有区分批量化生产与个体化生产，所以，提请批准的是该医院具有运用 3D 打印技术个体化生产医疗器械（如骨科植入物）的资质，而不是具体的"植入某一位患者的那一个"产品。根据上海的实际情况，可以报请国家食品药品监督管理总局批准将上海交通大学医学院附属第九人民医院或其他医院，作为 3D 打印技术临床应用试点单位先行先试，待取得成熟经验后再扩大试行的范围。

（二）签署《合作共识备忘录》以共同防范风险

鉴于植入性医疗器械的安全性、可靠性与人的生命权、健康权直接相关，

研究者在创新探索的过程中必须持高度谨慎的态度，主管机关也应当谨慎平衡各方面的利益关系，尽最大可能减少创新的风险。我们在强调"没有规矩不成方圆"的同时，也要看到法律也总会有一定的滞后性。在"游戏与规则"的相互关系中，如果没有游戏，也就不需要制定规则；缺少规则的游戏也必然难以持续；在游戏的初期，规则难免粗疏；游戏规则只能在游戏进行的过程中不断完善。据此，可以采取的办法有两个：一是等待国务院食品药品监督管理部门制定的"免于进行临床试验的医疗器械目录"中包含 3D 打印技术制造的植入性医疗器械；二是在期待国务院食品药品监督管理部门将 3D 打印技术纳入"免于进行临床试验的医疗器械目录"的同时，根据"有法律，从法律；有规则，从规则；无规则，从共识（约定）"的原则，采用食品药品监督局（行政主管机关）、研制方（医院）、患者签订三方《合作共识备忘录》的方式，共同防范3D 打印技术制造的植入性医疗器械可能出现的风险。笔者倾向于第二种办法。

（三）开发特殊意外保险，推进科学技术创新

从社会整体利益的角度看，探索精神难能可贵，探索中的失败在所难免，理应为科学的探索者构建一面"挡风的墙"，即特殊意外保险。以 3D 打印技术的临床应用为例，如果患者及其亲属同意施行，医院又为病人购买了特殊意外保险，那么一旦手术失败，只要查明并非责任或技术事故，则由保险公司负责理赔。这样做的益处至少有三：一是医院以替接受手术者买保险的形式承担了相关责任，避免了风险由术者或患者单独承担的不公平局面；二是医院以自己精湛的医术和良好的服务为信誉求得保险公司承保，出险率低是医院买到保险的前提，风险分散是医院得到的收益；三是患者接受手术既是延长自身生命或提高生命质量的需要，也在客观上为医护人员的科学探索提供了实践条件。一旦出险，患者可得到一定补偿，这不失为在经济上、心理上求得平衡的可行之策。

（与王燎合作，原载《医学与法学》，2015 年第 6 期）

从"互联网+"看上海市民服务热线的发展与完善（摘要）

近年来，我国不少城市都建立了直接为市民服务的热线平台，取得了一定的效果。本文拟从互联网与各行各业关联出发，以上海为例，对市民服务热线平台的构建及发展提出建议。

一、上海"12345"市民服务热线运行现状

"12345"上海市民服务热线（以下简称热线）运行至今，深受市民欢迎，取得良好效果，但在运行过程中也发现了一些亟待解决的问题。

（一）热线多而散，市民渴望综合服务的"一号通"

（二）打通"断头路"——部门热线如何接受检查监督

（三）"镜子"功能——监督检查的机制亟待强化

（四）知晓度低——如何强化"12345"的品牌效应

二、上海"12345"市民服务热线近期发展的建议

（一）夯实基础——加强热线建设与发展的理论研究

上海目前急切需要组织跨学科、多层次、以应用为重点的市民服务热线建设与发展理论研究。市民服务热线建设与发展是集政治学、公共管理学、法学、社会学、网络技术、社会心理学、公共关系学等多学科知识的应用学科，也是新知识、新技术、新方法的生长点，既需要实践的经验积累，更需要来自法学、社会学、管理学、网络技术等多学科的理论支撑。

（二）并驾齐驱——进一步强化多种渠道的有效利用

目前，上海的热线受理市民诉求主要有电话、官网和手机应用软件 APP 三种渠道，应当充分利用不同渠道收集市民反映问题所形成的数据。"12345" 热线官网从建立至今已发生巨大变化，但是"12345"缺少具体栏目的建设，这是亟需完善的环节。

从功能和效用上看，"12345"手机 APP 拥有便捷的服务模式，即以一款 APP 实现多种功能，但是仍然需要完善，可以借鉴微信服务号的发展模式，采用定位功能和通知推送等功能，提供更多便民服务。还可以与微信公共服务号"上海市民信箱"进行衔接，共同做好服务市民、开发大数据的功效。

（三）赏罚分明——让运行规章中的责任制落实到人

"12345"市民服务热线实际上是一个无形的网络，热线作为中心点，将其收到的诉求分别通过不同的网络通道传送给不同职能部门，以协调督促各职能部门合力为市民服务。强大的工作网除了需要各部门之间的密切配合外，仍然需要奖励和惩罚机制作为外界诱导力和推导力。一方面要通过奖励的方式提高工作人员的工作积极性，另一方面通过惩罚的方式督促工作人员认真履行职责。

（和李晶合作，原载《人民法治》，2015 年 12 月）

从中美医患纠纷调解看医患关系的
实质（摘要）

近年来，我国医患纠纷呈现多发态势，有的"医闹"事件已经严重影响社会治安和侵犯了医护人员的人格尊严、人身安全。2014年10月，由上海市行政法制研究所、上海市人民调解协会和耶鲁大学法学院中国法律中心共同主办的"中美医患纠纷调解制度研讨会"在沪召开，与会专家围绕中美医患纠纷的法律框架、ADR在医患纠纷解决中的作用以及医患纠纷调解的基本做法进行了交流。从中美两国专家的交流中可以看到，两国对医患纠纷的调解虽有同有异，但都认为，调解的作用是帮助当事人换个角度看问题，平衡双方利益，使得出现破裂趋势的医患关系得以修复弥合。

一、上海医患纠纷调解的基本情况

目前在上海，人民调解已经在解决医患纠纷中发挥了及时、便民、高效、低廉的作用，成为解决医患纠纷的主要手段。

二、美国医患纠纷调解的基本情况

美国没有有关医患纠纷的全国性立法。2001年，由法律专家组成的全国性组织统一法委员会通过了《统一调解法》，并且推荐给各州立法机关据此制定相应的法律。截至2015年有14个州通过了《统一调解法》或类似法律，还有6个州在立法考虑中。

三、构建信任合作医患关系的建议

因为医疗机构与患者之间不可避免会出现矛盾纠纷，所以需要调解乃至审判机构介入，以维护双方的合法权益。从上海和美国医患纠纷的调解比例看，至少 90% 以上的医患纠纷通过调解得以化解，这也说明医患纠纷属于合作过程中的"摩擦"，需要通过"磨"达到"合"。鉴此，医患双方要建立信任合作关系，以下"三个应当"值得引起重视：一是应当正确宣传医疗活动的属性，引导全社会尊重生命、尊重患者、尊重医务人员；二是应当尊重医疗活动的客观规律，正确保护医患双方的合法权益，维护医疗机构正常秩序；三是应当全社会共同努力，为医护人员提高医疗水平和服务质量，防范和正确处置医患纠纷提供法律支撑和良好氛围。特别是：

（一）应当正确宣传医疗行为具有高度风险性

（二）政府应当为公众健康谋全局、负总责

（三）应视医患纠纷的预防与调解为同等重要

（四）跨前一步体现对"医闹"的"零容忍"

（原载《医学与法学》，2015 年第 1 期）

关于缓解城市交通拥堵的思考（摘要）

我国城市道路交通拥堵的主要原因是交通供应与交通需求的矛盾日益加剧。任何国情都是自然资源和历史发展的综合体，我国交通管理存在的问题，是我国经济社会发展水平和阶段性特征的反映，也是管理者现实管理水平的折射。应当以管理水平为视角，全面研究我国交通管理的对策。

一、交通管理是社会治理的重要组成部分

目前，我国城市公共交通发展远远不能适应经济社会发展和人民群众出行需要。将公共交通放在城市交通发展的首要位置无疑是正确的，但是，发展公共交通绝不仅仅是多修专用道、多买公交车、多设便民站。面对日益拥堵的城市交通，必须如实承认管理上存在的"短板"，采取切实措施加以改进。

（一）人民群众对改进交通管理具有强烈的需求

（二）交通管理的成效取决于官民共治的实施水平

（三）面对"多因一果"要尽最大可能抓好源头治理

二、交通管理者必须优化自身职能的履行

我国主要城市的交通设施虽有规划建设等方面的不足，但"硬件"的整体水平并不低，亟待提高的是包括理念、法制手段应用等"软件"的水平。当前，特别要防止为难情绪下的"懒作为"，将对公权力的约束，人为地解释为"不作为"的根据。

（一）公安机关有义务拒绝向不合格者发放驾驶证

从法律角度看，驾驶机动车属于进行具有高度危险的作业，故政府采取了申领核发驾驶证的行政许可措施。如果能准确有效地通过神经行为能力的测查，把不适合驾驶机动车的人从驾驶员和申领驾驶证的群体中筛选出来，就能在一定程度上遏制一部分人为事故的发生。通过以上分析可见，只要申领驾驶证者如实报告自身的情况，发或者不发驾驶证的决定权和责任都在政府。根据任何人都不能成为有关自身事项裁判者的原理，筛查驾驶能力缺陷是政府的责任，而不是驾驶证申请人的义务。公安部应当组织力量对驾驶能力缺陷人群的筛查进行专题研究，或者在小范围内进行边研究、边试点，着手完善制度。

此外，驾驶学校星罗棋布，大量素质不高的人员充当了教官、考官，考试通过的随意性也成了公开的秘密。客观地说，交通管理不可能杜绝交通事故的发生，但防止驾校成为"马路杀手"培养基地却是理应尽到的政府责任。

（二）驾驶证颁发后公安机关的管理责任不容松懈

政府既然发了驾驶证，就一定要在禁止"毒驾""酒驾"等方面作出具体有效的规定并实施到位。我国已经建立了机动车驾驶员年度审验制度，从加强驾驶证颁发后的管理而言，年审制度还应当进一步从严。当前特别应当注意的是，不能把便民服务与严格管理对立起来，在"便民"的名义下放松管理。

（三）执法要立足于促使诚信守法意识的形成

我国未来交通事故发生量的减少不可能寄希望于车辆的减少和驾驶人文明水平的迅速提高。以开车系安全带为例，如果从培养诚信守法的意识考虑，可以加大"电子警察"的执法力度，只要被拍摄到驾驶人未按规定使用安全带的，一律依法处罚。否则的话，未按规定使用安全带的罚则处于"时睡时醒"状态，按规定使用安全带的习惯就永远也不会养成。

三、交通管理是社会治理能力的重要方面

（一）社会治理的"短板"就在管理者那里

交通管理能力是政府社会治理能力的重要体现之一。与其埋怨机动车发

展速度过快、民众交通安全意识薄弱，还不如"眼睛向内"从社会治理角度查找原因，认真地采取改进管理的措施。创新社会治理的实质是深化社会治理体制的改革与建设，而不是到别人头上找"短板"。具体地说，至少如下问题应当引起职能部门思考：其一，我国公路设施、汽车保有量的增长与交通管理能力的提高是否存在脱节、滞后现象？其二，当前在交通管理方面的瓶颈究竟是"硬件"设施不足，还是以管理能力为主 要代表的"软件"落后？其三，如果我国交通管理的"短板"在管理，管理者该怎么弃旧图新呢？

（二）源头治理要前瞻未来未雨绸缪

根据我国《道路交通法实施条例》第 62 条第 3 项的规定："驾驶机动车不得有拨打接听手持电话、观看电视等妨碍安全驾驶的行为。"在实质意义上排除开车使用手机带来的隐患的最好办法是：只要驾驶机动车，驾驶人的手机必须处于屏蔽状态，以杜绝信息接收给驾驶人带来的干扰。由于驾驶人的手机是否屏蔽外来信号，取决于其是否具有驾驶动作，驾驶人停止驾驶就会立即恢复信号接收，并不会对通讯产生持续的影响。这样的方案基本上能够兼顾驾驶的安全性与信息联通的及时性，进行对应性的产品开发是可行的。

此外，无人驾驶汽车一定会快速进入我国市场，且迅速成为汽车爱好者的新宠。应对无人驾驶汽车的管理制度设计和相应的准备工作 也应当未雨绸缪。

（原载《山东警察学院学报》，2015 年第 1 期）

推进国家治理体系和治理能力
现代化的战略意蕴

——以社会和谐稳定为观察视角

改革开放以来，我国经济建设成绩斐然，但从实践的角度考察，我国基本上处于被动地维护社会稳定的局面。由于维稳工作长期缺乏正确有力的理论指导，既有公民非理性的维权活动，更有政府偏离法制轨道的肆意行为，已经陷入了"越维稳越不稳"的困境。党的十八届三中全会把推进国家治理体系和治理能力现代化，提到前所未有的战略高度，标志着我们党治国理政的新理念、新境界。笔者认为，除旧方能布新，推进国家治理体系和治理能力现代化必须摒弃陈旧僵化的维稳观，坚持把维护群众合法权益放在首位，推动解决保障和改善民生的突出问题，筑牢社会和谐稳定的民心基础。

一、"四个现代化"建设离不开社会治理能力现代化

党的十八届三中全会通过的《中共中央关于全面深化改革若干重大问题的决定》（以下简称《决定》）明确提出，"全面深化改革的总目标是完善和发展中国特色社会主义制度，推进国家治理体系和治理能力现代化。"这一总目标的设立，是对我国改革开放 35 年来经验教训的深刻总结，也为我国未来全面深化改革指明了方向。

（一）片面追求物质现代化带来了尖锐的社会矛盾

全国政协社会和法制委员会副主任施芝鸿认为，可以把推进国家治理体系和治理能力现代化，看成是工业、农业、国防、科技"四个现代化"之后的

"第五个现代化"。[1]笔者同意这一观点。工业、农业、国防、科技"四个现代化"的实现是一个全方位深化改革、全方位协调发展的过程。实现"四个现代化"初期的主要任务是摆脱贫困,把各方面的积极性调动起来发展生产。在贫困笼罩之下"做大蛋糕"的动员顺乎民心,但当"做大蛋糕"的任务初步完成之后,"分配蛋糕"的任务更为艰巨。"分配蛋糕"的结果是否公平,涉及为什么要"做大蛋糕"。如果人们感受到的是不公平,就有可能毁掉已经做大的"蛋糕"。正如《决定》所说,"实现发展成果更多更公平惠及全体人民,必须加快社会事业改革,解决好人民最关心最直接最现实的利益问题,努力为社会提供多样化服务,更好满足人民需求。"

1964年12月第三届全国人民代表大会第一次会议上,周恩来根据毛泽东建议,在政府工作报告中首次提出,在二十世纪内,把中国建设成为一个具有现代农业、现代工业、现代国防和现代科学技术的社会主义强国。当时还提出实现四个现代化目标,分"两步走"的设想。1979年12月6日,邓小平在与日本首相大平正芳会谈时,把四个现代化量化为,到二十世纪末,争取国民生产总值达到人均1000美元,实现小康水平。笔者认为,"实现小康"是一个通俗、形象的比喻,不能简单地说"实现小康"就是"四个现代化"大功告成。可如果仅就人均国民生产总值而言,我国早已实现了"四个现代化",但是,"四个现代化"绝不仅仅是GDP的数值,也不单单是物质生产水平所能够达到的高度。据国家统计局公布的数据,2011年,我国人均国内生产总值达到35 083元,按照平均汇率折算,我国人均国内生产总值由2002年的1135美元上升至2011年的5432美元。[2]如果简单地把5432美元与1000美元做比较,我国的"四个现代化"似乎是超高水平的。其实不然,当下中国的资源破坏、环境污染、分配不公、官员腐败、诚信缺失等问题已经较为突出。"四个现代化"建设的最终目标是实现社会现代化,农业、工业、国防和科学技术四个方面的现代化只是实现社会现代化的手段。

十八届三中全会强调要推进国家治理体系和治理能力的现代化建设,说明我们现存的治理体系和治理能力还相对落后,跟不上"四个现代化"的步

---

[1] 赵登华:"努力实现'第五个现代化'",载《经济日报》2013年12月2日。

[2] "统计局报告称2011年中国人均GDP达5432美元",载中国新闻网,finance. chinareas. con/cj/2012/08-15/4109921. shtml,最后访问时间:2012年8月15日。

伐，不能满足人民群众日益增长的物质文化需求。现在有一种"刁民"的说法特别应当引起重视，以致直到 2014 年河南省多地公然设置"非正常上访训诫中心"成为变相"劳教所"。[1]其实，出现非正常上访的根源是执政瑕疵，是公权力行使中的滥作为、不作为导致了私权利行使的非理性、非正常。如果各级领导干部都能够为老百姓做出表率，都能够用实际行动保障公民的合法权利，对信访为名的违法犯罪行为就敢于依法制裁。正因为公权力的掌控者该示范的未示范、该作为的未作为、该禁止的未禁止，才会挖空心思搞"非正常上访训诫中心"。所以说，提高公民素质的关键环节是"治官"。公民素质是从整体角度对一个国家或者地区的人口体质、文化、智力、教养的评价，毫无疑问包括我们所称的领导干部在内。在我国，掌控公权力的都是领导干部。领导干部的素质决定了整个国家的权力运行的方向，十八届三中全会提出推进国家治理体系和治理能力现代化，切中了要害、抓住了关键所在。以环境污染为例，引进高污染企业的决策者是领导干部而非平头百姓。这样杀鸡取卵式的"经济增长"与社会现代化的目标背道而驰，这种决策只会让我们距现代化的目标越来越远。

2008 年土壤地理学家、中国科学院院士赵其国在广州"广东科技论坛"上说："改革开放以来，我们创造许多第一，经济增长第一、外汇储备第一、直接投资第一等等，同时带来很多担忧的问题，就是消费建材消费第一、能源消费第一、空气污染排放第一和水污染排放第一。"[2]虽然产能的增加暂时具有促进 GDP 增长的作用，但污染物的排放不仅伴随着企业生产的全过程，即便在该企业停产之后，污染物还在地表、水体、大气层乃至人体中积聚扩散，对社会而言带来的是一大堆无法解决的问题。在过去相当长的一段时间里，我们忽略了社会现代化和经济现代化之间的区别，简单地把现代化等同于 GDP 的增长，虽然在一定程度上意识到社会矛盾趋于尖锐，但却采取了"一手抓 GDP，一手抓维稳"的策略，造就了"黑色 GDP"一路飙高与"稳定压倒一切"互为因果、互为支撑的局面。正如季铸教授直言："近几年，我国资源环境不断恶化，表明政府的资源环境管理水平低下。"但是，地方官员

---

〔1〕 郭久辉、付昊苏："河南立即清查'非正常上访训诫中心'"，载《新华每日电讯》2014 年 2 月 14 日。

〔2〕 蒋隽、谢智慧："赵其国院士：盲目追求 GDP 将给中国带来环保危机"，载《信息时报》2008 年 4 月 16 日。

政绩考核的核心内容一是 GDP 数值、二是社会稳定的维护，在这种双重利益的驱动之下，既难以顾及资源环境保护，也不可能正确处理公众维权与政府维稳的关系。

（二）充分掌控资源也不能长期掩盖社会治理能力的落后

1978 年 9 月 29 日，叶剑英在庆祝中华人民共和国成立 30 周年大会上发表重要讲话时指出："我们所说的四个现代化，是实现现代化的四个主要方面，并不是说现代化事业只以这几个方面为限，我们要在改革和完善社会主义经济制度的同时，改革和完善社会主义政治制度，发展高度的社会主义民主和完备的社会主义法制。我们要在建设高度民主、物质文明的同时，提高全民族的教育科学文化水平和健康水平，树立崇高的革命理想和革命道德风尚，发展高尚的丰富多彩的文化生活，建设高度的社会主义精神文明。这些都是我们社会主义现代化的重要目标，也是实现四个现代化的必要条件。"[1]由此看来，我们绝不能为我国人均国内生产总值超过 1000 美元沾沾自喜，必须清醒地看到"实现小康"之后的社会分配不公等严峻问题。1993 年 9 月 16 日，邓小平同志在一次谈话中担忧收入差距过大的趋势。他说："我们讲要防止两极分化，实际上两极分化自然出现。""少数人获得那么多财富，大多数人没有，这样发展下去总有一天会出问题。"[2]即便实现了农业、工业、国防和科学技术四个方面的现代化也并不表明现代化社会的建成，而现代化社会的建成一定离不开国家治理体系和治理能力现代化。社会现代化是以经济发展为基础，涉及政治体制、法律制度、社会结构、文化教育、公民素质等人类精神物质活动的全方位演进、完善、积累的过程。"四个现代化"的实现需要奠定坚实的经济基础，但是，富裕并不等于现代化。如果社会财富总量的增加的结果是少数人攫取、掠夺、无偿占有大量财富，必然导致社会矛盾的尖锐化，随之而来的将是社会动荡。在历经社会动荡之后，能不能进入社会现代化的进程还是另外一个问题。

社会现代化的核心，是人的现代化。只有做到了人的现代化，以现代化的思维方式看世界、想问题、办事情，才能从根本上实现真正的"四个现代化"。在我国，公权力掌握在各级领导干部的手中，人的现代化的关键环节必

[1] 石维行："叶剑英与新时期法制建设"，载《人民网》2009 年 2 月 4 日。
[2]《邓小平年谱》，中央文献出版社 2004 年版。

然是掌握领导权的人有没有现代化的素质和现代化的治理能力。如果说，我们习惯所讲的工业、农业、国防、科技"四个现代化"主要是指经济方面，那么，治理能力现代化恰恰是指政治方面，即执政党和各级国家机关如何对正处于现代化进程中的社会进行治理。我国当前社会矛盾主要是什么呢？中国体改研究会公共政策研究所杨鹏研究员坦言，"是公众日益增长的公共品需求同公共品供给短缺低效之间的矛盾。"笔者对此深表赞同。社会治理实际上是公共产品的生产，即以立法、制定政策、配置资源、提供规则等方式形成一种秩序，并维持秩序的运行。公共产品是指，公共部门使用纳税人的税款，生产或者提供的由社会公众享用的、服务于社会公共利益的物品或服务。当前，尽管我国的物质供应已经不再匮乏，但是，贫富差距仍在拉大，一般民众的消费能力低下，加上教育、医疗、社会保障等方面的公共服务又未能惠及全体社会成员，多数人体会到的是"相对剥夺感"。因此，表面上是干部与群众之间、穷人与富人之间、城市与农村之间、发达地区与欠发达地区的矛盾，实际上是人民群众日益增长的公共产品需求同政府公共产品供给之间的矛盾，已经成为诸多社会矛盾之中的最突出的问题。

改革开放以来我国在经济领域所取得的成就与带来的社会问题同样突出，这也证明了治理能力现代化的缺失，必然造成"四个现代化"成果旁落的局面。从表面上看，我国经济总量已经占世界第二位，但是，财富集中到了少数人手里，污染渗入了多数人的体内。近年，我国出现大范围空气污染，已经清楚地显示了环境资源与公众健康成了经济繁荣的牺牲品。按照国务院统一部署，从 2006 年到 2010 年，环保部门会同国土资源部开展了全国土壤污染情况调查和污染防治工作。这项工作在 2010 年已经调查结束。然而时至今日，这方面的调查报告和相关数据信息并没有公开。[1]社会发展至今，谁也不会否定社会治理的重要性，但对如何过社会治理能力现代化这个"坎"，却存在诸多误区。笔者理解有关部门的难处，就环境污染的事实而言称之为"国家机密"确实牵强附会，但真实数据一旦公布后谁能维持社会稳定呢，问题的两难就在这里。虽然这种困境是由于"历史旧账"形成的，但说到底还是如何应对社会治理能力的挑战。如果承认以往在抓"四个现代化"的过程中忽视了治理能力现代化，时至今日更应当奋起直追，补上社会治理能力现

---

〔1〕 王伟："确认土壤污染调查数据应公开"，载《经济导报》2013 年 5 月 10 日。

代化这一课。

治理能力现代化与工业、农业、国防、科技"四个现代化",绝不是依次排列居于末位的关系。治理能力的低下,虽然也能够暂时取得 GDP 的增长,但实际上所积累的只是"破坏性增长"。以手中掌控资源的充分性掩盖治理能力落后性的局面不可能长期为继。随着时间的推移,消除"破坏性增长"的成本将越来越昂贵。作为人民政府,只有坚持把维护群众合法权益放在首位,推动解决保障和改善民生的突出问题,才能筑牢社会和谐稳定的民心基础。

(三) 社会治理能力现代化的本质是遵循执政的规律

在我国并不是至今才出现"治理"的提法,学术界早在 21 世纪初就反复介绍治理的学说,并提出应用的思路。据俞可平教授介绍,"在关于治理的各种定义中,全球治理委员会的定义具有很大的代表性和权威性。该委员会于 1995 年发表了一份题为《我们的全球伙伴关系》的研究报告,并在该报告中对治理作出了如下界定:治理是各种公共的或私人的个人和机构管理其共同事务的诸多方式的总和。它是使相互冲突的或不同的利益得以调和并且采取联合行动的持续的过程。它既包括有权迫使人们服从的正式制度和规则,也包括各种人们同意或以为符合其利益的非正式的制度安排。它有四个特征:治理不是一整套规则,也不是一种活动,而是一个过程;治理过程的基础不是控制,而是协调;治理既涉及公共部门,又包括私人部门;治理不是一种正式的制度,而是持续的互动。"[1]国家治理体系和治理能力现代化的程度,实际上就是国家治理通过各级国家机关的实施,在制度民主化、法治化方面的体现。主要的检测指标是:公权力是否在实际上而不是口头上得到制约?政府的决策是否公开接受公众的参与?法定的权利和自由是否为全体公民平等享有?公民合法权益与政权安全是否受到同等重视和保护?社会保障普及程度和实现水平?按照笔者的理解,国家治理体系和治理能力现代化的本质是遵循执政规律,变"官治、官有、官享"的封建残余为"民治、民有、民享"的合作治理。治理是指在各种不同的制度关系中,实现以人为本与以法为准相结合,引导、控制和规范政府和公民的各种活动,以公权力与私权利之间最大限度的合作,建设可持续发展的未来。与以往所说的管理不同,治

〔1〕 俞可平:"治理与善治引论",载中央编译局网站,coloco. cctb. net/zjxz/exjertarbiclel/200502/t2005204288071. html,最后访问时间:2010 年 1 月 16 日。

理的目标和核心都是改善人民的物质和精神生活状况，实现人的全面发展。显然，在组织引导社会各方面力量合作治理社会的过程中，一定会遇到违法犯罪活动的破坏，对违法犯罪必须坚持惩办与教育相结合的方针，保持"高压态势"。依法惩治违法犯罪的难点是司法公正，如果实际上存在法外特权，就会因为学仿而出现法不责众的局面。

二、必须用"维权是维稳的基础"指导维稳工作

中央政法委书记孟建柱在传达习近平同志在中央政法会议上的重要讲话时，明确指出："维权是维稳的基础，维稳的实质是维权，要求完善对维护群众切身利益具有重大作用的制度，强化法律在化解矛盾中的权威地位；明确指出法治不仅要求完备的法律体系、完善的执法机制、普遍的法律遵守，更要求公平正义得到维护和实现，要求政法机关坚持法律面前人人平等，以实际行动维护社会公平正义"。[1] 我赞同孟建柱同志将习近平同志的上述讲话称为"新形势下政法工作的科学指南"。长期以来，维稳与维权的关系一直困扰着政法工作，如果不解开这个"死结"，未来的政法工作乃至司法制度的改革都会陷入更大的曲折之中。

（一）必须认清根本性的问题是为什么维护社会稳定

当前，法治一词已经渗透到我国社会生活的各个方面，但是，隐藏在法治背后的人治依然十分顽固，行政权的自我扩张与专横尤其突出。而且，公权力机关往往意识不到自身行为失当对私权利的侵犯，自认为所作所为天然合理。改革开放以来，由于公民权利意识的觉醒，维权行动开始呈现，也许是维权行为在揭露政府工作瑕疵中的不留情面，也引起了公权力掌控者的恼火，以至于劳教在一定程度上异化为某些领导干部"维稳的利器"。说实话，每一起劳动教养都是以"法律的名义"宣布的，如今劳教制度已经废止，还能靠什么维护社会稳定呢？显然，我国不是不需要社会稳定，而是需要端正维稳观，切实解决为什么维护社会稳定的问题。也许是联合国的立场比较超脱，故其认为："在有些情况下，国家当局更关心的是巩固权力，而不是加强

---

〔1〕 孟建柱："新形势下政法工作的科学指南"，载《人民日报》2014年1月29日。

法制，后者经常被视作是对前者的威胁。"〔1〕显然，如果"巩固权力"与"加强法制"出现了相对立的状态，就应当考虑权力执掌者所竭力巩固的权力是否已经偏离了法制的轨道。

我国当前的源头性、根本性、基础性问题是部分官员的执政行为偏离为人民谋利益的宗旨，一方面想方设法与民争利，另一方面又要求"社会稳定"。由于没有从根本上意识到"得人心者得天下，失人心者失天下"的道理，企图通过维稳手段的强化达到巩固执政基础的目的。其实，巩固执政基础的关键是民心所向，执政党必须首先解决好"为了谁、依靠谁、我是谁"的问题。人心所向则合法性增加，人心所背则合法性减损，人心尽失则合法性耗尽。恪守为人民谋利益的宗旨，实现发展成果更多更公平惠及全体人民，才是巩固执政基础的根本。为维护社会稳定，必须加快社会事业改革，解决好人民最关心最直接最现实的利益问题，努力为社会提供多样化服务，更好满足人民需求。执政党通过自我革新，推进国家治理体系和治理能力现代化，才是找到了解决社会稳定问题的"总开关"。

作为执政党和各级国家机关希望能够有一个稳定的社会环境，以便专心致志地抓政治、经济、社会、文化、生态建设无疑是正确的，这也是全国人民的共同期盼。一旦社会动乱，老百姓一定是最大的受害者。珍爱和维护社会稳定是众望所归，但对领导干部而言怎样才能得到稳定的社会环境，却不是"一厢情愿"的。从根本上说，稳定社会环境的基础是信任与合作，稳定绝不是"维护"出来的，只有执政党身先士卒为全国人民作出表率，各级国家机关恪尽职守，立良法、行善政、限公权、谋民利，和谐、稳定、安宁的社会局面才能水到渠成。推进国家治理体系和治理能力现代化一定要更新观念，破旧图新，做到各级国家机关率先守法，主动纠正自身的失误，拿起批评和自我批评的武器，通过实际行动重建公信力。近来，中纪委强调对发生重大腐败案件和严重违纪行为的地方、部门和单位，实行"一案双查"，既追究当事人责任，又倒查追究相关领导责任，包括党委和纪委的责任，无疑是一大进步。但是，腐败案件在民众心中积郁的愤懑并不会因为关起门来的"一案双查"得以舒缓。在中国，源头性、根本性、基础性问题是执政党带头

────────────

〔1〕《秘书长关于冲突中和冲突后社会的法治和过渡司法的报告》（S/2004/616），载联合国官网，https://www.unorg/zhldoument/vierzdocasp.symbd：s/2004161，最后访问时间：2013年9月5日。

守法，对于已经查清的官员腐败案件不仅要依法严惩，而且要公开地开展批评与自我批评。没有公开的批评和自我批评，反腐败的制度建设就可能出现"把权力关进制度的笼子里"，但"笼子的钥匙"却不在人民手里的局面。

前几年，各级政府都投入大量人财物力搞"大接访"活动，等于是用"大接"发动群众"大访"，其造成的负面效果至今难以消除。2013 年，党中央严格实施改进工作作风、密切联系群众的"八项规定"，虽然引起部分官员内心不满，但是已经使人心一震，使群众看到了希望。这一对照再次说明，法治的真谛是限制公权力，只要官员的行为得以规范，普通民众中存在的违法问题就不难纠正。如果允许公权力在维稳的名义下肆意而为，社会稳定必定渐行渐远。我国反腐败斗争的形势严峻，已经公开披露和尚未被揭露的腐败官员使群众看到的是，社会主义"按劳分配"的原则正在被扭曲为贪官的"按捞分配"（利用手中的权力捞取公共利益为个人私有），在利益驱动下，有一部分人也走上了"按闹分配"（以旷日持久纠缠取闹的办法获取利益）的道路。就企图"按闹分配"的人而言，其学仿和攀比的对象是"按捞分配"的贪官，两者之间的关系是"上梁不正下梁歪"。如若不彻底整肃官风，民风就根本不可能端正。当然，规范公权力的最大难点是，全面落实《中华人民共和国宪法》（以下简称《宪法》）关于"一切国家机关和武装力量、各政党和各社会团体、各企业事业组织都必须遵守宪法和法律。一切违反宪法和法律的行为，必须予以追究。任何组织或者个人都不得有超越宪法和法律的特权"的规定。

当前，基层维稳的任务十分繁重，接到的都是"必须完成任务"的指令，根本不可能过问矛盾产生的根源，加之，以往维稳所产生的"历史遗留问题"的不断叠加，如果不从源头上抓好维稳观念的更新，"越维稳→越不稳→越维稳→越不稳"就是永远无法摆脱的怪圈。如果执政党认识到维护社会稳定必须从源头抓起，就应当坦率地承认这个源头就是执政党率先守法，廉洁自律，公开接受群众监督，勇于开展批评和自我批评。执政活动是有规律的活动，世界上没有永远的执政党。必须清醒地认识到，"得人心者得天下，失人心者失天下"是万古不变的真理，也是执政活动最基本的规律。

（二）必须废除"稳定压倒法治"的错误做法

当前，我国出现的种种不稳定现象是多年来我们在维护公民合法权利方面做得不够，在"维稳"的导向上出现了持续性的偏差。"维稳"的许多做法实际上是把政府放在与民众对立的位置，或打压或利诱，既培育起了"缠访闹访"的力量，又导致普通民众产生更为严重的不满情绪。笔者早在2007年就指出："公民维权是对政府维稳的有益补充，指导公民正确维护合法权利是政府义不容辞的责任。维护社会稳定的根本目的是为民众造福，社会稳定是无数个公民权利得以实现的结果。维护社会稳定的起点、抓手和归宿都应当是维护公民的合法权利。维护社会稳定的权力也可能导致腐败，在当前形势下，必须谨防在维护社会稳定名义下的权力滥用。政府使用'维稳经费'也存在合法性与合理性问题，对'维稳经费'实施监督十分必要。在政治上承担指导公民正确维权的责任，在经济上把'花钱买太平'公开化，是转变政府职能中必须完成的两项重要任务。"[1]遗憾的是，多年来"稳定压倒一切"，这个原本强调在安定有序的环境中抓紧经济建设的正确提法，在以往实践中已经异化为稳定可以"压倒法治"。由于稳定可以在实际上"压到法治"，部分官员无论在搞腐败的胆量与维护稳定手段的应用上都有了更大的"底气"。当有人对公权力的不作为、滥作为提出批评时便强力打压，一旦群众以上访等办法寻求"青天大老爷"的支持，维稳就成为压倒一切的头等大事，"截访"也似乎顺理成章了。

南开大学周恩来政府管理学院教授徐行分析说，个别地方官员"维稳"的出发点不是社会稳定，而是"为了保住自己的位置，为了从维稳中捞取更大的经济利益和政治利益"[2]。其实，维稳是自上而下、层层加码压到基层的"硬任务"，辛辛苦苦从事维稳工作的干部也有一肚子倒不出的"苦水"。必须看到，错误的根源在于用什么样的观念指导维稳工作和追求什么样的社会稳定。绝大多数基层干部都是迫于"领工资"的压力不得不完成"维稳"的任务，"板子"往下打，既无法服众，也不可能改变被动维稳的局面。

实践证明，唯有切实维护公民合法权利，才是维护社会稳定的治本之策。任何执政党其执政党合法性都是动态可变的，即便是具有毋庸置疑合法性的执政地位，在其执政的过程中也存在合法性的增添或者减损的问题。人心的向背决定了执政合法性的增添或者减损。无论以往的执政合法性有多么充分，

---

〔1〕 汤啸天："政府在公民维权中的指导责任和接受监督"，载《社会科学》2007年第10期。

〔2〕 叶竹盛："维稳大变局"，载《南风窗》2014年第3期。

执政合法性的持续减损终会"坐吃山空"。借用 2014 年春节晚会小品《扶不扶》的台词:"人倒了可以扶起来,人心倒了可就扶不起来了。"党的十八届三中全会明确提出新一轮改革开放要"进一步解放思想、解放和发展社会生产力、解放和增强社会活力,坚决破除各方面体制机制弊端,努力开拓中国特色社会主义事业更加广阔的前景。""三个解放"的全面性在于涵括了解放思想、解放生产力、解放社会活力三个方面,既是全面深化改革的重要保证,又是全面深化改革的重要目标。特别是"解放和增强社会活力"的提出令人耳目一新,如果说思想还可以解释为"脑中思、心中想"的话,"解放和增强社会活力"则一定要"让人说话"和"容得下尖锐批评"。

当政府意识到对公民合法权利保障不力时,采取缩小贫富差别、维护公平正义等措施才是从源头上维护社会稳定。正如习近平所说:"要重点解决好损害群众权益的突出问题,决不允许对群众的报警求助置之不理,决不允许让普通群众打不起官司,决不允许滥用权力侵犯群众合法权益,决不允许执法犯法造成冤假错案。"[1]从根本上说,政府的职能是维护公民的合法权利。当公民权利得到切实维护时,社会就会在整体上处于动态稳定状态。群众中出现维权活动主要原因是政府工作有瑕疵,公民维权是对政府维稳的有益提醒和必要补充。根据《宪法》第 35 条的规定,"中华人民共和国公民有言论、出版、集会、结社、游行、示威的自由",作为政府必须对公民维权提供法律赋予的所有资源;同时,又必须依据《宪法》第 5 条的规定实现"任何组织或者个人都不得有超越宪法和法律的特权。"具体而言,凡是法律规定可以为的,必须充分给予;凡是法律规定不得为的,必须坚决制止。

(三) 必须禁止用非法的手段获取利益

于建嵘教授认为:"当各种社会矛盾无法通过合法的途径得到解决或排释时,动辄使用高压手段不惜一切代价来维护政治稳定,就成为底层社会的一种常态。这样,许多地方的维稳工作处于政府维稳和民众维权的张力之中:政府在沉重的行政压力之下维护以'零上访'为目标的任务,而民众在权利受损时不得不以各种非常规的方式冲破规则的限制,造成了令地方政府越来越

---

〔1〕 习近平:"习近平出席中央政法工作会议:坚持严格执法公正司法",载新华网,http://www.chinanews.com/gn/2014/01-08/5714158.shtml,最后访问时间:2014 年 1 月 10 日。

焦虑的矛盾和冲突。"[1]以信访为例，信访人与政府之间的利益博弈已经是公开的秘密。相当一部分上访人员去上访的目的并不是解决具体问题，而在于给地方政府施加压力。地方政府在考核的压力之下，必然想方设法"截访"或者"收买"。在陈旧的维稳观指引下，干部中最为流行的说法是"摆平就是水平"，而"摆平"的主要手段是"花钱买太平"。这就造成了三个方面的恶果：一是，"摆平"的内幕只要说明是"维稳需要"就成了谁也不能查问的"保密"事项，维稳经费的开支成了无底洞；二是，"花钱买太平"虽然不可能有长效，但对攀比意识却有充分的强化作用，必然造就一部分人维权活动中的"狮子大开口"；三是，由于国家的最高层需要直接了解民意，一直强调要畅通信访渠道，并选择一些典型案例层层交办或直接过问，于是"刻意把事情搞大"已经成为信访人的强劲动力。由于相当一部分按照正常程序的表达遭遇冷漠，进而被诱导进入了非正常手段的利益博弈。基层政府利用公权力对民众的利益诉求采取"大闹大解决、小闹小解决、不闹不解决"的回应方法，在群众中诱发了刻意"把事情搞大"的畸形利益追求方式。当进京上访成为某些人向地方政府施加压力的"杀手锏"时，大量公共资源必然耗费在"上访→截访→再上访→再截访"之中，养肥了专门看管送返进京上访人员的"截访"服务业。每一次"截访"不仅耗费大量人财物力，否定了宪法赋予公民的信访权，还加深了民怨的积累。特别需要说明的是，迫于"领工资"压力执行"截访"任务的人员内心也不赞成如此行为。所以，在错误维稳观指导下，维稳方面的人财物力投入越多，对法治所造成的实际损害就越大。

马克思认为："人们奋斗所争取的一切，都同他们的利益有关。"我国信访困境的形成实际上是法律规定之外利用获取的结果，无论是来自信访、维稳机构的"花钱买太平"，还是信访人因为"告洋状"得到了人道的待遇，都是直接或者间接的利益获取。从根本上说，法律所保护的应当是用合法的手段取得合法权益，即便是合法的权益也不允许以非法的手段获取。如果公权力的掌控者与民争利，民众中一定会产生抗争的力量。面对群众的维权行为，应当按照习近平总书记的要求："要把群众合理合法的利益诉求解决好，完善对维护群众切身利益具有重大作用的制度，强化法律在化解矛盾中的权

---

[1] 于建嵘："当前压力维稳的困境与出路———再论中国社会的刚性稳定"，载《探索与争鸣》2012 年第 9 期。

威地位，使群众由衷感到权益受到了公平对待、利益得到了有效维护。"〔1〕特别需要强调指出的是，如果出现了不合法、不合理的利益诉求，公权力执掌者只要"自己身上干净"，就要做好说服教育工作，坚持原则，毫不退让。如果出现了法律禁止的行为，必须依法制裁。作为法治国家既要坚持以人为本，又要坚持以法为准，不能懈怠取证或者枉法裁判，也不能以法律的名义不讲人道，更不能使非法行为获得利益。当然，对以往的错误做法，也不能把全部责任推到信访机构头上。信访机构绝不能替代政府职能部门维护公民合法权利，信访机构的转送、交办、督促、检查在维护公民合法权利方面的作用是有限的。这就好比，任何一家人家都需要抹布，但如果家里的若干个水龙头都在漏水，不修理更换漏水的龙头，无论如何强化抹布的作用也无济于事。

笔者同意韩大元教授的观点："树立宪法权威是社会稳定的基础与保证。预防和降低社会风险，需要以宪法为根本，在宪法的指引下维护稳定、创造和谐。理性的社会稳定是基于内在需求而形成的相对平衡的状态，不能只依靠人为的、外在的、压制性的力量。而要达到这种良性状态，必须尊重公民的权利和自由，积极履行'国家尊重和保障人权'的义务。社会稳定的前提是寻求社会共同体的基本共识，而宪法恰恰是社会共同体基本价值的体现，维护宪法就是维护基本的社会共识，建立不同利益主体都能接受的最低限度的政治道德，以凝聚人心、维护国家的统一。"〔2〕尽管我国的现行宪法还有亟待完善之处，但只要举国上下致力于实施现行宪法，严格地落实现行宪法，齐心协力建设社会主义法治国家的新局面就一定能够出现。为此，正确的维稳观应当是，围绕完善和发展中国特色社会主义制度、推进国家治理体系和治理能力现代化总目标，把握促进社会公平正义、增进人民福祉的总要求，处理好维稳和维权的关系。

（四）必须以官员率先守法引导公民守法

《世界人权宣言》第29条规定："（一）人人对社会负有义务，因为只有在社会中他的个性才可以得到自由和充分的发展。（二）人人在行使他的权利和自由时，只受法律所确定的限制，确定此种限制的唯一目的在于保证对旁

---

〔1〕 习近平："习近平出席中央政法工作会议：坚持严格执法公正司法"，载新华网，http://www.chinanews.com/gn/2014/01-08/5714158.shtml/，最后访问时间：2014年2月10日。
〔2〕 韩大元："论宪法权威"，载《法学》2013年第5期。

人的权利和自由给予应有的承认和尊重，并在一个民主的社会中适应道德、公共秩序和普遍福利的正当需要。"显而易见，这一规定说明了公民行使权利与自由时并不是随心所欲，但是，公民的权利和自由应当"只受法律所确定的限制"，如果公民的权利和自由受到了法律之外的有形、无形的限制，公民也就必然以自己的办法突破法律对权利和自由的限制。例如，根据我国《集会游行示威法》第 3 条的规定"公民行使集会、游行、示威的权利，各级人民政府应当依照本法规定，予以保障"，公民提出集会游行示威申请，只要符合法律的规定就应当予以批准，但如果《集会游行示威法》变成了基本"休眠"的法，变相的集会游行示威就会层出不穷。

按照辩证法，每一个人身上都存在人性的弱点，每一个人都是真善美与假丑恶的混合体。法律作为人类文明共识的具体表达和各方利益平衡的结果，尽管在表达文明的程度和平衡利益的水准上可能还有欠缺，但引导人心向善的根本性作用发挥上是毋庸置疑的。依照法律限制公民的权利和自由，就会调动、激发、弘扬、传播人性中的真善美；对公民的权利和自由进行法律之外的限制，就会启动、刺激、放大、扩散人性中的假丑恶。无论在何种社会制度中，这一规律实际上都会对社会管理的最终效果发生作用。在我国，公民的言论自由得到宪法的保障，但在实际生活中却存在着"选择性保障"，即说赞扬的话、顺耳的话往往能够得到充分的保障，而一旦说了批评的话、逆耳的话就会遭到打压。在我国的宪法和所有法律中都不存在对言论自由"选择性保障"的依据，但是，在现实生活中却活生生地大量存在，甚至以法律的名义实施。习近平总书记明确要求"对中国共产党而言，要容得下尖锐批评，做到有则改之、无则加勉；对党外人士而言，要敢于讲真话，敢于讲逆耳之言，真实反映群众心声，做到知无不言、言无不尽。"[1]正因为容不下尖锐批评，阿谀奉承之风才会得势并同时产生非理性的抗争。付子堂教授认为："法律对个体行为的激励功能，就是通过法律激发个体合法行为的发生，使个体受到鼓励作出法律所要求和期望的行为，最终实现法律所设定的整个社会关系的模式系统的要求，取得预期的法律效果，形成理想的法律秩序。"[2]任何力的作用都会带来反作用力，而且，作用力与反作用力等值。对社会行为

---

[1] 习近平："习近平：共产党要容得下尖锐批评"，载《新华每日电讯》2013 年 2 月 8 日。
[2] 付子堂："法律的行为激励功能论析"，载《法律科学》1999 年第 6 期。

而言，理应受到法律的限制却受到了法律之外的限制，其必然向法律轨道之外发展。正因为我国《集会游行示威法》实施方面存在欠缺，我国才会出现"散步"等形形色色的变相集会游行示威。言论自由是社会稳定的基础和维系力量。当人们可以坦然地表达自己的观点时，既是一种能量的无害化宣泄，也促进了"真理越辩越明"，促使社会成员共同守法。对言论自由的"选择性保障"，除了必然导致说假话成风之外，敢于说真话的人一定会寻求现行法律制度以外的保障，"告洋状"就是例证。

我国社会主义法律体系已经形成，但法律实施方面的差距不容忽视。当前，法律实施方面的最大问题是官员守法的表面化、虚假化、形式化，唯一的出路是以官员率先守法示范、引导、带领公民守法。近年来，从革命党向执政党的转变的观念已经为多数党员接受；作为第二步，必须明确执政党应当如何执政。推进国家治理体系和治理能力现代化，执政党必须实行由主要依赖规定性领导向主要地依靠示范性领导的转变。这种转变实现得越迅速、越全面、越自觉，执政地位就越巩固，用于执政的成本也就越低。所谓规定性领导，是指执政党的领导地位由宪法和法律所规定，党并且在实际上执掌着政权。所谓示范性领导，是指执政党以自己的先锋模范行为，引领全国人民珍爱稳定的社会环境，按照法治原则建设富裕、民主、文明的社会主义国家。

三、推进国家治理体系和治理能力现代化的建议

推进国家治理体系和治理能力现代化建设是一项宏大的系统工程，涉及更新执政理念、回归为民宗旨、优化党政关系、改变政府职能等诸多方面，限于篇幅，本文只就进一步畅通民意表达渠道提出若干建议。

（一）非紧急状态下政府作出重大决策应当主动征集公民建议

我国《宪法》第 2 条规定："人民行使权力的机关是全国人民代表大会和地方各级人民代表大会。"对此笔者认为，人民代表大会制度必须在不断完善中坚持，与此同时"人民依照法律规定，通过各种途径和形式，管理国家事务，管理经济和文化事业，管理社会事务"的制度建设刻不容缓。参与式民主不仅对代议制民主具有不可或缺的补充作用，而且能够凝聚人心，有助于政府公信力的恢复。

多年来，我国在公民有序政治参与方面做了许多有益的探索，但是，多数探索仅限于听取群众意见、邀请专家咨询等较浅层次，效果十分有限。笔者认为，决策失误是最大的失误。治理能力现代化建设必须以制约行政权和保护公民权为核心，规范政府行政行为。就政府决策而言，必须建立"事前公开、征求意见，决策公开、民主讨论，结果公开接受监督"的程序规定[1]。在非紧急状态下，政府应当在作出重大决策前，必须事先征集公民建议意见，以真正体现人民当家作主的地位。从制度设计而言，必须把征集公民建议作为政府重大决策必经且必须主动启动的程序。征集公民建议主要有主动征集与被动收集两种形态。主动征集，是指政府在制定决策的酝酿阶段，主动地向公众公布决策研究意向，有针对性地听取和汇总群众的意志和意愿。被动收集，是指在决策实施的过程中，及时地把群众中的建议意见汇总起来，以便反馈给相关职能部门对已有的决策偏差作出调整，或做好解释工作。相比较而言，主动征集的主要是影响政府未来决策的建议，被动收集的主要是对政府现有工作的批评意见。应当肯定，政府对民意的寻求征询的确应当落实到人头（即公布于众并接受每一个公民的意见），每一个公民对政府工作都有知情权、参与权、表达权、监督权。同时，"从群众中来，到群众中去"是为人民群众谋取和维护根本利益，群众的智慧也需要集中，征集公民建议建议不能走向民粹主义。张三说听张三的，李四说又听李四的肯定会导致混乱。征集建议的目的在于集中群众智慧，政府在征询群众意见的基础上，还有梳理、集中、提炼多数人意志的责任。

实践中，公众的批评建议意见肯定是分散的，必须由政府主动地寻求、征询、召集，才能实现"集中"。政府的征集行为一定是先主动地"征"，后认真地"集"。"征"是基础，"集"是结果。征集的特点之一是主动性，就政府与民意的关系而言，没有主动地"征"，就难有认真地"集"。"权利是为社会或法律所承认和支持的自主行为和控制他人行为的能力，表现为权利人可以为一定行为或要求他人作为、不作为，其目的是保障一定的物质利益或精神利益。"[2]以城市是否允许燃放烟花爆竹为例，有人说过年不放烟花爆

---

〔1〕　洪梅芬：《闵行改革：中国共产党地方党委推进党内基层民主实践案例调查》，党建读物出版社 2011 年版。

〔2〕　周永坤：《法理学——全球视野》，法律出版社 2000 年版。

竹，就没有"年味儿"了，我们可以称之为"此民此意"；又有人说燃放烟花爆竹害大于利，是得不偿失的愚昧之举，我们可以称之为"彼民彼意"。当"此民此意"与"彼民彼意"相对立的时候，政府不能不作为。正确的做法应当是，积极地组织"此民此意"与"彼民彼意"的沟通、交流、讨论，把不同的意见的争论引导到有利于维护人民群众根本利益的共识上来。正因为关乎人的全面发展的全局、长远利益才是人民群众的根本利益。政府对什么是人民群众的根本利益一定要有清醒的把握，一定要以受人民委托的谦恭态度，为人民尽职的负责精神，把分散的群众智慧集中起来，以达到为民谋利的目的。马英九的说法也许值得借鉴："任何一个公共政策的选择，往往都是两难，在做决策之前，就要做详尽规划和诚恳沟通，并使信息尽量透明，让社会大众了解利弊得失，以及要承担什么后果。""政府应谦卑地倾听民意，然后详尽地研究，广泛沟通，最后审慎作出决定。"[1]

我国《宪法》第27条规定："一切国家机关和国家工作人员必须依靠人民的支持，经常保持同人民的密切联系，倾听人民的意见和建议，接受人民的监督，努力为人民服务。"显然，倾听是指政府及其工作人员在听取群众建议意见时所持的真诚、认真、细致的态度。倾听无疑应当主要体现在政府决策之前，而不是在和平示威走向暴力表达的苗头出现之后。从近年来地方政府的决策引发群体性事件的过程看，政府仓促宣布撤销原决定的做法，也从反面证明了政府当初的决策未能充分听取民意。如果从政府权力来自人民的委托角度分析，政府作出重大决策更应当程序优先。2008年1月，上海因为磁悬浮选线未事先征求群众意见，引发了群体性的"散步"游行，而基层干部又承担着不得不"维稳"的责任。一位街道党工委书记说：此时的痛苦，"更多的是源于压在心头的那份困惑：——这么大的事事关这么多居民的切身利益，公示前也不给我们招呼一下，我们几乎与居民同一时刻了解这一事件，一点思想准备都没有啊！"[2]

（二）按照"双向规范"的原则启动信访制度改革

党的十八大报告提出"完善信访制度"，并要求"畅通和规范群众诉求表

---

〔1〕 庄慧良："江宜桦：重大政策决定前须倾听民意"，载联合早报网，最后访问时间：2013年2月25日。

〔2〕 洪梅芬：《闵行改革：中国共产党地方党委推进党内基层民主实践案例调查》，党建读物出版社2011年版。

达、利益协调、权益保障渠道"。近来，围绕信访制度改革已经有了不少好的兆头，特别是中央政法会议提出了"法律红线不能触碰、法律底线不能逾越"的原则，明确表示不能以违法的手段追求维稳的目标，为完善信访制度明晰了思路。

由于我国信访制度建立之初就含有较多的"人治"成分，加之错误维稳观的作用，导致了"信访不信法"的蔓延。信访制度已经走到了非改革不可的地步。改革信访制度是紧迫而又极其艰巨的任务，将会"牵一发而动全身"。应当看到，信访制度的改革必然会触动既得利益集团的深层次利益，阻力之大、困难之多都是前所未有的。其中，关键之一是必须端正对法治理念的理解，真正按照法治的原意推进信访制度改革。当前，无论政府机关还是信访人员都存在不规范的行为，双向规范是信访制度改革的突破口。双向规范的指向，对上是指信访机构和负有解决信访问题政府职能部门和基层组织，对下是指信访人员。对信访机构而言，必须改变用非法治的手段处理信访事项的习惯；对政府职能部门和基层组织而言，必须杜绝不负责任的敷衍、推诿、塞责；对信访人员而言，必须合法、理性、有序地表达意愿。所谓双向规范，是指严格依照的法律规定，规范信访机构（含负有解决信访问题责任的政府职能部门和基层组织）和信访人员的行为，无论任何一方出现违法行为都要承担相应的法律责任。为此，笔者建议启动信访制度改革专项研究，并提出具体建议如下。

第一，信访制度应当定位于国家的民主制度建设，成为党和政府联系群众的桥梁，促进各级国家机关更好地为人民服务。我国现有的民意表达渠道不是太多而是过少，民意表达不畅时有存在，民主法制建设任重道远。走出信访制度困境的出路在于，充分运用信访机构亲民、中立、触角广、综合性强的特点，依靠制度的力量把人民的意志和智慧融入决策过程，从根本上提高决策的公开性、民主性、科学性。信访制度的改革要从被动办信接访转向主动征集人民建议、汇聚群众智慧、整合社会力量。主动的人民建议征集应当是信访工作的优先发展方向。

第二，建立国家、地方、基层各负其责、各得其利的信息共享系统，从根本上打破各级国家机关各自为政的"信息孤岛"，杜绝少数人对公共资源的重复占用和处于管控之外。根据《中华人民共和国信访条例》（以下简称《信访条例》）第2条的规定，信访机构接受"反映情况，提出建议、意见或者投诉请求"之后，将"依法由有关行政机关处理"。为此，信访机构的权利救济功能应当逐步弱化。正在诉讼或者诉讼裁判已经生效后的事项，不能再次由信访机构受理。当然，这样做的前提是，法律规定的各种权利救济渠道都是畅通的，不存在用"既不立案也不不立案"等推诿责任的做法。

第三，作为信访制度的改革，必须防止信访权利成为超越法定程序且又无休止、无终结的利益诉求渠道。为此，《信访条例》的修订应当明确规定："有下列情形之一，且以同一事实和理由提起信访的，信访机构不予受理：（一）正在行政复议、行政申诉、人民调解、仲裁、诉讼程序中的事项；（二）人民法院判决裁定已经生效的事项；（三）已经信访程序终结的事项。"以上原则可以简称为：不再受理"一个已经、两个正在的事项"，对现行《信访条例》的第 16 条作出补充完善。

（三）搭建平台进一步扩大公民有序政治参与

习近平总书记在十八届三中全会强调："冲破思想观念的障碍、突破利益固化的藩篱，解放思想是首要的。在深化改革问题上，一些思想观念障碍往往不是来自体制外而是来自体制内。思想不解放，我们就很难看清各种利益固化的症结所在，很难找准突破的方向和着力点，很难拿出创造性的改革举措。"放眼看世界，任何国家都存在民众诉求表达的畅通有序问题，只要是厉行民主法制的国家都在探索公民意愿表达畅通有序的机制建设。可以说，探索人民意愿表达畅通有序的机制建设人类文明的重要成果，世界各国也为我国相关制度的建设，提供了可供参考的经验，值得我国学习借鉴。

资料介绍，2011 年 9 月 22 日，奥巴马政府在美国白宫官网上设立了"我们人民网"。年满 13 周岁不分国籍的任何人都可根据自己关心的话题通过该网络平台提出和邀请别人参与请愿或参与别人请愿这一方式，寻求政府答复，实现网络问政。奥巴马政府承诺，如果一份请愿发出后在 30 天内达到 150 人签名，白宫网站上就可予以显示。但要得到政府答复，则必须在请愿发出后 30 天内达到最开始要求的 5000 人，之后提高到 2.5 万人，现在则上升到 10 万人，以后也有可能根据实际情况予以提高。对于期满后签名人数未达标的请愿将被取消。截至 2013 年 11 月 21 日，得到政府答复的请愿数量已经达到 133 个。答复内容涵盖了政治、经济、移民、农业、消费者保护等各个方面。其中，以公民权利和自由、刑事司法和执法、外交政策、经济、医疗和政府改革居多，每项都有超过 10 个请愿最终得到了政府答复。

2012 年 8 月，根据时任俄罗斯总统普京签署的总统令《完善国家管理体系的基本任务》，总理梅德韦杰夫签署了《"俄罗斯社会倡议运动"构想》。"俄罗斯社会倡议运动"，是要为俄罗斯联邦公民利用互联网公开提出建议提供技术、组织和法律保障。除通常包括提出、登记、审理和监督四个步骤的一般程序外，还有特殊程序。特殊程序是指工作人员将预先审核的结果以及是否安排网络投票的决定告知建议人。如果建议人的建议符合要求，工作人员决定将该建议内容传至互联网，供广大民众投票；如果建议不符合要求，工作人员有权决定对该建议不做下一步安排，即意味着建议程序终止。建议被上传至互联网之后，广大民众根据"一人一票"原则，通过互联网对该建议进行投票。投票期限为自决定对该建议进行网络投票之日起一年。如果一年之内，该建议没有获得 10 万人以上赞同，视为建议未获得支持，将取消投票，建议程序终止。如果在一年之内，该建议获得 10 万人以上赞同，则视为获得支持。获得 10 万人以上赞同的建议，工作人员将该建议提交给专门组建的工作组，以进行鉴定工作。鉴定之后，可能做出拟定规范性文件草案或者不落实建议的决定。

十八届三中全会提出"更加注重健全民主制度、丰富民主形式，从各层次各领域扩大公民有序政治参与，充分发挥我国社会主义政治制度优越性"是切中时弊，非常及时的。客观地说，一个国家民意表达渠道是否畅通，主要取决于制度设计。各级国家机关必须责无旁贷地承担起"健全民主制度、丰富民主形式，从各层次各领域扩大公民有序政治参与"的责任，并在回应公民表达的过程中引导表达的理性有序。公民的有序政治参与也有一个学习和实践的过程，而且，政治参与的有序性只有在参与的过程中才能实现。如果以"有序"为借口，设置种种障碍限制公民的参与，或者冷漠对待公众参与，公众参与就一定会无序化。如果政府只是按照自己的意志安排几场"参与秀"，那么，无论政府为做"盆景"式的参与买了多少单，老百姓都不会"买账"的。"在党的领导下，以经济社会发展重大问题和涉及群众切身利益的实际问题为内容，在全社会开展广泛协商，坚持协商于决策之前和决策实施之中"，既是规定了应当在全社会开展广泛协商的任务，也明确了"坚持协商于决策之前和决策实施之中"的具体要求。我国人民享有知情权、参与权、表达权、监督权，但上述"四权"的实现更需要具体的保障。政府率先善于倾听民意在前，群众善于表达自身意志才能在后。在推进民主的进程中，必须是政府具有真心实意倾听民意的切实行动，公众才会在表达的过程中学会理性有序表达。

目前我国政府决策的民主化、科学化、程序化还有相当大的差距，民意表达的渠道必须进一步拓宽。只有用体系化的制度安排，才能使问计于民成为政府决策的必经程序。笔者认为，建议类信访的功能应当在我国民主法制建设中得到进一步的彰显。只要是与公共事务管理相关的建议意见就应当允许公民公开表达。客观上，民众已经在利用博客、微信等现代通讯工具在表达内心意愿，只是还没有与政府直接对接的平台。智慧在民间，就优化公共事务管理提出具体建议意见的公民而言，绝大多数都是愿意在网络上进行公开表达的，政府相关部门也需要直接了解该建议的公众支持程度，以便更加直接地了解民意。如果在征集人民建议的制度框架之内，安排专门的平台受理公共事务管理建议的表达，也不失为丰富民主形式的可行之策。

（原载《甘肃理论学刊》，2015 年第 5 期）

倡议上海建设一面"寿星墙"

上海面对滚滚而来的"银发浪潮",如果能够在中心城区建设一面室外的"寿星墙",不仅能够承载尊老、敬老、助老、护老的伦理价值观念,也可以增添一处展示寿星风范、家庭孝亲的人文风景线。人口预期寿命的提高既是社会主义制度优越性的生动体现,也有力地说明了政府工作的成效。目前上海的百岁老人数量增加明显,长寿城市的特征已经非常突出,展示和宣传在上海居住的寿星是必要的。

新出炉的《上海市老龄事业发展"十三五"规划》指出,户籍人口深度老龄化将成为一种社会常态。全国第一"老"的上海,按照目前的老年人口增长速度,到2020年老年人口占上海户籍人口的比重将超过36%,总数超过540万。

一、尊老敬老助老护老是全社会的责任

对上海这样的特大型城市而言,人口老龄化趋势的加重既是挑战,也是机遇。一方面,鉴于我国"未富先老"的国情和家庭小型化的因素叠加,养老任务沉重;另一方面,老龄人口也对上海养老工作提出了更高的要求,期待尊老、敬老、助老、护老蔚然成风。首先,老年人不仅需要家庭与社会的扶助、扶养,同时也有很高的社会价值。"家有一老,如有一宝",说的就是这个理。老年人的素养、品德、学识、经验、威望、能力等都是社会的宝贵财富,其无形的"余热"发挥足以构成优质的教育资源。其次,人口老龄化的巨大压力,考验着政府规划养老、实施养老的能力。由于我国长期实施"独生子女"政策,已经形成了"少子化"格局,随着老龄化程度的加重,一个家庭之中下辈与上辈都是老人的比重越来越高,甚至可能出现两辈人都需要社会扶养的局面。再次,老年人对医疗保健、生活照料、文化交流、心

理疏导的需求突出，且越是高龄老人越是需要入户服务、床边照料，为老服务供给的及时与周到才可能降低老年人失能失智的比例。最后，上海面对人口老龄化趋势的加重绝不能以经济较为发达而沾沾自喜，劳动年龄人口的减少意味着未来养老服务价格的提升，甚至有可能出现老人有钱却难以买到合适服务的情况。

我国目前处于社会主义初级阶段，人民群众日益增长的物质文化需要同落后的社会生产之间的矛盾是社会的主要矛盾。人口老龄化的加重也印证了要从根本上解决这一矛盾，必须大力发展社会生产力。笔者认为，上海需要大力发展的社会生产力之中，应当有相当一部分是为老服务的内容。其中，养老机构的建设、适于老年人使用的产品（包括精神文化产品）的提供、针对老年人的医疗服务等都是重点，而重中之重则是全社会尊老、敬老、助老、护老意识的强化。

二、建设一个可永久利用的关爱老人社会教育载体

习近平总书记指出："人民对美好生活的向往，就是我们的奋斗目标。"上海长寿城市特征的进一步凸显，已经向每一个政府职能部门、每一位市民提出了"我应当做些什么"的追问。让所有老年人都能"老有所养、老有所依、老有所乐、老有所安"是每一个人发自内心的期盼，也是中国梦的重要组成部分。如果说人生如戏的话，那么老年阶段就是其中重要的一段"折子戏"。据截至 2015 年末的统计，本市人口平均预期寿命为 82.75 岁，其中男性 80.47 岁，女性 85.09 岁。100 岁及以上老人 1751 人，其中男性 420 人，女性 1331 人；增加了 120 人，增长 7.4%；每 10 万人中拥有百岁老人数从 11.3 人增加到 12.1 人。随着上海人口老龄化趋势进一步加重，关爱老人的社会教育也需要进一步具体化、形象化。建设"寿星墙"就是一个可以永久利用的载体。

据《史记·天官书》记载，秦朝统一天下时，在咸阳建造寿星祠，供奉南极老人星。中华民族素有尊老尽孝的传统，尊崇寿星是社会的美德。上海面对滚滚而来的"银发浪潮"，如果能够在中心城区建设一面室外的"寿星墙"，不仅能够承载尊老、敬老、助老、护老的伦理价值观念，也可以增添一处展示寿星风范、家庭孝亲的人文风景线。人口预期寿命的提高既是社会主

义制度优越性的生动体现，也有力地说明了政府工作的成效。目前上海的百岁老人数量增加明显，长寿城市的特征已经非常突出，展示和宣传在上海居住的寿星是必要的。笔者相信，政府有关职能部门也能够顺应民意，为上海"寿星墙"的规划、选址、建设、管理尽其所能。

三、形象化的人权保障与全生命周期健康展示

生命是美好的，健康长寿是人人向往的美好生活。健康权与生俱来，是不分种族、血缘、宗教、政治信仰、经济、教育、文化和社会制度差异的，每一个人都应当享有的平等的权利。寿星实际上是人口期望寿命延长的杰出代表，对寿星的展示具有生动诠释我国《宪法》"国家尊重和保障人权"等规定的作用。就全国而言，虽然上海的经济社会文化发展水平相对较高，但是，每个人都有维护自身健康的责任，健康的生活方式能够维护和促进自身健康等理念的普及还有诸多欠缺。在刚刚召开的"全国卫生与健康大会"上，国家提出了全方位、全生命周期保障人民健康的目标。全方位、全生命周期健康无疑包括对老年人的关怀、医疗与照料，建设"寿星墙"将是生动实际的人权保障与全生命周期健康教育。

鉴于"寿星墙"的建设涉及寿星的遴选、认定、更新、动态管理等一系列复杂问题，笔者建议，应当先行周密论证，提出科学可行的实施方案，在广泛征求群众意见的基础上，再择时实施。总的要求是要全面统筹，不急于求成，把好事办好、办实、办出上海水平。

（原载《文汇报》，2016 年 10 月 10 日）

法官权益保障应该更厚实更温暖

　　保障法官权益应当是刚性的制度、组织的行为，吁请组建专门的法官权益保障委员会，而法官自身也要学会用判决书实现与社会的理性对话。此外，社会也应探索具有政法行业特点的职业意外险。

　　1987年8月，联合国经济与社会理事会通过的《世界司法独立宣言》第2条规定："每个法官均应自由地根据其对事实的评价和对法律的理解，在不受来自任何方面或由于任何原因的直接或间接的限制、影响、诱导、压力、威胁或干涉的情况下，对案件秉公裁决，此乃他们应有职责。"联系我国司法改革的实践，要确保法官依法独立行使审判权，可以从以下几个方面着手。

一、保障法官权益应当是刚性的制度、组织的行为

　　法官所从事的是通过审理和裁判诠释、彰显法治的神圣工作，对法官队伍实施最严格的管理是必须的，但与此同时，法官的权益也应随其履行义务得到对应的实现。我们既要坚定不移地推进司法改革，又要扎扎实实地保障法官权益。如果只是单纯地讲"让审理者裁判，由裁判者负责"，讲错案责任终生追究，那只是讲了问题的一个方面。按照权利义务的对应性，法官对其所审理的案件终身负责，法院也应当对法官合法权益的实现终身负责。如果法院的领导只是在法官受到不法侵害时予以慰问，这种慰问虽然确属组织行为，但法官体会到的往往只是"某领导对我还不错"。司法改革必须建立保障法官依法履职的机制，最大限度防止法官在正常履职的过程中受到不法侵害。在要求法官恪守职责的同时，必须为法官维护合法权益提供强有力的刚性制度保障。否则，在工作上做加法，在待遇上做减法，在权益保障方面只是笼统地要求法官"提高自我防范能力"是不利于稳定法官队伍的。当前，办案责任制的制度建设已经有效推进，法官权益保障的制度建设也应当列入"办

事日程"。

二、吁请组建法官权益保障委员会

目前，我国《法官法》《人民法院组织法》等相关法律均没有设立法官权益保障委员会及其日常工作机构的规定。笔者以为，可以选择个别高级人民法院先行先试，组建法官权益保障委员会及其精干的工作机构。法官权益保障委员会的主要职能是：调查研究、制定政策，统筹法官权益保障；接受法官职业权益方面的投诉，调查、审核维权事项并提出处理意见，处理法官职业权益纠纷，指导法官正确有效地维护自身合法权益；与相关部门协调、沟通、积极争取法官合法权益的落实。法官权益保障委员会的职能是为法官提供"保障"，而不是"清谈"，具体工作可以分为五个方面：一是保护法官的职业权益；二是保障法官的人身安全；三是维护法官的职业尊严与社会地位；四是推动法官福利待遇落到实处；五是指导法官管控职业风险。

如果考虑到政法战线的共同需要，也可以由当地政法委组建各地"法律职业共同体权益保障委员会"，法院系统将成为下属的"分会"。如果法院先行一步，将为组建各地"法律职业共同体权益保障委员会"摸索经验。特别需要说明，笔者不建议用"政法干警权益保障委员会"之称的理由是，该委员会应当包括律师、行政执法人员。

三、法官要学会用判决书实现与社会的理性对话

现代社会的发展将不可避免地导致风险因素的增多，政法战线也属于高风险行业。政法战线不同岗位有不同的风险源和风险等级，例如，警察的职业风险主要来自处置突发紧急事件的现场，法官的职业风险主要来自裁判文书的公正性与说服力。裁判文书的受众不仅是诉讼当事人，法官应当认识到裁判文书是其向社会提供的最终产品，优劣得接受社会的评价。裁判文书不仅应当实体上裁断正确，而且要程序合法、说理透彻。法官是法庭上的"一锤定音"者，裁判文书对当事人而言则具有"一纸定局"的作用。裁判文书是法官的"风险源"，法院应当引导、指导、督导法官通过管控现实存在的危险源，从而实现真正意义上的防范"关口前移"。笔者认为，裁判文书的说理是法院系统的"短板"之一，说理的欠缺、含混、模糊，乃至"不讲理"都

有存在。当前法官要特别注意"三排除一说理"。"三排除"是指，排除非法证据对案件认定的干扰、排除地方利益对案件审理的影响、排除领导干部对公正司法的干预；"一说理"是指，一定要在裁判文书中充分说理，使"以事实为依据，以法律为准绳"的判决得到公众认同。裁判是否公正、办案质量孰高孰低、当事人能否服判息诉，主要取决于、体现于裁判文书。十八届四中全会已经明确要求"加强法律文书释法说理"，法官即便是出于自我保护，也应当学会用判决书实现与社会公众的理性对话。在这方面，不能依赖法官的"边干边学"，法院理所应当起到"教学"的作用。例如，裁判文书如何平衡表述控辩双方的意见，细化证据描述，阐释采信证据、定性量刑、适用法律、支持诉请的依据等环节，都需要从严训练、严格实施。

四、探索具有政法行业特点的职业意外险

意外保险即人身受到意外伤害而支付的保险，目前保险市场上的意外险产品有很多，旅游乃至专为新闻工作者设计的意外险都已经出现。笔者以为，也可以考虑设立法官、警察、检察官、律师等各具特点的职业意外险，通过市场的运作使得个人遇到的风险得以化解和分担。人非圣贤，孰能无过。在任何一个国家的司法实践中，错案都不可能绝对避免。有时因为案件真相不明，法官只能通过有限甚至短缺的证据在法律上作出认定。这种法律上的认定与科学研究中的"正常失败概率"相类似。在某种意义上说，错案的出现不一定是渎职失职。在巧合因素叠加之中，优秀的法官也可能办错案。在对错案责任追究的制度设计中，冷静与理性必不可少。因为渎职失职造成冤假错案的，相关责任人无疑应当承担责任，属于"正常失败概率"的错案则应当视为"意外事件"。尽管法官、警察、检察官、律师等职业意外险的产品设计需要细化研究，但据笔者了解保险行业是有积极性的。当前要做的工作是在制度层面，对运用市场力量化解分担政法系统职业风险的可行性进行研究。

(原载《人民法院报》，2016 年 1 月 10 日)

街道办事处改革的方向与难题

街道是具有鲜明中国特色的基层治理环节。中国城市的街道既不等同于国外的社区，也有别于农村的乡镇，历来是城市管理的难点之一。习近平同志强调："我国今天的国家治理体系，是在我国历史传承、文化传统、经济社会发展的基础上长期发展、渐进改进、内生性演化的结果。我国国家治理体系需要改进和完善，但怎么改、怎么完善，我们要有主张、有定力。中华民族是一个兼容并蓄、海纳百川的民族，在漫长历史进程中，不断学习他人的好东西，把他人的好东西化成我们自己的东西，这才形成我们的民族特色。"

2014年以来，上海市发布了《中共上海市委上海市人民政府关于进一步创新社会治理加强基层建设的意见》（简称1+6系列文件），开启了街道办事处新一轮改革。从实践结果看，落实1+6系列文件各项部署，依然任重道远。

一、上海市街道办事处历史沿革表明探索城市治理的艰巨性

街道办事处作为地方政府的派出机关，直接承担着城市管理、社区建设、维护社会稳定等方面的具体工作，与民生息息相关。上海街道办事处在不同时期，其职责的内容也不尽相同，改革的历程可谓充满曲折。

（一）1996年形成行政主导型的"两级政府，三级管理"模式

1996年3月，上海市委、市政府召开了"上海市城区工作会议"，提出"两级政府，三级管理"的工作新体制，制定了《关于加强街道、居委会建设和社区管理的政策意见》，逐渐将城市管理的重心下移到街道办事处，并将该管理模式拓展到居委会。"两级政府，三级管理"模式，就是在市、区两级政府的基础上，形成市、区、街道办事处三级纵向管理体制。通过扩大街道办事处管理权限，充分发挥其管理功能，使街道在社区管理中真正负起领导的

职责，同时克服"全能政府、万能政府"的传统观念，引进"小政府、大社会""小机构、大服务"的行政理念，使政府行政行为、社会自主行为和市场主动行为相结合，最终形成一种高效、有序的社区行政管理体制。由于该模式明显为街道办事处扩权，因此也被称为"行政主导型"的社区建设，对全国社区建设产生了一定的影响。

（二）1997 年固定行政主导型的"两级政府，三级管理"模式

1997 年 1 月 15 日，上海市第十届人民代表大会常务委员会第三十三次会议通过《上海市街道办事处条例》（以下简称《条例》），该《条例》明确将"两级政府，三级管理"模式固定，规定"街道办事处是区人民政府的派出机关，受区人民政府领导，依据法律、法规的规定，在本辖区内行使相应的政府管理职能。"依据此，街道办事处的工作职能为"政府管理"，以"社区管理"和"社区服务"为工作重点。该《条例》颁布的重要意义在于，一是在客观上改善了 1954 年颁布实施的《街道办事处组织条例》已实施 43 年的严重滞后的尴尬境地；二是使上海成为全国"二级政府，三级管理"的典型城市代表。

（三）2007 年起强化公共服务职能的"服务型政府模式"

从 2007 年起，上海浦东新区有 12 个街道陆续撤销经济科，剥离招商引资等经济职能，所需经费由市、区级政府进行财政保障。街道办事处削减经济职能后，工作的注意力开始转向社区公共的服务。2012 年中共十八大报告明确指出："深入推进政企分开、政资分开、政事分开、政社分开，建设职能科学、结构优化、廉洁高效、人民满意的服务型政府。"街道办事处作为区政府的派出机关，虽然行使部分行政职能，但更要走从管理型政府向服务型政府转型发展的道路，这已经在实践中有所体现。

（四）2011 年起强化"社会管理和公共服务型"的社区建设

2011 年，安徽省铜陵市率先在全国全面撤销街道办事处，成立大社区，减少街道这个管理层级，强化居民自治功能，提升为民服务水平。此举简称为"铜陵模式"。"铜陵模式"对上海也有影响，时任市委书记俞正声于 2011 年在上海市民政工作会议上明确指出，街道要加强综合管理和服务，"重点突出街道社会管理和公共服务职能，突出街道统筹协调作用"。据此，街道办事

处的政府管理职能逐渐被弱化，相对强调的是街道办事处的社会管理和公共服务职能。

（五）2014 年开始夯实基层社会治理和公共服务职能的新探索

2014 年市委一号课题的成果集中体现在 1+6 系列文件中。1+6 系列文件明确提出，街道将集中精力，聚焦做好公共服务、公共管理和公共安全等工作。街道党工委和办事处的主要职责是加强党的建设、统筹社区发展、组织公共服务、实施综合管理、监督专业管理、动员社会参与、指导基层自治和维护社区平安等。1+6 系列文件无论是增加街道办事处的权能，还是取消招商引资职能，其核心目的均是使街道回归服务管理本位，并通过完善社区组织和工作人员的建设工作，达到强化基层社区治理的目标。

二、当前街道办事处改革需要解决的主要问题

2015 年 3 月 5 日下午，习近平同志在全国人大上海代表团参加审议。在谈到加强和创新社会治理时，习近平强调："加强和创新社会治理，关键在体制创新，核心是人，只有人与人和谐相处，社会才会安定有序。社会治理的重心必须落到城乡社区，社区服务和管理能力强了，社会治理的基础就实了。要深入调研治理体制问题，深化拓展网格化管理，尽可能把资源、服务、管理放到基层，使基层有职有权有物，更好为群众提供精准有效的服务和管理。"习近平总书记要求上海努力走出一条符合特大城市特点和规律的社会治理新路子。社会治理是推进国家治理体系和治理能力现代化的重要内容，其中街道办事处的工作又是社会治理综合水平的展示窗口。近年来，街道办事处的改革虽然整体上有所进展，但滞后的问题依然突出，在一定程度上影响了城市治理的推进。在当下，街道办事处的改革至少需要解决如下主要问题。

（一）作为政府的派出机关，其枢纽平台的定位亟待法定化

目前，上海正处在加快建设"四个中心"和社会主义现代化国际大都市的进程中，在社区治理方面提出了一系列与国际接轨的要求，街道办事处的职能定位也应当随之改变。比如，在街道相生相伴的社区和商区，本身都蕴藏着社会建设的活力，但由于缺乏沟通的渠道和联接的枢纽，可能变成"最熟悉的陌生人"。有时为了各自的利益，居民和商家之间、原住民和外来人口

之间、邻里之间争纷不断，行政管理力量的过度介入又适得其反。1997 年的《上海市街道办事处条例》将街道办事处定位于区政府的"派出机关"。无疑，街道办事处能够存在并运行，皆来源于其"派出机关"的行政主体角色。随着社会的发展，街道从单纯的行政管理到多元化的社会治理已经是大势所趋。街道办事处必须由单一行政管理职能向落实社区公共服务、公共管理、公共安全的"三个公共"的角色转变。

按照 1+6 系列文件的规定，"街道、乡镇和居村是基层社会治理的主阵地"。就此而言，街道办事处不仅是区人民政府的派出机关，还应当是区政府派出的基层行政机关和社区自治组织之间的枢纽。街道是基层行政机关的末端和社会建设的顶端，在末端与顶端的连接处一定要做起衔接转承作用的枢纽。从外在作用观察，街道办事处在基层治理中发挥着越来越重要的角色，承担着越来越多的服务功能；从内部机制考察，街道办事处不是"动力源"，不需要自身"发力"，而是连接主动力轴起到类似"变速齿轮箱"的作用。作为区人民政府的派出机关，街道办事处与区政府这一"动力源"相衔接，在纵横之间、上下之间起到力量传导、精准耦合、协调运转的作用。因此，应当修订《上海市街道办事处条例》，实现"街道是区政府派出的基层行政机关和社区自治组织之间的枢纽"的法定化。

（二）注重"向下对应"，内部机构设置要精简、统一、高效

目前街道办事处的机构设置不合理。根据事权下放、工作延伸、服务下沉的要求，各条线不断向街道下派任务，街道的工作量不断加大，但编制、人员没有增加，街道在疲于应付的过程中，不自觉地进一步趋于"对上负责"、淡化"向下负责"。近年来，领导小组越设越多、服务中心越建越多，服务的效果却并不理想。有的综治中心只是几个相关部门集中办公的场所，并没有真正实现职责的整合。按照 1+6 系列文件的要求，街道办事处立足于"面向基层、面向居民、面向服务"，应当按照"精简、统一、高效"的原则，以内部运行机制的科学化，提高民众对改革成果的获得率。街道办事处内部机构设置的原则应当是"以服务对象为主、以老百姓的需求为主"，实现"向上对口"向"向下对应"的转变。街道办事处摆脱"向上对口"，应当以"综合"为思路，把上面的"千条线"拧成对下的"一股绳"。

（三）科学配置权力，条块关系的理顺需要法津的指引

在街道，形象的说法是"上有千条线，下只一根针"，隐藏在背后的是基层条块关系久理不顺。从某种意义上说，条块关系具有"天然的矛盾"，但实际上还是权力的配置问题。如果厉行"人财物向街道倾斜"的原则，就等于把"指挥棒"交给了街道办事处。街道在处理部门职责交叉、需要多部门协同解决的城市综合管理难点问题时，需要得到法律的保障。这里所说的保障也包括科学的条块协商机制，而不是靠"票子"（巧立名目发钱）、"面子"（良好的人际关系）推动工作。为此，应当赋予街道办事处如下权力：一是"人权"，落实街道办事处对职能部门派出机构负责人的人事考核权和征得同意权；二是"事权"，主要落实街道办事处"统筹区域发展"的职能，赋予街道办事处规划参与权，在制定城区建设规划和公共服务设施布局时必须征求街道办事处的意见；赋予街道综合管理权，由街道办事处对职能部门派出机构的工作进行统筹安排、组织协调和考核督办；三是"财权"，落实街道办事处财力安排的建议权。

（四）信息化建设忌"好看不中用"，街道需要更多信息化实惠

智慧城市建设的前端与末端都在街道。以往，街道和居委会已经承担了大量数据采集、输入工作，但得到信息共享的实惠还很不够。信息化建设不能以采用先进技术手段作为"亮点"，仅仅体现在宣传上。关键是让街道实现基础信息共享，从数据的实时更新中得到实惠，运用技术平台和手段进行社区治理和社区服务。街道办事处的信息服务，主要应从三个层次上体现。第一，体现在电子政务的使用率上。街道办事处现已构建网上办事、政府信息公开、便民服务、政民互动等功能于一体的政务服务平台，提供多种便民服务。第二，体现在信息公开可获得的程度上。信息公开的目的在于满足公众的知情权，以及方便公众办事，这也是法治政府的内在要求。街道办事处应当为辖区居民和单位获得政府公开的信息提供便利。第三，体现在街道办事处的数据处理能力上。信息化建设不应当局限于配备了多少电子设备、引进了多少先进技术手段，核心是街道在实际工作中的使用率和辖区居民及单位从信息化中的获益率。关键是街道办事处实现动态数据归集、基础信息共享、应用数据互通，街道及其居民能够从数据的实时更新和"大数据"分析中得到实惠。

（五）工作重心转入"三个公共"，需要财力保障与科学理财

街道办事处取消招商引资后，街道办事处的经费支出将由区政府全额保障，街道办事处工作所需经费纳入政府财政预算体系。这无论对街道还是区政府来说都是一个重新学习的过程。特别是涉及公共服务、公共管理、公共安全的事项，经常会发生预算外的支出项目。

以公共安全为例，至少包括领导责任、监督责任、主体责任、社会责任四个方面，维护和建设公共安全，既有"有没有钱"的问题，还有"如何花钱"和投入产出比的难题。具体来说，一是取消街道办事处的招商引资职能，招商引资工作应主要由市区层面加以统筹，以进一步优化产业布局、调整产业结构、节约集约发展、促进生态文明。二是市、区县两级财政要为下沉到街道办事处的编制、执法力量提供财力保障，进一步理顺市、区县、街镇在基层建设方面的事权关系，合理划分财政支出责任，加快构建事权与支出责任相适应、财力与事权相匹配的财政管理体制，强化落实区县、乡镇在基层建设财政保障方面的主体责任。三是加大对财力困难地区特别是远郊地区、生态保护区域、经济相对薄弱地区和大型居住区所在社区的财政转移支付力度。四是明确要求街道办事处不得开办企业、租赁场地或者进行其他营利活动。

三、街道的办事处改革要让社区居民有更多获得感

全国政协社会和法制委员会副主任施芝鸿认为，可以把推进国家治理体系和治理能力现代化，看成是工业、农业、国防、科技四个现代化之后的"第五个现代化"。如果说，实现"四个现代化"初期的主要任务是摆脱贫困，把各方面的积极性调动起来发展生产，那当"做大蛋糕"的目标初步达到之后，"分配蛋糕"的任务更为艰巨，更加需要提升社会治理的能力。"分配蛋糕"的结果是否公平，涉及为什么要"做大蛋糕"。如果人们感受到的是不公平，就有可能毁掉已经做大的"蛋糕"。当前，我国行政效率低下，原因之一是国家治理体系和治理能力的相对落后，社会治理能力不足而引起的"能力恐慌"具有普遍性。

正如十八届三中全会通过的《中共中央关于全面深化改革若干重大问题的决定》所说，"实现发展成果更多更公平惠及全体人民，必须加快社会事业改革，解决好人民最关心最直接最现实的利益问题，努力为社会提供多样化

服务，更好满足人民需求"。街道办事处身处基层第一线，人民群众通过直接接触街道办事处的一举一动，衡量国家治理体系是否科学、国家治理能力是否提升。习近平总书记在中央全面深化改革领导小组第十次会议讲话中强调："把改革方案的含金量充分展示出来，让人民群众有更多获得感。"从某种意义上讲，这句话是对中国改革发展目的和意义的新定位，也是对街道办事处改革的新要求。当下，特别要注意防止用技术进步掩盖社会治理能力不足的问题。例如，大数据应用功能十分强大，而且还会随着时间的推移变得更为强大。但是，无论大数据技术如何强大，它只是一个辅助决策系统，只能辅助决策而不能代替决策。说到底，大数据只能解决城市管理有据可循的问题。面对城市管理的需求，大数据只能列出可供选择的选项，以及各选项可能带来的影响。但最终采用哪一个选项、如何执行、力度多大，还都得由决策者结合各方面的因素综合考量。为此，当务之急是构建城市治理的科学体系和提高城市治理的实际能力。

（一）始终坚持党的领导

党的领导，是创新社会治理和加强基层建设必须贯穿的一条"红线"，也是街道办事处工作必须遵循的原则。解决基层社会治理问题，也是完善党的领导体制和执政方式的重要内容。街道办事处是在党工委的领导下履行行政职能的，党的领导必须在改进执政方式、提高执政能力的过程中进一步强化。坚持党的领导，是街道办事处工作得以顺利展开的重要基础，是创新社会治理加强基层建设的根本保证。根据1+6系列文件的规定，上海街道办事处内设机构的6个办公室的设置中，要求统一设置党政办公室和社区党建办公室，符合条件的社区党支部书记可以进入事业编制。这一制度设计意在吸引优秀人才到基层党建工作队伍中来。加强党的领导，必须充分发挥党组织在基层社会治理中的领导核心作用。街道党工委应把加强基层社会建设切实摆到突出位置，充分发挥在基层社区治理中的领导核心作用。

（二）依法理顺条块关系

1+6系列文件规定，基层治理必须体现重心下移、权力下沉、权责一致、赋权到位，街道办事处的工作无疑应当依循这一原则。"条"与"块"的关系不清由来已久，形成合力的关键在于走法治化道路，明确街道办事处与职能部门的职责范围，即建立街道办事处和政府职能部门"不能为"的"职权清单"和"必须为"的"职责清单"。为此，条块关系的理顺要以"十六字"为指导原则："公共管理——条管块督；公共服务——块管条助；公共安全——一岗双责；社区自治——块导民办。"具体来说，责任主体明确的行政执法，由街道办事处配合、监督职能部门派出机构实施。部门职责交叉、需多部门协同的行政执法事项，由街道办事处统筹协调、督办考核。公共服务由街道办事处负责整体规划，整合各方面的力量付诸实施，相关职能部门负责协助并提供服务资源。街道办事处按照属地原则统筹公共安全，指导检查"管行业必须管安全、管业务必须管安全、管生产经营必须管安全"的落实。社区自治类事务，由街道办事处指引、指导各类自治组织各尽其力实施，相关职能部门支持配合。

（三）层层递进"三个公共"

1+6 系列文件明确规定，街道办事处以公共服务、公共管理、公共安全为重心。"三个公共"基本上囊括了社会运行的主要方面，内涵极为丰富。

公共服务分为基础公共服务、经济公共服务、公共安全服务、社会公共服务、发展公共服务等方面。街道主要承担的是社会公共服务和发展公共服务，包括为满足辖区居民的生存、生活、发展等社会性直接需求所提供的服务，如劳动就业、社会保障、环境保护以及公办教育、公办医疗、公办社会福利等。

公共管理是以政府为核心，以调节和控制为主要手段，整合全社会的各种力量，广泛运用综合治理的方法，从而实现公共福利与公共利益的活动。

公共安全，是指为社会和公民，从事和进行正常的生活、工作、学习、娱乐、交往提供所需要的稳定的外部环境和秩序。

街道办事处对辖区"三个公共"关系正确处理，必须"改进社会治理方式，激发社会组织活力，创新有效预防和化解社会矛盾体制，健全公共安全体系。"辖区"三个公共"不可偏废，特别应当注意公共管理、公共服务对公共安全具有的保障性作用。公共服务与公共管理具有兼容的关系，公共服务与公共管理不能"分而治之"，寓管理于服务之中，才能在提供服务的过程中实施管理。即"服务→管理→安全"具有递进关系，服务好是前提，管理好是手段，安全好是成果。公共安全涉及公众衣食住行一切方面，必须装在心里、扛在肩上、抓在手中，编织好立体化、全方位的公共安全网，确保生产安全、生活安宁、社会安定，在这个意义上说"服务好+管理好=安全好"。

（四）推进基层民主协商治理

街道是我国城市管理体制最基层的管理单位，是党和政府联系群众重要的桥梁和纽带，是基层社会治理的最前沿。街道层面的民主协商议事是人心所向、大势所趋。党的十八届三中全会的决定指出，"开展形式多样的基层民主协商，推进基层协商制度化"。因地制宜地探索民主协商渠道，形成在基层共同遵循的有序参与程序，一是能够准确了解群众的需求，实现问计于民、问政于民；二是能够引导社区居民树立集体观念和妥协意识；三是能够增强居民对社区的归宿感和对社区建设的责任感。

在推进基层民主协商方面，上海各街道早就有丰富的实践，也总结出了听证会、协调会、评议会"三会"等经验，要尽最大可能把基层民主协商的经验上升为法律。其中，要突出地反映基层民主协商的"四个性"：一是居民参与的广泛性，二是沟通对话的平等性，三是协商方式的开放性，四是民主决策的程序性，让居民"有机会、有心情、有想法、有勇气、有思想"地参与到社会治理之中。

街道办事处是发展基层民主、倾听民意，让居民实现自我管理的最为主要的渠道。其中，"推进协商民主广泛多层制度化发展，发展基层民主"是街道办事处的基本功。居民自主开展社区各项活动，实现自我管理，在为街道"减负"的过程中使得街道为民服务不断"扩容"。社会治理不能仅限于参加"唱歌跳舞"等文体活动的人数众多，还要通过有效的途径把有序政治参与的社会活力激发出来、整合起来。理想的模式应当是：街道应赋予居民更多的自治空间，凡是有涉及公共利益的事项均赋予居民充分的选择权和决定权，让居民在做自己的主人的过程中学会当家作主。

（原载《社会治理》，2016 年第 2 期）

上海社会治理怎么答好这道时代命题

11 月下旬，全国众多党报刊登了一篇题为"构建全民共建共享社会治理新格局"的新华社长篇通讯，引起积极的社会反响。文章指出，当前形势下，除了经济发展之外，社会治理如何迈上新台阶逐渐得到更多重视，成为一个重要的治理议题。当前，上海也正在积极思考如何更好地"跟上时代"这一历史性命题。

一、围绕"聚、通、用"做文章

为继续加强和创新社会治理，首先要加强党对社会治理的统筹、指导、引领作用。具体而言，就是要把专项治理和系统治理、综合治理、依法治理、源头治理结合起来，深入实际进行专题研究，交出具有中国特色、上海特点的答卷。加强党的领导，前提是改进党的领导。例如，运用互联网技术推进基层治理，必须实现数据信息的"聚、通、用"，社区党组织应当围绕"聚、通、用"开展活动。

首先是各方面散在信息的"聚"。必须遵循"集聚是必须、不集聚是例外"的原则，从党组织做起，对数据的使用进行规范管理，按不同政府职能进行分类，将各类社会基础数据信息整合到统一的平台上，避免重复建设和数据割据。其次是互联互通的"通"，社区党组织应当成为"通"的表率和动力源。数据只有在流动中才能互通、在应用中才会互动、在安全的状态下才会实现成果共享。最后是经过梳理分析，从海量杂乱的数据中找到"用"的价值。所有的数据应用都建立在"横向要连、纵向要通"的基础上，如果连数据应用都不敢起步，"大数据"就是空谈。

二、治理创新不是"打擦边球"

法治是社会治理的重要基石，提高社会治理水平必须发挥法治的引领保障作用。为提高社会治理制度化、规范化、程序化水平，必须不断强化法治保障，在法治的轨道上创新社会治理。不能把法治与社会治理的创新对立起来，把创新比作"打擦边球"。

今年9月修订通过的《上海市街道办事处条例》，是用地方立法固化"1+6"系列文件的探索成果，充分体现了"上接天线，下接地气，精准定位，务实管用"的修法原则。创新上海的社会治理一定要珍惜这一来之不易的立法成果，积极运用法治资源解决社会治理遇到的新问题。

要真正达到法治型"善治"状态，一方面必须通过立法、司法和执法，明确不同国家机关的权限，用健全的法制管住任性的权力，防止因不依法办事、侵犯群众权益引发社会矛盾；另一方面，通过规定公民对于国家和社会的基本义务，塑造一种社会共同体的主人翁意识，把权利的主张、利益的诉求和纠纷的解决都纳入法治轨道上，增强契约观念，学会理性协商。

新修订的《上海市街道办事处条例》为上海社会治理提供了强有力的法律武器和行为准则，在实践中一定要防止对法治的"叶公好龙"。街道、乡镇、居委会、村委会都必须摒弃"被动维稳"的模式，运用法治思维和法治方式化解社会矛盾，强化社会治理中的法治规范和法治保障，真正实现依法治理。

三、用新手段打破"年龄墙"

长期以来，一些居委会经常联系的群众大多数是老年人口，而对如何加强与年轻人的联系总感到办法不多。随着互联网技术的普及，"微信群"已经成为打破年龄、职业、地域的无形之网，这对基层治理打破"年龄墙"的阻隔很有借鉴意义。

一份来自市社会工作党委、市社会建设委员会、复旦大学市场调查中心的调研报告显示，18岁~39岁的年轻人中，有70.8%的居民认为居委会工作很老套，需要与时俱进；61.9%的居民表示，从来都没有参加过居委会组织的任何形式的活动或者会议。此外，有88.5%的居民表示，很想有机会参加小区组织的听证会、协调会，为小区事务建言献策。

由此可见，基层的治理要"眼睛向内"，找自己观念上、工作中的"短板"。居委会的工作时间需要更新，老套的工作方法也需要改进。在信息社会，登门拜访联络人依然有重要作用，但也常常是高消耗的，居委会是否可以借助微信等新型人际动员方式呢？当前居委会工作人员的年轻化已经基本实现，居委会联系群众的重心向年轻人群转移也应当提上议事日程。

当前，微信群等深受群众喜爱的人际交流方式在基层治理中应用不足的根源很多，除了新方法运用不熟练之外，还有一个原因就是思想障碍太多，忧虑承担责任，再好的工具也不敢使用了。

习近平总书记在第三届世界互联网大会上发表视频讲话时指出："互联网发展是无国界、无边界的，利用好、发展好、治理好互联网必须深化网络空间国际合作，携手构建网络空间命运共同体。"据此，应当完全放下思想包袱，勇敢地运用互联网技术推进基层治理。高等院校、科研机构的人员应当以问题为导向，深入实际、走进基层，为基层治理提供具有操作性的智力支持。

（原载《解放日报》，2016 年 12 月 5 日）

学术研究要摆脱“卡拉OK”模式

习近平总书记在哲学社会科学工作座谈会上指出：“自古以来，我国知识分子就有‘为天地立心，为生民立命，为往圣继绝学，为万世开太平’的志向和传统。一切有理想、有抱负的哲学社会科学工作者都应该立时代之潮头、通古今之变化、发思想之先声，积极为党和人民述学立论、建言献策，担负起历史赋予的光荣使命。”这是党中央对所有哲学社会科学工作者的殷切期望和具体要求，也是繁荣我国哲学社会科学研究的出路所在。

一、“自娱自乐”异化哲学社会科学功能

哲学社会科学的研究水平关乎国家的综合国力和国际竞争力。正如自然科学研究不发达的国家不可能走在世界前列，没有繁荣的哲学社会科学的国家也不可能走在世界前列。对照党中央的要求，回顾这些年哲学社会科学领域的研究活动及其成果，哲学社会科学工作者应当是“坐不住”的。如果说，我国当下的哲学社会科学研究是喜忧参半的话，更应当看到的是忧大于喜，最令人担忧的是相当一部分哲学社会科学工作者还处在“自我感觉良好”的状态之中，津津乐道于发表论文数量、新增博士点数量等表面“繁荣”。所谓繁荣哲学社会科学研究，无疑是指坚持为人民服务、为社会主义服务方向和“百花齐放、百家争鸣”方针，深入研究和回答我国发展和我们党执政面临的重大理论和实践问题，论文再多、博士点再多也要接受实践的检验。回顾以往，我国的哲学社会科学研究相当一部分属于“卡拉OK”型，即“自己点歌自己唱，唱完自己拍巴掌”。这种“自娱自乐”式的孤芳自赏，在耗费大量公共资源的过程中，很大程度上异化了哲学社会科学的功能。若从我国各行各业改革开放成果的角度进行分析，哲学社会科学研究无疑还是短板。哲学社会科学研究首先要认识自身的短板状态，寻找短板一定要眼睛向内，切忌对

别人"说长道短",却不知短板就是自己。

二、哲学社会科学研究必须坚持问题导向

近些年来,国家在哲学社会科学领域的科研经费投入逐年增加,但至今我国哲学社会科学还处在有数量缺质量、有专家缺大师的状态。有的学者坦言,写文章就是为了应付考核,只要能够发表就"万事大吉";有的专门寻找"妇女缠足与放足"之类所谓"保险"的题目大做文章;有的生造搬弄"视阈""视域"之类的"新词",转译国外的时髦观点故弄玄虚。凡此种种,不少学者一方面批评"学术生态不佳",另一面又在用自己生产的"学术垃圾"污染环境。

坚持问题导向是马克思主义的鲜明特点。问题是创新的起点,也是创新的动力源。只有聆听时代的声音,回应时代的呼唤,认真研究解决重大而紧迫的问题,才能真正把握住历史脉络、找到发展规律、推动理论创新。而发现问题、直面问题,既需要学术勇气,也需要学术能力,有担当精神则是第一位的条件。有担当精神的哲学社会科学学者,应当审时、度势、量己,在客观需求、研究兴趣、知识积累三者之间找到最佳结合点。如果在市场经济的大潮中随波逐流,不仅必然失守底线,而且会丧失发现问题和解决问题的能力。社会的根本需求是理论与实践的开拓者,这就要求哲学社会科学工作者敢于打破思想枷锁,勇于坚持客观真理。坚持以马克思主义为指导,必须落到研究我国发展和我们党执政面临的重大理论和实践问题上来,落到提出解决问题的正确思路和有效办法上来,其中"接地气"的重要性不言而喻。如果面对现实问题,学者们只会"翻故纸堆"或者在互联网上检索、复制、粘贴,其发现问题和解决问题的能力就会退化。

三、学术成果的价值需在实践中检验

实践是检验真理的唯一标准,也无疑是检验哲学社会科学研究成果的唯一标准。直白地说,学术成果的价值在于应用,"行不行"与"好不好"都需要在社会实践中检验。习近平总书记从四个方面阐述了"迫切需要哲学社会科学更好发挥作用"的具体任务,能不能担当和完成历史的使命,是每一个哲学社会科学工作者都必须回答的问题。坚持以马克思主义为指导,首先

要解决真懂真信的问题；核心要解决好为什么的问题；最终要落实到怎么用上来。当下，一些学者"两耳不闻窗外事，一心只挣考核分"，确实有科研考核制度不尽科学等外部原因，但是，知识分子的使命感、责任感弱化也是不争的事实。"国家兴亡，匹夫有责"，哲学社会科学领域的"肌无力"现象根源在于责任感的弱化。

习近平总书记在哲学社会科学工作座谈会上的重要讲话是学术界改革创新的动员令，也是广大哲学社会科学工作者担当历史重任的集结令。我们必须自觉坚持以马克思主义为指导，摒弃"自娱自乐"的科研模式，自觉把中国特色社会主义理论体系贯穿研究和教学全过程，转化为清醒的理论自觉、坚定的政治信念、科学的思维方法。如今，我国正处在"立良法、行善政、限公权、谋民利"的伟大变革之中，哲学社会科学界应当坚定以人民为中心的科学研究立场，直面中国社会的实际，说真话、道实情、提诤言、发先声、献对策，努力创造出经得起实践检验、人民检验、历史检验的研究成果。

（原载《文汇报》，2016 年 6 月 6 日）

依据宪法把权力关进制度的笼子里（摘要）

推进国家治理体系和治理能力现代化，必须运用法治思维和法治方法，前提是把权力关进制度的笼子里，让正义得以实现。

一、依据宪法打造制约和限制公权力的"笼子"

习近平总书记用"把权力关进制度的笼子里"这一形象生动的说法，阐述了制约和限制公权力的重要性和紧迫性，紧接着的任务是落实"把权力关进制度的笼子里"。为此，首先必须解决以下三个问题：一是依据什么把权力关进制度的笼子里；二是谁来打造关权力的笼子；三是笼子的钥匙掌握在谁的手里。

（一）确定宪法的至上地位是正义实现的关键

（二）保证宪法的实施才能实现正义

（三）依宪治国才是真正的法治思维

二、我国宪法实施的难点在于触动"固有的利益格局"

深化改革的最大阻力来自固有的利益格局。

（一）法治国家决不能允许官员形成"固有利益格局"

（二）"护短"只能越护越短

（三）群众与新闻媒体有权检查"笼子"是否关住了权力

三、实现正义始于对公权力掌控者的管控

公平正义必须以人民群众看得见的方式，通过每一项决策的制定、每一

起案件的审理具体地体现出来。

（一）实现正义必须充分保障公民的言论自由

（二）实现正义必须提高公众的"能见度"

（三）实现正义必须防止公权力破坏群众安全感

（原载《河南警察学院学报》，2016年第3期）

找准短板、补齐短板才是政绩

2016 年 1 月 22 日，中央政法工作会议在北京召开。中共中央总书记、国家主席、中央军委主席习近平就政法工作作出重要指示，"全国政法机关要增强忧患意识、责任意识，防控风险、服务发展，破解难题、补齐短板，提高维护国家安全和社会稳定的能力水平，履行好维护社会大局稳定、促进社会公平正义、保障人民安居乐业的职责使命。"补齐短板无疑涉及什么是短板、短板在哪里、谁来补短板、如何才能补好短板等一系列重大理论和实践问题。

众所周知，"短板效应"又称"木桶原理""水桶效应"。该理论由美国管理学家彼得提出：一只由若干块木板箍成的水桶，该木桶容水量是由这些木板共同决定的。假定无漏水问题，若其中一块木板很短，则容水量就被短板所限制。"短板效应"还有两个推论：其一，只有桶壁上的所有木板都足够高，该木桶才能盛满水；其二，该木桶里只要有一块木板不够高度，水就不可能盛满。从"短板效应"的核心内容可知，"短板效应"揭示了"木桶——木板——容水量"三者的本质关系。查找短板的前提是承认短板的存在，寻找短板的目的是补齐短板。当下在中国，"短板效应"经常被官员谈及，但是，其中的误读也并非个别。现择其要点，略作分析。

一、找短板应当是找自己的短板

查找短板是当今的常见词语，但是，到哪里去找短板呢？我们看到，时常有人表面上高声大喊找短板，实质上却是眼睛盯住别人找短板。更为怪异但又习以为常的是，大家都想找别人的短板，却又碍于情面等各方面的原因，不轻易"打破沉默的墙"。所以，查找短板时常沦为虚化的说辞，找短板的多数结果是"你好我好大家都好"，最终的局面除了大家都到"死老虎身上踩两脚"之外，用"遗毒未肃清"之类的话总结一番即可了事。其实，短板是一种客观存在。任何时候、任何单位、任何工作都不可能一般齐，总是会有短板存在。即便在一个人的身上，各种能力的组合也是"五个指头不一般齐"的。短板与长板是相比较而言的，只要有长板，就会有短板。找短板，主要是找自己工作中的薄弱环节和不足之处。通俗地说，找短板要把眼光指向自己的"木桶"（个人自身或者自己所在的系统），而不是眼睛向外，找别人的短板。如果大家都去找别人的短板，就永远也不会发现限制自己能力水平的因素是什么。在短板效应中，"木桶"是描述一个系统的形象化说法，每一个单位、每一个人都是一个系统。补齐短板的依据是，木桶中的短板是木桶最大盛水量的限制因素，若要增加该木桶的容水量，只有换掉短板或将短板加长。某个团队、某个人也有实际能力的限制，"能力恐慌"一定是自己的，而不是别人的。看不到自己的短板，就等于否认自身的能力存在不足。就一个团队而言，决定团队战斗力强弱的并不是能力最强、表现最好的成员，而恰恰是能力最弱、表现最差的成员。因为，短板对长板起着限制和制约作用，短板得不到补齐必定影响团队的综合实力。在短板得不到及时纠正的状态下，长板必然无法忍受恶劣的政治生态环境，选择"用脚投票"。唯有想方设法使短板达到长板的平均高度，才能留住人才、用好人才。

二、客观存在的短板"绕不开"

有人用扬长避短否定"短板效应"，并提出质疑：最长的长板为什么不能弥补最短的短板？还有人形象地提出，只要把木桶向着长板斜放，就可以避开短板对容水量的限制。这种误读"短板效应"的思路与"绕开"短板的内心动因有关，习近平同志强调的是"破解难题、补齐短板"，如果大家都想"绕开"，难题和短板又能交给谁呢？

第一，水平放置木桶是正常状态，把木桶向着长板斜放需要严苛的支撑条件，而且缺一不可。如果足以使木桶斜放的条件不存在，斜放木桶只能是一厢情愿的假想。第二，斜放的木桶必定影响其正常的使用功能，在所有木桶都水平放置的大系统中，不可能存在斜放的木桶。这种斜放木桶可以避开短板对容水量的限制的说法，实际上是短板可以"绕开"的判断。在现实生活中确实可以找到个别"绕开"短板的例证，但"绕开"的成本一定是昂贵的。必须承认短板绕不过去，问题越拖越难解决。与其绞尽脑汁"绕开"短板，不如下定决心补齐短板。就工作而言，我们既要理解有些工作不能"齐步走"，在整体提升的状态下"步伐差"也属事出有因，同时也要承认短板是"绕道走"或者工作不力长期积累形成的。在发展进程中，我们抓工作的方法大多是抓重点带全局，有些用力不够的地方就成为短板。一旦长时间累积，过去形成的短板在今天的整体工作中显得越来越短，逐渐成为影响改革创新、协调发展的瓶颈，逐渐成为引发重大、特大事件的风险源，逐渐成为群众意见最大的薄弱环节。各级领导干部要坚持问题导向，勇于看到工作中的短板，不怕暴露短板，欢迎各方面揭露短板，绝对不能"灯下黑"，甚至拒绝承认问题存在。成绩不说跑不掉，问题不说不得了。每一届政府都是有任期的，"发祖宗财、造子孙孽"，刻意把短板遮盖起来，强加给下一届政府就是渎职行为。补齐短板已经到了非抓不可的时候，必须集中精力补好短板。

三、"护短"只能是越护越短

有人认为，揭露短板最容易得罪人。这实际上是政治生态的优劣问题。政治生态是一个地方政治生活现状以及政治发展环境的集中反映，是党风、政风、社会风气的综合体现。政治生态的重点是选用什么样的人，核心是能不能公开、公平、公正维护官场的清廉，关键是政绩观和考核评价机制。政治生态对领导干部的从政观念和从政行为具有重要影响，这既是领导干部自身行为造成的，也是领导干部的从政环境。如果没有严格的政治规矩，好人主义滋生，自由主义泛滥，人身依附必然横行，我们党就不可能有好的政治生态。在"一言堂"的背景下，确实会出现阿谀奉承者飞黄腾达，真诚为民者名落孙山的不正常局面。习近平总书记强调："加强党的建设，必须营造一个良好从政环境，也就是要有一个好的政治生态。"政治规矩严起来，政治生态才能好起来。对揭露短板的正义行为予以充分的保护，才能遏制"揭露短板就是抹黑"的歪论。目前，党中央特别强调严格政治规矩，也是为揭露短板提供保障。每个从政者都是政治生态的参与者，与其被动地适应环境，不如充分发挥自己的"光合作用"，为净化环境做一点扎扎实实的事情。开风气之先，创至善之业需要"向前冲"的精神，揭露短板"得罪人"的顾虑是可以放下的。

所谓短板，就是工作中的缺陷或不足的地方。找准短板、补齐短板才是实实在在的政绩。如果面对现实就应当承认：木桶盛水的多少，起决定性作用的不是那块最长的长板，而是那块最短的短板。因为长的板子再长也没有用，水的界面一旦超出最短的短板，水就会外溢，这是客观规律。问题所在就是我们改进工作的目标和方向。如果领导干部以"保密"或者"保护改革成果"为由，阻止群众揭露短板，只能在更大程度上激发群众揭露短板的积极性和坚定性。承认我们的工作还有缺陷和不足就是继续进步的开始，回避短板、掩饰短板都不是唯物主义的态度。我国经济社会发展成就令世人瞩目，但另一方面，我国的经济社会发展还存在着许多掣肘进一步发展的短板，极大地影响了人民群众的生活幸福指数，也降低了不少人对改革发展成就的"获得感"。短板已经成为可持续发展的掣肘因素、内耗因素、破坏因素，补齐短板已经到了非抓不可的时候。短板也具有类似"培养基"的作用，短板所"繁殖"的一定是短板。在我们以往的工作中，确实有一些装潢门面的"盆景"，至少在解困脱贫、遏制腐败、环境保护、推进民主、社会治理、法治政府建设等方面还存在突出的短板。短板的长期、大量积累，必然造成"劣币驱逐良币"的恶劣效果，"护短"只能是越护越短。谋划"十三五"时期的经济社会发展，必须贯彻创新、协调、绿色、开放、共享的理念，全力打胜补齐短板这场攻坚战。

（原载《人民日报内部参阅》，2016 年第 8 期）

征集人民建议用群众智慧推动海派文化新发展（摘要）

一、海派文化的发展需要与时俱进

海派文化是植根于中华传统文化基础上，融汇吴越文化等中国其他地域文化的精华，吸纳消化西方的文化因素，富有自己独特个性特征的文化体系创新。海派文化的弘扬与发展离不开公正的制度、正确的理论、科学的道路，离不开宽松民主的氛围。文化的发展无疑是与时俱进的，离开了发展文化就不称其为文化。文化自信也需要实践的证明和不断再证明，海派文化源远流长已经为其不断发展提供了基础，但是上海的文化发展还有待实践的努力。

二、海派文化创新倒逼上海"补短板"

近年来，上海征集人民建议工作的探索已经初见成效，但从"健全依法决策机制"方面看，进一步的探索还须持续发力、守正笃实、久久为功。海派文化之所以能够在中华文化的宝库中自成一派，说明了在众多文化流派的竞争中，海派文化具有鲜明的特色和明显的实力优势。在社会主义条件下，海派文化理所应当在兼容与创新的结合上迈出新的步伐。上海公共文化的短板，就是老百姓关心的民生，补齐短板就是想方设法满足老百姓的心愿。

三、海派文化发展亟待在共治中实现共享

爱民、尊民、倾听民意、为民谋利是中华传统文化的根本点，也是人类文明的共识。首先，征集人民建议有利于决策充分反映民意，体现决策的民

主性；其次，有利于决策广泛集中民智，增强决策的科学性；再次，有利于促进公民对决策的理解，推动决策的实施；最后，有利于提高公民参与公共事务的热情和信心，增强公民的社会责任感。

（原载《民生周刊》，2016 年第 6 期）

"智慧法院"建设应当注意的若干问题（摘要）

一、首先搞清楚为什么要建设"智慧法院"

"智慧法院"建设的终极目标是形成超越个人智慧、具有更高程度的"大智慧"。就司法活动而言，提高效率无疑是重要的，但是更为重要的终极目标是司法公正，即习近平总书记所说"要努力让人民群众在每一个司法案件中感受到公平正义"。

二、建设"智慧法院"要更加重视发挥人的作用

从本质上说，"智慧法院"建设是在遵循司法规律的前提下，将"互联网+"等先进理念和人工智能技术综合运用于法院工作，以此促进和实现审判体系和审判能力的现代化。"智慧法院"的建设一定要充分发挥人的作用，充分调动每一位法官及其助手、每一位审判管理人员、每一位计算机专业技术人员的聪明才智，形成智慧的乘积效应。

三、建设"智慧法院"更要正确认识司法规律

我们不应该、也不可能把认识司法规律的希望放在人工智能身上，我们的任务是遵循司法规律应用人工智能。当然，大数据所进行的相关性分析在技术上必将日益更新，这也需要我们指引数据的相关性分析走向纵深。

四、建设"智慧法院"也要同时防止"技术依赖"的倾向

"智慧法院"的建设是一个不断探索、不断优化的过程，在人工智能应用

的初期也可能出现"不习惯"或者"过度依赖"的倾向。作为一种探索，现阶段"智慧法院"的建设需要在服务法官办案、方便群众诉讼、优化审判管理、提升审判质效等方面取得突破。

（原载《人民法院报》，2017 年 2 月 5 日）

超大城市管理怎样做到穿针走线

　　"上海这种超大城市，管理应该像绣花一样精细。"习近平总书记的这句重要指示，在《人民日报》近日推出的"砥砺奋进的5年·迎接党的十九大特别报道·上海篇"中又一次出现。像绣花一样精细地管理城市，正在成为上海社会治理的重要目标和努力方向。

一、用"绣花针"缝出匀针细线

　　城市管理中，硬件建设无疑是重要的，但软件管理水平同样重要。城市管理的精细化，需要补上环境宜居、社会和谐、人心舒畅的"短板"，使广大市民的根本利益得到维护，让有温度的城市不停留在概念上。

　　城市管理要"像绣花一样精细"，首要问题是需要怎样的"绣花针"、谁来持针走线。例如，在一些城市，群众和企业到政府办事，只要进一家门、到一个窗，就能办多家事，并通过部门联合办，让信息多跑路，让群众和企业"最多跑一次"。承诺"最多跑一次"的背后，一定是政府的自我改革，甚至是个别公务员感觉到"痛苦"的简政放权。毕竟，就行政事务受理而言，"群众少跑腿"的对应面显然是公务员多办事。

　　从这个案例可以看出，践行以人民为中心的发展思想，需要让政府提供的公共服务精准对接人民的切身需求，需要守住土地、人口、环境、安全四条"底线"，并根据自身实际提出精细化管理的目标、任务和举措。只有这样，才能缝出社会治理的匀针细线。

二、要形成有操作性的"图样"

　　城市管理"像绣花一样精细"，还要强化依法治理，要善于运用法治思维和法治方式解决治理难题。绣花不是随心所欲地任意发挥，开始绣花之前，必须有"图样"作为规范。如果说绣花要按图施针，那城市管理的"图样"

就是法律法规。

在此方面，上海作了很多深入思考。其中，尤为强调标准化的作用，要求建立健全城市管理标准体系，为精细化管理提供标尺和依据。毋庸讳言，目前城市管理领域的标准建设还存在"缺、低、散、虚"等问题。在此情形下，有必要对标国际标准，要向世界先进水平看齐。没有标准的要尽快制定，偏低的标准要抓紧提高，"相互打架"的标准要进行梳理，逐步实现城市管理标准的全覆盖、精细化、高水平。

除此之外，城市管理要形成有操作性的"图样"，还需在以下几个方面进行探索：（1）要提升立法即绘制绣花"图样"的能力。立法主要是解决权力配置和行为规则的问题，目的在于增强社会发展的活力。（2）"图样"的不断修改应成为常态。对最先画出来的"图样"，要允许出错，但不允许不画。宽容失败是对探索者最大的支持。（3）"图样"线条要尽可能细密。面对社会治理中的新事物、新课题，既要保持充分的敏锐性，也要审慎规制，关键是要有可操作性。如果进入正式立法程序的条件还不成熟，可以采用提出指导性意见、达成合作协议、协商产生阶段性共识等手段进行探索。

三、运用不同"针法" 自然配色

当前，城市管理的一个复杂性在于，不同群体在利益关系上都具有"利益最大化"的动力。可是，由于优质资源的总量有限，共享环节的矛盾是客观存在的。有鉴于此，社会治理更需要精细化。要运用不同的"针法"，在有限的面积内形成不同层次色彩的自然搭配。

例如，"停车难"是困扰居民的棘手问题，在中心城区停车位增量极为有限的条件下，一个可行的办法是在时间和空间上采取"错峰停车"。而要落实这个措施，需要展开大量细致的协商工作、运行过程中也会出现种种矛盾，需要公正及时地协调各方面。

需要提出的是，绣花中的"配色"不是非此即彼的简单关系，而是"红花与绿叶"互存互衬、相得益彰。基层是做好一切工作的基础，要夯实基础，给"红花与绿叶"提供共同生存、共同成长的土壤。为此，把精细化做在源头和前端，就显得格外重要。

（原载《解放日报》，2017 年 8 月 29 日）

精细化管理不只是一个技术问题

日前，中共上海市委举行常委扩大会议，传达学习习近平总书记在参加十二届全国人大五次会议上海代表团全团审议时的重要讲话精神。习近平总书记勉励上海的同志们"在推进社会治理创新上有新作为"，要持续用力、不断深化，提升社会治理能力，增强社会发展活力。

实践表明，在上海这座超大城市推动社会治理有新作为，离不开精细化管理，需要把握市民的细分化利益诉求，需要在引入新技术手段的前提下提供精准的服务。

一、核心是程序与责任的细化

社会治理涉及社会生活的方方面面，也关乎每个人的切身利益。随着经济社会的发展和人员流动，城市基层社会治理需要采取适应不同人群的对策，并注重推动彼此间的融合。但问题的复杂性在于，不同人群的利益关系、经济社会地位并不相同，再加上优质资源总量还是有限的，因而共享环节的矛盾客观存在。在此背景下，社会治理更需要精细化，重点在不同人群利益分配的精细化。

一般认为，利益既是人们奋斗的目标，又是人一切活动的内在动力。人对自身利益的思考主要来自三个方面：一是现实利益的得与失，二是获得利益的早与迟，三是所获利益的固定与可变。如果不同人群的利益关系不能理顺，就容易出现利益摩擦甚至冲突；如果分配严重失序，"争抢利益"现象恐怕难以避免。就此而言，社会治理精细化的核心是程序与责任的细化，关键要坚持统筹个人利益和集体利益、局部利益和整体利益、当前利益和长远利益。

首先，精细化的社会治理包括几个要素：一是将人群进行分类，在公平的原则下分类施策；二是将目标量化为具体的数据，使每个事项都有人负责；三是设计人人遵守的程序，明确人人负有的责任；四是公开透明，使每一项工作内容都能够让公众看得见、摸得着、说得准。

其次，精细化的社会治理要抓住"精"和"细"两个关键字。精是精湛，即在已有基础上精益求精；细是细节，即要把功夫下在最小的工作单元里。

以社会协调为例，协调的重要性似乎人人皆知，却不是人人都能做好的。协调不只是说明情况、排除障碍，还需要站在对方的立场上思考问题，将心比心地理解对方的难处，在富有弹性的沟通中稳固共识的"圆心"，求得最大的"同心圆"。在协调处于僵局的情况下，说话的语气口吻甚至是否面带笑容、是否注视对方的眼神、是否适当让步，都可能会影响协调的结果。可见，细致是精细化的必然要求，精致是精细化的自然结果。

最后，精细化的社会治理要真正关心人。现代意义上的管理学认为，精细化是管理者用来调整产品、服务和运营过程的技术方法，必须把服务者的焦点聚集到满足被服务者的需求上。唯有如此，才能获得更高效率、更多效益和更强竞争力。在社会治理中，倾听民意、及时沟通、多方协调必不可少。坦率地讲，精细化首先并不只是一个技术问题，而是要尊重人民意愿，把人民的根本利益放在心上。只有真正树立公仆意识、确立群众立场，才可能把握和回应人民的利益关切，才能真正做到精细化。

二、效能提升关键看"内容生产"

人是群居的、有思想的智慧动物。人的思维活动与时间空间相关联，又不受时间空间的机械限制。一方面，人的思维活动是个体化的，不易受他人控制；另一方面，人的思维在交流互动中会呈现活跃状态，人的愉悦乃至快感很多时候来自于"同频共振"。

在此背景下，伴随互联网技术的广泛应用，上海一些居委会开始运用微信等新媒体社交方式加强社区联系，增进社区成员彼此间的联系。建立居委会微信群是一件有意义的事情。由于微信群内的信息互动不受地域限制，也有助于让不同年龄段、不同职业、不同文化层次的居民在一个平台上交流互动，因而常常能得到居民的支持与欢迎。特别是，如果微信群的活动能真正搞起来，一些居委会以往只能联络老年人的功能短板就将得到弥补；年轻人也可以在不泄露隐私、不影响工作生活的前提下，及时获取社区动态信息，并选择方便的方式参与社区活动。

但也要看到，在很多微信群中，加入或者退出完全是个人的自主行为，微信群能够持续活动通常只能靠"客户体验"。如果微信群不能使参与者有舒适感、获得感，那么它将难以产生持久的吸引力。有调查发现，现在部分街道、居村开始对外推出微信公众号，但不少在实际运行中基本处于"失能"或"半失能"状态。事实上，微信群也好，公众号也罢，它们只是一个信息快捷传播的技术平台。是否具有凝聚力，是否有助于社会治理效能提升，关键还是要看"内容生产"。

进一步讲，社会治理的精细化程度，不是看能否报出一些漂亮的数字，如活动次数、参与人数等，关键要看维护市民权益的广度、程度和力度，要看人民有没有真正得到便利和实惠。互联网的确可以为社会治理提供良好的技术手段，但技术所能够提供的只是平台或某种形式。真正决定平台利用率及其成效的，一定是服务的质量。只有好的内容、优质的社区服务，才能够吸引人、凝聚人。这也就提出了信息化建设的精细化问题，不能仅仅把信息化工具作为汇报的亮点，更要注重运用技术平台和手段改善社会治理、提升社区服务。

（原载《解放日报》，2017 年 3 月 21 日）

人民健康权的实现与全生命周期
健康保障（摘要）

全生命周期健康的理念是卫生与健康事业发展的重大创新，改革创新是卫生与健康事业发展的强大动力，建立健全全方位、全周期的人民健康权保障体系任重道远。

一、有关"健康权"基本概念的界定

健康的身体是自然人承载幸福美满生活和从事一切社会活动的基础，也是全人类共同期盼、珍惜、追求的目标。

（一）"健康"与"健康权"概念的界定

1. "健康"概念。"健康"所指不仅是人的生理机能正常，也包括人的心理机能及其与社会和谐共处的状态。

2. "健康权"概念。"健康权"是指为人的全面自由发展提供基础和发挥功能的权利，其基本含义是：每一个自然人都具有获得身体和心理不受侵害的权利，在其生活环境中"享有可能获得的最高标准的健康"。显然，健康权是每一个人生来就有的、不可剥夺的、基础性的权利。

（二）我国法律对健康权的规定

健康权是法定的民事权益，侵害健康权的行为应当承担侵权责任。

二、人民健康是综合国力的核心要素

（一）从健康视角看综合国力的特征

综合国力不仅仅是一个国家现有的综合实力和今天所具有的国际影响力，

更为重要的是其未来发展的潜在实力。综合国力与国民健康具有密不可分的关系。

（二）综合国力离不开人民健康

当我们确认"综合国力"是指国家在一定时期内全部可供运用的各种资源和力量的总和时，一定不能忽略国民健康水平这一不可或缺的资源和力量。

（三）健康的价值具有无限性、倍增性

金钱买不来健康，拥有财富也不可能直接地带来健康。对公民而言，个体的健康是必须努力争取的一份权利；对政府而言，公民整体的健康水平是政府履行义务到位程度的测量标志之一。身心健康是"过好日子"的基础，在身心健康缺损的状态下，再富有的生活也不可能得到幸福的体验。

三、健康权实现的衡量标准

"健康权的实现标准"是指对人民健康权是否实现以及实现程度进行识别、区分的参照尺度。总的来说，我们可以把健康权的实现标准分为静态标准和动态标准。健康权的动态标准比静态标准更有价值，主要体现在：第一，"健康权"内涵的公平性；第二，健康教育的普及性；第三，健康服务的可及性；第四，特殊人群健康权得到保障；第五，健康权能够得到救济。

四、人民健康权的实现必须以公平为先导

（一）公平正义是人民健康权的核心理念

（二）个体对健康权的追求建立在政府谋全局、负总责的基础之上

（三）人民健康权的实现既要立足长远又要脚踏实地

五、人民健康权的实现依赖于公共卫生的发展

健康权是一项私权利，但是，健康却不是个人的私事。首先，国民健康是千千万万人健康的集合。

　　事实上，人民健康权的损害大都是由外部因素造成的。这些因素是权利主体所不能控制的——即使意识到危险的存在，也没有办法阻止有害结果的发生。

　　从全生命周期健康保障的角度看，大数据的开发和应用是当务之急。面向 13 亿人口的全生命周期健康保障也只有在"互联网+健康医疗"的技术支持下才能实现。

　　（原载《医学与法学》，2017 年第 4-5 期，原文分为上下两部分）

上海社会治理亟待突破的主要环节

习近平同志近日对社会治理提出要求，要更加注重联动融合、开放共治，更加注重民主法治、科技创新，提高社会治理社会化、法治化、智能化、专业化水平，提高预测预警预防各类风险能力。上海社会治理成效显著，但也有亟待补齐的"短板"。

一、进一步加强党对社会治理的领导

当前，上海的社会治理正面临新的阶段。要实现继续加强和创新社会治理，完善中国特色社会主义社会治理体系，努力建设更高水平的平安中国，进一步增强人民群众安全感的目标，必须在新的条件下大力创新社会治理。首先和最重要的是加强党对社会治理的统筹、指导、引领作用。社会治理的方针是党委领导、政府主导、社会协同、公众参与、法治保障，第一条就是强调党委领导。如何实现党对社会治理的领导是一个大课题、新课题。具体而言，究竟怎样把专项治理和系统治理、综合治理、依法治理、源头治理结合起来，需要深入实际进行专题研究，交出具有中国特色、上海特点的答卷。例如，历史经验所说的"支部建在连上"发展到今天，已经向我们提出党支部建在哪里的问题。计划经济年代以单位为主要载体的党建工作，已经遇到人口流动的挑战，社区无疑应当作为党建的载体之一。难点在于解决社区党建靠谁抓、怎么抓、抓手在哪里。如果居委会只能联系以离退休人员为主的老年党员，社区党建一定难以突破"唱歌跳舞加照相"的自娱自乐模式。

特别需要强调的是，党的领导必须面对时代的发展与科学技术的普及，与时俱进地做出改进。加强党的领导的前提是改进党的领导，党的领导能有多大程度的改进，党的领导才能有多大程度的加强。党的领导如果不加以改进，就不可能在实质意义上得到加强。从这个意义上说，唯有改进党的领导才能加强党的领导。例如，运用互联网技术推进基层治理必须实现数据信息的"聚、通、用"，社区党组织就应当围绕"聚、通、用"开展活动。首先是各方面散在信息的"聚"。必须遵循"集聚是必须、不集聚是例外"的原则，从党组织做起，对数据的使用进行规范管理，按不同政府职能进行分类，将各类社会基础数据信息整合到统一的平台上，避免重复建设和数据割据。其次是互联互通的"通"，社区党组织应当成为"通"的表率和动力源。数据只有流动、流通后才能实现其自身的价值。数据只有在流动中才能互通、在应用中才会互动、在安全的状态下实现成果共享。最后是经过梳理分析，从海量杂乱数据中找到"用"的价值。所有的数据应用都建立在"横向要连、纵向要通"的基础上，如果连数据应用都不敢起步，"大数据"就是空谈。公共服务方面的"互联网+"前景极为广阔，执政党理应率先垂范，做自身改革的表率，让公众真正感受到互联网给生活带来的便利。

二、社会治理要在依法而为的过程中创新

法治是社会治理的重要基石，提高社会治理的水平必须发挥法治的引领保障作用。对基层而言，完善中国特色社会主义社会治理体系，努力建设更高水平的平安中国，进一步增强人民群众安全感的基础是依法而为。为提高社会治理制度化、规范化、程序化水平，必须不断强化法治保障，在法治的轨道上创新社会治理。不能把法治与社会治理的创新对立起来，把创新比作"打擦边球"。

2016 年 9 月 14 日，《上海市街道办事处条例》已经由上海市第十四届人民代表大会常务委员会第三十二次会议修订通过，自 2016 年 11 月 1 日起施行。《上海市街道办事处条例》的修订是用地方立法固化了"1+6"系列文件的探索成果，充分体现了"上接天线，下接地气，精准定位，务实管用"的修法原则。创新上海的社会治理一定要珍惜这一来之不易的立法成果，积极运用法治资源解决社会治理遇到的新问题。要真正达到法治型"善治"状态，一方面必须通过立法、执法和司法，明确不同国家机关的权限，用健全的法制管住任性的权力，防止因不依法办事、侵犯群众权益引发社会矛盾；另一方面，通过规定公民对于国家和社会的基本义务，塑造一种社会共同体的主人翁意识，把权利的主张、利益的诉求和纠纷的解决都纳入法治轨道上，增

强契约观念，学会理性协商。新修订的《上海市街道办事处条例》为上海的社会治理提供了强有力的法律武器和行为准则，在实践中一定要防止对法治的"叶公好龙"。所有的街道、乡镇、居委会、村委会都必须摒弃"被动维稳"的模式，运用法治思维和法治方式化解社会矛盾，强化社会治理中的法治规范和法治保障，真正实现依法治理。

三、基层治理要补齐自身的"短板"

长期以来，居委会经常联系的大多数是老年人口，对如何加强与年轻人的联系总感到办法不多。随着互联网技术的普及，"微信群"已经成为打破年龄、职业、地域的无形之网，这对基层治理如何打破"年龄墙"的阻隔很有借鉴意义。一份来自市社会工作党委、市社会建设委员会、复旦大学市场调查中心的调研报告显示，18 岁~39 岁的年轻人中，有 70.8% 的居民认为居委会工作很老套，需要与时俱进；61.9% 的居民表示，从来都没有参加过居委会组织的任何形式的活动或者会议。这份调查还提供了这样一个数据：88.5% 的居民表示，很想有机会参加小区组织的听证会、协调会、评议会，为小区事务建言献策。

对管理学所说的"短板理论"，必须正确全面地领会。找"短板"不能人人眼睛向外，都去找别人的"短板"。如果每个人都到别人身上找"短板"，实际上这就没有"短板"可找。基层的治理首先要"眼睛向内"，找自己观念上、工作中的"短板"，痛下决心革除陈规旧俗的羁绊，在改革中不断创新。如果居委会上班了，年轻人也上班了，形成交集就很不容易。居委会的工作时间显然需要更新，老套的工作方法也需要改进。在信息社会，用登门拜访的办法联络人肯定是高消耗、低效率的，居委会是否可以借助微信等人际动员方式呢？当前居委会工作人员的年轻化已经基本实现，居委会联系群众的重心向年轻人群转移也应当提上议事日程。

当前，微信群等深受群众喜爱的人际交流方式在基层治理中应用不足的根源是思想障碍太多。由于害怕"失控"出现问题，忧虑承担责任，再好的工具也不敢使用了。习近平主席在第三届世界互联网大会上发表视频讲话时指出："互联网发展是无国界、无边界的，利用好、发展好、治理好互联网必须深化网络空间国际合作，携手构建网络空间命运共同体。"据此，完全应当放下思想包袱，勇敢地运用互联网技术推进基层治理。高等院校、科研机构的人员应当以问题为导向，深入实际，走进基层，力戒空谈，为基层治理提供具有操作性的智力支持。有关方面也应当为基层治理做好应用软件的开发和推广工作。

（原载《党政论坛》，2017 年 3 月号）

网络公开募捐必须依法而为

2017 年 7 月 20 日，民政部发布了《慈善组织互联网公开募捐信息平台基本技术规范》（简称"基本技术规范"）和《慈善组织互联网公开募捐信息平台基本管理规范》（简称"基本管理规范"），并于 2017 年 8 月 1 日起实施。这两份文件虽然属于推荐性行业标准，但对规范网络募捐活动的作用也不应低估。近年来，在互联网上屡屡出现公开募捐活动，其中不乏浑水摸鱼的例证。好心人被骗的残酷现实，已经使得相当一部分人感到"如今连好人也做不起了"。《中华人民共和国慈善法》（以下简称《慈善法》）第 2 条规定："自然人、法人和其他组织开展慈善活动以及与慈善有关的活动，适用本法。其他法律有特别规定的，依照其规定。"显然，"基本管理规范"就是规范互联网慈善活动的细化准则。

一、互联网公开募捐必须具有准入资格

按照"基本管理规范"的规定，在平台上进行募捐的主体应是获得公开募捐资格的慈善组织，其他组织、个人包括平台本身没有公开募捐的资格。平台是一种载体，应当严守规则，为取得公开募捐资格的慈善组织提供服务，平台自身以及未取得公开募捐资格的其他组织、个人均不得公开募捐。这样的规定是防止公开募捐方式被滥用的有力措施。换句话说，互联网公开募捐信息平台也必须守法，不能因为"做慈善"就可以随心所欲。除此之外，互联网公开募捐信息平台负有验证慈善组织的登记证书、公开募捐资格证书的义务。平台为慈善组织发布公开募捐信息，应在页面显著位置上公布慈善组织全称、统一社会信用代码、公开募捐资格证书、募捐方案、联系方式等募捐信息查询方法。

在明确了互联网公开募捐信息平台不应为不具有公开募捐资格的组织、

个人提供公开募捐信息发布服务外，其他组织与个人是否可以自行发布公开募捐信息呢？答案是否定的。有人认为，我遇到了困难，为什么不可以在网络上向公众募捐呢？此类问题的提出者也许是诚实善良的，但是，从管理的角度看，必须防止鱼龙混杂的情况出现。任何人都难免遇到一时迈不过去的"坎"，个人向社会求助的权利应当予以尊重。但是，在现实空间个人求助所涉及的范围不大，求助者周围的群众也比较容易对求助要求的真实性作出判断。利用互联网公开募捐则不同，由于互联网具有无限延展性，难以对公开募捐的真实性进行审查核实。为此，限制个人和不具有公开募捐资格的组织发起公开募捐是必要的。个人为解决自己或者家庭困难，提出发布公开募捐信息要求时，平台应有序引导当事人与具有公开募捐资格的慈善组织对接，并加强审查甄别、设置救助上限、强化信息公开和使用反馈，做好风险防范提示和责任追溯。这样做，既是对个人权利的尊重，也是从制度层面防止"坏人骗好人"。

二、公开募捐的信息真实性由信息提供方负责

在现实生活中，有一种"打擦边球"的说法需要澄清。"打擦边球"的含义是在介于合法与不合法的边缘地带，通过混淆界限等运作手段实现合法化。"基本管理规范"明确规定，"互联网公开募捐信息不应与商业筹款、网络互助、个人求助等其他信息混杂"，这是及时和必要的，也回答了"打擦边球"的疑问。前一段时间，在深圳出现的利用微信发布信息的募捐活动，事件中的小铜人公司显然不是互联网公开募捐平台，其行为的违法性显而易见。个人求助的情形非常复杂，笔者认为，个人求助应当是在小范围内进行，"所求"与"所助"都具有简单、单一的明确限制（如仅仅是问路，而不是要求提供带路服务）。网络互助是发生在特定人群之间的互知、互动、互帮行为。例如，在同一朋友圈之内，因为相互知晓而在相互之间发生的自愿帮助行为是互助。个人求助、网络互助受《中华人民共和国合同法》的约束，在网络上公开募捐应该按照《慈善法》和《公开募捐平台服务管理办法》规范，由民政部门实施监管。

"基本管理规范"规定，"平台应明确告知用户及社会公众，个人求助、网络互助不属于慈善募捐，公开募捐的真实性由信息提供方负责。"笔者理解，信息平台负有验证慈善组织的登记证书、公开募捐资格证书的义务，属

于形式审查义务，要求其把控的是准入资质。"公开募捐的真实性由信息提供方负责"是一种合理的责任分配，如果要求信息平台承担过多、过繁的审查义务，在操作上是无法实现的。"谁主张谁举证"是基本的法律原则，公开募捐的发起者理所当然对其提供的全部信息的真实性负责。尽管在上海已经有民政部门设立的上海市民经济状况核对中心可以利用，但是，所提供信息的真实性依然应该由信息提供者负责。有关机构核对信息提供者的经济状况是为了防止权利滥用，从防止权利滥用这一点出发首先要由信息提供者承担信息真实性的责任。

"公开募捐的真实性由信息提供方负责"包括三个方面的要求：一是所提供的信息是客观真实，非臆造、非夸大或者人为篡改的；二是所提供的信息在完整性方面也是真实的，不能采取"选择性披露"；三是所遇到困难状态的未来预期，即目前所支出的钱款有多少比例能够报销或者已经得到了哪些方面的资助，等等。例如，不能只发布子女患有重病的信息，而不披露其家庭具有稳定收入和拥有财产的状况；不能只说每天耗资数万，而不说明已经得到的捐助以及结算后可以报销的比例。

一个人遇到了困难，在什么情况下可以提出公开募捐的请求，是一个必须明确的问题。个人有求助需求的，可以向获得公开募捐资格的慈善组织申请求助，由慈善组织发起募捐；慈善组织在发布救助项目前，应核实项目信息的准确性和真实性，在项目执行过程中应及时公布项目执行情况；公众有意愿捐款的，可以向获得公开募捐资格的慈善组织捐款。笔者认为，"慈善组织在发布救助项目前，应核实项目信息的准确性和真实性"就是对不应该发起募捐请求的限制。如果自己有余力没有用尽，任性地发起网络公开募捐是不应当支持的。有的学者说，如果要求网络公开募捐者全面公开个人的财产信息，就不会有人提供捐赠了。这恰恰是问题的关键所在。捐赠必须用到社会最急需的弱势群体身上，慈善捐赠是需要对接受捐赠者进行财产状况等实有能力进行判断的。公民在享受请求捐赠权利的同时，也要履行相应的义务，即完整如实地披露自己的收入、财产状况等实有能力。此外，必须明确反对用商业营销的手段掩盖变相公开募捐。运用商业营销手段是为了企业营利，募捐是社会公益，两者的界限不容混淆。"发软文""求打赏"等具体的商业营销手段层出不穷，判断是否为商业营销手段的主要标准是该行为是否带来直接或间接的收益。

三、网络公开募捐必须强制性实施信息公开

"基本管理规范"明确规定:"平台应明确公开募捐活动信息发布的选择标准、后续管理办法,并要求慈善组织提供经民政部门备案的公开募捐活动的募捐方案,包括募捐目的、起止时间、接受捐赠方式、银行账户、受益人、募得款物用途、募捐成本、剩余财产处理等信息;对未予提供的慈善组织,不应提供公开募捐信息发布服务。"如今人们常说监督一词,其实,实施监督是必须具备条件的。随着民间慈善力量的壮大,已经弥补了政府部门社会救助体系的不足,但是随之而来的突出问题是,民众无法对每一次的网络募捐活动的真伪性进行鉴别,客观上给了不法分子可乘之机。学术界和实务界对慈善募捐活动实施实行事前、事中、事后监管呼声越来越高,"基本管理规范"的这一规定是应对社会需求的有力举措。

目前,常见的问题之一是公开募捐活动的信息透明度不高。如果说"明明白白消费"是消费者基本权利的话,"明明白白捐赠"更是捐赠者基础性、根本性的权利。由于发起公开募捐的透明度不足,公众无法知情,严重打击了公众捐赠的积极性,这已经是不争的事实。"基本管理规范"规定:公开募捐活动的募捐方案,包括募捐目的、起止时间、接受捐赠方式、银行账户、受益人、募得款物用途、募捐成本、剩余财产处理等信息必须公开,这样的刚性规定是深得民心的。以上所列慈善活动的信息公开不涉及国家机密、商业秘密、个人隐私,如果有人以"涉密"为借口抵制信息公开,那么,对应的措施应该是"对未予提供的慈善组织,不应提供公开募捐信息发布服务。"

我国慈善事业发展必须走"透明化"的道路,在发展的过程中一定还会遇到种种阻力和困扰。首先要建立信息公开无一例外的准则,以"不全面公开信息,就不提供服务"的约束机制,推动信息公开的常态化。按照常理,办任何事情都应当有始有终。发起公开募捐者在困难情境消失后,必须停止继续募捐的行为。由于时间与空间分离等原因,患病者何时死亡、截至患者死亡已经收到捐款数量、实际耗费捐款数量、剩余捐款的处置等信息捐赠人是难以一一调查的。打破募捐活动中"信息不对称"的唯一办法就是强制性地实施信息公开。如果信息平台违背"不全面公开信息,就不提供服务"的约束机制,平台也要受到制裁。

　　"基本管理规范"在对信息公开作出规定时采用了"公开募捐活动的募捐方案，包括……等信息必须公开"的句式，这是非常正确的。随着社会的发展，必须公开的信息项目还有增多的趋势，规定非完全列举的"等信息必须公开"，也为今后募捐信息公开的进一步强化铺平了道路。

（原载《人民日报内部参阅》，2017 年第 33 期）

我国应当建立"以风险为中心"的公共
安全管理机制（摘要）

　　有效防范、化解、管控各类风险，必须不断提高维护公共安全的能力水平。其中，至关重要的，是改变"事件为中心"的传统公共安全管理模式，构建以"风险为中心"的公共安全管理新机制。

一、对风险的基本认识与界定

　　"风险"一词，通常的解释是指可能发生而又不确知的危险。风险既是不以人的意志为转移的客观存在，又是可以管控的，人类不是风险的被动接受者，而应当主动管控风险。

二、"以风险为中心"的公共安全管理核心是管控风险源

　　（一）以人为本是全方位立体化公共安全网建设的核心

　　（二）以风险为中心的应急管理基础能力建设亟待加强

　　（三）发挥法治建设与大数据应用的互相促进作用

三、"以风险为中心"的公共安全管理机制的建立

　　管住危险源、减少风险暴露是应急管理的起点和前哨，也是应急管理的第一道防线和重中之重。以风险为中心的公共安全管理致力于从根本上防止突发事件风险隐患的形成、爆发，是一种对突发事件进行超前管理的系统设置，是一套层次高、结构复杂、相关性强的网格化运行体系，具有防患于未然的作用。

（一）以事件与以风险为中心的公共安全管理异同分析

（二）"以风险为中心"公共安全管理的制度举要

公共安全管理制度包括：（1）风险评估制度；（2）回溯追踪机制；（3）风险沟通制度。

（与李瑞昌合作，原载《上海政法学院学报》，2017年第1期）

烟花爆竹安全管控对攻克城市管理顽症的启示（摘要）

近些年来，我国不少城市在烟花爆竹管控标准、管控力度等方面游移不定，当"此民此意"与"彼民彼意"相对立的时候，政府应该为维护人民的根本利益提取"最大公约数"。对禁止燃放烟花爆竹条件成熟的梯度状态，只有区分不同区域，制定不同目标，采取不同管控策略，才能取得最佳效果。上海有效管控烟花爆竹的经验，为攻克城市管理的其他难题提供了思路。其中，精细化管控、全方位责任落实、人性化操作的经验，特别具有借鉴意义。

（原载《河南警察学院学报》，2017 年第 6 期）

"真人秀" 的传播学思考（摘要）

近年来，我国电视"真人秀"节目火爆。其中，有一部分"真人秀"的内容是调解民间纠纷，也造就了全国各地纷纷开办电视"真人秀"人民调解节目的格局。

一、"真人秀调解" 应当充分展示人民调解的社会效益

1. "真人秀调解" 具有强烈的行为导向功能
2. 不能因为是"真人秀"节目就允许真人"秀丑"
3. 不能因为有人"愿意秀"就允许媒体"秀愿意"

二、探索从 "小民生" 信息传播转向 "大民生" 事件解读

巩固和发展社会主义，必须认识和把握好两大任务：一是解放和发展生产力，极大地增加全社会的物质财富；二是逐步实现社会公平与正义，极大地激发全社会的创造活力，促进社会和谐。上述两大任务相互联系、相互促进，是统一的整体。媒体应当站在更高的层面关注"大民生"，在实际工作中也有如何拓展"民生观"的问题。

电视不能"有闻必录"，调解民间纠纷的过程也不是"只要真实就可以播"。电视台也是参与社会治理的力量之一，今后如何发挥自身的资源优势和专业特长，在社会治理中大显身手正是亟待回答的课题。

三、努力实现法治精神追求与文化价值取向相一致

履行媒体责任，说到底是对巩固马克思主义在意识形态领域的指导地位负责，对巩固全党全国人民团结奋斗的共同思想基础负责。电视节目无疑是

提供给公众的精神食粮，节目内容通俗易懂且为群众喜闻乐见是必须的，与此同时必须旗帜鲜明地反对媚俗。这就是在每一期节目、每一个专栏的制作中"要求法治的精神追求与文化的价值取向相一致"。就此而言，媒体的责任极为重大。

（原载《党政论坛》，2018 年 7 月号）

创新文化发展离不开"城乡记忆"

近年来，上海在保护中华优秀传统文化方面有了长足进步，但随着时代的发展，人民群众精神文化需求日益多元多样，对推动中华优秀传统文化创造性转化、创新性发展也提出了更高要求。上海在文化遗产保护与利用方面大有可为。

一、必须注意防止"重城轻乡"

从上海的文化遗产类型看，物质文化遗产与非物质文化遗产都非常丰富。应当破除旧观念，进一步加强对非物质文化遗产的保护，着力彰显自然、传统和现代有机交融，东西方文化相得益彰的上海特色。一定要认清物质文化遗产虽能展现城市肌理，非物质文化遗产更能体现城市精神。保护两者要"两手抓"，而且"两手都要硬"。就上海而言，必须注意防止"重城轻乡"和"重物质文化遗产轻非物质文化遗产"的倾向，实现区域协同、城乡统筹和空间优化。

特别值得一提的是，尽管上海的历史遗存中与城市有关的内容相对丰富，但也有弥足珍贵的乡村记忆，合起来可以统称"城乡记忆"。这里所说的"城乡记忆"是存留于城乡的风貌格局、岁月痕迹、文化脉络、情感升华，更是深深印刻在人们心底的文化基因。上海乡村形成、变迁和发展中具有保存价值的历史遗迹或者记录，以及人们对这些历史记录的情感凝聚，也需要运用信息化手段固定、保存、检索和利用，以彰显上海的包容、品位和个性。城乡一体化不是"城乡一样化"，上海未来的发展应当避免"有城无乡"。

这首先需要加强理论研究。建议由民俗学作为学术研究的牵头单位，尽快建立上海的文化遗产与城乡记忆保护网站，实现全社会的信息共享。随着城市现代化的高速推进，应当在抓好文化遗产抢救性保护的同时，着力向年轻人传授民俗与非物质文化遗产。鉴于城乡记忆与文化遗产保护在很大程度上是柔性的，城乡记忆与文化遗产保护既有重合，也有区别，但发掘、保护工作在整体上可以一并运作。例如，是否可以选择传统村落中有条件的民居，探索改造成为"抱团养老"的租赁空间。与此同时，探索形成的上海村庄规划和农房设计管控导则的决策要尽快落实。

二、"微更新"思路值得进一步拓展

上海自近代以来积存下来许多具有鲜明特色、值得保留的建筑物。市政府提出"坚持留改拆并举，以保留保护为主。坚持多措并举，保护与改善民生相结合"的方针是正确的，下一步应当着力于"留改拆并举"的制度化实施。随着城市的发展，有一部分老建筑确属不得不拆，但工作重点应当是"留"与"改"。"留"不仅是在"硬件"层面把原有建筑物保存下来，更重要也更艰难的是"软件"层面的保存和利用。"留改拆并举"不能停留在宣示层面，必须逐项落实且长期坚持，特别是要下苦功夫"改"，防止"拆真建假"。

上海目前共有 44 片历史文化风貌区，在强化保护的同时，"微更新"思路很值得进一步拓展。所谓"微更新"是拆除与风貌区不协调的违法建筑，避免大拆大动，从细微之处进行功能优化与面貌更新。"微更新"虽称之为"微"，但在培育协商共治意识和改善居民生活质量方面的作用很大。"微更新"的重点是功能优化，既要美观好看，更要实用好用。"微更新"要体现"见人见物见生活"的理念，让历史遗存"活起来"，并使居住者生活质量得到提高。这需要真正回应民生关切，使之成为"解民忧工程"，同时把听民意、集民智、解民忧贯穿于更新改造的全过程，让居民共同参与、共享成果。

三、探索历史遗存"活起来"的具体路径

上海的近现代文化遗存一定要多措并举、精心保护，推进文物合理适度利用，使保护成效惠及当代、造福子孙。例如，上海现有列入保护的不少建筑物，在文字介绍中往往套用"某名人曾经在此居住"的模式，给人感觉干巴巴的。如果引进志愿者参与管理与服务的模式，动员更多的文博志愿者用"讲故事"的方式与观众互动，有助于探索出历史遗存"活起来"的具体路径。一定要提升"围绕文化遗产，讲好中国故事"能力，探索构建常态化、

专业化、全媒体文化遗产传播体系。在加强史料的挖掘和研究阐释的同时，应当注意留下历史见证者口述历史等视频资料，尽可能为未来的研究提供活的素材。

去年上海发布了《关于加快本市文化创意产业创新发展的若干意见》。但文件如何落实，还需要"一分部署九分努力"。建议通过大调研，进一步细化落实方案。比如，如何深入发掘上海老城厢居民文化生活的历史事实，探寻上海老城厢独特文化形成的历史背景，讲好上海文化的故事，传承上海城市精神；如何发掘传统文化优势融合时尚要素，加快发展影视、演艺、动漫游戏、网络文化、创意设计、出版、艺术品交易、文化装备；如何抢救江南文化根脉和海派文化源头，为载体发生变化的民间艺术形式（如灶花、刺绣、织布等）开辟生存发展的新空间，通过生态场的恢复，优化细化非物质文化遗产的有效保护；如何发扬对外文化交流的优势，探索具有直观美感、上海特色且与新媒体融合的新生长点，等等，都需要我们认真调查研究以进一步推进文化遗产保护与文化创意产业的创新发展。

（原载《民主与法制周刊》，2018 年第 26 期）

从店招安全看城市精细化管理（摘要）

2018 年 8 月 12 日晚，上海南京东路"奇遇城堡"店招脱落，导致行人 3 死 6 伤。事件发生以后，政府有关部门反应迅速。店招脱落致人伤亡的背后隐藏着必然性，反映了城市管理的精细化还有漏洞。任何人都不要怨天尤人或者把平安无事的希望寄托在"幸运"上，面对现实，自我反省，补齐"短板"，才是真正的精明。

一、店招安全管理的责任归属

店招是商家为了展示店名招揽顾客所设置的建筑附属物，理所应当由商家承担安全管理责任。《中华人民共和国侵权责任法》第 85 条规定："建筑物、构筑物或者其他设施及其搁置物、悬挂物发生脱落、坠落造成他人损害，所有人、管理人或者使用人不能证明自己没有过错的，应当承担侵权责任。所有人、管理人或者使用人赔偿后，有其他责任人的，有权向其他责任人追偿。"这里涉及"所有人、管理人或者使用人"三个责任主体，即所有者、管理者、使用者，均在"证明自己没有过错"的前提下，才能免除责任。

二、不要再搞"统一店招"工程

所谓"统一店招"工程，是由政府出资、统一设计、免费安装商店招牌。曾有政府职能部门的官员陈述"统一店招"的缘由："首先是设置无序，有的未经许可设置，有的不符合技术规范、用材不当、粗制滥造，还有违规装上屋顶的超大店招，这些都带来了安全隐患。"

从全国范围看，政府出资"统一店招"的做法也引起了争议。从法律意义上说，设置店招是商家为招徕顾客所采取的经营行为，不设置店招也是应当允许的。设置者必须对店招的安全性和内容的合法性负责，政府以一定的程序进行前置审查是必要的，而监管工作的重点和难点在事中和事后，即店招设置以后应该怎么管。如果政府职能部门觉得事中、事后的监管很困难，简单化地搞"统一设置"就难免事与愿违。

政府"统一店招"的做法，随之而来的是安全责任的落实。店招设置在商店外墙立面上，在风吹、日晒、雨淋的作用下，锈蚀、老化到一定程度就必然发生脱落、坠落。政府统一设置的店招一旦脱落后的责任由谁承担呢？商家设置的店招在安全、美观方面存在问题，政府的责任是依法监管，而不是"大包大揽"。

三、安全管理责任重在落实到位

店招的设置必须在确保公众的人身财产安全的前提下力求美观。为此，必须正确处理好市场活力和公共秩序的关系，政府对诸如店招等量大面广的建筑物、构筑物、搁置物、悬挂物既不能大包大揽，也不能放松监管。落实安全管理主体责任建议：

（一）调查研究、启动修订现有立法与技术规范

（二）运用人工智能等高科技手段消除管理"盲点"

（三）充分发挥严重失信名单的惩戒作用

（四）稳妥处理已经"统一店招"的安全责任落实

（原载《城乡建设》，2018 年第 21 期）

慈善事业发展的生态环境建设亟待重视（摘要）

　　党的十八大以来，习近平总书记多次强调，"做好各方面工作，必须有一个良好政治生态。"笔者认为，政治生态的理论对慈善事业的发展具有十分重大的意义。当前，我国慈善事业的公信力偏低，亟待消除慈善立法进度加快就等于慈善法治建设大功告成的错误认识，肃清以权谋私、盗用慈善名义敛财的余毒，认认真真地做好慈善事业发展的生态环境建设。具体就慈善事业发展而言，必须大刀阔斧推进慈善改革，切切实实抓好信息公开、社会监督、公众参与，才能重获社会的信任。其中最关键的是把慈善工作装在玻璃盒里，一举一动都能让公众看到。慈善事业的发展除此以外，别无他路。

　　生态环境是指生物及其生存繁衍的各种自然因素、条件的总和，是一个大系统，是由生态系统和环境系统中的各个元素共同组成的。生态环境建设不能等、不能靠、不能要，生态环境建设的任务必须落实到每一个慈善组织和每一个人的头上。第一，生态环境建设必须眼睛向内，查找自己身上存在的短板，而不是眼睛向外，专门找别人的短板。第二，生态环境建设必须"刀刃向内"，痛下决心首先革除自己身上可见与还未可见的"毒瘤"。第三，生态环境建设不能自吹自擂，无须自我标榜。自然生态环境好了，天上飞的鸟、水里游的鱼、地上跑的兽自然会来。同样的道理，慈善生态环境好了，项目自然就会来；慈善生态环境不好，项目来了也留不住。

（原载《中国社区报》，2018 年 5 月 25 日）

扩大中国文化在海外影响力

  改革开放四十年来，我国取得的成就举世瞩目，但如何讲好中国故事，扩大中国文化在海外的影响力，应当成为未来对外文化交流必须攻克的难点。当代，语言传播的作用力正在悄然递减，经由图像传播的视觉文化正在深刻地改变人们的生活。直观美感是神奇无比的"启动键"，近些年来，我们的对外文化交流依然有不尽如人意之处，还需要从能不能自觉提供具有直观美感的产品这一基点进行反思。比如，如果能够抓住2021年中国花博会落户崇明的契机，围绕"花"多视角、全方位、跟踪式、艺术化地报道崇明，效果一定能够好得多。世界级生态岛的建设应当有世界级的文化交流，未来上海的对外文化交流重点之一应当是崇明区。建议谋划设计向国外介绍世界级生态岛建设的整体方案，分阶段、有梯次地随着生态岛的建设逐步推进。展示方式可以以花为主，辅之以鸟（当地鸟类种群）与鱼（泛指多种多样的水产品）与稻（泛指无污染的植物）。花、鸟、鱼、稻的展示既能够完整体现崇明岛的生态建设进展，又便于视觉呈现，可望成为以直观美感开展对外文化交流的生长点。中国对外文化交流产品还要努力进入国外的剧院、图书馆、博物馆。随着新媒体的蓬勃发展，国外已经有大量短视频等自媒体产品进入中国。这启发我们应当更加注重在对外文化交流中打"民间牌"，探索发现使用便捷的自媒体文化产品，直接与国外、境外老百姓进行交流活动。努力寻找和打造具有多种文化要素、能够与受众交流、形成体验感的作品，经过包装推向海外。例如，单一地介绍上海地方戏曲，难免受到语言的限制，如果把旗袍、舞美、上海方言中的英文痕迹有机地结合起来，外国人才会觉得"好看""有意思"。又如，上海在历史建筑修旧如旧、留存文化记忆方面有不少成功的经验，上海枫泾的农民画在海外也有良好声誉，如果组织农民画作者到修旧如旧的历史文化风貌保护区深入生活，也可以产生以质朴画笔展现历史文化风貌保护的佳作。以上列举，仅是提供一种思路，关键是我们要避免"单打一"，学会打"组合拳"。全人类的情感都具有共通性，我们的对外文化交流既要充满感情讲好生动感人的中国故事，也要努力创造体验环节，吸引外国人在体验中感受和了解中国文化。

（原载《新民晚报》，2018 年 5 月 22 日）

人民建议征集制度应当得到优先发展（摘要）

近年来，我国不少地方政府开展或正在开展征集人民建议活动。征集人民建议是我国信访制度改革的方向，应当集中力量抓好相关制度建设，在全国范围内大力推进。

一、参与式民主是代议制民主不可或缺的补充

参与式民主不仅对代议制民主具有不可或缺的补充作用，而且能够凝聚人心，有助于政府公信力的恢复。

（一）在互联网条件下参与式民主的价值更为凸显

（二）征集人民建议已经在弥补民主欠缺中发挥作用

（三）征集人民建议有利于实现依法维稳

二、公民有序政治参与需要政府作出守法示范

征集人民建议发展参与式民主，是以参与式民主补充代议制民主，在进一步健全、完善代议制民主的前提下扩大公民的直接参与，而不是削弱或者取代代议制民主。在我国民主制度的框架内，把人民建议的征集当作人大代表、政协委员提案建议的一种补充，成本是极为低廉的，只要政府真正具有问计于民、谋利于民的愿望，就一定会取得实效。

（一）征集人民建议首先要提高政府工作的"能见度"

（二）有序政治参与的关键是要解决"可参与度"

（三）征集人民建议必须不怕引来对政府的批评

三、制度建设是公民有序政治参与的保障

征集人民建议应当是各级政府必须履行的义务。实现公民有序政治参与的难点和关键点都在政府，征集人民建议政府应当真诚、主动、负责而为，以办好人民建议的实际行动重新取得人民的信任。创造条件让人民监督政府不能只是许诺，必须要有畅通的制度保障实施。政府问计于民的宣示无疑是正确的，但问计于民必须有刚性的、不可绕开的严密制度保障。

（一）征集人民建议的关键是理念更新和制度建设

（二）征集人民建议不能搞"花拳绣腿"

四、办好人民建议征集工作的具体建议

信访制度的改革要回归信访的本源，集中精力在征集人民建议的制度建设方面取得突破。今后我们要通过建立健全人民建议征集制度的方法来鼓励和引导人民群众，为党和政府的工作提出合理化建议，促进党和政府工作的优化。

（一）以勇气和韧性抓好人民建议的征集、讨论、落实工作

（二）把人民建议办理落实情况纳入政府信息公开的事项

（三）建立人民建议落实事后效果评估的机制

（四）请征集工作中发现的双方"意见领袖"参加听证会

（五）充分发挥建议人参政议政的作用

（六）试行可行性研究与不可行性研究同步进行的决策程序

（原载《信访与社会矛盾问题研究》，2018 年第 1 辑）

上海社会建设创新项目评选的实践
与思考（摘要）

2017年5月5日，由上海市社会工作党委、上海市社会建设委员会办公室主办的"第三届上海社会建设十大创新项目"揭晓。在此之前，上海已经在2012年、2014年举办了两届社会建设十大创新项目评选。持续进行社会建设创新项目评选，既是对上海社会建设成果的全面检阅，也是对社会建设的有力推动，更是找准短板、补齐短板的再动员、再出发。

一、上海连续三届评选社会建设创新项目的基本情况

上海在2012年、2014年、2017年，连续进行了三届"上海社会建设十大创新项目"评选活动。从上海市连续三届评选社会建设创新项目的成果看，首先应当充分肯定，上海的社会建设创新项目评选正是围绕着提升社会治理能力展开的；其次，总结、梳理上海连续三届社会建设十大创新项目评选的经验，进一步发挥先进典型的示范作用，持续夯实基层基础，形成创新社会治理的"上海模式""上海经验"正当其时。

二、上海连续三届评选社会建设创新项目的价值意蕴

应当承认，社会主义条件下的社会治理，尤其是超大城市的社会治理，至今在世界范围内还没有成功的先例可循。我国城市社会治理的总体水平不高，我们对社会治理的规律认识还刚刚起步，在许多方面还处于"新手上路"的探索阶段。上海理所应当在社会建设创新方面有所作为。上海连续三届评选社会建设创新项目是一项成功的操作设计。其价值意蕴在于：

（一）以评促建，持续用力

（二）以评促改，共建共治

（三）以评促创，为民谋利

三、从上海连续评选创新项目看社会建设创新的未来走向

党的十九大报告明确指出，要抓住人民最关心最直接最现实的利益问题，既尽力而为，又量力而行，一件事情接着一件事情办，一年接着一年干。坚持人人尽责、人人享有，坚守底线、突出重点、完善制度、引导预期，完善公共服务体系，保障群众基本生活，不断满足人民日益增长的美好生活需要，不断促进社会公平正义，形成有效的社会治理、良好的社会秩序，使人民获得感、幸福感、安全感更加充实、更有保障、更可持续。毫无疑问，上海社会建设创新的未来走向必须定位于此。上海社会建设创新必须一步接着一步走，一件事情接着一件事情办，一年接着一年干。

（一）进一步完善基层党建创新的驱动力

（二）对社会建设创新项目进行"获评后评估"

（三）进一步打造共建共治共享的社会治理格局

（四）进一步推动社会建设创新的全面丰收

（和王茵合作，原载《党政论坛》，2018 年 2 月号）

运用区块链技术创新社会治理的思考

　　党的十九大报告在"打造共建共治共享的社会治理格局"中要求我们：加强社会治理制度建设，完善党委领导、政府负责、社会协同、公众参与、法治保障的社会治理体制，提高社会治理社会化、法治化、智能化、专业化水平。显然，社会治理不仅要提高社会化、法治化的水平，智能化、专业化也必不可少。本文仅就应用区块链技术助推社会治理社会化、法治化、智能化、专业化水平的提高，略陈浅见。

一、区块链技术的基本特点与发展前景

　　2017 年 5 月 26 日，国务院总理李克强致信祝贺 2017 中国国际大数据产业博览会在贵阳开幕。李克强在贺信中表示，当前新一轮科技革命和产业变革席卷全球，大数据、云计算、物联网、人工智能、区块链等新技术不断涌现，数字经济正深刻地改变着人类的生产和生活方式，作为经济增长新动能的作用日益凸显。

　　区块链是数据存储、点对点传输、加密算法等计算机技术的新型应用模式。区块链（BlockChain）的核心是分布式结构与去中心化。"块链"的意思，是把发生的每一笔交易信息依次安全且不可篡改地添加到文件末尾。笔者认为，由于区块链技术能够依次、完整、安全地做出不可篡改的记录，等于是各行各业人手一份的个人账本。为此延展"块链"的原意，尝试作出如下构想：一方面，可以把每一个人全生命周期的所有社会活动记录账本理解为，每个人全生命周期时间维度的记录，这是分布式的（似可称之为"小账本"）。当然，"小账本"所涉及的个人行为并非每一项都作出记录，但是，至少在目前，个人的身份证、银行卡、医保卡、交通卡等都对其活动作出了不可篡改的记录。另一方面，鉴于每个人与政府各部门、社会的各行各业发

生交互活动（也可以视为交易），交互活动情况记录在政府各部门、各行各业的数据库（似可称之为"大账本"）。如果能够在尊重和保障人权的基础上，在政府各部门、社会各行各业之间建立起"链联盟"（暂拟名），通过有效的程序和严密的规则，就可以把符合某种拣选条件的信息归集起来，生成满足某种特定需要的"活账本"。这种"活账本"对强化和优化社会治理是有极大价值的。例如，为统计分析某区域老年人的房产、财产、健康状态，并不需要费时费力地进行入户访问，只要把分别属于房地产交易中心、银行的记录数据和分散在相关医院的电子病例数据整合起来就可以完成。

区块链技术在社会治理中应用的最大前景是，实现每个人"小账本"与政府各部门、各行各业数据库"大账本"的安全链接，并确保"活账本"生成的安全可控。一方面，由于记录每个人社会活动的"小账本"和政府各部门、社会各行各业"大账本"记录是同步进行的，即便有人企图篡改也不可能同时篡改，所以这种链接又是安全的；另一方面，生成不同用途"活账本"的权力受到严格控制，"小账本"与"大账本"的链接是在严格规范条件下，在必要时有限制地进行的。这样做，就可以从根本上解决社会治理所需要的信息共享困难，也符合保护个人隐私的要求，符合"国家尊重和保障人权"的原则。

腾讯研究院徐思彦研究员认为：如果说互联网发展的前20年主要达成了信息的联通，那我们现在努力的方向就是更好的信息保真、信息共享、权限控制以及隐私保护。公共服务成了这一需求天然的场景，成了金融领域之外下一个重要的领域。虽然区块链最初诞生于一种反集权的构想，但从目前来看，政府在推动区块链发展方面有着极为重要的作用。多国政府对区块链都采取了明确的拥抱态度：英国、美国、中国、俄罗斯等国都已经陆续展开区块链政府建设的探索，在多个场景下尝试区块链在政府公共服务中的应用。表1转引自徐思彦的论文，介绍了世界各国将区块链技术应用于社会治理领域的概况，虽然应用的侧重点各不相同，但对我们颇有启发。

表1 世界各国将区块链在政府公共服务中的应用

区块链功能	应用领域	案例	开展试点国家
身份验证	身份	为居民建立区块链身份，提供出生证明、结婚证明、商务合同、公证等服务	爱沙尼亚、波兰
	安防	用区块链记录边境安防数据；用区块链记录非法移民	美国
鉴证确权	产权、土地登记	用区块链记录、追踪房产、土地交易	英国、瑞典、洪都拉斯、格鲁吉亚、巴西
	版权交易	中国版权局下属机构开始推进区块链版权交易	中国
信息共享	社会福利	用区块链记录福利支付，养老金兑换，减少社会安全诈骗；使用区块链实现精准扶贫	英国、中国
	公益	建立"区块链寻人"共享账本，连接公益机构，打破各公益平台的信息壁垒	中国
	海关、物流	用区块链技术记录交易装货清单，保护进出口货运公司免受诈骗银行之害	新加坡
	医疗保健	区块链将在临床实验记录、监管合规性、医疗/健康记录领域	美国、爱沙尼亚
透明政府	政府预算	用区块链实时同步政府预算监督系统	美国
	政府效率	为城市交易建立无纸化数字层，提高政府运营效率	迪拜
	竞选投票	用区块链记录公民对法律和政府选举的投票	美国、俄罗斯、西班牙

二、区块链技术可望在社会治理领域应用

党的十九大报告提出，加强基础应用研究，拓展实施国家重大科技项目，突出关键共性技术、前沿引领技术、现代工程技术、颠覆性技术创新，为建设科技强国、质量强国、航天强国、网络强国、交通强国、数字中国、智慧社会提供有力支撑。有资料介绍，联合国项目服务办公室（UNOPS）正在筹划一项改革风暴，研究联合国各部门在区块链上实行真正互通后的场景。目前，全球范围内区块链技术的商用竞争已经渐入高潮，区块链技术的政务应用研发也在趋热。区块链技术政府预算、海关监管、出入境记录、投票竞选、

公益活动、房地产交易、福利支付、养老金兑换、物流管理、医疗福利等方面的应用已经或正在起步。按照所有人的行为一旦发生就人手有一份记录，无法窃取也无法篡改的技术优势，区块链在社会治理中的应用前景广阔。

（一）社会治理亟待突破信息共享的瓶颈

党的十九大报告明确指出，中国特色社会主义进入新时代，我国社会主要矛盾已经转化为人民日益增长的美好生活需要和不平衡不充分的发展之间的矛盾。毋庸讳言，推进社会治理必须牢牢把握我国社会发展的阶段性特征，牢牢把握人民群众对美好生活的向往。改革开放 40 年至今，我国社会生产力水平迅速提高，科技实力不断增强，国际地位明显提升，人民生活显著改善，人民群众对美好生活的向往更加强烈，已经为社会治理的推进奠定了坚实的基础。值得重视的是，社会治理必须顺应人民群众对美好生活的向往，坚持以人民为中心的发展思想，以保障和改善民生为重点，发展各项社会事业，加大收入分配调节力度，打赢脱贫攻坚战，保证人民平等参与、平等发展权利，使改革发展成果更多更公平惠及全体人民。由于发展带来的利益矛盾凸显，人民群众对美好生活的需要呈现多层次、多样化、多方面的特点。政府在公共服务、公共管理、公共安全等方面尚有"短板"，与人民群众对美好生活的需要相比，与突出人的主体地位、提供精细化的服务相比尚有相当大的差距。

需要是向往和追求的动力，获得感来自需要的满足。当下人民的需要已经不仅仅是衣食温饱，而是美好生活。人民群众的需要不单是物质层面的得到，还有精神层面的享有，既有看得见的生活环境，也有看不见的民主氛围。就物质层面的获得感而言，主要是全国人民普遍感受到改革带来的物质生活水平的提高，但是，贫困地区、贫困人口依然存在，弱势群体的物质生活条件亟待改善，扶贫帮困的任务艰巨。就人民群众精神层面的获得感而言，也许存在的差距比物质层面的获得感还要更大一些。人民美好生活需要日益广泛，不仅对物质文化生活提出了更高要求，在民主、法治、公平、正义、安全、环境等方面的需要也日益增长。人民不断增长、不断上升的需要反映的是社会的进步和发展阶段的提高，具有客观性和成长性。原有的需要满足以后，新的需要又会自然生成，政府必须不断提高社会治理的能力。例如，每个人全面的健康发展是建立在每个人有梦想、有追求，同时活得更有尊严、更体面，能够公平公正地享受同等权利基础上的。我国已经明确了"健康入万策"的路径，提出了全方位、全周期保障人民健康的战略目标。而这一目标的实现不仅要关注个人遗传基因、生活方式对健康的影响，更要关注自然环境、产品质量、城镇化、社区、家庭等社会经济发展因素对健康的影响。而自然环境、产品质量、城镇化、社区、家庭等方面与社会治理的关系极为密切，社会治理虽然不能立竿见影地影响人民的健康水平，但良好的社会治理一定能够公平地配置资源，使得社会底层群众也能够享用优质的医疗服务。据报道，原国家卫生计生委官方数据显示，截至 2017 年 11 月底，全国家庭医生签约服务覆盖 5 亿人，全人群签约率达 35%，但"签而不约""为签而签"的现象也时有发生。良好的社会治理必须杜绝盲目追求家庭医生签约率，做到签约一人、履约一人，真正为人民群众提供具有获得感的服务。这就需要社会治理能够做到底数清、情况明、对策准，但我国目前的社会治理水平离"善治"的标准还有相当大的差距，所提供的服务有的属于"街头盆景"，缺乏可及性；有的属于"大锅饭"，缺乏个别化；有的属于"照单转发"，缺乏精准性。就整体而言，我国的社会治理正处在探索阶段，实际运行中的欠缺在所难免，但特别值得重视的是，社会治理面临信息互联互通难的瓶颈。如果信息共享的难题得不到解决，那么精细化的社会治理只能停留在宣示层面。在改革开放不断深化的背景下，人财物流动的频度和广度必定有增无减。在我国既有的户籍管理制度下，如何实现某一区域、某一时间点人口数量的准确统计，如何从人口正常活动中及时发现服务供给的需求，如何及时发现、有效管控个别人的异常行为等课题都在呼唤信息互联互通的实现。可以说，当前社会治理在实施过程中普遍遇到了如何维护公共秩序、提供有效服务、实现社会包容、支持创新创业等困难，应对挑战除了需要科学的制度设计外，还亟待强有力的技术支撑。

众所周知，准确的人口信息是实施所有管理的基础。而就一座城市而言，究竟有多少人口却时常是一个"说不准"的问题。据吴鹏森教授的研究，尽管上海市在探索"以房管人"方面作出了相当大的努力，实行了实有人口、实有房屋（称为"两个实有"）全覆盖管理，但却出现了"实有人口不实"的局面。在时间相差只有 4 个月的情况下，常住人口与实有人口的统计数据误差高达 200 多万。笔者并非据此批评"两个实有"的制度设计和实际操作，只是想说明社会治理必须采用"制度+技术"的模式。科学技术发展到今天，已经成为高度分化而又深度合作的复杂大系统。科学技术一方面推动了社会的进步，一方面又产生了大量的社会风险，防范与化解社会风险的力量在于制度与技术的深度合作。视频监控、传感器等以及大数据分析等软件在社会治理中的应用就是鲜明的例证。为此，社会治理一方面应当不断优化制度设计，另一方面必须积极审慎地引进当代最新科技成果。从一定意义上说，这也是"两手抓"，应当"两手都要硬"。

我国工业和信息化部信息化和软件服务业司副司长李冠宇认为，"区块链的应用已经从数字资产延伸到经济社会多个领域，投资、IT、金融等各类机构开始重视并且参与到区块链技术的应用探索中来。国内外先后成立了各种类型的区块链产业联盟，联合开展区块链技术应用和研究。未来区块链将加速向物联网、智能制造等领域延伸，运用前景广阔。"据《新京报》报道，国内众多企业已经纷纷开始试水区块链领域，国内不少银行也已经参与其中了。五大行已将区块链技术应用到扶贫、国际贸易、住房租赁平台、电商供应链、雄安新区服务场景等领域。笔者同时认为，区块链技术在社会治理领域的应用大有可为，包括但不限于以下方面都是区块链技术的"用武之地"。例如，志愿者在不同地点、不同时间从事志愿活动的累计记载与评估；帮扶活动中为求助者与施助者实现"配对"，对帮扶活动作出即时记载；捐赠者所捐赠款物的最终去向、为谁所用及使用效果、后续捐赠的记载；在动态活动中，发现具备某些条件的人才或者具有某种嫌疑的人员；等等。

（二）社会治理需要整体化、精准化、参与式"三位一体"

科学技术高度分化的主要标志是学科分类越来越细，在分工越来越细密的同时，整合力量必定出现。这里所说的"整合力量"无疑包括制度与技术两个方面。如果我们继续用"行业分工""部门职能"的思路实施社会治理，无论投入多大的人力物力都不可能得到理想的效果。笔者同意张海波教授的观点，中国的社会治理面临三大难题：一是"数据孤岛"问题，二是"原子化个体"问题，三是社会自治参与不足的问题。破解的对策是实现社会治理的整体化、精准化、参与式。

"实际上，整体性治理、精准化治理、参与式治理都是治理的应有之义。不管治理的概念如何界定，其基本含义都是多元主体之间通过互动实现利益的共享。因此，整体性治理强调的主体的多元化、精准化治理强调的利益的多样性、参与式治理强调的主体之间的互动性，原本都在治理概念的内涵之中。"目前在我国，购买飞机票、火车票、长途汽车票都需要提交身份证件，人脸识别系统已经在检票环节中应用，城市的公交卡以及公共交通站点的图像监控所采集的信息已经具备记录人员行动轨迹的能力，图像识别系统已经能够即时发现人的异常行为。正在蓬勃发展的人工智能也正在期盼得到更多的大数据支撑。只不过迄今为止，"数据孤岛"依旧，"各归各"采集的信息高度分散，缺乏能够全面、即时、安全整合各类信息的制度和技术。针对外来人口中有一部分人行踪多变，工作、住所、纳税、缴纳社保均不稳定的情形，如果能够以身份识别为基础，把每个人活动的"小账本"，与其购房、租房、出行、就业、就医、就读、使用银行卡、支付等环节的"大账本"信息实现链接，社会治理的许多难题就可以取得突破。

新技术层出不穷，技术的更新令人目不暇接，正在进行的和未来的探索都必须依托技术创新与服务创新这两个强力驱动引擎。首先，要有强烈的服务意识，政府的所有工作都要真正以人民为出发点和落脚点，一切从为人民谋利益出发，而不是搞形式主义、做表面文章。其次，必须清醒地认识到，新技术的应用必须建立在十九大报告提出的"突出关键共性技术、前沿引领技术、现代工程技术、颠覆性技术创新"的基础上。这些技术的创新将构成数字经济时代新的基础设施（基础信息设施）的关键技术和核心技术。关键技术和核心技术的创新既是中国未来经济发展提供高效公共服务的前提，更关系到中国的网络安全、经济安全和国家安全。在市场条件下，商家出于竞争的需要，对应用新技术的积极性是自然形成的。新技术的政务应用则可能因为涉及部门权力的重新配置而"悄悄地"产生阻力，为此，区块链技术应用于社会治理的突破点首先是强化法治政府的建设。笔者同意郑磊教授的观点："数据是原始的一手的记录，不经过加工解读的，而信息是经过加工解读被赋予意义的数据。"对政府数据的开放与政府信息的公开相比，应当更加大胆和坚决。例如，个人婚姻状况的数据源头是民政局的婚姻登记与法院的离婚判决，有什么必要不公开呢？进入政府管理系统的个人婚姻状况被"保密"，不仅为重婚提供了方便，还增加了当事人请求政府出具"证明"的麻烦，实在是劳民伤财的蠢事。

习近平总书记告诫我们："过不了互联网这一关，就过不了长期执政这一关。互联网是我们面临的'最大变量'。"以浙江省推动的群众和企业到政府办事"最多跑一次"的改革为例，从制度层面看，无疑是政府的自我革命，是以政府各部门信息互联互通的"加法"换取群众负担降低的"减法"；从技术层面看，无疑是政府各职能部门从整体上实现了信息共享。在"信息多跑路、群众少跑腿"的背后，无疑是"制度+技术"的深度合作。"大数据的一个显著特征是将社会生活中的各类事物数据化，同时将分布于不同领域、网络、系统、数据库内的各类数据整合在一起，从而挖掘出其中有价值的信息。为了尽可能保证信息挖掘的准确性，开放、流通、透明成为大数据利用的必然要求。"大数据技术是从海量的、碎片化的、看似没有任何价值的信息流动之中，通过机器学习等方式进行挖掘、梳理，在发现相关性的过程中实现利用价值。如果没有实实在在的服务意识，打破部门壁垒、数据壁垒、信息壁垒，实现群众、企业办事便捷顺畅，就只能停留在口头上。如果没有公开化、可视化、海量化的大数据流动，相关性分析就会"英雄无用武之地"。

(三) 贵阳等地已经先行先试启动"身份链"探索

据《21世纪经济报道》，全国首个区块链产业园区落户杭州西溪谷互联网金融小镇，吸纳蚂蚁金服、网商银行、支付宝等一批知名互联网金融企业入驻。2018年，杭州市政府工作报告中已经写入区块链，标志着区块链的新技术将成为杭州支持的下一个重点。政府提出的"打造区块链之城"的决策告诉我们，区块链技术在社会治理的应用已经进入"办事日程"。当前比较一致的共识是，区块链在公共服务领域的应用主要围绕四个类型开展：身份验证、鉴证确权、信息共享以及透明政府。2016年12月31日，贵阳市人民政府新闻办公室正式发布了《贵阳区块链发展和应用》白皮书。2017年6月28日，市委副书记、市长刘文新主持召开专题会议，研究推动区块链发展应用，强调要坚持以政用带动商用民用，先行先试、领先领跑，率先在"身份链"应用上取得突破，用区块链技术为社会治理现代化提供科技支撑，快一步推进大数据战略行动，加快打造创新型中心城市。显然，从区块链技术到"身份链"概念的提出，不仅是认识上的细化、深化、具体化，而且是技术应用路径的清晰化。"身份链"作为一个新的概念，在国内外的区块链技术应用中都是创新性的探索。基于区块链技术建立的"身份链"，是从身份识别入手整合大数据、人工智能等技术，构建可信数据生态、实现原数据保护下的多方数据协作、形成数据价值的确权与权益分配的社会治理新格局，为实现精准治理、精准服务提供技术支撑。据报道，贵州远东诚信管理有限公司的"身份链"项目，已经提出了解决方案。该公司邓明玉先生向记者介绍，多方共同维护、数据不可篡改的身份链体系，对社会治理中的各类行为准则、社会操守、村规民约等机制提供技术手段和基础设施，形成对社会治理工作的有效补充与支持。

另据《珠江时报》报道，当大家习惯了用身份证来证明"我是谁"之时，禅城区又率先探索用数据信息替代身份证，解决虚拟网络空间的身份确证的痛点。2017 年 6 月 22 日，禅城区发布 IMI（我是我）身份认证平台等基于区块链技术的创新应用成果，禅城成为全国首个探索区块链政务应用的县区。显然，用身份证件与持证人结合证明"我是我"的传统方法向使用数据信息替代身份证转变，必须深度整合充足的数据信息，前提是有效打破职能部门之间的非密信息壁垒，推进人联网、物联网、事联网"三网合一"。分散、孤立的数据只是一种"自由"的资源，将分散、孤立的数据按照一定要求整合起来，"自由"的资源就变成了强大无比的力量。谁掌握了数据，谁就掌握了主动权。数据整合不仅是一场技术革命、一场经济变革，也是一场国家治理的变革。

（四）社会治理精准化需要技术创新的推动

习近平总书记指出："市场换不来核心技术，有钱也买不来核心技术"，"核心技术是国之重器，最关键最核心的技术要立足自主创新、自立自强"。笔者认为，尽管区块链技术目前应用的重点在金融行业，但区块链适合高价值、高敏感性、高安全场景的特性与社会治理中涉及每个人的安全以及隐私权保护等要求是契合的。区块链技术在社会治理中的应用既大有可为，也亟待探索。特别是，社会治理的升级增能在很大程度上取决于政府自身改革的实际效果。法治政府的建设既需要内生动力，在客观上也需要技术创新和服务创新的外力推动。郑磊教授认为："政府应从供给导向转向需求导向，从政府自身视角出发盲目地开放数据，转变为从公众视角出发有针对性地开放数据。"区块链技术在监督政府预算、提高政府工作透明度等方面的作用，也有利于提高社会治理社会化、法治化、智能化、专业化水平。

目前，政府各部门、各行各业都有自己的数据库，由于数据库都具有"利我限他"的特性，信息共享的实现需要先进技术的推动。区块链本质上是注重安全和可信度胜过效率的一项技术，它能够让区块链中的参与者在无需建立信任关系的前提下实现信息共享。换句话说，区块链技术是一个全民参与记账的方式，它带来的是记账方式的革新，如何按照既定的规则，在必要时实现每一个人的"小账本"与政府各部门、社会各行各业"大账本"的链接，且保护好个人隐私不受侵犯，还需要技术的创新和服务的创新。形象地说，要求任何一位教授准确地报出自己拥有多少科研成果、已经缴纳了多少税款、曾经多少次外出讲学都需要耗费大量的时间和精力。如果利用区块链技术，瞬间就可以"按需报账"，甚至可以追踪教授在校园内的活动轨迹。这是因为教授对自己的所有活动都有一本"小账本"（只不过不一定去有意识地记录而已），而在科研管理、税务管理等部门还有随时记录的"大账本"。区块链技术进行的"账本记录"提供的是不可篡改的电子证据验真记录。在保障数据流通、整合可信任和安全的前提下，电子数据的瞬间流转归集，就会形成具有各自用途的"活账本"。

基于区块链技术的不可篡改、可追溯性等特点，运用区块链技术推动政府信息公开，既能加快信息共享的步伐，还能够保障政府部门之间的数据开放安全。笔者赞同肖风博士的观点："任何不能共享的东西都不是区块链，共享体现在两个层次：第一，是所有的参与方一个账本上共享所有的账目信息；第二，是多种信息、多种事务同时在账本上共享。"实现信息共享，并不是取消"各管各"的账本，而是在区块链分布式账本上，资金、信息、物流、设备运行等数据在严格规范下共享，进而生成具有特定用途的"活账本"。鉴于区块链技术本身还处于生长初期，有关链接技术的突破与链接规则的探索必须齐头并进。形象地说，消除数据壁垒，并不是取消数据库所有者对数据库的管理功能，而是在不同数据库之间架起或固定，或临时，或长期性，或一次性的沟通桥梁，实现信息在无需第三方管理条件下的安全共享。

三、探索区块链技术在社会治理领域应用的建议

习近平总书记多次对中国互联网事业作出重要指示：网信事业要发展，必须贯彻以人民为中心的发展思想；依法加强网络空间治理，加强网络内容建设；必须突破核心技术这个难题，争取在某些领域、某些方面实现"弯道超车"。弯道超车是一种形象的说法，也是一种高难度的操作，既要有敢闯、

敢干、敢担当的勇气，也必须有扎实推进、务求实效的科学态度。以下建议，仅供参考。

（一）选准区块链技术社会治理应用的突破口

在互联网条件下，没有信息的安全链接就不可能实现信息的安全共享。近年来，我国信息共享虽然有所进步，但在整体上还不尽人意，其中原因之一是惟恐在信息安全方面出问题。过去我们重视的主要是信息控制权，而就未来而言，更为重要的是信息链接权。在技术层面，只要能够实现政府各部门、社会各行各业的"大账本"的有规则联通，在需要时把个人的"小账本"与政府各部门、社会各行各业的"大账本"相链接，安全的信息共享就可以实现。如何把政府各部门、社会各行各业的"大账本"联通起来，在必要时实现与每个人"小账本"的链接，也许正是区块链技术未来的发展方向，也契合培育企业与公民诚信意识的需要。

贵阳市在区块链技术上选择了以身份识别为突破口，虽然此举有可能成为中国自主区块链技术在社会治理领域应用的里程碑，但各地进行突破口选择依然应当保持清醒的头脑。据悉，针对失信主体，上海现有三个并非互通共享的数据库：一是金融行业的征信系统，二是市政府发改委公用信用信息服务平台，三是人民法院系统掌握的失信执行人名单。为此笔者建议，上海可以选择严重失信主体的信息共享作为区块链技术应用的突破口。鉴于失信主体会刻意规避监管，甚至藏身于隐蔽之处，失信主体的行踪信息实现共享后，技术管控上的其他难题就可以迎刃而解。

（二）采取有限突破的策略保护好公民合法权益

2018 年 1 月经中央深改组审议通过的《科学数据管理办法》已经由国务院办公厅正式印发。《科学数据管理办法》明确规定，对涉及国家秘密、国家安全、社会公共利益、商业秘密和个人隐私的科学数据，不得对外开放共享；若确需对外开放的，要对利用目的、用户资质、保密条件等进行审查，并严格控制知悉范围。目前，区块链技术还处于生长初期，自身的成熟度还不高。在某门学科或某项技术的生长阶段，积极寻找新的生长点进行攻关是经济高效的，但也要采取审慎、渐进的策略。鉴于社会治理涉及社会生活的各个方面，区块链技术在社会治理中的应用的空间很大，为了有效控制"试错"成本，不宜在大范围内进行应用的实践，以便集中精力突破一点、纵深推进。

选择失信主体信息共享作为上海区块链应用的突破口，可能是一条捷径。同时，失信主体也应当享有"被遗忘权"。上海交通大学凯原法学院何渊副教授最近提出："在数据消亡阶段，有关部门应通过行政立法的方式规定不同类型的政府数据必须删除的最长时间，需要政府通过法律或行政法规的方式正式赋予公民'被遗忘权'。否则，在大数据时代，我们不仅成为了'透明人'，而且我们还成为了'不会忘记的人'。"这一提醒对区块链技术应用的研究也具有参考价值。在规则制定还不成熟的阶段，不宜过急地将区块链技术的应用全面铺开，以免造成公民个人数据过度暴露和个人隐私权受到侵害。

（三）在技术开发中为保护公民权利应当规则先行

约翰·奈斯比特说过："每当新技术被引进社会，人类必然会产生一种要加以平衡的反应，也就是说，产生一种情感，否则新技术就会遭到排斥。技术越高级，情感反应也就越强烈。"来自腾讯研究院的司晓院长认为："设定AI行业的统一规则是很有必要的。如果没有规则，或者某些企业自己设定一个规则，那么产业是无法发展的。在遇到新技术时，以往的方法是技术先发展，等到技术成熟之后再制定规则，但是对于AI，可能要规则先行。"这一提法有借鉴意义。区块链技术在社会治理中的应用涉及公民隐私权保护等诸多法律问题，尤其要防止区块链技术的应用造成人人自危的错觉。要特别注意信息拣选、链接、归集规则的探索。例如，允许链接与不允许链接边界的划定，什么情况下什么人的动态信息可以拣选、链接、归集等都是涉及公民权利保护的"敏感问题"。技术创新与规则探索必须同步进行，在涉及公民权利保护时应当实行"规则先行"原则。在立法条件还不成熟时，政府应当在探索中提出"指导性意见"予以规范，并在实践中不断总结经验，强化规范力度。

（四）区块链技术应用与人权保护必须并驾齐驱

中国信息通信研究院安全研究所数据安全研究部刘明辉先生认为："大数据技术应用使隐私保护和公民权益面临严重威胁。大数据场景下无所不在的数据收集技术、专业多样的数据处理技术，使用户很难确保自己的个人信息被合理收集、使用与清除，进而削弱了用户对其个人信息的自决权利。同时，大数据资源开放和共享的诉求与个人隐私保护存在天然矛盾，为追求最大化数据价值，滥用个人信息几乎是不可避免的，使个人隐私处于危险境地。"的确，当从政府各部门、社会各行各业所拣选的数据归集到某一个自然人的名下时，进行深度关联分析、挖掘就易如反掌。由于"数字歧视"等显失公平性的问题很难及时被当事人发现，且即使发现也很难找到证据，如何维护公民合法权益的问题必须提上议事日程。总的原则应当是，链接技术突破与链接规则探索必须齐头并进。技术创新不能冲击公民合法权益保护的底线，服务创新要为公民合法权益保护提供保障。

（五）热诚欢迎企业提供区块链技术应用研发成果

区块链是未来智能时代的重要应用技术。从远期的发展看，区块链技术有望在公共服务、公共管理、公共安全等方面大有作为。政府应当站高望远、前瞻谋划、统筹协调，以早动争主动。但一般而言，企业会对新兴技术的应用更感兴趣，区块链技术商业应用的浪潮可能很快到来。技术研发是不可能"关门"进行的，全球的企业随时都可能公布其区块链技术应用的研发成果。对此，政府应当诚挚欢迎。如果是商用成果，我们要从中找到可借鉴的思路；如果是政用成果，更要虚心学习，择优为我所用。

（原载《上海政法学院学报》，2018 年第 3 期）

"统一店招"看起来是为民"办实事"，为何商家和顾客却不领情呢？

在今年上海两会上，有关"统一店招"的问题引发了代表委员的热议。近年来，有的城市为了确保安全和改进市容市貌，已经和正在实施"统一店招"工程。所谓"统一店招"工程，是指由政府出资、统一设计、免费制作安装商店招牌。"统一店招"，从初衷来说应当是好的，主要是为了提高城市形象，美化市容市貌。但在实际操作中，却引发不少争议，很多时候也没有得到商家和市民的理解，被一些人调侃为城市"美学泥石流"。某地曾在网上做过调查，80%的网友认为，"统一店招"难以辨认，毫无生气，失去了各店特色。甚至有网友直言，店与店之间毫无个性，就像 80 岁的老太太和 18 岁的小姑娘穿着一样的衣服，让人遗憾。

"统一店招"引起争议，不光是美学问题，更值得探讨的是其背后所反映的政府与市场的边界问题。去年 9 月，李克强总理在国务院常务会议上强调，"该放给市场的就要放足放到位，该政府管的管好管到位。"显然，政府对市场绝不能放任不管，也不能越俎代庖，必须明确政府应该管什么和如何管好管到位。

"统一店招"的做法似乎也有几分为民"办实事"的味道，但是，为什么往往得不到商家和顾客的肯定呢？从法律意义上说，店招是无声的"吆喝"，设置店招是商家为招徕顾客所采取的经营措施，不设置店招也是应当允许的。设置者必须对店招的安全性和内容的合法性负责，政府以一定的程序进行前置审查是必要的，而监管工作的重点和难点主要是在事中和事后，即店招设置以后应该怎么管。"统一店招"看起来似乎解决了事中、事后监管，但是简单化地搞"统一设置"，往往事与愿违。政府应当反思的是，店招与店堂陈设都是不出声的"叫卖"行为，如果某家商店的店堂陈设文化水准低下，政府是不是也要为其"统一"陈设呢？或许大家还记得，在改革开放之前，我们也曾经有过不少令人哭笑不得的"统一行动"，甚至人们的衣服也只有"黑白灰+军装绿"几种色彩。时至今日，再搞"统一店招"，也许就像要求市民穿统一色彩的衣服、背统一样式的包包一样，让人难以接受。

在法律法规方面，上海已经在 2013 年 6 月 21 日颁布了《上海市户外招牌设置管理办法》，地方标准《户外招牌设置技术规范》也从 2016 年 6 月 1 日起实施。从管理办法和技术规范的规定看，设置店招必须是经营人向市容和绿化管理局提出申请，经批准后设置。政府出钱出力"统一店招"是用实际行动取代了商家的申请者、设置者地位，完全是越俎代庖，甚至有违法之嫌。

也许有人会说，统一设置规范店招，不仅是对市容市貌的提升，更是为了减少安全隐患。但问题是，当沿街商户自己设计制作的个性化店招被强行拆除，换上具有同一尺寸、同一底色、同一装饰的店招，就一定能够确保安全吗？政府"统一店招"的做法，随之而来的是安全责任的落实。《上海市户外招牌设置管理办法》明确提出了"谁设置，谁负责"的原则，并就设置店招申请人的权利义务作出了明确的规定。店招设置在商店外墙立面上，在风吹、日晒、雨淋的作用下，锈蚀、老化到一定程度就必然发生脱落、坠落。政府统一设置的店招一旦脱落，责任由谁承担呢？

市场经济不是搞无政府主义，政府的职能是必须履行的。1997 年，世界银行在其《世界发展报告》中将政府的核心功能概括为五项最基本的责任：第一，确定法律基础；第二，保持一个未被破坏的政策环境，包括保持宏观经济的稳定；第三，投资于基本的社会服务和社会基础设施；第四，保护弱势群体；第五，保护环境。我国经过多次政府职能改革，形成了现在的四大职能，即经济调节、市场监管、社会管理和公共服务。"统一店招"显然无法纳入四项职能之中。

商家设置的店招在安全、美观方面存在问题，政府的责任是依法监管，而不是"大包大揽"。有效防范、化解、管控各类风险，必须不断提高维护公共安全的能力和水平。其中，首要与关键都是政府带头守法。以"统一店招"为例，即便是街道财政出资统一设置店招，也有"既当裁判员，又当运动员"的嫌疑。"统一店招"不仅在文化上有违"百花齐放"方针，也在法律层面留下了隐患。一旦"政府出资、统一设计、免费安装"的店招出现安全事故，责任的落实就会出现争议。假设"被设置"者提出，"设置时我对结构设计、材料选用、施工质量并不知情，设置后无法由我承担责任"，事情就很可能陷入僵局。

如何在实现精细化管理的同时提高社会活力，这是未来上海城市管理和社会建设的主要任务之一。更好发挥政府作用是社会主义市场经济的应有之义，目的是实现市场这只"看不见的手"与政府这只"看得见的手"之间的合理分工和协调发挥作用。在现代市场经济条件下，政府在加强市场监管的同时，应更加注重加强社会管理和公共服务。政府职能转变是政府管理机制改革的核心内容，其中任务之一是明确政府发挥作用的职责边界，不断提高行政管理的效率和效能，推进市场监管制度化、规范化、程序化、智能化。只有科学界定好政府的职能，才能更好地促进经济社会的发展和人民生活水平的提高。

进一步说，正确处理好政府与市场、企业、社会的关系，也是更好发挥政府作用的内在要求。长期以来，政府管了许多不该管、管不好、也管不了的事情，存在"越位""错位""缺位"等问题。"越位"表现在没有摆正政府在发展、建设中的位置，逾越了市场经济条件下政府与企业、与市场、与社会之间应有的边界，承揽了一些管不了也管不好的事项；"错位"表现在政府还沿袭着计划经济体制下政府行为的惯性，管理方式落后，市场意识淡薄，甚至违背已经生效的法律法规作出行政决定；"缺位"的主要表现是政府在应该承担的市场监管、社会管理和公共服务等领域没能尽到责任。

党的十九大报告强调"全面实施市场准入负面清单制度，清理废除妨碍统一市场和公平竞争的各种规定和做法"。实行市场准入负面清单制度，意味着将监管关口后移，由事前审批更多地转为事中事后监管，通过动态的、全流程的风险监测与管理，切实把该管的事管好，使市场既充满活力又规范有序。从这个意义上说，对店招的监管是对政府治理能力的一次考验。办法不是没有，比如，随着物联网技术的推广，完全可以把店招纳入物联网的全天候、全方位监管之中，实现智能化的管理。"放管服"改革是一门大学问，需要我们在实践中不断探索和纠偏。

（原载《上观新闻》，2019年2月1日）

监管店招，不可越位和错位

近年来，有些地方开始实施"统一店招"工程，主要目的是提升城市形象、美化市容市貌并确保公共安全。但在实际操作中，这一做法也引发了争议。

"统一店招"的背后，折射出政府与市场的边界问题。1997 年，世界银行在《世界发展报告》中将政府的核心功能概括为五项基本责任：第一，确定法律基础；第二，保持一个未被破坏的政策环境，包括保持宏观经济的稳定；第三，投资于基本的社会服务和社会基础设施；第四，保护弱势群体；第五，保护环境。我国经过多次政府职能改革，基本形成了四大职能，即经济调节、市场监管、社会管理和公共服务。一个基本的共识是，市场经济不是搞无政府主义。政府既不能放任不管，也不能越俎代庖，而要明确管什么以及如何管到位。从法律上说，店招是无声的"吆喝"。设置店招是商家为招徕顾客所采取的经营措施，设置者必须对店招的安全性和内容的合法性负责。由此，政府以一定的程序进行前置审查是必要的。而统一设置店招，则有"既当裁判员，又当运动员"的嫌疑，并在法律层面留下隐患。一旦"政府出资、统一设计、免费安装"的店招出现安全事故，责任的落实难免会出现争议。

从城市管理的角度来说，如何在提升精细化管理水平的同时保持市场活力和社会活力，是一个不容忽视的现实课题。坦率地讲，一些城市管理部门曾经管了许多不该管、管不好、也管不了的事情，存在"越位"、"缺位"和"错位"等问题。"越位"表现在没有摆正在发展、建设中的位置，逾越了市场经济条件下政府与企业、市场、社会之间应有的边界；"缺位"主要表现为政府在应该承担的市场监管、社会管理和公共服务等领域没能尽到责任；"错位"表现在沿袭传统惯性，管理方式落后，市场意识淡薄，甚至违背法律法规作出行政决定。

　　党的十九大报告强调，全面实施市场准入负面清单制度，清理废除妨碍统一市场和公平竞争的各种规定和做法。实行市场准入负面清单制度，意味着将监管关口后移，由事前审批更多地转为事中事后监管，通过动态的、全流程的风险监测与管理，把该管的事管好，使市场既充满活力又规范有序。从这个意义上说，对店招的监管是对城市精细化管理的一次考验。对此，更好的解决办法不是没有。比如，随着物联网技术的推广，是否可以把店招纳入物联网监管之中，实现智能化管理。

　　　　　　　　　　　　（原载《解放日报》，2019 年 2 月 12 日）

用协商民主推进具有中国特色的
民主制度建设

    《中共中央关于全面深化改革若干重大问题的决定》指出，畅通民主渠道，健全基层选举、议事、公开、述职、问责等机制。开展形式多样的基层民主协商，推进基层协商制度化，建立健全居民、村民监督机制，促进群众在城乡社区治理、基层公共事务和公益事业中依法自我管理、自我服务、自我教育、自我监督。健全以职工代表大会为基本形式的企事业单位民主管理制度，加强社会组织民主机制建设，保障职工参与管理和监督的民主权利。发展基层民主是一个内容极为丰富的课题，限于篇幅，本文只讨论如何开展形式多样的基层民主协商，推进基层协商的制度化建设。

    我国《宪法》对我国实行民主制度有一系列的规定，最经典的规定是："中华人民共和国的一切权力属于人民。人民行使国家权力的机关是全国人民代表大会和地方各级人民代表大会。人民依照法律规定，通过各种途径和形式，管理国家事务，管理经济和文化事业，管理社会事务。"这一规定具体规定了人民可以"管什么"和"怎样管"，但在具体落实中还有许多问题需要解决。2014 年 9 月 21 日，习近平主席在中国人民政治协商会议成立 65 周年大会上说："民主不是装饰品，不是用来做摆设的，而是要用来解决人民要解决的问题的。中国共产党的一切执政活动，中华人民共和国的一切治理活动，都要尊重人民主体地位，尊重人民首创精神，拜人民为师，把政治智慧的增长、治国理政本领的增强深深扎根于人民的创造性实践之中，使各方面提出的真知灼见都能运用于治国理政。"当前，我国发展站到了新的历史起点上，中国特色社会主义进入了新的发展阶段，用协商民主推进具有中国特色民主制度的建设具有特别重要的意义。

民主既是人类社会的一种自然历史过程，又绝不是能够"自然而然"实现的，民主制度的建设必然遇到重重阻力。民主制度的建设需要一定的经济基础，也需要付出相应的成本。民主成本主要由制度成本、时间成本、实行成本、机会成本、风险成本等构成，在专制体制下的一个人说了算，其时间成本显然是最低的，发挥"智慧在民间"的作用至少需要耗费较多的时间。当然，搞"群言堂"也不是无休止地争论，民主制度建设就是要在科学决策与降低成本之间找到平衡点，既减少民主进程中的阵痛和动荡，又能够不失时机地推动发展。指出民主成本，不是用民主的成本遏制公民的民主参与，而是要正视民主成本的正当性和合理性，广泛促进公民的有序政治参与。特别是，民主一定是以说真话、讲诚信、守规则为基础的，如果不说真话、不讲诚信、不守规则，必然陷入弱肉强食的丛林法则。一方面，说真话、讲诚信、守规则需要教化、训练和日积月累的养成；另一方面，说真话、讲诚信、守规则一定有一个"在游泳中学会游泳"的过程，公民的有序政治参与也有一个学习实践的过程。而且，政治参与的有序性只有在参与的过程中才能实现。如果以"有序"为借口，设置种种障碍限制公民的参与，或者冷漠对待公众参与，公众参与就一定会无序化。党的十八届三中全会报告提出"在党的领导下，以经济社会发展重大问题和涉及群众切身利益的实际问题为内容，在全社会开展广泛协商，坚持协商于决策之前和决策实施之中"，既是规定了应当在全社会开展广泛协商的任务，也明确了"坚持协商于决策之前和决策实施之中"的具体要求。但"如何进行协商"似乎是微观操作问题，而实际上亟待程序性的保障。

对于究竟什么是民主，中国应当搞什么样的民主，在理论上是有争议的，但是，基本的共识也已经显示，协商民主是符合中国国情最有效、最稳健的民主形式，应当坚定决心，逐渐推进。笔者同意这样的观点："虽然选举、参与、自治都重要，但对中国而言最有效的应该是协商民主。协商政治是中国最古老的一种政治传统，也是一种一以贯之的文明基因。不仅如此，中国共产党本身的革命和建设经历都充分体现了协商原则，如政协、统一战线、群众路线。协商民主既有中国历史的文化传统，又有执政党的实践基础，我们才说它具备文化基础、理论基础、实践基础和制度基础。为此，十八届三中全会决定推进全方位、多层次、全过程的协商民主，之后又具体指出实行政党协商、政府协商、人大协商、政协协商、群团协商、基层协商和社会团体协商。协商民主真正实现制度化、有效化运行，民主与集中之间的关系就趋于动态平衡了。"众所共知，基层的不稳定因素多数都与决策失误有关，民主决策虽不能保证所有决策都是"最好的"，但一定能够防止"最坏"决策的合法化。笔者的具体建议是：

一、自我革新"小步快走"在实质意义上渐进推进民主协商

对于推进协商民主的制度建设，有的人士认为难点是我国缺少民主的基础，老百姓不会享用民主。这其实至多只说对了一半，另一半的问题是领导干部抓自身的改革不足，躬下身子进行的民主制度探索更少。据上海市社会工作党委联合复旦大学市场调研中心在 2016 年 5 月的调查，18~39 岁的年轻人中，有 70.8% 的居民认为居委会的工作方式很老套，需要与时俱进；61.9% 的居民表示从来都没有参加过居委会组织的任何形式的活动或者会议。这里所说的"工作方式很老套"，无疑是指计划经济时代的"老一套"，基层民主实践不足才是我国群众民主能力不强的根子。一方面民主也有类似于"在游泳的过程中学会游泳"的特征，民主活动的参与者也需要学习和适应；另一方面权力的掌控者一定要有自我革新的姿态，变居高临下的"管理"为平等的沟通协商，真正学会用民主的方法服务人民群众。仍以居委会为例，如果居委会的工作时间"机关化"，工作方式"老旧化"，客观上就无法吸引年轻人参与社区民主协商。居委会固守 8：00~16：00 的工作时间，无法与"上班族"的闲暇时间对应，造成了居委会只能联系老年人群的窘境，不从自我改革做起是不可能改变局面的。

所谓协商，是参与各方在平等自愿的基础上，就共同关心的问题进行面对面的对话与讨论，以便取得一致意见。因此，协商参与主体应避免两种情况。一是协商主体不平等，各方难以充分地、坦诚地交流；二是协商受到参与人选择、时间限制等因素未能在实质意义上进行，协商的质量难保证。显然，主持人对参加协商的人员及其数量、不同意见的陈述时间等方面都存在选择性，但是，选择的标准应当是有利于民主，而不是有利于专制。民主协商必须是实质意义上的协商，而不是象征性的协商。显然，基层协商民主的运行机制需要完善。基层协商民主的运行机制主要围绕在哪协商（组织形式

和平台）、谁来协商（协商成员如何产生）、协商什么（协商议题如何产生）、如何协商（协商程序如何确定）、协商结果如何运用等问题展开。若缺乏有效且成本低的运行机制，基层协商民主就很难运行。为此，一是要拆除"凭什么我与你协商"的不公平地位；二是要破除"提意见就是找麻烦"的陋习，用民主协商提供社会稳定和经济发展的良好环境；三是防止民主协商"走过场"或者只是找几个观点相同的人"自娱自乐"。在领导干部中，对民主协商的"不敢"与"不会"都有存在，必须采取坚决的措施、坚定的步骤，在实质意义上推进民主协商，也让领导干部在协商的过程中学会协商。

领导干部对民主协商也有学习和适应的过程，强调渐进是正确的，但是，渐进的前提和实质都是前进而不是作假，"走形式"的民主协商只能玷污民主协商的形象。至少要选择一些关乎群众切身利益的事项认认真真地公开协商，不片面追求"一致通过率"。

二、政府信息公开才能做到矛盾纠纷存量与增量"双减"

目前，我国正处于社会转型期，也是各种社会矛盾和敏感问题的多发期。这一判断是正确的，紧接着的问题是我们不能面对矛盾纠纷多发而消极被动地"维稳"，通过努力使得社会矛盾纠纷存量与增量都有所减少，是我们义不容辞的责任。2016年2月，中共中央办公厅、国务院办公厅印发《关于全面推进政务公开工作的意见》（以下简称《意见》），部署全面推进各级行政机关政务公开工作。《意见》指出："公开透明是法治政府的基本特征。全面推进政务公开，要坚持以公开为常态、不公开为例外，推进行政决策公开、执行公开、管理公开、服务公开和结果公开，推动简政放权、放管结合、优化服务改革，激发市场活力和社会创造力，打造法治政府、创新政府、廉洁政府和服务型政府。"我们应当承认，我国的政府信息公开已经取得明显成效，但离党和群众的要求还有相当差距。迄今为止，政府信息公开平台在很大程度上还是行政命令的执行者，而不是公共服务的提供者和保障者，"为信息公开而信息公开"的倾向还时常可见。政府生怕自己工作的瑕疵被曝光，往往有选择地公开"正面信息"，刻意遮蔽所谓的"负面信息"。这类以涉及"保密"等借口遮蔽本应当公开的信息，实际上就是减小了公众对政府信息的"能见度"，扩大了公权力运作的自由度，加大了民众实施监督的难度。正如肖卫兵教授直言："《政府信息公开条例》作为支撑我国政府数据开放的重要立法，虽然在出台初始十分强调其有助于政府数据开放后的再利用，但是在条例实施过程中，这种原初认识却未能得以实现。这其中最为主要的原因是政府信息公开制度设计方面的缺陷。未来有必要通过修改政府信息定义、主动公开标准和政府信息公开例外等规定，助力政府数据开放，进一步建立和完善政府数据开放机制。"

笔者认为，化解矛盾的最好办法是平等的沟通交流，处理官民之间的纠纷更应当以公开促公平。例如，前些年上海因为居民房屋的动拆迁引发了大量矛盾，而在实行以"两次征询"为主要内容的"阳光征收"之后，矛盾的发生量明显减少。由此看来，"上访老户"的化解也需要通过不断加大政府信息公开的力度，接受群众监督，努力做到过程全透明、结果全公开、政策前后一致，这样才能达到长治久安的目标。习近平总书记在中央全面深化改革领导小组第十次会议上的重要讲话中要求我们"把改革方案的含金量充分展示出来，让人民群众有更多获得感"。改革方案的"含金量"无疑包括民主制度建设的推进，人民群众的"获得感"也只能在改善民生与推进民主的双轮驱动中得到提升。冲破长期束缚深化改革的各类形态的"中梗阻"还有待我们的共同努力。

三、着力于解决"如何协商" 推进民主协商的基层实践

2017年6月9日，国务院法制办公室公布《重大行政决策程序暂行条例（征求意见稿）》。根据征求意见稿的规定，公众参与、专家论证、风险评估、合法性审查和集体讨论决定将成为重大行政决策的法定程序。说实话，把"公众参与、专家论证、风险评估，合法性审查、集体讨论决定"确定为重大行政决策的法定程序，的确来之不易，落实的难度会更大。政府在决策过程中，如何实现"公众参与"的"弹性"很大。有学者披露："就目前而言，我国农村一事一议协商民主实践中普遍面临着议事主体、制度供给与结果执行等方面的困境与难题，这既使得一事一议协商民主制度在实践中难以充分发挥应有优势和功效，也使其陷入制度化发展的困境。"当务之急是，牢牢把握社会主义初级阶段这个最大国情，牢牢立足社会主义初级阶段这个最大实际，更准确地把握我国社会主义初级阶段不断变化的特点，着力于基层决策

"如何进行协商"的实践探索，形成可复制、可推广的做法和经验。

笔者认为，基层的民主协商涉及社会生活的方方面面，在实体上无法作出具体规定。必须从协商程序的设计入手，才能解决"如何协商"的难题。程序是制度的生命。制度建设从根本说就是程序建设。没有程序的制度，必定是空洞的说教。"基层民主协商的制度化、规范化和程序化，离不开宏观层面的理论和制度定位，离不开中观层面的政治组织和政治生态结构的支持，也离不开做观层面的具体技术和操作机制。只有健全和完善具体的实践和操作机制，才能使基层民主协商真正落到实处。"我国以往的法制建设中程序制度与实体制度失衡，主要原因之一是对程序的重要性认识不足。程序法的主要功能在于及时、恰当地为实现权利和行使职权提供必要的规则、方式和秩序。程序运作的终点是实体法目标最大限度的实现，如果程序都得不到尊重，实体的权利必然流于形式。虽有学者已经归纳了听证式民主协商、民调式民主协商、谈判式民主协商、票决式民主协商四种模式，由于实践中遇到的问题形态各异，例如，街道、常见的物业公司，业主委员会、居民委员会发生矛盾，究竟适用哪种模式协商为好，似乎难以"对号入座"。故，笔者主张围绕民主协商的基本进行设计，以增强可操作性与可复制性。以下内容包括但不限于基层民主协商基本程序的设计：

1. 协商议题的提出与选定规则，包括谁有权提出协商的议题、如何提出议题、如何事先征求辖区民众的意见、如何在多个议题中遴选优先协商的议题、如何实行待协商议题的排序、如何事先公告等；

2. 协商会议主持人、参会人（包括邀请技术专家）、列席人的产生方式，发言的先后顺序以及发言的时间限制、轮次限制；

3. 决议形成或者暂缓决定、搁置争议、不再讨论的条件，如何实施对少数人意见的保护，是否需要在决议中记录少数人的意见，在何种情况下可以启动"票决"程序；

4. 启动"票决"程序后的投票、计票方式，少数人意见被否决后的权利义务；

5. 如果所形成的决议涉及法律责任，持否定意见者是否免除法律责任；

6. 协商是否公开进行，在什么范围内公开进行，旁听人的权利义务；

7. 在协商过程中围绕议题公开发表的言论，是否具有免除法律追诉与制裁的权利；

8. 媒体对民主协商的报道方式选择，如发新闻通稿，或者详细报道，或者现场直播的决定条件；

9. 其他。

可以肯定地说，以上程序性规则的制定一定会遇到困难和阻力。但是，如果没有协商基本程序的制定，基层民主协商就只能停留在宣示阶段。即便制定了协商的基本程序性，也会在实际运行中发现问题，也需要及时进行修订，在实践中不断完善。

（因版面所限，本报刊发时有删节，本文主要为其中的第四部分）

（原载《组织人事报》，2019 年 3 月 7 日）

后　记

我参加工作至今已经五十年。

1969 年 4 月，我来到黑龙江生产建设兵团第 33 团时，虽然顶着"知识青年"的名分，但实际上只读了两年初中。我像一颗种籽，被抛到"北大荒"一个叫迎春镇的地方。"北大荒"的气候是寒冷的，迎春的条件是艰苦的，但对我而言是迎接春天的激励。我不抱怨天生的愚笨，也不埋怨命运的捉弄，抓住了改革开放的阳光雨露，使我这颗种籽，在石缝之中萌芽、扎根、开花、结果。虽不敢说枝繁叶茂、硕果累累，但敢称籽落石缝、无愧人生。我作为只有初中二年文化的青年成长为正高职编审，受益于党的改革开放好政策和无数个"伯乐"的扶持。我是时代的幸运儿，如果没有改革开放和"伯乐"相助，就不会有我的今天。

本自选集收录了我 1984 年至今发表的部分文稿，共 162 篇。绝大多数文章都是我个人独立撰写，个别文章系与他人合作。凡是合作的均在文末注明。为客观体现我的学术成长历程，文稿按照时间顺序排列。内容及文字均按照发表当时的原貌呈现。限于篇幅，全文选用的文章删除了中英文对照的标题、摘要、关键词、中图分类号，部分文章的注释作了从略处理，还有一部分文章只能忍痛压缩为简短的摘要。

我做学问，动力来自社会的需求和工作中遇到的挑战。由于机缘巧合，我在 1970 年 4 月参与了一起案件的侦破工作，在没有任何资料的条件下，利用工作的机会，自悟自学文件检验技术。破案后，我写了 2.6 万字《我对文件校验的初步探索》（未发表）。此后，我继续探索文件检验技术，在 1988 年取得文件检验工程师职称，并立三等功一次。本自选集收录的《伪装书写过程中的意志与注意浅析》《摹仿字迹形成机理初探》，就是我"野路子"自学文件检验技术的心得。当我一心一意钻研文件检验技术的时候，因为工作需要，又转攻刑事侦查教学，1991 年荣立三等功，1992 年获评高级讲师。1993 年回到上海，我又从警察"跨界"到学报编辑第一线，在 2002 年取得编审职称。

我做学问，是在实践推动和"伯乐"相助中上下求索。在没有互联网的时代，基层公安工作是我自学法学基础理论的"近水楼台"。1985 年，我获得高等教育自学考试专科毕业证书。1989 年，我进入黑龙江人民警察学校任教，在中国政法大学出版了在当时国内第一批被害人学专著之一《刑事被害人学》。任教期间，围绕我所担任的教学任务，以侦查谋略为重点，撰写了专著《实用刑事侦查谋略》和一批文章。1993 年回到上海之后，一直处于教学、科研、行政"三肩挑"状态的我，主观上不敢懈怠，努力在学科交叉点上耕耘。先后出版了《预防犯罪导论》《信访制度改革研究》《学生健康权的实现研究》等专著。2010 年我退休以后，过上了"退而不休"的生活。我笔耕不辍，完成了多项委托课题，直接参与立法，为党和政府决策建言献策；自 2002 年起至今，每年都有建议得到中央和省市领导批示，连续 6 次受到上海市优秀人民建议表彰；连续在《人民日报内部参阅》等高层次"内参"和报刊杂志发表论文一百余篇；2017 年，我还出版了《人民建议征集制度探索》一书。

我做学问，愿意在无人问津的荒山野岭开拓，到石缝之中扎根。我立足于在实践中发现的问题，力求为解决问题献计献策。无论是栖居迎春小镇或者松花江畔、佘山脚下，我总是紧紧盯住社会的需求，关注学术前沿发展，尽最大可能汲取多学科的学术成果，抓住一个突破口，形成自己的一家之言。应用性研究是我的学术习惯，也是我广交学友、博采众长、有所创新的治学之道。我的文章往往涉及心理学、社会学、政治学、公共管理、互联网技术乃至卫生法学等方面的知识，都属于为用而学、急用先学，在多学科融合道路上的探索。

我做学问，虽然立足在"石缝"之中，但也得到了各方面的支持。所在单位农场党委书记孔祥昌等领导同志给了我极大的帮助。特别是，当我这颗石缝中的种籽还处在萌芽状态的时候，是前辈赵立、贾玉文、吴善昌、袁之宜、詹楚材等老师鼎力扶持，使我突破了在黑暗中摸索的困境。黑龙江省 854 农场及其公安分局的领导，力排众议对我边工作、边自学的大力支持，使我终身难忘。黑龙江人民警察学校是我教学生涯起步的讲台，李增春主任是引导我走上教育战线的恩师。上海政法学院给我多岗位锻炼的机会，学院党委书记刘江江女士亦师亦友，鞭策我奋力前行。受上海市法学会的信任，我在连续担任三届副秘书长职务的过程中得到了全方位的历练。许多报刊杂志、社会组织和讲坛也为我提供了弥足珍贵的学术舞台。

我做学问，也遭到了抄袭剽窃，也尝到了维护知识产权的艰难。由于屡屡遭到抄袭剽窃，也从另一个侧面"倒逼"我研究知识产权的保护，我所写知识产权保护文章的原始动因也基于此。当国内顶级大学法学院教授抄袭我的论文被我揭露之后，各种压力向我扑来。甚至有的学者，当着我的面大谈她对"恶逆变"的贡献。其实，"恶逆变"是我 1984 年 11 月发表在中国社会科学院《青年研究》上《女青少年被害后恶逆变初探》一文中的首创。为避免以讹传讹，本自选集也收录了此文。

出版一本自选集，一直是我的夙愿。拙书付梓之际，感谢上海政法学院提供出版的机会；感谢何家弘教授、沈国明教授在百忙之中为拙书作序；感谢我的妻子和女儿对我坚持学术研究的支持；感谢中国知网全面收录了我发表的文章；感谢《新华文摘》《中国人民大学报刊资料中心》《高校文科学术文摘》《报刊文摘》等为我作"二次传播"；感谢中国刑警学院袁广林副院长为我查找文稿提供帮助；感谢上海政法学院硕士研究生周颖帮助我整理文稿。

我的网名是"籽落石缝"。我坚信，只有籽落石缝，才能造就悬崖峭壁上的风景。在石缝中傲雪凌霜顽强生长的不一定是参天大树，也不一定有黄山迎客松那样的勃勃英姿。但凡在石缝中扎根的种籽，一定展现出了生命的顽强，感知到了生命的美丽，领略到了生命的精彩。每个人的自然禀赋不同，遇到的机遇也各不相同，但是，籽落石缝为其达到所能够到达的生命高度提供了天赐良机，在石缝中的成长就是向大自然、向生命的挑战。已经到了古稀之年的我，自然不再关心自己是小草，或是野花，还是大树。我为自己能够在岩石层叠，高峰耸立的世界中扎根成长而欣慰。我感恩党的改革开放好政策，感叹书到用时方恨少，感激学术天地的五彩缤纷，感谢"伯乐"的无私帮助。有过籽落石缝的成长经历，能够扎根石缝、涵养水分、迎风沐雨、经受考验，成为大自然的微小组成部分，我就足够幸福。

幸福是奋斗得来的，如果有来生，我还做落到石缝中的种籽，我还要顽强成长。

声　明　1. 版权所有，侵权必究。

　　　　2. 如有缺页、倒装问题，由出版社负责退换。

图书在版编目（ＣＩＰ）数据

石缝中的成长/汤啸天著.—北京：中国政法大学出版社，2019.10
ISBN 978-7-5620-9244-5

Ⅰ.①石… Ⅱ.①汤… Ⅲ.①社会科学－文集 Ⅳ.① C53

中国版本图书馆 CIP 数据核字 (2019) 第 228315 号

出 版 者	中国政法大学出版社
地　　址	北京市海淀区西土城路 25 号
邮寄地址	北京 100088 信箱 8034 分箱　邮编 100088
网　　址	http://www.cuplpress.com（网络实名：中国政法大学出版社)
电　　话	010-58908285(总编室) 58908433（编辑部）58908334(邮购部)
承　　印	固安华明印业有限公司
开　　本	720mm×960mm　1/16
印　　张	43.75
字　　数	700 千字
版　　次	2019 年 10 月第 1 版
印　　次	2019 年 10 月第 1 次印刷
定　　价	139.00 元

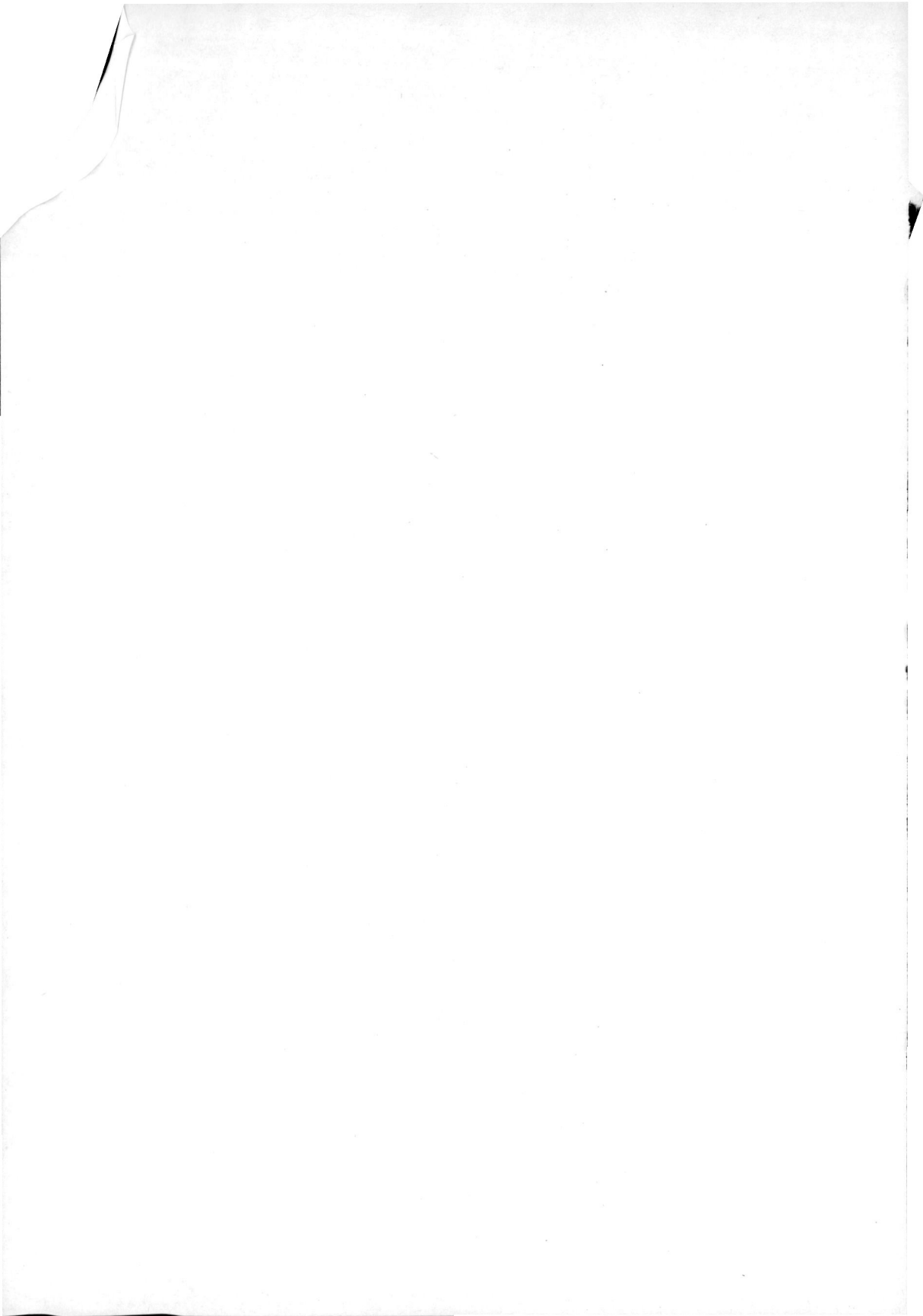